Stephan Kriesel
Der Körper als Paradigma

THEOLOGIE IN GESCHICHTE UND GESELLSCHAFT 9

Stephan Kriesel
DER KÖRPER ALS PARADIGMA
Leibesdiskurse in Kultur, Volksreligiosität und Theologie Brasiliens

EDITION EXODUS
LUZERN 2001

Die Druckvorlagen der Textseiten wurden vom Autor
als reprofertige Vorlagen zur Verfügung gestellt.

Alle Rechte vorbehalten:
© Genossenschaft Edition Exodus, Luzern 2001
Umschlag: Bernard Schlup (Gestaltung) /
Ateliers Jaune Kurt Bläuer (Satz und Lithos)
Druck: Rosch Buch, Scheßlitz
ISBN 3-905577-16-X

Das Volk ist stärker als die Armut (...) Auch wenn das Überleben vor lauter Schwierigkeiten und Grausamkeiten fast unmöglich erscheint, das Volk lebt, kämpft, lacht, gibt nicht auf. Sie machen ihre Feste, tanzen ihre Tänze, singen ihre Lieder und lachen ihr befreites Lachen.
Jorge Amado

Wo ist die Kraft, die dem Volk hilft, soviel Ungerechtigkeit zu ertragen? Von welchen Quellen trinkt es, um weiter zu machen trotz der Unterdrückung und des Leidens? Wie kann es seine Hoffnungen behalten und die Fähigkeit, Feste zu feiern und seine Fröhlichkeit auszudrücken?
Leonardo Boff

Es gibt etwas Grundsätzliches in dieser Form, die Wirklichkeit, die Existenz, das Leben zu betrachten: Die Wiedergewinnung des Körpers als Paradigma allen Handelns und Denkens.
Einleitung zur Zeitschrift »Tempo e Presença« 1994

Für Julie

Inhalt

Danksagung 12
Einleitung 14

A. KÖRPER UND IDENTITÄT

I. DIE KULTURELLE KONSTRUKTION DES KÖRPERS
1. Die Bedeutung der Symbole 21
2. Leitdifferenzen 24
3. Wahrnehmungs- und Erlebnisformen von Körperlichkeit in Brasilien .. 27

II. SCHMERZ
1. Schmerz und Leid aufgrund menschlicher Begrenztheit 29
2. Schmerz und Leid in einer Kultur der Gewalt 30
3. Die Spuren auf dem Körper 32
4. Brasilianische Diagnosen der Gewalt 34
5. Volkstümliche Vorstellungen:
   Bedrohte Integrität und Würde des Körpers 35
6. Zusammenfassung: Elemente der Schmerzerfahrung 38

III. GENUSS
1. Körperlichkeit in den nationalen Symbolen 39
   1.1. Fußball als Chance der Marginalisierten
   1.2. Strand und Schönheit als Gleichmacher
   1.3. Feijoada als Symbol der „Rassenmischung"
   1.4. Samba als Beitrag der Schwarzen
2. Sexualität: Genuß als Transgression 52
   2.1. Ursprungsmythen: „Rassenmischung" und „Begierde"
   2.2. Die Ideologie der Geschlechterhierarchie: Der Machismus
   2.3. Der Diskurs der Funktionalität
   2.4. Der Diskurs des Genusses
3. Karneval als Inversion der Realität 63
4. Der Körper in der brasilianischen Literatur nach 1964 68
5. Der antihierarchisch-karnevaleske Ästhetizismus 73
6. Zusammenfassung: Elemente der Erfahrung des Genusses ... 76

B. KÖRPER UND RISIKO

I. DIE KULTURELLE KONSTRUKTION VON KRANKHEIT
1. Die Pragmatik der Körperdiskurse 78
2. Kulturspezifisches Deutungsmuster von Krankheit 80
3. Die kulturelle Eingebundenheit der Medizin 81
4. Alltagswissen 83
5. Die Analyse der kulturellen Konstruktion von Krankheit
   am Beispiel der AIDS-Prävention 85

II. DER KÖRPER ALS ORT VON TOD UND GEFAHR: DIE ANTI-AIDS KAMPAGNE DER REGIERUNG
1. AIDS in Brasilien als gesellschaftliches Phänomen 87
2. Die Angstkampagne der Regierung 89
3. Probleme der Risikokommunikation in tabuisierten Erfahrungsfeldern 92
4. Paradoxe Wirkungen der Kampagne der brasilianischen Regierung 94
   4.1. Die Stigmatisierung als Angst- und Gefahrenmanagement
   4.2. Die Differenz von Risiko und Gefahr
   4.3. Die Öffentlichkeit als Gefahr für den eigenen Körper
   4.4. Die gefährlichen Körper der Anderen: Schwule, Transvestiten und Prostituierte
   4.5. Bewußte und unbewußte Verdrängung des Risikos bei den Risikogruppen selbst
5. Ambivalenzen der Körperdiskurse in Bezug auf Risikosteuerung 102
   5.1. Risikopotential der Diskurse der Reproduktion
   5.2. Der Diskurs des Genusses: Risiko und antikulturelle Normativität

III. DER KÖRPER ALS ORT VON GENUSS UND RISIKO: DIE RISIKOKOMMUNIKATION DER NICHT-REGIERUNGS-ORGANISATIONEN
1. Anschluß an die Erfahrungen der Zielgruppen 108
2. Die Umstellung der Kampagne auf Genuß 109
3. Entstigmatisierung abweichender Lebensformen 111
4. Erhöhung des Organisationsgrades der Betroffenen 112

IV. ZUSAMMENFASSUNG 113

C. KÖRPER UND VOLKSRELIGIOSITÄT

I. TRENNUNG DER RÄUME IM VOLKSKATHOLIZISMUS
1. Offizieller Katholizismus und Volkskatholizismus 116
   - 1.1. Offizieller Katholizismus
   - 1.2. Volkskatholizismus
2. Bewältigung der Leiderfahrung im Ritus: Leid als Schicksal 119
3. Die verschiedenen Seiten des Genusses 122
   - 3.1. Festtagskatholizismus: Trost, Schutz und Genuß
   - 3.2. Rituale der Demut: Zerknirschung versus Genuß
   - 3.3. Elemente des Festes
   - 3.4. Die Sünden des Fleisches
4. Zusammenfassung 131

II. PROTESTANTISMUS UND REPRESSION
1. Protestantische Religiosität 132
   - 1.1. Die Frage protestantischer Volksreligiosität
   - 1.2. Präsenz des Protestantismus in Brasilien
   - 1.3. Einheitliches Profil des Protestantismus?
2. Konversion als kulturelle Inversion 136
3. Konversion und Leiden 138
4. Protestantische Ethik als Ethik der Differenz 140
   - 4.1. Die Disziplinierung der Gläubigen
   - 4.2. Die Heiligung des Sonntags
   - 4.3. Die Laster
   - 4.4. Sexualität
5. Die Protestanten und das AIDS-Risiko 144
6. Körperlichkeit in den Riten der Pfingstler 147
7. Zusammenfassung 151

D. THEOLOGIE DES KÖRPERS

I. JACI MARASCIN : DAS LEIDEN UND DIE BEFREIUNG DES KÖRPERS

1. Der biblische Ausgangspunkt: 154
   Die Inkarnation Gottes als Zuwendung zum leidenden Körper 154
2. Kritik an den Dualismen im Christentum 156
3. Theologie des gekreuzigten Körpers 160
4. Die befreiten Körper 162
5. Die Körper im Zeichen der Gnade und Lebensfreude:
   Die ästhetische Existenz 163
   5.1. Form und Struktur ästhetischer Erfahrung
   5.2. Das Verhältnis von ästhetischer Erfahrung und wissenschaftlicher Theologie
6. Die Förderung des Lebens in der Kraft des Geistes 173
7. Weiterentwicklung der Theologie der Befreiung 175
8. Vergleich mit anderen Theologien des Körpers 181
   8.1. Der feministische Ansatz bei Elisabeth Moltmann-Wendel:
        Die Wiederaneignung des Körpers
   8.2. Irenäus v. Lyon: Das messianische Reich als verklärte materielle Welt
9. Kritische Zusammenfassung 204

II. RUBEM ALVES: „WAS UNS RETTET, SIND DIE TRÄUME"

1. Der Körper zwischen dem Realen und dem Möglichen 209
2. Der Zusammenhang zwischen Imagination und Kultur 212
3. Der Zusammenhang von Kultur und Repression 214
4. Die Bedeutung der Symbole als Ort des Verlangens 218
5. Religion als der kollektive Traum der Menschen 220
6. Theopoesie 224
   6.1. Die Auferweckung der toten Körper
   6.2. Das ästhetische Spiel der Befreiten
   6.3. Der Genuß der religiösen Symbole
   6.4. Die Ethik der überströmenden Liebe
7. Paradoxien und Wahrheit der Religion 236
   7.1. Die Leere und der paradoxe Sprung
   7.2. Münchhausen als Symbol ästhetischer Selbstbezüglichkeit
   7.3. Konstruktion und Wahrheit von Religion
   7.4. Funktion und Wahrheit der Religion
8. Kritik am Konzept von Alves 250
   8.1. Probleme der Interpretation der Metaphern
   8.2. Radikaler Entfremdungsbegriff und fehlende Vermittlungen
   8.3. Die Flucht ins Symbol
9. Kritische Zusammenfassung 260

III. LEONARDO BOFF: „WAS UNS RETTET, IST DIE MYSTIK"

1. Der leibliche Mensch als das Ziel der Wege Gottes 261
2. Die Bedeutung des Weiblichen 267
3. Der humanisierte Eros 270
4. Paradigmenwechsel 273
   4.1. Krise der Paradigmen
   4.2. Das neue Paradigma: Ökologie
5. Quellen der Kraft 276
   5.1. Formen mystischer Erfahrung
   5.2. Andere Formen der Geisterfahrung
   5.3. Sexualität als Geisterfahrung
   5.4. Leibbemeisterung statt Körperbeherrschung
6. Die Poesie der kleinen Befreiung 290
7. Kritische Zusammenfassung 293

IV. ZUSAMMENFASSUNG: INNOVATIVE ELEMENTE IN DER THEOLOGIE DES KÖRPERS

1. Neue theologische Aspekte in der Theologie des Körpers 294
   1.1. Diskursivitätsbegründer
   1.2. Überwindung des volksreligiösen Leib-Seele-Dualismus
   1.3. Die Wiedergewinnung der Sinnlichkeit
   1.4. Die Theologie des Körpers als eine Theologie des Lebens
2. Theologie und Volkskultur 302
   2.1. Genuß und Lebensfreude
   2.2. Genuß und Widerstand
   2.3. Würde
   2.4. Erfahrung der entfremdeten Realität und ethisches Engagement
   2.5. Die Rückkehr des Genusses in die Sprache
3. Das Ende der Buchhalter 309
   3.1. Die Kommunikation von Emotionen mittels sinnlich-ästhetischer Formen
   3.2. Die Bedeutung der sinnlich-ästhetischen Formen und der Körpersemantik für die Identitätsbildung
   3.3. Das emanzipatorische Potential der Sinnlichkeit und des Glücksverlangens

Literaturliste

I. Literatur zur brasilianischen Theologie des Körpers 317
II. Sonstige Literatur 324

Autorenverzeichnis 362

Danksagung

Diese Studie wurde möglich durch die Erfahrungen und Einblicke, die ich während mehrerer Studienaufenthalte in Brasilien sammeln konnte. Durch die große Offenheit und Herzlichkeit der Menschen dort wurde mir Brasilien zur zweiten Heimat.

Den Freunden, Studienkollegen und Professoren von São Bernardo do Campo möchte ich danken für Gespräche und Einsichten, die an vielen Stellen in diese Arbeit eingeflossen sind. Auch die »Theologen und Theologinnen des Körpers« Jaci Marascin, Rubem Alves, Leonardo Boff, Nancy Cardoso Pereira, Paulo Botas und José Lima haben mich freundlicherweise unterstützt, auch wenn ihnen mein Versuch, ihre Theologie mit Hilfe von „logischen Begriffsrastern" zu verstehen, manchmal suspekt erscheinen mag.

Im Bereich der soziologischen Interpretation der brasilianischen Realität habe ich in Lehrveranstaltungen und persönlichen Gesprächen durch Roberto da Matta und Richard Parker wichtige Impulse erhalten.

Die Studienaufenthalte in Brasilien und in den USA wurden mir dankenswerterweise ermöglicht durch die großzügige Unterstützung der „Studienstiftung des deutschen Volkes" und die Hilfe der „Deutschen Gesellschaft für Missionswissenschaft". Die Promotion wurde durch die „Deutsche Forschungs Gesellschaft" und die „Studienstiftung des deutschen Volkes" gefördert. Monika Mayr und Muriel Kasper haben mir dankenswerterweise bei der Korrektur geholfen.

Zu danken habe ich auch Prof. Jan Assmann, Prof. Michael Welker, Prof. Reinhold Bernhardt, Prof. Albrecht Grözinger und den Mitgliedern des Heidelberger Graduiertenkollegs „Religion und Normativität" für ihre Bereitschaft, sich mit meinen Ideen auseinanderzusetzen. Mit Kritik und Impulsen haben sie mich unterstützt bei meinem Versuch, theologisches Verstehen und sozialwissenschaftliche Analysemethoden zusammenzuführen. Diese Auseinandersetzung konnte ich auf Einladung von Prof. Harvey Cox durch die Teilnahme am Kolloquium „Religion and Society" während eines zweijährigen Aufenthaltes an der

Harvard-Universität fortführen. Dort hat mich v.a. Cornel West beeindruckt in seinem intellektuellen Engagement für die Afro-Amerikaner - ein Engagement, das ähnlich wie die »Theologen und Theologinnen des Körpers« in Brasilien Fragen der kulturellen Identität und Würde der Marginalisierten in den Vordergrund stellt.

Vor allem aber sei meinem Doktorvater Herrn Prof. Theo Sundermeier gedankt. In persönlichen Gesprächen, im Seminar und durch seine Veröffentlichungen erhielt ich für meine Arbeit wichtige Impulse. Darüber hinaus hat er mich in seiner offenen Art dazu ermutigt, neue Wege zu gehen bei dem Versuch, eine kulturspezifische theologische Entwicklung zu verstehen.

Die Studie wurde 1999 von Theologischen Fakultät der Ruprecht-Karls-Universität Heidelberg als Dissertation angenommen. Die Georg Strecker-Stiftung hat dankenswerterweise einen Teil der Druckkosten übernommen.

Barcelona, im März 2001   Stephan Kriesel

EINLEITUNG

Unter der Überschrift „Wiederkehr des Körpers"[1] lassen sich in Deutschland in regelmäßigen Abständen immer wieder Wellen *wissenschaftlicher Veröffentlichungen* zum Thema „Leiblichkeit" beobachten. Der Körper wird thematisiert in seinem Verhältnis zur Wahrnehmungsfähigkeit des Menschen[2], im Zusammenhang mit Ästhetik oder Ethik.[3] Es wird gefragt, welche Bedeutung Leiblichkeit in Bezug auf Subjektivität[4], Identität[5] oder Geschlechterdifferenz[6] besitzt. Klassische philosophische Konzepte von Leiblichkeit bei Feuerbach[7] oder Nietzsche[8] werden neu bearbeitet, und die Auswirkung von neuen Technologien - wie Künstliche Intelligenz[9] oder das Internet[10] – auf die Wahrnehmung von Leiblichkeit werden untersucht.

---

[1] Wulf u. Kamper (Hg.), *Die Wiederkehr des Körpers*, 1982.

[2] Hoffmann-Axthelm, *Sinnesarbeit. Nachdenken über Wahrnehmung*, 1984; Burckhardt, *Metamorphosen von Raum und Zeit. Eine Geschichte der Wahrnehmung*, 1994.

[3] Wolf, *Die Ästhetik der Leiblichkeit. W.B.Yeats, die Moderne und das Andere der Vernunft*, 1993.

[4] Schmelz, *Subjektivität und Leiblichkeit. Die psychophysische Einheit in der Philosophie Wolfgang Cramers*, 1991.

[5] Barkhaus u.a. (Hg.), *Identität, Leiblichkeit, Normativität. Neue Horizonte anthropologischen Denkens*, 1996.

[6] Gatens, Bodies, Power and Difference, 1992.

[7] Reitemeyer, *Philosophie der Leiblichkeit. Ludwig Feuerbachs Entwurf einer Philosophie der Zukunft*, 1988. Bockmühl, *Leiblichkeit und Gesellschaft. Studien zur Religionskritik der Anthropologie im Frühwerk von Ludwig Feuerbach und Karl Marx*, 1981.

[8] Blondel, *Nietzsche. The Body and Culture. Philosophy as a Philological Genealogy*, 1991.Schipperges, *Am Leitfaden des Leibes. Zur Anthropologetik und Therapeutik Friedrich Nietzsches*, 1975. Schlüpmann, *Friedrich Nietzsches ästhetische Opposition*, 1976.

[9] Kaltenborn, *Leiblichkeit und Künstliche Intelligenz*, 1997.

Auch im *Alltag der Bundesrepublik* spiegeln gesellschaftliche Thematisierungen des Körpers ein wachsendes Interesse für Aspekte der Leiblichkeit wider. Im „Körperboom" der Aerobic- oder Body-Building Studios, in der Werbung, in Selbsterfahrungskursen, in Vorstellungen zur Ganzheitlichkeit oder in der körperbetonten Inszenierung jugendlicher Identitätsmuster unter Skinheads oder Punks zeigt sich, daß die körperliche Nahwelt immer mehr zum Orientierungs- und Fluchtpunkt der Menschen vor Syndromen gesellschaftlich erzeugter Überforderung und Defiziterfahrungen wird. Im Erleben des eigenen Körpers scheint noch Konkretheit, sinnvolle Einheit, Gegenwärtigkeit und Authentizität erfahrbar zu sein, können auch gesellschaftlich nicht funktionelle Persönlichkeitsanteile ausagiert werden.[11]

Selbst in den *deutschen Kirchen* wird seit dem Beginn der 90er Jahre der Körper im wachsenden Maß zum Thema. Auf Kirchentagen und in evangelischen Akademien stehen Themen wie „Leibfeindlichkeit im Christentum", „Theologie des Körpers", „Fragmentierte Körper" oder „Körperentspannung" auf dem Programm.

Für die *Theologie* war die „Problematik des Leibes" schon immer ein zentrales Thema. So liegen theologische Untersuchungen vor zur Körpersymbolik in der Bibel[12], zu religiösen Vorstellungen von Leiblichkeit[13] und Sexualität[14], zu Fragen des Körpers bei Paulus[15], in der Kirche[16] und in den Weltreligionen[17].

Neben diese traditionellen Untersuchungen zu Leiblichkeit und Sexualität tritt in der neueren Theologie ein aktuelles Interesse am Leib, das die Impulse der gesellschaftlich thematisierten „Wiederkehr des Körpers" aufzunehmen versucht.[18] Während der Theologe Hollenweger 1979 noch von „Erfahrungen der *Leib*haftigkeit"[19] sprach, verwenden neuere Veröffentlichungen - beispielsweise

---

[10] Zimmermann, „Über die Konstruktion von Identität, Körper und Seualität im Internet. Erotische Schnittstellen zwischen Erweiterung und Begrenzung ", 1998. Kleinen, Körper und Internet. Was sich in einem MUD über Grenzen lernen läßt, 1997.

[11] Siehe dazu Bette, *Körperspuren. Zur Semantik und Paradoxie moderner Körperlichkeit*, 1989. Sieber, „Disziplinierungstechnologien und moderner Körperkult", 1999.

[12] Schroer, *Die Körpersymbolik der Bibel*, 1999.

[13] Krieg u. Weder, *Leiblichkeit*, 1983.

[14] Schubart, *Religion und Eros*, 1989. Haag, *Du hast mich verzaubert. Liebe und Sexualität in der Bibel*, 1980. Aries, Paulus und das Fleisch, 1995.

[15] Heine, *Leibhafter Glaube. Ein Beitrag zu Verständnis der theologischen Konzeption des Paulus*, 1976.

[16] Batholomäus, *Glut der Begierde. Sprache der Liebe. Unterwegs zur ganzen Sexualität*, 1978.

[17] Parrinder, *Sexualität in den Religionen der Welt*, 1991.

[18] Ein expliziter Bezug auf diese gesellschaftliche Thematisierung findet sich etwa in dem Sammelband: Klessmann u. Liebau (Hg.), *Leiblichkeit ist das Ende der Werke Gottes. Körper - Leib - Praktische Theologie*, 1997.

[19] Hollenweger, Walter J., *Erfahrungen der Leibhaftigkeit. Interkulturelle Theologie 1.*, 1979.

feministischer Theologinnen[20] - vorzugsweise den Begriff „Körper" statt „Leib" und schließen mit ihren Überlegungen eher an aktuelle sozialwissenschaftliche oder philosophische Theorien an, als an die klassischen Fragen der Leib-Seele-Diskussion.[21]

Gesellschaftliche und wissenschaftliche Thematisierungen des Körpers lassen sich auch in anderen Gesellschaften beobachten.[22] In *Brasilien* spielt die Thematisierung des Körpers sowohl in der lebensweltlichen Alltagserfahrung als auch in der theologischen Diskussion eine zentrale Rolle. *Doch die Erfahrung und die theoretische Bearbeitung von Körperlichkeit hat in Brasilien eine grundsätzlich andere semantische Struktur und gesellschaftliche Funktion als im deutschsprachigen Raum.*

Die Betonung der Körperlichkeit ist in Brasilien kein neues Phänomen. Dies zeigt sich in der hohen Bedeutung körperlicher Geschicklichkeit, der Betonung der Schönheit oder des körperlichen Genusses in nationalen Symbolen, wie dem Karneval, dem Fußball oder der Vorstellung vom „tropischen Paradies". Diese Symbole hatten sich seit den 20er Jahren dieses Jahrhunderts herausgebildet und leiteten den Beginn einer neuen Phase brasilianischer Identitätsbildung ein.[23] Nicht nur individuelle, sondern auch nationale Identitätsbildung werden in diesen Symbolen von der Betonung körperlicher Phänomene bestimmt.

In Brasilien wird seit dem Beginn der 90er Jahre in Theologenkreisen eine „Krise der Paradigmen" diskutiert. Darunter wird v.a. der Zerfall der alten politischen Ideologien, der mit dem Ende des Ost-West-Konfliktes eintrat, verstanden. Auch die lateinamerikanische „Theologie der Befreiung" hat dabei wichtige Orientierungspunkte verloren. Die Befreiungstheologie versteht sich als politische Theologie und hat die entwicklungspolitische Dependenztheorie als einen ihrer Ausgangspunkte gewählt. Diese Dependenztheorie gilt heute vielen als überholt, die darauf aufbauenden Theologien müssen neu überdacht werden.

---

[20] Moltmann-Wendel, *Wenn Gott und Körper sich begegnen. Feministische Perspektiven zur Leiblichkeit*, 1989. Fritsch (Hrsg.), *Von Schönheit und Schmerz. Gebete und Poesie von Frauen aus aller Welt*, 1991. Ammicht-Quinn, *Körper, Religion und Sexualität. Zur theologischen Anthropologie und Ethik der Geschlechter*, 1999.

[21] Mit diesem Begriffswechsel kündigt sich eine Verschiebung der Schwerpunkte der Fragestellungen an. So treten bei diesen Theologinnen Fragen nach der Bedeutung des Körpers beim Aufbau der Geschlechterdifferenz oder der Repression von Persönlichkeitsanteilen innerhalb hierarchischer Beziehungen in den Vordergrund. Religiöse Schemata wie etwa der Leib-Seele-Dualismus werden dabei in Bezug auf ihre gesellschaftlichen und individuellen Auswirkungen untersucht.

[22] In den USA besteht beispielsweise seit den 90er Jahren in vielen Buchhandlungen eine eigene Abteilung zum Thema „Body" - oft angesiedelt zwischen „Feminist Theory" und „Cultural Criticism". Zu traditionellen Gesellschaften liegen natürlich ebenfalls zahlreiche Untersuchungen zur Körperthematik vor. Als besonders eindruckvolles Beispiel sei hier verwiesen auf: Alter, *The Wrestler's Body. Identity and Ideology in North India*, 1992.

[23] Siehe dazu den Sammelband: César Fernandes (Hg.), *Brasil & EUA. Religiao e Identidade Nacional*, 1988.

Inzwischen werden neue Wege gesucht, theologisch auf die Herausforderung der „Krise der Paradigmen" zu antworten. Und es entstehen neue Schwerpunkte und damit neue Theologien, wie eine „Theologie der Erde"[24], eine „Theologie des Lebens"[25], eine „Theologie des Trostes"[26], eine „Theologie der Ausgeschlossenen"[27] und eine „Theologie der Ökologie"[28]. Darüber hinaus erscheint die Kultur als Ausdruck des Selbstbehauptungswillens und der Identität der Völker Lateinamerikas heute vielen lateinamerikanischen Theologen als zentraler Ausgangspunkt theologischer Neuorientierung. Fragen der Inkulturation der Theologie[29] und der Entwicklung einer „schwarzen Theologie"[30] bzw. einer „indigenen Theologie"[31] spielen deshalb in Brasilien eine zunehmend wichtige Rolle.

Einer der neuen Schwerpunkte solcher theologischen Überlegungen ist der Körper. Im Vorwort der Ausgabe der Zeitschrift „Tempo e Presença" vom Juni 1994 ist programmatisch die Rede von der „Wiedergewinnung des Körpers als Paradigma allen Denkens und Handelns". Nicht nur die *Schönheit des Körpers*, sein *Leiden*, seine *Würde*, die Möglichkeiten des *Genusses* und der *Fröhlichkeit* werden in diesem Zusammenhang bedacht. Auch die *Träume*, die *Fantasie*, die *poetischen Inspirationen* und *künstlerischen Schöpfungen* bekommen einen neuen Stellenwert.

Dieser Aufruf zur Ausarbeitung einer „Theologie des Körpers" schließt an Ideen führender protestantischer und katholischer Theologen Brasiliens an. So finden sich in dieser Ausgabe von „Tempo e Presença" Artikel von Jaci Marascin, Rubem Alves und Leonardo Boff. Daneben lassen sich Veröffentlichungen vieler jüngerer Theologen und Theologinnen finden, die Aspekte einer „Theologie des Körpers" bearbeiten.

Mit der Entwicklung einer brasilianischen „Theologie des Körpers" wird der Versuch unternommen, auf die theologischen und gesellschaftlichen Herausforderungen der Gegenwart mit einer Theologie zu antworten, die hohen Wert auf ihre kulturelle Verankerung im brasilianischen Kontext legt.

Soll dieser Anspruch ernst genommen werden, muß bei dem Versuch, eine „inkulturierte Theologie" aus der europäischen Perspektive zu verstehen, neben die Analyse der theologischen Schriften auch die Interpretation des kulturellen und volksreligiösen Kontextes treten, um nicht vorzeitig von den europäischen Phänomenen der Körperlichkeit auf das brasilianische Verständnis zurückzu-

---

[24] Barros Souza, *Teologia da Terra*, 1988.
[25] Ernesto Gómez, „Wer sind denn die Armen? Befreiung durch eine Theologie des Lebens", 1994.
[26] Müller, „Von der »Theologie der Befreiung« zu einer »Theologie des Trostes«", 1994.
[27] Mendes de Almeida, „Theologie der Ausgeschlossenen. An der Seite der Schiffbrüchigen des Lebens", 1994.
[28] Bonder, Nilton, „Por uma teologia da ecologia", 1992.
[29] Siehe etwa: Brandão u.a., *Inculturação e Libertação*, 1986.
[30] Siehe Themenheft zur „Teologia Negra", *Contexto Pastoral 1993*.
[31] Marzal, *O rosto indio do Deus*, 1990.

schließen.[32] Der Theologe Schreiter spricht in diesem Zusammenhang von der Notwendigkeit einer „theologischen Kulturanalyse". In seiner Monographie „Abschied vom Gott der Europäer" schreibt er über die Notwendigkeit, bei dem Verständnis fremder Theologien auch die *volksreligiösen Bewegungen* und *identitätsstiftenden Kräfte der jeweiligen Region* miteinzubeziehen.[33]

Diese Forderung scheint plausibel. Dennoch kommen die meisten Untersuchungen zur lateinamerikanischen Theologie[34] kaum über Andeutungen zum kulturellen Kontext hinaus.[35] In der vorliegenden Untersuchung soll dagegen versucht werden, der Forderung Schreiters nach einer Kulturanalyse gerecht zu werden. Der Frage nach dem gesellschaftlichen und kulturellen Rahmen der theologischen Produktion soll dabei nicht mit Allgemeinplätzen zum „typischen Verhalten" begegnet werden, wie etwa „Die Brasilianer sind sehr körperbetont".

Vielmehr sollen in einem ersten Durchgang Wahrnehmungs- und Erlebnisformen der Körperlichkeit mit Hilfe der sozialwissenschaftlichen Interpretation kulturell konstituierter Symbolkomplexe rekonstruiert werden. Diese Darstellung von Formen der Körperlichkeit in Alltagskultur und Volksreligiosität soll den Kontext brasilianischer Leiberfahrung und damit den Ausgangspunkt der Theologie des Körpers verstehen helfen.

Dazu werden in Kapitel A volkskulturelle Erlebnisformen dargestellt, die in Brasilien als Körpererfahrung mit Hilfe der Unterscheidung von „Schmerz und Genuß" interpretiert werden. Der Körper wird dabei nicht nur als Ort authentischer Erfahrung verstanden, sondern wird zu einem zentralen Symbol nationaler und individueller Identität.

Die gesellschaftliche Bedeutung solcher Diskurse kann lediglich erschlossen werden, wenn wir - der pragmatischen Maxime des Semiotikers Charles Sanders

---

[32] So lassen sich die Forderungen schwarzer christlicher Theologen nach einer Aufwertung der Körpererfahrungen, wie sie sich in den afrobrasilianischen Riten finden, nicht angemessen verstehen, wenn man nicht sowohl die gesellschaftliche Konstruktion ethnischer Differenz in den nationalen Symbolen, die Vorstellungen zum Rassismus in den Gemeinden und gleichzeitig die reale soziale Situation der Schwarzen im Kontext einer hierarchisch segmentierten Gesellschaft wahrnimmt.

[33] Schreiter, *Abschied vom Gott der Europäer*, 1994, S.75.

[34] Dies trifft allerdings nicht für die Wahrnehmung afrikanischer und asiatischer Theologien zu. Vielen Interpreten scheint es dort viel offensichtlicher, daß der spezifische kulturelle Kontext die theologische Arbeit entscheidend beeinflußt. In Bezug auf Lateinamerika hat man dagegen unter „Kontext" lediglich die sozio-ökonomischen Bedingungen dieser Länder verstanden, was durchaus dem Selbstverständnis der lateinamerikanischen Befreiungstheologie entsprach.

[35] Eine systematische Kulturanalyse findet sich dagegen in Alfred Neufelds Untersuchung über die „Kontextualisierung des Evangeliums in einer Kultur fatalistischen Denkens". Darin vergleicht Neufeld fatalistische Kulturmuster Paraguays, wie sie sich in volkskultureller und volksreligiöser Kleinliteratur, in Sprichwörtern, Liedern und Interviews zeigen, mit den Vorstellungen der Theologen Paraguays über die Bedeutung von Geschichte, Mission und Verantwortung. Siehe: Neufeld, Alfred, *Fatalismus als missionstheologisches Problem. Die Kontextualisation des Evangeliums in einer Kultur fatalistischen Denkens. Das Beispiel Paraguay*, 1994.

Peirce folgend - uns die Wirkung der Diskurse bewußt machen. Dies wird an einem Fallbeispiel in Kapitel B geschehen, wo wir die pragmatische Dimension brasilianischer Körperdiskurse im Bereich der Sexualität und der AIDS-Prävention untersuchen. Es wird sich zeigen, daß die Koexistenz und das karnevaleske Zusammenspiel unterschiedlicher Körperdiskurse einerseits zahlreiche Freiräume ermöglicht andererseits jedoch hochproblematische Konsequenzen haben kann in Bezug auf risikosensible Steuerungsmöglichkeiten von Sexualverhalten. Diese Fallstudie wird einerseits ein tieferes Verständnis der alltagsweltlichen Bedeutung der Körperdiskurse ermöglichen, und andererseits die gesellschaftlichen Herausforderungen aufzeigen, die sich einer „Theologie des Körpers" stellen.

Kapitel C widmet sich den Körperdiskursen im katholischen und protestantischen volksreligiösen Milieu und deren pragmatischen Konsequenzen. Die volksreligiösen Körperdiskurse werden anhand beispielhafter Untersuchungen religiöser Alltagsvorstellungen, ritueller Praktiken und Vorstellungen zur Sexualität analysiert.

Eine solche sozialwissenschaftlich-qualitative Vorgehensweise kann natürlich nicht rekonstruieren, „was *der* Brasilianer und *die* Brasilianerin über den Körper denken". Vielmehr wird es darum gehen, einige Wahrnehmungs- und Erlebnisformen von Körperlichkeit aufzuzeigen, die den Menschen in Brasilien innerhalb der Kultur „zur Verfügung stehen".[36] Dies heißt nicht, daß die hier aufgezeigten kulturellen Muster der Leiblichkeit die *einzig* möglichen in Brasilien sind. Aber es sind eben *mögliche* Muster.[37] Und es sind die Muster, - so die These der vorliegenden Arbeit - mit denen die vorzustellenden Theologen in enger Verbindung stehen, die sich teilweise in ihren Arbeiten reproduzieren oder die sie in ihrem Entwurf einer „Theologie des Körpers" modifizieren.

In meiner Interpretation der volkskulturellen und volksreligiösen Muster beziehe ich mich auf Untersuchungen vor allem brasilianischer Soziologen und Anthropologen.[38] Sowohl die verwendeten Interviews und sozialwissenschaftli-

---

[36] Dabei muß man natürlich eine Auswahl treffen und die Untersuchung wird immer defizitär bleiben. So habe ich in der Analyse der Volksreligiosität nicht die spezifischen Körpervorstellungen rekonstruiert, wie sie sich in den Basisgemeinden oder den afro-brasilianischen Kulten vorfinden. Dazu wäre eine seperate Untersuchung nötig.

[37] Ich würde darüber hinaus behaupten, - ohne, daß dies in irgendeiner Art empirisch beweisbar wäre - daß es sich dabei um zentrale und weit verbreitete Muster handelt, d.h. um „Schlüsselszenen" im Sinne Wolffs. Siehe: Wolff, Die Anatomie der dichten Beschreibung. Clifford Geertz als Autor, 1992.

[38] Obwohl der Körper in den nationalen Symbolen und Selbstzuschreibungen der Brasilianer eine zentrale Rolle spielt und obwohl inzwischen auch brasilianische Theologen den Ausdruck „Körper" als Oberbegriff für eine ganze Reihe unterschiedlicher Phänomene verwenden, liegen zur kulturellen Konstruktion des Körpers in Volkskultur und Volksreligiosität in Brasilien erstaunlicherweise noch keine sozialwissenschaftlichen Gesamtuntersuchungen und Interpretationsversuche vor, wie dies etwa für westeuropäische Gesellschaften der Fall ist. Allerdings finden sich unterschiedliche Einzeluntersuchungen zu Fragen wie Sexualität, Wahrnehmung der

chen Untersuchungen als auch meine persönlichen Erfahrungen stammen zum größeren Teil aus São Paulo und Rio de Janeiro, den urbanen Zentren des Südens, und schon von daher ist eine Einschränkung der Gültigkeit der hier gemachten Untersuchungsergebnisse gegeben.[39]

Doch in vielen Aspekten können die südlichen Zentren als „Trendsetter" für Brasilien betrachtet werden. Von hier beeinflussen die großen Fernsehgesellschaften die Bevölkerung im ganzen Land. Hier findet die Buchproduktion statt, und hier wirken auch die vorzustellenden Theologen als Autoren und Lehrer.

In Kapitel D wird die brasilianische „Theologie des Körpers" vorgestellt und zu den kulturellen und volksreligiösen Wahrnehmungs- und Erlebnisformen von Körperlichkeit in Beziehung gesetzt. Darüber hinaus sollen Vergleiche mit dem klassischen Ansatz der Theologie der Befreiung, mit anderen „Theologien des Körpers" und mit säkularen kulturwissenschaftlichen Körperkonzepten die unterschiedlichen theologischen Entwürfe verstehen helfen. Ein solches Verfahren wird zeigen, wie die Entwicklung einer „Theologie des Körpers" einerseits Elemente des *akademischen und kirchlichen Diskurses* über die Rolle des Körpers aufnimmt oder modifiziert. Zum anderen wird dabei aber auch deutlich werden, in welcher Beziehung diese Theologie zu den *lebensweltlichen Vorstellungen der Gläubigen* steht.

Durch diesen Vergleich der volkskulturellen und volksreligiösen Körperdiskurse mit der „Theologie des Körpers" werde ich zeigen, wie die Theologen und Theologinnen versuchen, an die Erfahrungen der Gläubigen anzuschließen, ihre Lebenswelt und Identität ernstzunehmen und dennoch über die Aporien bisheriger kultureller und volksreligiöser Wahrnehmungs- und Erlebnisformen von Körperlichkeit hinauszuweisen.

Gewalt, Strandkultur oder Karneval. Bei der Verwendung der vorliegenden Untersuchungen handelt es sich im Sinne von Geertz um „Interpretationen über Interpretationen über Interpretationen". Aber dies ist nun einmal die notwendige Rahmenbedingung von sozialwissenschaftlichem Verstehen.

[39] Eine andere wichtige Frage ist, inwieweit man überhaupt allgemeine Aussagen über kulturelle Wahrnehmungs- und Erlebnisformen in modernen oder halbmodernen Industriegesellschaften machen kann. Vergleichbare ethnologische Untersuchungen beziehen sich normalerweise auf kleine und oft vormoderne Gemeinschaften. Aber die Diskussion zum Verständnis der japanischen Kultur macht deutlich, daß es durchaus möglich ist, kulturelle Spezifika hochkomplexer moderner Gesellschaften auszumachen. Für D.T. Suzuki (*Zen and Japanese Culture*, 1994) bilden die Zen-Elemente das formbildende Moment der japanischen Kultur. Roland Barthes (*Das Reich der Zeichen*, 1981) interpretiert die japanische Gesellschaft mit Hilfe der Vorstellung der Leere. Für Takeo Doi (*The Anatomy of Self. The Individual versus Society*, 1985) bildet die Spannung zwischen „Omote" und „Ura" bzw. zwischen „Tatemae" und „Honne" das Spezifikum der japanischen Kultur. Und Hendry (*Wrapping Culture. Politeness, Presentation & Power in Japan and other Societies*, 1995) meint, in der Verpackungskultur den zentralen Symbolkomplex im Geertzschen Sinne gefunden zu haben. Diese verschiedenen Interpretationen machen jeweils Aussagen über das Spezifikum der ganzen Kultur. Dabei beleuchten sie unterschiedliche Aspekte und können durchaus als komplementär verstanden werden.

A. KÖRPER UND IDENTITÄT

I. DIE KULTURELLE KONSTRUKTION DES KÖRPERS

1. Die Bedeutung der Symbole

Die wissenssoziologische Annahme, daß die Wahrnehmung der Wirklichkeit gesellschaftlich konstruiert ist,[40] gehört inzwischen zu den Selbstverständlichkeiten sozialwissenschaftlichen Denkens und wird auch von Theologen zur Genüge rezipiert. Damit geraten die alltagsweltlichen Strukturen von Erfahrung, Handlung und Wissen in den Mittelpunkt des hermeneutischen und analytischen Interesses.

Auch zu *Körperphänomenen* liegen zahlreiche wissenssoziologische Untersuchungen vor. Körperliche Erlebnis- und Ausdrucksformen werden dabei nicht als ein Resultat einer vorgegebenen und unwandelbaren menschlichen Natur angesehen, sondern als Produkt eines komplexen Zusammenspiels sozialer, kultureller und historischer Prozesse analysiert. Lediglich als Beispiele sei auf Arbeiten zur Geschichte des Geruchs[41], zur Körpersprache[42] und zur „kulturellen Konstruktion der Sexualität"[43] hingewiesen.

---

[40] Als Klassiker: Berger/ Luckmann, *Die gesellschaftliche Konstruktion der Wirklichkeit. Eine Theorie der Wissenssoziologie*, 1980.

[41] Corbin, *Eine Geschichte des Geruchs*, 1993.

[42] Henley, *Körperstrategien. Geschlecht, Macht und nonverbale Kommunikation*, 1988.

[43] Caplan, *The Cultural Construction of Sexuality*, 1987. Die in dieser Untersuchung angeführte ausgiebige Literaturliste beweist, daß gerade dieser Bereich intensiv bearbeitet wurde. Als prominentes Beispiel sei aber zumindest auf die Untersuchungen von Foucault über das Verhältnis von Sexualität und Macht hingewiesen: Foucault, *Sexualität und Wahrheit*, Bd.1-3, 1977 und 1986.

Doch nicht nur einzelne Körperphänomene, auch der *Körper als Ganzes* wird gesellschaftlich konstruiert.[44] In seinem Aufsatz „Tomb, temple, machine and self: the social construction of the body" untersucht Synnott philosophische Vorstellungen zur Leiblichkeit von Platon bis Sartre.[45] Sozialanthropologische Studien untersuchen die Konstitution von Körperlichkeit dagegen nicht vorrangig in den Konzepten bekannter Philosophen, sondern im Alltag unter soziologischer, soziolinguistischer oder psychoanalytischer Perspektive. So behauptet Mary Douglas in Anlehnung an Marcel Mauss, „daß der menschliche Körper immer und in jedem Fall als Abbild der Gesellschaft aufgefaßt wird, daß es überhaupt keine »natürliche«, von der Dimension des Sozialen freie Wahrnehmung und Betrachtung des Körpers geben kann."[46]

Diese soziale[47] Determinierung der Körperlichkeit hängt wiederum eng mit Prozessen der Individualisierung zusammen.[48] So hatte Norbert Elias gezeigt, wie die in der Renaissance sich ausbildende moderne Individualität über den Zugriff auf den Körper durch die Wandlung der natürlichen Bedürfnisse sowie die zunehmende Selbstkontrolle der Affekte bestimmt wird.[49]

Körperbilder werden nicht nur kulturell geformt. Sie formen auch selbst Kultur. Die Beziehung zwischen „Körper" und Gesellschaft ist wechselseitig. Körperbilder beeinflussen die Vorstellungen von Geschlechterdifferenz[50] und selbst zwischen Körpervorstellungen und Architektur[51] oder Musik[52] glaubt man Parallelitäten erkennen zu können.

Die kulturelle Konstruktion des Körpers geschieht mit Hilfe von Symbolen, bzw. Symbolkomplexen. Diese sind der semiotischen Analyse, der interpretierenden Rekonstruktion des Wissenschaftlers zugänglich, wie sie von Clifford

---

[44] Beispielsweise: Turner, *The Body and Society*, 1984.

[45] Synnott 1992.

[46] Douglas, *Ritual, Tabu und Körpersymbolik*, 1981, S.106. Bereits 1939 hatte Marcel Mauss behauptet, „daß es so etwas wie »natürliches« Verhalten überhaupt nicht gibt, daß jede körperliche Aktivität (...) deutlich die Spur von sozial vermittelten Lernvorgängen trägt." Zitiert nach Douglas S.99.

[47] Die Terminologie ist in der Diskussion noch nicht vereinheitlicht. Es wird von „sozialer", „gesellschaftlicher" oder „kultureller" Wirklichkeitskonstruktion gesprochen, je nachdem welcher Aspekt unterstrichen werden soll. Da die Wirklichkeitskonstruktion mittels Symbolen geschieht, scheint mir der Begriff „kulturell" am angemessensten. Dies soll allerdings nicht bedeuten, daß Symbolbildungsprozesse nicht von gesellschaftlichen Strukturen beeinflußt werden.

[48] Als neueren Entwurf zum Zusammenhang von Leiblichkeit und Selbstbewußtsein siehe: Schmitz, *Leibliche und personale Konkurrenz im Selbstbewußtsein*, 1991.

[49] Elias, *Der Prozeß der Zivilisation*, 1973.

[50] Laqueur, *Making Sex. Body and Gender from the Greeks to Freud*, 1990.

[51] Sennett, *Fleisch und Stein. Der Körper und die Stadt in der westlichen Zivilisation*, 1994. Betsky, *Building Sex. Men, Woman, Architecture, and the Construction of Sexuality*, 1995.

[52] Leppert, *The Sight of Sound. Music, Representation, and the History of the Body*, 1993.

Geertz so meisterhaft vorexerziert wurde.[53] Denn in Symbolkomplexen festgehaltene Kulturmuster sind im „intersubjektiven Bereich allgemeiner Verständigung angesiedelt."[54] Kultur ist etwas Öffentliches, so wie auch Fühlen und „Denken im Grunde etwas Öffentliches sind - ihre natürliche Heimat ist der Hof, der Markt und der städtische Platz."[55]

Dieser Ansatz von Geertz ist jedoch kritisch zu erweitern. So weist Parker darauf hin, daß in komplexeren Gesellschaften als den von Geertz untersuchten Stammeskulturen den Menschen verschiedene parallele Orientierungsmuster zur Verfügung stehen, die sich in ergänzender oder auch konträrer Weise aufeinander beziehen und so Alternativen der Wirklichkeitskonstituierung schaffen.[56] Solche Mannigfaltigkeit symbolischer Orientierungsmuster, „multiple Ethiken", Widersprüche, Diskontinuitäten und Ambivalenzen sind bei der Analyse zu berücksichtigen.

Sozialwissenschaftliche Interpretation kultureller Phänomene hat dem Versuch zu dienen, den sozialen Diskurs deutend zu erfassen und gleicht dabei dem „Durchdringen eines literarischen Textes".[57] Eine semiotische Kulturanalyse symbolisch konstituierter Wahrnehmungs- und Erlebnisschemata kann sich somit die Erkenntnisse der modernen Sprachwissenschaft zunutze machen.[58] Dabei versucht sie z.B., kulturspezifische zentrale Begriffe im Rahmen eines strukturierten kulturellen „Textes" zu interpretieren.[59] Sie ist bemüht, semantische Felder dieser „Codes" ausfindig zu machen, syntagmatische und paradigmatische Ketten, Oppositionen und semantische Grunddifferenzen zu entdecken.[60]

---

[53] Grundlegend: Geertz, *Dichte Beschreibung. Bemerkungen zu einer deutenden Theorie der Kultur*, 1987. Zu einer philosophischen Grundlegung der semiotischen Theorie siehe: Pape, *Erfahrung und Wirklichkeit als Zeichenprozeß. Charles S. Peirces´ Entwurf einer Spekulativen Grammatik des Seins*, 1989. Auf die Bedeutung der Forschungslogik von Peirces für die essayistische Form von Geertz hat Meinrad Ziegler aufmerksam gemacht. Siehe dazu den Sektionsbericht: Mörth, Dichte Beschreibungen: Anthropologie oder Soziologie der Gegenwartskultur?, 1997, S.242.

[54] Geertz, Religion als kulturelles System, 1987b, S.51.

[55] Geertz, Person, Zeit und Umgangsformen auf Bali, 1987c, S.133. Damit analysiert Geertz Denken im Sinne Wittgensteins nicht als eine verborgene „geistige Tätigkeit", sondern als eine „Operieren mit Zeichen".

[56] Parker, „From Symbolism to Interpretation: Reflections on the Work of Clifford Geertz", 1985.

[57] Geertz, »Deep play«. Bemerkungen zum balinesischen Hahnenkampf, 1987, S.253.

[58] Dieser Ansatz findet beispielsweise bei der Analyse von Werbung oder Architektur bei: Eco, *Einführung in die Semiotik*, 1988.

[59] In diesem Sinn hat Luhmann die Vorstellungen über Liebe in der Neuzeit untersucht. Liebe wird dabei nicht als ein Gefühl analysiert, sondern als symbolischer Code. Dieser Code stellt den Menschen in der jeweiligen Zeit überhaupt erst einmal ein spezifisches Muster zur Verfügung, um ihre Gefühle zu bilden und auszudrücken. Siehe: Luhmann, *Liebe als Passion. Zur Codierung von Intimität*, 1990b, S.9.

[60] Grundlegend: Barthes, *Elemente der Semiologie*, 1979.

Als Material dienen einer solchen Analyse alle Phänomene, die im weitesten Sinne als Kultur gekennzeichnet werden können: Vorstellungen über Fußball beispielsweise, Redewendungen, Interviews, Gesprächsnotizen, Werbung, Festkalender, Volkslieder, deren hohe Popularität den getroffenen „Geschmack" der Bevölkerung verrät, Eintrittspreise zu Fitneßstudios, die die soziale Bedeutung der sportlichen Betätigung kodieren. Doch auch in Interaktionen und beiläufigen Gesprächen, in Zeitungsartikeln und wissenschaftlichen Abhandlungen aus dem entsprechenden kulturellen Kontext lassen sich „latente Sinnstrukturen"[61] und unbewußte Vorannahmen der Autoren auffinden.

Mit Hilfe einer solchen sozialwissenschaftlichen Interpretation kann die Semantik und Pragmatik der verschiedenen gesellschaftlichen Diskurse erhoben werden. Im Alltag treten die kulturellen Diskurse dabei selten in der „Reinform" auf. Sie sind vielmehr Idealtypen im Sinne Webers.[62] Sie erscheinen in individuellen Variationen, ergänzen sich zum Teil mit alternativen Orientierungsmustern oder treten mit ihnen in Konkurrenz. Das heißt auch, daß diese Diskurse für einige Gesellschaftsmitglieder möglicherweise überhaupt keine orientierende Funktion besitzen. Andere oszillieren zwischen den unterschiedlichen Sinnangeboten. In den meisten Fällen sind die in einer Gesellschaft präsenten Diskurse allerdings zumindest aufeinander bezogen - bilden gegenseitige Kontexte.

Im Folgenden werde ich die Vorstellungen über Gewalt, den Diskurs über Karneval oder die volksreligiösen Vorstellungen über den Körper ebenso als Text im Geertzschen Sinn betrachten, wie die Literatur nach 1964 und die theologischen Texte. Dieses Vorgehen ermöglicht, die verschiedenen „Texte" in Bezug auf ihre Semantik und Pragmatik miteinander zu vergleichen. Damit kann überprüft werden, inwiefern sich die unterschiedlichen Körperdiskurse aufeinander beziehen, wo sie aneinander anknüpfen und wo sie voneinander abweichen.

2. Leitdifferenzen

Eine zentrale Operation in der Konstruktion symbolischer Welten ist der Aufbau von „Unterscheidungen" oder „Differenzen". „Make a difference and you have created a universe", so wird es im logischen Entwurf von Spencer Brown ausgedrückt.[63] Von Luhmann wurde dies in der Vorstellung der „binären Codierung"

---

[61] Von „latenten Sinnstrukturen" spricht Oevermann. Andere Autoren verwenden Begriffe wie „Tiefengrammatik" oder „Struktur". Siehe: Oevermann, *Latente Sinnstrukturen als Gegenstand der objektiven Hermeneutik*, 1979.

[62] Gerhardt, U., Verstehende Strukturanalyse. Die Konstruktion von Idealtypen als Analyseschritt bei der Auswertung qualitativer Forschungsmaterialien, 1986, S.31-83.

[63] Schmidt, „Der beobachtete Beobachter. Zu Text, Kommunikation und Verstehen", 1989, S.187.

oder auch in dem Begriff der „Leitdifferenzen" übernommen[64] und Jan Assmann bemerkt in Bezug auf die kulturwissenschaftliche Relevanz der Beobachtung Spencer Browns: „It also applies suprisingly well to the space of cultural constructions and distinctions and to the spaces that are severed and cloven by such distinctions."[65]

Ingolf U. Dalfert hat deutlich gemacht, daß solche Differenzen „nicht selbständig und von sich aus existieren wie Dinge und Gegenstände", sondern durch Zeichenprozesse unter den Bedingungen der Raumzeitlichkeit konstituiert werden.[66] Dies heißt, daß sich die Unterscheidungen ändern können. So weist Alois Hahn darauf hin, daß sich die Körperwahrnehmung seit dem Mittelalter radikal gewandelt hat. Ursprünglich wurde der Körper unter dem Aspekt von Heil/Unheil thematisiert und die „Begierden des Fleisches" als Gefahr für das Heil angesehen. Heute dagegen wird in Europa der Körper vor allem im Schema Gesundheit/Krankheit wahrgenommen. Sexualität gilt nun höchstens noch wegen der Ansteckungsgefahr als kontrollierbares Risiko für die Gesundheit.[67]

Die Leitdifferenzen oder binären Codes sind sehr abstrakt. Dies ermöglicht dann allerdings, daß die unterschiedlichsten alltäglichen Erfahrungen hier angeschlossen werden können.

Viele Erkenntnisse der Wissenssoziologie entstammen den Untersuchungen kohärenter Symbolkomplexe. Die festgestellten Differenzierungen bestehen jeweils in geschlossenen kulturellen, literarischen und theoretischen „Textwelten". Soll nun aber eine moderne ausdifferenzierte Gesellschaft als Text untersucht werden,[68] so kann dies nicht anhand einer einzigen Leitdifferenz oder eines einzigen Symbolkomplexes geschehen.

Dennoch kommt es selbst in hochkomplexen Gesellschaften zu keiner völlig „wilden Semiose", in der jeder unabhängig von kulturellen Vorgaben denkt und fühlt. Vielmehr stehen den gesellschaftlichen Akteuren mehrere unterschiedliche Symbolkomplexe zur Verfügung, zu denen sie sich positionieren und die sie in

---

[64] Luhmann, *Ökologische Kommunikation. Kann die moderne Gesellschaft sich auf ökologische Gefährdungen einstellen?*, 1990a, S.75-89.

[65] Assmann, *Moses the Egyptian. The Memory of Egypt in Western Monotheism*, 1997, S.1. Bereits Schleiermacher (*Hermeneutik und Kritik*, 1977, S.78 u. 105ff) hatte in diesem Sinne Sprache als System verstanden, das sich durch eine „Reihe von Gegensätzen" organisiert. Ähnliches gilt für den modernen Strukturalismus und die neuere Bibelexegese. Siehe beispielsweise: Egger, *Methoden zum Neuen Testament. Einführung in linguistische und historisch-kritische Methoden*, 1987, vor allem S.99f. Zu einer semiotischen Interpretation des Schleiermacherschen Ansatzes siehe: Pöttner, „Theologie als semiotische Theorie bei Schleiermacher", 1992.

[66] Dahlfert, *Kombinatorische Theologie. Probleme theologischer Rationalität*, 1991, S.24.

[67] Hahn u. Jacob, *Der Körper als soziales Bedeutungssystem*, 1994. Eine andere Untersuchung, in der die Theorie der binären Opposition auf die Analyse von Körperphänomenen angewandt wird, findet sich bei: Schwanitz, Der weibliche Körper zwischen Schicksal und Handlung: Die Diät und die Paradoxie des Feminismus, 1988.

[68] Siehe dazu : Garz, *Die Welt als Text*, 1994.

bewußter oder unbewußter Form „nutzen" können - je nach sozialer Stellung, Zugang zu Bildung, politischer Meinung oder Geschmack.[69] So konnte Gerhard Schulze in seiner Studie zur Erlebnisgesellschaft der Bundesrepublik fünf verschiedene Wahrnehmungs- und Genußschemata feststellen, die jeweils mittels unterschiedlichen fundamentalen Semantiken und Differenzen operieren.[70]

Auch die vorliegende Untersuchung kann nicht den Anspruch erheben, mit der unten durchgeführten Analyse der Leitdifferenz „Schmerz versus Genuß" sämtliche in Brasilien zur Verfügung stehenden Wahrnehmungsformen zu erfassen. Die Verbreitung und Popularität der untersuchten Texte und die Präsenz dieser Unterscheidung in den Selbstthematisierungen der nationalen Symbole spricht allerdings für eine hohe Akzeptanz der analysierten Leitdifferenz.

Die Zuordnung zum Schema „Schmerz versus Genuß" erlaubt so dem interpretierenden Analytiker, verschiedenste Alltagsphänomene der brasilianischen Kultur miteinander in Beziehung zu setzen. Die Fähigkeit zum Genuß der kleinen Freuden beim Straßenfest hängt in der kulturellen Logik in gewisser Weise mit den täglichen Erfahrungen von Gewalt und Repression im Rahmen einer hierarchisch strukturierten Gesellschaft zusammen. Diese Logik gilt es zu rekonstruieren.

Darüber hinaus kann diese Leitdifferenz von Codierungen abgegrenzt werden, die sich in anderen Gesellschaften finden. Die Unterscheidung von „Schmerz und Genuß" setzt andere Schwerpunkte als die Unterscheidung von „Freud´ und Leid" in Deutschland.

Auch kann eine zu analysierende Leitdifferenz zu anderen innerhalb der Gesellschaft zur Verfügung stehenden Wahrnehmungs- und Erlebnisschemata in Beziehung gesetzt werden. Wird beispielsweise in der religiösen Kommunikation vor allem mit dem Leib-Seele-Dualismus operiert, so können sich die alltäglichen körperzentrierten Erfahrungen von Schmerz und Genuß religiös gesehen nur im negativen Teil der „antigöttlichen Leibverhaftung" wiederfinden und müssen deshalb überwunden werden. Die Alltagserfahrungen werden in einer solchen religiösen Semantik abgewertet, das Ziel der religiösen Orientierung ist die Weltentsagung.

In Teil D der Untersuchung der vorliegenden Untersuchung werde ich zeigen, wie es den Theologinnen und Theologen des Körpers gelingt, den leibzentrierten Alltagserfahrungen einen Platz in ihren Konzepten einzuräumen.

---

[69] Luhmann (1990a) geht beispielsweise davon aus, daß die unterschiedlichen funktional ausdifferenzierten Teilsysteme in der modernen Gesellschaft nach je eigenen Codierungen operieren.

[70] Schulze, Die Erlebnisgesellschaft. Kultursoziologie der Gegenwart, 1993, S.348ff. Interessanterweise orientieren diese Schemata nach Schulze nicht nur die Erlebnisfähigkeit der gesellschaftlichen Akteure. Nach dem Ende der Klassengesellschaft haben sie vielmehr auch die Funktion, Identitäts- und Gruppenbildungsprozesse zu strukturieren.

3. Wahrnehmungs- und Erlebnisformen von Körperlichkeit in Brasilien

Die folgende Untersuchung geht davon aus, daß sowohl alltägliche Erfahrung als auch Lebenserfahrung als Ganzes in Brasilien in starkem Maße in ihren körperlichen Bezügen wahrgenommen und kommuniziert wird.[71] Über den Körper artikuliert sich symbolisch die Erfahrung des Einzelnen und seine Beziehung zur Gesellschaft: die individuelle Biographie ist eine Geschichte zwischen „Schmerz und Genuß", eine Geschichte, die sich „in den Körper einschreibt", dort ihre „Spuren" hinterläßt.

Dieser Horizont der Erfahrung ist in vielen brasilianischen Diskursen präsent, sei es in Alltagsgesprächen, in Texten der wissenschaftlichen Produktion oder der populären Kleinliteratur.

Dieses Wahrnehmungsschema zwischen „Schmerz und Genuß" kommt [72] in dem populären Lied „Maria, Maria"[73] von Milton Nascimento zum Ausdruck:

> Maria, Maria
>
> Maria, Maria ist ein Geschenk,
> eine Art von Magie
> eine Kraft, die uns Mut macht,
> eine Frau, die verdient zu leben und zu lieben,
> wie nur irgendeine andere auf unserem Planeten.
>
> Maria, Maria ist der Klang,
> ist die Farbe, ist der Schweiß,
> ist die Kraft, ist die Ausdauer
> einer Person, die lacht, wenn sie weinen müßte,
> und nicht eigentlich lebt,
> sondern es nur erträgt.

---

[71] Grundsätzliche Überlegungen zum Zusammenhang zwischen Leiblichkeit und Wahrnehmung bei Schütz, Bergson, Merleau-Ponty und Sartre finden sich im Überblick zu „Strukturen leiblicher Selbstwahrnehmung" bei: Wils, „Ästhetische Güte" Philosophisch-theologische Studien zu Mythos und Leiblichkeit im Verhältnis von Ehtik und Ästhetik, 1990, S.54-81. Ein aktueller Ansatz findet sich bei: Apel, Das Leibapriori der Erkenntnis. Eine erkenntnisanthropologische Betrachtung im Anschluß an Leibnizens Monadenlehre, 1985.

[72] Die Textbeispiele können immer nur als Illustrationen der hier angeführten Argumentation dienen und keinesfalls als Beweise. Qualitative Soziologie arbeitet mit dem Verstehen und Interpretieren von Texten, nicht mit dem Beweisen. Allenfalls kann die hohe Popularität der Texte auf eine für viele Brasilianer hohe Plausibilität der impliziten Logik rückschließen lassen. Zum Zusammenhang zwischen der »Musica Popular Brasileira« und der Volkskultur siehe: Carvalho, Tupi or Not Tupi MPB: Popular Music and Identity in Brazil, 1995.

[73] Zitiert nach: Monteiro, Feminilidade: O Perigo do Prazer, 1985, S.33. Übersetzt v.mir. S.K. (Soweit nicht anders vermerkt stammen im folgenden sämtliche Übersetzungen der portugiesischen Originaltexte von mir. S.K.)

Refrain:
Aber dazu ist Kraft nötig,
ist Stehvermögen nötig,
ist es nötig, unter keinen Umständen aufzugeben.

Wer an seinem Leib dieses Mal trägt,
Maria, Maria,
verbindet Schmerz und Freude. (dor e alegria)

Doch es ist nötig, stets einen Weg zu finden,
es ist nötig, Haltung zu bewahren,
es ist nötig, seine Träume nicht aufzugeben.

Wer dieses Mal auf seiner Haut trägt,
besitzt die seltsame Fähigkeit,
das Leben zu meistern.

Die Übersetzung von „Schmerz und Freude" muß von der in Deutschland üblichen Bezeichnung „Freud´ und Leid" abgegrenzt werden. Der portugiesische Begriff für die abstraktere Vorstellung des Leides ist *sofrimento*. Das Lied spricht aber von *dor,* ein Ausdruck, der vielmehr die konkreten Schmerzen bezeichnet.

Der im Lied verwendete Begriff *alegria* läßt sich am besten mit „Fröhlichkeit" und „Ausgelassenheit" übersetzen. Noch häufiger als das Paar *dor e alegria* werden in Brasilien jedoch die Begriffe *dor e prazer* verwendet.[74] *Prazer* wird dabei von brasilianischen Autoren sogar als Synonym zu *alegria* bezeichnet.[75] *Prazer* kann mit „Vergnügen", „Genuß" oder auch „Lust" übersetzt werden und entspricht am ehesten dem Gebrauch des englischen *pleasure*. In dem Begriff *prazer* sind die körperlichen Konnotationen somit noch deutlicher zu spüren als beim Wort *alegria*.[76] Ich werde im folgenden die Übersetzung von *prazer* den verschiedenen Kontexten entsprechend verwenden, doch sollten immer die jeweils anderen Konnotationen mitbedacht werden.

---

[74] Diese Verwendung findet sich üblicherweise in der Alltagskommunikation. Als Beispiele in der hier verwendeten Literatur sei Sampaio genannt, die von den Zeichen des Schmerzes und des Vergnügens auf den Frauenkörpern spricht: Sampaio, O corpo excluido de sua dignidade, 1993, S.35. Auch wird es als Oberbegriff für anthropologische Abhandlungen verwendet: Szasz, *Dor e Prazer*, 1979.

[75] Freire, *Sem Tesão não ha solução*, 1987, S.59.

[76] So wird z.B. das Buch „Pleasure" von Alexander Lowen in Brasilien als „Prazer" und im Deutschen als „Lust" übersetzt.

Natürlich hätte man auch ein anderes Begriffspaar wählen können, das in Brasilien grundsätzliche menschliche Erfahrungsmuster semantisch strukturiert, etwa *felicidade e tristeza* - Glück und Traurigkeit.[77] Rein quantitativ ließe sich jedoch eine häufigere Verwendung des Paares *dor e prazer* nachweisen. Dies hängt vor allem damit zusammen, welche große und oft lebensentscheidende Bedeutung man dort den körperlichen Erfahrungen und Bedürfnissen zuschreibt. Deshalb kann uns diese Leitdifferenz im folgenden helfen, einige der in Brasilien existierenden Erfahrungs- und Erlebnisstrukturen von Körperlichkeit zu analysieren.

II. SCHMERZ

1. Schmerz und Leid aufgrund menschlicher Begrenztheit

Leiden und Schmerzen, die durch die Endlichkeit menschlicher Existenz bedingt sind, zählt Clifford Geertz zu den bedrohenden Phänomenen für die menschliche Interpretationsfähigkeit, auf Grund derer das Chaos über den Menschen hereinzubrechen droht.[78] Die augenscheinlichsten Phänomene menschlicher Endlichkeit sind Tod und Krankheit.

Auch in Brasilien werden Krankheit[79] und Tod[80] gesellschaftsspezifisch wahrgenommen. Dabei läßt sich in Brasilien beobachten, wie versucht wird, die Wahrnehmung dieser Phänomene menschlicher Endlichkeit zu verdrängen.[81] Dennoch kann ihre Existenz nicht geleugnet werden, müssen diese Leiden im allgemeinen als zu akzeptierende Rahmenbedingungen menschlicher Existenz verstanden werden.

Aus religiöser Sicht stellt nach Geertz führt das Problem des Leidens dabei letztlich

> „paradoxerweise nicht zu der Frage, wie es zu vermeiden sei, sondern zu der Frage, wie zu leiden sei, wie man körperlichen Schmerz, persönliche Verluste, ir-

---

[77] Siehe dazu das Lied von Vinicius de Morais S.50.
[78] Geertz 1987b, S.61.
[79] Zum Thema Krankheit siehe die soziokulturelle Studie des brasilianischen Anthropologen: Hubert Lepargneur, *O Doente, A Doenca e A Morte*, 1987.
[80] Zu den brasilianischen Vorstellungen vom Tod: Roosevelt M.S. Cassorla, *Da Morte. Estudos Brasileiros*, 1991. Souza Maranhao, *O que e morte*, 1987. Roberto da Matta, Morte: A morte nas sociedades relacionais: reflexoes a partir do caso brasileiro, 1991.
[81] So die zentrale These der Studie von Rodrigues, *Tabu da morte*, 1983. Siehe auch Cassorla S.23.

dische Niederlagen oder die Hilflosigkeit gegenüber der Pein anderer erträglich, ertragbar, sozusagen zu etwas Leidlichem machen kann."[82]

Doch nicht nur aus relgiöser Sicht sondern auch in nichtreligiösen Diskursen muß diese Begrenztheit des menschlichen Lebens letztlich akzeptiert werden. Dabei stellt sich die Frage, wie man mit Tod und Sterben angemessen - oder wie man in Brasilien sagen würde: würdig - umgehen kann, ohne ihre Existenz zu leugnen. Eben dies ist, wie in anderen Kulturen auch, eine zentrale Frage des Diskurses über die Erfahrung von Schmerz und Leid aufgrund menschlicher Begrenztheit. So endet beispielsweise eine Einleitung zu einer den wenigen Veröffentlichungen zu diesem Themen, den „brasilianischen Studien über den Tod":

> „Wir würden uns wünschen, daß dieses Buch über den Tod hilft, das Leben neu zu bedenken, unser eigenes und das Leben unseresgleichen, um es zu einem würdigen Leben zu machen. Und dann wäre der Tod auch würdig, *denn er ist ein Teil des Lebens.*"[83]

2. Schmerz und Leid in einer Kultur der Gewalt

Von diesem nicht abzuwendenden Leid, das ein Teil des Lebens ist, soll im folgenden nicht vorrangig die Rede sein. Es wird vielmehr um die von Menschen verursachten und unschuldig erlittenen Schmerzen gehen, die als eine Konsequenz individueller Entscheidungen oder des gesellschaftlichen Systems verstanden werden können. In der Erfahrung der Menschen erscheinen diese Schmerzen als eine Folge von Gewalt. Diese Gewalt prägt so sehr den Erfahrungshorizont des brasilianischen Alltags, daß man bereits von einem „Dauerklima der Unsicherheit und Gewalt"[84] oder sogar einer „Kultur der Gewalt"[85] gesprochen hat.

Diese von Menschen verursachte Gewalt zählt nicht zu den natürlichen Bedingungen menschlicher Existenz und ist deshalb eine ständige Ursache von Empörung. Alter, Krankheit und natürlicher Tod werden in Brasilien als Thema weitestgehend gesellschaftlich tabuisiert. Die Gewalt jedoch ist in den öffentlichen Diskursen immer präsent, die Zeitungen sind voll von Gewaltmeldungen, in öffentlichen Demonstrationen oder anderen politischen Aktionen wird die

---

[82] Geertz 1987b, S.66.
[83] Cassorla 1991, S.23. Übersetzung und Hervorhebung von mir, S.K.
[84] Oliven, *Violencia e cultura no Brasil*, 1982, S.24.
[85] Sader, *Cultura da violencia*, 1989, S.6; Leonardo Boff spricht in diesem Zusammenhang von einer „Gesellschaft der Gekreuzigten". Siehe: Boff, *Wie predigt man das Kreuz heute in einer Gesellschaft der Gekreuzigten?*, 1987.

Gewalt und ihre Ursachen stets angeklagt. Die ständige Bedrohung durch Gewalt bildet somit auch den Erfahrungshorizont der Menschen, die momentan nicht von der Gewalt betroffen sind.[86]

Und so werden im Kontext der brasilianischen Gesellschaft auch Tod und Krankheit in weitem Maße als durch strukturelle Gewalt verursacht verstanden. Die ungerechte gesellschaftliche Situation führt zu einer Ungleichheit selbst vor dem Tod.[87] Der Poet Joao Cabral de Melo Neto schreibt über den Tod der Landflüchtlinge aus dem Nordosten, die oft den Namen Severino tragen:

> Er ist der Tod, den man aus
> Altersschwäche stirbt,
> bevor man dreißig Jahre alt,
> oder, ehe man zwanzig ist, durch einen Hinterhalt.
> Durch Hunger jeden Tag ein wenig.
> Mit Schwäche und Krankheit zum Zeitvertreib
> rückt der Severinotod
> jedem Alter auf den Leib,
> auch solchem noch im Mutterleib[88]

Der Tod ist ein Phänomen jeden Lebens. Aber der frühe Tod ist eine Folge sozialer Ungerechtigkeit. Die Armen sterben früher, sie werden schneller krank und haben kein Geld für medizinische Versorgung. Ihre Zähne sind schon in der Kindheit kaputt, die hohe Zahl der Arbeitsunfälle betrifft vor allem die unteren Schichten.[89]

Deshalb sind über die alltäglichen Erfahrungen physischer und ökonomischer Gewalt hinaus selbst solche in allen Gesellschaften existierenden Phänomene wie Tod und Krankheit in Brasilien nicht nur Begleiterscheinungen einer anthropologisch bedingten Begrenzung menschlichen Lebens. Der frühe Tod und

---

[86] Hegmanns geht davon aus, daß in Brasilien von der Elite und der Presse bewußt eine „Gewalthysterie" geschürt werde, um die Maßnahmen eines autoritären Staates zu rechtfertigen. In diesem Zusammenhang erkläre sich auch die von weiten Teilen der Bevölkerung akzeptierte Ermordung krimineller Straßenkinder und die wachsende Anzahl von Fällen der Lynchjustiz. Doch selbst wenn solche Maßnahmen als absolut inakzeptabel abgelehnt werden müssen, kann man die hohe Sensibilität für die Gewalt nicht als reine „Ideologiesierung" ablehnen, wie Hegmanns dies tut. Bei den Gewalttaten gehört Brasilien weltweit zu den Spitzenreitern und es sind gerade die marginalisierten Schichten, die auch unter dieser Gewalt am meisten leiden. Siehe: Hegmanns, *Gewalt in Brasilien. Soziale und politische Hintergründe eines Phänomens*, 1992, S.178.

[87] Souza Maranhao S.24, Spricht deshalb von Brasilien als einem „Genozid-System".

[88] Cabral de Melo Neto, *Tod und Leben des Severino*, 1988, S.7

[89] Adorno, O Brasil é um país violento, 1989, S.14. Adorno betrachtet die Arbeitsunfälle als eine Form „versteckter Gewalt". Oliven bezeichnet den staatlichen Mindestlohn als eine „unglaubliche Form der Gewalt". Oliven, A violencia como mecanismo de dominação e como estrategia de sobrevivencia, 1986, S.16.

das verschärfte Leiden der Marginalisierten werden vielmehr in vielen Diskursen als eine Form von Gewalt empört angeklagt und als Ausdruck einer ungerechten und hierarchisch segmentierten Gesellschaft verstanden.[90]

Die unterschiedlichen Formen dieser Leiderfahrung sind ausführlich von Nancy Scheper-Hughes in ihrer Monographie „Death Without Weeping. The Violence of Everyday Life in Brazil" untersucht worden, und müssen hier nicht wiederholt werden.[91] Im folgenden soll es uns vor allem darum gehen, diejenigen kulturell konstruierten Formen der Wahrnehmung von Leiderfahrungen zu untersuchen, die sich einer auf den Körper bezogenen Semantik bedienen.

3. Die Spuren auf dem Körper

In einem Lied des populären brasilianischen Liedermachers Zé Vicente vom „Tanz des leidenden Pilgers" heißt es: „Auf unserem Körper tragen wir die Spuren der Schmerzen und der Leiden." In dem Lied geht es um das Leben und Leiden der Favela-Bewohner, der Armen, die hungern und in den Gerichtshöfen ohne Verteidigung gefoltert werden.[92]

Leid und Gewalt sind für die marginalisierten Bevölkerungsschichten in Brasilien eng mit körperlichen Erfahrungen verbunden. Diese Erfahrungen beginnen bereits mit den erbärmlichen Lebensbedingungen, die von Hunger und Unterernährung geprägt sind. In dem schon oben zitierten Gedicht von Joao Cabral de Melo Neto heißt es dazu:

> Unser Leib, der auf gleichen mageren Beinen steht,
> ist einer wie der andere dick und gebläht.
> Auch im Blut sind wir gleich,
> denn an Farbe ist es nicht reich.
> Und wenn wir gleiche Severinos sind im Leben und aller Not,
> so sterben wir auch den gleichen Tod.

Diese eminent physische Bedrohung des Körpers durch die Gewalt des Elends führt zu der perversen Situation, daß auf den Müllhalden der Städte des Nordostens ein neuer Typ von Zwergmenschen aufwächst. Der Körper der Töchter und Söhne der „Müllmenschen" findet schon von klein an keine Entfaltungsmöglichkeiten für eine natürliche Entwicklung.

---

[90] Diese Empörung greift natürlich nicht auf komplexe gesellschaftliche Analysen zurück. In vielen Fällen geht sie vielmehr von einer einfachen Zweiteilung der Gesellschaft aus und äußert sich in Anklagen gegen die „Elite", die „Reichen" und „Schamlosen".
[91] Scheper-Hughes, *Death Without Weeping. The Violence of Everyday Life in Brazil,* 1992.
[92] Das Lied ist abgedruckt im Liederheft: *Jave é a Razão de Nosso Canto!,* 1982, S.29.

Auch die alltägliche Gewalt der Großgrundbesitzer gegen ihre Tagelöhner, die kriminelle Gewalt, der Mord an den Straßenkindern[93] und die Gewalt der Polizei gegen schwarze Jugendliche bedrohen die Körper der Schwächeren. Gerade für die afro-brasilianische Bevölkerung wird bereits die Farbe ihres Körpers zum Stigma und macht sie zum Angriffsziel von Gewalt. Der brasilianische Literaturwissenschaftler Silvio Santiago spricht in diesem Zusammenhang davon, daß es möglich sei, eine „somatische Semiologie" für die Leidenserfahrungen der Schwarzen zu entwerfen.[94]

Und selbst die täglichen Beziehungen - auch in der Familie - sind oft von solchen Erfahrungen der Gewalt durchzogen. Die in den Interviews des Soziologen Roberto da Matta am häufigsten erwähnte Szene der Gewalt, beschrieb einen Erwachsenen, der ein Kind schlägt, oder einen Mann, der eine Frau mißhandelt oder vergewaltigt.[95]

Die Frauen leiden am meisten unter diesem Kreislauf der Gewalt.[96] Selbst die sexuellen Beziehungen sind oft von Erfahrungen der Gewalt geprägt. So werden viele Frauen von ihren Männern geschlagen.[97] Die volkstümlichen Ausdrücke der Geschlechtsorgane schreiben dem Glied des Mannes Eigenschaften der Kraft, Macht und Gewalt zu, während die weiblichen Geschlechtsorgane mit Minderwertigkeit und Unvollkommenheit assoziiert werden.[98] Demzufolge gestalten sich die Geschlechtsbeziehungen auch unter Machtaspekten, führt Dominanzstreben und Patriarchat in vielen Fällen zur Anwendung von Gewalt gegen das „schwache Geschlecht".[99]

Das größte Problem der Prostituierten, so erzählte mir eine kirchliche Beauftragte, ist die ständige Gewalt, die sie von den Männern erfahren. In einem „Klagepsalm" zur Situation der sich prostituierenden Mädchen und Frauen schreibt Tania Mara V. Sampaio:

> Es fehlt an Platz im Haus, es fehlt an Nahrung,
> es gibt viele Leute dort, viele hungrige Bäuche.
> Man muß neue Wege finden, um zu überleben.
> Vergewaltigung, Inzest sind die Methoden,
> die Mädchen zu zwingen, andere Räume zu finden,

---

[93] Zur Gewalt gegen Kinder siehe die Unterlagen der Lateinamerikanischen Konferenz über Gewalt: Rovira u.a., *Boys and Girls: Victims of the madness of an adult society*, 1990.
[94] Santiago, Lebensfreude und Macht, 1992, S.337.
[95] Siehe dazu auch den Aufsatz von Sader 1989.
[96] Penna, *Corpo sofrido e mal-amado. As experiencias da mulher com o proprio corpo*, 1989, S.5.
[97] Gassen, Amelias Töchter sind erwacht.Beobachtungen zum Thema Frauen-Emanzipation in einem brasilianischen Armenviertel, 1977, S. 32.
[98] Zur „Sprache des Körpers" siehe: Parker, Corpos, Prazeres e Paixoes, 1991, S.63-73.
[99] Freilich weist Parker (1991) S.72 auch darauf hin, daß die Machtbeziehungen nicht den einzigen symbolischen Horizont der Wahrnehmung des Körpers bilden. Siehe dazu unten S.43ff.

um ihren Hunger zu töten,
um die Möglichkeit des Lebens zu finden.
...
Leidende Menschen, zerquetscht,
das Elend ihrer menschlichen Integrität.

Wer sind die Leute,
die sich vom Körper dieser Menschen ernähren?[100]

Das physische Elend und der tägliche Überlebenskampf wird in diesem Lied mit dem Leiden des Körpers in Verbindung gebracht. Der Körper wird zum Ort, an dem das erlittene Leid, die Gewalt und die Ungerechtigkeit zum Ausdruck kommen.

Selbstverständlich verwendet man auch in Brasilien Begriffe wie „verletzte Seele" oder „schmerzendes Herz", die die psychischen Leiden als Folgen einer Vergewaltigung bezeichnen können. Doch selbst psychisches Elend läßt sich in Brasilien mit Begriffen wie den „Spuren auf dem Körper" treffend erfassen. Bei diesen Spuren auf dem Körper geht es nicht nur um rein äußerlich sichtbare physische Wunden. So läßt sich bei den Straßenkindern und Mädchenprostituierten im Nordosten Brasiliens beobachten, daß sie sich zur Erinnerung an besonders schreckliche Erlebnisse, wie etwa Vergewaltigungen oder den Verlust ihrer Kinder, Symbole auf ihren Körper tätowieren lassen.[101] Die „Spuren auf dem Körper" sind der sichtbare Ausdruck des erlebten psychischen Leides.

4. Brasilianische Diagnosen der Gewalt

Die Frage nach den Ursachen der Gewalt beschäftigt viele brasilianische Wissenschaftler. Sergio Adorno, der Leiter des „Zentrums zur Erforschung der Gewalt" an der Universität von São Paulo, hält die hierarchische Struktur der Gesellschaft für einen der Hauptgründe für die Gewalt. Es sei eine Struktur, in der es eine große Machtkonzentration gibt und in der die Bevölkerung im allgemeinen sehr unterdrückt wird. Der Führungsschicht gelinge es dabei weder, auf die Probleme der sozialen Unterschiede, noch auf die kulturellen, regionalen und rassischen Ungleichheiten eine angemessene Antwort zu finden, es sei denn mit eigener Gewalt.[102]

Allerdings existiert innerhalb der hierarchischen Gesellschaft Brasiliens keine einfache Dichotomie zwischen Dominierenden und Dominierten. Vielmehr

---

[100] Sampaio, „O corpo excluido de sua dignidade", 1993, S.28f.
[101] Vilanova, „As filhas do lixo. Meninas de ruas no Recife se flagelam para marcar no corpo as amarguras de quem vive num país sem dignidade", 1996.
[102] Adorno 1989, S.11f.

reproduziert sich sowohl die Dichotomie als auch die damit verbundene Gewalt in allen Sphären der Gesellschaft bis hinein in die familiären Strukturen.[103] So lernen die Kinder der Favelas bereits, daß

> „sie alles, was sie haben, der Gewalt verdanken, wie sie auch alles, was sie verlieren, auf Grund von Gewalt verlieren. (...) So verstärkt sich in ihnen das Gefühl, daß der Stärkste triumphiert, oder schließlich derjenige, dem es gelingt, den anderen seinen Willen aufzudrängen."[104]

Solche Allaussagen in analytischen Texten sind natürlich problematisch. Natürlich gibt es auch in den Favelas noch andere Steuerungsmechanismen und normative Systeme als die Gewalt. In unserem Zusammenhang geht es lediglich darum zu zeigen, welche zentrale Bedeutung nach Einschätzung brasilianischer Wissenschaftler der Gewalterfahrung für die Sozialisation der Jugendlichen zukommt.

Das entscheidende Kriterium der Differenzierung innerhalb der hierarchischen Gesellschaft wird von diesen brasilianischen Wissenschaftlern dabei im Zugang zu den gesellschaftlichen Ressourcen gesehen. In seinem Buch „Der Brasilianer und sein Körper" schreibt Joao Paulo S. Medina zum „marginalisierten Körper": „Es ist der Körper von Millionen Brasilianern, die keinen Zugang haben zu den Gütern und Wohltaten, die unsere Gesellschaft produziert."[105]

Das hierarchische Gesellschaftssystem und die ungleiche Verteilung der Ressourcen führen somit zur einer strukturellen Ungerechtigkeit - einer Ungerechtigkeit, die „am marginalisierten Körper ihre Zeichen hinterläßt".[106] Dieser Ungerechtigkeit setzt Medina den „Kampf für würdige Existenzbedingungen" entgegen. Wie im Gedicht Sampaios so verwendet auch Medina die Vorstellung von der bedrohten Integrität und Würde des Körpers, um die Konsequenzen der gesellschaftlichen Ungerechtigkeit sowie der daraus resultierenden Gewalt und Leiderfahrung auszudrücken. Diese Vorstellung findet sich auch in den volkstümlichen Vorstellungen über die alltäglichen Gewalterfahrungen wieder.

5. Volkstümliche Vorstellungen: Bedrohte Integrität und Würde des Körpers

Roberto da Matta hat auf den Unterschied zwischen dem „gelehrten Diskurs" der Rechten und der Linken auf der einen Seite und den Vorstellungen der Unterschichten über die Gewalt auf der anderen Seite hingewiesen. Für die Rechte

---

[103] Da Matta, As Raízes da Violencia no Brasil, 1982, S.19.
[104] Sader 1989, S.6.
[105] Medina, O Brasileiro e seu corpo, 1991, S.52.
[106] Ebd.

gilt die Gewalt als polizeitechnisches Problem, die Linke sieht die Ursachen der Gewalt in der Gesellschaftsstruktur.[107]

Gegenüber einer solchen sozioökonomischen Analyse wird die Gewalt in den Vorstellungen der Bevölkerung eher mit moralischen Kategorien bewertet. Gewalt erscheint als sozialer Mechanismus, der mit der „menschlichen Bosheit" in Verbindung gebracht wird und mit dem Gebrauch von Macht gegen Schwache, Arme und Marginalisierte. Der Gewalttäter überschreitet dabei die allgemeinen Normen und dringt in den moralisch geschützten Bereich des Unterlegenen ein, indem er dessen körperliche Integrität bedroht.

In einer Umfrage beobachtete da Matta, daß alle Interviewpartner darin übereinstimmten, daß der Akt der Gewalt sich als etwas elementar Physisches darstellte, bei dem die körperliche Kraft als grundlegendes Mittel der Gewaltanwendung gegen die Integrität des anderen erscheint. Der Gebrauch von Waffen wurde in den Interviews erwähnt, aber seltsamerweise waren die Schußwaffen davon ausgeschlossen, und es wurde nur von Stichwaffen oder Messer gesprochen. Diese Vorstellung lasse sich von Assoziationen eines nordamerikanischen Informanten abgrenzen, der bei dem Stichwort „Gewalt" sofort an eine Szene mit einem erschossenen Politiker dachte.[108]

Favela-Bewohner sehen sich selbst als „Schwache" und „Arme" und verstehen die Welt als stark hierarchisiert. Damit können sie sich von den Leuten abgrenzen, die auf der Straße leben, stehen aber unterhalb der Mittelklasse.[109] Wenn sie gleichzeitig betonen, daß sich die Gewalt vor allem gegen die Schwachen richtet, wird klar, daß sie sich als Hauptopfer der Gewalt verstehen.

Obwohl sich diese Marginalisierten in der hierarchischen Pyramide weit unten sehen, fordern sie dennoch ein Leben in Würde.[110] *Das Konzept der Würde und die damit einhergehende Forderung nach Respekt sichert in Brasilien den moralisch geschützten Bereich und die Integrität der Personen, trotz der hierarchisierten Beziehungen in der Gesellschaft.* Wo Menschen durch Gewalt in der Integrität ihres Körpers bedroht werden, zeigt sich am schärfsten die Mißachtung des Respektes für die Würde des anderen.

Ein persönliches Erlebnis soll dies exemplifizieren. Ich bin einmal gemeinsam mit zwei brasilianischen Begleiterinnen in einer Favela nachts von mit Messern bewaffneten Jugendlichen überfallen worden. Sowohl meine Begleiterinnen als auch die Jugendlichen waren Bewohner der Favela. Während die Jungen mich bedrohten und durchsuchten, begannen meine Begleiterinnen ein aufgeregtes Geschrei: „Ihr habt keinen Respekt, ihr habt keinen Respekt!" Für mich war

---

[107] Da Matta, Os discursos da violencia no Brasil, 1993, S.178ff.
[108] Da Matta 1982, S.24.
[109] Cardoso, „As Representações dos Favelados de São Paulo", 1978, S.39.
[110] Cardoso 1978, S.43. Siehe dazu beispielsweise den Bericht aus Brasiliens Nachbarland Uruguay: Büttner-Lermen, » ... vor allem aber geht es darum, daß man uns achtet«. Uruguyische Prostituierte kämpfen um ihre menschliche Würde, 1991.

es ein seltsames Erlebnis, daß die Frauen in einer so gefährlichen Situation den ihnen gebührenden Respekt einklagten. Obwohl uns die Jugendlichen physisch überlegen waren, hätte nach Ansicht der Frauen die Achtung und der Respekt vor den Nachbarn des gleichen Viertels die Jugendlichen davon abhalten müssen, ihre Überlegenheit auszunutzen. Indem sie uns aber gewalttätig bedrohten, überschritten sie diese Grenze der Integrität und Würde der anderen und so brach die moralische Ordnung zusammen. Dieser Zusammenbruch der moralischen Ordnung schien für die Frauen ein größerer Skandal zu sein, als die Angst vor dem Verlust des Geldes.

Das Konzept des Respektes ist somit eine Kulturtechnik, eine hochexplosive Gemeinschaft wie ein Armenviertel zu integrieren. Mit der wachsenden Armut und der zunehmenden Gewalt wird dieses Konzept allerdings immer brüchiger, hat die Forderung nach Respekt immer weniger Kraft.

Dies ist der Bevölkerung auch bewußt. Im Streit um bessere Lebensverhältnisse, in Diskussionen und auf Demonstrationen wird deshalb auch immer der Respekt für die Würde der Menschen als ein Grundrecht eingefordert. Diese Forderung bezieht sich sowohl auf die würdigen Lebensbedingungen als auch auf den Respekt vor der Integrität der Personen. Die ständige Bedrohung der Integrität der Armen wird durch die strukturelle ökonomische und auch konkret körperliche Gewalt in Brasilien vor allem als Bedrohung der körperlichen Integrität erfahren.

Doch auch nicht spezifisch physische Bedrohungen können mit diesem Schema erfaßt werden. In dem schon oben zitierten Klagepsalm zur Situation der Mädchen-Prostituierten heißt es beispielsweise:

> Leidende Menschen, zerquetscht,
> das Elend ihrer menschlichen *Integrität*.
> ...
> Wie können wir mit unseren Töchtern im Haus bleiben,
> während wir erlauben, daß sich die anderen Töchter prostituieren,
> denen wir nicht nur den Zugang zur Arbeit verwehrt haben,
> zum Essen, zu einer Unterkunft, zur Gesundheit,
> sondern auch den Zugang zur *Würde*?[112]

Die Mädchen-Prostituierten sind bedroht in ihrer menschlichen Integrität, weil ihre Körper mißbraucht werden und ihnen neben dem ökonomischen Elend sogar der Zugang zur Würde versperrt bleibt. Ökonomisches, physisches und psychisches Elend werden von der Autorin zusammengefaßt unter dem Titel „Der Körper, der von seiner Würde ausgeschlossen ist".

---

[111] Da Matta, As Raízes da Violencia no Brasil, 1982, S.19.
[112] Sampaio 1993, S.28f. Hervorhebung von mir S.K.

6. Zusammenfassung: Elemente der Schmerzerfahrung

Die Ausführungen zum Leiden haben gezeigt, daß in der brasilianischen Gesellschaft unter den ständigen Bedingungen einer „Kultur der Gewalt" von Menschen verursachte und unschuldig erlittene körperliche Schmerzen eine zentrale Rolle in der täglichen Erfahrung spielen.

Sozio-kulturelle Analysen sehen die Ursachen der Gewalt in einer auf ungerechte Macht- und Ressourcenverteilung beruhenden hierarchischen Gesellschaftsstruktur. In den volkstümlichen Vorstellungen von Gewalt spiegelt sich diese Analyse insofern wider, als hier Gewalt als eine Aggression des Starken gegen den Schwachen gesehen wird. Dabei wird durch die körperliche Bedrohung der Schutzraum des Unterlegenen bedroht, seine Würde nicht respektiert. Der durch strukturelle oder konkret-physische Gewalt verursachte Schmerz hinterläßt seine „Spuren auf den Körpern" der Gepeinigten. Doch nicht nur konkret-physische Leiden, sondern auch ökonomisches und psychisches Elend als Folge gesellschaftlicher Ungerechtigkeit wird im Rahmen dieser Körpermetaphern und als eine Form der Gewalt interpretiert. Diese Gewalt führt zur Bedrohung des Körpers und der Integrität der Armen. Sie zerstört ihre Würde.

Die brasilianische Gesellschaft ist mit vielen Problemen belastet. Doch die Gewalt trifft den Nerv der Gesellschaft. Deshalb wird sie so intensiv erlebt und angeklagt. Deshalb spielt die Körpersemantik, spielen Begriffe wie „Schmerzen", „Spuren auf dem Körper" oder „Würde des Körpers" eine zentrale Rolle in den Erfahrungsmustern und im Selbstverständnis vieler Brasilianer. Durch die Mißachtung der Würde des anderen wird der Respekt als ein in der brasilianischen Gesellschaft zentraler moralischer Steuerungsmechanismus außer Kraft gesetzt. Nicht nur die Integrität des Körpers des Einzelnen, sondern das Leben in der Gemeinschaft ist dadurch bedroht.

III. GENUSS

Unsere Fröhlichkeit ist der Prüfstein unseres unbesiegbaren Widerstandes
Jorge Amado

1. Körperlichkeit in den nationalen Symbolen

Der Schmerz ist nur die eine Seite körperlicher Erfahrungen im brasilianischen Alltag, wenn auch die für viele Menschen dominierende. Den Gegensatz zu Leid und Schmerz bildet das Vergnügen, der Genuß oder die Lust, die mit dem Ausdruck *prazer* bezeichnet werden.

Die Körpererfahrungen der Lust und des Vergnügens spielen aber nicht nur für den Horizont individueller Alltagserfahrung eine zentrale Rolle. Sie sind auch wichtig für das Selbstverständnis vieler Brasilianer als Volk.[113]

Dieses Selbstverständnis drückt sich in den nationalen Symbolen aus.[114] Zu solchen nationalen Symbolen meint Jan Assmann:

> „Jede Gesellschaft bildet, wenn sie einen gewissen Grad von Differenziertheit erreicht hat, einen Kernbereich kultureller Praxis aus, eine Mitte heiligster und bedeutsamster Traditionen, mit denen sie sich identifiziert und deren Reproduktion daher einen Akt gesellschaftlicher Selbstthematisierung darstellt."[115]

In Deutschland mag so manch Unverständnis aufkommen bei dem Ausdruck „nationale Symbole", da hier die Frage der nationalen Identität aufgrund der historischen Erfahrungen ungeklärt bleibt. In Brasilien findet man dagegen unzählige Literatur mit Titeln wie „Was macht Brasilien so brasilianisch?", „Wer sind wir Brasilianer?", „Brasilien, Land des Karnevals". In der Alltagskommunikation sind dutzende Sprichwörter über Eigenschaften präsent, die als „typisch brasilianisch" bezeichnet werden.

Diese nationalen Symbole vermögen es einerseits, kollektive Identität zu stiften, zu der sich das Individuum in Beziehung setzen kann. Mit dieser Verortung ermöglichen sie aber auch individuelle Identität und ermöglichen Aussagen über individuelle Erfahrungs- und Erlebnismuster machen. Jan Assmann hat in

---

[113] Dieser sozialisierende Aspekt leiblicher Erfahrung steht ganz im Gegensatz zu den Auswirkungen der Gewalt, die durch den Angriff auf die Würde des anderen die Grundlage der Gemeinschaft zerstört.

[114] Die sozialwissenschaftliche Literatur zu „nationalen Symbolen" ist uferlos. In Anschluß an die obigen Literaturangaben sei deshalb lediglich hingewiesen auf Geertz, *Religiöse Entwicklungen im Islam. Beobachtet in Marokko und Indonesien*, 1988.

[115] Assmann, Sepulkrale Selbstthematisierung im Alten Ägypten, 1987, S.208.

diesem Zusammenhang von einer „Dialektik von Dependenz und Konstitution" gesprochen.[116]

In Brasilien steht ein großer Teil der nationalen Symbole im Zusammenhang mit Körpererfahrungen des Genusses. Während andere Nationen große Persönlichkeiten, abstrakte Werte, politische Institutionen oder historische Ereignisse in das Zentrum ihrer nationalen Identitätsbildung stellen, übernehmen in Brasilien bestimmte Gerichte, der Samba oder Bossa Nova, Fußball oder Karneval diese Funktion.[117] Es sind Symbole aus dem alltäglichen Leben, Symbole der „Erholungsaktivitäten"[118] und des körperlichen Vergnügens.

Die nationalen Symbole eignen sich gut, um die Erlebnisstruktur des Genusses herauszuarbeiten. Denn die Untersuchung konzentriert sich dabei auf Symbolkomplexe mit einem relativ hohen Verbreitungs- und Akzeptanzgrad.

Doch sind Reichweite und Ressonanztiefe dieser Symbole in einer so komplexen Gesellschaft wie Brasilien umstritten. Sie werden vor allem von den kulturellen Zentren des Südens verbreitet, viele Brasilianer finden sich darin aber nicht wieder. Auf der Frankfurter Buchmesse 1994 versuchten brasilianische Autoren, das Bild Brasiliens im Ausland zu ändern, denn Brasilien sei „mehr als Karneval, Fußball, Exotismus, Umweltzerstörung und Gewalt gegen Straßenkinder". Doch der Liedermacher Chico Buarque de Hollanda wies zu Recht darauf hin, daß diese Sicht Brasiliens im Ausland von den Brasilianern selbst exportiert worden sei, also ihrer bisherigen Selbstthematisierung entspreche.[119]

Doch im folgenden soll keine Diskussion über die Gültigkeit nationaler Symbole geführt werden. Vielmehr sollen die Symbolkomplexe *nur benutzt* werden, um die Erlebnisstruktur des Vergnügens zu untersuchen. Diese Struktur kann dann auch Gültigkeit für denjenigen besitzen, der nicht Fußball sondern Volleyball spielt und der sich nicht für Karneval interessiert. Und in gewisser Weise behält sie sogar mit negativen Vorzeichen Gültigkeit für diejenigen, die den Karneval als Teufelswerk betrachten.

---

[116] Siehe dazu das Kapitel „Identität, Bewußtsein, Reflexivität" in: Assmann, *Das kulturelle Gedächtnis. Schrift, Erinnerung und politische Identität in frühen Hochkulturen*, 1992, S.130-143.

[117] Natürlich unterliegen auch die nationalen Symbole einem Wandel. Gerade in den letzten Jahren ist eine verstärkte Ausrichtung auf die erste Welt zu beobachten, die Brasilien als gleichwertigen Partner sehen möchte. So läßt sich auch die Begeisterung für den Rennfahrer Senna erklären. Er ist eben nicht nur ein geschickter Sportler, sondern ein Weltmeister in der Beherrschung modernster Technik. Siehe dazu: Spielmann, *Brasilianische Fiktionen. Gegenwart als Pastiche*, 1994, S.14.

[118] Da Matta, „Der Sport in der Gesellschaft: Der brasilianische »futebol« als nationales Drama", 1989, S.411.

[119] Siehe den Artikel: „O Brasil na Feira. Em Frankfurt, o pais do Carnaval, futebol e exotismo tenta mostrar que tem uma literatura de Primeiro Mundo", Veja 5.10.1994.

Natürlich gibt es nicht nur andere Erlebnisformen, als die hier analysierten, sondern auch andere Erlebnisstrukturen des Vergnügens.[120] Doch wird hier nur behauptet, daß die im folgenden dargestellte Erlebnisstruktur *einen* der im brasilianischen Symbolhorizont zur Verfügung stehenden Sinnkomplexe bildet - wenn auch einen sehr zentralen.

1.1. Fußball als Chance der Marginalisierten

Die große Bedeutung, die der Fußball für die brasilianische Gesellschaft hat, wurde erneut nach der Weltmeisterschaft 1994 offensichtlich.[121] Durch den Sieg der brasilianischen Mannschaft wurde explizit, was jeder Brasilianer sowieso wußte: „Wir Brasilianer spielen den besten Fußball der Welt, und Gott ist ein Brasilianer!"[122]

Roberto da Matta analysiert den brasilianischen Fußball als „nationales Drama", als Ritual, das wesentliche Werte und ideologische Inhalte der Gesellschaft symbolisch darstellt. Er betont dabei die Bedeutung des Fußballs gerade für die einfache Bevölkerung:

> „Nur in ihrem konkreten Erlebnis des »futebol« erfahren die Massen so etwas wie Brasilien, und nur dort spricht dieses Brasilien zu ihnen und mit ihnen. (...) Auf diese Weise erfahren sie dann sehr konkret und nah sowohl die Einheit der Nation als auch ihre Einheit mit der Nation."[123]

Dabei werde bei der Symbolisierung des Fußballs ein Idealbild der Gesellschaft gezeichnet: eine Gesellschaft in der eine grundsätzliche Gleichheit aller herrscht, in der persönliche Leistung statt Hierarchie oder Hautfarbe zählt.[124] Und im Fußball selbst haben nicht nur symbolisch, sondern auch faktisch die Armen und Schwarzen als Fußballspieler eine Möglichkeit des sozialen Aufstiegs und der sozialen Anerkennung.[125] Wenn diese Chance auch sehr gering ist, wird sie im

---

[120] So wird beispielsweise in den immer militanter werdenden brasilianischen Fußballclubs das Vergnügen am Fußball mit der Gruppenidentität des eigenen Vereins und Gewaltanwendung gegen gegnerische Clubs assoziiert - eine Stuktur des Vergnügens, die den im folgenden analysierten Vergnügungsformen entgegensteht.

[121] Zum brasilianischen Fußball siehe: Coelho, *O Caso Bebeto: Futebol e Identidade Cultural no Brasil*, 1991. Vogel, *O momento feliz: Universo do futebol*, 1982.

[122] Zur Bedeutung des Fußballs als funktionales Äquivalent für Religion: Daiber, „Fußball als Nationalreligion. Nachdenken zu einer dionysischen Weltmeisterschaft", 1990.

[123] Da Matta 1989, S.409.

[124] Zu den Beziehungen zwischen Rassismus und Fußball siehe: Rosenfeld, *Negro, Macumba, Futebol*, 1993.

[125] Filho, *O negro no futebol brasileiro*, 1964.

„Ritual des Fußballs"[126] doch zelebriert, richten sich darauf die Hoffnungen und Träume vieler Jugendlicher in den Favelas. In diesem Zusammenhang ist auch die Bedeutung des schwarzen „Fußballkönigs" Pelé anzusiedeln. Der 1994 neu gewählte Staatspräsident Fernando Henrique Cardoso ernannte bald nach seiner Wahl Pelé zum Staatssekretär für Fragen des Sports. Eine der ersten Handlungen Pelés war es, eine Fußballschule für Straßenkinder aufzubauen, die ihnen die Ausbildung zum Profifußballer ermöglichen soll. Damit knüpfte Pelé genau an die mit dem Fußball verknüpften Träume an, die er selbst verkörpert.

Die im Fußball symbolisierte Kontrasterfahrung einer demokratischen und auf gleiche Chancen für die Armen und Schwarzen beruhenden Form wurde z.T. von der brasilianischen Elite mit Mißtrauen beobachtet. So machten nach der Fußballniederlage des brasilianischen Teams von 1950 einige Journalisten die durch drei schwarze Abwehrspieler repräsentierte „unglückliche rassische Zusammensetzung" der brasilianischen Bevölkerung für den Mißerfolg verantwortlich.[127]

Die Möglichkeit, durch persönliche Leistungen den Aufstieg in der Gesellschaft zu erlangen, ist beim Fußball durch den Besitz körperlicher Geschicklichkeit gegeben. Während das Spiel ein nicht-zweckhaftes, körperliches oder geistiges Tun ist, ist der Sport als konkurrierendes Spiel zu verstehen, das von körperlichen Komponenten bestimmt ist.[128] Diese körperliche Geschicklichkeit kann von jedem auch in den Favelas unabhängig von Hautfarbe oder Zugang zu den teuren Bildungseinrichtungen erlernt werden. *Die Geschicklichkeit des Körpers wird damit zum Symbol des Traums von gleichen Chancen, von der Möglichkeit der Integration ethnischer und sozialer Differenzen.*

1.2. Strand und Schönheit als Gleichmacher

1.2.1. Der Strand

Der Strand spielt für die brasilianische Gesellschaft eine wichtige soziale Rolle, was den Anthropologen Thales de Azevedo dazu führte, die brasilianische Gesellschaft als „Strandkultur" zu bezeichnen.[129] Dies gilt natürlich zunächst einmal für die vielen Städte, die Zugang zum Strand bieten. Doch selbst in São

---

[126] Zum Zusammenhang zwischen Fußball und Ritual siehe: Morris, *Das Spiel. Faszination und Ritual des Fußballs*, 1981.

[127] Siehe dazu die ausführlichen Analysen der Berichterstattung: Guedes, *O futebol brasileiro*, 1977, S.60ff. Diese Interpretation steht in der Tradition nationaler Literatur vom Beginn des Jahrhunderts, bei dem die „rassische Vermischung" als das Zentralproblem Brasiliens analysiert wurde.

[128] Guttmann, A., *Vom Ritual zu Rekord*, 1979, S.13ff.

[129] Azevedo, A praia, espaco de sociedade, 1989, S.106.

Paulo sprechen viele mit glitzernden Augen, wenn sie von einem Wochenende am Strand träumen, irgendwann einmal in der Zukunft. Auch für Leute, die keinen Zugang oder, in Großstädten wie Rio de Janeiro, selten Geld für den Bus zum Strand haben, hat der Strand oft eine hohe symbolische Bedeutung.

Dabei kann dem „Strand als gesellschaftlichem Raum"[130] eine ähnlich demokratisierende Funktion zugesagt werden wie dem Fußball. Hier wird der *Körper zum Instrument sozialer Kompensation*. „Er kann soziale und politische Maßstäbe von Macht und Geld auf Sinnlichkeit und Schönheit verlagern."[131]

Der Strand ist offen für alle. Die fehlende Kleidung erschwert die Markierung sozialer Unterschiede. Der Genuß der Sonne und - in Brasilien wichtiger noch als das Wasser - der Genuß von Gemeinschaft und körperlicher Entspannung ist ohne großen finanziellen Aufwand in Form von Eintrittspreisen oder Ausrüstung möglich. So schreibt die Tageszeitung *Folha de São Paulo:*

> „Für die Ärmsten wird die Möglichkeit, an den Strand zu gehen, als Gewinn gesehen, als Fest und vor allem als ein Recht, als etwas, das mit der Idee einer demokratischen Gesellschaft zu tun hat."[132]

1.2.2. Ambivalenz der Schönheitsideale

Dennoch ist diese Demokratisierung der „Domäne der Gegenwart, des Vergnügens und des Erotismus"[133] nicht vollständig. Offensichtliche körperliche Zeichen wie die dunkle Hautfarbe oder die schlechten Zähne der Armen lassen immer noch einen Rest sozialer Differenz bestehen.

Besser gestellte Schichten fühlen sich dadurch möglicherweise belästigt. So läßt sich in letzter Zeit die Tendenz beobachten, dieser Egalisierung zu entfliehen und neue, abgelegene und nur mit dem Auto zu erreichende Strände ausfindig zu machen, wo die „Elite" unter sich bleiben kann. Und so bemerkt die *Folha de São Paulo* im gleichen Artikel:

> „Für die Reichen stellt sich die Situation anders dar als für die Armen. Sie fühlen sich überfallen, müssen »ihre« Strände aufgeben für fremde Leute, müssen akzeptieren, mit unangenehmen Leuten zusammen zu sein, die den Strand verschmutzen, weil sie ihn nicht angemessen benutzen können, und darüber hinaus den Strand visuell verschmutzen, weil sie außerhalb der Norm ästhetischer Schönheit liegen, die »unter den Leuten mit guten Sitten« üblich sind".

---

[130] So der Titel des Aufsatzes von Thales de Azevedo.
[131] So Roberto da Matta, zitiert nach: Tauber, Ich und mein Bizeps: der Körper als Religion, 1991, S.208.
[132] „O contexto cultural do verão", Fohla de São Paulo, 4.5.86.
[133] Azevedo 1989, S.101f.

Diese Schönheitsideale haben sich in den letzten Jahren zu einem gesellschaftlichen Faktor entwickelt, der mit dem „Körperkult" in Westeuropa und den USA verglichen werden kann und von dort auch wichtige Impulse erhalten hat. So gibt es in den Reichenvierteln im südlichen Rio de Janeiro bereits über 2500 Fitneßstudios und Body-Building-Centers, die hohe Mitgliedsbeiträge verlangen. Die Schönheitschirurgie Brasiliens zählt zu den besten der Welt, in Rio de Janeiro werden pro Monat mehrere tausend Operationen durchgeführt.

Diese Differenz von Distanz aufbauendem Körperkult und den egalisierenden nationalen Körpersymbolen ist durchaus auch Kritikern in Brasilien bewußt. So schreibt der brasilianische Literaturwissenschaftler Silviano Santiago:

> „Es besteht ein Unterschied zwischen der massakrierenden Routine von Muskelübungen (Bodybuilding oder Gymnastikakademie) und dem freien Körper des Schwarzen, der verzückt vor einem Schallplattengeschäft tanzt. (...) Es ist der Unterschied zwischen der Banalisierung des Körpers und der Erotik als Macht des Wissens. Das eine unterscheidet sich von dem anderen wie der Zwang zur Wiederholung von dem vergnüglichen und dem ungehemmten Spiel der individuellen Freiheit."[134]

Es geht bei diesem Körperkult nicht um Gesundheit, denn die Techniken sind erwiesenermaßen schädlich. Doch auch nicht die „Harmonie des Individuums" steht im Vordergrund. Die dunklen Seiten des Lebens werden versteckt, das Ziel ist, ewig jung und schön zu bleiben. Das „Tabu des Todes"[135] drückt diese Tendenz in seiner Irrationalität aus. Statt von der Einheit des Lebens hat man von einer „Zersplitterung des Menschen in seine Einzelteile als Folge der industriellen und auf Einzelteile spezialisierten Konsumgesellschaft" gesprochen. „Ich und mein Bizeps stehen anstelle von ich und meine Seele."[136]

Diese „Religion des Körpers" hat eindeutig narzißtische Motive. Es geht darum, vor der „Sandprüfung" zu bestehen. Es geht darum, „schön" zu sein, wenn man den Strand betritt. Der gepflegte, gebräunte und durch Sport geformte Körper wird zum Statussymbol.

Während die dunkle Haut der Schwarzen vielen als häßlich gilt, zeichnet das Fernsehen in den allabendlichen Telenovelas das Schönheitsideal eines möglichst tief gebräunten Körpers der reichen Weißen.

Solche Vorstellungen über Schönheit neutralisieren nicht soziale Assymetrien, sondern vertiefen die Differenzen eher noch. Neben den Symbolen, die das Ideal der „Rassendemokratie" in Brasilien ausdrücken, bestehen auch solche Idole, die die Superiorität des Weiß-Seins darstellen, wie etwa die erfolgreiche Moderatorin von Kindersendungen „Xuxa", eine Art brasilianische blonde

---

[134] Santiago, Lebensfreude und Macht, 1992, S.71.

[135] So der Titel einer Untersuchung des brasilianischen Soziologen Roedrigues. Siehe: Rodrigues, *Tabu da morte*, 1983.

[136] Tauber 1991, S.208.

„Barbie-Puppe", die als der TV-Star Nummer eins gelten kann. In ihrer hervorragenden Untersuchung „*Xuxa. The mega-marketing of gender, race and modernity*" schreibt die Autorin Simpson:

> „She asserts the superiority of whiteness through her own image and its many manifestations (...) Blondness is a norm of attractiveness that is inaccessible to most people in Brazil, the country with the world's second-largest number of people of African descent. Yet Xuxa's representation of an all-white aesthetic is symptomatic, not prescriptive."[137]

Die Armen werden durch solche Normen in Fernsehen und Werbung natürlich beeinflußt und manipuliert. Schon den Kindern gilt die blonde Frau als Schönheitsideal. Auch die Marginalisierten ahmen den Körperkult der Privilegierten nach, soweit es in ihren Möglichkeiten steht. Und sie internalisieren z.T. die rassistischen Wahrnehmungsmuster der Gesellschaft. Ein Schwarzer sagte mir einmal, kurz nachdem wir uns kennengelernt hatten: „Ich bin zwar schwarz, aber *trotzdem* ein guter Kerl!"

1.2.3. „Schönheit" in der Kultur der Schwarzen

Aber es gibt auch Versuche, das durch die Privilegierten dominierte *Schönheitsideal für die unteren Schichten zurückzuerobern*.[138] Statt sich mit ihren eigenen Werten auf andere Normen und Bereiche zurückzuziehen,[139] treten solche Versuche sozusagen zum Generalangriff gegen gesellschaftliche Muster an. So verteilt die Schwarzenbewegung Buttons mit der Aufschrift „Schwarze Frau, wie schön!" Gerade diese Schwarzenbewegung betont ständig das Erbe der besonderen Körperlichkeit der Nachfahren der schwarzen Sklaven. Diese Sklaven besa-

---

[137] Simpson, *Xuxa. The mega-marketing of gender, race and modernity*, 1993, S.7. Allerdings betont Simpson (S.13) auch, daß Xuxa „her country's complex and conflicting feelings about race and gender in particular" verkörpert. Dies zeigt sich beispielsweise in der Beziehung, die sie mit dem schwarzen Fußballstar Pelé einging und durch die sie erst zu Publizität und Erfolg kam. Als sie dann selbst ein Star war, ließ sie Pelé fallen: „Xuxa's six-year, very public relationship with the most famous black man in Brazil, soccer champion Pelé, is also important to the way her image functions to legitimize what is known as the myth of racial democracy. That myth, which dispenses with racism by means of blank denial governs attitudes in Brazil despite evidence of profound and widespread racial discrimination." (S.8)

[138] Zur Diskussion um das Konzept der „Schönheit" siehe die Sammelbände: Siegfried J. Schmidt (Hrsg.), *»schön«. Zur Diskussion eines umstrittenen Begriffs*, 1976. Theo Stemmler (Hrsg.), *Schöne Frauen - Schöne Männer. Literarische Schönheitsbeschreibungen*, 1988.

[139] Man könnte sich beispielsweise eine Argumentation vorstellen nach dem Muster: „Arme und schwarze Menschen sind zwar nicht schön, aber sie sind wenigstens ehrliche Menschen im Gegensatz zu den korrupten Reichen." Hier würden die ästhetischen Maßstäbe nicht in Frage gestellt. Lediglich ihr Anwendungsbereich würde relativiert.

ßen nur noch ihren Körper, der von Afrika nach Brasilien verschleppt worden war. Dieser Körper sei demnach ein zentraler Teil ihrer schwarzen Identität.[140]

Diese hohe Einschätzung der Körperlichkeit der Schwarzen drückt sich z.B. in der Ästhetik des Capoeira aus, einer Mischung aus Tanz und Kampf, den die Schwarzen zur Zeit der Sklaverei entwickelten.[141] Ebenso wird die Schönheit in den Karnevalsumzügen der schwarzen Karnevalsgesellschaften von Bahia bewußt stilisiert und als ein Zentrum schwarzer Identität wahrgenommen. Die Gruppe Ile Aiye, die ihre Selbstbezeichnung einem Yoruba-Lexikon entnommen haben, zog 1975 zum ersten Mal im Karnevalsumzug mit. Beeinflußt von der US-amerikanischen „Black is Beautiful"-Bewegung betonte sie mit ihren farbigen Gewändern die Ästhetik des afrikanischen Erbes.[142] Dieses Schönheitsideal wird von dem bahianischen Sänger Caetano Veloso in dem Lied „Reine Schönheit" beschrieben:

>Reine Schönheit
>
>Mich reizt nicht das Geld
>sondern Schönheit
>nicht Geld
>die dunkle Haut
>nicht Geld
>das feste Fleisch
>
>schwarzes[143] Mädchen aus Curuzu
>reine Schönheit
>wenn diese Schwarze anfängt
>das Haar schön zu machen
>und sich anzuschauen
>diese ganze Haarpracht
>und sie läßt sich Muscheln bringen,
>um sie ins Haar zu stecken
>oh was für ein Entzücken

---

[140] Siehe beispielsweise das Kapitel „Sinnlichkeit und Unterdrückung" in: Filho, *O Nordeste e o negro na poesia de Jorge de Lima*, 1990, S.70-77.

[141] Onori, *Sprechende Körper. Capoeira - ein afrobrasilianischer Kampftanz*, 1992. Oliveira, *A Capoeira Angola na Bahia*, 1989.

[142] Hofbauer, *Afro-Brasilien. Vom weißen Konzept zur schwarzen Realität. Historische, politische, anthropologische Gesichtspunkte*, 1995, S.172f.

[143] Der Ausdruck „schwarz" (preta) wird in Brasilien üblicherweise im rassistischen Sinn gebraucht, während die neutrale Bezeichnung für die afrobrasilianische Bevölkerung Negro ist. Caetano verwendet diesen negativen Begriff hier und konnotiert ihn positiv.

> Mich reizt nicht das Geld
> sondern Eleganz
> nicht Geld
> sondern die Kultur
> nicht Geld
> die dunkle Haut
> nicht Geld
> das feste Fleisch
>
> Hübscher Junge von Bedaue
> reine Schönheit
> von *Ile Aiye*[144]
> nicht Geld
> reine Schönheit
> nicht Geld
> mit jenen Turbanen dort
> die *Söhne Gandhis*[145]
> und alles was ist gibt
> ist total chic
> alles ist sehr elegant.
> ...
> Mich reizt kein Geld
> sondern die Geheimnisse[146]

Die Schönheit des Körpers und der Kultur der Schwarzen wird hier ganz bewußt den gesellschaftlichen Normen und den sozialen Standards des Geldes entgegengesetzt. Erst diese Sicht auf die Welt scheint nach Ansicht des Sängers, ein erfülltes - auf die Tiefen und „Geheimnisse" der menschlichen Existenz eingehendes - Leben zu ermöglichen.

Diese ästhetischen Aspekte der Kultur der Schwarzen sind aber nicht nur ein Mittel der autochtonen Identitätsstiftung, sondern wirken auch auf viele Weiße anziehend und verschaffen der afro-brasilianischen Kultur Anerkennung. Beispielhaft sei hier eine Aussage von Vinicius de Moraes zum afrobrasilianischen Kult Candomblé zitiert, die man in ähnlicher Weise in Brasilien oft hören kann:

---

[144] »Ile Aiye« ist der erste Karnevalsverein in Bahia, der aus politischen Gründen seine Umzüge am afrikanischen Erbe orientiert und in dem nur Schwarze Mitglieder sind. Diese Schönheit ist in poetischen Texten bereits zum Symbol der Negritude und der afrikanischen Kultur geworden. Siehe dazu: Riserio, *Carnaval Ijexa*, 1981, S.38-47.

[145] Die »Filhos de Gandhi« bilden einen weiteren Karnevalsverein, der sich auf das Erbe der Gewaltlosigkeit bei Gandhi beruft. Riserio 1981, S.52-55.

[146] Zitiert nach Riseiro 1981, S.142f.

„Ich nehme den Candomblé ernst. Ich bin der Meinung, daß er von allen Religionen, die wir haben, die einzig vernünftige ist. (...) Aber ich glaube nicht daran und meine auch nicht, daß ich daran glauben muß: das ist eine Religion der Schwarzen, und ich bin ein Weißer, mit einer ganz anderen Kultur. Aber die Schönheit ihrer Riten, die Mae Menininha (...) Der Candomblé ist für mich sehr wichtig. Es gibt da auch einen ästhetischen Aspekt, verstehen Sie?"[147]

Der ästhetische Aspekt wird zur Begründung für die Anerkennung und Respektierung der Kultur der Schwarzen. Solche Vorstellungen über die Schönheit kultureller Ereignisse und des menschlichen Körpers, ebenso wie das Erlebnis des Strandes können somit in der Form des sinnlichen Genusses von den unteren Bevölkerungsschichten als Möglichkeitsräume der eigenen Identitätsbildung und der gleichberechtigten sozialen und kulturellen Anerkennung genutzt werden.

Diese *Verbindung von sinnlichem Genuß, Identitätsbildung und Integration sozialer und kultureller Differenzen* kennzeichnet ein weiteres Symbol: die nationalen Gerichte.

1.3. Feijoada als Symbol der „Rassenmischung"

In einem Lied beklagt der bereits zitierte Sänger Caetano Veloso, daß ihm vorgeworfen werde, aus dem politischen Asyl „amerikanisiert" zurückgekommen zu sein. Man beschuldigt ihn, er sei nun sehr reich, er möge gar nicht mehr das Tamburin hören und besitze kein rhythmisches Gefühl mehr, wie es sich für einen Brasilianer gehöre. Dagegen behauptet Caetano, daß er mit dem Samba geboren sei und immer noch nächtelang auf der Trommel spiele. Das Lied endet mit einem durch einen abfallenden Quartsprung betonten schlagenden Argument für seine brasilianische Identität: dem Bekenntnis zu einem Regionalgericht:

> Solange es Brasilien gibt
> Wenn es ans Essen geht,
> bevorzuge ich Krabben mit ein wenig Xuxu-Suppe.[148]

Das Bekenntnis zu einem Regionalgericht unterstreicht in diesem Lied die Legitimiert der eigenen Identifizierung mit der Kultur Brasiliens.

Eine ähnliche symbolische Bedeutung wie dieser Xuxu-Suppe kommt der *Feijoada* zu. Es war ursprünglich ein typisches Resteessen mit Bohnen und fettem Schweinefleisch für die schwarzen Sklaven und ist es inzwischen zum Nationalgericht avanciert. Während dieses Gericht auch in den USA bekannt ist und dort bei den Schwarzen als *soul food* ein Symbol der Negritude darstellt,

---

[147] Vinicius de Moraes, *Saravá. Gedichte und Lieder*, 1989, S.114.

[148] Caetano Veloso, *Circulado*, Liedheft, Rio de Janeiro 1992.

wurde es in Brasilien in die nationale Kultur einverleibt und symbolisiert heute die Identität der ganzen Nation.[149]

Dazu meint der englische Soziologe Frey allerdings, daß mit der Einverleibung den Symbolen auch ihre interne Kraft genommen wurde, da sie nun nicht mehr die immer noch real existierenden gesellschaftlichen Differenzen auszudrücken vermögen, wie etwa das *soul food* der Schwarzen in den USA.[150]

Dagegen ist festzuhalten, daß die in den Symbolen dargestellte Harmonie der verschiedenen Ethnien nicht über die reale Situation hinweg täuschen kann, sondern vielmehr diese Harmonie als Ideal darstellt und somit „Geltungsansprüche" im Sinne von Habermas aufzubauen vermag.[151] Diese Geltungsansprüche können dort, wo sie nicht mit der Realität übereinstimmen, die Grundlage für Kritik bilden. Und in der Tat bezieht sich gerade die Schwarzenbewegung auf diese Symbole, wenn sie darauf hinweist, daß die tatsächlichen Lebensbedingungen der dunkelhäutigeren Bevölkerungsschichten immer noch nicht dem darin ausgedrückten Ideal entsprechen. Während von einigen Institutionen diese Symbole ideologisiert, kommerzialisiert oder touristisch vermarktet werden, klagt die Schwarzenbewegung deren Realisierung ein.

Auch in Bezug auf das Nationalgericht gelingt es einem Element der „Erholungsaktiviät" des Alltags, zu einem Symbol der brasilianischen nationalen Identität zu avancieren. *Dieses Symbol vermag es dabei, sowohl Ausdruck leiblichen Vergnügens der Alltagskultur zu sein als auch die marginalisierte Kultur der Schwarzen zu integrieren und ihrem Anspruch auf Gleichberechtigung Ausdruck zu verleihen.*

Diese Struktur läßt sich auch bei weiteren nationalen Symbolen aufweisen: dem Samba und dem Karneval.

---

[149] Fry, Feijoada e „soul food": Notas sobre a manipulação de simbolos etnicos e nacionais, 1982, S.47. Eine andere Vorstellung bezieht sich darauf, daß sich in der farblichen Mischung der schwarzen Bohnensuppe mit dem weißen Reis die brasilianische „Durchmischung der Rassen" wiederspiegele.

[150] Fry 1982, S.52.

[151] Zum Konzept der Geltungsansprüche siehe: Habermas, *Theorie des kommunikativen Handelns*, 1988.

1.4. Samba als Beitrag der Schwarzen

„Der Samba ist mehr als eine Musikart. Der Samba wurde die eigentliche musikalische Identität der brasilianischen Nation."[152]

In einem Interview zeigt der 29jährige Sergio, ein Arbeiter aus Rio de Janeiro, daß ihm die afrikanischen Ursprünge des Sambas bekannt sind, wenn auch nicht mit historischer Genauigkeit[153]:

„Der Samba wurde in Brasilien durch die Afrikaner eingeführt. In den Hütten der Schwarzen und in ihren Ritualen hatte der Tanz eine große Bedeutung. Er wurde selbst von den Sklavenbesitzern als erotischer Tanz betrachtet - ein Aphrodisiakum. Verstehst du? Die Sklaven verbrachten den Tag bei der erzwungenen Arbeit auf den Feldern. Nachts versammelten sie sich in einer Runde, und klatschend und einfache Trommeln schlagend sangen sie und tanzten Samba. In der brasilianischen Kultur verbreitete sich die Art zu laufen wie die Mulattin und die geschickte Anmut der Bewegung des Mulatten. Obwohl der Samba von sehr entlegenen und marginalisierten Orten kam, wurde er langsam in die allgemeine Kultur integriert und heute ist er nicht nur als Teil der Kultur der Schwarzen bekannt, sondern verallgemeinert und allen bekannt."[154]

Der Samba „rekonstruiert" den Körper der Tänzer, indem er ihn von der Disziplin der Arbeit und den täglichen Beschränkungen befreit, die ihm auferlegt werden.[155] Durch den Rhythmus und die Texte trotzt er der Traurigkeit und dem Leiden. „Er feiert das Fleisch. Er konzentriert sich auf die Sinnlichkeit des Körpers. Er bietet eine Sicht der Welt an, in der es Vergnügen und Leidenschaft gibt, Spaß und Ekstase."[156] Nochmals Sergio:

„Das Wichtigste, um wirklich Samba zu tanzen, ist, den Körper zu lockern. Man muß leicht sein, freie Bewegungen ausführen. Das zweite ist, dem ganzen Grazie zu geben. Um beim Samba Grazie zu erreichen, ist es nötig, Energie durch das Gesicht frei werden zu lassen. Es ist die Fröhlichkeit des Karnevals. Das dritte ist, den Samba vor allem in die Arme zu verlagern, in den Bauch, diesen Teil hier... Der Bauch, der Hintern, die Hüften, der Nabel. Das sind die wichtigsten Teile des Körpers für Unzucht des Körpers."[157]

---

[152] So der brasilianische Journalist Roberto Moura. Zitiert nach: Tauber, Alles endet mit Samba - Musik in Brasilien, 1991, S.194.

[153] Historisch gesehen entstand der Samba als eine neue musikalische Mischform zwischen 1880-1920 also nach der Abschaffung der Sklaverei.

[154] Zitiert nach Parker 1991, S.224.

[155] Zum Zusammenhang zwischen Samba und Körperlichkeit siehe die Thesen des Soziologen Muniz, *Samba: O dono do corpo*, 1976.

[156] Parker 1991, S.226.

[157] Ebd. Zur Bedeutung von Grazie und Gleichgewicht siehe: Bateson, Stil Grazie und Information in der primitiven Kunst, 1981, S.182-218.

Natürlich mag auch in Brasilien nicht jeder Samba. Aber Redewendungen wie „Der Samba ist unser" und „Alles endet in Brasilien im Samba" zeigen, mit welcher Vehemenz die Schichten aus den Favelas ihren Beitrag zur brasilianischen Kultur einklagen, einen Beitrag, der sich als das Erbe der sinnlichen Kultur der Schwarzen versteht. Diese Bedeutung ist zum großen Teil auch den Bevölkerungsschichten bewußt, die nicht den Samba praktizieren oder ihn sogar ablehnen. Der Ruf nach „Samba" wird damit zum Symbol für eine Stimmung der körperlichen Entspannung, der Fröhlichkeit und Sinnlichkeit. So heißt es in einem Sambatext:

> Ich will Musik
> Zärtlichkeit und Ruhe
> um entspannt zu leben
> voll von Fröhlichkeit, meine Liebe.
> Mit einer Mulattin an meiner Seite.[158]

Auch in Bezug auf den Samba gibt es Versuche, das Erbe der Schwarzen zu kommerzialisieren, für Touristenshows zu mißbrauchen, zu „verweißen". Eine Studie der schwarzen Soziologin Ana Maria Rodrigues nennt sich dementsprechend „Schwarzer Samba - Weiße Plünderung".[159] Dies tut dem Selbstbewußtsein der Leute aus den Favelas allerdings keinen Abbruch. Nochmals ein Sambatext:

> Wenn die Gruppe vom Hügel[160]
> streiken würde und nicht herunterkäme
> würde die Stadt traurig bleiben
> Karneval würde sterben
> Die ganze Stadt
> wäre ein Hilfeschrei.[161]

Die „Gruppe vom Hügel" zieht sich nicht zurück. Sie betont hier nur das Angewiesensein der Stadt auf ihren Beitrag zur nationalen Kultur. Sie leistet ihren Beitrag zu einer Kultur, die sich selbst als eine Mestizenkultur versteht. Die Frage der ethnischen und der nationalen Identität[162] wird dabei im Samba ver-

---

[158] Zitiert nach: Rodrigues, *Samba negro. Espoliação branca*, 1984, S.55.
[159] Rodrigues 1984.
[160] Name der Slums in Rio de Janeiro, die sich zum großen Teil an den Berghängen befinden.
[161] Rodrigues 1984, S.72.
[162] Paarallel dazu besteht auch die Vorstellung, daß es sich beim Samba um eine Art „getanzten Widerstand" handelt. Auch in diesem Fall hat der Samba eine affirmative Funktion für die eigene Identität. Siehe: Stehr, Kunst, Kultur, Karneval und Leben gehören zusammen, 1990, S.55.

bunden mit der Ausdruckskraft des Körpers, mit körperlicher Entspannung und Sinnlichkeit.

Besonders die Sinnlichkeit und die Sexualität spielen auch in anderen Symbolkomplexen brasilianischer Identitätsbildung eine zentrale Rolle. Wegen der Betonung, die die Brasilianer auf die Durchmischung der drei Ethnien - der Indianer, der Portugiesen und der Afrikaner - als Schlüssel zu ihrem historischen Entstehen legen, hat die Frage der Sexualität, der sexuellen Interaktion als konkreter Mechanismus der ethnischen Durchmischung, eine zentrale Bedeutung angenommen. Von der Bedeutung der Sexualität für das brasilianische Selbstverständis und von den darin implizierten Vorstellungen über Körperlichkeit soll im folgenden die Rede sein.

2. *Sexualität: Genuß als Transgression*

2.1. *Ursprungsmythen: „Rassenmischung" und „Begierde"*

Die hohe Bedeutung der Sexualität oder besser der Sinnlichkeit für das Selbstbild der Brasilianer bezieht sich nicht nur auf das Verständnis der individuellen Existenz, wie dies in Europa oder den USA üblich sein mag. Vielmehr betrifft sie die Selbstinterpretation der Gesellschaft als ganze.[163] Sinnlichkeit gilt nicht in erster Linie als herausragende individuelle Eigenschaft. Man ist vielmehr sinnlich, weil man eben Brasilianer oder Brasilianerin ist.

Bereits der erste literarische Bericht über Brasilien, der berühmte Brief von Pero Vaz de Caminha an den portugiesischen König im Jahre 1500, schildert das neu entdeckte Land als eine Art weltliches Paradies, als „tropisches Eden". Neben der Beschreibung der natürlichen Schönheiten lobt er vor allem die „unschuldige Nacktheit" der Indianerfrauen.[164]

Dieser Mythos der unschuldigen und sich den weißen Kolonisatoren willig hingebenden Indianerfrauen hat sich über die Jahrhunderte immer wieder reproduziert. Durch die geringe Zahl an weißen Frauen im neu kolonialisierten Gebiet[165] und durch die Atmosphäre des Machismus, die auch den verheirateten Männern alle sexuellen Freiheiten ermögliche, kam es zu zahlreichen sexuellen Kontakten zwischen „weißen Herren" und Indianerfrauen oder schwarzen Skla-

---

[163] Wagley, *An Introduction to Brazil*, 1971, S.255f.

[164] Siehe dazu: Buarque de Holanda, *Visão do Paraiso: Os Motivos Edenicos no Descobrimento e Colonização do Brasil*, 1969.

[165] Diese Struktur der Kolonialisierung steht im Gegensatz zur englischen Besiedelung Nordamerikas, die vor allem durch Familien durchgeführt wurde.

vinnen.¹⁶⁶ So war bereits im 19. Jahrhundert Brasilien eine Gesellschaft mit vielen Mestizen, eine Gesellschaft ohne scharfe sichtbare Trennung der Rassen. Zum Teil war den Kindern der gemischtrassigen sexuellen Beziehungen sogar ein gesellschaftlicher Aufstieg ermöglicht worden.¹⁶⁷

Seit sich im vergangen Jahrhundert in den europäischen Ländern der entstehende Nationalismus auf die ethnische oder kulturelle Homogenität der Nationen stützte, wurde in Brasilien von der Elite immer wieder die Ambivalenz der Entstehung dieser Mestizenkultur im eigenen Land betont.

Die pessimistische Einschätzung der Rolle, die die Sexualität in der Herausbildung der brasilianischen Nation gespielt hat, spiegelt sich beispielsweise im *„Porträt von Brasilien: Essay über die brasilianische Traurigkeit"* wieder, das von dem angesehenen Autor Paulo Prado 1928 veröffentlicht wurde. Darin sieht Prado die „brasilianische Traurigkeit", d.h. die Tragik der brasilianischen Geschichte, im Zusammenhang mit zwei Momenten, die sowohl die Eroberung als auch die Kolonialisierung charakterisiert haben: der Begierde und der Unzucht.

> „Der prächtige Dynamismus dieses rauhen Volkes gehorchte zwei großen Impulsen, die die ganze Psychologie der Entdeckung dominierten und niemals Fröhlichkeit hervorgebracht haben: dem Streben nach Gold und der freien und ungebremsten Sinnlichkeit, die die Renaissance als Kult wieder aufweckt hatte. (...) Hier näherten sich Unzucht und Nachlässigkeit an und vereinigten die Rassen. (...) Angefangen von der Abnahme der physischen Energie bis zur Abwesenheit oder Verringerung der geistigen Aktivität ist eines der charakteristischsten Resultate bei den Menschen und des Kollektives ohne Zweifel die Entwicklung einer Neigung zur Melancholie."¹⁶⁸

In den zwanziger Jahren dieses Jahrhunderts wandelte sich allerdings diese kritische Einstellung der Elite gegenüber einer Vermischung der Rassen. Um sich gegen die aufstrebenden europäischen Mächte und die USA abgrenzen zu können, aber auch als Abwehrhaltung gegen eine neue Welle italienischer Emigranten, wurde die nationale Eigenart der Brasilianer nun vor allem in der Integration gesehen, der Integration der drei verschiedenen kulturellen und ethnischen Quellen, die in Brasilien „zu einem einmaligen Gemisch verschmolzen" wurden.¹⁶⁹

Dieses neue Bewußtsein fand in vielen neuen Formen seinen Ausdruck. In São Paulo entstand die neue afrobrasilianische Religion Umbanda als Misch-

---

[166] Einen hervorragenden historischen Vergleich zwischen den Entwicklungen der Rassenbeziehungen in Brasilien und USA findet sich bei: Degler, *Nem preto, nem branco. Escravidão e relações raciais no Brasil e nos E.U.A.*, 1971, S.316-271.

[167] Siehe den Abschnitt „Der Aufstieg des Akademikers und des Mulatten" in: Freyre, *Das Land in der Stadt. Die Entwicklung der urbanen Gesellschaft Brasiliens*, 1990, S.441-501.

[168] Prado, *Retrato do Brasil: Ensaio sobre a Tristeza Brasileira*, 1931, S.11, 192, 127.

[169] Pereira de Queiroz, *Identidade nacional, religão, expressoes culturais: a criação religiosa no Brasil*, 1988, S.69.

form von christlichen, afrikanischen und indianischen Elementen.[170] In seinem programmatischen *Manifest für die Anthropofagie* forderte der Schriftsteller Oswald de Andrade, den Kannibalismus der Eingeborenen als Modell für die kulturelle Beziehung unter den Rassen zu betrachten. Die drei kulturellen Traditionen der Indianer, Europäer und der Schwarzen sollten nicht kopiert werden, sondern „einverleibt und verdaut", um dadurch eine eigene brasilianische Kultur zu bilden.[171]

Ein populäres und bis heute noch viel gelesenes Werk wurde die Untersuchung *„Herrenhaus und Sklavenhütte"* des Soziologen Gilberto Freyre.[172] Darin versucht Freyre nachzuweisen, daß gerade durch die Interpenetration der verschiedenen Zivilisationen in Brasilien eine besonders starke und widerstandsfähige Nation entstanden ist.

Von daher erhalten sowohl die Mischung der Ethnien als auch die ethnienüberschreitenden sexuellen Beziehungen eine grundsätzlich positive Bedeutung. Erst dieser positive sinnliche Charakter der Bevölkerung konnte eine so einzigartige Nation hervorbringen, wie sie nun bestehe.

Allerdings verschleiert auch Freyre nicht den ambivalenten Charakter der Sexualität. Vor allem die Frage der Syphilis spielt hier eine große Rolle:

> „Dem Vorteil der Rassenmischung stand in Brasilien der gefürchtete Nachteil der Syphilis gegenüber. Sie begannen gemeinsam. Die eine, den Brasilianer zu formen - vielleicht als Idealtyp eines modernen Menschen für die Tropen, Europäer mit dem Blut der Schwarzen oder der Indianer, die ihn mit der Energie beleben. Die andere, ihn zu deformieren."[173]

Trotz der grundsätzlich positiven Einschätzung der geschichtlichen Rolle der Sexualität sah Freyre durchaus, daß sich die sexuellen Beziehungen im Rahmen von hierarchischen Machtverhältnissen abspielten und im Grunde oft Vergewaltigungen waren.[174] Diese Epoche sei nun aber vorbei und das positive Resultat sei wichtig. Gerade der Aufstieg der Mulatten[175] und die Offenheit der Weißen für afrikanische Religionsformen zeige immer wieder, wie mittels dieser gemischtrassigen Beziehungen durch die nichteuropäischen Kulturen Einfluß auf die brasilianische Entwicklung ausgeübt werden konnte.

In seiner Untersuchung über die Sexualkultur Brasiliens bezeichnet Richard G. Parker die Werke von Paulo Prado und Gilberto Freyre als „Ursprungsmy-

---

[170] Birman, *O que é Umbanda*, 1983.
[171] Durigan, *Erotismus e Literatura*, 1985, S.74ff.
[172] Freyre, *Casa-Grande e Senzale: Formação da Familia Brasileira so o Regime da Economia Patriarcal*, 1992.
[173] Freyre 1992, S.83.
[174] So beschreibt er beispielsweise viele quälerische Praktiken, die die Söhne der Reichen mit den schwarzen Sklavinnen trieben. Freyre 1992, S.371.
[175] Freyre 1990, S.441-501.

then".[176] Beide beschreiben die „Verführungsmacht des Landes und der Einwohner" und die hervorragende Bedeutung der Sexualität, die Brasilien ihr besonderes Profil geben. Bei Freyre bekommt die „typische Sinnlichkeit der Brasilianer" eine positive Konnotation. Aber er spricht auch von den Ambivalenzen, der Syphilis oder dem „Chaos der Verantwortlichkeiten", das dadurch erzeugt werde.

Allerdings handelt es sich um „Mythen" oder besser Ideologien. Das Bild der „Rassendemokratie" aufgrund interethnischer körperlicher Kontakte stimmt keinesfalls mit der Wirklichkeit überein. Die Schwarzen leiden weiter unter dem Rassismus der Gesellschaft.[177] Die Indianer werden politisch kaum ernst genommen. Selbst die Indianerfiguren im Umbanda und die Verkleidungen der Indianer bei den Karnevalsumzügen gleichen mehr den Bildern aus US-amerikanischen Western als dem Aussehen der brasilianischen Indianer.[178]

Dennoch geben diese Mythen vielen Brasilianern die Möglichkeit, eine grundsätzlich positive Sicht ihrer körperlichen Wünsche mit ihrer nationalen Identität und der Möglichkeit der Überschreitung der ethnischen und sozialen Differenzen zu verbinden, unabhängig von der realen Lage der Nation.[179]

Von Jorge Amado wird der Ursprungsmythos sogar verwendet, um die auch in den Slums anzutreffende Lebensfreude zu erklären. In dem Artikel „Frohsinn ist keine Sünde. Die Baianos sind ein erfinderisches Mestizenvolk voller Träume und Lebenslust" schreibt er 1995:

> „Zwei Realitäten kreuzen und vermischen sich in der schwarzen Stadt Salvador de Bahia, der schwärzesten Stadt Brasiliens. Die nackte, alltägliche, traurige und grausame Wirklichkeit. Sie zeugt von der Armut des Volkes, von seinem täglichen Kampf ums Überleben. (...) Doch es gibt die Vermischung, die das brasilianische Volk erschuf, die ihm Lebendigkeit und das Talent zur Fröhlichkeit verleiht."[180]

Amado ist ein Schriftsteller und auch die übrige bisher angeführte Literatur ist natürlich vor allem der Elite zugänglich. Aber in Radio und Fernsehen, in Fil-

---

[176] Parker 1991, S.22ff.

[177] Karin Engell spricht im Anschluß an Bourdieu von einem von den Eliten übernommenen „Rassismus der feinen Unterschiede", der mit einem „rassendemokratischen Habitus" verdeckt wurde. Siehe: Engell, „Dreh Dich Baiana ... in den Farben meines Herzens!" Karneval in Brasilien. Ein Spiegel politischer Kultur, 1994, S.401.

[178] Das Bild, das der „brasilianische Mythos" von den Indianern zeichnet, wird von August mit der tatsächlichen Situation der indigenen Bevölkerung Brasiliens konfrontiert. Siehe: August, Die Indianer im Spiegel der brasilianischen Gesellschaft, 1995.

[179] Degler S.231ff zeigt, wie sich in Brasilien im Gegensatz zu den USA der „Notausgang des Mulatten" herausbildete. Durch interethnische Kontakte konnten die Schwarzen über Generationen hinweg versuchen, ihre eigene Familie zu „verweißen" und sich damit eine Möglichkeit für den „gesellschaftlichen Aufstieg" schaffen.

[180] Amado, „Frohsinn ist keine Sünde. Die Baianos sind ein erfinderisches Mestizenvolk voller Träume und Lebenslust", 1995.

men und in der Musik sind diese Denkschemata präsent und erreichen auch die unteren Volksschichten. Sie formen in vermittelter Weise auch ihre Sicht der Sinnlichkeit und die Sicht dieser Schichten auf sich selbst. Sie spiegeln sich beispielsweise in Form einfacher Argumentationsmuster wider. So etwa bei Antonio, einem Fabrikarbeiter aus São Bernardo:

> „Wir Brasilianer sind ein starkes Volk. Haben die Geschicklichkeit der Indianer und die Kraft der Afrikaner in uns. ... Das kommt wegen der großen Unordnung (*bagunca*). Hier schläft jeder mit jedem. ... Aber ich liebe dieses Chaos."[181]

Ob in euphorischem Lob oder mit Abscheu - die Lüste des Körpers, die damit einhergehende Aufhebung der gesellschaftlichen Barrieren und „das daraus entstehende Chaos der Sinne" werden auch von den unteren Schichten als entscheidendes Moment in der brasilianischen Gesellschaft wahrgenommen.

2.2. Die Ideologie der Geschlechterhierarchie: Der Machismus

Dennoch ist diese von vielen Brasilianern hoch eingeschätzte gesellschaftliche Bedeutung des sinnlichen Vergnügens nicht das einzige Orientierungsmuster, das die Vorstellungen der Sexualität und die tatsächlichen Praktiken bestimmt.

Im Horizont der brasilianischen Vorstellungen über Körperlichkeit und Sexualität zeichnen sich in einer hochkomplexen und halbmodernen Gesellschaft viele verschiedene Orientierungsmuster ab, die parallel existieren, sich z.T. komplementär ergänzen, aber auch von Widersprüchen geprägt sind.[182] Den Individuen stehen diese unterschiedlichen Orientierungsmuster zur Verfügung und in ihrer Breite führen sie möglicherweise zu Inkohärenzen im konkreten Verhalten.

Eines dieser Orientierungsmuster, das entscheidend den Alltag der Geschlechterbeziehungen prägt, ist der Machismus. Gilberto Freyre hatte im Untertitel seines Werkes „Herrenhaus und Sklavenhütte" bereits auf die große Bedeutung des Patriarchalismus in der brasilianischen Gesellschaft hingewiesen. Wenn auch die Bedeutung des Patriarchalismus in den modernen Städten mit vielen zerbrochenen Familien und geschiedenen Ehen gegenüber dem Beginn des Jahrhunderts an Bedeutung eingebüßt hat, so spielt doch der Machismus weiterhin eine zentrale Rolle.

Im Abschnitt über die Gewalt war schon darauf hingewiesen worden, daß bereits die im Alltag üblichen Bezeichnungen für die Geschlechtsorgane von einer Sprache der Herrschaft, Kontrolle und Unterwerfung geprägt sind. Dieser Dualismus prägt die Geschlechterbeziehungen zutiefst.

---

[181] Persönliches Interview 1993.
[182] Parker, *A Construção da Solidariedade. AIDS, Sexualidade e Politica no Brasil*, 1994, S.119.

Der Mann ist dabei nicht nur der Herrschende. Er genießt auch eine quasi absolute sexuelle Freiheit, während die sexuellen Aktivitäten der Frau reguliert und streng kontrolliert werden. So werden die Jungen oft bereits mit dreizehn oder vierzehn durch Prostituierte oder in den Favelas von Rio oft auch von anderen Männern sexuell initiert, den Mädchen dagegen werden teilweise fundamentale Informationen über das Funktionieren ihres Körpers verwehrt.[183] Mit Scham erleben sie oft die Menstruation als eine Gefahr und ihr Körper wird so zu einem Ort des Mysteriums und des Schmutzes.[184] Ein natürliches Verhältnis zur Körperlichkeit und zum geschlechtlichen Vergnügen kann sich unter den repressiven Normen in vielen Familien nur schwer entwickeln:

> „Ich war eine von denen, die nichts über die, ... äh, ...Menstruation wußten. Ich erinnere mich an das erste Mal, als ich dieses Blut sah. Ich sah es erst, als ich auf dem Klo war. Ich bekam Angst. Ich wußte nichts. Und danach, nachdem ich mit meinen Schwestern gesprochen hatte, war es mir peinlich." (Sandra)[185]

Gegenüber den sexuellen Freiheiten des Mannes unterstreicht die Betonung der Jungfernschaft der Frau die unterschiedlichen moralischen Kategorien für die Bewertung der sexuellen Aktivitäten. Diese doppelte Moral gilt sogar für sexuelle Übertretungen:

> „Es ist die Frau, die betrügt ... Selbst wenn es mein bester Freund wäre, der mit ihr geschlafen hat, weißt du, es ist nicht er, der mich betrogen hat. Ich würde ihn Hurensohn nennen - aber sie ist es, die mich betrogen hat."(Joao)[186]

In der Ideologie des Machismus spielt die Geschlechterdifferenz die entscheidende Rolle. Durch die symbolische Konstruktion eines als natürlich angesehenen Herrschaftsverhältnisses vermag sich die hierarchische Struktur der Gesellschaft in den Geschlechterbeziehungen zu reproduzieren. Der Körper und die körperlichen Beziehungen werden damit zum Ausdruck eines Machtverhältnisses und nicht zu einer Quelle des gegenseitigen Vergnügens und der Lust.

Diese Ideologie des Machismus wird durch andere Vorstellungskomplexe verstärkt. Die Betonung der Jungfräulichkeit, durch die Kirchen legitimiert,

---

[183] In einer empirischen Untersuchung unter minderjährigen Schwangeren stellte die brasilianische Anthropologin Fatima Quintas fest: „Ein Drittel wußte nicht, daß Sex zur Schwangerschaft führt, 60% kannten keinerlei Verhütungsmethoden." Siehe dazu: Hart, „Machismo, Armut, Kindersegen", 1994, S.67.

[184] Alves, *Sexualidade e Desconhecimento: A Negação do Saber*, 1980.

[185] Sandra, Hausfrau aus Rio de Janeiro, zitiert nach Parker 1991, S.92. Ebenso kommt eine Befragung von 5000 Brasilianern und Brasilianerinnen zu ihrem sexuellen Verhalten zu dem Ergebnis, daß ein Großteil der Befragten große Probleme hat, ihren eigenen Körper und deren erotisches Potential zu kennen. Alyrio Cavallieri u.a., Pesquisa acerca dos habitos e atitudes sexuais dos Brasileiros, 1983, S.106.

[186] Joao aus Rio de Janeiro, zitiert nach Parker 1991, S.81.

überhöht das Konzept der hierarchischen Kontrolle weiblicher Sexualität nochmals durch religiöse Vorschriften.

2.3. Der Diskurs der Funktionalität:
Katholizismus, soziale Hygiene und „rationale" Argumentation

Der Bereich der Geschlechtlichkeit scheint von vielen Brasilianern als das Hauptaktionsfeld der katholischen Kirche wahrgenommen zu werden:

> „Es gibt viele Sünden des Fleisches: Völlerei, Gier, Habgier ... vor allem aber beziehen sich die Sünden des Fleisches auf den Sex." (Antonio)[187]

Diese negative Einschätzung des leiblichen Verlangens wird auf die dualistische Teilung der Welt zurückgeführt, die von der katholischen Kirche propagiert werde:

> „Die katholische Welt ist immer aufgeteilt in gut und schlecht, Licht und Schatten, Fleisch und Geist ... Das fleischliche Leben war immer dem geistlichen Leben entgegengestellt. Der Mensch muß das körperliche Leben überwinden."(Miriam)[188]

Eine solche Einstellung wird natürlich nicht von allen katholischen Amtsträgern geteilt. Aber sie wird als die herrschende Meinung der Kirche wahrgenommen. Und obwohl sich darin nicht die ganze Bandbreite der offiziellen katholischen Lehre über die Sünde widerspiegelt, lassen sich durchaus ähnliche Aussagen von Repräsentanten der Kirche finden. So zitiert Macedo in ihrer Untersuchung zu „Katholizismus und Sexualität" einen Text von J.M.Pohier, der in Brasilien weit verbreitet ist:

> „Seit Paulus wurde die Zurückhaltung vom sexuellen Genuß als Vorausschau auf die zukünftige Fülle gesehen, und das Verlangen, das in den Genuß verliebt ist, als ein Gegensatz zur Heiligkeit. Deshalb scheint die Tradition und die christliche Spiritualität eine gewisse Inkompatibilität zwischen dem sexuellen Vergnügen und der Heiligkeit zu zeigen."[189]

Dennoch wird die Sexualität von den Vertretern der katholischen Kirche nicht völlig abgelehnt. Es wird vielmehr quasi juristisch zwischen illegitimen und legitimen Formen der Sexualität unterschieden. Legitime Formen sind solche, die im Zusammenhang mit Ehe, Monogamie und Zeugung stehen. Die Sexualität

---

[187] Zitiert nach Parker 1991, S.116.
[188] Ebd.
[189] J.M. Pohier, zitiert nach: Macedo, *Catolicismo e Sexualidade*, 1992, S.85.

wird innerhalb eines von der Kirche abgesegneten institutionellen Rahmens funktionalisiert. Sie dient der Fortpflanzung und dem Erhalt der Familie.[190]

Eine ähnliche Funktionalisierung findet sich im Diskurs der sozialen Hygiene, die sich seit dem Ende des 19.Jahrhunderts im Zusammenhang mit der Sorge um die Gesundheit und die Reproduktion des brasilianischen Volkes herausbildete. Die Reproduktion galt darin als Verpflichtung gegenüber Gott und Gesellschaft, und die sexuelle Energie sollte dafür eingesetzt werden - und nicht etwa für das sexuelle Vergnügen. Aus diesem Interesse heraus wurden neue Klassifikationen für „Anormalitäten" und „Perversionen" geschaffen. Das religiöse Konzept der Sünde wurde durch das Konzept der Krankheit ersetzt. Prostitution und Homosexualtität galten nun als Bedrohung des sozialen Körpers:

> „Der Homosexuelle wurde verabscheut, denn seine Existenz negierte genau die väterliche Funktion, die als universelle Natur des Mannes unterstellt wurde. Die Beschreibung seines Lebens diente in diesem Fall als Antinorm zum »normalen Leben«, das dem heterosexuellen Verhalten des Mannes entsprach."[191]

Solche Konzepte von Normalität und Krankheit lassen sich auch heute noch in den verbreiteten Vorstellungen über gesellschaftliche Erwartungen und eigene Verantwortung finden:

> „Die Gesellschaft schafft Regeln ... vor allem über Sex. Sex ist für die Reproduktion, um Kinder zu haben. Jede andere Form des sexuellen Verhaltens (...) wird als Krankheit angesehen." (Roberto, Homosexueller)[192]

Vorstellungen über Normalität und Krankheit schaffen so ein Orientierungsmuster für richtiges und falsches Verhalten. So wie auch mit dem Konzept der Sünde in der katholischen Kirche wird die Sexualität funktionalisiert und an die Zeugung gekoppelt. Nichtreproduktive sexuelle Formen und Sexualität aus Vergnügen werden abgelehnt.

Diese Normen finden inzwischen allerdings nicht mehr überall ungeteilte Anerkennung. Im Zusammenhang mit dem Prozeß der Verstädterung fand eine Modernisierung des sexuellen Lebens in Brasilien statt. Besonders seit den 70er Jahren ermöglichen liberale Ideen aus Europa und den USA und neue wissenschaftliche Disziplinen wie Psychologie und Soziologie einen öffentlichen Diskurs über Fragen der Sexualität, der sich frei von moralischen Implikationen um ein „rationales Verständnis" sexuellen Verhaltens bemühte.

Gegen das „Tabu des Körpers"[193], die „Kultur des Schweigens"[194] und eine falsche Moral sucht man hier ein quasi-wissenschaftliches Verständnis des Kör-

---

[190] Dabei handelt es sich natürlich nicht um eine spezifisch brasilianische Perspektive. Für einen Überblick siehe: Ranke-Heinemann, *Eunuchen für das Himmelreich. Katholische Kirche und Sexualität*, 1988.
[191] Costa, *Ordem Medica e Norma Familiar*, 1979, 247f.
[192] Zitiert nach Parker 1991, S.132.

pers. So meint ein Autor in einer Schrift zur sexuellen Aufklärung für Jugendliche:

> „Wenn die Leute ein rationales und objektives Wissen ihres eigenen Körpers und seiner Funktionen hätten, würden sie ihn vielleicht mehr mögen und sich mehr um ihn kümmern und zwar auch in einer rationalen Form und würden dazu kommen, die eigene Sexualität und die Sexualität der anderen in einer natürlichen und positiven Art zu erleben."[195]

In diesem rationalen Diskurs wird die persönliche Wahl betont. Im Gegensatz zu den Forderungen der Kirche wird die Frage der Abtreibung beispielsweise im Kontext von persönlichen oder sozialen Problemen erläutert.

Solche Diskussionen finden natürlich zunächst in der städtischen Mittelschicht und der Oberschicht statt. Aber über das Fernsehen, durch die in Brasilien sehr beliebten Talk-Shows und auch durch die vielen amerikanischen Filme erreichen sie auch die Masse des Volkes. So erzählte eine 32jährige Arbeiterin:

> „Abtreibung gab es immer, oder? Aber heute diskutiert man sogar, ob sie legalisiert werden sollte. Es ist sehr strittig. Die meisten sind total gegen Abtreibung. Und in Wirklichkeit will ja auch niemand abtreiben. Aber es gibt eben auch andere Überlegungen. Fehlendes Geld, die Gesundheit der Mutter oder anderes. Es ist nicht leicht. Manchmal ist die Schwangerschaft eine wirkliche Tragödie." (Elizabeth)[196]

Das „wahre", rationale Wissen über Sexualität spielt nun eine zentrale Rolle. Sexualität wird dabei funktionalisiert in bezug auf individuelle Entfaltung oder körperliches Wohlbefinden. Dazu ein weiteres Beispiel: Mitglieder einer Kirchengemeinde hatten eine in Trennung lebende Frau beschuldigt, bereits Kontakte mit einem neuen Freund zu haben, obwohl ihre Ehescheidung noch nicht rechtlich vollzogen war. In einem persönlichen Gespräch verteidigte sich die Frau implizit gegen diese Vorwürfe der Kirche: „Das ist ja wohl meine persönliche Angelegenheit. Und außerdem ist Sex gesund."[197] Das Recht auf persönliche Wahl und ein „rationales" Argument über den Gesundheitsaspekt ihres Handeln bildet in dieser Perspektive die Grundlage ihrer Position.

---

[193] Rodrigues, *Tabu do corpo*, 1988.
[194] Alves, Levi, 1980, S.263.
[195] Mazín, *Anatomia e Fisiologia Sexual Humana*, 1983, S.22.
[196] Parker 1991, S.112.
[197] Persönliches Interview 1992.

2.4. Diskurs des Genusses

Über diese Konzepte der Funktionalität und der Geschlechterhierarchie hinaus, hat der amerikanische Soziologe Parker die Bedeutung einer weiteren Perspektive der Wahrnehmung von Körperlichkeit und Sexualität herausgestellt: die „Ideologie der Erotik".[198] Ich werde im folgenden dafür den Begriff des brasilianischen Psychotherapeuten und Schriftstellers Roberto Freire „Diskurs des Genusses" gebrauchen, da die Möglichkeiten des Vergnügens, der Lust und des Genusses dabei eine zentrale Rolle spielen.

Gegenüber den Restriktionen der Geschlechterdominanz, den Restriktionen, die durch Klassifikationen wie Sünde, Anormalität oder Krankheit festgelegt werden, ermöglicht der Diskurs des Genusses die Transgression solcher symbolisch konstituierter Restriktionen. Dabei wird das Vergnügen, der Genuß, zum entscheidenden Kriterium gelingender Sexualität und Körperlichkeit.

Diese Möglichkeit der Transgression wird durch die Unterscheidung von privatem und öffentlichem Bereich ermöglicht.[199] Diese Unterscheidung schlägt sich in verbreiteten Redewendungen nieder, wie „Innerhalb von vier Wänden ist alles möglich!" oder „Wände sprechen nicht!" Die heimliche und versteckte Atmosphäre ermöglicht kulturell genau die sexuellen Freiheiten, die durch die anderen Diskurse eingeschränkt werden sollten. Die Klassifikationen der Anormalität, der Sünde und der Geschlechterdifferenz werden außer Kraft gesetzt:

> „Das Volk sagt »Alles ist möglich innerhalb von vier Wänden«, weil es den anderen egal ist. Die Frau, voll von Scham, der Mann, voll von Verboten - plötzlich sind sie nicht mehr so weiblich, nicht mehr solche Machos, so innerhalb von vier Wänden."(Antonio)[200]

Eine ähnliche Suspendierung der offiziellen Normen drückt sich in dem Lied „Unterhalb des Äquators gibt es keine Sünde" von Chico Buarque de Hollanda aus. In einem Wortspiel, daß sich sowohl auf die geographische Lage der ehemaligen Kolonie Brasiliens als auch auf den Bereich „unterhalb der Gürtellinie" bezieht, wird die Laszivität im „tropischen Paradies" Brasilien der restriktiven Moral der Kolonialländer oder dem Puritanismus der nordamerikanischen Siedler entgegengestellt.

Im Diskurs des Genusses wird der körperliche Kontakt zu einem Wert an sich. Es geht nicht um kirchliche Normen, nicht um Reproduktion oder soziale Hierarchie. Das Ziel ist vielmehr die Verwirklichung des Verlangens (*desejo*) durch Genuß und Leidenschaft.

---

[198] Parker 1991, S.153.

[199] Auf die große Bedeutung dieser Unterscheidung von öffentlichem Raum und Privatsphäre hat vor allem Roberto da Matta (1991) immer wieder hingewiesen. Da Matta, *Espaco: Casa, rua e outro mundo: o caso do Brasil*, 1991.

[200] Zitiert nach Parker 1991, S.156.

Von daher erhält auch der menschliche Körper eine neue Bedeutung. Er ist nicht mehr Ort der Unterwerfung und Herrschaft, der Scham, der Gefahr oder Sünde. Vielmehr wird er zum Ausdruck der Schönheit, der Quelle der Sinnlichkeit und der erotischen Möglichkeiten. Statt Hierarchie oder Funktion steht nun der Genuß im Vordergrund.

Dazu lassen sich Sprache und Praktiken finden, für die der ganze Körper, die ganze Breite sinnlicher Vergnügen wichtig ist und nicht nur der reproduktive Geschlechtsakt, wie etwa in der Sprache der Funktionalität.

> „Man betrachtet den sexuellen Genuß, wie man eine gute Feijoada betrachtet. Am Ende sagt man: »Es war eine Lust (*delícia*)!« »Es war schmackhaft (*gostosa*)!« Man gibt sowohl dem Essen wie auch dem Sex die Bedeutung des Genusses." (José)[201]

Der tatsächliche Einfluß, den dieser Diskurs des Genusses heute in Brasilien ausübt, ist schwer festzustellen. Aber seine Bedeutung wächst.[202] Vor allem aber zeigt sich in diesem Diskurs des Genusses besonders deutlich die *anarchische Struktur des Genusses*, die wir auch schon bei den nationalen Symbolen kennengelernt haben. Im Zusammenhang mit den flüchtigen Momenten des Verlangens, des Genusses und der Leidenschaft des Körpers werden die *gesellschaftlichen Normen und sozialen oder ethnischen Differenzierungen aufgehoben*:

> „Die sexuellen Beziehungen eines weißen Mannes mit einer schwarzen Frau, eines verheirateten Mannes der Mittelklasse mit einem Transvestiten der Unterschicht oder beispielsweise einer Frau mittleren Alters mit ihrem jugendlichen Geliebten, haben eine besondere Bedeutung, da sie die Differenzen verletzen und (...) die Hierarchie der Alltagswerte zerstören."[203]

Diese Beziehung zwischen Erotismus und Macht führt zu einer Inversion der Werte, bei der das Verbotene deshalb Spaß macht, weil es verboten ist. Solch eine Inversion der Werte ist von Roberto da Matta als „Karnevalisierung des Alltags" bezeichnet worden.[204] Ihre Struktur zeigt sich natürlich am deutlichsten in einem zentralen Symbol brasilianischen Selbstverständnisses: dem Karneval.

---

[201] Zitiert nach Parker 1991, S.177.

[202] So stellt die bereits zitierte Studie über das Sexualverhalten der Brasilianer einen Wandel in der traditionellen Einstellung der Männer fest. Für immer mehr Männer sei es ein Bedürfnis, der Frau Genuß zu bereiten und sie tatsächlich zum Orgasmus zu führen, was für den „klassischen" Macho keine Rolle spielt. Siehe: Cavallieiri 1983, S.103.

[203] Parker 1991, S.203.

[204] Da Matta, *Carnavais, Malandros e Herois. Para uma sociologia do Dilema Brasileiro*, 1990.

3. Karneval als Inversion der Realitiät

Der Karneval lebt von dem grundsätzlichen Gegensatz zwischen Fest und Alltag. Während der Alltag für viele Brasilianer von Elend, harter Arbeit, Verpflichtungen und der Repression von Bedürfnissen und Wünschen bestimmt ist, findet im Karneval ein „Exzeß des Genusses und des Reichtums, der Fröhlichkeit und des Lachens"[205] statt. In seinem Buch „Was macht Brasilien brasilianisch?" bemerkt Roberto da Matta, einer der führenden Forscher zu den Fragen des brasilianischen Karnevals:

> „Beim Karneval tauschen wir die Arbeit, die den Körper bestraft, gegen den Gebrauch des Körpers als Mittel der Schönheit und des Genusses. In der Arbeit zerstören, unterdrücken und verbrauchen wir den Körper. Beim Karneval geschieht dies auch. (...) Aber hier gebrauchen wird den Körper, um den höchsten Genuß und die größte Fröhlichkeit zu genießen."[206]

Dieser Genuß wird exzessiv erlebt, aber er ist nur ein flüchtiger Augenblick, so wie die Erfahrung des Glücks im Fest ein flüchtiger Augenblick ist.[207] Diese Zeitstruktur ist den Teilnehmern durchaus bewußt und wird vor allem in den Liedern des Karnevals immer wieder thematisiert. Als Beispiel soll ein Lied von Vinicius de Morais - dem „Lehrer der Gefühle der Brasilianer" - über das „Glück" angeführt werden:

> Das Glück
>
> Traurigkeit hat nie ein Ende,
> das Glück dagegen ist endlich ...
>
> Das Glück ist wie die Feder,
> die der Wind durch die Lüfte treibt.
> Sie fliegt so leicht dahin,
> doch ihr Leben ist so kurz.
> Der Wind muß wehen jeden Tag.
>
> Das Glück der Armen ist wie
> das große Spiel des Karneval
> Die Leute schuften das ganze Jahr
> für einen Augenblick des Traums,
> um sich einmal zu verkleiden
> als König, Pirat oder Gärtnerin.

---

[205] Da Matta, *O que faz o brasil, Brasil?*, 1991, S.73.
[206] Da Matta 1991, S.74.
[207] Parker 1991, S.214, Spricht davon, daß dem Fest eine Zeitstruktur fehlt. Der Karneval konstruiert im Vollzug vielmehr eine „zeitlose Welt".

Am Aschermittwoch ist alles vorbei.[208]

Die Erfahrung des Karnevals erhält eine ästhetische Struktur:[209] *Alles wird um seiner selbst willen gefeiert.* Musik, Tanz und Fröhlichkeit werden zum Selbstzweck. Dieser Charakter der Zwecklosigkeit und der Disfunktionalität des Genusses wird assoziiert mit der Kreativität der Kunst und des Spieles, vor allem mit der Sorglosigkeit des Kinderspiels. Dies zeigt sich in gebräuchlichen Redewendungen wie „Gehen wir Karneval spielen!" oder „Im Karneval wird jeder zum Dichter".

Wie auch beim Genuß des sexuellen Vergnügens spielt beim Karneval die anarchische Struktur, die Inversion der alltäglichen Normen und Distinktionen eine zentrale Rolle. So bemerkt die Tageszeitung »A Tarde«:

> „Karneval ist Übertretung, und das Klima der Anarchie verführt zum Ablegen der Masken, hinter denen sich die Menschen tagtäglich verstecken."[210]

Die „Anarchie" setzt die Ordnung des Alltags außer Kraft: Gegenüber den repressiven Normen der Alltagskultur spielt im Karneval die Sinnlichkeit des Körpers eine zentrale Rolle.[211] Transvestiten - eine der verbreitetsten Verkleidungen - überschreiten die dualistische Aufteilung der Welt. Die Marginalisierten stehen im Zentrum der Aufmerksamkeit.[212]

Doch werden im Karneval nicht nur die alltäglichen Normen außer Kraft gesetzt. In Wirklichkeit zeigt sich nach Ansicht vieler erst im Karneval die wahre Identität der Menschen, ja ihre Identität als Brasilianer. Erst hier werden die „Masken des Alltags", der Traurigkeit und der Repression abgelegt, wenn auch nur für einen flüchtigen Moment:

---

[208] Vinicius de Moraes 1989, S.97.

[209] Die Diskussion um die Struktur der ästhetischen Erfahrung kann hier nicht dargestellt werden. Deshalb sei lediglich auf zwei Darstellungen hingewiesen: Jauß, *Ästhetische Erfahrung und literarische Hermeneutik*, 1991; Bubner, *Ästhetische Erfahrung*, 1989.

[210] A Tarde 19.2.1993.

[211] Victor Turner (Carnaval in Rio: Dionysian Drama in an Industrializing Society, 1992) spricht in diesem Zusammenhang von einem „dionysischen Drama".

[212] Allerdings ist hier eine kritische Anmerkung zu machen. Sicherlich würden die meisten Brasilianer zustimmen, daß im Karneval die Marginalisierten die Könige sind. Dennoch handelt es sich dabei nicht um die Realität. Faktisch gesehen ist auch im Karneval der Zugang zu den attraktivsten Plätzen in der „escola de Samba" durch die Preise der Kostüme bestimmt. Ebenso gelten in den Clubs die „Mulattinnen" lediglich als Dekoration. Zu diesem Auseinanderklaffen zwischen „Mythos und Realität" siehe: Pereira de Queiroz, *Carnaval brasileiro. O vivido e o mito*, 1992.

„Für die Mehrheit der Brasilianer ist das Spiel des Karnevals ein authentischer Ausdruck des Volkes. Karneval zu spielen heißt, sich frei zu fühlen. Es heißt, sich völlig als Brasilianer zu fühlen." (Jorge)[213]

Dieses Spiel und diese Freiheit sind aber nur in Ausnahmesituationen und gewissermaßen nur mit Hilfe einer Suspendierung des Alltags zugänglich. Doch durch ihre identitätsstiftende Wirkung stellt diese Symbolik - in ähnlicher Weise wie die Ursprungsmythen - Geltungsansprüche auf, welche über die konkrete und zeitlich begrenzte Erfahrung des Karnevals hinaus wirksam sind.

Diese Erfahrung und die damit verbundenen Geltungsansprüche wirkt sich im Alltag der Brasilianer in dem Bewußtsein aus, das „fröhlichste Volk der Erde" zu sein, wie 1996 in einer Umfrage der Zeitschrift VEJA 88% der interviewten Brasilianer bestätigten.[214] Auch die Lebensfreude (alegria) wird damit zum eindeutigen Kennzeichen brasilianischer Selbstzuschreibung und Identität. *Diese Lebensfreude ebenso wie der Genuß wird nicht als ein Resultat erfolgreichen Lebens betrachtet, wie dies möglicherweise in Deutschland der Fall ist. Vielmehr sieht man den Genuß des Körpers und die Lebensfreude als ein letztes verteidigungswertes Gut eigener Identität, das es gegen die Bedrohung durch das hierarchische System zu verteidigen gilt.* „Wenn sie uns schon kein Brot geben", sagte mir ein Mitglied eines Karnevalvereins der Schwarzen in Salvador „aber unser Vergnügen und unsere Lebensfreue (prazer e alegria) lassen wir uns nicht nehmen. Nein, unsere Würde kriegen sie nicht!" In dieser Logik kann das Beibehalten der Fröhlichkeit ebenso wie der Genuß des Körpers zum Ausdruck des Widerstands werden, zum Ausdruck des Willens, „sich nicht unterkriegen zu lassen" im Angesicht des Elends.[215]

Der Wille zu dieser Fröhlichkeit und zum Glück ebenso wie das Gefühl für die Schönheit des Lebens wird passend in einem der beliebtesten Volkslieder beschrieben, das auf fast allen Festen gesungen wurde, die ich in Brasilien besuchte:

> Was ist es?
>
> Ich bleibe bei der Einfachheit
> der *Antwort der Kinder*:
> Es ist das Leben, es ist schön, es ist schön.

---

[213] Zitiert nach Parker 1991, S.241.
[214] „O Brasileiro segundo ele mesmo" *VEJA* 17.1.1996.
[215] Sundermeier (1996, S.191) erkennt im Fest einen „Protest gegen die Resignation". Im brasilianischen Kontext wird dies von den Beteiligten als Protest gegen das hierarchische System verstanden. Man will sich nicht unterkriegen lassen von „denen da oben".

Refrain:
> Leben und sich nicht schämen, glücklich zu sein.
> Singen und singen und singen
> über die Schönheit, ein ewig Lernender zu sein.
> Oh mein Gott.
> *Ich weiß, daß das Leben*
> *viel besser sein sollte, als es ist.*
> *Aber das hindert mich nicht, daß ich wiederhole:*
> *Es ist schön, es ist schön, es ist schön.*

Doch das Leben, was ist das Leben?
Sag es mir, mein Bruder!
Es ist ein Herzschlag,
eine süße Illusion.
Aber das Leben,
ist es herrlich oder ist es Leiden?
Ist es Fröhlichkeit oder Klage?
Was ist es, mein Bruder?

Mancher sagt von unserem Leben,
daß es wie ein Nichts sei auf der Welt.
Es ist ein Tropfen, ein Moment,
der nicht mal eine Sekunde dauert.
Mancher sagt, es sei ein göttliches
profundes Geheimnis,
Es sei ein Hauch des Schöpfers
voll von Liebe.
Du sagst, es ist Kampf und Genuß.
Er sagt, Leben heißt, einfach zu leben.
Sie sagt, es ist besser zu sterben,
denn sie wird nicht geliebt,
und das Wort bedeutet Leiden.
Ich weiß nur, daß ich dem Mädchen vertraue
und auf das Mädchen setze ich die ganze Kraft meiner Hoffnung.
Wir sind es, die wir das Leben machen,
wie es möglich ist, oder wie wir können oder wollen.
Immer herbeigewünscht,
so falsch es auch sei.
Niemand will den Tod,
nur Gesundheit und Glück,
und die Frage bleibt, und der Kopf strengt sich an.
Ich bleibe bei der Einfachheit

der Antwort der Kinder:
Es ist das Leben, es ist schön, es ist schön.

Die Schönheit des Lebens bleibt in diesem Lied letztlich unbegründet, in gewissem Sinne sogar paradox, weil man ja „weiß, daß das Leben viel besser sein sollte, als es ist."

Diese unbegründete Lebensfreude ebenso wie die zeitweise Feier des Genusses des Körpers im Karneval ist von einigen Theoretikern in und außerhalb Brasiliens immer wieder mißtrauisch und in Anlehnung an die marxsche Religionskritik als „Opium für das Volk" kritisiert worden, welches das Volk benebele und vom politischen Engagement ablenken solle. So meint Karin Engel beispielsweise, daß die von den Eliten gesteuerte „Massenkultur der Lebensfreude" der Verkennung der Verhältnisse und der Tradierung alter Machtstrukturen diene.[216] Solche Verschwörungstheorien nehmen an, daß die Menschen aus den Favelas ihr tägliches Elend nicht mehr sehen würden, nur weil ihnen die Feier eines Festes gelingt, das Europäern im Anbetracht dieses Elends als widersinnig und irrational erscheint. Diese Theorien verkennen dabei die spezifische Semantik, die die Vorstellungen über Lebensfreude und Genuß in Brasilien auszeichnen: Lebensfreude und Genuß werden als Ausdruck der eigenen Authentizität verstanden und ihre Feier kann damit zu einer Manifestation des „Widerstands" gegen die Mächte des Todes werden.[217]

Dabei ist man sich durchaus bewußt, daß die in den Festen gezeichneten Utopien nicht der Realität entsprechen - wie könnte ein Slumbewohner das übersehen! Man ist sich bewußt, daß die Realität sogar für die Erfahrung des Vergnügens suspendiert werden muß.[218] Deshalb spielen in den Karnevalsliedern - wie auch in der Kultur Brasiliens im allgemeinen - Ausdrücke wie *Fantasie, Illusion, Nostalgie* oder *Sehnsucht (saudade)*[219] eine große Rolle.[220] Doch sus-

---

[216] Engell, »Dreh Dich Baiana ... in den Farben meines Herzens!« Karneval in Brasilien. Ein Spiegel politischer Kultur, 1994, S. 394.

[217] Eine ähnliche Funktion schreibt Schindler (1992, S.157f) der Lachkultur des europäischen 16.Jahrhunderts zu: „In seiner Lachkultur trug das Volk einen notorischen Unernst zur Schau, in dem sich nach innen ein spezifischer Modus der sozialen Integration ausdrückte und der nach außen einen wichtigen Distanzierungs-, ja Subversionsmechanismus zur Abwehr der stets in würdevollem Ernst vorgetragenen Herrschaftsansprüche und Verhaltenszumutungen der geistlichen und weltlichen Eliten darstellte."

[218] Zur Bedeutung dieses Vergessens bemerkt Da Matta: „What explains the style of carnaval is the necessity of inventing a celebration where things that must be forgotten can be forgotten if the celebration is to be experienced as a social utopia." Siehe: Da Matta, „On Carnaval, Informality and Magic: A Point of View from Brazil", 1994, S.232.

[219] Zur spezifischen Konnotation des Begriffes „Sehnsucht" im brasilianischen Kontext siehe: Da Matta, „Antropologia da Saudade", 1992.

[220] Auf die Bedeutung dieses semantischen Wortfeldes hat Victor Turner hingewiesen. Und er hat es in Verbindung gebracht mit der Freudschen Vorstellung vom „spielenden Kind in uns" und

pendiert dieses Bewußtsein dabei nicht die Hoffnung, daß es sich hier um eine Utopie von einer Gesellschaft handelt, die eines Tages zur Realität werden wird.[221] Dazu nochmals Amado:

> „Musik und Tanz und das überströmende Lachen, die das Elend herausfordern, in der Gewißheit, daß es in Bahia einmal nur noch eine Realität geben wird: die Realität eines Volkes, das von allem Häßlichen, Traurigen befreit ist, Herr über sein Schicksal."[222]

Und so kulminieren im Karneval - oder besser gesagt in den Interpretationen, die die Brasilianer über ihre eigene Karnevalserfahrung entwerfen[223] - die unterschiedlichen Symbolketten: Die Vorstellung von der brasilianischen Lebensfreude und der spezifischen Sinnlichkeit des Körpers, die Verbindung zwischen Anarchie und Genuß, das Bild von Brasilien als „Land der Zukunft" und der Rassendemokratie. Karneval wird dabei als „Traum", als ein Produkt der Fantasie gesehen. Aber gerade dadurch bietet er eine Vision für die Zukunft und die utopische Vision eines Lebens in einem „tropischen Paradies", wo die Kämpfe, Leiden und die Traurigkeit der menschlichen Existenz durch die Fröhlichkeit, den Genuß und die Leidenschaft ersetzt werden.

4. Der Körper in der brasilianischen Literatur nach 1964

Die dargestellten Diskurse konstruieren den Genuss als eine Erlebnisform von Körperlichkeit, die als antikulturelles Schema sowohl Formen gesellschaftlicher Repression als auch soziale, ethnische und geschlechtsspezifische Hierarchien unterläuft. Diese Struktur formt nicht nur die spezifische Körper- und Lebenserfahrung im Alltag der Menschen. Sie hat auch identitätsstiftende Wirkung und beeinflußt andere Diskurse. So werden einige Elemente dieser Vorstellung von der Theologie des Körpers aufgenommen, wie ich später zeigen werde.

Ebenso finden sich Elemente dieses Diskurses des Genusses in der brasilianischen Literatur ab 1964, d.h. seit dem Beginn der Militärdiktatur. Die Reaktion der Literatur auf die Zunahme der Repression und des Autoritarismus kann uns helfen, die strukturelle Beziehung zwischen der hierarchischen Gesellschafts-

---

Baudelaire´s „paradis parfumé". Das Kind wird für ihn dabei zum Epitom der Antistruktur. Siehe: Turner 1992, S.129f.

[221] Inwiefern diese Hoffnung dann allerdings auch einen politisch motivierenden und aktivierenden Impuls ausübt, läßt sich theoretisch nicht sagen. Empirisch läßt sich beides beobachten: Menschen die am Karneval teilnehmen und politisch hochaktiv sind und andere, für die ein politisches Engagement irrelevant erscheint.

[222] Amado 1995.

[223] Geertz, Art as a cultural system, 1976.

struktur und der kulturellen Konstruktion des Körpers in Brasilien zu verstehen.[224]

Die Literatur ab 1964 nahm Elemente des Diskurses des Genusses auf, reproduzierte sie in ihren eigenen Werken und verstärkte damit deren Wirksamkeit im kulturellen Horizont Brasiliens. Zwar ist der direkte literarische Einfluß dieser Literatur auf eine kleine Leserschicht beschränkt, da in Brasilien noch 1990 eine offizielle Analphabetenrate von 40% zu verzeichnen war. Aber über die Verfilmungen[225] in den allabendlich ausgestrahlten Fernsehserien, den Telenovelas[226], ebenso wie durch die Übernahme bestimmter Motive aus der Literatur in die »Musica Popular Brasileira« wirkt die brasilianische Literatur auch innerhalb breiter Volksschichten.

Vor 1964 war die brasilianische Literatur von erbaulichem Sozialoptimismus und der Utopie einer baldigen industriellen Entwicklung und Überwindung ungerechter gesellschaftlicher Verhältnisse geprägt. Die Ausbeutung des Menschen durch den Menschen ebenso wie zeitgenössische Fragen von weltweiter Bedeutung spielten eine wichtige Rolle.

Mit dem Militärputsch von 1964 hatte sich der Staat vom Autoritarismus in eine offene Diktatur gewandelt. Damit wandelten sich auch die politischen Interessen der Literaten. So wird die entrüstete Aufdeckung der Gewalttätigkeit zu einem thematischen Schwerpunkt.[227] Die Romane zeigten die Gesichter der Diktatoren und Usurpatoren ebenso wie die Kleinstformen von Gewalt und Machtverstrickungen im Alltag.[228] Doch auch Stil und Thematik der Literatur wandeln sich. Dazu bemerkt der brasilianische Literaturwissenschaftler Silvano Santiago:

> „Die gute Literatur nach '64 zieht es vor, harmlos wie Risse im Beton zu scheinen. Man entscheidet sich im allgemeinen für Themen aus den Bereichen des Privaten und des Alltäglichen, die Hautfarbe, den Körper, die Sexualität, die zum Hebel werden können, um ein Gegengewicht gegen die starren und unzerstörbaren

---

[224] Der vergleichende Blick nach Indien zeigt, daß in hierarchischen Gesellschaften sowohl bei der Artikulation der Ideologie der Machtträger als auch bei kulturellen Reformbewegungen Körperdiskurse of eine zentrale Rolle spielen. Siehe: Alter, *The Wrestler's Body. Identity and Ideology in North India*, 1994. Milner, *Status and Sacredness. General Theory of Status Relations and an Analysis of Indian Culture*, 1994, S.106-124.

[225] So lassen sich inzwischen Verfilmungen zentraler klassischer Romane von Jorge Armado über Guimarães Rosa, Raquel de Queiroz, Antonio Callado Boão und Ubaldo Ribeiro finden.

[226] Siehe dazu: Klagsbrunn, *Telenovela in Brasilien. Die allabendliche Faszination*, 1987.

[227] Ein interessanter Vergleich zwischen der Darstellung der Diktatoren in lateinamerikanischen und europäischen Romanen findet sich bei: Meyer-Clason (Hg), *Unsere Freunde die Diktatoren. Lateinamerikanische Schriftsteller heute. Prosa, Essays, Poesie*, 1980.

[228] Ein prominentes Beispiel dafür dürfte der Roman „Lucinda" (*Sempreviva*) von Anonio Callado sein, in dem die moralische Ambivalenz aller Personen des Romans und ihre Verstrickung in ein Regime entfesselter Gewalt aufgezeigt wird.

Zwänge im militarisierten Staat und die Einkerkerung der Bevölkerung in »natürliche« Grenzen des Landes zu schaffen."[229]

Diese Bedeutung des Körpers spiegelt sich beispielsweise im Roman „Viva Teresa" (*Teresa Batista cansada de guerra*) von Jorge Amado wider, in dem er das Schicksal einer Prostituierten schildert, deren durch Gewalt und Demütigungen stigmatisierter und getöteter Körper im Augenblick des Todes ihres Zwangs-Ehemannes wiederaufersteht. In eben diesem Augenblick trifft sie auch ihren totgeglaubten Geliebten wieder. Die Befreiung aus der Zwangsehe wird zur Auferstehung des Körpers und zur sinnlichen Vereinigung mit dem heimlichen Geliebten. Der Körper wird in dem Roman zum Ort, an dem die leidvolle Realität erfahren wird, der aber gleichzeitig dieses Leid überwindet auch über die Grenzen gesellschaftlicher Normen und selbst über die reale Grenze von Leben und Tod hinaus.

In karnevalesker Art[230] führt auch die Heldin in Amados Roman „Frau Flor und ihre beiden Ehemänner"[231] ein Doppelleben. Frau Flors zweiter Ehemann ist ein pedantischer Apotheker und symbolisiert die Ordnung und Sicherheit, die sich Frau Flor wünscht. Gleichzeitig wird sie aber weiterhin von ihrem verstorbenen ersten Ehemann besucht, der ihr noch zu Lebzeiten zwar als Schlitzohr und Frauenheld (malandro)[232] das Leben schwer gemacht hatte, nach dessen Glut und Leidenschaft sie sich nun aber sehnt. *Das körperliche Verlangen und der Genuß bilden in beiden Romanen somit einen beinahe dualistischen Gegensatz zu den gesellschaftlichen Normen der Ordnung und Moral.*[233] *Der Sinnlichkeit gelingt es dabei durch ihre eigene Logik, den Restriktionen der Ordnung zu entgehen, ohne sich dabei offen gegen diese Ordnung auflehnen zu müssen.*

Auf andere Weise thematisiert Clarice Lispector den Zusammenhang von Gesellschaft und Körper.[234] In ihrem Roman „Eine Lehre oder das Buch der Lüste" (»Uma aprendizagem ou o livro dos prazeres«) schildert sie die unmittel-

---

[229] Santiago, Lebensfreude und Macht, 1992, S.52 u. 54.

[230] Zu den karnevalesken Elementen in der Literatur Amados siehe: Rodrígues Monegal, „Carnaval/antropofagia/paródia", 1979. Sant´Anna, „De como e por que Jorge Amado em »A morte de Quincas Berro D´Agua´« é um autor coarnavalizador, mesmo sem nunca ter se preocupado com isto", 1983.

[231] Amado, *Dona flor e seus dois maridos,* 1966. Eine soziologische Interpretation in Bezug auf die Karnevalisierung findet sich bei: Da Matta, Mulher. »Dona flor e seus dois maridos«. Um Romance relacional, 1991.

[232] Auch bei dem *Malandro* handelt es sich um einen karnevalesken Nationalhelden. Siehe die Analyse von Roberto da Matta, Pedro Malasartes e os Paradoxos da Malandragem, 1990.

[233] Ein Gegensatz, der von Jorge Amado nicht aufgelöst wird, sondern den seine Heldinnen und Helden durch ein Oszillieren zwischen den Polen von öffentlicher Moral und Verlangen zu überwinden trachten.

[234] Clarice Lispector ist eine der brasilianischen Autorinnen, die von Rubem Alves oft zitiert werden.

bare Wirkung und Bedeutung der neuen sozialen und politischen Praxis auf die weibliche Liebes- und Körpererfahrung. Dazu bemerkt Spielmann:

> „Gegen diese Effekte modernster Formen des Gesellschaftsvertrags setzt sie eine Strategie der Verteidigung des Körpers und der Sinne weibliche Körper und Stimmen als Medien der Wahrnehmung und Kommunikation ein. Der weibliche Körper repräsentiert (...) Ort und Quelle der Imagination und des imaginären Erlebens."[235]

In der imaginären Verbindung von Körper-Weiblichkeit, Genuß, Natur, und Freiheit[236] vermag Lispector, das *Widerstandspotential des weiblichen Körpers* zu entdecken.[237]

Der Bezug auf die Widerstandspotentiale und Genußmöglichkeiten des Körpers ermöglichte es den Schriftstellern in der Zeit der Militärdiktatur, sowohl einer inneren Depression als auch einer eigenen politischen Radikalisierung zu entgehen. Große Teile der brasilianischen Literatur[238] waren durch das Schlagwort „*Lebensfreude*" (»alegria«) bestimmt.

> „Die heitere Selbstbehauptung des Individuums in einer Gesellschaft, die zugleich autoritär und repressiv war, bildete vielleicht den Grundgedanken der guten Literatur nach '64."[239]

Der Schrei nach Lebensfreude wurde in eben dem Moment ausgestoßen,

---

[235] Spielmann 1994, S.48 u. 51: „Es geht bei Clarice Lispector nicht um die Darstellung eines neuen Leibesideals, die Selbstverwirklichung der Frau durch das Schreiben eines weiblichen Bildungsromans mit emanzipatorischer Intention, wie es von Seiten feministischer Kritikerinnen (z.B. von C.Ferreira Pinto und E.K. Labovitz) vorgeschlagen wird. Die Strategie des Textes liegt darin, gegen das Repräsentationssystem westlicher Zivilisation, das Liebesverlangen der Frau domestiziert, den Körper der Frau künstlich zerlegt und ausgrenzt, anzuschreiben."

[236] Spielmann 1994, S.60. Damit wird Lispector eine interessante Gesprächspartnerin für Rubem Alves, der im Zusammenhang mit der Sinnlichkeit auch die imaginativen Fähigkeiten betont. Spielmann weist darüber hinauf darauf hin, daß diese Gleichung dem Konzept von Simone de Beauvoir zu ähneln scheint, den weiblichen Körper für die Frauen als Instrument der Freiheit einzusetzen. „Der entscheidende Unterschied besteht jedoch darin, daß Beauvoirs Überlegungen auf einem Geist-Körper Dualismus basieren, während bei Lispector in der Nähe des weiblichen Körpers zur Natur eine Differenz markiert wird, ohne binäres Denken zu implizieren."

[237] Amado und Lispector sollten hier nur als zwei Beispiele dienen. Interessant scheint mir in diesem Zusammhang auch Antonio Callado, der die neu aufkommenden Fragen um Körperlichkeit, Erotik, Liebe und Sexualität im Feld der Religion aufnimmt. Siehe dazu: „Antonio Callado und Darcy Ribeiro. Der Schriftsteller als Theologe, der Anthropologe als Schriftsteller, als Held der Tropen: »Quarup« und »Maíra«" in: Spielmann 1994, S.89-110.

[238] Natürlich gab es auch nach 1964 verschiedene Strömungen innerhalb der brasilianischen Literatur. Siehe dazu den Sammelband: Briesemeister u.a. (Hg.), *Brasilianische Literatur der Zeit der Militärherrschaft (1964-1984)*, 1992. Im folgenden soll aber nur die Strömung untersucht werden, die Elemente der bisher dargestellten Körpervorstellungen aufnimmt.

[239] Santiago 1992, S.59.

„als der Körper des Künstlers durch Repression und Zensur gefoltert wurde. (...) Es war die Lebensfreude, die dem Künstler die Möglichkeit gab, sich mit einem Ja - immer in Opposition zu den Kräften des Terrors, der Zerfleischung und des Schmerzes - zu behaupten."[240]

Diesem Gefühl gab Caetano Veloso in seinem Lied »Alegria, Alegria« (Lebensfreude, Lebensfreude) Ausdruck, mit dem er 1967 den endgültigen Durchbruch schaffte und das bis heute zu den beliebtesten und meistgespieltesten Liedern der „Musica Popular Brasileira" gehört. Das Lied erzählt davon, wie der Künstler „ohne Tuch und Ausweis" gegen den Wind läuft und „wie die Sonne auf die Zeitungen scheint", während er der Lebensfreude und der Faulheit frönt. Diese Lebensfreude und Faulheit kann allerdings keinesfalls als unpolitische desinteressierte Geste gedeutet werden. Denn die Zeitungen waren damals zensiert, verbreiteten lediglich den offiziellen Diskurs der Militärs. Die Lebensfreude und die Faulheit jedoch entziehen sich in einer anarchistischen Weise - „ohne Tuch und Ausweis" - diesen Versuchen der Manipulation.

Die von Caetano Veloso mitbegründete Musikbewegung der Tropikalisten bezog sich bewußt auf die nationalen Ursprungsmythen, indem sie ihre neue „Musikrichtung und Lebensphilosophie" selbst als „Neo-Anthropofagismus" bezeichneten.[241] Ähnlich wie einige Vertreter des Cinema Novo[242] zeichnen sie das Ideal einer integrativen Kultur verschiedener Ethnien, deren Sinnlichkeit „unterhalb des Äquators" den offiziellen Normen entweicht.

Von den Militärs wurde die subversive Kraft solcher kultureller Bewegungen durchaus anerkannt.[243] Caetano, ein Großteil der Tropikalisten so wie viele Schriftsteller mußten ins Exil gehen. Die Vorstellung vom „freien Körper" erschien den Militärs gefährlich. Literatur, die versuchte, die Sinnlichkeit des Körpers zu beschreiben, wurde zensiert.[244] In seinem 1979 erschienenen autobiographischen Roman „Die Guerilleros sind müde" (»O que é isso, companheiro?«) setzt sich Fernando Gabeira mit der Bedeutung des Privaten und Intimen für das politische System als Ganzes auseinander.

---

[240] Santiago 1992, S.58f.

[241] Schreiner 1985, S.214. Carvalho 1995, S.174f. Zum Anthropofagismus siehe Kapitel A III 4.

[242] So etwa Neson Pereira dos Santos in seinem Film „Wie wohlschmeckend war mein Franzose" (»Como Era Gostoso meu Frances«)

[243] Horst Goldstein („*Selig ihr Armen" Theologie der Befreiung in Lateinamerika ... und in Europa?*, 1989, S.64) sieht die Kulturbewegung der 60er Jahre mit dem „Cinema Novo", der Musik des „Bossa Nova", der Entdeckung der afrikanischen Stränge in der brasilianischen Kultur als eine „Kultur des Protestes", die ebenso wie die damals entwickelte Dependenztheorie und die Alphabetisierungsbewegung des Pädagogen Paulo Freire als entscheidender Kontext der Entwicklung der Befreiungstheologie zu verstehen ist. Die Thematisierung des Körpers als Ort des Widerstandes wird allerdings erst von der Theologie des Körpers aufgenommen.

[244] Der Zusammenhang zwischen Sexualität, Literatur und Diktatur wird eindrucksvoll geschildert bei: Silva, *Nos bastidores da censura. Sexualidade, literatura e repressão pós-64*, 1989.

„Die Polizei in São Paulo wollte wieder eine Show abziehen: Eine Ausstellung von beschlagnahmten Waffen und von Verhütungsmitteln sollte eine direkte Beziehung zwischen Sex und politischem Widerstand aufdecken. (...) In den sechziger Jahren war das die Lieblingsnummer der Polizei. Sex, der nicht der Fortpflanzung diente, und Subversion - Lust und Revolution, waren für sie eins."[245]

Die Militärs fürchteten die Darstellung des Verlangens des Körpers. Das oppositionelle Denken dagegen wurde durch die Thematisierung des Körpers vor einer ausschließlich negativen Haltung bewahrt. Dies ermöglichte nach Ansicht von Santiago eine

„Lebenskraft, die das Begehren bejaht, Freiheit und Genuß pflegt und einen Menschen schafft, der das Gefallen am Märtyrertum und am Schmerz im Zivilisationsprozess verachtet. (...) Als bewegendes Thema der letzten Jahre wird der Körper zum Ort der Entdeckung des Seins, zum Quell dionysischer Kraft in Opposition zu appolinischer Kraft. Und die Erotik ist die Energie, die den Körper zu einem nicht-rationalen und nicht-unterdrückten Verhalten treibt. Der Körper ist der Ort der Freiheit, von dem der Schrei des Individuums gegen die repressive Gesellschaft ausgeht."[246]

5. Der antihierarchisch-karnevaleske Ästhetizismus

Die bisherigen Erläuterungen haben klar gemacht, daß den kulturspezifischen Vorstellungen von Genuß, Sinnlichkeit oder Schönheit in einigen der in Brasilien verbreiteten Diskurse eine zentrale Bedeutung zukommt. Ästhetische Kategorien scheinen zentral für Erlebnisstruktur und Identitätsbildungsprozesse vieler Brasilianer zu sein. Eine ähnlich hohe Wertschätzung ästhetischer Kategorien läßt sich auch in nicht-lateinamerikanischen Kulturen zeigen.[247] Ein interkultureller Vergleich kann uns dabei zu einem tieferen Verständnis dieses Phänomens verhelfen.

In Bezug auf die balinesische Kultur sprechen Ethnologen und Religionswissenschaftler von einem „radikalen Ästhetizismus"[248] oder „ästhetischer Existenz"[249], die sich in einer allgemeinen kulturellen Faszination an der künstlerisch erzeugten äußeren Gestalt der Dinge ausdrückt. Die gesellschaftlichen sowie

---

[245] Gabeira, O que é isso, companheiro?, 1979, S.76.

[246] Santiago 1992, S.62 u. 71.

[247] Hier ließe sich eine ganze Reihe von Mikrostudien auflisten. Als Beispiel sei genannt: Hardin, The Aesthetics of Action. Continuity and Change in a West African Town, 1993.

[248] Geertz 1987c, S.186.

[249] Sundermeier, Religion und Kunst auf Bali, 1991, S.49. Bateson, Bali: Das Wertsystem in einem Zustand des Fließgleichgewichts, 1985. Bateson betont in diesem Zusammenhang die zentrale Bedeutung der Grazie für den „balinesischen Charakter" Zur Kritik von Bateson und Mead siehe: Jensen u. Suryani, The Balinese People. A Reinvestigation of Character, 1992.

auch die religiösen Handlungen sind nicht zweckgerichtet, sondern in sich selbst wertvoll.[250] Sie sollen in erster Linie gefallen - den Göttern, dem Publikum und einem selbst.[251]

Wie in Brasilien so spielen auch in Bali ästhetische Kategorien eine wichtige Rolle. Und ebenso wie in Brasilien muß auch in Bali diese Wertschätzung ästhetischer Kategorien im Rahmen einer stark hierarchisch segmentierten Gesellschaft verstanden werden.[252] Doch treten die ästhetischen Kategorien in Bali - anders als in Brasilien - keinesfalls in Opposition zur herrschenden Kultur. Handlungen, die kulturell richtig sind, werden ästhetisch geschätzt.[253] Die balinesische Gesellschaft wird deshalb auch als „Theatergesellschaft" bezeichnet.[254] In der Schönheit einer Darstellung findet sowohl der Ritus als auch gesellschaftliche Interaktion ihre höchste Vollendung.

Der französische Anthropologe Lévi-Strauss hat gezeigt, daß das menschliche Denken durch binäre Oppositionen strukturiert wird.[255] Diese Oppositionen drücken existentielle Grundkonflikte aus zwischen Sein und Nichtsein, Leben und Tod, Gut und Böse.[256] Die Fundamentalopposition, der sich die anderen kulturellen Unterscheidungen zuordnen lassen, ist die Differenz von Natur und Kultur.

In Bali ist die Schönheit ganz eindeutig auf die Seite der Kultur verortet. Balinesische Ästhetik ist von dem konsequenten Versuch gekennzeichnet, „die eher kreatürlichen Aspekte des Menschen - Individualität, Spontanität, Vergänglichkeit, Emotionalität, Verwundbarkeit - zu verdecken."[257] Die Schwierigkeit des balinesischen Tempeltanzes zum Beispiel besteht gerade darin, natürliche Bewegungen zu vermeiden, dem Ganzen eine möglichst stilisierte Form zu geben. Die Schönheit verdeckt die natürlichen Aspekte menschlicher Existenz und betont und verstärkt damit die Bedeutung der etablierten kulturellen Muster für die Gesellschaft.[258]

---

[250] Bateson 1985a, S.168.

[251] Geertz 1987c, S.186.

[252] Siehe dazu: Howe, „Rice, ideology and the legitimation of hierarchy in Bali", 1992, S.445-467.

[253] Bateson 1985a, S.170.

[254] Bateson 1985a, S.168.

[255] Diese Begrifflichkeit entspricht der oben erläuterten Vorstellung der Leitdifferenzen.

[256] Ein hervorragender kurzen Überblick findet sich bei: Dahlfert, Ingolf U., „Mythos, Ritual, Dogmatik. Strukturen der religiösen Text-Welt", 1987.

[257] Geertz 1987c, S.185.

[258] Die Konsequenzen dieses Verständnisses für die kontextuellen Theologien sind interessant. So verbindet sich auch in der „Mangobaum-Theologie" - einer christlich-theologischen Inkulturationsbewegung auf Bali - eine durch die balinesische Kultur inspirierte Ästhetik mit einem „gewissen Maß an Asketik als prägendem Lebensideal". Dabei gilt es die fünf Sinne des menschlichen Körpers „im Zaum zu halten" und *Selbstbescheidung* zu üben. (Beyer, „Eine Mangobaum-Theologie", 1996, S.101) Ein anderes Beispiel kommt aus Java: In seinem

Hierin unterscheidet sich die brasilianische Auffassung von Schönheit fundamental. Schönheit wird hier eher dem Pol der Natur zugeordnet.[259] Der brasilianische Poet Vinicius de Morais - ein „Lehrer der Gefühle der Brasilianer" - drückt diese Zuordnung in dem Gedicht „Der Tag der Schöpfung" aus, von dem ich einige Zeilen zitieren möchte. In der zweiten Strophe fragt der Poet, was gewesen wäre, wenn Gott sich bereits am sechsten Tag ausgeruht hätte und der Mensch nicht erschaffen worden wäre.

> Es wäre die unaussprechbare Schönheit und Harmonie
> der grünen Ebene und der Wasser, die sich vereinen.
> Es wäre Friede und die Macht der Pflanzen und Sterne,
> die große Reinheit des Instinktes der Fische, der Vögel
> und der Tiere, wenn sie sich vereinigen.
> ...
> Statt dessen müssen wir logisch sein, dauernd dogmatisch.
> Wir müssen uns dem Problem der moralischen
> und ästhetischen Werte stellen
> müssen sozial sein, Sitten pflegen, lachen ohne zu wollen,
> und sogar lieben ohne zu wollen.
> Alles weil der Herr sich nicht am sechsten Tag ausruhte,
> sondern erst am siebten.

Schönheit und Harmonie, Reinheit und Frieden werden hier eindeutig auf die Seite der Natur verortet. Die Kultur erscheint dagegen als der repressive Teil der Opposition Kultur-Natur. Wir *müssen* sozial sein, müsssen lachen, ohne es zu wollen. Selbst die Schönheit, die in der Natur frei erscheint, wird in der Kultur in Normen gezwängt, wird zur Ästhetik.[260]

Allerdings mahlt der Poet hier kein Rousseausches Gemälde mit dem Titel „Zurück zur Natur". Gott hat die Menschen nun einmal geschaffen, jetzt müssen

---

Entwurf einer „Spirituality of Liberation" bemerkt Peter K.H.Lee („A Spirituality of Liberation: the Indonesian Contribution", 1990, S.43): „Pain helps to understand pleasure and to criticize it." Auch in diesem Fall zeigt sich ein asketischer Schwerpunkt einer sich als inkulturiert verstehenden Befreiungsspiritualität. Im Gegensatz dazu werde ich im Abschnitt über die „Theologie des Körpers" zeigen, wie sich im Zusammenhang mit der grundsätzlich anderen Struktur des brasilianischen Ästhetizismus andere kontextuelle Theologien ergeben.

[259] Wiederum ist hier anzumerken, daß es sich bei diesem Konzept um Idealtypen handelt, die keinesfalls von allen Brasilianern als Grundlage ihrer Weltsicht verstanden werden. Bei den Protestanten beispielsweise baut sich das Weltbild durch die Gegenüberstellung von „Kultur *und* Natur" der einen Seite und der „Bibel" auf der anderen Seite auf. Zur historischen Entwicklung solcher Orientierungsmuster siehe: Scholz, Typen religiöser Unterscheidung von Kultur und Natur, S.23.

[260] Hier erhält Ästhetik eine negative Konnotation, weil sie mit feststehenden Normen in Verbindung gebracht wird. Wenn ich in Bezug auf Brasilien von „ästhetischen Kategorien" spreche, meine ich natürlich die Aspekte, die im Gedicht mit „Schönheit" umschrieben werden.

sie auch interagieren, sind auf Kultur angewiesen. Aber diese Kultur wird als repressiv erfahren. Wo das gute Leben aufscheint, wo sich Schönheit zeigt, da entledigt sie sich der Fesseln der herrschenden Kultur und der dominanten Normen. Schönheit ist in dieser Interpretation ein Teil der Natur und besitzt damit einen subversiven Charakter. Während der Ästhetizismus in Bali hierarchieverstärkend ist, bildet in Brasilien die Vorstellung von Schönheit ein karnevaleskantikulturelles Schema.

Diese unterschiedlichen volkskulturellen ästhetischen Konzepte zeigen sich auch bei einem Vergleich zentraler Symbolsysteme beider Länder: dem balinesischen Hahnenkampf und dem brasilianischen Karneval. Beide stellen nicht den „Universalschlüssel" zur jeweiligen Kultur dar, aber sie zeigen doch eine wichtige - zumindest aber eine mögliche - Facette.[261]

Geertz hatte in seinem berühmten Aufsatz über den balinesischen Hahnenkampf gezeigt, daß es dabei letztlich um eine Inszenierung von Statushierarchie gehe. Das Gemetzel unter den Hähnen mache den Zuschauern auf emotionaler Ebene klar, welches vernichtende Chaos herrschen würde, wenn ihre Gesellschaft durch Emotionen und körperliche Impulse gelenkt würde, statt durch die wohlgeordnete Statushierarchie, die die gesellschaftliche Grundlage der balinesischen Kultur bilde.

Im brasilianischen Karneval dagegen werden das Chaos, die Emotionen und die Sinnlichkeit als die eigentlich authentischen Ausdrücke des eigenen Selbstverständnisses gefeiert. Der Genuß des Körpers und die Kategorien der Schönheit ermöglichen, die restriktiven Normen einer hierarchischen Kultur zu unterlaufen und den Traum von einer tropischen Gegenwelt zu erträumen. Auch Brasiliens Gesellschaftsstruktur beruht auf hierarchischen Machtverhältnissen. Im Selbstverständnis, in seinen Symbolen und Ritualen feiert es sich aber als das „Land des Karnevals".[262]

6. Zusammenfassung: Elemente der Erfahrung des Genusses

Nicht jeder Brasilianer mag den Karneval, nicht jede Brasilianerin nimmt daran teil. Ebenso ist auch nicht jeder Brasilianer Fußballfan, und einige können Samba nicht ausstehen. Und doch zeigt sich in den oben analysierten, symbolisch konstituierten Wahrnehmungs- und Handlungsmustern beispielhaft eine Erfah-

---

[261] Geertz 1987e, S. 258. Hahnenkampf findet sich auch in der Gaucho Kultur Südbrasiliens. Er hat dort allerdings eine andere semantische Struktur als in Bali und besitzt darüber hinaus nicht die orientierende Funktion für die Gesamtkultur, wie das für die Symbolisierungen des Karnevals der Fall ist. Siehe dazu: Fachel Leal, The Gaucho Cockfight in Porto Alegre - Brazil, 1994.

[262] „Land des Karneval" (O pais do carnaval) lautet eine häufig verwendete Bezeichnung für Brasilien, das dem Titel eines Romans Jorge Amados entnommen wurde. Zur Kritik an diesem Begriff siehe Seite 28.

rungsstruktur des Vergnügens, deren Elemente sich in Brasilien auch in anderen Formen des Genusses wiederfinden lassen. Diese Elemente sollen im folgenden nochmals kurz aufgezählt werden.

In allen untersuchten Symbolkomplexen hatte sich im Zusammenhang mit den Bedingungen einer repressiven und stark hierarchisch strukturierten Gesellschaft eine enge *Verbindung zwischen Körperlichkeit und den Bedürfnissen der sozial, kulturell und politisch Marginalisierten gezeigt.*

Die körperliche Geschicklichkeit der schwarzen Fußballspieler, die körperliche Ausdruckskraft im Samba oder die von machistischen oder funktionalen Normen befreite Sinnlichkeit im Diskurs des Genusses ermöglichen ein *Überschreiten der sozialen und kulturellen Distinktionen sowie eine Inversion der gesellschaftlichen Normen.*

Die *anarchischen Elemente der Erfahrung des Vergnügens* stellen dabei in spielerischer Form der gesellschaftlichen Hierarchie das Ideal einer gesellschaftlichen Gleichheit entgegen. Solche Erfahrungen werden in Brasilien so hoch geschätzt, daß sie identitätsstiftende Wirkung zeigen. In Bezug auf die Körperlichkeit wird dabei vor allem das afrikanische Erbe der brasilianischen Kultur betont. Die nationalen Symbole verbinden somit das *Ideal einer ethnisch-kulturell und sozial egalitären Gesellschaft* mit der *Vorstellung von befreiter Körperlichkeit und genießendem Vergnügen*.

Aber diese Symbole spiegeln nicht die Wirklichkeit wieder. Das Vergnügen bildet eher eine Gegenwelt zu den Alltagserfahrungen der Armut, des Elends und der Repression. Die Erfahrung des Vergnügens hat deshalb eine eigentümliche zeitliche Struktur. In den *kurzen Augenblicken des Glücks* wird die Schönheit des Lebens in seiner ganzen Fülle wahrgenommen. Solche *erfüllte Erfahrung der Gegenwart* - oder anders ausgedrückt: *die Selbstbezüglichkeit* - gehört zur zentralen Struktur des Vergnügens.

Darüber hinaus erhalten die *ästhetischen und spielerischen Elemente* einen hohen Stellenwert. Die Schönheit des Körpers, die Faszination des Augenblicks, der Eigenwert des Lebens und der Freude werden betont. Der Genuß sträubt sich gegen Funktionalität und repressive Hierarchie.

Diese Form des Genusses ist in Opposition zur gesellschaftlichen Ordnung und zum gesellschaftlichen Alltag strukturiert. Der Genuss, die Fröhlichkeit und das Vergnügen werden als ein letztes Gut der eigenen Identität gesehen, das man sich von den Vertretern des hierarchischen und repressiven Systems nicht „nehmen lassen" will. Und so wird auch das anfängliche Zitat des Dichters Jorge Armado verständlich: „Unsere Fröhlichkeit ist der Prüfstein unseres unbesiegbaren Widerstandes!"

B. KÖRPER UND RISIKO

I. DIE KULTURELLE KONSTRUKTION VON KRANKHEIT

> Überlege, welche Wirkungen, die denkbarerweise praktische Bezüge haben könnten, wir dem Gegenstand unseres Begriffs in Gedanken zukommen lassen. Dann ist unser Begriff dieser Wirkungen das Ganze unseres Begriffs des Gegenstandes.
>
> *Charles Sanders Peirce*

1. Die Pragmatik der Körperdiskurse

Die bisherige Darstellung hat mit Hilfe wissenssoziologischer Konzepte den spezifischen Zusammenhang zwischen der kulturellen Konstruktion der Körpererfahrung und Fragen der Identität erörtert. Dabei wurde mit Hilfe der Analyse der Leitdifferenz „Schmerz und Genuß" gezeigt, wie beispielsweise durch die sogenannten nationalen Symbole Wahrnehmungsformen des eigenen Körpers, Wahrnehmungsformen von ethnischen Differenzen oder Sexualität ausgebildet werden. Solche Wahrnehmungs- und Erlebnisformen beeinflussen nicht nur die *Erfahrung* der Umwelt und des Selbst. Sie führen auch zu bestimmten *Verhaltensdispositionen* im Geertzschen Sinn und orientieren damit das Verhalten im Alltag.[263]

Will man die Bedeutung der Körperdiskurse in ihrer individuellen und gesellschaftlichen Relevanz verstehen, so muß man auch die *Pragmatik dieser Diskurse* untersuchen. So legt das im Diskurs des Machismus enthaltene Körperbild ein bestimmtes Verhalten nahe, während der Diskurs des Genusses zu anderen Verhaltensdispositionen führt. Im Alltag erhalten die unterschiedlichen Diskurse

---

[263] Geertz (1987b, S.52ff) unterscheidet dabei „Modelle von etwas" und „Modelle für etwas".

also ihre pragmatische Relevanz im Wechselspiel mit anderen Diskursen, in der Ergänzung zu diesen oder in der gegenseitigen Abgrenzung.

Mit der Berücksichtigung dieser pragmatischen Komponente gewinnt die Analyse an Komplexität. Im Folgenden untersuche ich nicht mehr nur die Semantik einzelner, in sich kohärenter „Diskurse", sondern konkrete Verhaltensorientierungen, die sich durch die gleichzeitige gesellschaftliche Präsenz unterschiedlicher Diskurse ergeben können. Wie verhält sich beispielsweise ein brasilianischer Macho, der gleichzeitig Mitglied der katholischen Kirche und Anhänger der Musik von Chico Buarque ist, konkret im Alltag?

Diese pragmatische Dimension der Leibesdiskurse soll beispielhaft - sozusagen in einer Fall-Studie - durch die Analyse der Strategie und Ergebnisse nationaler Kampagnen zur AIDS-Prävention geschehen. Die Wahl dieses Themas hat gute Gründe. AIDS ist inzwischen zu einem zentralen gesellschaftlichen Problem Brasiliens geworden. Im Jahre 1995 hatte Brasilien mit schätzungsweise 500.000 bis 700.000 Infizierten eine der höchsten Raten der Welt zu verzeichnen.[264] 1993 gab es in Brasilien offiziell 16.000 Tote als Folge von AIDS-Erkrankungen zu beklagen. Nicht nur gesundheitspolitische und administrative Konzepte, sondern auch volkskulturelle, volksreligiöse und theologische Körperdiskurse müssen daraufhin befragt werden, welche Rolle sie innerhalb dieser Problemlage spielen, inwieweit sie zu einer faktischen Änderung der Situation beitragen und nicht nur in moralischen Appellen verharren. Eben deshalb sind die Leibesdiskurse auf ihre *tatsächliche Wirkung* hin zu hinterfragen.[265] Es wird sich dabei zeigen, daß einige dieser Diskurse und die sich daraus ergebenen Anstrengungen im brasilianischen Kontext faktisch *paradoxe Wirkungen* erzeugen. Die Untersuchung der Pragmatik der Körperdiskurse versetzt uns damit in die Lage, mögliche *Ambivalenzen bestimmter Körperdiskurse für die tatsächliche Verhaltensorientierung* aufzuzeigen.

Die Untersuchung dieser Pragmatik am Beispiel der AIDS-Prävention führt dabei in einen zentralen Bereich gesellschaftlicher Selbstthematisierung. In diesem Diskurs werden allgemeine Themen menschlicher Existenz aufgegriffen. Vorstellungen über Krankheit und Tod, Normalität und Tabu, Identität und Solidarität werden dabei zu einer Struktur verwoben und bilden ein „hochexplosives Gemisch", wie ich unten ausführen werde. Die Untersuchung dieses Gemisches kann uns Auskunft geben über die Relevanz der Körperdiskurse für die brasilianische Antwort auf die AIDS-Epidemie. Sie kann gleichzeitig die Fragen

---

[264] Diese Zahl stammt aus Schätzungen des brasilianischen Gesundheitsministeriums. Siehe dazu: Parker, A AIDS no Brasil. A Construção de uma Epidemia, 1994a, S.23.

[265] Damit nehme ich die Aufforderung der eingangs zitierten pragmatischen Maxime von Charles Sanders Peirce ernst, nach der erst die Wirkungen eines Begriffs eine angemessene Vorstellung von der Bedeutung dieses Begriffs vermitteln können. Siehe: Peirce, *Über die Klarheit unserer Gedanken*, 1968, S.63.

und Herausforderungen verdeutlichen, die sich im Angesicht dieser komplexen Problemlage für eine theologische Bearbeitung der Körperthematik ergeben.

2. Kulturspezifisches Deutungsmuster von Krankheit

Die Sichtweise von Krankheit und der Umgang mit Krankheiten ist ein wichtiger Bereich von Körpererfahrungen, der die kulturspezifische Konstruktion des Körpers widerspiegelt. Denn auch bei Krankheiten handelt es sich nicht lediglich um biologisch-medizinische Phänomene, deren allgemeingültige Deutung nur von Medizinern mit Hilfe von wissenschaftlichem und kulturübergreifendem Wissen bewältigt werden kann. Vielmehr wird auch die Wahrnehmung von Krankheit kulturell konstruiert.[266]

Dabei werden Deutungsmuster von körperlichen Störungen in verschiedener Hinsicht angeboten. Ebenso wie in der wissenschaftlichen Medizin werden durch solche kulturellen Muster die Ursachen auftretender Krankheiten analysiert. Außerdem werden Möglichkeiten der kurativen und präventiven Bekämpfung der Krankheiten definiert.

Aber bereits auf einer viel grundsätzlicheren Ebene wird durch die jeweiligen kulturspezifischen Diskurse die Art und Weise beeinflußt, wie ein Individuum bestimmte Veränderungen und Empfindungen wahrnimmt oder welche Bedeutung den unterschiedlichen Körperteilen und Organen beigemessen wird. Selbst der Schmerz wird erst innerhalb eines solchen kulturellen Rahmens interpretierbar.[267] So hat Heller in seiner klassischen Studie „Die kulturspezifische Organisation von körperlichen Störungen bei den Tamang von Cautara/ Nepal"[268] gezeigt, wie von den Patienten aus dem Volk der Tamang bestimmten Symptomen, wie z.B. Oedemen, große Aufmerksamkeit entgegengebracht wurde, während andere Beschwerden, beispielsweise Bluthusten bei Tuberkulose, quasi ignoriert wurden.

Solchen kulturellen Konstruktionen der Wahrnehmungsformen von Krankheit[269], dem spezifischen Umgang mit Krankheit[270] und den nichtwissenschaftli-

---

[266] Die dazu bereits vorhandene Literatur ist in den letzten Jahren extrem angewachsen. Eine kurze Literaturübersicht findet sich z.B. bei Sich, *Medizin und Kultur*, 1993, S.75f; Als neuerer theoretischer Ansatz siehe: Jacob, *Krankheitsbilder und Deutungsmuster. Wissen über Krankheit und dessen Bedeutung für die Praxis*, 1995.

[267] Siehe dazu: Greifeld, *Schmerz - Interdisziplinäre Perspektiven. Beiträge zur 9. Internationalen Fachkonferenz Ethnomedizin*, 1989.

[268] Heller, Die kulturspezifische Organisation von körperlichen Störungen bei den Tamang von Cautara/ Nepal. Eine empirische Untersuchung über die Hintergründe kulturbedingter Barrieren zwischen Patient und Arzt, 1977.

[269] Als weiteres Beispiel: Good, The Heart of What's the Matter: The Semantics of Illness in Iran, 1977.

[270] Lewis, Cultural Influences on Illness Behavior, 1981.

chen volksmedizinischen bzw. traditionellen Heilungsmethoden[271] widmet sich die Ethnomedizin, die vor allem Untersuchungen in Ländern der Dritten Welt durchführt. Hier scheinen traditionelle Deutungsmuster und Heilungsmethoden noch besonders vorherrschend zu sein und beeinflussen oder erschweren oft die Einführung westlich orientierter medizinischer Therapieformen.

Die bisherigen Beispiele scheinen die von vielen westlichen Medizinern herausgestellte Problematik kulturspezifischer Krankheitsvorstellungen aufzuzeigen. Danach liegt das Ungenügen dieser kulturspezifischen Diskurse scheinbar darin, daß sie die Erkenntnisse der modernen Medizin nicht aufnehmen oder ihnen sogar widersprechen und dabei aus Sicht der westlichen Medizin zu problematischen Handlungsorientierungen führen. Dieser erste Eindruck hängt jedoch auch damit zusammen, daß viele ethnologische oder soziologische Forschungen gerade in den Feldern durchgeführt wurden, in denen Probleme bei der Umsetzung medizinischer Erkenntnisse auftreten.

Dennoch wird man in vielen Bereichen Inkompatibilitäten zwischen medizinisch-wissenschaftlichem Wissen und den kulturspezifischen Krankheitsdiskursen nicht leugnen können.[272] Sundermeier geht sogar noch weiter: „Medical systems are non-interchangeable and cannot be transferred from one culture to another."[273]

3. Die kulturelle Eingebundenheit der Medizin

Sundermeier hat darauf hingewiesen, daß eine metaphorische und symbolische Deutung von Krankheit und Heilungsmöglichkeiten ein grundsätzliches Merkmal afrikanischer traditioneller Medizin bildet. Als Krankheitsursachen würden entweder moralische Normenbrüche oder soziale Spannungen innerhalb der Familie oder der Dorfgemeinschaft diagnostiziert. „It is only the *relations* concerning the human being and his or her body that is important in the African way of thinking."[274] Ein solches relationales Verständnis von Krankheit darf nach

---

[271] Als Beispiele: Dilthey, *Krankheit und Heilung im brasilianischen Spiritismus,* 1993. Kuhn, *Heiler und ihre Patienten auf dem Dach der Welt. Ladakh aus ethnomedizinischer Sicht,* 1988.

[272] Zum Verhältnis von Alltagswissen und Expertenwissen siehe: Jacob 1995, S.77-82; Zum Verhältnis von moderner Medizin und kulturspezifischen Krankheitsdiskursen siehe: Hepburn, „Western Minds, Foreign Bodies", 1988.

[273] Sundermeier, Can Foreign Cultures Be Understood?, 1994, S.33. Auch in seiner Hermeneutik fragt Sundermeier, ob sich die naturwissenschaftliche Medizin durch einen Inkulturationsprozeß anpassen könne, wie dies von seiten der Ethnomedizin gefordert werde. Er kommt dann aber zu einem eher skeptischen Schluß: „Fremde kulturelle Systeme können verstanden werden, auch wenn damit die Frage der Anwendbarkeit noch nicht beantwortet ist. Verstehen ist nicht Erklären und zielt nicht auf vorschnelle Anwendung." Siehe: Sundermeier, *Den Fremden verstehen. Eine praktische Hermeneutik,* 1996, S.177 u. 182.

[274] Sundermeier 1994, S.36. Hervorhebung von mir. S.K.

Sundermeier aber keinesfalls als Magie[275] oder Aberglaube abgetan werden. Vielmehr werde durch ein solches Verständnis die soziale Situation des Patienten in den Heilungsprozess miteinbezogen und dadurch eine ganzheitliche Therapie ermöglicht.[276] Der Körper werde als Teil eines sozialen Beziehungsgeflechtes verstanden und nicht als quasi biologische Maschine, deren Einzelteile je nach Problem repariert werden können. Die Therapien der weißen Ärzte im Krankenhaus erscheinen deshalb den afrikanischen Patienten als unvollständig oder sogar falsch. Die Berücksichtigung der sozialen Beziehungen der Patienten ist daher nach Sundermeier die dem afrikanischen Menschen- und Weltbild[277] angemessene Antwort auf die auftretenden körperlichen Störungen.

Die von Sundermeier angeführten Beispiele zeigen, daß die westliche Medizin keinesfalls immer als das effektivere System der Gesundheitsfürsorge betrachtet werden kann. Die sogenannten „Culture Bond Syndromes" oder die „Folk Illnesses" zeichnen sich sogar dadurch aus, daß sie sich nicht in die biomedizinischen Klassifikations- und Erklärungsschemata einordnen lassen und die westliche Medizin deshalb für solche regional beschränkt auftretenden Körperstörungen keine Therapien anbieten kann.[278]

Dennoch erhebt die moderne wissenschaftliche Medizin oft den Anspruch der Allgemeingültigkeit unabhängig von der Kultur, in der sie wirkt. „Sie ist jedoch mit dem Welt- und Menschenbild der westlichen Zivilisation untrennbar verknüpft und somit nur eine Sonderform eines medizinischen Systems, die charakterisiert ist durch konsequente Anwendung des biologisch-naturwissenschaftlichen Denkmodells."[279]

Im Sinne von Geertz interpretiert Kleinmann Medizin deshalb als kulturelles System. Dieses entwickle seinen eigenen Wirklichkeitsentwurf, die „clinical reality", die aus einem Gewebe kulturspezifischer Normen und Bedeutungen, Verhaltensregeln, Interaktionsmustern, Beziehungsstrukturen und Institutionen

---

[275] Aber selbst Magie entbehrt nicht einer spezifischen Logik und Rationalität und kann spätestens seit Evans-Pritchards Monographie über *Hexerei, Orakel und Magie bei den Zande* nicht mehr als direkter Gegensatz zu einem rationalen Diskurs gesehen werden. Siehe dazu auch: Jarie u. Agassi, Das Problem der Rationalität von Magie, 1987. Weitere Beiträge finden sich in dem von Kippenberg u. Luchesi herausgegebenen Sammelband: *Magie. Die sozialwissenschaftliche Kontroverse über das Verstehen fremden Denkens*, 1987.

[276] Sundermeier 1994, S.33 u. 37.

[277] Diese Vorstellung zeigt bereits der Titel der von Sundermeier ausgearbeiteten Darstellung der afrikanischen Religionsanthropologie: Sundermeier, *Nur gemeinsm können wir leben. Das Menschenbild schwarzafrikanischer Religionen*, 1988.

[278] Solche von der modernen Medizin nicht deutbaren Symptome zeigen sich beispielsweise bei der koreanischen Krankheit Naeng. Siehe dazu: Kim, Naeng. A Korean Folk Illness, its Ethnography and its Epidemiology, 1982.

[279] Sich 1993, S.50.

bestehe.[280] Neben den kulturellen Einflüssen unterliege die Medizin damit auch institutionellen Schranken und systeminternen „blinden Flecken".

4. Alltagswissen

Bisher sind vor allem die Eigenheiten nichtwestlicher kultureller Vorstellungen über Krankheit dargestellt und die daraus resultierenden Spannungen zur westlichen Medizin erläutert worden. Doch auch in den hochindustrialisierten Ländern lassen sich spezifische Formen von Alltagswissen aufzeigen, die keinesfalls immer mit den wissenschaftlich etablierten Diagnosen der Krankheiten übereinstimmen. In der angelsächsischen Medical Anthropology wird deshalb zwischen „disease" und „illness" unterschieden, was im Deutschen am treffendsten mit den Ausdrücken „Krankheit" und „Kranksein" übersetzt werden kann.[281] Durch diese Unterscheidung soll auf die Differenz zwischen den Deutungen der wissenschaftlich ausgebildeten Heiler und den Alltagstheorien aufmerksam gemacht werden. So zeigen beispielsweise empirische Untersuchungen, daß auch in der Bundesrepublik vor allem auf dem Land noch die Vorstellung vorherrscht, Krebs sei ansteckend und könne vor allem durch sexuelle Kontakte und sogar durch einfache Berührungen übertragen werden.[282]

Die Beziehungen, Einflußmöglichkeiten und gegenseitigen Blockierungen zwischen medizinischem System und kulturspezifischem Alltagswissen bilden sich jeweils neu und hängen von unterschiedlichen Bedingungen ab. So kommt die Studie von Eirmbter, Hahn und Jacob[283] über die gesellschaftlichen Folgen von AIDS zu dem Ergebnis, daß die spezifische Sichtweise von AIDS in der Bundesrepublik durch „alltagsästhetische Genuß- und Erlebnisschemata"[284] der Befragten geprägt wird.

Der Grad der Abweichung zwischen Alltagswissen und dem Wissen der modernen Medizin wird in westlich orientierten Ländern sicherlich auch durch die

---

[280] Kleinman, Medicine's Symbolic Reality. On a Central Problem in the Philosophy of Medicine, 1973. Einen Überblick über die neuere Soziologie der Medizin vermittelt Lupton in: *Medicine as Culture. Illness, Disease and the Body in Western Societies*, 1994, S. 5-20.

[281] Eisenberg, Disease and Illness: Distinctions between Professional and Popular Ideas of Sickness, 1977.

[282] Dornheim, *Kranksein im dörflichen Alltag. Soziokulturelle Aspekte des Umgangs mit Krebs*, 1983.

[283] Eirmbter, *AIDS und die gesellschaftlichen Folgen*, 1993. S.48ff.

[284] Damit werden die Ergebnisse der wissenssoziologischen Studie von Schulze über die „Erlebnisgesellschaft" aufgenommen. Die Perzeption verschiedener alltagsästhetischer Schemata wiederum wird durch Alter, Bildung und Schichtenzugehörigkeit geprägt: Schulze, *Die Erlebnisgesellschaft. Kultursoziologie der Gegenwart*, 1993, S.125-168.

Erfolge der Experten bedingt. Wenn, wie im Fall von Krebs oder AIDS[285], die Expertensysteme kaum Heilungsmöglichkeiten anbieten können, werden im Alltagswissen oder in alternativen Heilungsmethoden eigene Antworten gesucht. So berichtet Mary Douglas, daß unter kalifornischen Homosexuellen die Ansicht verbreitet sei, daß gesunde Ernährung und makrobiotische Speisen eine HIV Infektion verhindern könnten.[286]

Ein solch starkes Abweichen des Alltagswissens von medizinischen Deutungen wie in diesem Fall ist nicht immer vorherrschend. Dennoch muß dieses Alltagswissen stets als Rahmen präventiven und kurativen medizinischen Handelns in Betracht gezogen werden. So hat Kleinman in einer empirischen Studie herausgefunden, daß sowohl in den USA als auch in Taiwan mit Hilfe dieses Alltagswissens 70-90% der krankheitsbezogenen Entscheidungen und Handlungen vorgenommen werden, bevor überhaupt ein Experte aus dem professionellen medizinischen bzw. aus dem volksmedizinischen Sektor zu Rate gezogen wird.[287]

Inzwischen ist versucht worden, unterschiedliche Typen und Ebenen solchen Alltagswissens zu systematisieren. Estel unterscheidet kulturell-normative Selbstverständlichkeiten, Allgemeinweisheiten, Alltagstheorien und symbolische Sinnwelten. Diese unterschiedlichen Ebenen des Alltagswissens besitzen in unterschiedlichem Maße

> „einen die Realität des Hier und Jetzt überschreitenden Charakter, der (...) den Wissenden kontrafaktisch stabilisiert und es ihm erlaubt, angesichts vermeintlicher oder »wirklich« widersprechender Tatbestände und Informationen an seiner Auffassung festzuhalten."[288]

Diese „Ultrastabilität habitualisierten Alltagswissens"[289] kann also nicht ohne weiteres durch eine einfache Zufuhr von neuen Informationen erschüttert werden. Dies zu mißachten, wäre ein fataler Fehler medizinischer Aufklärer, der allerdings gerade in den Konzepten der AIDS-Prävention immer wieder begangen wird.

Innerhalb dieser Alltagstheorien können durchaus Inkonsistenzen, Widersprüche und Leerstellen auftreten. So ist es üblich, daß neben der Vorstellung,

---

[285] Durch das fehlende Wissen von Expertensystemen in Bezug auf AIDS ist nach Ansicht von Scott für viele Menschen der Glaube an Wissenschaft und Fortschritt erschüttert worden. Siehe dazu: Scott u. Freeman, Prevention as a problem of modernity, 1995, S.159.

[286] Douglas, The Self as Risk-Taker. A Cultural Theory of Contagion in Relation to Aids, 1994, S.108.

[287] Kleinman, *Patients and Healers in the Context of Culture,* 1980, S.50.

[288] Estel, *Soziale Vorurteile und soziale Urteile,* 1983, S.265. Dieser Analyse entspricht das kulturelle System des „common sense" bei Geertz (Geertz 1987f, S.285f), einem kulturellen System, das seine Legitimität daraus erhält, daß es nicht hinterfragbar erscheint.

[289] Eirmbter 1993, S.54.

daß AIDS eine Strafe für sündiges sexuelles Verhalten sei, die miasmatische Theorie das Alltagsverhalten prägt. Angst vor öffentlichen Kontakten wird dabei damit begründet, daß eine Infektion durch den Atem übertragen werden könne. Eine solche Infektionsmöglichkeit würde aber eigentlich die erste Vorstellung ausschließen, nämlich daß AIDS eine Folge sexueller Infektion sei. Dennoch werden diese beiden Theorien oft von den gleichen Personen vertreten.

Dieses Beispiel verdeutlicht zugleich, daß auch im Rahmen dieses Alltagswissens Krankheiten als Metaphern[290] gedeutet werden können. Der Alltagsdiskurs gibt dann nicht nur Auskunft über die biologischen Ursachen der körperlichen Störungen. Vielmehr werden auch Interpretationsmöglichkeiten über einen vermeintlich tiefer liegenden Sinn oder ein Ziel der Krankheit bereitgestellt.[291] So kann eine Krankheit als Entlarvung oder Strafe angesehen werden[292] bzw. als eine Aufforderung zu einer Umkehr der Betroffenen.

> „Für das Individuum dürfte hier nicht selten zusätzliche Tragik dadurch entstehen, daß für diese selbst zunächst bloße physische Symptome sozial als *Ehrlichkeit des Leibes* ausgelegt werden. So zum Beispiel, wenn das Auftreten einer Hautveränderung als Hexenmal interpretiert wird, Impotenz als Zeichen für Untreue gilt, Epilepsie oder AIDS als Strafe Gottes für ein verheimlichtes Verbrechen bzw. für einen unmoralischen Lebenswandel angesehen werden."[293]

---

[290] Jacob (1995, S.115) spricht in diesem Zusammenhang von „Krankheit als Text". Der Begriff „Krankheit als Metapher" ist dagegen von Sontag (*Krankheit als Metapher*, 1980) eingeführt worden, bezieht sich bei ihm jedoch nicht auf das Alltags- und Laienwissen von Krankheit, sondern auf den medizinischen Umgang mit Krankheitssymptomen. Eine solche metaphorische Relation zwischen Pathologie und geheimen Wahrheiten wird von Jacob für die moderne Medizin bestritten. Sie sei in der Neuzeit lediglich in den populären Thematisierungen von Krankheit zu finden.

[291] Eine andere Funktion haben Metaphern, die nicht einen tiefer liegenden Sinn, sondern nur eine spezifische Vorstellung von der Schwere der Krankheit und der Art des Umgangs mit der Krankheit darstellen. So werden im Zusammenhang mit AIDS oft militärische Metaphern gebraucht, die den „Kampf gegen die Krankheit" darstellen. Siehe dazu: Brown, „AIDS. The challange of the future", 1992.

[292] In säkularisierter Form findet sich das traditionelle Deutungsmuster von der Strafe Gottes in den Antworten einer repräsentativen Umfrage in den alten und neuen Bundesländern wieder. Jeweils 28% der Ost- und der Westdeutschen stimmten der Aussage zu, daß „AIDS die Geißel der Menschheit und die Strafe für ein unmoralisches zügelloses Leben" ist. Vgl.: Eirmbter 1992, S.145f.

[293] Jacob 1995, S.115. Hervorhebung von mir. S.K.

5. Die Analyse der kulturellen Konstruktion von Krankheit am Beispiel der AIDS-Prävention

Eine Analyse der kulturellen Konstruktion der Wahrnehmung von AIDS muß die angeführten Aspekte berücksichtigen. Sie muß die verschiedenen kulturellen Diskurse sowohl des medizinischen Systems als auch der Alltagsvorstellungen ebenso untersuchen wie deren Interdependenzen. In einer halbmodernen Gesellschaft, wie der Brasiliens, finden sich die unterschiedlichsten Erklärungsschemata für Krankheiten, die durch die jeweiligen Körpervorstellungen geprägt sind. Neben einen „Diskurs der sozialen Hygiene"[294] tritt beispielsweise das Bild vom Körper als Quelle des Genusses, treten durch afrikanische Traditionen beeinflußte Vorstellungen ebenso wie die Heilungstechniken der Pfingstler, für die die metaphorische Bedeutung der Krankheit zentral ist. Dem Einzelnen stehen also unterschiedliche Schemata zur Verfügung, die er ganz oder auch nur partiell und in Verbindung mit anderen Versatzstücken verwenden kann. Wenn im folgenden dennoch „Diskurse über AIDS" rekonstruiert werden, so handelt es sich dabei wiederum um Idealtypen im Weberschen Sinne, die in der Reinform kaum ausschließlich das Bewußtsein und Handeln eines Individuums bestimmen, aber dennoch Formen der gesellschaftlichen Kommunikation über AIDS darstellen.

Die Analyse muß deshalb wiederum mit internen Inkonsistenzen und Widersprüchen bei den Krankheitsvorstellungen rechnen. Außerdem spielen auch gesellschaftliche und politische Aspekte, Machtbeziehungen[295], Informationsfluß und die Verteilung von Ressourcen eine Rolle. In einer Gesellschaft, in der wenige Mitglieder Zugang zu modernen Medikamenten besitzen, haben traditionelle Heilungsmethoden eine völlig andere Bedeutung als in Gesellschaften mit einem ausgebauten Krankenversicherungssystem. Auch solche sozialen Komponenten müssen bei der Analyse berücksichtigt werden.

Aufgrund dieser Vielschichtigkeit repräsentiert AIDS eine „Problemmixtur von hoher gesellschaftlicher Brisanz"[296]. Die gesellschaftliche Kommunikation über AIDS nimmt diese Probleme auf in der Thematisierung des Zusammenhangs von Sexualität und Bedrohung, von körperlichem Genuß, körperlicher

---

[294] Siehe Kapitel A III 2.3.

[295] In Anlehnung an Foucault betont Bloor die Bedeutung von Machtasymmetrien innerhalb intimer Beziehungen und die sich daraus ergebenden Probleme für die AIDS-Prävention. Siehe dazu: Bloor, A user´s guide to contrasting theories of HIV-related risk behaviour, 1995.

[296] Rosenbrock, *AIDS und präventive Gesundheitspolitik*, 1986, S.20f. Diese Problemmixtur besteht nach Rosenstock „aus Elementen der physiologischen Natur des Problems (Geschlechtskrankheit, extrem lange Latenzzeit und hohe Ungewißheit des Ausbruchs, meist tödliches Ende der Krankheit), seiner geheimnisvoll-exotischen Herkunft und der gesellschaftlichen Randlage der zufällig zuerst sichtbar gewordenen Betroffenen-Gruppen - Schwule, Fixer, Nutten. Damit ist ein Ensemble versammelt, das in geradezu einmaliger Konstellation atavistische Ängste, Wünsche und Vorurteile mobilisieren *kann.*"

Perversion und körperlichem Zerfall. In weitem Maße hat diese außergewöhnliche „Problemmixtur" auch die Entwicklung einer Soziologie des Körpers inspiriert, und bildet eine der Ursachen für das weltweit steigende theoretische Interesse an Aspekten der Körperlichkeit.[297]

Die Analyse der in Brasilien vorherrschenden Vorstellungen über AIDS kann somit die bisherige Darstellung von Körperdiskursen vertiefen. Darüber hinaus bildet das Auftreten von AIDS ein neues „gesellschaftliches Faktum" im Sinne Durkheims, das auch die bisherigen Körperdiskurse beeinflußt, d.h. verstärkt oder modifiziert.

Die Diskurse über AIDS müssen sowohl die Fragen nach den Ursachen als auch nach möglichen kurativen und präventiven Maßnahmen beantworten. Diskurse oder Symbolsysteme konstruieren nicht nur eine Weltsicht, sie formulieren auch ein Ethos, das Handlungsorientierungen und Verhaltensdispositionen bei den jeweiligen Akteuren hervorruft. Im folgenden soll die AIDS-Problematik vor allem aus der Perspektive der Präventionsmöglichkeiten untersucht werden. Damit rückt der pragmatische Aspekt der Körperdiskurse in den Vordergrund. Eine Analyse der gesellschaftlichen und individuellen Wirkung der Diskurse zeigt einen wichtigen Gesichtspunkt dieser Diskurse auf und ermöglicht dadurch eine tiefergehende Einschätzung ihrer Bedeutung.

II. DER KÖRPER ALS ORT VON TOD UND GEFAHR:
DIE ANTI-AIDS KAMPAGNE DER REGIERUNG

1. AIDS in Brasilien als gesellschaftliches Phänomen

Die ersten Fälle von HIV-Infektionen traten in Brasilien Anfang der 80er Jahre in das Bewußtsein der brasilianischen Öffentlichkeit. Es war die Zeit der sozialen, politischen und ökonomischen Krise der Militärdiktatur. Die durch die Militärs verursachte enorme Auslandsverschuldung verschärfte die Abhängigkeit von internationalen Geldgebern und bereitete das Ende der Herrschaft der Militärs vor. Während der Zeit der »Abertura«, der schrittweisen Öffnung des Landes für demokratische Reformen, wurden auch verstärkt Gelder in das Gesundheitssystem gelenkt. Dabei ging es vor allem um den Aufbau einer flächendeckenden medizinischen Grundversorgung. AIDS wurde dagegen keineswegs als

---

[297] Morgan u. Scott, Bodies in a social landscape, 1993, S.4f. Dies trifft sicherlich für Foucault zu, der selbst homosexuell war und an AIDS gestorben ist. Ebenso schreibt der amerikanische Soziologe Richard Sennett, daß der Tod seines Freundes Foucault ihn inspiriert habe, den Zusammenhang von Körper, Schmerz und Mitleid zu durchdenken. Siehe: Sennett, *Fleisch und Stein. Der Körper und die Stadt in der westlichen Zivilisation,* 1994, S.35.

gesamtgesellschaftliches Problem betrachtet. Der erste bekannte prominente Brasilianer, der an AIDS erkrankte, war ein homosexueller Künstler, der in New York lebte. Dies prägte auch das Bild, das sich Anfang der 80er Jahre ein großer Teil der Öffentlichkeit von der Krankheit machte: Bei AIDS, so dachte man, handle es sich um ein Problem der Elite, die z.T. im Ausland lebe und ein abweichendes Sexualleben führe.[298]

Mit der demokratischen Öffnung kam es nicht nur zu einer Stärkung der Gewerkschaften und der Oppositionsparteien. Es bildeten sich auch unterschiedliche Bürgerbewegungen, wie die Schwarzenbewegung, feministische Gruppierungen ebenso wie Schwulengruppen, die an einem verstärkten Vorgehen der öffentlichen Verwaltung gegen die Ausbreitung der HIV-Infektion interessiert waren.[299] Doch die politischen Energien der Zivilgesellschaft richteten sich zunächst auf landesweite Kampagnen zur Durchsetzung der direkten Präsidentenwahl, die schließlich 1985 stattfand. Der schnelle Tod des demokratisch gewählten Präsidenten, der Mißerfolg der Währungsreform von 1986 und die anhaltende ökonomische Krise lähmten Ende der 80er Jahre allerdings den Optimismus und verminderten das politische Engagement weiter Teile der Zivilgesellschaft.

In dieser Situation startete die brasilianische Regierung das „Nationalprogramm zur AIDS-Bekämpfung".[300] Mit einem Jahresetat von 30 Mio US Dollar war dieses Programm recht gut ausgestattet. Doch die Ergebnisse dieses Programms waren fragwürdig.[301] Obwohl beispielsweise 20% der AIDS-Kranken sich durch kontaminierte Bluttransfusionen infiziert hatten, wurden erst 1987 obligatorische Bluttests für Bluttransfusionen verordnet. Dies erhöhte wiederum die Preise für Blutkonserven und damit auch den Schwarzhandel mit unkontrolliertem Blut. Die Anstrengungen gegen den Drogenkonsum wurden durch die internationale Situation unterlaufen. Durch die Anti-Drogen-Kampagne der USA in Kolumbien wurde nun mehr Kokain über Brasilien gehandelt und stand auch auf dem dortigen Markt leichter zur Verfügung. Da Kokain in Brasilien vor allem intravenös gespritzt wird, erhöhte sich damit auch die Zahl der durch den Gebrauch von nicht sterilen Spritzen Infizierten.

Doch nicht nur die Anstrengungen zur Verminderung der Infektionsgefahr durch kontaminierte Bluttransfusionen und Versuche zur Einschränkung der gemeinsamen Verwendung von Spritzen beim Drogenkonsum waren wenig effektiv. Auch die Öffentlichkeitskampagne zur Reduzierung der Übertragung des HIV durch sexuelle Kontakte war kaum erfolgreich. Die Zahl der mit HIV-Infizierten stieg weiter exponentiell.

---

[298] Zur öffentlichen Wahrnehmung von AIDS zu Beginn der 80er Jahre siehe: Daniel, H. u. R.Parker, *AIDS. A Teirceira Epidemia*, 1991.

[299] Teles, *Brasil Mulher. Kurze Geschichte des Feminismus in Brasilien*, 1994, S.95-110.

[300] Ministério da Saúde, *Estrutura e Proposta de Intervenção*, 1987.

[301] Parker, Políticas Públicas, Ativismo Social e AIDS no Brasil, 1994b, S.90ff.

Sicherlich lassen sich unterschiedliche Schwachpunkte dieser Kampagne aufzeigen.[302] Im folgenden soll lediglich die Form der Risikokommunikation der Öffentlichkeitskampagne untersucht werden.

2. Die Angstkampagne der Regierung

Die Öffentlichkeitskampagne sollte u.a. das Risiko infektionsgefährdender Sexualpraktiken bewußtmachen. Dabei wurden die Unheilbarkeit und die tödlichen Konsequenzen einer HIV-Infektion thematisiert. So wurden in einem Fernsehspot nacheinander vier Personen mit schweren Krankheiten gezeigt. Die ersten drei litten jeweils an Syphilis, Tuberkulose und Krebs und wurden glücklicherweise geheilt. Die vierte Person jedoch hatte AIDS und warnte die Zuschauer vor der Unheilbarkeit und dem tödlichen Ausgang einer HIV-Infektion. Der Spot schloß mit dem Slogan: „Wenn du nicht aufpaßt, wird AIDS dich packen!"

Parallel zu dieser Kampagne wurden die Preise für Medikamente zur Behandlung von AIDS-Kranken erhöht und damit nicht nur die Gefahr durch den Tod sondern auch das Leiden während der Krankheitsphase ins Bewußtsein der Öffentlichkeit gerückt. Auf einem Plakat der Kampagne richtete sich eine rote Zielscheibe auf die genitalen Regionen eines Paares, um so die Gefahren sexueller Kontakte zu verdeutlichen.

Die dadurch erzeugte Angst vor der „Gefahr, die uns alle angeht"[303], sowie die Drohungen mit den todbringenden Folgen der Krankheit sollten abschreckend auf risikoreiches Sexualverhalten wirken. Das Ziel solcher Aufklärungsmaßnahmen ist eine stabile Verhaltensänderung, die nur durch eine Selbstkontrolle der Individuen ermöglicht werden kann.[304] Angst sollte durch die Kampagne zum entscheidenden Movens für eine solche innengeleitete Verhaltensänderung werden.

Die Öffentlichkeitskampagne der Regierung war keineswegs die einzige Form der gesellschaftlichen Kommunikation über AIDS in den späten 80er Jahren. Es gab Kampagnen auf regionaler und munizipaler Ebene.[305] Teile der Presse bemühten sich, verstärkt Basisinformationen über die Krankheit und die Infektonsmöglichkeiten zu verbreiten.

---

[302] Siehe dazu Parker 1994b.

[303] Dieser Slogan wurde in Brasilien von Kampagnen übernommen, die in Westeuropa durchgeführt wurden.

[304] „Health promotion rhetoric maintains that the incidence of illness is diminished by persuing members of the public to exercise control over their bodily deportment. (...) Self-control and self-discipline over the body, both within and without the workplace, have become the new work ethic." (Lupton 1994, S.31)

[305] Rodrigues, Public Health Organization in Brazil, 1988, S.229ff.

Doch aufgrund der Wirtschaftskrise am Ende der 80er Jahre waren die finanziellen Ressourcen und der politische Wille zur Aktivität in den regionalen und munizipalen Verwaltungen beschränkt. Wo Anstrengungen unternommen wurden, dominierte das bereits beschriebene Diskursschema der Regierungskampagne: Durch die Darstellung der todbringenden Konsequenzen der Krankheit sollten Angst und dadurch risikosensibles Verhalten motiviert werden.

Durch solche Kampagnen konnte die Verbreitung von Informationen über AIDS deutlich verbessert werden. In einer Ende der 80er Jahre durchgeführten empirischen Untersuchung[306] betrachteten 79% der Interviewten AIDS als wichtiges Problem der Gesundheitspolitik und 86% waren sich bewußt, daß AIDS durch Intimkontakte übertragen werden kann.

Dennoch antworteten nur 14% der Befragten, daß sie ihr risikoreiches Sexualverhalten aufgrund der neuen Informationen verändert hätten. Die Angstkampagne der Regierung konnte zwar das Informationsniveau verbessern, führte jedoch nicht zu einer gesteigerten Risikosensibilität bei sexuellen Kontakten.

> „Ein weiteres Mal zeigt das brasilianische Beispiel, daß, obwohl die verbreiteten Informationen einen wichtigen Einfluß auf die Erhöhung des Bewußtseins haben können, diese Informationen wahrscheinlich wenig Einfluß auf die Minimierung von risikoreichem Verhalten ausüben."[307]

Vielmehr lassen sich verstärkt Formen des individuellen Risikomanagements beobachten, die sich kontraproduktiv auf die AIDS-Prävention auswirken.

Solche Ergebnisse sind auch aus anderen Entwicklungsländern bekannt.[308] Ich werde später zeigen, daß dies vor allem mit der mangelnden kulturellen Verankerung der Aufklärungsansätze zusammenhängt.[309] Doch auch die schwierigen sozioökonomischen Bedingungen dieser Länder sind eine Ursache für die fehlende Effizienz von Aufklärungskampagnen.[310] So fand eine 1989 durchgeführte Untersuchung in São Paulo heraus, daß ein deutlicher Zusammenhang zwischen dem Grad der Schulbildung und der Bereitschaft der Män-

---

[306] Webb, Gallop International Survey on Attitudes Towards AIDS, 1988.

[307] Parker, O Impacto da Discriminação. Educação sobre AIDS no Brasil, 1994, S.113.

[308] Eine Übersicht über bisherige Studien bietet: Riedlberger, *Einstellung von Männern zur Familienplanung und Möglichkeiten ihrer stärkeren Einbeziehung in Familienplanungsprogramme*, 1993, S.45-48. Als Beispiele seien genannt: Green u. Conde, AIDS and Condom-use in the Dominican Republic. Evaluation of an AIDS Education Program, 1988. Swaddiwudhipong u.a., „A Survey of Knowledge about AIDS and Sexual Behaviour in Sexually Active Men in Mae Sot, Tak, Thailand", 1990. Rwabukwali, *Sexual Behaviour and the Acceptability of Condoms to Uganda Males*, 1991.

[309] Siehe dazu die Literaturübersicht in: The Panos Institute, *AIDS and the Third World*, 1988. Als Beispiele seien genannt: Carrier, „Sexual Behavior and Spread of AIDS in Mexico", 1989. Schoepf, *Sex, Gender and Society in Zaire*, 1990. Treichler, AIDS and HIV Infection in the Third World. A First World Chronicle, 1992.

[310] Brokensha, Overview: Social Factors in the Transmission and Control fo African AIDS, 1988.

ner, Kondome zu benutzen, besteht.[311] AIDS ist somit auch ein soziales Problem. So bemerkt Richard Parker, einer der profiliertesten AIDS-Forscher in Brasilien:

> „Eine Medikalisierung der AIDS-Epidemie ignoriert deren zugrundeliegende soziale Wurzeln - ihre Verbindung mit der Armut und der ökonomischen Unterdrückung, mit der sozialen Ungleichheit, dem Vorurteil und der Diskriminierung, mit dem Entzug der Menschenrechte und der Würde."[312]

Diese Beziehung zwischen sozialer Lage und Ausbreitung der AIDS-Epidemie zeigt sich am deutlichsten daran, daß von den bis zu 50 Mio Infizierten, mit denen die WHO bis zum Jahre 2000 rechnet, 90% in Entwicklungsländern leben werden. Aufklärungsarbeit ist nicht nur aufgrund der hohen Analphabetenrate und der schlechten Kommunikationsstruktur dieser Länder schwieriger. Es stehen auch weniger Ressourcen zur Verfügung, die zudem durch unwillige, ineffiziente oder korrupte Verwaltungen verteilt werden.[313]

Doch auch in industrialisierten Gesellschaften mit hohem Bildungsniveau sind eine geringe Akzeptanz[314], mangelnde Effektivität oder sogar kontraproduktive Wirkungen von Aufklärungskampagnen zu beobachten, die auf Angst basieren.[315] So bemerkt Soames Job in einer Untersuchung über die Effektivität der Verwendung von Angstmotiven in Gesundheitskampagnen:

> „Even today, a large number of health promotion campaigns are based on a simple strategy: get behind people with a big stick (lots of threat and fear) in the hope that this will drive them in the desired direction. Unfortunately, in the case of health promotion, this strategy has met with little success. Again unfortunately, this approach is often mistakenly believed to be based on well established principles of learning."[316]

Der bloße Hinweis auf die mangelnde pädagogische Effizienz von Angstkampagnen kann die Komplexität der Problematik allerdings nicht vollständig erfassen. Denn warum sollte Angst nicht einen Verhaltenswandel motivieren können, wenn es um eine Frage von Leben und Tod geht? Offensichtlich kann das medi-

---

[311] Polesi Mayer Sakamato, *O Homen e a Vasectomia na Cidade de São Paulo - Um Estudo de Conhecimento, Atitudes e Comportamento*, 1989.

[312] Parker, „O Banco Mundial e a Aids", 1993, S.3.

[313] Zu den Problemen in Brasilien mit unfähigen und unwilligen Verwaltungen siehe: Redig, „Burocracia aumenta a dor de quem vive com o HIV e a AIDS", 1994, S.3.

[314] Roth, *Akzeptanzprobleme in den Anti-AIDS-Kampagnen*, 1992.

[315] Bengel, Zur Psychologie der Angst, des Risiko- und Gesundheitsverhaltens, 1990. Ebenso ist aus Anti-Raucher-Kampagnen bekannt, daß angsterzeugende Werbungen eine hohe Spontanwirkung aber einen äußerst geringen Langzeiteffekt besitzen. Siehe dazu: Venrath, *AIDS. Die soziale Definition einer Krankheit*, 1994, S.228f.

[316] Soames Job, „Effective and Ineffective Use of Fear in Health Promotion Campaigns", 1988, S.163.

zinische Wissen über AIDS aber nicht einfach in die Alltagsdiskurse übernommen werden. Vielmehr müssen bei der Analyse der Wirkungen des Angstdiskurses der Regierung die kulturspezifischen Kommunikationssituationen in Betracht gezogen werden, die durch die Begriffe „Tabu und Risiko" geprägt sind.

3. Probleme der Risikokommunikation in tabuisierten Erfahrungsfeldern

Die Vermeidung einer Infektion durch Sexualkontakte ist durch relativ einfach erscheinende Verhaltensänderungen möglich, da die Übertragung einer HIV-Infektion an spezifische Ansteckungswege gebunden ist. Aber diese Verhaltensänderung müßte sich in einem der intimsten und tabuisiertesten Erfahrungsbereiche vollziehen. Zwar findet auch in diesem Bereich eine Strukturierung durch sozial geteilte Modelle, Rituale und Rollen statt. Aber er ist weitgehend der *expliziten Metakommunikation* entzogen.[317] Gerhards spricht in diesem Zusammenhang von einer „sozialen Unterstrukturiertheit der intimen Kommunikation".[318]

Ebenso erschwert der Aspekt des Risikos die Motivierung präventiven Verhaltens. Deshalb bezeichnet Hahn AIDS als Paradoxiegenerator, der virtuell Zusammenbrüche, Handlungsblockaden oder Legitimitätskrisen für Institutionen oder für die individuelle Existenz erzeugt.[319] Dies zeigt sich beispielsweise bei der Frage, ob man sich einem Test unterziehen soll.

> „Ob man Träger eines Virus ist oder nicht, wird (...) zur Frage, die über die fundamentale Identität eines Menschen entscheidet. Aber die Antwort ist zunächst verborgen. (...) Die Folge ist ein widersprüchlicher Imperativ: Solange ich nicht weiß, ob ich infiziert bin, erhalte ich meine Identität, wie ich sie bislang kenne. Es empfiehlt sich also, das Risiko des Tests nicht einzugehen. Aber andererseits kann ich mir dieser Identität nur sicher sein, wenn ich riskiere, sie durch den Test zu verlieren."[320]

Beide Lösungen sind also gefährlich. Aber die lange Inkubationszeit der HIV-Infektion macht eine Entscheidung gegen einen Test wahrscheinlicher. In einer Situation des ökonomischen Elends, in der man heute nicht weiß, wovon man

---

[317] Daher nimmt Jacobs (1994, S.34) an, daß es im Intimbereich kaum eine Struktur gibt. Dem ist jedoch zu widersprechen, da Rituale und Rollenschemata auch nichtsprachlich organisiert werden können. Dementsprechend gibt es auch Kommunikation. Aber diese Kommunikation ist eben kaum explizite und reflektierende Metakommunikation, die eine bewußte Absprache über Änderungen im Sexualverhalten bewirken könnte.

[318] Gerhards, *Intime Kommunikation. Eine empirische Studie über Wege der Annäherung und Hindernisse für „safer sex",* 1989, S. 549.

[319] Hahn, Paradoxien in der Kommunikation über Aids, 1991, S.607.

[320] Hahn 1991, S.609.

morgen leben wird, erscheint eine solche „Aufschiebung des Risikos" erst recht plausibel.

Diese Schwierigkeiten des Risikomanagements finden sich auch in anderen gesellschaftlichen Feldern, wie etwa der Technikfolgenabschätzung, und werden inzwischen in einer eigenen Forschungsrichtung der Soziologie reflektiert. Sie haben namhafte Soziologen dazu gebracht, die gesamte moderne Gesellschaft in dieser Perspektive zu betrachten.[321] Auch in der Medizinsoziologie ist inzwischen die „Notwendigkeit eines soziologischen Verständnisses von Risiko" betont worden, das für die Ausarbeitung effektiver medizinischer Maßnahmen notwendig sei.[322]

Sowohl die Probleme der Risikokommunikation als auch die metasprachliche Entzogenheit der tabuisierten Erfahrungsbereiche, in denen eine HIV-Infektion möglich ist, erschweren die Umsetzung von Informationen zur AIDS-Prävention. Indem die „Diskurse über AIDS"[323] die Bereiche „Tabu und Risiko" problematisieren, treffen sie einen Kern gesellschaftlicher Selbstthematisierung. Denn die kulturelle Konstruktion von Tabu und Risiko ist zentral für die Ausbildung von Identität, Normen, interner Solidarität und externen Grenzziehungen, wie Mary Douglas in ihren zahlreichen Studien gezeigt hat[324]. Daher erhält AIDS seine Brisanz: Die gesellschaftliche Reaktion auf AIDS greift zentrale Themen auf, wie Tod, Tabu, Risiko, Identität und gesellschaftliche Gefährdung. In den Diskursen über AIDS werden diese Themen zu einer umfassenden Struktur - oder im Sinne von Clifford Geertz: zu einem „Text" - geordnet.

Solche Texte zeigen sich in allgemeinen Vorstellungen über die Krankheit, in alltagstheoretischen Handlungsanweisungen und „spontanen Reaktionen" ebenso wie in Aufklärungskampagnen. Im folgenden sollen zwei dieser „Texte" anhand der Wirkungen der Öffentlichkeitskampagnen der brasilianischen Regierung und der Kampagne der Nicht-Regierungs-Organisationen rekonstruiert werden.

---

[321] Luhmann, *Soziologie des Risikos*, 1991. Beck, *Risikogesellschaft. Auf dem Weg in eine andere Moderne*, 1986. Münch, *Risikopolitik*, 1996.

[322] Gabe, Health, Medicine and Risk: The Need for a Sociological Approach, 1995.

[323] Hahn 1991, S.607.

[324] Siehe etwa den Aufsatzband: Douglas, *Risk and Blame. Essays in Cultural Theory*, 1992.

4. Paradoxe Wirkungen der Kampagne der brasilianischen Regierung

4.1. Die Stigmatisierung als Angst- und Gefahrenmanagement

Es ist bereits dargestellt worden, daß es durch die öffentliche Auseinandersetzung um die Krankheit AIDS in Brasilien zu einer signifikanten Verbesserung der Informationsverbreitung über Krankheit und Infektionsgefahren gekommen war, nicht jedoch zu entsprechenden Verhaltensänderungen. Außerdem hatte die Form der Auseinandersetzung einen hohen Preis: Die Angstkommunikation führte zur verstärkten Stigmatisierung abweichender Lebensformen.

In seinen Ausführungen über die Anti-AIDS-Kampagne der Regierung am Ende der 80er Jahre beschreibt Parker die Auswirkungen der öffentlichen Diskurse über AIDS als ein „oft erschreckendes Klima des Vorurteils und der Diskriminierung".[325] Dies führte dazu, daß Personen von denen man annahm, daß sie durch den HIV infiziert seien, quasi buchstäblich aus ihren Gemeinden geworfen wurden oder daß ihnen physische Gewalt angedroht wurde.[326] Ärzte und führende Krankenhäuser, die eigentlich die Vorreiterrolle bei der AIDS-Bekämpfung hätten übernehmen sollen, weigerten sich oft, Patienten mit AIDS zu behandeln.

> „Andere Spezialisten der Medizin verbreiteten alarmierende und manchmal sehr zweifelhafte Informationen, die vor allem das Vorurteil gegen die Personen verstärkte, die durch die Epidemie betroffen waren. Die Spuren eines institutionalisierten Autoritarismus zeigten sich sehr offensichtlich bei der Verfolgung der vermuteten Risikogruppen, wie den Homosexuellen, Prostituierten oder Transvestiten, die regelmäßig zum Opfer von Polizeigewalt wurden bei Aktionen, die man als AIDS-Prävention legitimierte und rechtfertigte."[327]

Diese Verbindung von Angst, Stigma und Diskriminierung besitzt eine innere Logik. Denn Angst stimuliert eine spezifische Art der *Externalisierung von Gefährdungen* und damit das *Gefühl allumfassender, nicht-kontrollierbarer Bedrohung*. Angsterzeugende Information führt aber nur dann zu einer Wahrnehmung der eigenen Bedrohung, wenn der Betreffende annimmt, gegen diese Bedrohung etwas tun zu können; sieht er diese Möglichkeit nicht, kommt es zu

---

[325] Parker 1994a, S.40.

[326] Zu ähnlichen Phänomenen in Haiti liegt inzwischen eine ausführliche anthropologischen Studie vor. Siehe: Farmer, *AIDS and Accusation: Haiti and the Geography of Blame,* 1992.

[327] Parker 1994a, S.40. Zur Diskriminierung durch öffentliche Gesundheitsdiskurse führt Lupton (1994, S.30) aus: „In public health discourse the body is regarded as dangerous, problematic, ever threatening to run out of control, to attract disease, to pose imminent danger to the rest of society. For centuries and up to the present day, concerns about the spread of infectious disease such as cholera, smallpox, yellow fever and the plague have resulted in measures being taken by the state to confine bodies and control their movements. This control over bodies in the name of public health has often been coercive and discriminatory."

psychischen Abwehrprozessen.[328] Die Stigmatisierung abweichender Lebensformen erscheint dann als psychischer Selbstschutz gegen diese allumfassende Bedrohung.

4.2. Die Differenz von Risiko und Gefahr

In der Risikoforschung wird inzwischen im Anschluß an Luhmann mit der Begriffsunterscheidung von „Risiko" und „Gefahr" gearbeitet.[329] Risiko bzw. Gefahr werden dabei als binäre Typen unsicherheitsorientierten Handelns definiert. Risiko stellt demnach eine Gefährdung dar, die gewagt wird, die im Prinzip aber auch vermeidbar wäre. Einer Gefahr dagegen ist man durch die Umwelt ausgesetzt. Gefahren sind nicht individuell zu kontrollieren.

> „Es ist wichtig, zwischen Risiko und Gefahr begrifflich klar zu unterscheiden. Von Risiken spricht man dann, wenn etwaige künftige Schäden auf die eigene Entscheidung zurückgeführt werden. Wer kein Flugzeug besteigt, kann nicht abstürzen. Bei Gefahren handelt es sich dagegen um von außen kommende Schäden. Um im Beispiel zu bleiben, daß man durch herabfallende Flugzeugtrümmer getötet wird. Beide Fälle behandeln die Ungewißheit eines künftigen Schadens, sind also Gegenfälle zur Sicherheit. Sie unterscheiden sich aber in der Frage, ob das Unglück auf eine Entscheidung zugerechnet wird oder nicht."[330]

Risiken werden auf Entscheidungen zugerechnet. Gefahren werden externalisiert. Ob jedoch ein Sachverhalt als Gefahr oder Risiko eingeschätzt wird, ist kulturell konstruiert[331] und von sozialen Kontexten abhängig. So zeigen Eirmbter, Jacob und Hahn in ihrer Studie über die gesellschaftlichen Folgen von AIDS in der Bundesrepublik, daß die klare Tendenz besteht, AIDS bewußtseinsmäßig um so gesteigerter als Gefahr zu erleben, je älter die betreffenden Personen sind, je niedriger ihr sozialer Status ist und je kleiner die Gemeinden sind, in denen sie leben.[332]

Die unterschiedliche Einschätzung von Situationen führt auch zu unterschiedlichen Verhaltensorientierungen. Wird eine Gefährdung als Risiko definiert, so

---

[328] Bengel 1990, S. 137.

[329] Luhmann, Risiko und Gefahr, 1990. Noch Beck (1986, S.101) verwendet beide Begriffe synonym. Bei dieser Unterscheidung von Risiko und Gefahr handelt es sich um eine durch die Wissenschaft eingeführte analytische Differenz und nicht um die Untersuchung von verschiedenen alltagssprachlichen Verwendungen, wie dies bei Mary Douglas geschieht: Douglas, Risk and Danger, 1992.

[330] Luhmann, *Die Wirtschaft der Gesellschaft*, 1988, S.86.

[331] Jungermann u. Slovic, Die Psychologie der Kognition und Evaluation von Risiko, 1993, S. 171.

[332] Eirmbter 1993, S.48. Gleichzeitig weisen sie in diesem Zusammenhang auf die oben schon erwähnte Parallele zu dem von Schulze identifizierten »Harmoniemilieu« hin.

gilt sie als Resultat von zurechenbaren Leistungen oder auch Unterlassungen.[333] Damit bietet eine risikoreiche Situation die Möglichkeit der Eigensteuerung. Das Risiko kann gewagt oder vermieden werden. Diese Sichtweise entspricht dem psychologischen Konzept der internen Kontrollüberzeugung. Personen mit interner Kontrollüberzeugung gehen davon aus, daß sie ihr Verhalten und dessen Folgen kontrollieren können und daß sie demnach selbst verantwortlich für ihnen widerfahrende Ereignisse sind.[334] Die Wahrnehmung von Gefährdungen als Risiko ermöglicht demnach auch gesundheitsorientiertes Handeln.[335] Die interne Kontrollüberzeugung gibt den Personen das Gefühl, durch Teilnahme an präventiven und kurativen Maßnahmen ihren Körper weitgehend schützen und gesund erhalten zu können.[336]

Wird die Gefährdung dagegen als Gefahr wahrgenommen, so wird die Bedrohung externalisiert und der individuellen Entscheidung entzogen. In diesem Sinne waren jahrhundertelang schwere Infektionskrankheiten klassische Beispiele für Gefahren. Damit entwickelte sich auch das Interpretationsmuster, solche Krankheiten als Schicksal oder als die Folge des Wirkens böser Mächte zu verstehen.[337]

4.3. Die Öffentlichkeit als Gefahr für den eigenen Körper

Wird diese Gefahr einer nichtsteuerbaren Macht, der Umwelt oder dem Schicksal zugeschrieben, so wird sie zu einer Bedrohung für den Körper, die überall lauern kann. Es gibt zwar auch Versuche, die Umwelt oder das Schicksal zu beeinflussen. Diese sind aber meist symbolisch oder unspezifisch: man bringt bestimmte Opfer dar oder trägt einen Talisman. Dabei bleibt man sich aber der Tatsache bewußt, daß man letztlich nichts gegen die allgegenwärtige Bedrohung ausrichten kann. Nicht spezifische Ansteckungswege, sondern die ganze Umwelt wird zu einer Quelle der Gefahr. Dadurch werden globalisierende Ängste und Ohnmachtserfahrungen stimuliert. Gesundheitskampagnen, die in krasser Form

---

[333] Luhmann 1990, S.160.

[334] Bei externen Kontrollüberzeugungen werden die Ereignisse dem Glück, Zufall oder Schicksal zugeschrieben. In diesem Sinne wird Unsicherheit auch als Gefahr wahrgenommen. Siehe dazu: Mielke, Locus of control - Ein Überblick über den Forschungsgegenstand, 1982, S.19f.

[335] Allerdings weist die Studie von Eirmbter, Jacob und Hahn (Eimbter 1993, S.51ff) auch darauf hin, daß das Risikobewußtsein eine notwendige, keinesfalls eine hinreichende Bedingung für risikosensibles Verhalten ist: „Wenn oben dargestellt wurde, daß eine Risikosicht von AIDS als Bewußtsein der eigenen Verantwortlichkeit für die Folgen bestimmter Handlungen oder Unterlassungen zu Strategien der individuellen Risikominimierung führen müßten, so zeigen weitergehende Überlegungen, daß die Gleichsetzung von Risikobewußtsein und faktischem Risikoverhalten bei weitem zu kurz greift."

[336] Mielke 1982, S.41.

[337] Jacob 1995, S.131.

die todbringenden Folgen von Krankheit durch die „Gefahr, die uns allen droht", darstellen, vergrößern solche Ängste, die damit verbundenen Ohnmachtserfahrungen und Rückzugsstrategien.

Die Angst vor der Öffentlichkeit wird durch verbreitete miasmatische Theorien verstärkt, nach der die Umwelt, die Luft, die Oberfläche der Dinge als gefährlich für den eigenen Körper erscheinen und beispielsweise eine AIDS-Infektion ermöglichen. So kann man in Brasilien häufig beobachten, wie Personen aus Angst vor Infektionen öffentliche Telefone nur mit Taschentüchern berühren oder einen freigewordenen Sitzplatz in einem öffentlichen Bus erst eine Weile „auslüften" lassen, bevor sie ihn selbst benutzen.

Die Umwelt wird als feindlich und gefährlich erlebt. Solche Ängste können an ein kulturelles Muster anschließen, das in Brasilien die Wahrnehmung sozialer Räume strukturiert. Wie der brasilianische Anthropologe Roberto da Matta gezeigt hat, unterscheiden die Brasilianer in ihrer Wahrnehmung und Handlungsorientierung zwischen „Straße" und „Haus".[338] Dabei geht es nicht nur um geographische Bestimmungen, sondern um Formen der Vergesellschaftung.[339] Die Straße bildet den sozialen Raum der unpersönlichen allgemeinen Gesetze und Normen, Werte der Arbeit und des Kampfes, der individuellen Freiheit aber auch der Versuchung und Gefahr. Das Haus dagegen symbolisiert den Raum der Familie, der persönlichen Beziehungen, der traditionellen familiären Werte, der patriarchalen Autorität und der reproduktiven Sexualität. In diesem Raum der persönlichen Beziehungen baue sich individuelle Identität auf. In Brasilien, so Da Matta, definiere man sich weniger über allgemeine Werte oder über das, was man leiste, als vielmehr über ein Netz von persönlichen Beziehungen und letztlich über seine Stellung im hierarchischen Beziehungsgeflecht.

Der Raum des Hauses bietet damit Schutz vor den Gefahren der Straße. Aber er muß auch geschützt werden. Dies zeigt sich deutlich an den ausgebauten Sicherheitsanlagen, die brasilianische Häuser normalerweise bewachen. Auf einer anderen Ebene zeigt es sich aber auch beim „Übergangsritual" des Duschens.[340] Wenn man von der Arbeit und vom öffentlichen Bereich in den privaten Bereich eintritt, nimmt man üblicherweise in Brasilien zunächst eine Dusche,

---

[338] Da Matta, Casa, rua e outro mundo. O caso do Brasil, in: Da Matta 1991, S.33-71.

[339] Da Matta ist ein Schüler von Dumont und bezieht sich immer wieder auf dessen Studien zum *homo hierarchicus*. Da Matta behauptet aber die Koexistenz des *homo hierarchicus* und des *homo aequalis* für den brasilianischen Kontext und untersucht, wie diese unterschiedlichen Symbolsysteme das alltägliche Leben orientieren und miteinander ergänzend oder konfligierend in Beziehung treten.

[340] Eine solche symbolische Interpretation ist keineswegs abwegig. So ermittelte eine deutsche empirische Studie mit Hilfe von zweistündigen Tiefeninterviews die unterschiedlichen Befindlichkeiten des „homo naptus" und die jeweiligen symbolischen Konnotationen, die der Morgen- und Abenddusche beigelegt werden. Die Studie war mir leider nicht zugänglich. Siehe aber dazu den Artikel „Kritische Theorie des Duschens" in *FAZ 15.5.1996*.

selbst wenn dies mit großem Aufwand verbunden sein sollte.[341] Dies hat natürlich seine Ursache in den klimatischen Bedingungen des Landes. Aber es hat auch eine symbolische Dimension.[342] „Dirt" so Mary Douglas „offends against order. Eliminating it is not a negative movement, but a positive effort to organize the environment."[343] Die symbolische Dimension des Duschens in Brasilien zeigt sich darin, daß es sich um ein zentrales Thema gesellschaftlicher Selbstthematisierung handelt. Das Duschen sei, so kann man in Brasilien mit einem leichten selbstironischen Schmunzeln, aber auch mit ein wenig dahinter verborgenem Stolz hören, ein Erbe von den Indianern, die einen großen Teil ihrer Freizeit unter dem Wasserfall verbracht hätten. Viele Brasilianer halten sich für das „sauberste Volk der Erde" und in wohl keinem anderen Land wird man als Ausländer so oft gefragt, ob es stimme, daß man in anderen Ländern nur einmal am Tag duschen würde.[344]

Der soziale Raum des Hauses und der Beziehung bietet somit einen Schutz der individuellen und körperlichen Integrität der Person gegen die Bedrohungen der Straße. Hieran kann die durch die Angstkampagne der Regierung stimulierte Wahrnehmung von AIDS als Gefahr anschließen. In Bezug auf die AIDS-Prävention führt dies dann allerdings zu der paradoxen Situation, daß man sich vor der Öffentlichkeit in die private Nische zurückzieht, obwohl ja die Ansteckungsgefahr nur in der Privatheit herrscht, wo man die Vorsicht aufgibt.[345] Der psychische Selbstschutz durch eine Externalisierung der Gefährdung führt somit zu einer hoch problematischen Sicht der Risikopotentiale.[346]

4.4. Die gefährlichen Körper der Anderen:
Schwule, Transvestiten und Prostituierte

Die die Gefahr der Öffentlichkeit symbolisierende miasmatische Theorie wird von Mary Douglas als Instrument der totalen Ablehnung bezeichnet: „The mi-

---

[341] So ist es möglich, daß eine Sekretärin in einer Großstadt nach ihrer Arbeit zunächst eine Stunde Fahrtzeit in Kauf nimmt, um sich daheim zu duschen, bevor sie ihre Freunde in der Nähe ihrer Arbeitsstelle aufsucht.

[342] Zum Zusammenhang zwischen „Cleanliness, Dirt and Body Boundaries" siehe Lupton 1994, S.32-36.

[343] Douglas, *Purity and Danger. An Analysis of Concepts of Pollution and Taboo*, 1980, S.2.

[344] Schallendes Gelächter erntet immer wieder die beliebte von den Brasilianern erzählte Geschichte, daß man in Deutschland nur einmal wöchentlich ein Vollbad nehmen würde.

[345] Auf solche nicht ungewöhnlichen, paradoxen Situationen in Bezug auf AIDS bezieht Alois Hahn (1991) den Begriff „AIDS als Paradoxiegenerator".

[346] Zur „kognitiven Vermeidung von Krankheit" siehe: Jacob 1995, S.135-141.

asmic danger of AIDS is a reason for expelling foreign workers, restricting immigration, prohibiting sexually deviant practices."[347]

Neben den erläuterten Rückzugsstrategien erscheinen die Beseitigung der Risikofaktoren durch Ausgrenzung und Absonderung der tatsächlich oder vermeintlich Gefährlichen, der sogenannten „Hauptrisikogruppen" als eine mögliche und effiziente Reaktion auf die Gefahr. Die Zuschreibung der Gefahr zu einer „anderen" oder „fremden" Gruppe ist eine Form der Externalisierung, bei der die Identifikation der Gefahr als fremd die individuelle Nicht-Identifikation mit der Gefahr erleichtert. „Der kognitiven Ausgrenzung und Abwehr folgt als Konsequenz die faktische. Um (im umfassenden Sinn) nicht so zu werden wie die Kranken, distanziert man sich psychisch und physisch von diesen."[348]

Verstärkt werden solche Externalisierungen in Brasilien durch den Diskurs religiöser Gruppierungen, die AIDS in den Kategorien von Schuld und Strafe wahrnehmen. Durch eine solche religiöse metaphorische Erklärung verliert die Krankheit zumindest teilweise ihren sinnlosen und unheimlichen Charakter.[349]

Die Krankheitsvorstellungen werden damit anschlußfähig an sogenannte „Pestmuster", wie sie aus der Geschichte der Seuchen bekannt sind. Die Personifizierung der Gefahr gibt die Möglichkeit der Bewältigung der Pestangst, „indem man Sündenböcke unter den Mitmenschen sucht, die man verantwortlich machen kann als Brunnenvergifter, als Träger des bösen Blicks, als Verkörperung von Dämonen, als Inkorporationen des Teufels selbst."[350]

Ob diese als „anders" stigmatisierten Gruppen tatsächlich infiziert sind oder nicht, spielt dabei keine Rolle mehr. Die „Ressource Fremdheit"[351] macht sie zu potentiellen Gefahrenquellen für die Gemeinschaft und verlangt ihren Ausschluß. Dies führt beispielsweise im Diskurs rechtsradikaler Gruppierungen Westeuropas zu der Vorstellung, die AIDS-Gefahr gehe vor allem von den Ausländern aus.[352] In Brasilien wird Fremdheit in diesem Kontext z.Z. (noch) nicht ethnisch verstanden. Die Ausgrenzung richtet sich vielmehr gegen Personen mit von der öffentlichen Norm abweichendem sexuellen Verhalten: Homosexuelle, Transvestiten und Prostituierte. Die Stigmatisierung abweichenden Sexualverhaltens und die daraus resultierende Gewalt[353] wurde auch durch die Skandalbe-

---

[347] Douglas 1992, S.115.

[348] Eirmbter 1993, S.32.

[349] Siehe dazu unten S. 130ff.

[350] Irsigler, Aspekte von Angst und Massenhysterie im Mittelalter und in der frühen Neuzeit, 1991, S.43.

[351] Eirmbter 1993, S.30.

[352] Zum Diskurs des „Front National" siehe: Hahn 1991, S.609f.

[353] In einer 1993 durchgeführten Umfrage unter homosexuellen Männern berichten 59%, daß sie bereits Opfer von Gewalt aufgrund ihrer sexuellen Orientierung waren. Siehe dazu: Mota, „Sexo entre Homens. Uma Pesquisa sobre a Consciencia da AIDS e o Comportamento (homo)sexual no Brasil", 1993, S.7.

richterstattung von Presse und Rundfunk verstärkt, die das Bild vom sogenannten „Pestschwulen" verbreitet, der durch seinen Lebensstil die Reinheit der Gemeinschaft gefährde.[354]

4.5. Bewußte und unbewußte Verdrängung des Risikos bei den Risikogruppen selbst

Die Angstkampagne wirkt nicht nur diskriminierend auf Betroffene und Risikogruppen. Sie hat sogar kontraproduktive Folgen! Viele der Gefährdeten bekennen sich auf Grund dieser Stigmatisierung nicht dazu, daß sie risikoreiche Techniken praktizieren. Damit verleugnen sie gegenüber anderen auch mögliche Gefahren. So werden beispielsweise bei neuen sexuellen Kontakten oft keine Kondome benutzt. Dadurch will man den Verdacht vermeiden, möglicherweise selbst zu einer der beschuldigten Gefahrengruppen zu gehören.[355]

Die Stigmatisierung behindert darüber hinaus die Entwicklung spezifischer Subkulturen und damit auch die Ausbildung von Solidaritäten innerhalb der betroffenen Gruppen, beispielsweise der Homosexuellen. Die Stigmatisierung könnte natürlich auch eine Ursache von Milieubildung sein, wie dies etwa in den USA der Fall ist, wo es zur Bildung sehr selbstbewußt auftretender Schwulengruppen gekommen ist. In Brasilien haben jedoch die mangelnde öffentliche Identifizierung mit einer homosexuellen Orientierung und die flexiblen Übergänge zwischen homo-, bi- und heterosexuellem Verhalten bisher eine ähnliche Entwicklung verhindert.[356] Obwohl die Homosexuellen dem größten Infektionsrisiko durch das HIV ausgesetzt sind, hat das Fehlen einer klar definierten und institutionalisierten Gemeinschaft von Homosexuellen in ernstzunehmendem Maße die Fähigkeit dieser Bevölkerungsschicht begrenzt, Eigeninitiativen zu übernehmen, zu ihren eigenen Gunsten zu handeln und politischen Druck auszuüben.[357]

Doch die Stigmatisierungen führen nicht nur zur öffentlichen Leugnung der eigenen Orientierung, sondern auch zu Verzerrungen bei der Selbstwahrnehmung der Betroffenen und damit auch zu Verzerrungen bei der Wahrnehmung von Risiken.

---

[354] Daniel, *Sexuality, Politics and AIDS in Brazil*, 1993, S.47ff.

[355] Dies führt zu einem besonders hohen Infektionsrisiko von Frauen mit bisexuellen Männern. Siehe dazu: Sion, *Anal Intercourse: A Risk Factor for HIV Infection in Female Partners of Bisexual Men*, 1989.

[356] In Kapitel III wird zwar aufgezeigt, daß es inzwischen als Reaktion auf die Situation auch in Brasilien zur Milieu-Bildung gekommen ist. Diese Milieus schließen aber im Vergleich zu westeuropäischen Staaten oder zur USA bisher nur einen Bruchteil der Betroffenen ein.

[357] Parker 1994a, S.34.

So wurde in einer empirischen Untersuchung mit deutschen homosexuellen Männern festgestellt, daß ein eindeutiger Zusammenhang zwischen Stigma-Management[358] und sexuellem Handlungsstil besteht, der eine hohe Relevanz für den Umgang mit dem AIDS-Risiko hat.[359] Bei drei der vier festgestellten typologischen Grundmuster des Stigma-Managements war aufgrund des Stigmas eine mangelnde interne oder externe Identifizierung mit der eigenen homosexuellen Orientierung festzustellen. Dementsprechend werden sexuelle Kontakte sublimiert oder sexualisiert, d.h. nicht im Rahmen einer emotionalen Beziehung verankert. Flüchtigkeit und Anonymität bei den Sexualkontakten ist die Folge und entspricht der Distanz, die man aufgrund der mangelnden Selbstakzeptanz zu sich selbst einnimmt. So wird in der sogenannten „Verheimlichungsstrategie" die Übereinstimmung der eigenen sexuellen Orientierung mit dem Stigma geleugnet. „Man versucht gewissermaßen privatistisch, die gleichgeschlechtlichen Sexualkontakte zu entstigmatisieren, indem man sie als ganz normalen Sex bezeichnet, Bisexualität anführt oder auch heiratet. Schwul oder homosexuell sind immer nur die anderen."[360] Diese mangelnde Selbstakzeptanz führt zu einem Realitäts- und damit auch Kontrollverlust im sexuellen Handlungsstil. Mit der kognitiven Verdrängung der eigenen Identität wird auch eigenes möglicherweise risikoreiches Verhalten verdrängt.

In Brasilien findet diese „Verheimlichungsstrategie" nicht „privatistisch" statt. Es findet sich dafür ein eigenes Kulturmuster, ein sogenanntes „sexual script"[361]. Zwar werden auch in Brasilien die Kategorien „Homosexualität" und „Heterosexualität" zur semantischen Strukturierung sexueller Erlebnismuster verwendet. Aber es handelt sich dabei um quasi „importierte" Begriffe, die vor allem im Diskurs der wissenschaftlichen Medizin und von der gebildeten Elite benutzt werden. In den unteren Bevölkerungsschichten die Rollen im Sexualakt dagegen mit Hilfe der Kategorien „Aktivität" bzw. „Passivität" wahrgenommen. Aktive Partner innerhalb homosexueller Interaktionen betrachten sich nicht notwendigerweise als homo- oder bisexuell. Obwohl es immer ein großes Stigma in Bezug auf männliche Passivität gab, stellte die Aktivität in gelegentlichen sexuellen Kontakten zwischen Gleichgeschlechtlichen keineswegs ein solches Problem dar.[362] Die hierarchische Struktur der Ideologie der Geschlechterdifferenz definiert männliches Verhalten vor allem durch die Vorstellung der Dominanz und damit der Aktivität.

---

[358] Dieser Begriff stammt aus der klassischen Studie von Goffman: *Stigma. Über Techniken der Bewältigung beschädigter Identität,* 1975, S.56ff.

[359] Lautmann u.a., Typen des Stigma-Managements und sexuellen Handlungsstils bei homosexuellen Männern, 1993.

[360] Lautmann 1993, S.145.

[361] Im Anschluß an Simon und Gagnon bezeichnet man die Formen der kulturellen Konstruktion der Sexualität als „Sexual Scripts": Simon u. Gagnon, „Sexual Scripts", 1984.

[362] Misse, *O Estigma do Passivo Sexual,* 1981, S.32ff.

Nicht die Wahl des Sexualpartners, sondern die Rolle innerhalb der sexuellen Interaktion bestimmt damit das Selbstverständnis. Gleichzeitig ermöglicht der oben beschriebene „Diskurs des Genusses", die definierten Rollen und Regeln zu überschreiten. Der Transgression wird dabei ein hoher erotischer Wert zugeschrieben. Die Rollenfestlegung ist somit nicht notwendigerweise exklusiv. Aktive Partner können durchaus passive Rollen innerhalb gleichgeschlechtlicher Interaktionen übernehmen, ohne daß dies ihr Selbstbild beeinflußt. Dadurch bildet sich ein „Fluchtventil innerhalb des Systems"[363], das eine große Bandbreite homosexueller Praktiken ermöglicht, ohne gleichzeitig sozial stigmatisierte Rollen - wie Passivität oder Homosexualität - auf die eigene Identität übertragen zu müssen.

Trotz homosexueller Praktiken, kommt es damit nicht zur Ausbildung homosexueller Identität.[364] Das hat nicht nur schwerwiegende emotionale Belastungen für viele der Betroffenen zur Folge. Es führt auch zur kognitiven Ausschaltung von Risiken. Durch die fehlende Identifikation mit den risikoreichen Sexualpraktiken können entsprechende Aufklärungskonzepte nicht greifen. Die zunehmende Stigmatisierung fördert eher noch den psychischen Druck, die Wahrnehmung solcher Gefahrenquellen zu verdrängen, selbst wenn man sie praktiziert. So stellt eine Untersuchung von 1990 unter bisexuellen Männern fest, daß trotz des relativ verbreiteten Wissens über Ansteckungsrisiken durch bestimmte sexuelle Techniken, ein großer Prozentsatz weiterhin risikoreiche Techniken praktiziert und kaum Kondome benutzt.[365]

5. Ambivalenzen der Körperdiskurse in Bezug auf Risikosteuerung

5.1. Risikopotential der Diskurse der Reproduktion

Die bisherigen Ausführungen haben gesellschaftliche Reaktionen auf die Bedrohung durch die AIDS-Epidemie aufgezeigt. Die Angstkampagne der Regierung verstärkte gesellschaftliche Muster, die die Infektionsmöglichkeit nicht als Risiko, sondern als allumfassende Gefahr definierten und zu Abwehrmechanismen wie Rückzug aus der Öffentlichkeit und Stigmatisierung führten. Dies hat wiederum kontraproduktive Folgen für die AIDS-Prävention.

---

[363] Parker, Abaixo do Equador: Bissexualidade e AIDS no Brasil, 1994b, S.58.

[364] Dies ist wiederum nur eine „idealtypische" Aussage und gilt keinesfalls für jeden homosexuell agierenden Brasilianer. Eine empirische Untersuchung unter Männern, die offen im homosexuellen Milieu verkehren und sich zu einem solchen milieuspezifischen Interview bereit erklärten, ergab, daß sich selbst unter diesen nur 48% als homosexuell verstehen. Siehe dazu: Mota 1993, S.5.

[365] Parker 1994c, S.62.

Die Stigmatisierung von Risikogruppen kann an gesellschaftlich bereits vorhandene Vorurteile anschließen, weil die Infektionsgefährdung von gesellschaftlich tabuisierten Formen des sexuellen Kontaktes ausgeht. Die Infektion durch sexuelle Kontakte ist möglich in Folge von promiskem Lebenswandel. Ein erhöhtes Ansteckungsrisiko aufgrund kleiner Verletzungen besteht vor allem bei analem Geschlechtsverkehr, der überwiegend, aber keinesfalls ausschließlich, in homosexuellen Beziehungen praktiziert wird.

Ebenso wie Sexualität im allgemeinen so sind auch sexuelle Tabus kein biologisches Faktum, das dem Menschen quasi von Natur aus mitgegeben wird. Auch Tabus werden kulturell konstruiert und erhalten ihre Bedeutung innerhalb eines spezifischen Diskurses der Sexualität. Es ist bereits ausgeführt worden, daß in einer hochkomplexen Gesellschaft wie der Brasiliens unterschiedliche, z.T. gegensätzliche Wahrnehmungs- und Verhaltensmuster der Sexualität, zur Verfügung stehen. So erhält auch abweichendes Sexualverhalten eine unterschiedliche Bedeutung je nach dem Kontext ihrer Verwendung.

In volksreligiösen Diskursen wird Sexualität auf ihre Funktion zur Reproduktion beschränkt. Was darüber hinausgeht, wird oft mit Begriffen wie Schmutz und Sünde in Verbindung gebracht. Im Diskurs des Machismus dagegen spielen die Kategorien der Macht und der Dominanz eine Rolle.[366] Im Diskurs der Sozialhygiene wiederum werden bestimmte Sexualpraktiken in die Kategorien Normalität und Krankheit eingeteilt.

In allen drei Diskursen haben lediglich heterosexuelle, reproduktive und damit penetrierende Sexualakte eine akzeptierte Funktion. Dadurch wird die Bandbreite möglicher Sexualpraktiken theoretisch eingeschränkt und so das Ansteckungsrisiko z.T. vermindert. Abweichende Sexualtechniken gelten aus der Perspektive aller drei Diskurse als verabscheuenswert. Aus der Perspektive der Sozialhygiene handelt es sich dabei um eine perverse Abweichung von der Norm des „Natürlichen", die aus der Sicht des Machismus nicht dem Bild des „wahren Mannes" entspricht. Nach Ansicht der Kirche wird dadurch nicht die Funktion der Sexualität erfüllt, der Zeugung zu dienen.

Eine empirische Untersuchung kommt zu dem Ergebnis, daß von den meisten Brasilianern die Ablehnung nichtreproduktiver Sexualtechniken unter Bezugnahme auf die christlichen Wertvorstellungen begründet wird.

> „Diese Tradition, die den Sex als Sünde in sich begreift, erlaubt nur den vaginalen Beischlaf, der die Zeugung ermöglicht, innerhalb der Ehe und verurteilt alle anderen erotischen Praktiken. Deshalb werden die sexuellen Aktivitäten, die den genitalen Bereich überschreiten, und selbst die Aktivitäten, die mit dem genitalen Be-

---

[366] Inzwischen gibt es Versuche, Präsens und Auswirkungen dieser Kategorien innerhalb von Beziehungen auch empirisch quantitativ zu erheben. Ein Durchbruch in der Forschung findet sich bei: Pulerwitz, „Measuring Sexual Relationship Power in HIV/STD Research", 2000.

reich verbunden sind, aber keine prokreative Finalität besitzen, als Tabus betrachtet und müssen, wie die Perversionen, vermieden werden."[367]

Diskurse, die die Reproduktion und die Geschlechterdifferenz in das Zentrum ihrer Thematisierungen stellen, müssen solches Verhalten nicht nur ablehnen. Sie brauchen es sogar als negativen Spiegel, als eine Form der Selbstvergewisserung „normalen" Verhaltens.

> „Die so in einer mittleren Distanz aufgebauten Anomalien bilden einen Rand der Kultur, der *konstitutiv* für die Normalität derer ist, die »dazugehören«. Die Sonderlinge, an denen eine Kultur ihre Widersprüche untersucht, sind innergesellschaftliche Repräsentationen der Gesellschaftsgrenze. Sie bieten durch ihre Personifikation des Fremden dem Publikum die Gelegenheit einer Selbstvergewisserung durch Distinktion."[368]

Deshalb hat der Schwule in der gesellschaftlichen Kommunikation einer extrem machistischen Gesellschaft wie der brasilianischen eine zentrale Funktion, spielt in unzähligen Witzen und den meisten Fernsehserien eine eigene Rolle als verabscheuungswürdiges oder doch zumindest belächelnswertes Gegenbild zur „normalen" Körperlichkeit.

Gegenüber homosexuellen Sexualpraktiken herrscht also eine breite Ablehnungsfront. Aber bereits in bezug auf das promiske Verhalten lassen sich unterschiedliche Bewertungen innerhalb dieser drei Diskurse finden. In den kirchlichen Diskursen wird dies natürlich abgelehnt, da es dem Gedanken der Familie und der Treue widerspreche. Im Diskurs des Machismus dagegen eröffnen sich in Bezug auf die Promiskuität für die Männer weitreichende Freiheiten. Ein Zeitungsartikel, der über Probleme von Prostituierten mit machistischen Kunden berichtet, trägt die Überschrift: „Es gehört sich für einen Macho, kein Kondom zu benutzen."[369] Dieser Titel verdeutlicht das dreifache Risikopotential dieses Diskurses. Der Macho hat die Freiheit, promisk zu leben und zu einer Prostituierten zu gehen. Er weigert sich darüber hinaus einen Kondom zu benutzen, da es seine männliche Potenz einschränken würde.[370] Und er ist nicht bereit, mit einer Frau über dieses Problem zu reden.

---

[367] Okawara, O Sexo é Pluriforme, 1983, S.88. Wiederum ist darauf hinzuweisen, daß die offizielle Lehre der katholischen Kirche Sexualität keineswegs als „Sünde an sich" begreift. Dennoch werden die kirchlichen Wertvorstellungen von den Befragten offensichtlich so interpretiert.

[368] Hirschhauer, *Die soziale Konstruktion der Transsexualität. Über die Medizin und den Geschlechtswechsel*, 1993, S.347.

[369] Zeitungsbericht *O Dia* 13.6.1995.

[370] In einer Untersuchung über das Sexualverhalten nordostbrasilianischer Männer wurde festgestellt, daß es für viele Männer ein Wettbewerb sei, mehr Kinder zu zeugen als andere. Siehe dazu: Hart 1994, S.66. In ihren Ausführungen über „psychologische Barrieren bei der Anwendung von Verhütungsmethoden durch Männer" listet Riedlberger (1994, S.55-57) neben der Sorge um die eigene Potenz weitere in verschiedenen empirischen Studien erhobene Gründe der Ablehnung von Kondomen durch Männer auf. Dazu zählen Versagensängste aufgrund der

In Bezug auf die Ablehnung von Kondomen lassen sich ähnliche Ziele innerhalb des Diskurses der katholischen Kirche finden. Durch die Verwendung von Kondomen, so das Argument, würde man den Schöpfungswillen Gottes unterlaufen und sogar heterosexuelle mit homosexuelle Beziehungen auf eine Stufe stellen.[371] Außerdem würde eine Freigabe von Verhütungsmitteln den sexuellen Begierden freien Lauf lassen und müsse deshalb unterbunden werden.[372] So versuchten konservative Kreise der katholischen Kirche Einfluß auf die staatliche Kampagne zu gewinnen, wobei es ihnen beispielsweise gelang, die Verwendung des volkstümlichen Begriffes „camisinha" (Hemdchen) für Kondome zu verhindern. Als Gegenprogramm startete die katholische Kirche eine Kampagne für die Treue, die die Bedeutung der Ehe in den Vordergrund stellte.

Mit ihrer ablehnenden Haltung gegenüber abweichendem Sexualverhalten sind die Diskurse der Kirche und des Machismus anschlußfähig für die oben dargestellten Formen der Stigmatisierung mit all den kontraproduktiven Folgen für eine effektive AIDS-Prävention.

Der kirchliche Diskurs bietet zumindest das Konzept der Treue als alternative Handlungsorientierung an, gibt aber, ebensowenig wie der Diskurs des Machismus, für dennoch vorkommende Normenbrüche keine Hilfestellung bei der Motivierung risikosensiblen Verhaltens. Eben dieses Überschreiten der Normen spielt aber bei der Übertragung des HIV eine große Rolle. So ermittelte die bereits erwähnte empirische Studie, daß „trotz des Verbotes, alle Untersuchungen über menschliches Sexualverhalten offenlegen, daß viele Personen zumindest ab und zu die sexuellen Werte *überschreiten*, die durch ihre Kultur aufgerichtet wurden."[373]

5.2. Der Diskurs des Genusses: Risiko und antikulturelle Normativität

Die Restriktionen der Geschlechterhierarchie und die Restriktionen des kirchlichen Diskurses, die durch Klassifikationen wie Sünde, Anormalität oder Krankheit festgelegt werden, können im Alltag durch den Diskurs des Genusses in

---

Unterbrechung des Sexualaktes, Ängste vor Nebenwirkungen, Gewichtszunahme und Verlust des Ansehens.

[371] In der Kampagne für Brüderlichkeit, die von der brasilianischen Bischofskonferenz 1994 durchgeführt wurde, hieß es: „Der Gebrauch von Kondomen innerhalb sexueller Beziehungen führt zur Entstellung der Sexualität als einer banalen Sache, die in gleicher Weise innerhalb hetero- und homosexuellen Beziehungen ausgeübt werden kann." Siehe den Artikel „Kondom ist Sünde" („Camisinha é pecado", *Veja* 23.3.1994).

[372] Auch dies ist wieder ein Argument, das kaum in theologischen Schriften erscheint, das ich aber oft im persönlichen Interviews mit katholischen Priestern gehört habe.

[373] Okawara 1983, S.88 u. 94. So kommt die Studie über das Sexualverhalten der Brasilianer zu dem Ergebnis, daß etwa 30% der Bevölkerung über homosexuelle Erfahrungen verfügen. Hervorhebung von mir. S.K.

ihrer Wirksamkeit suspendiert werden. Wie bereits dargestellt wurde, ist in diesem Diskurs „alles möglich", was dem Vergnügen und dem Genuß dient. Die Regeln des Alltags werden außer Kraft gesetzt. Der reproduktive Sexualkontakt bleibt keineswegs die einzige Option sexueller Praxis. Das Verbot ist hier verboten, und die Praktiken, die am meisten tabuisiert sind und im Alltag als gefährlich erscheinen, werden zur Quelle des Genusses. Damit wird eine ganze Bandbreite sexueller Praktiken „legitimiert". Diese transgressiven Elemente, die mit dem Tabu spielen und es „als Genußgenerator mißbrauchen"[374], sind besonders ausgeprägt in Bezug auf den oralen[375] und analen Erotismus.[376]

Der „Diskurs des Genusses" erweitert so den Formenreichtum sexueller Interaktion. Die genitale Sexualität bleibt weiter wichtig. Aber sie bildet nur ein Element in einem Kosmos von als genußvoll erlebten Möglichkeiten. Die sexuelle Erfahrung wird damit der Funktionalität ebenso entzogen wie der Logik der Geschlechterhierarchie.[377]

In Bezug auf Methoden der AIDS-Prävention bietet sich damit allerdings ein ambivalentes Bild. Einerseits werden die Möglichkeiten der sexuellen Kontakte über den reproduktiven Geschlechtsverkehr hinaus erweitert. Auch nichtpenetrierende und damit risikoarme Geschlechtskontakte erhalten einen hohen symbolischen Stellenwert als Quellen des Genusses. Andererseits werden aber auch sexuelle Erlebnismuster legitimiert, die ohne wirksamen Schutz ein erhöhtes Infektionsrisiko bilden. Die Motivierung solcher Schutzmaßnahmen stellt

---

[374] Diesen, meiner Meinung nach, passenden Begriff verdanke ich einer Diskussion mit Jan Assmann.

[375] Der orale Erotismus spielt sicherlich in allen Kulturen seit dem Beginn der Kindheit eine große Rolle. In Brasilien wird diese Form in ganz besonderer Weise kulturell stilisiert, indem in der volkstümlichen Sprache sexuelle Praktiken mit Ausdrücken des sinnlichen Genusses der Nahrungsaufnahme umschrieben werden. Die Verbindung von Nahrungsaufnahme und Sexualität ebenso wie der orale Erotismus tragen die Merkmale des transgressiven Diskurses des Genusses. Sie erweitern die Möglichkeiten der sexuellen Erlebnismuster und entziehen sie gleichzeitig der reflektierenden Sprache und normativen Kontrolle. Das dadurch ermöglichte zweideutige Spiel kann wiederum in Selbstzuschreibungen als Spezifikum der brasilianischen Sinnlichkeit verstanden werden. So schreibt der Soziologe Da Matta (1991, S.53) in einem Abschnitt „Über das Essen und die Frauen" in bewußt zweideutiger Anspielung: „Wir wissen, daß wir ganz toll in Bezug auf das Essen sind, genauso wie in Bezug auf Frauen und Fußball. Hier, so bestätigen wir mit einem Lächeln, sind wir die Besten der Welt."

[376] Unter Jugendlichen bildet dieser anale Erotismus oft eine Möglichkeit, bei ersten verbotenen Sexualkontakten, die Jungfernschaft des Mädchens zu bewahren oder eine Schwangerschaft zu verhindern. Unter heranwachsenden Jungen gibt es in den Favelas von Rio de Janeiro den Brauch, daß die ersten sexuellen Erfahrungen, sozusagen die sexuelle Initiation, durch Analverkehr innerhalb der eigenen Jungengruppe bzw. durch ältere Jungen oder Männer geschieht. (Cavallieri 1983, S.32ff; Parker, Diversidade Sexual, Análise Cultural e a Prevenção da AIDS, 1994, S.125.) Diese ersten Erfahrungen konditionieren in gewisser Weise die Vorstellung, daß der Genuß des analen Kontaktes mit der Transgession von Tabus in Beziehung steht.

[377] Sieh dazu Kapitel A.III.2.

aber durch die spezifische antikulturelle Logik des Diskurses des Genusses ein zentrales Problem dar. So bemerkt Parker:

> „Die Möglichkeit der Risikoreduzierung scheint diametral einer Anzahl von sexuellen Werten entgegenzustehen, die nicht nur innerhalb der homosexuellen Subkultur verwurzelt sind, sondern in der Sexualkultur Brasiliens im allgemeinen, und die in Verbindung steht mit der spezifischen Vorstellung von erotischem Genuß und sexueller Befriedigung."[378]

Erst die Unterscheidung von privatem und öffentlichem Bereich ermöglicht kulturell die dargestellten Formen der Transgression. Redewendungen, wie „Innerhalb von vier Wänden ist alles möglich!" oder „Die Wände sprechen nicht!" ermöglichen nicht nur die sexuellen Freiheiten, die durch die anderen Diskurse eingeschränkt werden sollten. Durch die heimliche und versteckte Atmosphäre und durch die spezifische antikulturelle Logik entziehen sich die durch den Diskurs des Genusses ermöglichten Erlebnisfelder der reflektierenden und expliziten Sprache. Was innerhalb von vier Wänden geschieht, darüber spricht man eben nicht!

Dies führt zu den oben dargestellten Problemen bei der Risikosensibilisierung in tabuisierten Erfahrungsbereichen. Denn durch diese Logik entziehen sich die in diesem Kontext geübten Praktiken sowohl einer risikosensiblen Steuerung durch interpersonale Absprachen als auch einer gesellschaftlichen normativen Intervention.[379] Wenn die Anti-AIDS Kampagne mit Verboten, Angst und Drohungen operiert, kann dies paradoxerweise eher unerwünschte Folgen haben. Denn nach der Logik des Diskurses des Genusses gilt: Was verboten und gefährlich ist, bereitet eben doppelt so viel Genuß!

Natürlich finden auch in anderen Kulturen Normverstöße statt. Aber in Brasilien werden solche Verstöße durch ein eigenes Kulturmuster *legitimiert*. Es handelt sich dabei nicht lediglich um eine Form von Hedonismus. Vielmehr bildet der Diskurs des Genusses ein antikulturelles Schema, das paradoxerweise gleichzeitig identitätsstiftende Wirkung hat, wie oben gezeigt wurde.[380] Eben daraus erwächst aber auch die Schwierigkeit bei dem Versuch einer normativen Beeinflussung sexuellen Verhaltens.

---

[378] Parker 1994c, S.79.

[379] Dabei ermöglicht - so wie die Unterscheidung von aktivem und passivem Sexualverhalten - auch der Diskurs des Genusses die Durchführung stigmatisierter Praktiken, ohne einer Identifizierung mit diesen Praktiken zu bedürfen. Auch dies kann zu „blinden Flecken" bei der Wahrnehmung von Risiken führen.

[380] Siehe Kapitel A.III.

III. DER KÖRPER ALS ORT VON GENUSS UND RISIKO: DIE RISIKOKOMMUNIKATION DER NICHT-REGIERUNGS-ORGANISATIONEN

1. Anschluß an die Erfahrungen der Zielgruppen

In einem Aufsatz über AIDS-Prävention und Alltagsverhalten fordert W. Huge, daß

> „Gesundheitsaufklärung nicht allein auf der Ebene einer Bereitstellung von wissenschaftlich abgesicherten Informationen formuliert werden (darf). Sie hat vielmehr immer auch zu reflektieren, (...) ob und inwieweit sie ihren Adressaten eine Anbindung des Aufklärungswissens an eigene Orientierungen ermöglicht."[381]

Eine solche Anbindung wird inzwischen auch in Brasilien versucht und zwar gerade von Organisationen der Bevölkerungsschichten, die zu den besonders Stigmatisierten in der brasilianischen Gesellschaft gehören.[382] Es handelt sich dabei um einige wenige Nicht-Regierungs-Organisationen von Homosexuellen, Prostituierten und Feministinnen, die sich trotz der zunehmenden Stigmatisierung seit 1985 gebildet haben und in kritischer Auseinandersetzung mit der Regierungspolitik eigene Vorschläge zur Methodik der AIDS-Prävention formulieren.

Eine dieser Organisationen ist die „Interdisziplinäre brasilianische Vereinigung für AIDS" ABIA (»Associação Brasileira Interdisciplinar de AIDS«), in der neben den Aktivisten auch Intellektuelle und Wissenschaftler mitarbeiten. Ebenso widmen sich die Prostituiertenorganisationen DAVIDA und SOS Corpo sowie die Schwulenorganisation GAPA mit großem Engagement spezifischen Zielgruppen. In den Zeitschriften dieser Organisationen werden Umfragen zum Sexualverhalten veröffentlicht, bisherige Erfahrungen im Umgang mit AIDS diskutiert und neue Strategien entwickelt.

Diese Publikationen können neben dem von ihnen bereitgestellten didaktischen Material als Grundlage zur Analyse des Diskurses dieser Organisationen genutzt werden. Trotz Unterschiede in den Details hat sich bei den verschiedenen Mitarbeitern und Assoziierten im Laufe der Zeit und aufgrund der Erfahrungen mit den Betroffenen selbst eine Art Grundkonsens über die Methodik herausgebildet, der als Gegenentwurf zur Angstkampagne der Regierung verstanden werden kann.

---

[381] Huge, AIDS-Aufklärung und Alltag, 1990, S.195.

[382] Die Organisation DAVIDA in São Paulo schreibt in ihrer Selbstvorstellung beispielsweise, daß sie sich vor allem um die „Hurensöhne" (filhos da puta), d.h. um die Kinder von Prostituierten, kümmere. Mit der Aufnahme eines der schlimmsten Schimpfworte symbolisiert sie, daß ihr soziales Engagement den Stigmatisierten und Marginalisierten der Gesellschaft gilt.

In ihrem eigenen Ansatz distanzieren sich die Initiatoren eindeutig von einem autoritären Konzept der Aufklärung:

> „Wir haben uns von der unilateralen und vertikalen Form der Pädagogik entfernt und sind uns bewußt, daß wir als Multiplikatoren wachsen und lernen aufgrund der Informationen der Teilnehmer. In diesem Sinne lohnt es sich, an die Vorstellung der »Pädagogik der Unterdrückten« von Paulo Freire anzuknüpfen, der diese Praxis als reziprok und befreiend ansieht."[383]

Nicht nur die Erfahrungen auch die Sprache der Betroffenen soll dabei den Ausgangspunkt der Kampagnen bilden. In ihrem didaktischen Material verzichten die Gruppen deshalb auf die objektiv-aufklärerischen medizinischen Begriffe der offiziellen Kampagne und verwenden statt dessen eine explizite, volkstümliche Sprache. Statt von „Homosexuellen" sprechen sie beispielsweise von „Männern, die Sex mit Männern haben".[384] Außerdem arbeiten die Gruppen bei ihrem graphischen Material mit expliziten erotischen Elementen: „Wir versuchen mit der Verführung zu arbeiten, indem wir Bilder von nackten Körpern verwenden."[385]

2. Die Umstellung der Kampagne auf Genuß

Aber nicht nur die Didaktik, auch der Inhalt der Kampagne erhält einen anderen Schwerpunkt. Statt Angst soll der Genuß risikoarmes Verhalten motivieren. Dies kommt augenscheinlich zum Ausdruck in der Umbenennung des „Informationsbüro für sicheren Sex" der Gruppe VIDDA in São Paulo in „Informationsbüros für Sexualität und Genuß".[386]

Der Diskurs des Genusses wird dabei nicht als ein Hindernis, sondern als Wegweiser zur Entwicklung effektiver Maßnahmen der AIDS-Prävention gesehen. Dies soll durch eine „Erotisierung der Praktiken, die das Infektionsrisiko reduzieren"[387], geschehen. So sollen beispielsweise Informationen über sichere Sexualpraktiken mit der „Betonung der Schönheit und Sinnlichkeit der homoerotischen Emotionen"[388] verbunden werden.

Diese Erotisierung risikoarmer Techniken kann verschiedene Formen annehmen. So wird in den Aufklärungskampagnen für nicht-penetrierende Formen der Sexualität geworben. Gerade das Erlebnismuster des Genusses bietet eine ganze Bandbreite solcher risikoarmer Sexualpraktiken, da hier eben „alles möglich" ist

---

[383] Hamann u. dos Santos, „O espaço cultural das quintas-feiras", 1994, S.12.
[384] Guimarães 1994, S.9.
[385] Quemmel, „Um projeto a várias mãos", 1994, S.3.
[386] Sant´Anna, „Projeto HSH/SP. Avaliando novas estratégias de intervenção, 1994.
[387] Mota 1994, S.7.
[388] Guimarães, „Intervenção para homens que fazem sexo com homens no RJ", 1994, S.10.

und dabei nur der Genuß im Vordergrund steht und nicht die Reproduktion oder die Hierarchie.

Die Bedeutung der Differenz von reproduktiven und nicht-reproduktiven Sexualkontakten spielte im internen Reflexionsprozeß schon früh eine wichtige Rolle innerhalb dieser Vereinigungen kulturell Marginalisierter. Die brasilianische feministische Zeitschrift „Wir Frauen" betonte bereits 1977:

> „Soll das Sexualleben der Frauen nur die Ehemänner befriedigen und der Fortpflanzung dienen? Sexualität ist viel mehr als das: sie ist eine unerschöpfliche Quelle körperlichen und seelischen Genusses, sie bereichert und erweitert unser Gefühlsleben."[389]

Die unterschiedlichen Ausdrucksformen von Sexualität werden hier in bewußter Abgrenzung zum Diskurs der Reproduktion und des Machismus aufgezeigt und mit dem Genuß in Verbindung gebracht.

Nach dieser Vorstellung kann der Reichtum genußvoller Praktiken zu risikoarmem Verhalten führen. So fordert die Broschüre des „Nationalen feministischen Netzwerkes für Gesundheit und reproduktive Rechte" vom Oktober 1992 bei der AIDS-Vorsorge

> „andere Formen von Genuß und Lebensfreude neu zu entdecken. Auf diese Weise verlieren die Verhaltensänderungen, die die Epidemie erzwingt, ihren negativen Beigeschmack, und der Gewinn daraus wird zweifellos um so größer sein."[390]

Gleichzeitig beachten die Gruppen die kulturell konstruierte erotische Bedeutung risikoreicher Techniken und gehen von der Erfahrung aus, daß der Versuch der Destimulierung dieser Praktiken kaum wirksam oder sogar kontraproduktiv sein kann. Deshalb müsse es auch zu einer „Erotisierung der Verwendung von Kondomen" kommen, so daß die Verwendung von Kondomen in das sexuelle Script des Diskurses des Genusses eingeschrieben wird, und zwar nicht als eine „rationale und restriktive, sondern als eine fundamental transgressive und aufregende Form des sexuellen Ausdrucks".[391] Zwar wird auch in Brasilien oft die Angst vor dem Verlust des sexuellen Genusses als Grund für die Ablehnung von Kondomen angeführt,[392] andererseits weist aber der für Kondome verwandte

---

[389] Zitiert nach: Teles, *Brasil Mulher. Kurze Geschichte des Feminismus in Brasilien*, 1993, S.108.

[390] Zitiert nach: Teles 1993, S.109.

[391] Parker 1994e, S.130. Erfahrungen aus Afrika zeigen, daß es durchaus möglich ist, der Verwendung von Kondomen einen hohen symbolischen Wert beizumessen. So gilt das Kondom in Kenia als Prestigeobjekt und selbst Arme geben lieber Geld für ein Kondom aus, als ein von der Gesundheitsstation geschenktes zu verwenden. Siehe: Kirumira, *Decision Making and the Acceptability of Condoms to Uganda Males*, 1991.

[392] Parker 1994d, S.79. In Interviews gaben viele der Befragten an, die Verwendung von Präservativen wird als unerotisch oder als Barriere gegen die sexuelle Intimität betrachtet Diese Angst spielt auch bei der Präventionsbereitschaft in der Bundesrepublik eine Rolle: Fricke, AIDS und

Begriff „Hemdchen der Venus" (camisinha da Venus) bereits darauf hin, daß aufgrund der Ablehnung von Verhütungsmitteln durch die offiziellen Diskurse, das Kondom durch seine transgressiven Elemente bereits ins sexuelle Script des Diskurses des Genusses eingeschrieben ist.[393] In diesem Sinn wirbt ein von der Prostituiertenorganisation DAVIDA verteiltes Informationsheft über die Verwendung von Kondomen mit dem Slogan: „Es ist genüßlich, ein Kondom anzuziehen!"[394]

Ein Problem der Kampagne bildet dabei die Motivation verantwortlichen Handelns gegenüber anderen. Denn, wie der Anthropologe Hamann bemerkt, werde in Brasilien die Einforderung von „Verantwortung" von vielen der Angesprochenen sofort mit Autoritarismus und Zwang assoziiert und könne deshalb nicht greifen. Statt dessen müsse man ein „reziprokes Verständnis von Verantwortung" entwickeln, das mit „dem Respekt, der Zärtlichkeit, dem Affekt und dem Verlangen, das wir in Bezug auf andere empfinden, in Verbindung steht."[395] In diesem Sinne wirbt ein weiterer Slogan der eben zitierten Kondomwerbung: „Ignoriere nicht den, der dir Genuß bringt!"[396] Damit wird der eigene Genuß in enge Verbindung mit dem Respekt für den Sexualpartner gebracht. Genußvolle Sexualität bedeutet demnach nicht nur Schutz des eigenen Körpers sondern auch Sorge für den Körper des Anderen.

3. Entstigmatisierung abweichender Lebensformen

Durch die Kampagnen der Erotisierung risikoarmen Verhaltens werden die unterschiedlichen Ausdrucksformen der Sexualität öffentlich legitimiert. Diese „Normalisierung abweichender Lebensformen" ermöglicht es, daß beispielsweise homosexuelle Praktiken der Aura der Heimlichkeit[397] und der Sprachlosig-

---

Sexualerziehung, 1987, S.145. Daraus folgert Venrath (1994, S.189) für den deutschen Kontext: „Unbestritten ist es schwierig, ein Kondom erotisch zu »besetzen«."

[393] Parker 1994e, S.130.

[394] „Colocar a camisinha é gostoso!" Abgebildet in der Prostituiertenzeitschrift *Beijo da rua 14 (1994)*.

[395] Hamann u. Dos Santos 1994, S.12.

[396] „Não ignore quem lhe dá prazer!"

[397] Lautmann u.a. (1993, S.152) bemerkt zum Zusammenhang von Stigmaabbau und AIDS-Prävention: „Strukturelle Prävention bemüht sich daher in erster Linie um die Auflösung der Diskrepanz zwischen dem gesellschaftlich vermittelten Bild von Homosexualität und der von den homosexuellen Männern konkret erfahrenen Lebenswelt. Denn die stigmatisierenden Lebensverhältnisse lassen sich nicht überwinden, solange homosexuelle Lebenszusammenhänge unsichtbar bleiben. Gesundheitsfördernde Maßnahmen müßten daher zur Überwindung dieser Unsichtbarkeit beitragen, indem AIDS-Aufklärung beispielsweise die Formen homosexueller Vergesellschaftung öffentlich als lebenswerte Lebensstile darstellt."

keit entkommen können.[398] Damit kann auch eine bewußte positive Rollenübernahme und somit eine erhöhte Risikosensibilisierung stattfinden.[399] Die Gefährdung durch AIDS bildet dadurch nicht mehr eine überall lauernde Gefahr, sondern unterliegt als Risiko der bewußten Entscheidung eigenen sicherheitsorientierten Handelns. Erst der Aufbau einer eigenen Identität und ein damit verbundenes Selbstwertgefühl ermöglicht einen solchen bewußten Entscheidungsprozess.[400]

Diese Sichtweise von AIDS als Risiko entspricht auch den aktuellen wissenschaftlichen Erkenntnissen über HIV, nach der nur wenige, sehr spezifische Situationen infektiös sind und ein Schutz vor AIDS individuell durch Meidung dieser speziellen Situationen oder durch die Realisierung bestimmter präventiver Maßnahmen möglich ist.

Durch die Kampagnen der Nicht-Regierungs-Organisationen soll mithin der Stigmatisierung abweichender Lebensformen und der daraus folgenden kognitiven Ausschaltung von Risiken entgegengewirkt werden. Denn solche Vorurteile tragen nach Ansicht der Organisatoren „zur Verbreitung der AIDS/HIV-Epidemie in der ganzen Bevölkerung bei, indem sie zweifelhafte Einstellungen begünstigen, ebenso wie die Angst und die Isolierung, und damit die Personen von korrekten und beruhigenden Informationen fernhalten."[401]

4. Erhöhung des Organisationsgrades der Betroffenen

Die durch die Entstigmatisierung ermöglichte Rollenübernahme homosexueller Identität ermöglicht auch einen Ausbau homosexueller Organisationen.[402] Glei-

---

[398] Zum Zusammenhang zwischen Versprachlichung der eigenen Sexualität und Prävention bemerkt Venrath (1994, S.188): „Damit die Verwendung von Präservativen in der Sexualität selbstverständlich wird, bedarf es einer Thematisierung der *eigenen* Sexualität. Es bedarf einer Sprache über Intimes und der Fähigkeit, Tabus anzusprechen, um durch das Gespräch mit dem Partner Verantwortung zu übernehmen."

[399] Zu vergleichbaren Konstellationen in der Bundesrepublik siehe: Becker, Die Annahme der eigenen Homosexualität, 1987.

[400] Longe, „Parceirias que dão certo", 1994, S.16. Ein solches Selbstwertgefühl kann auch dazu führen, daß sich Prostituierte nicht nur als Opfer betrachten, sondern als Akteure, die sich daher auch den Wünschen ihrer Kunden wiedersetzen können, wenn diese nicht bereit sind, Kondome zu verwenden.

[401] Terto Jr., „»Homens« vo vídeo", 1994, S.13.

[402] Lautmann (1993, S.152) bemerkt zur Bedeutung des Organisationsgrades der Betroffenen für die AIDS-Prävention: „Zweitens setzt sich strukturelle Prävention für die Stärkung homosexueller Selbstorganisation ein. Denn gesellschaftliche Bedingungen bestimmen in sehr hohem Maß die Struktur (genitale Lust/romantische Liebe) und die Modalitäten (Dauer/Ort) der erotisch-sexuellen Kontaktaufnahme. (...) Eine gestärkte homosexuelle Selbstorganisation könnte deshalb eine weitaus größere Zahl an Männern erreichen und auf sie identitätsstabilisierend wirken, als sie es heute bewerkstelligt. Letztlich muß strukturelle Prävention darauf angelegt

ches gilt für Organisationen von Prostituierten. Diese können die Sensibilisierung innerhalb der Szene durch die Ausarbeitung gruppenspezifischer Präventionsmaßnahmen verstärken. Sie können darüber hinaus politischen Druck auf unwillige und ineffiziente Verwaltungen ausüben.[403]

Der Abbau des negativen Selbstbildes stigmatisierter Personen muß mit der Bekämpfung gesellschaftlicher Vorurteile und Diskriminierungen gegen diese Gruppen einhergehen. Der Abbau der Stigmatisierung abweichender Lebensformen und der Kampf für die „sexuelle Demokratie"[404] wird von den Nicht-Regierungs-Organisationen deshalb als eine Hauptaufgabe bei der Bekämpfung von AIDS angesehen.

Ebenso müsse die durch Schuldzuschreibungen u.ä. hervorgerufene Stigmatisierung von AIDS-Kranken abgebaut werden. Die „Grupo pela VIDDA" beispielsweise engagiert sich deshalb für die „Wertschätzung, Integration und Würde der AIDS-Kranken".[405] Statt des Todes soll die Hoffnung auf Leben das Zentrum der Auseinandersetzung mit der Krankheit bilden. Nur so könne es gelingen, die Kranken nicht auszugrenzen, sondern eine „Ethik der Solidarität" zu entwickeln.[406]

IV. ZUSAMMENFASSUNG

Das zurückliegende Kapitel hat die Pragmatik der Körperdiskurse anhand der kulturellen Thematisierung von Gefährdungen des Körpers am Beispiel von AIDS-Präventions-Kampagnen in Brasilien untersucht. Das Ziel der Öffentlichkeitskampagne der brasilianischen Regierung war es, durch die Angst vor den todbringenden Folgen einer HIV-Infektion risikoarmes Sexualverhalten zu motivieren. Der Körper wurde im Zusammenhang mit Sexualität als Ursprungsort von Tod und Leiden thematisiert.

---

sein, sich »in the long run« förderlich auf die Entwicklungsbedingungen selbstbestimmter sexueller Handlungsstile auszuwirken."

[403] So forderte 1994 ein Treffen von Nicht-Regierungs-Organisationen, die Verwaltung des staatlichen Geldes zur AIDS-Prävention den Organisationen zu überlassen, die vor Ort mit den Betroffenen arbeiten. Zumindest auf lokaler Ebene haben diese Organisationen inzwischen Einfluß auf die Gestaltung der Gesundheitsprogramme erlangt. Siehe: Redig, „4. Encontro Nacional de Pessoas Vivendo com HIV e AIDS - Abia e Pela Vidda/RJ", *Jornal da Tarde* 30.9.1994.

[404] Mota 1994, S.7.

[405] Die Anfangsbuchstaben dieser Begriffe „Valorização, Integração e Dignidade do Doente de AIDS" (Wertschätzung, Integrierung und Würde der AIDS-Kranken) bilden den Ausdruck „VIDDA", der zugleich dem Ausdruck „vida" d.h. Leben ähnelt.

[406] Vallinoto, *A Construção da Solidariedade. Um Estudo sobre a Resposta Coletiva à AIDS*, 1991.

Als Reaktion auf solche totalisierenden Ängste wurde von den Angesprochenen die Gefährdung durch AIDS externalisiert. AIDS galt als überall lauernde Gefahr, die den eigenen Körper bedroht. Dagegen kann man den Körper nur durch Rückzug aus der gefährlichen Öffentlichkeit und Distanz vor den gefährlichen Körpern potentieller HIV-Träger schützen. Eine verstärkte Stigmatisierung von Personen mit abweichendem und möglicherweise risikoreichem Sexualverhalten war die Folge.

Doch die Angstkampagne konnte kaum greifen, da die brasilianische Kultur unterschiedliche „Schlupflöcher" bereitstellt, um den offiziellen Diskursen zu entkommen. Sowohl die Unterscheidung zwischen aktivem und passivem Sexualverhalten, als auch der Diskurs des Genusses ermöglichen es, stigmatisierte Sexualtechniken zu praktizieren, ohne sich mit diesen öffentlich oder innerlich identifizieren zu müssen. Damit findet gleichzeitig eine kognitive Verdrängung der Gefährdung statt. Durch die spezifische antikulturelle Struktur werden die in diesem Kontext geübten Praktiken einer reflektierenden und expliziten Sprache und den Möglichkeiten einer normativen Intervention entzogen. Dies macht die *Ambivalenz des Diskurses des Genusses* aus.

Eben diese Ambivalenz wollen die Nicht-Regierungs-Organisationen überwinden. Während die Regierungskampagne vorhandene Vorurteile verstärkte, versuchen die Organisationen der kulturell Marginalisierten, ein neues Element in die Körperdiskurse einzufügen.[407] *Der Diskurs des Genusses soll der Sprachlosigkeit entzogen werden. Indem abweichendes Sexualverhalten entstigmatisiert wird, bildet sich die Möglichkeit einer bewußten Identifizierung mit dem eigenen praktizierten Verhalten und einer positiven Akzeptanz der eigenen Rolle.* Mögliche Risiken sexuellen Verhaltens müssen dann nicht mehr verdrängt werden, sondern unterliegen nun einer bewußten Entscheidung und der Möglichkeit einer kommunikativ-interpersonellen Kontrolle. Die Gefährdung durch AIDS wird als kalkulierbares Risiko und nicht als allumfassende Gefahr verstanden.

Statt auf Angst setzt diese Kampagne auf eine Erotisierung risikoarmer Sexualtechniken. Der Körper bleibt damit weiter eine Quelle des Genusses. Aber zum Genuß gehört nun auch das sicherheitsorientierte Handeln zum Schutz des eigenen Körpers und in Respekt vor dem Körper des Partners oder der Partnerin.

Die Analyse der kulturellen Reaktion auf AIDS konnte hier nur einige Aspekte darstellen und ist sicherlich nicht vollständig.[408] Dennoch konnten an zwei Beispielen die Auswirkungen der Körperdiskurse aufgezeigt werden, die sich im Zusammenhang mit Krankheit, Risiko und Todesgefahr ergeben. Dabei wurde auf die jeweiligen Ambivalenzen der verschiedenen Diskurse verwiesen. *Das*

---

[407] Zu Aspekten eines kulturellen Wandels seit dem Aufkommen von AIDS siehe: Parker, „Youth, Identity and Homosexuality: The Changing Shape of Sexual Life in Brazil", 1989.

[408] Im nächsten Kapitel wird durch die Analyse der Reaktion innerhalb des protestantischen Milieus ein weiteres Beispiel gegeben werden.

Auftreten von AIDS zwingt die gesellschaftlichen Akteure, auf die Problematik dieser Ambivalenzen zu reagieren und neue Konzepte zu entwerfen. Seit AIDS hat sich die kulturelle Konstruktion des Körpers in Brasilien gewandelt.
Dies betrifft auch die Funktion und Bedeutung der religiös vermittelten Leibesdiskurse. Diese Diskurse wurden hier nicht nach dem von ihnen erwünschten Ideal analysiert, sondern gemäß der *tatsächlichen Wirkung*. Genau dies sollte auch zum Kriterium der theologischen Bewertung dieser Diskurse werden. In Bezug auf die kirchlichen Anstrengungen, die Verbreitung von Kondomen in Afrika zu behindern, meint beispielsweise der katholische Moraltheologe Stephan H. Pfürtner, daß AIDS die Fragwürdigkeit der herkömmlichen katholischen Sexualmoral erhöhe.

> „Eine glaubwürdige Morallehre darf sich nicht nur an vorgestellter Idealität bemessen. Sie hat auch faktische Verhältnisse, d.h. nicht zuletzt die gesellschaftliche Wirklichkeit zu berücksichtigen. Lehrer, ob mit oder ohne geistliche Autorität, denen es gleichgültig ist, was aus ihren Theorien als *Wirkung für die Menschen* und ihr konkretes Leben folgt, machen sich am Leben schuldig."[409]

Gleiches gilt in Brasilien sowohl für katholische als auch für protestantische Moralvorstellungen. In einer Gesellschaft wie der Brasiliens, in der die religiösen und kirchlichen Leibesdiskurse noch einen großen Einfluß auf die Ausbildung gesellschaftlicher Mentalitäten haben, lastet auf den Kirchen ein enormes Maß an Verantwortung für die Vergrößerung oder Verminderung menschlichen Leidens.

Im Abschnitt über die Theologie des Körpers werde ich zeigen, wie in diesen neueren theologischen Entwürfen versucht wird, auf die dargestellten Ambivalenzen der Leibesdiskurse eine Antwort zu geben.[410] Die Antwort der Nicht-Regierungs-Organisationen auf diese Ambivalenzen war der Versuch der Versprachlichung der Erfahrungsmuster des Genusses. In strukturell ähnlicher Weise - wenn auch mit völlig anderen Formen und Semantiken - wird auch in der Theologie des Körpers die Erfahrung des Genusses in die religiöse Sprache aufgenommen. Eben dadurch kann der Diskurs des Genusses der Sprachlosigkeit und den damit verbundenen gefährlichen Konsequenzen entzogen werden.

---

[409] Pfürtner, *Sexualfeindschaft und Macht. Eine Streitschrift für verantwortete Freiheit in der Kirche*, 1992, S.93. Hervorhebung von mir. S.K.

[410] Dies geschieht natürlich nur ausnahmsweise explizit in Auseinandersetzung mit der AIDS-Problematik. Direkt nachweisen läßt sich bei allen drei Autoren lediglich eine gesteigerte Sensibilität für dieses Phänomen. Dennoch scheint es mir plausibel, daß das gesteigerte Interesse für den Körper *auch* mit der enormen Bedrohung der körperlichen Integrität durch diese todbringende Krankheit zusammenhängt. In den USA findet sich in einigen Entwürfen einer Theologie des Körpers bereits ein expliziter Bezug auf die AIDS-Problematik. Siehe beispielsweise: Nelson, *Body Theology*, 1992, S.165ff.

C. KÖRPER UND VOLKSRELIGIOSITÄT

I. TRENNUNG DER RÄUME IM VOLKSKATHOLIZISMUS

1. Offizieller Katholizismus und Volkskatholizismus

Brasilien gilt gemeinhin als das größte katholische Land der Erde, und die Mehrheit der brasilianischen Bevölkerung bekennt sich zur Katholischen Kirche. Dennoch lassen sich unterschiedliche Arten der praktizierten Katholizität finden. So antwortet ein Teil der Gläubigen auf die Frage nach ihrer religiösen Orientierung: „Ich bin Katholik". Andere betonen, daß sie praktizierende Katholiken seien, wogegen sich wiederum andere abgrenzen: „Ich bin Katholik, aber nicht praktizierend", oder aber: „Ich bin Katholik, aber auf meine Weise."[411]

Hier zeigt sich bereits ein markantes Charakteristikum der katholischen Religiosität in Brasilien. Die kirchlichen Riten und Symbole vermögen es, diese unterschiedlichsten Arten der Partizipation und Interpretation des je eigenen Glaubens in die Gesamtkirche zu integrieren. Durch die „Polysemie der Symbole"[412] können „kultureller Pluralismus und religiöse Einheit"[413], individuelles Verständnis und hierarchische Ansprüche der Kirche verbunden werden.

Diese interne Differenzierung des Katholizismus wurde schon früh in den ethnologischen und religionswissenschaftlichen Arbeiten über Brasilien als

---

[411] Brandão, Ser católico: dimensoes brasileiras. Um estudo sobre a atribuição através da religião, 1988, S.51. Zu den unterschiedlichen religiösen Identitäten siehe auch: Follmann, O cotodiano religioso católico numa paróquia suburbana da região metropolitana de Porto Alegre, 1992.

[412] Brandão 1988, S.53.

[413] So der Titel eines Forschungsprojektes über den Katholizismus: Sanchis (Hrsg.), *Catolicismo: Unidade religiosa e pluralismo cultural*, 1992.

Differenz von offiziellem Katholizismus und Volksreligiosität beschrieben. So grenzt beispielsweise Bastide den „familiären Katholizismus" vom „stärker romanisierten, universalen Katholizismus" ab.[414] Azevedo unterscheidet den volkstümlichen Katholizismus, der traditionellen religiösen Praktiken verbunden bleibt, vom „formalen oder offiziellen Katholizismus" mit seiner Betonung der Doktrin und des Kultes.[415]

Im Alltag läßt sich eine solche für die wissenschaftliche Untersuchung notwendige exakte Unterscheidung nicht durchhalten. Vielmehr ist von einem komplexen Ineinander der unterschiedlichen religiösen Erfahrungsmuster, der symbolischen und organisatorischen Formen auszugehen.[416]

Wenn ich im folgenden dennoch Phänomene des religiösen Lebens anhand der Unterscheidung von „offiziellem Katholizismus" und „Volkskatholizismus" darstelle, sollte dies immer als Typisierung verstanden werden. Es geht nicht darum, daß sich jeder Priester oder jeder Gläubige so verhält, wie es im folgenden beschrieben ist. Es geht vielmehr im Sinne der Religionssoziologie von Max Weber um die Darstellung von „Idealtypen", die den Einzelnen in der Gesellschaft als semiotisch konstituierte Orientierungsmuster zur Verfügung stehen aber möglicherweise in der reinen Typisierung empirisch gar nicht nachzuweisen sind.[417]

1.1. Offizieller Katholizismus

Im „offiziellen Katholizismus" geht es der kirchlichen Hierarchie um die Durchführung der heilsrelevanten Riten und die Vermittlung katholischer Identität. Die Sprache ist hier von Vorstellungen der Moral, der Sünde und kirchlich vermittelter Reinigung geprägt.

Der Ausführende ist dabei der Priester. Die Vermittlung verläuft von „oben" nach „unten" in der Art eines Regierungssprechers, der ein Kommuniqué weitergibt, wie Paulo Freire bemerkt.[418] Ein solches hierarchisches Rollenverständnis führt oft zu einem protektionistischen Umgang mit den Gläubigen.

Für die Gläubigen bildet dieser „offizielle Katholizismus" die Möglichkeit des Anschlusses an die familiäre, kulturelle und religiöse Tradition. Azevedo

---

[414] Bastide, *Religion and the Church in Brazil*, 1951, S.555.

[415] Dieser Unterschied wurde in vielen Arbeiten Azevedos herausgearbeitet. Siehe als Beispiel: Azevedo, „Catholicism in Brasil: A Personal Evaluation", 1953.

[416] Siehe dazu die ausführlichen Erörterungen bei: Süss, *Volkskatholizismus in Brasilien. Zur Typologie und Strategie gelebter Religiosität*, 1978, S.33f.

[417] Zur Verwendung der Idealtypen in der Soziologie: Weber, *Wirtschaft und Gesellschaft. Grundriss der verstehenden Soziologie*, 1971, S.14; Klassisch zur Religionssoziologie: Weber, *Die protestantische Ethik I*, 1984.

[418] Freire, *Pädagogik der Unterdrückten - Bildung als Praxis der Freiheit*, 1973, S.110.

spricht in diesem Zusammenhang von „Gesellschaftskatholiken", für die die Riten ihre Zugehörigkeit zu der sie umgebenden Umwelt ausdrücken.[419] Vor allem die Übergangsriten Taufe, Kommunion, Hochzeit und Beerdigung geben dem Leben eine feierliche sakrale Tiefe und dienen gemeinsam mit den empfangenen Sakramenten der Versicherung und der Garantie des zukünftigen Heils.

Während eine persönliche radikale Umkehr bei den protestantischen Kirchen Brasiliens als fundamental angesehen wird, scheint dies vielen Katholiken nicht nötig. Die Vorstellung, daß „wir ja alle Sünder sind", erzeugt vielmehr eine diffuse Erwartung des Heils durch das Erbarmen Gottes, des „gnädigen Vaters".[420]

Die Beziehung zu diesem Gott ist durch feste Regeln und Riten formalisiert. Sie bildet eine Art „disziplinierte Kommunikation".[421] Die Distanz zum Heiligen wird durch die kirchlichen hierarchischen Strukturen verstärkt.

Sprachbarrieren und Priestermangel minimieren die Einflußmöglichkeit der Hierarchie auf Denken und Leben der Gläubigen. In São Paulo beispielsweise haben Priester zum Teil Gemeinden mit 20 000 Gläubigen zu betreuen. Ihre pastorale Tätigkeit kann damit kaum über den Vollzug von Messen, Taufen und Beerdigungen hinausgehen. Die Priester werden so auf ihre Funktion als Vermittler und Verwalter des Heiligen reduziert.

Der „Volkskatholizismus" bietet den Gläubigen Orientierungs- und Verhaltensmuster, die über diese Schwierigkeiten und Begrenzungen des „offiziellen Katholizismus" hinausgehen, sie z.T. komplementär ergänzen, aber auch mit ihm in Spannung geraten.

1.2. Volkskatholizismus

„Ich bin Katholik, aber auf meine Weise." Diese Selbstzuschreibung brasilianischer Katholiken ermöglicht eine ganze Bandbreite religiöser Praktiken und Existenzformen, die von den bloßen Besuchen der Messe an Feiertagen bis zu offensichtlich synkretistischen Erscheinungen reichen. Dazwischen lassen sich die religiösen Formen finden, die dem Volkskatholizismus zugeordnet werden: die Wallfahrt, das Heiligenfest, das Gelübde, das Opfer aber auch die Teilnahme an afro-brasilianischen Ritualen des Candomblé, Umbanda oder Macumba.

In seiner Studie zum „Volkskatholizismus in Brasilien" unterscheidet Paulo Süss zwischen synkretistischem, rituellem, festlichem und geschichtlichem Volkskatholizismus, die als gleichzeitig anzutreffende „Bewußtseinsstrukturen" erfaßt werden können.[422]

---

[419] Azevedo 1953, S.256ff.
[420] Brandão 1988, S.53.
[421] Da Matta 1991, S.116.
[422] Süss 1978, S.131f.

Der *synkretistische Volkskatholizismus* bezeichnet eine religiöse Praxis, die sowohl an katholischen als auch an afrobrasilianischen Riten partizipiert, ohne daß dadurch kognitive Dissonanzen hervorgerufen werden. Dies ist möglich, indem beispielsweise katholische Heilige mit bestimmten Orixás gleichgesetzt werden.

Der *rituelle Volkskatholizismus* umfaßt die Praxis der Gelübde, Wallfahrten und Riten, die punktuell besonders in Notsituationen angewendet werden. Mit Versprechungen für Gegenleistungen erbittet man sich Wohltaten oder Wunder von den Heiligen, hofft auf quasi magische Heilung beispielsweise durch Berührung religiöser Statuen.

Der *Festtagskatholizismus* ist von einer zyklischen Zeitstruktur geprägt. Die kirchlichen Feste, die Feste der Heiligen und Patrone wiederholen sich jährlich. Beim Fest findet eine Verbindung mit der sakramentalen Praxis der Kirche statt. Es ist das Lob des Heiligen, der beschützt. Konkrete Wunder werden aber im Rahmen des Festes nicht erwartet.

Der „*geschichtliche Katholizismus*" findet sich in den progressiven Basisgemeinden, die sich seit den 1970er Jahren formieren. Hier spielen der historische Prozeß, die wechselseitige, kontinuierliche Beeinflussung von Religion und Alltag eine entscheidene Rolle. Die Hoffnungen sind auf das Ziel eines gerechten Reiches Gottes ausgerichtet. Allerdings ist diese Art des Volkskatholizismus heute bereits in der Defensive.

Auch diese von Süss analysierten „paradigmatischen Bewußtseinsstrukturen" im Volkskatholizismus treten nicht in reiner Form auf, sondern überschneiden sich gegenseitig. Dennoch lassen sich in Bezug auf die Fragen der Körperlichkeit, auf die Bewältigung von Leid und die Erfahrungen von Vergnügen im religiösen Kontext Schwerpunkte aufzeigen. Individuelle Leiderfahrung wird vor allem im Kontext des rituellen Volkskatholizismus bearbeitet. Die Erfahrung des Vergnügens tritt vor allem im Umfeld des Festtagskatholizismus.

2. Bewältigung der Leiderfahrung im Ritus: Leid als Schicksal

Während die religiöse Praxis im Rahmen des „offiziellen Katholizismus" die unpersönliche Seite der Beziehung mit Gott markiert, spielt die persönliche Beziehung zum Heiligen im rituellen Volkskatholizismus eine zentrale Rolle. In der Beziehung zum Heiligen werden die Religiosität und die Sorgen der Gläubigen konkret.

Roberto da Matta hat in seinen zahlreichen Studien die besondere Bedeutung der sozialen Kategorie „Beziehung" für die brasilianische Gesellschaftsstruktur gezeigt. In modernen funktional ausdifferenzierten Staaten wird das gesellschaftliche Leben über abstrakte Mechanismen, über allgemeine Normen oder Gesetze koordiniert, an denen die Individuen ihr Verhalten orientieren.[423] In einer halbtraditionellen Gesellschaft wie der Brasiliens dagegen bilden die persönlichen Beziehungen, Kontakte und Loyalitäten im hierarchischen Gefüge den wichtigsten Integrations- und Regulierungsmechanismus. Man wird nicht vorrangig Mitglied einer bestimmten Organisation, weil man die gleichen Ideen teilt, sondern weil man dort Beziehungen zu wichtigen Personen innerhalb der gesellschaftlichen Hierarchie aufbauen kann.[424] In diesem Zusammenhang bezeichnet da Matta Brasilien als „relationale Gesellschaft".[425]

Die Praktiken des rituellen Volkskatholizismus betonen deshalb die persönliche Verbindung mit dem Heiligen oder der Heiligen, die als Beschützer und Patrone der Gläubigen in den Alltag hineinwirken. Diese Beziehung beruht auf gegenseitiger Sympathie und dem Austausch von Gefälligkeiten mit teilweise magischen Konnotationen.[426] Die Form der symbolischen Interaktion innerhalb dieser Beziehung ist das Gelübde: Der Gläubige bittet die heilige Jungfrau Maria beispielsweise, ihn von einer Krankheit zu befreien oder ihn mit genügend Nahrung für die Kinder zu versorgen und verspricht dafür, sechs Jahre lang dreimal jährlich zu ihrem Heiligtum zu pilgern.

Die persönliche Loyalität gegenüber den Heiligen gewährt Schutz und Heilung. Die „Hallen der Wunder" in den Wallfahrtskirchen zeigen deutlich, daß die Gläubigen mit ihrem Leid von den Heiligen Hilfe erhoffen. Hier findet man Hunderte von Wachsimitationen der gefährdeten Körperteile, aber auch Haare, Krücken oder Photos, mit denen sich die Gläubigen bei den Heiligen für die erfolgte Heilung bedanken.

Das Leid und die Schmerzen werden in dieser religiösen Praxis als punktuell auftretende Schicksalsschläge erfahren, die durch einen individuellen Handel mit dem persönlichen Schutzheiligen bewältigt werden können. Diese individu-

---

[423] Als ein solches „abstraktes generalisiertes Kommunikationsmedium" kann beispielsweise auch „Geld" bezeichnet werden. Zu den Integrationsproblemen ausdifferenzierter Funktionssysteme in modernen Gesellschaften siehe etwa: Luhmann, *Ökologische Kommunikation. Kann die moderne Gesellschaft sich auf ökologische Gefährdungen einstellen*, 1990.

[424] Diese Orientierung an allgemeinen Normen führt zu einer eingeschränkten Effektivität allgemeiner Normen. Der Parkwächter, der gegenüber einer Dame auf die Einhaltung der allgemeinen Parkregeln pocht, wird zurückgewiesen in seine Position im hierarchischen Beziehungsgeflecht: „Sie wissen wohl nicht, mit wem Sie sprechen! Ich bin die Frau von General Costas!" Im Gegensatz dazu weist der in westlichen Nationen übliche Spruch „Was denkst Du denn, wer Du bist?" den Normenbrecher zurück in die Schranken der Gleichheit und unterwerfen ihn den abstrakten Regelmechanismen.

[425] Da Matta 1990, S.176. Natürlich lassen sich solche Integrationsmechanismen auch in anderen Gesellschaften finden. Ein extremes Beispiel ist sicherlich Mexiko, wo sich diese Struktur sogar auf die Form der Parteienherrschaft auswirkt. In afrikanischen Gesellschaften dagegen, wird diese Form der Relationalität mit Stammessolidaritäten verbunden. Auch hier treten diese Stammessolidaritäten in Konflikt mit universalen Normen, die eine gleiche Behandlung aller Gesellschaftsmitglieder velangen.

[426] Fernandes, Aparecida: nossa rainha, senhora e mae, salvará!, 1988, S.100f.

elle und punktuelle religiöse Praxis nimmt die Leiden der Gläubigen ernst. Aber sie vermag es nicht, diese Leiden in einem historischen Zusammenhang zu verstehen und sie im Rahmen der Befreiungsgeschichte Gottes zu interpretieren, wie dies etwa in den Basisgemeinden geschieht.

So berichtet Lenz über Schwierigkeiten progressiver Priester, die frommen Anhänger des „guten Herrn Jesu von Lapa" davon zu überzeugen, daß dieser derselbe Jesus von Nazareth sei, von dessen Mission der Gerechtigkeit und Befreiung die Priester predigen.[427]

> „In diesem Schema gibt es keinen Ort für eine historische Praxis und eine entsprechende Ethik der sozialen Verantwortung. Für einen Anhänger des Heiligen wird die Geschichte durch das Schicksal bestimmt, und der einzige, der einen von den blinden und grausamen Schicksalsschlägen befreien kann, ist der heilige Beschützer. Der Heilige belohnt oder bestraft seinen Anhänger gemäß der Erfüllung der gemachten Gelübde und der Verpflichtungen."[428]

Statt einer historischen Praxis steht im rituellen Volkskatholizismus ein Tauschmechanismus im Vordergrund der Leidbewältigung. Der Gläubige nimmt dabei oft kleinere Strafen oder sogar Selbstkasteiungen auf sich, die mit dem Körper in Verbindung stehen und eine Disziplinierungsfunktion übernehmen können: Fromme Frauen rutschen über lange Strecken auf den Knien zur Kirche,[429] Kinder werden veranlaßt, für einige Zeit auf Süßigkeiten und kleine Annehmlichkeiten zu verzichten.[430]

Die im Verhältnis kleinen, aber Demut symbolisierenden rituellen Leiden und Entsagungen des Körpers gelten den Gläubigen als Tauschmasse für die Befreiung von den leidvollen Schicksalsschlägen, von denen sie in ihrem Alltag getroffen wurden.

Natürlich wird in der katholischen Praxis das Leid auch in anderen Formen bewältigt, beispielsweise durch Predigt, seelsorgerliches Gespräch, Zuspruch anderer Gemeindeglieder oder in synkretistischen Praktiken. Dennoch spielt im Bewußtsein vor allem der traditionellen Gläubigen die persönliche Beziehung zu den Heiligen eine hervorragende Rolle, denn über die *emotionale Leidbewältigung* hinaus erhofft man sich durch diese Beziehung auch eine *punktuelle Überwindung des Leides durch göttliche Intervention*.

---

[427] Lenz, Festas Religiosas, CEBs e Mudanças, 1992.

[428] Lenz 1992, S.140.

[429] In diesem Zusammenhang spricht Hahn von Phänomenen "dramatisierter Leibfeindlichkeit". Durch die schmerzvollen Rituale wird eine extreme Leibespräsenz erzeugt. Die dabei zur Schau gestellte „Ehrlichkeit des Leibes" dient der Kommunikation der Authentizität der Reue. Siehe: Hahn, Religiöse Dimension der Leiblichkeit, 1990, S.135.

[430] Dieser Disziplinierungsmechanismus ist freilich viel ineffektiver als in den protestantischen Kirchen. Während dort die disziplinierte Lebensführung als Zeichen des Heils gilt, wird sie im Katholizismus punktuell im Rahmen eines einmaligen Tausches angeboten. Siehe dazu unten S. 76f.

3. Die verschiedenen Seiten des Genusses

3.1. Festtagskatholizismus: Trost, Schutz und Genuß

In den meisten Riten des Katholizismus lassen sich unterschiedliche Funktionen des Heiligen parallel aufzeigen. Im Heiliggeistfest in Mossamedes, das hier als Beispiel untersucht werden soll, bittet auf dem Marktplatz der Stadt eine Prozession den Heiligen Geist um *spirituellen Trost*:

> Göttlicher Heiliger Geist,
> Göttlicher Tröster.
> Tröste unsere Seelen,
> solange diese Welt besteht.[431]

Bereits Wochen vor den eigentlichen Feierlichkeiten gehen sogenannte Bittprozessionen zu den Häusern, um finanzielle Hilfen für die Ausrichtung des Festes zu erbitten. Nachdem sie die Gabe und eine kleine Mahlzeit empfangen haben, wird in einem gesungenen Gebet vor allem die durch die gespendete Mahlzeit quasi im Tausch erlangte *Protektion durch Gott* betont:

> Gott zahle euch die hübsche Almose zurück,
> die der Hausherr gegeben hat.
> Sein Name ist im Himmel,
> wohin ihn die Engel auf den Flügeln tragen.
> ...
> Gott zahle euch die Gaben des hübschen Tisches zurück,
> wegen des Brotes, das wir gegessen haben.
> Der göttliche heilige Geist
> ist euer Schutz.

Doch gleich nach Beendigung des Gebetes und der religiösen Riten beginnt im Haus das Fest. Nun wird getrunken und getanzt, werden zweideutige Scherze gemacht. Die gleiche Gruppe, die eben noch die Protektion des heiligen Geistes erbeten hat, stimmt nun andere Töne an, verlangt nun nach höchst *weltlichen Genüssen*:

> Ich will Schnaps trinken.
> Ich will mich im Dreck wälzen.

---

[431] Die Lieder entstammen alle der Untersuchung von: Brandão, „A festa do Espírito Santo na Casa de São José", 1981.

> Ich will, daß das Mädchen kommt.
> Ich will, daß das Mädchen weint.
> Ich will, daß das Mädchen spricht.
> Mein Schatz, komm, leg dich ins Bett.

Spiritueller Trost, persönliche Protektion und weltlicher Genuß; alle diese Elemente finden ihren symbolisch konstituierten Ort in Verbindung mit dem Kirchenfest.

In der Struktur der Feierlichkeiten zum Heiliggeistfest zeigt sich das Zusammenwirken - die „Bricolagé"[432] - der Riten der Volksreligiosität, des Kultes der katholischen Kirche und der festlichen Elemente des Vergnügens. Der „Festtagskatholizismus" macht dabei „die Spaltung in eine heilige und eine profane Welt deutlich, deren Existenz sukzessiv erlebt wird."[433]

Das beschriebene „Oszillieren zwischen dem Sakralen und Profanen"[434] wiederholt sich auf dem Höhepunkt des Festes, wenn auf die Messe und den demütigen Empfang der Sakramente das Straßenfest folgt. Dann bestimmen die körperlichen Vergnügungen, die Speisen, Musik oder der Kauf kleiner Andenken das Leben der Stadt. Jedes katholische Kirchenfest ist in Brasilien von einem solchem Straßenfest begleitet, jeder Wallfahrtsort hat einen großen Jahrmarkt, dessen „Versuchungen" die Gläubigen nach dem Austritt aus dem Kirchengebäude erwarten.

Die Dichotomie von sakral und profan spielt dabei stets eine große Rolle. Durch die zeitliche Nachordnung wird sie jedoch nicht als dualistischer Gegensatz empfunden, sondern bildet ein komplementäres Paar. Der Mensch muß sich nicht ein für allemal für eine Seite entscheiden, wie dies etwa bei den Protestanten der Fall ist.

Allerdings ist dieses Nebeneinander von sakral und profan nicht das einzig mögliche Erfahrungsmuster. In anderen Fällen kann das Profane auch als Gegensatz des Sakralen rituell inszeniert werden. Dies ist beispielsweise in den feierlichen und mit viel Aufwand inszenierten Riten der Karwoche in Pierenópolis der Fall. Doch letztendlich lassen sich auch hier wieder die profanen Vergnügen und Genüsse im abschließenden Fest mit dem Segen der Kirche ausleben.

3.2. Rituale der Demut: Zerknirschung versus Genuß

Bereits während der 40tägigen Passionszeit wird in Pierenópolis der Gegensatz von „heiligem Leben" und „profaner Praxis" konstruiert. Nachdem die Zeit des

---

[432] Brandão 1989, S.13.
[433] Süss 1978, S.136.
[434] Brandão 1981, S.72.

Exzesses und des Karnevals vorbei ist, beginnen die Heiligen die Sünder zu reinigen. Das Ideal ist das Fasten, und besonders am Freitag bleibt vieles verboten: das sexuelle Vergnügen, der Genuß von Fleisch und Süßigkeiten, profane Musik, Tanz, die „Vergnügungen des Lebens".[435] Die kollektive Buße und die Haltung der Demut wird mit der Entbehrung sinnenbetonter Vergnügungen in Beziehung gesetzt. Denn es gilt: „Gedenket, daß ihr Staub seid!"

Diese Stimmung der Demut, der Zerknirschung und des Respektes durchzieht auch die Karwoche. Nicht der eigene Schmerz, die eigenen Leiderfahrungen werden im Zusammenhang mit dem Leiden von Jesus und Maria thematisiert, wie dies etwa in den Basisgemeinden der Fall ist. In Pirenópolis stirbt ein Gott wegen der Sünden der Gläubigen aufgrund ihres körperlichen Verlangens und garantiert mit diesem Opfer die Erlösung dieser Sünder nach dem Tode.

Dafür verlangt er von den Gläubigen Reue, Demut, Ehrerbietung, Respekt und Treue zur heiligen Kirche, die die erlangte himmlische Vergebung den Gläubigen vermittelt. So sollen auch die vom Priester am Palmsonntag gesegneten Zweige von den Gläubigen nicht als magische Schutzschilder für die alltäglichen Sorgen mißbraucht werden. Vielmehr sollen sie die Würde und den Respekt für die Heilstat Gottes unterstreichen.

Trotz der vom Priester eingeforderten Stimmung der Demut und Ehrerbietung lassen sich verschiedene alternative Perspektiven der Teilnehmer beobachten. So stehen für die Musiker und Künstler die traditionsgerechte Wiederholung der jährlichen Riten und deren perfekte Inszenierung im Vordergrund. „Ein Gott-Mensch wurde verspottet, getötet und begraben, aber das Wunder ist, daß alles dies gesagt und erinnert wird mit einer enormen Euphorie der Schönheit."[436]

Diese Inszenierung der Schönheit geht mit der Betonung der Feierlichkeit durch den Priester einher. Leiden und Tod Jesu werden gefeiert, denn sie sind Teil eines göttlichen Projektes, den Menschen zu erlösen. Selbst die Figur des toten Jesus im Sarg erscheint geschmückt in königlicher Pracht. Diese Feierlichkeit unterstreicht aus der Perspektive des Priesters nochmals die Forderung nach Demut und Respekt der Gläubigen vor diesem großen Werk Gottes.

Dennoch ist während der gesamten Woche bereits ein innerer Druck zu spüren hin auf die „Stunde des Halleluja der Osternacht", wenn sich die Menschen in erleichterter Fröhlichkeit vereinen können. Bereits am Palmsonntag bricht die Freude kurz aus, doch weist in der Predigt am Abend der Priester auf die kommende Leidenszeit des Gottessohnes hin und darauf, daß „aller weltlicher Jubel illusorisch ist".[437] Während der gesamten Woche gelten dem Priester die während der Feiertage aus den Städten angereisten Touristen als negatives Vorbild, da sie sich in den Schaubuden und Kneipen vergnügen, sich den profanen Ge-

---

[435] Die Informationen über die Karwoche in Pirenópolis entstammen der ausführlichen Studie von: Brandão, A cultura na Rua, 1989, S.115-167.

[436] Brandão 1989, S.159.

[437] Brandão 1989, S.134.

nüssen hingeben und weder Respekt für Gott noch für Kirche und Tradition zeigen.

Durch die Ablehnung der „profanen", und das heißt vor allem körperlichen Vergnügen, läßt sich somit rituell eine Beziehung zwischen spiritueller Identität, Demut und Hierarchie herstellen, wie sie von Turner als kennzeichnend für popularisierte „Religionen der Demut" beschrieben wurde.[438] Die unterschiedliche Entfernung zum Altar - die Nähe des Priesters, der Mönche, Nonnen und der angesehenen Bürger und die größere Distanz der einfachen Gläubigen zur Präsenz des Heils - kodiert dabei symbolisch den Zugang zum Heil als Machtfrage, die mit der Forderung nach Demut und Respekt korrespondiert.

Am Ostersamstag jedoch kann die Kirche die ausbrechende Freude und die Euphorie nicht mehr bremsen. Eine Musik-Band spielt nachts auf, ein Fußballturnier wird angesetzt und die kleinen Getränkebuden laufen auf Hochkonjunktur. Die Fülle des Lebens, die „Fröhlichkeit des Körpers und des Gesichtes"[439] wird zelebriert.

> „Durch Sport, Tanz und Maskenspiel kehren die christliche Fröhlichkeit und das Recht auf Genuß zurück in die Symbole und Wünsche der Stadt. (...) Der Prediger bittet, daß in allem Respekt herrsche, denn er fürchtet, daß nach so vielen Tagen der frommen »Reinigung« die Anwohner nun die Leute »von außen« imitieren und in Eile zu dem Verlangen und den Genüssen zurückkehren, wegen derer »der Gerechte« starb."[440]

Die verschiedenen Elemente des offiziellen Kultes und der Volkskultur nähern sich nun an. In der Messe verkündet der Priester das Ende der Zeit des Kummers, betont die Erneuerung und die Wiedergeburt. Wenn er sich nach der Messe auch von dem Treiben vor der Kirche zurückziehen wird, so autorisiert er doch damit indirekt die „Rückkehr des Christen zum Genuß".[441]

Für die Gläubigen strukturiert sich das leibliche Vergnügen somit als ein Teil der profanen Sphäre, die im Gegensatz zur sakralen Sphäre, d.h. zu den Forderungen eines heiligen Lebens, steht. Diese Forderung nach dem „reinen Leben" bleibt für die Masse der Gläubigen im zeitlich begrenzten Rahmen der Fastenzeit präsent. „Schließlich sind wir ja alle Sünder!" Nach dem Ende der Dramati-

---

[438] Siehe das Kapitel zu „Demut und Hierarchie" in: Turner, *Das Ritual. Struktur und Anti-Struktur*, 1989, S.159-193, vor allem S.185f.

[439] Brandão 1989, S.148.

[440] Brandão 1989, S.163f.

[441] Die Heiligenfigur, und das heißt in diesem Fall der sterbende und auferstehende Christus, besitzt damit eine Vermittlungsstruktur, wie sie von Lévi-Strauss für die trickster in der südamerikanischen Mythologie nachgewiesen wurde. Der trickster vermag die als real angesehenen Gegensätze wie beispielsweise das Paar sakral/profan oder Demut/Vergnügen symbolisch zu vermitteln, ohne deren Differenz aufzuheben. Siehe dazu: Lévi-Strauss, Die Struktur der Mythen, 1977.

sierung der Demut und des Respektes gegenüber Gott, Kirche und Tradition stellt das Fest den Raum bereit zur „Rückkehr des Profanen".

3.3. Elemente des Festes

Wie der Aschermittwoch das Ende der leiblichen Genüsse signalisierte, so kehrt nach der Zeit der Entbehrung am Ostersamstag das Recht auf den profanen Genuß im Fest zurück. Daher wird die Karwoche auch als „Umkehrung des Karnevals" bezeichnet.[442]

Karnevaleske Phänomene sind stets ein Zeichen der Volksfeste.[443] „Alles endet im Karneval" heißt ein Sprichwort in Brasilien. Geht es in der religiösen Prozession noch um den Verzicht auf die Welt, um die Neutralisierung der weltlichen Unterscheidungen von Besitz, Status usw.,[444] so ist das karnevaleske Fest von einer Inversion der Werte geprägt.[445]

Der Alltag wird außer Kraft gesetzt,[446] es findet eine soziale Egalisierung, eine „Konvivenz auf Zeit"[447] statt. Ähnlich wie im „Diskurs des Genusses" strukturiert sich der „Diskurs des Festes"[448] in Opposition zu den alltäglichen Leiderfahrungen und den Forderungen der gesellschaftlichen Normen.

Roberto da Matta stellt den karnevalesken Feiern die zivilen oder religiösen „Rituale der Ordnung" in Brasilien gegenüber. In den Militärumzügen und in den religiösen Prozessionen gehe es um die Disziplin und Kontrolle des Körpers, wo sich die Idee des „Opfers des Körpers für das Vaterland, für Gott oder für eine politische Partei in den Begriffen der Pflicht, der religiösen Hingabe und der Ordnung ausdrückt."[449]

---

[442] Brandão 1989, S.165.

[443] Eine systematische Parallelisierung findet sich in einer Untersuchung über ein religiöses Fest in Belem: Alves, *O Carnaval devoto*, 1980.

[444] Siehe dazu die Ausführungen zu den „Religionen der Demut". Turner 1989, S.185. Da Matta (1990, S.58) spricht im Zusammenhang mit der „Neutralisierung der sozialen Kategorien während des Heiligenfestes" von einer „Pax Catolica".

[445] Da Matta 1991, S.68. Zu vergleichbaren Inversionen in afrikanischen Festen siehe: Sundermeier, Religion und Fest: Afrikanische Perspektiven, 1991, S.47.

[446] Dies wird oft von brasilianischen Autoren kritisch bemerkt. Das Heiligenfest sei nur in der Lage, Solidarität und Kollektivität zu erzeugen, nachdem die alltäglichen Produktionsverhältnisse und Widersprüche ausgeschlossen wurden. Damit werde das Fest zu einem Träger der Verschleierung, zur Ideologie. Siehe etwa: Brandão 1981, S.76.

[447] Da Matta 1991, S.68.

[448] Brandão, *O Festim dos Bruxos. Estudos sobre a Religião no Brasil*, 1987, S.144. Brandão spricht allerdings von der „Ideologie des Festes", wobei der Begriff nicht im marxistisch-kritischen Sinn gebraucht ist. Deshalb kann auch der Begriff Diskurs dafür benutzt werden.

[449] Da Matta 1992, S.85. Auch für das Gelübde ist dieser Zusammenhang zwischen „Körperopfer und Disziplin" zu sehen. So versprechen beispielsweise Gläubige der heiligen Jungfrau Maria

In den karnevalesken Ritualen und Festen geschieht genau das Gegenteil. Hier agiert der Körper als „Quelle des Genusses, der Gleichheit und der radikalen - zeitlich beschränkten aber intensiven - Transformation der Gesellschaft."[450].

Paulo Süss spricht im Zusammenhang mit dem Phänomen der Inversion von der „Paradoxie des Festlichen". Einerseits ermögliche das Fest einen „kompensatorischen Tröstungseffekt". Andererseits lassen sich auch „Protestphänomene" beobachten.[451]

Beides ist möglich. Aber Sundermeier hat darauf aufmerksam gemacht, daß dies nicht der Intention des Festes entspricht. „Es will nur Gegenwart sein, überquellende Gegenwart. Es schenkt Freude, und zwar jetzt. Wie das Spiel hat die Festfreude ihren Sinn in sich selbst."[452] Das Fest geht weder in seiner Funktionalität noch in seinem antizipatorischen Charakter auf. Dies läßt sich auch für brasilianische Feste belegen.

Die spezifische Zeitstruktur des Festes - die zyklisch wiederkehrende, extrem kurz anhaltende Betonung der Gegenwart - schafft Raum für ein weiteres Charakteristikum des Festes: den Exzeß.[453] Alles wird in Intensität und Fülle erlebt. Es wird übertrieben viel gegessen und getrunken, die ganze Nacht wird getanzt, Sexualtabus werden überschritten.[454]

Jan Assmann hat darauf hingewiesen, daß neben der Kollektivität, der Macht und der Sinnlichkeit auch die Schönheit ein unabdingbares Strukturelement des Festes sei.[455] Die ästhetische Struktur des Festes wird dabei durch die Selbstreferenzialität ermöglicht. Diese Schönheit wird in brasilianischen religiösen Riten und Festen mit besonderer Betonung inszeniert.

---

    als Dank für eine Heilung die Stufen zu ihrer Pilgerkirche hundert mal auf den Knien zu erklimmen.

[450] Ebd.

[451] Süss 1978, S.147.

[452] Sundermeier 1991, S.51. Dennoch geht auch Sundermeier davon aus, daß das Fest positive Funktionen haben kann. In seiner Hermeneutik des Fremden beispielsweise sieht er im Fest einen zentralen „Raum des Verstehens". Siehe: Sundermeier 1996, S.144-153.

[453] Dieser Zusammenhang von punktuellem festlichen Exzeß und körperzentrierter Lebensweise läßt sich beispielsweise auch in Volksfesten des 16. Jahrhunderts finden. Der „moralasketischen Botschaft" wird die sinnliche Wahrnehmung als wesentlicher Erfahrungsmodus entgegengestellt in dem Versuch, sich über seine eigene leibliche Begrenztheit in allen ihren Formen hinwegzusetzen. Siehe dazu: Schindler, Karneval, Kirche und verkehrte Welt. Zur Funktion der Lachkultur im 16.Jahrhundert, 1992, S.160 u. 169.

[454] Für afrikanische Feste berichtet Sundermeier (1991, S.47) neben dem Überschreiten sonst gültiger Sexualtabus auch von der Erlaubnis zu Obszönitäten. Ebenso kam es bis ins letzte Jahrhundert in Europa auf Kirchenfesten zu „anarchisch-ekstatischen Ausbrüchen", bei dem „sinnliche Elemente aus dem altem Volksglauben hervorbrachen." Siehe dazu: Bohaumilitzky u. Nägl, Sexualität und Volksfrömmigkeit in Europa, 1989, S.165f.

[455] Im Diskussionsbericht zur Thematik „Das Gegenfest und die Karnevalisierung der Literatur" in: Haug (Hrsg.), *Das Fest*, 1989, S.370.

In einem populären Lied zu einem Heiligenfest in Belem wird diese Betonung ästhetischer Aspekte deutlich:

> Wie herrlich ist die Prozession
> und wie wunderschön ist die Heilige,
> die herumgetragen wird.
> Und der Pilger fleht sie an,
> bittet die Heilige, ihm zu helfen.
> „Oh heilige Jungfrau, kümmere dich um uns!
> Kümmere dich um uns, oh heilige Jungfrau,
> denn wir brauchen Frieden."
>
> Um die Kirche herum
> gibt es die kleinen Läden mit ihren Angeboten.
> Junge Mädchen und Frauen der Stadt
> machen Kleider, um schön in ihnen auszusehen.
> Es gibt den Horrorzirkus,
> »Berro-boi«, das Feuerrad.
> Die Kinder haben Spaß
> in ihrer faszinierenden Welt.[456]

Die ästhetischen Kategorien vermögen es in diesem Zusammenhang, die Einheit zwischen sozialen Räumen und Rollen herzustellen:

> „On the avenue there is the spiritual; next to the avenue and outside it there is the profane, which involves Brazilian folklore. Nevertheless, common characteristics restore the unity: Joy, beauty, »linda«, »maravilhosa«, and faith."[457]

Die Kategorien der Schönheit schaffen im Fall der Marienprozession die Möglichkeit der *Einheit des Sakralen und Profanen trotz räumlicher Trennung*. Bei dem oben analysierten Heiliggeistfest in Mossamedes wurde das Erlebnis des profanen Vergnügens den sakralen Riten *zeitlich nachgeordnet*. Eine solche zeitliche Trennung fand auch in der Karwoche in Piérenópolis statt, nachdem dort zunächst der *Gegensatz von Sakralem und Profanem* rituell inszeniert wurde, um das Angewiesensein der Gläubigen auf die höhere Macht Gottes, der Kirche und der Tradition darzustellen.

In allen drei angeführten Beispielen gelingt es, die *Differenz von sakral und profan und damit die hierarchischen Ansprüche aufrechtzuerhalten und trotzdem den profanen leiblichen Vergnügungen einen begrenzten und kirchlich legitimierten Raum zuzugestehen*.

---

[456] Zitiert nach: Rector, The Code and Message of Carnival: Escolas de Samba, 1984, S.83f.
[457] Ebd.

"Dies ist eines der perfektesten Geheimnisse der katholischen Erfahrung, wenn es ihr gelingt, die Norm der Kirche zu verbinden mit den Prinzipien des Spieles zwischen Last und Genuß (principios do jogo entre pesar e prazer), zwischen den Tugenden und den Wünschen des Volkskatholizismus."[458]

3.4. Die Sünden des Fleisches

Die Differenz von profan und sakral wird im Bereich der Sexualität als der Gegensatz von Fleisch und Geist interpretiert. Der sinnliche Genuß tritt in Gegensatz zu „Tradition und christlicher Spritualität". Sexualität wird innerhalb eines von der Kirche legitimierten Rahmens als Mittel der Reproduktion funktionalisiert.[459]

Dabei behält die Sexualität ihre negativen Konnotationen im katholischen Diskurs. „Wenn man heutzutage von Sünde spricht, denken alle an Sex."[460] Diese Vorstellung entspricht natürlich weder der offiziellen Lehrmeinung der katholischen Kirche noch den unterschiedlichen Vorstellungen der kirchlichen Amtsträger. So fordert beispielsweise der brasilianische Priester Charbonneau, im Gegensatz zum „inakzeptablen Dualismus von Geist und Fleisch" dem Körper seine Würde zurückzugeben und den „profunden Wert der Körperlichkeit" anzuerkennen.[461]

Trotz solcher Versuche der Modernisierung katholischer Moralvorstellungen nimmt die Bevölkerung in erster Linie die konservativen Stimmen wahr, d.h. die Meinung derer, die sich mit dem „traditionsreichen Problem mit der Lust herumquälen."[462]

Die Verbindung von Sex und Sünde spielt seit dem Wirken der Inquisition in Brasilien eine zentrale Rolle. Die Frage des Sexualverhaltens wurde dabei zu einer Frage der Macht und des Kampfes um den Einfluß auf das brasilianische Leben.[463]

Ein juristischer Mechanismus ermöglichte durch Reue, Disziplinierungsrituale und Vergebung dem „Sexualsünder" die Rückbindung an die Kirche.[464] Er wird sich seiner Schuld und damit seines Angewiesenseins auf die

---

[458] Brandão 1989, S.165. Man könnte mit Niklas Luhmann sagen, es gelingt der Kirche, die Einheit der Differenz im Rahmen ihres Zuständigkeitsbereiches zu kommunizieren.

[459] Siehe dazu Kapitel A III 2.3.

[460] Zitiert nach Parker 1991, S.116.

[461] Charbonneau, *O Problema Sexual e a Sua Dimensão Moral*, 1983, S.113-115.

[462] Zum Problem der Kirche mit der sexuellen Lust siehe: Bartholomäus, *Glut der Begierde. Sprache der Liebe. Unterwegs zur ganzen Sexualität*, 1987, S.224ff.

[463] Siehe die ausführliche Untersuchung: Vainfas, *Trópico dos Pecados: Moral, Sexualidade e Inquisição no Brasil*, 1989.

[464] Siehe die Beschreibungen der kirchlichen Disziplinierungsrituale bei: Trevisan, *Devassos no Paraíso*, 1986, S.71f.

Kirche bewußt. Doch hatte dieser Mechanismus eine Kehrseite: Da ja „alle" Sünder sind, ist die Heiligkeit zwar ein erwünschter Zustand aber eine rare Ausnahme.[465] Damit wird ein entspannteres Verhältnis zu den kirchlichen Sexualvorschriften möglich und gleichzeitig gilt: „Niemand werfe den ersten Stein!"[466]

Außerdem gelten vielen Gläubigen die Normen der Kirche im Bereich der Sexualmoral als veraltet. Diese Ansicht ist natürlich zunächst unter den gebildeteren Schichten verbreitet. Aber mit der zunehmender Aufklärung durch Schule, Fernsehen oder AIDS-Kampagnen wächst diese Einstellung. Dies ermöglicht es, die Fragen des Sexualverhaltens als Privatangelegenheit zu betrachten und sich dennoch als guter Katholik zu fühlen.

Die Trennung der Räume, des Öffentlichen und des Privaten,[467] erscheint als der wirksamste Mechanismus, sich gegen die Moralvorschriften der Kirche zu wehren. Der Privatbereich schaltet dabei nicht nur die offiziellen Normen aus. Das sexuelle Vergnügen gewinnt durch die Kontrastierung mit den hierarchischen Vorschriften sogar an Reiz. „Es bleibt also die Sünde. Aber es bleibt auch der Reiz des Risikos und des Verbotenen. *Dolce Vita.*"[468] Was verboten ist, macht innerhalb dieser Logik eben doppelt soviel Spaß.[469] Auch und gerade im katholischen Umfeld spielt der „Diskurs des Genusses" in Bezug auf das Sexualverhalten eine zentrale Rolle. Ihre anarchische Struktur ermöglicht es den Gläubigen, sich hierarchischen Normgebungen zu entziehen, die als repressiv, veraltet und den eigenen Bedürfnissen entgegengesetzt[470] empfunden werden.

Diese Trennung der Räume führt zur Doppelmoral.[471] In der Öffentlichkeit werden die Normen akzeptiert und über die Probleme spricht man nicht. Aber in der Privatsphäre lebt man sein eigenes Leben.

---

[465] Diese Vorstellung katholischer Gläubiger steht ganz im Gegensatz zu den Vorstellungen im protestantischen, vor allem im pfingstlerischen Millieu. Dort gilt die Heiligung des Lebens als oberstes Ziel.

[466] Macedo 1992, S.84.

[467] Die zentrale Bedeutung der Unterscheidung zwischen den sozialen Räumen „Haus und Straße" ist das zentrale Thema der kultursemiotischen Untersuchungen von Roberto da Matta. Siehe etwa: Da Matta 1991.

[468] Macedo 1992, S.82.

[469] Diese Vorstellung erinnert an Aussprüche rebellierender Teenager. Dies überrascht nicht, da es sich auch hier um eine Protestkultur gegen hierarchische Ansprüche handelt. Sie hebt hervor, daß die hierarchische Gesellschafts- und Normstruktur - oder eben die Erwachsenenwelt - als repressiv empfunden wird und das Umgehen repressiver Regulierungen somit als zusätzlicher Lustgewinn gilt.

[470] Taubner, „»Wenn Gott es so will ...« *Geburts- und Verhütungsbedingungen brasilianischer Landarbeiterinnen im Sertão Central von Pernambuco*", 1992, S.12.

[471] Die Bedeutung dieses sozialen Mechanismus für die Gesellschaftsstruktur ist in unzähligen anthropologischen Untersuchungen bearbeitet worden. Grundlegend: Gilberto, *Individualismo e Cultura: Notas para uma Antropologia da Sociedade Contemporanea*, 1981.

Allerdings gilt dies wiederum nicht für alle Gläubigen. Vor allem auf dem Land und dort vor allem für die Frauen bildet die katholische Sexualmoral noch einen höchst wirksamen Orientierungsmechanismus.

„Die Wände können zwar sehen, aber sie können nichts weitererzählen" heißt ein brasilianisches Sprichwort. Damit wird der Bereich der Intimität grundsätzlich für eine sprachliche Auseinandersetzung oder Kritik schwer zugänglich. Auch Versuche der Öffnung katholischer Moralvorschriften durch progressive Priester werden möglicherweise als Versuch gewertet, die hierarchische Macht über die Gläubigen zurückzugewinnen.[472] Es ergeben sich damit ähnliche Probleme für die normative Interventionen durch religiöse Autoritäten, wie wir sie bereits in Bezug auf die AIDS-Kampagnen deutlich gemacht haben.

Der „Diskurs des Genusses" ermöglicht es somit, sich einerseits gegenüber repressiven Ansprüchen der Hierarchie zu behaupten und die Körperlichkeit gemäß den eigenen Vorstellungen zu genießen. Andererseits aber entzieht er den Bereich des sexuellen Vergnügens dem sprachlichen Zugang und der normativen Steuerung. Damit blockiert er auch eine bewußte Auseinadersetzung der Gläubigen mit sexual-moralischen Fragen, so etwa mit der Diskussion über einen verantwortlichen Umgang mit der todbringenden Ansteckungsgefahr, die mit der Krankheit AIDS verbunden ist.

4. Zusammenfassung

Die Erörterungen über die in Brasilien übliche Unterscheidung von offiziellem Katholizismus und Volksreligiosität haben die religiöse Bewältigung des Leides vor allem im Bereich des rituellen Volkskatholizismus untersucht. Unterschiedlich strukturierte Erfahrungen des Genusses wurden dagegen in einigen Ritualen aus dem Kontext des Festtagskatholizismus aufgezeigt.

In den Riten des Volkskatholizismus und in der persönlichen Beziehung zum Heiligen können die Gläubigen ihr konkretes Leid darstellen. In dieser persönlichen Beziehung ist Raum für Klage und Bitte und eine punktuelle Überwindung des Leides durch göttliche Intervention. Keine kausale Erklärung versucht auf abstrakter Ebene, dem Leid die existentielle Bedrohlichkeit zu nehmen.

Dadurch kommt es aber auch nicht zum Versuch, über die individuelle schicksalhaft erlebte Leiderfahrung hinaus die Ursachen des Leides in einem historischen oder sozialen Zusammenhang zu verstehen. Statt dessen werden den Heiligen im Tausch gegen Heilung oder kleine Vorteile Techniken der Selbstdisziplinierung angeboten und damit eine demütige Haltung eingeübt.

Das Fest bildet gegenüber solchen Praktiken der Demut und der Disziplinierung des Körpers eine Gegenstruktur, die auch in Opposition steht zu den

---

[472] Macedo 1992, S.87.

leidvollen und von körperlicher Anstrengung geprägten Alltagserfahrungen. Im Kirchenfest wird - mit dem Segen der Kirche - der Körper zu einer Quelle des Vergnügens und Exzesses.

Im Fest kann trotz des kirchlich legitimierten kurzzeitigen Regiments der profanen Vergnügen die Dichotomie von sakral und profan durch eine zeitliche Nachordnung des Volksfestes hinter den offiziellen Kult aufrechterhalten werden. Eine ähnliche Struktur der koexistenten doppelten Rationalität[473] zeichnet die Erfahrung der Sexualität aus. Hier ermöglicht es die Differenzierung von öffentlichem und privatem Bereich den Gläubigen, trotz öffentlicher Anerkennung der offiziellen konservativen Moral der Kirche die eigene Körperlichkeit gemäß den persönlichen Bedürfnissen zu leben.

Die Erfahrung des Vergnügens strukturiert sich somit im katholischen Bereich ähnlich wie bei den in Kapitel A untersuchten Symbolkomplexen in Opposition zu den Alltagserfahrungen und den gesellschaftlich etablierten Normen. Dabei werden diese Normen allerdings nicht in ihrem grundsätzlichen Geltungsanspruch außer Kraft gesetzt. Die Gläubigen können vielmehr zwischen verschiedenen Rationalitäten oszillieren.

Diese spezifische Struktur katholischer Religiosität vermag somit mittels einer „Trennung der Räume" unterschiedliche Pole in ihrer Spannung aufrecht zu erhalten: die sakrale und profane Sphäre, die Seele und den Leib, eine „Religiosität der Demut" und den Genuß des Körpers.

II. PROTESTANTISMUS UND REPRESSION

1. Protestantische Religiosität

1.1. Die Frage protestantischer Volksreligiosität

Die Untersuchung zum Katholizismus war mit der Differenz von „offiziellem Katholizismus" und „Volkskatholizismus" von unterschiedlichen Erscheinungsformen und Erfahrungsmustern innerhalb der katholischen Religiosität ausgegangen.

Eine von der offiziellen Theologie radikal zu unterscheidende Volksreligiosität läßt sich im Bereich des historischen Protestantismus viel schwieriger nachweisen. Der Religionssoziologe Mendonça hat dies beispielsweise versucht, indem er Gesangbuchlieder nach ihrer impliziten Ideologie untersucht

---

[473] Fernandes 1988, S.283.

hat[474], Rubem Alves legt seiner empirischen Studie Interviews und Artikel aus Gemeindeblättern und Kirchenzeitschriften zugrunde.[475] Doch beide Untersuchungen zeigen in weiten Teilen eine erstaunlich hohe Übereinstimmung zwischen den Ansichten der Gläubigen und den öffentlichen Äußerungen der religiösen Spezialisten der protestantischen Kirchen.

Dies hängt vor allem mit der Struktur protestantischer Religiosität zusammen. Glaube strukturiert sich mit Hilfe eines sprachlich artikulierbaren, doktrinären Gedankengebäudes. Die Prediger - oft selbst ohne theologische Bildung - sollen den Gläubigen die „einfache Botschaft des Evangeliums" in verständlichen Worten vermitteln. Und in diesen Worten wird die Glaubensbotschaft dann auch von den Gläubigen reproduziert, sei es bei den gottesdienstlichen, individuellen Bekenntnissen oder im Interview mit dem Soziologen.

Der Versuch, den „Geist des Protestantismus" auf semiotischer Basis zu rekonstruieren, kann also in der Tradition von Max Weber und Ernst Troeltsch mit Hilfe der Interpretation und der kontextuellen *Analyse der sprachlichen Manifestationen* protestantischen Glaubens erfolgen.[476] Die Bedeutung der *rituellen Symbolik* wird dagegen vor allem bei der Analyse pfingstlerischer Frömmigkeit eine Rolle spielen.

1.2. Präsenz des Protestantismus in Brasilien

Bereits im 16. Jahrhundert hatte der Protestantismus mit der französischen Invasion in Rio de Janeiro 1555-1560 und der holländischen Invasion in Pernambuco 1630-1654 ein kurzes Vorspiel, das jedoch wenig Spuren hinterließ.[477]

In Brasilien herrschte seit dem Beginn der Kolonialisierung eine enge Verschmelzung zwischen Staat und katholischer Kirche. Demzufolge erhielten erst 1810 Protestanten die Erlaubnis, in Brasilien tätig zu werden. Vor allem englische Missionare und Bibelkolporteure wurden nun aktiv. Im Jahr 1824 gründeten 334 deutsche Immigranten in Nova Friburgo die erste evangelische Gemeinde lutherischen Bekenntnisses.

Im gleichen Jahr garantierte die Verfassung religiöse Toleranz und konditionelle Religionsfreiheit, aber in der Realität herrschte eine „Marginalisierung der

---

[474] Mendonça, *O Celeste Porvir*, 1984.

[475] Alves, *Protestantismo e Repressão*, 1979.

[476] Dies ist auch die Vorgehensweise der klassischen Untersuchung von Alves. Zur Methode siehe Alves 1979, S.27-36.

[477] Hoornaert, *Historia da Igreja no Brasil. Primeira Epoca*, 1992, S.137-142.

Protestanten von der Wiege bis zur Bahre".[478] So waren beispielsweise bis 1863 die in evangelischen Kirchen geschlossenen Ehen nicht rechtsgültig.[479]

Die Behinderung evangelischer Gemeinden hielt auch nach der 1891 mit dem Ende des Kaiserreiches vollzogenen Trennung von Staat und katholischer Kirche an. Katholische Ideologen benutzten nun nationale Ideen, um evangelische Kirchen als unbrasilianische, ausländische Sekten zu diffamieren. Es gelang ihnen, daß es noch in der Verfassung von 1934 beinahe zu einer Identifizierung von Katholisch-Sein und Brasilianisch-Sein kam.[480]

Trotz all dieser Schwierigkeiten etablierten sich ab Mitte des 19. Jahrhunderts in zunehmendem Maße neben den schon existierenden anglikanischen, reformierten und lutherischen Einwanderergemeinden auch Missionskirchen. 1858 gründeten US-amerikanische Missionare der Kongregationalen eine brasilianische Kirche, 1859 die Presbyterianer, 1882 die Baptisten, 1886 die Methodisten und 1898 die Episkopalen.[481] Diese Denominationen spalteten sich allerdings oft nochmals auf, so daß heute beispielsweise sechs verschiedene presbyterianische Kirchen bestehen.[482]

Zu den traditionellen Denominationen der Einwanderer- und Missionskirchen kamen ab 1910 erste wiederum von US-Amerikanern gegründete Pfingstkirchen, wie die „Assembleia de Deus", die „Congregação Crista no Brasil" und die „Igreja Pentecostal Deus É Amor".[483] Ab etwa 1950 erleben die Pfingstkirchen einen enormen Aufschwung und es kommt zu zahlreichen Neugründungen der sogenannten „Neopfingstler".[484]

Heute schätzt man die Zahl der evangelischen Christen in Brasilien auf 30 Millionen. Allein im Großraum von Rio de Janeiro wurden 1993 wöchentlich 5 neue Kirchengebäude eröffnet.[485] Wenn die 4500 evangelischen Kirchen in Rio de Janeiro auch in der Hand von 80 verschiedenen Denominationen sind, so ist doch der überwiegende Anteil am momentanen Wachstum auf die steigende Attraktivität der Pfingstkirchen vor allem bei den ärmeren Bevölkerungsschichten zurückzuführen.

Gerade die Pfingstkirchen sind in bisher noch nicht gekanntem Maße in der Öffentlichkeit präsent. Sie besaßen 1996 67 Radiostationen, mehrere Fernseh-

---

[478] Prien, *Die Geschichte des Christentums in Lateinamerika*, 1978, S.821.

[479] Ribeiro, *Protestantismo no Brasil monarquico 1822-1888. Aspectos culturais da aceitação do protestantismo no Brasil*, 1973, S.108ff.

[480] Die entsprechenden Textstellen sind zitiert bei Prien 1978, S.507.

[481] Ein Überblick über den historischen Verlauf findet sich bei: Mendonça, Um panorama do protestantismo Brasileiro atual, 1989.

[482] Mendonça, Evolução historica e configuração atual do protestantismo no Brasil, 1990, S.35-39.

[483] Als Übersicht mit umfangreicher Literaturangabe: Rolim, *O que e Pentecostalismo*, 1987.

[484] Andere Bezeichnungen sind „autonome Pfingstkirchen" oder auch „Bewegungen der göttlichen Heilung".

[485] Prange, „Vertrauen in `Senhor Jesus'. Erweckungskirchen im Vormarsch", 1994.

sender und 30 Plattenfirmen. In Massenveranstaltungen füllen sie Stadien mit bis zu 100.000 Gläubigen.

1.3. Einheitliches Profil des Protestantismus?

Es ist immer wieder versucht worden, die protestantischen Kirchen in „Familien" zu gruppieren, um Gemeinsamkeiten und interne Differenzen aufzeigen zu können. Im allgemeinen hat sich die oben bereits verwendete Unterscheidung von Einwandererkirchen, Missionskirchen, klassischen Pfingstkirchen und Neopfingstlern durchgesetzt.[486]

Natürlich können solche Klassifizierungen immer nur analytische Hilfen sein. Ihre Zuspitzung auf spezifische Fragestellungen und ihr damit gegebener reduktionistischer Charakter muß dabei mitbedacht werden. Dennoch scheint es möglich, unter bestimmten Fragestellungen einheitliche Schemata in den verschiedenen Kirchen wahrzunehmen, selbst wenn dabei beispielsweise interne theologische Abgrenzungen von den Bruderkirchen vernachlässigt werden.

Dieses Vorgehen scheint auch dadurch gerechtfertigt, daß die Protestanten in der Selbstzuschreibung durchaus von einer einheitlichen „evangelischen Identität" ausgehen. Dies drückt sich beispielsweise darin aus, daß sie sich selbst, aber auch alle anderen Protestanten, „Evangelische", „Gläubige" (*crentes*) oder „Christen" nennen und dies in Abgrenzung zu den Katholiken verstehen.

Alves unterscheidet in seiner Arbeit über den Protestantismus evangelische Kirchen, in denen die Doktrin eine zentrale Rolle spielt, von Denominationen mit starker Betonung des Sakramentes oder des Geistes.[487]

Doch ist diese Unterscheidung nicht streng durchführbar. So weist Filho darauf hin, daß die starke Betonung der Lehre und die von den Gläubigen geforderte rigorose Disziplin ein einheitliches Merkmal aller protestantischen Kirchen in Brasilien sei.[488] Auch in den Pfingstkirchen hat die Doktrin - trotz der Betonung der Geisterfahrung - eine zentrale Funktion für die Identitätsbildung der Gläubigen.

Diese Doktrin, die stark von der Vorstellung der kulturellen Inversion geprägt ist, zeigt in den Missions- und Pfingstkirchen eine ähnliche Struktur. Das hat historische Gründe. Diese Kirchen gerieten durch ihre proselytischen Aktivitäten und durch die Machtstellung der katholischen Kirche in eine doppelte Frontstellung zur katholischen kulturellen Tradition Brasiliens. Sie entwickelten daher die Doktrin der „Gegen-Kultur". Gläubig zu sein hieß demnach, sich nicht mehr

---

[486] Mendonça 1989, S.44.
[487] Alves 1979, S.35f.
[488] Filho, „Conversão e Disciplina", 1986, S.53.

wie die Katholiken zu verhalten, sondern vielmehr die Werte des nordamerikanischen Puritanismus zu übernehmen.

Anders verlief die Identitätsbildung in den Einwandererkirchen. Vor allem in der lutherischen Kirche bildete die gemeinsame ethnische Herkunft das Bindeglied. Eine Abgrenzung von der herrschenden Kultur vermittels einer religiösen Doktrin schien nicht nötig.[489] Die im folgenden aufzuzeigenden Vorstellungen gelten für die Einwandererkirchen deshalb nur in dem Maße, als auch dort eine Tendenz zu Evangelikalismus[490] und Fundamentalismus[491] in seiner spezifisch brasilianischen Ausprägung nachzuweisen ist.

2. Konversion als kulturelle Inversion

Bereits die ersten evangelischen Bibelkolporteure und Missionare waren davon überzeugt, „daß die herrschende Religion in Brasilien kaum den Namen des Christentums verdient". Zu dem ausgeprägten konfessionellen Überlegenheitsgefühl kam nicht selten eine kulturelle Überheblichkeit der nordamerikanischen Missionare hinsichtlich der „blonden, arbeitsamen Rasse", die der Rechtfertigung der Mission in einem eigentlich bereits christlichen Land und der Selbstbestätigung der Missionare diente.[492]

In ihren proselytischen Anstrengungen mußten sich die Missionare vom etablierten religiösen System abgrenzen. Bereits seit den ersten Missionsbemühungen sahen die Protestanten ihren eigenen Glauben als „Antithese zum Katholizismus".[493] Protestantische Identität definierte sich durch Ablehnung katholischen religiösen und moralischen Verhaltens. Diese Tendenz zur Abgrenzung wurde durch die anfänglichen Behinderungen der Protestanten durch die katholischen Autoritäten noch verstärkt.

Theologisch wurde diese Ablehnung des Katholizismus ermöglicht durch die Übertragung des Duals Welt/Kirche auf das Verhältnis katholische Kultur/protestantische Kirche. Die Konvertierten mußten sich vom ehemaligen Leben in der Welt, und das hieß in der katholischen Kultur, distanzieren.

---

[489] Zum Problem der Akkulturation der deutschen Einwanderer: Willems, *A Aculturação dos Alemaes no Brasil*, 1980.

[490] Filho sieht den Evangelikalismus als besonderes Merkmal protestantischer Frömmigkeit in Brasilien: Filho, Deus como emoção: origens historicas e teologicas do protestantismo evangelical, 1990, S.81.

[491] Mendonça sieht neben den antikulturellen Affekten die Tendenz zum Fundamentalismus als „typisch" an für die heutige „protestantische Mentalität" in Brasilien: Mendonça, Vocação ao fundamentalismo. Introdução ao espirito do protestantismo de missão no Brasil, 1990, S.143.

[492] Grijp, „Protestantismo brasileiro a procura de identidade", 1974, S.15f.

[493] Filho 1986, S.55.

Fragt man heute in Brasilien einen „Gläubigen" nach seinem Selbstverständnis, so erhält man meist eine klare Antwort: Ein „Christ" ist ein Mensch, der - anders als die Katholiken - nicht raucht, keinen Alkohol konsumiert, nicht tanzt, nicht den sexuellen Versuchungen der Welt unterliegt u.ä.. An einer Pfingstkirche wurde einmal ein Freund von mir abgewiesen, weil er einen Bart trug, und dies ja wohl ein Merkmal der Katholiken (*coisa dos catolicos*) sei.

Die Ablehnung der als katholisch betrachteten Verhaltensweisen hat im Kontext des protestantischen Weltverständnisses eine so zentrale Bedeutung, daß ihr identitätsstiftende Wirkung zukommt.[494] Dabei kam es auf Seiten der Missionare oft zu einer Identifizierung des Evangeliums mit den Werten ihrer puritanischen nordamerikanischen Kultur. So wurden beispielsweise Texte und Melodien der nordamerikanischen Lieder für die brasilianischen Kirchen übernommen. Die Verwendung brasilianischer Rhythmen wird dagegen in vielen Kirchen bis heute verhindert, da sie „weltlich" oder gar „teuflisch" seien und den Gottesdienst profanisieren würden.[495]

Der Protestantismus stellt deshalb nicht nur eine „*religiöse* Antithese" zum Katholizismus dar. Vielmehr bildet er eine „Gegen*kultur*"[496], die in ihren Extremen den Katholizismus mit der Welt, und die Welt mit dem Reich des Satans identifiziert. Deshalb kann die Konversion zum Protestantismus auch als „kulturelle Inversion" verstanden werden.[497]

Die hohe Bedeutung der Konversion in den protestantischen Kirchen Brasiliens läßt sich historisch aus den Abgrenzungsbestrebungen im Zusammenhang mit Mission und Proselytismus verstehen. Theologisch wird die Notwendigkeit zur Konversion mit der notwendigen Entscheidung des Menschen zwischen dem „Reich der Welt" und dem „Reich Gottes" begründet. Dieses „Reich Gottes"

---

[494] Oft machen die Protestanten selbst die „Laxheit der katholischen Moral" für den gesellschaftlichen Rückschritt Brasiliens gegenüber den „protestantischen Nationen des Nordens" verantwortlich. In der vorliegenden Arbeit kann keine Diskussion darüber geführt werden, inwiefern eine strikte Sozialdisziplinierung notwendig für Modernisierungsprozesse ist (Siehe dazu: Breuer, Sozialdisziplinierung. Probleme und Problemverlagerungen eines Konzepts bei Max Weber, Gerhard Oestreich und Michel Foucault, 1986). Dennoch sei zumindest auf eine Nuance hingewiesen. Nach Weber führte der Prädestinationsglaube der Puritaner zum Zwang der innerweltlichen Bewährung und damit zur gestaltenden Hinwendung zur Welt bei Verzicht auf eigenen konsumptiven Verbrauch der Ressourcen. Anders dagegen der Moralismus in Brasilien. Er dient gerade der individuellen Abwendung von der Welt. Wo konservative Protestanten dennoch wirtschaftliche oder politische Macht besitzen, zeichnen sie sich gegenüber ihren katholischen Kollegen eher noch durch eine größe Korrumpierbarkeit und eine scheinheilige Doppelmoral aus und keineswegs durch rationalere Verhaltensformen. Ein gutes Beispiel bieten die Verwicklungen protestantischer Abgeordneter in die Korruptionsskandale des ehemaligen Präsidenten Collor.

[495] Mendonça 1984, S.43ff.

[496] Mendonça, „Hipoteses sobre a Mentalidade Popular Protestante no Brasil", 1986, S.114.

[497] Filho 1986, S.55.

findet sich in einer vorläufigen Form im Volk Gottes innerhalb der protestantischen Kirche.

Der Dualismus von Welt/Reich Gottes, oder auch heilig/profan, spirituell/materiell, gut/böse ermöglicht eine genaue *Unterteilung der Wirklichkeit nach moralischen Kategorien.*[498] Die Konversion als lebensgeschichtlich fixierbarer Übergang von einem Bereich zum anderen führt wissenssoziologisch ausgedrückt zu einer vollständigen Restrukturierung der bisherigen Wirklichkeitskonstruktion und damit zu einer Neuorientierung der Verhaltensoptionen.[499] Diese Restrukturierung des Weltbildes führt dazu, daß der bisherige eigene Lebenswandel, der in der Umwelt der Kirche noch weiter anhält, als Sünde gekennzeichnet wird.

Natürlich verwandeln sich bei einer solchen Konversion nicht alle Orientierungskoordinaten. Vielmehr stehen die Vorstellungen und Muster im Vordergrund, die über das Heil des Einzelnen entscheiden. Hierbei wird von den brasilianischen Missionskirchen durchaus in protestantischer Tradition die alleinige Vermittlung der Erlösung durch Christus aufgrund des Glaubens betont.

Allerdings wird die *Soteriologie sehr eng an die Ethik gebunden.* Zur Konversion unter die Macht des „Herrn Jesus" gehört notwendigerweise die Heiligung. Das heißt neben der Vertiefung der kirchlichen Lehre die Unterwerfung unter den Willen Gottes, und das wiederum bedeutet faktisch die Unterwerfung unter die kirchlich etablierten Normen und die Disziplin. Der heilige Wandel gilt als Zeichen des Geistbesitzes und damit der Erlösung.[500]

Der Einzelne kann immer wieder aus dieser Gemeinschaft der Heiligen herausfallen. Deshalb ist eine *ständige Überprüfung und Versicherung des Heils nötig.* Dies kann aber lediglich an der Einhaltung der kirchlichen Gebote kontrolliert werden. Deshalb stehen die konkreten und überprüfbaren ethischen Forderungen im brasilianischen Protestantismus an solch zentraler Stelle, daß von einigen Theologen vermutet wird, hier habe sich durch den Hintereingang wieder eine Werkgerechtigkeit eingeschlichen.[501]

3. Konversion und Leiden

Im Rahmen der Konversion findet sich auch eine mögliche Erklärung für das Leiden. Die Konversion wird oft als eine Antwort auf persönliche Lebenskrisen erlebt. Solche Krisenerfahrungen reichen vom Zusammenbruch der bisherigen Bedeutungssysteme beispielsweise in Folge von Landflucht und plötzlicher

---

[498] Filho, „Sim" a Deus e „não" a vida: conversão e disciplina no protestantismo brasileiro, 1990, S.218.

[499] Zum Phänomen der Konversion unter wissenssoziologischen Aspekten siehe: Berger, *Invitation to Sociology: a humanist perspective,* 1963, S.63ff.

[500] Filho 1986, S.55.

[501] Beispielsweise Alves 1979, S.200.

Konfrontation mit der Realität einer Großstadt über persönliche Krankheit bis hin zum gewaltvollen Tod von nahen Verwandten.

Nach der Konversion gilt: „Christus ist die Antwort!" Das Leiden wird als Folge der sündigen Verfallenheit der Welt gesehen. Indem der Gläubige durch die individuelle Erlösung das himmlische Leben geerbt hat, wird erstens das irdische *Leben und Leiden* entweder *unwichtig* für ihn. „Alles was äußerlich ist - der Körper, die Gesellschaft, die Geschichte - ist nicht mehr als zufällige Erscheinung, die nicht das Wirkliche offenbart."[502] In diesem Sinn kann dann auch der Tod als Befreiung von den falschen Erscheinungen gelten.

Oder aber der Gläubige wird zweitens *durch den eigenen heiligen Lebenswandel vom Leiden befreit*. Sollte der Gläubige trotz seiner Konversion noch leiden, so kann dies eine göttliche Vergeltung oder Züchtigung wegen noch immer begangener Sünden sein. Diesem kann durch Besserung des Lebenswandels oder kirchliche Disziplinarstrafen abgeholfen werden.

Das Leiden der Gerechten kann drittens auch auf das *Walten des Satans* und der bösen Mächte zurückgeführt werden, die den gläubigen Christen vom rechten Weg abbringen wollen. An diese Vorstellungen schließen die Wunderheilungen und Exorzismen der Pfingstkirchen an.

Eine vierte Möglichkeit, mit dem Leiden umzugehen, bildet der Hinweis auf die Providenz und das *Geheimnis Gottes*. Mit Hinweis auf die gütige und gerechte Regierung Gottes, wird den Gläubigen untersagt, kritische Fragen nach den Ursachen des Leides zu stellen. Statt dessen sollen sie sich „demütig dem allmächtigen Gott unterwerfen." Alves spricht in diesem Zusammenhang von einer „Sakralisierung des Tragischen":

> „Alle Erfahrungen, der Hunger, die Armut, der Schmerz, die Ungerechtigkeiten, Biafra, Vietnam, Buchenwald, Hiroshima und Nagasaki werden durch den geheimnisvollen und gutmütigen Schatten der Providenz Gottes bedeckt."[503]

All diese Konzepte versuchen, dem Leiden im Rahmen von „rationalen" Antworten zu begegnen. Dabei soll auf jeden Fall die Vorstellung von der dualistischen Aufteilung der Welt, der individuellen Erlösung und dem sich immer gütig zeigenden Gott bewahrt werden.

Ein solcher Versuch führt zu etlichen Verkürzungen. Wird das Leiden auf die moralischen Verfehlungen der Sünder in der Welt zurückgeführt, bleibt kein Platz für politische Erklärungsmuster von Schmerz und Ungerechtigkeit, und damit auch kein Platz für die systematische Leidbekämpfung. Die Welt kann sich nur bessern, wenn sich die Individuen bekehren.

Doch auch für die Klage und rituelle Bearbeitung des Leides und der Schmerzen bleibt kaum Platz.[504] Auf die Frage eines Gläubigen, wie man sich

---

[502] Alves 1979, S.75.
[503] Alves 1979, S.145.

gegenüber den Mißgeschicken, dem Leiden und den Unfällen des Lebens verhalten solle, antwortete ein presbyterianischer Pfarrer, daß man Gott auch dafür danken müsse, und stets in einem Gefühl der Dankbarkeit und des Vertrauens verharren müsse gegenüber Gott, der alles gut richte.[505]

So erscheinen die Schmerzen lediglich als ein noch auszuhaltender Rest aus der alten Existenz, einer Existenz, die in ihrer Weltverhaftetheit sowieso überwunden werden muß oder bereits überwunden ist.

4. Protestantische Ethik als Ethik der Differenz

4.1. Die Disziplinierung der Gläubigen

Die Auseinandersetzung mit dem Schmerz und den Leiden erscheint nicht als zentrales Thema des protestantischen Diskurses. Vielmehr bestehen

> „im allgemeinen 90% des Religionsunterrichtes an den Sonntagsschulen und der Predigten aus Angriffen gegen Verletzungen der zehn Gebote des Gesetzes des Mose und gegen Laster wie Rauchen, Teilnahme an Glücksspielen, Alkoholtrinken, weibliche Schminkmode, Kino, Theater, Tanz, Karneval etc.."[506]

Die Normen des ethischen Verhaltens kann der bekehrte Christ natürlich nicht aus der Gesellschaft erhalten, da diese ja gerade durch die Herrschaft der Sünde gekennzeichnet ist. Doch auch das Gewissen kann nicht die Normen für das richtige Verhalten der Gläubigen liefern. Denn es ist ja schließlich das Gewissen des Sünders.

Lediglich die Bibel kann als „einziges Gesetz des Glaubens und der Praxis" gelten. Und die Wahrheit dieser Bibel wird von den Predigern in der Kirche dargelegt. Damit tritt die kirchliche Autorität wieder in die Funktion, exakt feststellbare und justiziable Definitionen von Gut und Böse bereitzustellen.

Die Kirchen besitzen in der Regel Register mit verschiedenen Klassen von Pflichten und Sünden, an die sich die Gläubigen halten müssen und deren Nichtbeachtung die Kirchenzucht zur Folge hat.

Zunächst stehen dort die Pflichten für die religiöse Gemeinschaft, wie die Teilnahme an Gottesdienst und Sonntagsschule, die Zahlung des Zehnten des Gehaltes und die Missionierung neuer Mitglieder.

---

[504] Die exorzistischen Praktiken der Pfingstkirchen sind hier eine Ausnahme, wie unten zu zeigen sein wird.

[505] Alves 1979, S.146.

[506] Ramos, „Protestantismo brasileiro. Visão panoramica", 1968, S.76f. Selbst wenn die Zahl von 90% sehr hoch und darüberhinaus sehr schwer feststellbar scheint, so deutet sie doch zumindest die Prädominanz des moralistischen Diskurses in den protestantischen Kirchen an.

Einen hohen Wert besitzt auch die Heiligung des Sonntags. Von den übrigen 10 Geboten spielen vor allem das Verbot des Ehebruchs und der Verbrechen gegen den Besitz eine zentrale Rolle.[507]

Sehr konkret werden die Verbote dann in Bezug auf die Laster Nikotin- und Alkoholgenuß, Tanz, Muße oder jedwede Art von „Banalitäten".[508] Die Vorschriften und Erwartungen gehen hier z.T. so weit, den einzelnen Gläubigen die Länge von Röcken und Hemdsärmeln zu diktieren.

Trotz solch detaillierter Anweisungen bleiben viele Alltagssituationen undefiniert. Hier gilt es für die Gläubigen, aus der Angst vor einer möglichen Sünde dem *sicheren Weg der Enthaltsamkeit* den Vorzug zu geben.[509]

Enthaltsamkeit heißt in diesem Fall Enthaltsamkeit von der Welt mit ihren Gefahren, Verlockungen und weltlichen Genüssen. Ebenso wie diese Generalregel der Enthaltsamkeit tragen die einzelnen Vorschriften stark *puritanische Züge*. Filho erkennt darin eine Mischung aus englischem Puritanismus, Pietismus und der Vorstellung der Heiligung aus dem Methodismus.[510]

Zur Überwachung der Einhaltung dieser puritanischen Moralvorstellungen stehen in Form von Rechtskatalogen innergemeindliche Disziplinierungsmechanismen zur Verfügung, die vom Entzug des Stimmrechts über die Verweigerung des Abendmahls bis zum Ausschluß reichen. Die Gläubigen fallen also nicht sofort und bei jedem Übertritt aus der Gemeinschaft der Heiligen heraus. Vielmehr bleibt durch Bekenntnis, Reue und Strafe die Rückkehr in die Gemeinde möglich. In seinem Aufsatz zu „Konversion und Disziplin im Protestantismus" spricht Filho deshalb von einer „Inquisition ohne Feuer".[511]

Der Rigorismus der Disziplinierung ist in den protestantischen Kirchen bereits organisatorisch besser zu bewältigen als im Katholizismus. Die brasilianischen protestantischen Kirchen sind in der Regel sehr klein, oft familiär strukturiert. Die Mitglieder suchen auch ihren Freundeskreis normalerweise in der eigenen Kirche, um nicht den Verlockungen der Welt zu verfallen. Dadurch wird eine effiziente Überwachung und Kontrolle der Gemeindemitglieder ermöglicht. Bereits ein offen herumstehender Aschenbecher kann da schon zu Verdächtigungen und Denunziationen führen.

Kontrollierbar und justiziabel sind allerdings nur konkrete Verhaltensweisen, keine Fragen der Intentionen und des Gewissens. Daher die Betonung der Ethik und des Moralismus. Die Implikationen dieses Moralismus für die protestanti-

---

[507] Die Achtung der Eltern beispielsweise wird in vielen Gemeinden bereits relativiert, falls die Eltern nicht Mitglieder der gleichen Kirche sind oder sich sogar gegen das religiöse Leben der Kinder wehren.
[508] Filho 1986, S.57.
[509] Alves 1979, S.201.
[510] Filho 1990b, S.206.
[511] Filho 1990, S.225.

schen Vorstellungen von Körperlichkeit sollen im folgenden in Hinblick auf einige Vorschriften untersucht werden.

4.2. Die Heiligung des Sonntags

Der Sonntag muß geheiligt werden, da dies bereits in den zehn Geboten gefordert wird. Der Gehorsam diesem Gesetz gegenüber ist deshalb nach Ansicht der Protestanten eine Frage von Heil oder Verdammnis.

Doch was heißt es, den Sonntag zu heiligen? Über die Pflicht zu Gottesdienstbesuch und Sonntagsschule hinaus stellen die unterschiedlichen Kirchen, Gemeinden und Pastoren genaue Regeln zur Verfügung, die sich im Bewußtsein der Gläubigen einprägen.

Verboten sind sowohl kommerzielle Aktivitäten, als auch „profane Vergnügungen" oder banaler Zeitvertreib. Dazu zählen je nach Gemeinde sportliche Aktivitäten wie Fußball oder Tisch-Tennis, Besuch des Strandes oder des Kinos, teilweise sogar der Genuß von Eis, Kaffee, das Hören profaner Musik. In einigen Fällen wurde sogar von sexuellen Aktivitäten am Sonntag abgeraten.[512]

Der Körper darf sich also nicht entspannen, um den Anstrengungen der Woche ein Gegengewicht zu bieten. Dem *homo faber* tritt nicht einmal am Sonntag der *homo ludens* entgegen. Lediglich im festlichen Sonntagsmahl und in der Entlastung von der Arbeit erhält der Körper einen Ausgleich für die Anstrengungen und Leiden des Alltags. Ansonsten muß auch und gerade am Sonntag der Körper diszipliniert und die körperlichen Bedürfnisse zurückgedrängt werden, damit der *homo religiosus* Raum gewinnt für die „geistlichen Übungen".

Der Dualismus von Leib und Seele führt dazu, daß die Heiligung des Sonntags einhergeht mit einer „Entleiblichung", die die Überwindung des Alltags und der „Welt" in einer Sphäre sucht, die oberhalb der leiblichen Bedürfnisse angesiedelt ist.

4.3. Die Laster

Das Bild „Die zwei Wege", welches in den Wohnungen brasilianischer Protestanten sehr verbreitet ist, zeigt die Situation des Menschen vor der Wahl. Auf der einen Seite sieht man die Szenerie einer Stadt mit den Göttern Bacchus und Venus. Hier findet sich die lasterhafte Welt, das genußhafte, auf die Gegenwart beschränkte Leben, der Wein, die Sexualität, das Glücksspiel, das Nikotin. Auf der anderen Seite dagegen eröffnet sich in einer ländlichen Umgebung durch

---

[512] Alves 1979, S.186.

eine kleine Tür der Weg zur „heiligen Stadt", der von einem Prediger mit der Bibel in der Hand gewiesen wird.

Die spezifischen Laster der Welt werden in diesem Bild konkret beschrieben. Wie kommt es aber, daß gerade die Ablehnung von Nikotin und Alkohol eine so zentrale Rolle in den protestantischen und „bibelstrengen" Kirchen spielt, obwohl dies zumindest explizit in der Bibel nicht thematisiert wird? Auf die sozialen Gründe ist bereits oben hingewiesen worden: Es geht darum, sich durch das Verhalten von der sündigen Welt abzugrenzen und seine Zugehörigkeit zur „Gemeinde der Heiligen" zu demonstrieren.

Theologisch wird an dieser Stelle mit der Vorstellung des *Körpers als Tempel Gottes* argumentiert. Nicht etwa aus medizinischen Gründen soll der Körper von Nikotin und Alkohol freigehalten werden. Vielmehr gilt der Körper als Besitz Gottes, muß seinen Zwecken dienen. Der Körper ist ein Mittel, ein Instrument Gottes. Er hat seinen Zweck nicht in sich und kann sich deshalb nicht von eigenen Bedürfnissen treiben lassen. Das Streben nach körperlichem Genuß aber ist in dieser Perspektive der extremste Ausdruck für den Versuch, sich dem Gebrauch Gottes zu entziehen.

Eine ähnliche Logik zeigt sich bei der Ablehnung des Tanzens. Hinzu kommen in diesem Fall noch die Gefahren der sexuellen Verführung. Der Tanz wird als stilisierte Form des Sexualaktes abgelehnt. Er birgt für die Männer eine Gefahr, denn es erscheint „unmöglich für einen normalen Mann, seine Arme um eine Frau zu haben, ihren Körper zu spüren, und dabei unreine Leidenschaften und sexuelles Verlangen zu vermeiden."[513] Tanzbälle sind „weltliche, ungebührliche Feste und sind schlecht für die Sinne."[514]

Am intensivsten aber richten sich die Ängste der Protestanten gegen den Karneval. Mit seiner Betonung der Genüsse des Körpers, mit seinen Möglichkeiten der sexuellen Transgression erscheint er vielen als „Fest der Prostituierten", als „heidnisches Fest, das vor allem in katholischen Ländern gefeiert wird", oder gar als „Machwerk des Teufels".[515] Die evangelischen Kirchen veranstalten deshalb regelmäßig zur Karnevalszeit spirituelle Rückzüge, um die eigene Jugend vor den Gefahren dieses Festes zu schützen.

4.4. Sexualität

Für die Sexualität gilt im allgemeinen eine einfache Regel: Jegliche Aktivitäten, die als sexuell angesehen werden können, sind nur innerhalb der Ehe erlaubt. Nicht die Liebe legitimiert die Sexualität, sondern der Ehevertrag. Bei welchem Verhalten bereits die Sexualität beginnt, wird je nach Rigorosität der Gemeinde

---

[513] So in einem protestantischen Klassiker: Rizzo, *Danca e Psychonalyse*, 1929, S.23.
[514] Zitiert nach Alves 1979, S.177.
[515] Filho 1990b, S.216.

unterschiedlich bewertet. Für einige gilt bereits der Gesellschaftstanz als unanständig.

Doch auch hier haben die überprüfbaren Normen einen höheren Stellenwert als die nicht-kontrollierbaren. So spielt die Jungfernschaft der Frauen vor der Ehe in den religiösen Vorstellungen eine viel größere Rolle als die möglichen Verletzungen dieser Vorschrift durch die jungen Männer. Hier kooperiert die protestantische Ideologie sozusagen mit dem gesellschaftlich präsenten Machismus und Patriarchalismus.

Außer der Erlaubnis sexueller Aktivitäten innerhalb der Ehe gibt es kaum positive Aussagen über die Sexualität. Sie erscheint vielmehr als Konzession und wird auch in der Ehe auf ihre Funktion der Reproduktion beschränkt. Die Sexualität wird als Mittel verstanden und nicht als Zweck an sich oder gar als Geschenk, das man genießen könnte.

Damit wird die Sexualität von der Erotik abgekoppelt, die sexuelle Funktion vom sexuellen Genuß. Das sexuelle Verlangen wird von vielen Protestanten als ein zentrales Problem gesehen, da es mit seinem Egoismus die Seele beschmutze. Das führt zu einem verkrampften Verhältnis vieler frommer Protestanten zu ihrem eigenen Körper und zu „einer Tendenz, Neurosen zu produzieren."[516] Sexuelles Verlangen und sexueller Genuß werden oftmals als Sünde wahrgenommen und führen zu Scham und Schuldgefühlen.

Der Körper wird damit nicht nur zu einem neutralen Werkzeug, das man Gott zur Verfügung stellen oder ihm auch entziehen kann. Vielmehr werden die körperlichen Wünsche in den extremen Formulierungen als Quelle der Sünde und des Bösen wahrgenommen, die den Christen von der erlangten Erlösung losreißen wollen. Dazu bemerkt der Psychoanalytiker Alves:

> „Die protestantische Ethik braucht die Repression des Körpers. Die natürlichen Impulse des Körpers müssen unterdrückt, diszipliniert und kontrolliert werden durch den göttlichen Imperativ. Die Logik des Körpers ist die Logik des »Prinzips der Lust(*prazer*)«. Aber die Lust ist Sünde."[517]

5. Die Protestanten und das AIDS-Risiko

Mary Douglas führt in einem Aufsatz über „Risiko und Gerechtigkeit" aus, daß in der modernen Gesellschaft nicht mehr die Sünden der Väter, sondern die von ihnen eingegangenen Risiken Auswirkungen auf Kinder und Kindeskinder hätten. „The neutral vocabulary of risk is all we have for making a bridge between the known facts of existence and the construction of a moral community."[518] Das

---

[516] Alves 1979, S.184.
[517] Alves 1979, S.264.
[518] Douglas, Risk and Justice, 1992, S.26.

Konzept des Risikos sei gewisssermaßen ein funktionales Äquivalent zur Vorstellung der Sünde in religiösen Systemen. Es ermögliche durch die forensiche Vorstellung von Gefahr den Aufbau von identitätsstiftenden Außengrenzen und definiere notwendige Schutzmaßnahmen gegen von außen kommende Gefahren.

> „Risk, danger, and sin are used around the world to legitimate policy or to discredit it, to protect individuals from predatory institutions or to protect institutions from predatory individuals."[519]

Dennoch lassen sich unterschiedliche Richtungen der Schutzanstrengungen beobachten.

> „The sin/taboo rhetoric is more often used to uphold the community, vulnerable to the misbehaviour of the individual, while the risk rhetoric upholds the individual, vulnerable to the misbehaviour of the community."[520]

Durch die Vorstellung einer Gefährdung als Risiko werden Gefahren individualisiert und spezifischen Entscheidungssituationen unterworfen. Ein Risiko kann man eingehen. Das Konzept des Tabus dagegen untersagt grundsätzlich alle als gefährlich definierten Handlungen.[521]

Bei dem bisher vorgestellten Konzept der protestantischen Ethik im brasilianischen Kontext fällt auf, daß beim Aufbau einer „moral community" auch risikoreiches Gesundheitsverhalten, wie Rauchen oder Alkoholgenuß, thematisiert werden. Zum Erhalt der Reinheit des Körpers als des Tempels Gottes werden diese Praktiken tabuisiert. Sie werden individuellen Entscheidungssituationen entzogen. Mit der einen Entscheidung zu Christus entscheidet sich der Gläubige grundsätzlich gegen den Genuß von Alkohol und Nikotin. Ebendies wird ihm durch die Hilfe des heiligen Geistes ermöglicht, der den Menschen auf dem rechten Weg begleitet.

Die Ablehnung risikoreichen Gesundheitsverhaltens wird damit zu einer Frage des Heils. Das Tabu ist umfassend und führt zu einer rigorosen Kontrolle durch Gemeinde und eigenes Gewissen. Indem risikoreiches Gesundheitsverhalten grundsätzlich abgelehnt wird, ermöglicht diese moralisierte Form der Disziplinierung es, die Problematik und Komplexität des Risikomanagements zu umgehen.[522] Wenn Rauchen eine Sünde ist, muß man sich keine Gedanken machen, ob man wegen der seltenen Krebsfälle innerhalb der eigenen Familie nicht doch das Risiko des Rauchens eingehen könnte.

---

[519] Douglas 1992, S.26.

[520] Douglas 1992, S.28.

[521] Diese handlungstheoretische Unterscheidung von Risiko und Tabu entspricht in etwa der in Kapitel B eingeführten Luhmannschen Unterscheidung von Risiko und Gefahr.

[522] Zum Verhältnis von Risiko und Moral siehe: Lupton, „Risk as moral danger. The social and political functions of risk discourse in public health", 1993.

Auch die Sexualität wird bei den Protestanten unter den Kategorien Reinheit/Unreinheit wahrgenommen. Dabei geht es auch um die Reinheit der Gemeinde, die den Leib Christi abbilde, und die durch unreines sexuelles Verhalten bedroht sei. Die Unreinen müssen deshalb bekehrt oder ausgestoßen werden. Die Bekehrung ist dabei oft mit der Reinigung des Leibes durch Christus verbunden. So bietet die Universalkirche des Reiches Gottes bereits Wunderheilungen gegen AIDS an, die den HIV „vertreiben" und dem Gläubigen die Kraft des heiligen Geistes schenken.[523]

Nach Ansicht vieler brasilianischer Protestanten ist durch AIDS besonders klar geworden, daß die Sexualität eine Bedrohung für den einzelnen Leib darstelle und diesen Tempel Gottes zu verschmutzen drohe. Gerade die abweichenden Sexualtechniken, Homosexualität oder promiskes Verhalten seien ein Zeichen der Welt und würden von der Bibel abgelehnt. Viele Protestanten betrachten AIDS deshalb als Strafe Gottes für solch ein sündiges Verhalten.

Schutz vor AIDS könne somit nur ein reines und sündloses Leben geben. Kondome sind für Protestanten nicht nötig, da sie nicht nur das Risikopotential bestimmter Techniken ablehnen, sondern diese Techniken überhaupt als Sünde kategorisiert haben. Schutz dagegen bieten nur die Heilung des Lebens und die Reinheit der Gemeinde.

Dies zeigt bereits die Ambivalenz dieses Diskurses. Indem risikoreiches Sexualverhalten auf einer religiösen Ebene als Sünde kategorisiert wird, kann möglicherweise der Verzicht auf solch ein Verhalten in den eigenen Reihen motiviert werden. Gleichzeitig geht dies einher mit einer Stigmatisierung abweichenden Verhaltens. Der Homosexuelle ist dann nicht nur anders oder unnatürlich, sondern er unterliegt dem Einfluß antigöttlicher Mächte. Der HIV-Infizierte leidet dafür an der gerechten Strafe Gottes. Der Schutz der eigenen Gemeinschaft der Protestanten ist so mit hohen Kosten zu Lasten der Betroffenen verbunden. Dies kann zu erheblichen emotionalen Belastungen bei den Betroffenen führen sowie zur kognitiven Verdrängung der tatsächlichen Risiken auch bei Gläubigen, wie sie oben in Bezug auf die Angstkampagne der Regierung beschrieben wurden.[524]

Doch nicht nur die Folgen dieses Diskurses sind ambivalent. Auch aus theologischer Sicht unterliegt dieser Zugang erheblichen Verkürzungen. So bemerkt der Theologe Hollenweger zum spezifisch christlichen Umgang mit Kranken, daß die Verrechnung der Sünde des Kranken mit seiner Krankheit im Evangelium ausdrücklich abgelehnt wird. „Zwar weiß die Bibel über diese schicksalhaften Zusammmenhänge, aber sie sind nicht verrechenbar (Joh.9) Der Christ weiß sehr wohl: Es gibt gesunde Sünder und kranke Heilige."[525] Eben dieser Einsicht wird der Diskurs der brasilianischen Protestanten nicht gerecht.

---

[523] „»Enviados de Deus« prometem cura", *Abia Especial 1 (1994)*.

[524] Siehe Kapitel B.II.

[525] Hollenweger, *Geist und Materie,* 1988, S.58.

Allerdings muß auch hier wieder darauf hingewiesen werden, daß die geschilderte Reaktion auf AIDS lediglich einen „Idealtyp" im Weberschen Sinne darstellt. Nicht jeder Protestant sieht AIDS als eine Strafe Gottes für „das Leben draußen in der Welt" an. Seit Beginn der 90er Jahre wächst auch innerhalb der protestantischen Kirchen die interne Auseinandersetzung mit der Krankheit.[526] Von vielen Protestanten werden inzwischen eine Abbau der Vorurteile und der Diskriminierung sowie eine „Ethik der Solidarität" mit den Erkrankten gefordert. Inzwischen gibt es dazu bereits mehrere soziale Projekte der evangelischen Kirchen.[527]

Yara Nogueira Monteiro fordert in diesem Zusammenhang, die Problematik von AIDS auch innnerhalb der evangelischen Kirchen ernst zu nehmen:

„In ihrer Vorstellung schützt sich jede Kirche durch eine »Mauer«, die sie von der »Welt« trennt. Aber das ist nur eine Sache der Vorstellung. Das HIV weiß nicht, wer evangelisch, praktizierender Katholik oder keines von beiden ist."[528]

Der Umgang mit den HIV-Infizierten müsse durch Barmherzigkeit und nicht durch die Forderung nach Strafe geprägt sein.[529]

Auch innerhalb der evangelischen Kirchen sind durch AIDS die Körperdiskurse in Bewegung geraten. Indem sich inzwischen einige Protestanten von dem dargestellten Diskurs des Protestantismus über AIDS öffentlich und mit kämpferischem Engagement abgrenzen, zeigen sie aber auch gleichzeitig, daß dieser Diskurs für viele andere Protestanten Brasiliens weiterhin orientierende Funktion besitzt.

6. Körperlichkeit in den Riten der Pfingstler

In den bisherigen Erörterungen ist die Lehre der protestantischen Kirchen untersucht worden. Es handelt sich dabei um einen logozentrischen Entwurf, bei dem die Bedeutung der nichtsprachlichen Symbole weitgehend zurückgedrängt wurde. Alles richtet sich auf ein „rationales" Verstehen und ein kognitives Einverständnis mit der „absoluten und unwandelbaren Wahrheit des Wortes Gottes".[530]

---

[526] Siehe dazu die Sonderausgabe der Zeitschrift *Contexto Pastoral* mit dem Titel *Debate. O Desafio da AIDS para as igrejas Cristas* vom November 1995.

[527] Führend ist dabei sicherlich das religionswissenschaftliche Institut ISER in Rio de Janeiro. Siehe: ISER-ARCA; *Igrejas e Aids. Perspectivas biblicas e pastorais*, 1990.

[528] Monteiro, „Quem tem ouvidos para ouvir ...", 1995, S.7.

[529] Cunha, „Misericórdia, Sim. Punição, Não.", 1995.

[530] Wenn beispielsweise ständig die historische Zuverlässigkeit des Schöpfungsberichtes betont wird, geht es dabei lediglich um eine Verteidigung absoluter Wahrheitsansprüche in Konkurrenz mit naturwissenschaftlichen Aussagen und keines falls um existentielle Erfahrungen und Bedürfnisse der Gläubigen. Alves (1979, S.123) spricht in diesem Zusammenhang von einem „Ersatz des Lebens durch den Diskurs".

Dies gilt auch für die Form der Riten, v.a. in den traditionellen Kirchen. So klagt der Brasilianer Lothar Carlos Hoch, daß das Handeln, Lehren und Feiern in den protestantischen Kirchen zu „kopfbetont" sei.

> „Im Gottesdienst ist wenig Raum für aktives Mitgestalten seitens der Gemeinde, für Rhythmus und Körperlichkeit, für Einzelklagen und Emotionen und für die Anteilnahme am Schicksal der Leidenden."[531]

Gegen solche Erfahrungen hatte sich die Pfingstbewegung bereits seit ihren Anfängen gerichtet:

> „Die ersten Pfingstprediger nutzten unbewußt die Spannungen in den Missionsgemeinden aus: Die Spannung zwischen den Missionaren und ihren Bemühungen um institutionelle Kontrolle und dem Emanzipationsstreben, die Spannung zwischen den verbürgerlichten Teilen der Gemeinde und den Mitgliedern der unteren Schichten, die Spannung zwischen dem Rationalismus der ersteren und den emotionalen Bedürfnissen der letzteren."[532]

Auch in den Pfingstkirchen gelten die oben dargestellte Lehre und der antikulturelle Impuls des Protestantismus, und das sogar mit noch größerer Rigorosität. Aber auch die *Emotionen* und damit die nichtmanipulierten Körperimpulse[533] spielen in der Pfingstbewegung eine zentrale Rolle und entziehen den Körper damit der völligen Manipulierbarkeit durch die Ideologie. Die Kulte sind von Spontaneität geprägt. „Ekstatische Erfahrungen ermöglichen den direkten Kontakt mit dem Heiligen, das Spüren des Geistes im eigenen Körper."[534] Bei den Massenveranstaltungen der Pfingstler mit 100.000 Teilnehmern erinnern nicht nur die Fußballstadien sondern auch das Gebrüll an die Masseneuphorien bei Sportveranstaltungen.

Theologisch werden solche emotionalen Erlebnisse durch die Vorstellung der Geisterfahrung legitimiert. In den klassischen Pfingstkirchen drückt sich diese vor allem in der Glossolalie aus.

Hier wird dem Gläubigen eine nichtsprachliche[535] Symbolik gegeben, die nicht autoritär kontrolliert und manipuliert werden kann und so eine kathartische Wirkung ermöglicht[536]: Nimmt man mit Lorenzer an, daß sich emotionale, und

---

[531] Hoch, „Heilung braucht Gemeinschaft - Beobachtungen aus Brasilien", 1996, S.53.

[532] Kliewer, *Das neue Volk der Pfingstler. Religion, Unterentwicklung und sozialer Wandel in Lateinamerika*, 1975, S.135.

[533] Zum Zusammenhang zwischen Körperlichkeit und Emotionalität siehe etwa: Lorenzer, *Der Symbolbegriff und seine Problematik in der Psychoanalyse*, 1991.

[534] Mendonça, „A volta do sagrado selvagem: misticismo e extase no protestantismo do Brasil", 1984, S.17f.

[535] Nichtsprachlich im Sinne von nicht der Kommunikation zugänglich.

[536] Ähnliche Vorstellungen finden sich bei neueren Versuchen, religiöse Vorstellungen symbolisch zu interpretieren und im Bibliodrama zu verwenden: Martin, Vorstellungen zur Apokalypse.

das heißt körperliche, sprachlich nicht-durchreglementierte Erfahrungen und Erlebnisformen in *sinnlich-symbolischen Interaktionsformen* organisieren,[537] so geben die Symbolisierungen Raum für die emotionale Abreaktion von seelischen Konflikten und inneren Spannungen.

Die Symbole ermöglichen nicht nur den Ausdruck eigener Emotionen. Sie besitzen vor allem für die Neopfingstler magische Konnotationen. Deshalb werden die neopfingstlichen Kirchen auch zur „Bewegung der göttlichen *Heilung*" gerechnet.[538] Der Glaube an die magische Wirksamkeit der sichtbaren Symbole, wie er beispielsweise in den Wunderheilungen zum Ausdruck kommt, zeigt für einige Analytiker phänomenologische Übereinstimmungen mit dem Volkskatholizismus[539] oder - wegen der Möglichkeit des punktuellen Services - mit den Heilungsriten der afrobrasilianischen Umbandabewegung[540].

Bei den Neopfingstlern gilt nicht mehr nur der eigene puritanische Lebenswandel als Zeichen des erlangten Heils. Auch die *persönlichen alltäglichen Bedürfnisse*, die Befreiung von Krankheit und Sorgen erscheinen als Zeichen des Wirkens des Geistes.[541] Trotz der weiterhin vorhandenen Ablehnung der Welt, werden zumindest das eigene individuelle Wohlergehen und die eigene Prosperität erstrebt. So heißt es in einem Leserbrief einer Zeitschrift der „Igreja Universal do Reino de Deus":

> „Ich ging in die Kirche, um Gott zu bitten, daß er meine Probleme löst. Ich wurde gesegnet. Heute verhält sich mein Ehemann wie ein »Engel« zu mir. Eine Woche später war mein Kind von einer tödlichen Krankheit geheilt. Aber nicht nur das. Mein Vater, der Kaufmann ist, war fast bankrott. Heute prosperiert er und besitzt sogar mehrere Geschäfte. Ich habe einen Rechtsfall vor Gericht gewonnen, der schon als verloren galt. Und wir erhielten 170% Lohnerhöhung. Dank sei Gott!"[542]

Kulturkritische, tiefenpsychologische und theologische Reflexionen, 1984; ders., „Das Bibliodrama und sein Text", 1984.

[537] Lorenzer 1991, S.27ff.

[538] Mendonça, „Sindicato dos magicos: pentecostalismo e cura divina", 1992.

[539] Beispielsweise Damen, „El Pentecostalismo. Ruptura y continuidad", 1980, S.44.

[540] Droogers, „Visoes paradoxais de uma religião paradoxal. Modelos explicativos do crescimento do pentecostalismo no Brasil e no Chile", 1992, S.76f.

[541] Die Übergänge zwischen den Kirchen sind hier fließend. So zeigen sich solche Vorstellungen ansatzweise auch in den traditionellen Missionskirchen. Beispielsweise spricht man in der methodistischen Kirche von einer bei Teilen der Methodisten implizit vertretenen „Theologie der Prosperität", die das eigene wirtschaftliche Wohlergehen als Zeichen des Heils interpretiert. Dabei wird interessanterweise von einigen Gläubigen die Webersche Argumentation aufgenommen, daß die Entwicklung des dynamischen Kapitalismus eng mit dem Geist des Protestantismus verbunden sei. Die wirtschaftliche Unterentwicklung Brasiliens wird dann eindeutig den Katholiken als Schuld zugeschrieben. Hier überschneiden sich oft innerhalb eines Argumentationsganges religionssoziologische Erklärungsmuster mit theologischen Deutungen, die die eigene Prosperität auf das Wirken des Heiligen Geistes zurückführen.

[542] *Plenitude 54* (1991), S.2.

Familiäre und finanzielle Probleme aber auch die Krankheit und das Leiden des Körpers finden so in der Kirche ihren Platz, wenn auch in Formen, die den wissenschaftlichen Beobachtern als irrational erscheinen. Ob die Heilungen und Wunder tatsächlich immer so zufriedenstellend eintreten, ist kaum überprüfbar, zumal es sich bei solchen Berichten in kirchlichen Zeitschriften stets um Werbung für die Kirche handelt. In einem anderen Leserbrief der gleichen Zeitschrift wird ganz unverblümt eine Kosten-Nutzen Rechnung angestellt: Der wirtschaftliche Erfolg in der Arbeit habe sich erhöht, kurz nachdem man den Zehnten an die Kirche abgeführt habe.

Wenn auch körperliche Bedürfnisse und Emotionen in den rituellen Formen des Pfingstlertums einen Platz finden, so behält doch der Körper eine sehr ambivalente Funktion. In der Glossolalie fungiert er einerseits als Träger des Geistes, ekstatische Körperphänomene sind Zeichen des Geistwirkens. Doch die Praxis des Exorzismus zeigt andererseits auch, daß der Körper zum *Tempel des Satans* werden kann.

Neben den wöchentlichen Gottesdiensten für Prosperität, Gesundheit und Familie veranstalten viele Pfingstkirchen auch „Gottesdienste der Befreiung", die dem Exorzismus der „afrobrasilianischen Götzen" dienen.[543] Dabei wird zunächst beispielsweise der Gott Exu im Körper des Besessenen angerufen, um ihn dann mit der größeren Macht des Pfarrers unter Gottes Gewalt zu zwingen: Wo der Körper als Träger der Elemente der alten Existenz und damit der „Welt" erscheint, muß er davon gereinigt werden.

Dieser „heilige Krieg" des Exorzismus richtet sich vornehmlich gegen die afrobrasilianischen Religionen. Dennoch bietet er für die Gläubigen - ähnlich wie die Glossolalie - in seiner hochsymbolischen Form die Möglichkeit, individuelle emotionale Spannungen und Ängste auszudrücken:

> „Der Exorzismus kann somit eine authentische »Bezeichnung des Ochsen« sein. Er ist eine Antwort auf die Probleme von der Arbeitslosigkeit bis hin zur Krankgeburt. Der große Feind, der die Übel verursacht, erhält einen Namen. Dies hat zudem den Vorteil, daß er jetzt einer größeren Macht gegenübergestellt wird."[544]

Zusammenfassend ist festzustellen, daß sich im Pfingstlertum zwar zum einen eine rigorosere ideologische Repression der körperlichen Bedürfnisse und Impulse beobachten läßt. Andererseits werden dem Körper aber auch „Ventile" angeboten. In den sinnlich-symbolischen Interaktionsformen wie Glossolalie[545], Extase und Exorzismus werden dem Gläubigen Möglichkeiten gegeben, seine emotionalen Spannungen, Ängste und Wünsche in vorsprachlicher Form auszu-

---

[543] Soares, *Guerra santa no pais do sincretismo*, 1990, S.86ff.

[544] Muricy, „Pentecostalismo Autonomo", 1990, S.4.

[545] Während Welker die Glossolalie für die „problematischste unter den Gaben des Geistes" hält, bildet sie in vielen Pfingstkirchen das sichere Zeichen ihrer Erwählung. (Welker, *Gottes Geist. Theologie des Heiligen Geistes*, 1992, S.246f)

drücken. Die Wunder und Heilungen nehmen auch die alltäglichen Sorgen der Gläubigen ernst.

Die *sprachliche Interpretation dieser symbolischen Erfahrungen* laufen dann allerdings wieder *in hochideologisierten Formen* ab. Sie ermöglichen es nicht, die gemachten Erfahrungen in ein modernes nicht-fundamentalistisches Weltbild zu integrieren. Sie verstärken meiner Ansicht nach eher noch die Tendenzen zur Weltflucht und die Dualismen von Welt und Kirche, Geist und Leib. Die rituellen Erfahrungen wirken in ihrer Interpretation damit komplementär zu dem Ziel der „rationalen Lehre", Welt und Leib zu überwinden. Es handelt sich also auch im Pfingstlertum - ebenso wie bei den stärker wortorientierten klassischen protestantischen Kirchen - um eine „Dramatisierung der Leibfeindlichkeit".[546]

7. Zusammenfassung

Zur Erläuterung der Implikationen protestantischer Religiosität für die Vorstellung von Körperlichkeit war ein langer Umweg nötig. In Bezug auf den Missionsprotestantismus und das Pfingstlertum habe ich versucht, historische, soziologische und theologische Gründe zur Erklärung dafür anzuführen, daß die „antikatholische" und gegenkulturelle Distinktion in der Ethik einen der zentralen und identitätsstiftenden Symbolkomplexe innerhalb des brasilianischen Protestantismus bildet. Dem „Wandel nach dem Fleisch" und der als „typisch katholisch" bezeichneten „Laxheit der Sitten" wird im Protestantismus nach dem Muster nordamerikanischer evangelikaler Konzepte eine antisinnliche Disziplinierung des Körpers gegenübergestellt.

Der Genuß innerhalb der Welt erscheint in solchen Konzepten als Sünde, die die „wahre Freude" und den „geistlichen Genuß" verhindert. Die aus dieser Haltung folgende Repression körperlicher Bedürfnisse und Wünsche ist um vieles rigider als im Katholizismus, wo dem Genuß zumindest unter bestimmten Bedingungen Raum gegeben wird.[547]

Das Leid und die Schmerzen werden individuell und unter moralischen Aspekten gedeutet im Rahmen des Dualismus von Welt und Reich Gottes, oder auch Leib und Geist. Dabei bietet auch der Protestantismus individuelle „Lö-

---

[546] Hahn, Religiöse Dimension der Leiblichkeit, 1990, S.135.

[547] Freilich ist hier anzumerken, daß auch die Protestanten im brasilianischen Kontext mit dem „Ausweg der Doppelmoral" oder der „Ideologie des Genusses" konfrontiert sind. Und so finden sich im Protestantismus unterschiedliche Formen, mit den eigenen Normen umzugehen: Es gibt Protestanten, die die kirchlichen Normen völlig internalisiert haben. Andere führen ein Doppelleben. Wieder andere empfinden in der Übertretung der Normen eine Steigerung des Genusses. Außerdem haben natürlich auch viele Kirchenmitglieder eine kritische Distanz zu einzelnen Normen ihrer Gemeinden und geraten bei einer Nichteinhaltung in keine Gewissenskonflikte. Für alle diese Formen der Auseinandersetzung mit den kirchlichen Regeln bleiben diese aber immer als Anspruch an die Gläubigen bestehen.

sungsversuche" für körperliche Leiden oder emotionale Spannungen. Wunderheilungen und ekstatische Erfahrungen gehören zu den zentralen Riten des brasilianischen Protestantismus, besonders in seiner pfingstlerischen Form. Allerdings scheinen solche Erfahrungen nicht vermittelbar mit komplexeren oder modern-rationalen Erklärungsmodellen, die den Menschen innerhalb eines historischen Prozesses zu einer verantwortungsvollen Bekämpfung der menschlich verursachten Leiden drängen. Statt dessen führt diese Vorstellung in der Regel zu weltflüchtigen Tendenzen oder zu stark konservativem Politikverständnis.

Welt und Körper können zwar von Gott genutzt werden. Im Grunde aber sind sie wegen der Macht des Bösen und der Schwäche des Fleisches die Feinde Gottes, die es zu bekämpfen und überwinden gilt.

D. THEOLOGIE DES KÖRPERS

I. JACI MARASCIN : DAS LEIDEN UND DIE BEFREIUNG DES KÖRPERS

Die Theologie ist also eine Frage des Körpers, des Körpers Christi, des Körpers der Armen und Unterdrückten, aller Körper, um schließlich eine Theologie der auferstandenen Körper zu sein.[548]

Der anglikanische Theologe Jaci Marascin war einer der ersten Theologen und Theologinnen, die in Brasilien an der Entwicklung einer Theologie des Körpers zu arbeiten begonnen hatten. In seinen Schriften fordert Marascin die „Wiederentdeckung des Körpers als Paradigma allen Denkens und Handelns".[549] Ein Gesamtentwurf liegt dazu von Marascin noch nicht vor, doch spielt diese Perspektive in allen seinen Schriften seit den 80er Jahren eine zentrale Rolle.

Der Einfluß der Gedanken Marascins auf den theologischen Diskurs und auf das kirchliche Leben ergibt sich zum einen durch seine Veröffentlichungen, darüberhinaus durch seine Lehrtätigkeit als Professor für Liturgie am ökumenischen Postgraduierteninstitut in São Bernardo do Campo und durch sein bis 1991 anhaltendes Wirken in der Kommission „Faith and Order" des Ökumenischen Weltkirchenrates.

In seinen Schriften behandelt Marascin eine ganze Reihe von Themen, die mit Fragen der Körperlichkeit in Verbindung stehen. Bereits in einem seiner frühen Texte zur Theologie des Körpers setzt sich Marascin mit philosophischen Konzepten zu Fragen des Körpers bei Merleau-Ponty, Sartre und Heidegger auseinander.[550] Dazu kommen Fragen nach der symbolischen Konstituierung der Wirklichkeit,[551] Fragen der Liturgie,[552] der Musik,[553] der Kunst[554] und ästhetischen Perspektivität[555], der Sinnlichkeit und Sexualität.[556]

---

[548] Marascin, „Os corpos do povo pobre", 1986a, S.37.
[549] Marascin, „Que e teologia do corpo?", 1987, S.44.
[550] Marascin, „Fragmentos das harmonias e das dissonancias do corpo", 1985.
[551] Marascin, „O Simbolico e o Cotidiano", 1984a.
[552] Marascin, „O espaco da Liturgia", 1985c.
[553] Marascin 1984a.
[554] Marascin, „Estética. A experiencia do Esquecimento absoluto ou, talvez, da Ruptura", 1979.
[555] Marascin, „Arte e Teologia", 1994.
[556] Marascin 1984a, S.138ff.

Die zentralen biblischen Anstöße für eine Theologie des Körpers findet Marascin im Gedanken der Schöpfung, der Inkarnation, dem Wirken Jesu und der Auferstehung, wie er in seiner Arbeit zum nizäno-konstantinopolitanischen Glaubensbekenntnis „Der Spiegel und die Transparenz" zeigt.[557] Dazu tritt in späteren Veröffentlichungen der Gedanke der „Koinonia".[558]

*1. Der biblische Ausgangspunkt:
Die Inkarnation Gottes als Zuwendung zum leidenden Körper*

Was aber bedeutet es, in bezug auf die Liturgie, Sexualität oder die Konstituierung von Gemeinschaft den Körper als „Paradigma allen Denkens und Handelns" zu betrachten?

Für Marascin ist das Christentum die „materialistischste aller Religionen".[559] Das heißt, daß das Christentum nicht eine zweite, idealistische Welt errichtet, in die sich etwa die Seele flüchten könnte. Im Christentum geht es vielmehr um den Alltag der Menschen, ihre täglichen Bedürfnisse und Wünsche, um menschliche Erfahrungen von Schmerz und Genuß.

> „Was diese Art des Christentums am meisten kennzeichnet, ist sein »Materialismus«, das heißt sein Leben im Sinne der Inkarnation. In diesem Sinn sind die Christen Körper, wenn sie sich treffen und denken, reagieren, essen und trinken."[560]

Der Materialismus des Christentums zeige sich also in der *Hinwendung Gottes zum konkreten Leben der Menschen*, das sich in der Körperlichkeit manifestiere. Diese Hinwendung werde bereits in den Schöpfungsgeschichten deutlich, in denen sich Gott als der Schöpfer der Materie und der Körper offenbare. Demzufolge war auch die Spiritualität des Volkes Israel niemals eine Flucht vor der Welt, ein Abwenden von der Geschichte oder eine Negierung des Körpers.[561]

Im Neuen Testament komme der Gedanke der Hinwendung Gottes zum Körper theologisch deutlich in der Vorstellung der Inkarnation zum Ausdruck:

---

[557] Marascin, *O Espelho e a Transparencia. O Credo Niceno-Constantinopolitano e a teologia latino-americana*, 1989.
[558] Marascin, „Que quer dizer koinonia para nós?", 1993. Marascin, Que é formação espiritual?, 1990.
[559] Marascin 1985, S.206.
[560] Marascin 1986a, S.32.
[561] Marascin 1988b, S.56.

> „Die Inkarnation war immer die bevorzugte Art Gottes, sich unter uns zu manifestieren, unter uns Menschen, die wir Körper aus Fleisch und Blut sind und nicht fleischlose Geister."[562]

Theologische Konzepte der Inkarnation spielten schon immer in der lateinamerikanischen Theologie eine Rolle. In den klassischen Entwürfen der Theologie der Befreiung war das Konzept der Inkarnation allerdings unter anderen Aspekten interpretiert worden. Für die in Medellín vertretene Christologie zeigt sich in der Kenosis die Zuwendung Gottes zu den Armen.[563] In anderen Entwürfen, dient das Konzept der Inkarnation dazu, die historische und kulturelle Eingebundenheit der befreienden Botschaft Jesu zu verkünden. Indem sich Gott in die Geschichte inkarniere, lasse er sich auf den jeweiligen Kontext ein. Mit diesem Gedanken legitimierte sich die Theologie der Befreiung als „kontextuelle Theologie" in Abgrenzung zu den europäischen und nordamerikanischen theologischen Entwürfen.[564] In neueren missionarischen Entwürfen Brasiliens wird von Befreiungstheologen inzwischen überlegt, wie man von einer solchen Vorstellung der Inkarnation als Kontextualisierung oder Inkulturation ausgehend auch Elemente der afrikanischen oder indianischen Kulturen in das immer noch stark europäisch geprägte Christentum aufnehmen kann. Die Inkarnation Christi wird dabei zur Grundlage der Inkulturation des Evangeliums.[565]

Bei Marascin wird die Symbolik der Inkarnation konkreter gesehen. Der Aspekt der Kontextualität, der Geschichtlichkeit und der Inkulturation der Botschaft geht bei Marascin nicht verloren. Der Gedanke der Inkarnation wird aber auch zum Ausdruck des konkreten Bezugs auf den Alltag und die alltäglichen Bedürfnisse des Körpers.

Nach Marascin positioniere die Liste seiner Vorfahren Jesus innerhalb der menschlich-konkreten Geschichte.[566] Jesus lebte mit den Menschen, aß, trank und feierte mit ihnen, spürte Hunger und Durst. Auch seine Lehre, die Verkün-

---

[562] Marascin 1989, S.128.

[563] Goldstein 1989, S.79. Ausformuliert findet sich diese Kenosischristologie beispielsweise bei Sobrino (Spiritualität und Nachfolge Jesu, 1996, S.1100f): „Das erste Element der Struktur des Lebens Jesu ist die Inkarnation. Jesus wurde als Mensch geboren, aber er wurde es auf besondere Weise, indem er sich nämlich nicht in irgendeinem beliebigen Fleisch, sondern im schwachen Teil des Fleisches inkarnierte."

[564] In seiner grundlegenden Studie analysiert Brandt das Konzept der Inkarnation als „Leitmotiv" lateinamerikanischer Befreiungstheologie.: Brandt, *Gottes Gegenwart in Lateinamerika. Inkarnation als Leitmotiv der Befreiungstheologie,* 1992.

[565] Paulo Suess (Inkulturation, 1996) erkennt dabei eine Analogie zwischen beiden Begriffen, die durch die Parallelität der Überwindung von Distanz und Verschiedenheit sowie die gleichzeitige Anerkennung der Andersheit in der Nichtidentifikation mit dem anderen besteht. Zu anderen Beschreibungen des Verhältnisses von Inkarnation und Inkulturation siehe: Suess (Hg.), *Inculturação e Libertação,* 1986.

[566] Zum Folgenden siehe: Marascin 1986a S.32ff.

digung der guten Nachricht und die Heilungen waren Elemente, die direkt mit den Körpern des leidenden Volkes zu tun hatten.

> „Jesus begann seinen Dienst weder mit mystischen Momenten noch mit transzendentalen Argumentationen. Er begann damit, seine Doktrin der Liebe zu lehren, indem er das Reich Gottes verkündete und die Kranken heilte."[567]

Der Bezug auf das konkrete Leben zeige sich auch in der Sprache Jesu. Elemente der Natur spielen sowohl bei den Vergleichen als auch bei den Gleichnissen Jesu eine Rolle: Die Jünger werden als „Salz der Erde" bezeichnet, das Senfkorn dient der Erläuterung des kommenden Reiches. Auch in den Gebeten seien die körperlichen Bedürfnisse wichtig, etwa wenn Jesus die Jünger lehrt, Gott um das tägliche Brot zu bitten.

Mit seiner Nachricht wende sich Jesus vor allem an die Armen, mit ihren erschöpften und durch das Leiden deformierten Körpern.[568] Er verkündete ihnen die Möglichkeit eines neuen Himmels und einer neuen Erde, wo die Körper auferstehen werden.

> „Jesus verkündete ihnen ein neues Reich, das völlig verschieden sein sollte von dem Reich, in dem sie jetzt lebten und das entstellt war durch das Streben nach Geld, durch die Gefühllosigkeit gegenüber dem Leiden und durch die Diebe, welche »stehlen und untergraben«. Jesus verkündete den Armen die Möglichkeit eines neuen Himmels und einer neuen Erde, wo die Körper auferstehen würden. Diese Verkündigung der Möglichkeit neuer Dinge gab den leidenden Körpern der Armen eine neue Hoffnung und mit dieser Hoffnung einen neuen Lebenswillen."[569]

2. Kritik an den Dualismen im Christentum

Die Inkarnation Gottes und das Leben des historischen Jesus zeige die Hinwendung Gottes zu den Körpern der Menschen. Die Leiblichkeit des Christentums erweist sich in Marascins Analyse darüberhinaus in den liturgischen Symbolen der Kirche. Taufe, Brot und Wein sind dabei nicht nur Symbole dieser „Materialität des Christentums", sondern auch Zeichen der Gemeinschaft. Und auch diese Gemeinschaft der Kirche wird mit der Leibmetaphorik beschrieben:

---

[567] Marascin 1986a, S. 33.

[568] Eine neuere grundlegende Darstellung der Wahrnehmung von Schmerz, Gewalt und Leid durch Theologie und Volksreligiosität Lateinamerikas findet sich bei: Weber, *Ijob in Lateinamerika. Deutung und Bewältigung von Leid in der Theologie der Befreiung*, 1999.

[569] Marascin 1986a, S.34.

> „Das liturgische Leben der Kirche bezeugt, daß die Kirche nicht nur Leib Christi ist, sondern daß der kirchliche Leib durch die Gemeinschaft der versammelten Leiber gebildet wird."[570]

Schon früh regten sich nach Marascins Analyse Gegenströmungen in der Geschichte der Kirche gegen diesen Prozeß der Inkarnation und gegen die Hochschätzung der Leiblichkeit. Der Logos, der sich im Fleisch inkarniert hatte, sollte zum Himmel zurückkehren und zur Idee, zum reinen Geist werden.

Zunächst gelang es der Kirche, beispielsweise den Doketismus abzuweisen und den Glauben vor der „Deinkarnation" zu beschützen. Doch fand die Leibfeindlichkeit immer wieder Eingang in die theologischen Gedankengebäude. Einen Höhepunkt des Einflusses platonisch-dualistischer Gedanken bildete Origenes. Das Fleisch wurde zum Feind der Seele und der Himmel zum wahren Ort des Menschen. Dies zeigt sich nach Marascin etwa darin, daß Origenes behauptet, was in Übereinstimmung mit der Natur des Körpers sei, sei im Gegensatz zur Natur der Seele, und was in Übereinstimmung zur Natur der Seele sei, sei ein Gegensatz zur Natur des Körpers.[571]

Die Angst vor den Genüssen des Körpers führte nach Ansicht Marascins viele Theologen dazu, die Frauen als Quelle der Versuchung zu verstehen, die Jungfernschaft als hohes Gut zu betrachten oder Praktiken zur Kasteiung des Körpers zu erfinden. Auch Augustin sah den sexuellen Genuß und den „sinnlichen Appetit" als die schlimmste Sünde. Diese Tradition lasse sich bis in unser Jahrhundert verfolgen. So zitiert Marascin den spanischen Gründer des Opus Dei M. Escriva, der den Körper als Feind des Ruhmes Gottes betrachtete.[572]

Doch auch in der protestantischen Tradition sei die Leibfeindlichkeit stets präsent gewesen beispielsweise in den sinnenfeindlichen Praktiken der Calvinisten und des Puritanismus. Sexuelles Vergnügen wurde zensiert, z.Z. der Herrschaft der Calvinisten wurden bestimmte Feste, Alkohol und Tanz verboten. In der Liturgie wurde alles eliminiert, was der Materie und dem Körper Raum gab.[573]

Solche Konzepte arbeiten nach Marascins Einschätzung mit dem *Dualismus von Leib und Seele*. Dem Leiden und den Genüssen des Leibes werden die „Wahrheit der Seele", das „innere Licht" oder die „geistliche Reinigung" entgegengesetzt.[574] Der Körper werde in dieser Perspektive abgelehnt und müsse deshalb im religiösen Akt überwunden werden. Die im brasilianischen Protextantismus übliche Vorstellung von der „Konversion zum Geist" beispielsweise

---

[570] Marascin, „Conversão e Corpo", 1986b, S.74.
[571] Marascin 1985a, S.199.
[572] Marascin 1985a, S.198.
[573] Marascin 1985a, S.202.
[574] Marascin 1986a, S.30.

konzentriere sich in dieser Perspektive oft auf die Beschränkung der sexuellen Genüsse.

Eine weitere Form des Leib-Seele-Dualismus liegt nach Marascin im *Logozentrismus* verborgen. Dem konkreten Leben, der inkarnierten Nähe Gottes werden dabei abstrakte Ideen entgegengestellt. Mit seinen Abstraktionen, seinen geschlossenen und unwandelbaren Katechismen stelle sich der Logozentrismus dem partikularen Leben, den alltäglichen Bedürfnissen und dem Verlangen der Menschen entgegen.[575] Dieser Logozentrismus sei durch die Konzentration auf die Bibel als Wort Gottes besonders in der protestantischen Tradition offensichtlich.

> „Es gibt eine bestimmte Verbindung zwischen der Vorherrschaft der Tradition des Wortes in den protestantischen Kirchen und der negativen Art, wie diese Kirchen den Körper betrachten."[576]

Der Leib-Seele-Dualismus führe auch zum *Dualismus von Individuum und Gesellschaft*. Denn es gehe in diesem Konzept um die Rettung der individuellen Seele. Diese Rettung und die individuelle Antwort auf Jesus, seien deshalb auch das Hauptthema der Predigt in den Kirchen, die den Leib-Seele-Dualismus vertreten. Das Zusammenleben der Menschen und die gesellschaftlichen Strukturen, in denen das Individuum verwachsen sei, würden dabei völlig außer acht gelassen.[577]

Aber nicht nur die Reduktion der Religiosität auf die Rettung der eigenen Seele sondern auch der *narzistische Körperkult* sei eine Folge der Entgegensetzung von Individuum und Gesellschaft. Denn in dieser „teologia muscular", wie Marascin den Körperkult mit ironischem Unterton nennt, mit ihrem Dogma „mens sana, in corpore sano" sei nur der Starke, Schöne und der Reiche, der ins Trainingszentrum gehen könne, der Sieger. Die Armen und Schwachen und damit die Gemeinschaft aber sei ausgeschlossen von dieser Ideologie.[578]

> „Wie sollen wir andere Körper treffen, wenn die Sorge um unseren eigenen Körper uns zu kleinen Zentren der Welt macht, die nicht zu einer wirklichen Kommunikation und Gemeinschaft mit den anderen in der Lage sind?"[579]

Das Resultat der Entgegensetzung von Individuum und Gemeinschaft sei zum einen der Narzismus, wie er sich in alleiniger Sorge um das individuelle Heil oder im Kult um den eigenen Körper zeige. Zum anderen führe er zum *Dualis-*

---

[575] Marascin 1986a, S.27. Mit dem Logozentrismus setzt sich Marascin auch in einer späteren Veröffentlichung in Anlehnung an Gedanken von Derrida auseinander. Siehe dazu: Marascin, Crítica da hermeneutica, 1992a, S.124ff.
[576] Marascin 1992b, S.140.
[577] Marascin 1988b, S.54.
[578] Marascin 1988a, S.1.
[579] Marascin 1986b, S.80.

mus von Kirche und Politik, bei dem sich die Kirche nur um das Heil der Seele kümmern müsse, die Probleme der Gesellschaft aber in einen davon völlig getrennten Zuständigkeitsbereich gehören. In dieser Perspektive ist

> „die erste Wirklichkeit die Kirche, eine übernatürliche Gemeinschaft, die für die »spirituelle« Mission bestimmt ist. Die zweite Realität ist der Staat, der auf den Gesetzen der Politik und der Ökonomie beruht, und der dazu bestimmt ist, sich den Interessen »dieser Welt« zu widmen, die die Interessen der »materiellen« Ordnung sind."[580]

Sowohl die Flucht in die gereinigte Sphäre der Seele, als auch das Klammern an „abstraktes Wissen", an „leere Formeln", stellen sich in solchen dualistischen Konzepten den Bedürfnissen des Körpers entgegen. Damit rechtfertige der Leib-Seele-Dualismus indirekt ungerechte gesellschaftliche Strukturen, die die Leiden der Körper verursachen. Er vergrößere darüber hinaus die Entfremdung und die Repression der Sinnlichkeit. Dieser Dualismus sei deshalb nur scheinbar unpolitisch. In Wahrheit aber sei er die Basis einer *„Theologie der Herrschaft"*.[581]

> „Die Theologie der Reichen sagte immer zu den Armen, daß die Körper unwichtig seien und daß Gott an den Seelen interessiert sei. Deshalb war die Religion der Elite immer ein »geistlicher Flug der desinkarnierten Seelen«, obwohl dieselben Eliten niemals ihre eigenen Körper vernachlässigt hatten und auch nichts unterließen, was ihr eigenes Wohlergehen garantieren könnte."[582]

Alle diese Dualismen stehen nach Ansicht Marascins der biblischen Wertschätzung des Körpers entgegen. Aus dieser Wertschätzung folge nämlich ein Engagement und eine „Option für die Armen".

Theologisch begründet Marascin diese „Option für die Armen" zum einen durch die Zuwendung Gottes zum Körper und damit vor allem zum leidenden und unterdrückten Körper, wie sie sich im Leben Jesu zeige. So mache beispielsweise die Metaphorik des Leibes für die Kirche die Bedeutung der schwachen Glieder innerhalb der Gemeinschaft deutlich.

Zum anderen scheinen nach Marascin auch philosophische Überlegungen für die Option für die Armen zu sprechen. Wählt man den Körper als Ausgangspunkt seiner Überlegungen, so spielt die Zuwendung zu den schwachen Körpern für jede Gemeinschaft und Kommunikation eine zentrale Rolle, d.h. auch für die Gesellschaft außerhalb der Kirche. Insofern kann Marascin den Körperkult als eine entfremdete Form der Körperlichkeit, als den Ausdruck eines säkularisierten Leib-Seele Dualismus betrachten, bei dem durch die Fixierung auf den eigenen Körper echte Kommunikation verhindert und der Gegensatz von Individuum und Gemeinschaft aufrecht erhalten wird.

---

[580] Marascin 1988b, S.55.
[581] Marascin 1988b, S.55.
[582] Marascin 1986a, S.36.

3. Theologie des gekreuzigten Körpers

Gegenüber solchen „entfremdenden Tendenzen"[583], wie sie sich in Brasilien möglicherweise weniger in der universitären Theologie als vielmehr im kirchlichen Alltag finden lassen, fordert Marascin eine „Konversion zum Körper".[584]

Dies heiße zunächst einmal, daß die Theologie die *Deformationen der Körper der Leidenden und Marginalisierten ernst nehmen* müsse. Die Armen spüren die Entbehrungen täglich auf ihrem Leib: Sie haben keine Wohnung, leiden Hunger, finden keine Zeit zur Entspannung.[585] Alles was die Armen besitzen, ist ihr Körper. Doch auch dieser ist bedroht, wird ausgebeutet, diskriminiert, vergewaltigt oder getötet.

Diese Deformationen erhalten für Marascin bereits theologische Valenz. Sie sind eine Theologie, die den Körpern des Volkes eingeschrieben ist.

> „Es gibt theologische Prämissen in den Falten, den Deformationen, den Verletzungen, den Narben der Krankheit und der Unterernährung, der Schwächung der sterbenden Körper, die die Favelas Lateinamerikas besiedeln. Es gibt wahre theologische Traktate in den trockenen und zahnlosen Mündern unserer Bauern, (...) offen für unsere Lektüre."[586]

Indem Marascin den leidenden Körper in das Zentrum seiner theologischen Überlegungen stellt, werden die konkreten Erfahrungen der Menschen als Ausgangspunkt der Überlegungen gewählt. Darüberhinaus wird die „Option für die Armen" ausgeweitet. Nicht allein die Besitzlosigkeit ist der Grund der besonderen Zuwendung Gottes zu den Marginalisierten, sondern auch die Leiden des Körpers, die in Krankheit, Rassismus oder sexistischer Diskriminierung ihren Ursprung haben können.

Die konkreten Erfahrungen des leidenden Körpers entwickeln sich zur *Klage des Volkes*.

> „Diese Klage kommt von den schmutzigen Körpern, den leidenden Körpern mit ihrer Wut und ihrer Verzweiflung und verwandelt sich in eine »Theologie der Klage«, eine »Theologie der Gequälten«."[587]

---

[583] Marascin, Fé Christa e Corpo, 1984b, S.64.

[584] Marascin 1986b. Marascin stellt die „Konversion zum Körper" der „Verbindung von Konversion mit repressiven Maßnahmen" entgegen, wie sie von Rubem Alves in der Untersuchung »Protestantismus und Repression« aufgezeigt worden war.

[585] Marascin 1986a, S.34f.

[586] Marascin 1986a, S.36.

[587] Marascin 1986a, S.35..

Damit ergebe sich die erste Aufgabe der Universitätstheologen: Sie müssen auf diese Theologie des Volkes, diese Theologie der Klage hören.

> „In anderen Worten, es scheint mir, daß man nicht mehr Theologie betreiben kann, als wenn das Volk nicht existieren würde, als wenn dieses Volk nicht aus Körpern bestünde und als wenn nicht eben diese Körper theologische *loci* seien, im klassischen Sinn des Wortes."[588]

Aufgrund der leidenden Körper gewinne das Kreuz eine zentrale Bedeutung. Denn die Klage des Volkes bilde eine „Theologie des Volkes", die vom Kreuz ausgeht und im gekreuzigten Christus die Kreuzigung des Volkes selbst erkennt. Sie werde zu einer „Theologie des gekreuzigten Körpers".[589]

> „Die Bedeutung des Kreuzes liegt darin, daß es das Kreuz des gekreuzigten Körpers ist. (...) Und dieser Körper am Kreuz ist unserem Körper am Kreuz gleich. Er klagt, wird gequält und stirbt."[590]

Das Leiden des Körpers Christi am Kreuz symbolisiere die Solidarität Gottes mit dem Leiden der menschlichen Körper. Deshalb müsse die Botschaft des Evangeliums neu interpretiert werden. Denn das Evangelium klagt die sozialen, politischen und ökonomischen Strukturen an, denunziert die Kultur der Gewalt und Verzweiflung, die die Ursache für die Kreuzigung der Körper sind. Die Trennung der Körper in reich und arm, schön und häßlich, gesund und krank erscheint in der Theologie des Körpers als Resultat unserer Sünde, als Sünde, die nach Gottes Willen überwunden werden müsse.

> „Wenn wir die »Körper« entdecken und nicht nur die entkörperlichten »Geister«, erkennen wir, daß sich diese Körper in eine spezifische Politik einfügen und daß die Unterschiede zwischen den Reichen und den Armen, die man an ihren Gesichtern, Augen, Zähnen und Narben sieht, nicht Ausdruck einer idealisierten Menschheit sind, sondern das Resultat der Klassenunterschiede und der Ausbeutung jener, die die Macht haben über die Ärmsten."[591]

---

[588] Marascin 1986a, S.37.

[589] Marascin 1986a, S.35. Diese Vorstellung der Identifikation des Leiden Christi mit dem Leiden der Märtyrer findet sich nach Brown (1994, S.88) möglicherweise auch bei Irenäus von Lyon, wenn er von einer Märtyrerin berichtet, die ihre Gefährten „in ihrem Kampfe (...) so mit ihren fleischlichen Augen als den (schaute), der für sie gekreuzigt worden war." Ebenso zeigt sich diese Identifizierung in der Vorstellung *des gekreuzigten Volkes* bei den lateinamerikanischen Befreiungstheologen Ignacio Ellacuría (Das gekreuzigte Volk, 1996) und Jon Sobrino (Sobrino, *El principio misericordia. Bajar de la cruz a los pueblos crucificados,* 1992. König u. Larcher [Hg.], *Theologie der gekreuzigten Völker. Jon Sobrino im Disput,* 1992). Dabei drückt diese Identifizierung nicht nur wie bei Marascin die Solidarität Gottes mit den Leidenden aus. Das Volk erhält auch eine Aufgabe als „Fortführer der Erlösung durch den Gottesknecht Jesus" (Ellacuría 1996, S.847-850) und damit eine quasi soteriologische Funktion.

[590] Marascin 1986a, S.35.

[591] Marascin 1986b, S.79.

Die alltäglichen Erfahrungen und das Leiden der Körper bilden den Ausgangspunkt der Theologie des Körpers. Dann muß nach Marascin aber auch die gesellschaftliche Ursache dieses Leidens angeklagt werden. Weltflucht und Entpolitisierung des Alltags werden damit unmöglich, die Dualismen werden überwunden.

4. Die befreiten Körper

Die Theologie des gekreuzigten Körpers ist nicht nur eine Theologie der Klage und des Protestes. Sie ist zugleich eine Theologie der Erwartung, getragen vom Glauben an die *Auferstehung*.

> „Nicht der Erwartung, die nicht weiß, was sie hofft, sondern der Erwartung, die durch den Glauben geleitet wird. Diese Theologie hat die Kraft der Hoffnung, gegen jede Verzweiflung und auch gegen jede Hoffnung ohne Zukunft. Es ist in Wirklichkeit eine »spes contra spes«. (...) Die Hoffnung der gekreuzigten Körper erhebt sich gegen die Unmöglichkeit der Auferstehung. Aber aus dieser Unmöglichkeit erwächst das neue Leben."[592]

Während in der „idealistischen Theologie" dem Leiden des Körpers die Rettung der gereinigten Seele gegenübergestellt werde, sieht Marascin in der Befreiung des Körpers die *Hoffnung* der christlichen Botschaft und die Bedeutung der Auferstehung.

Das verkündete *Reich Gottes* sei der Ort der Sinnlichkeit, des Genusses und der Schönheit, der Leichtigkeit und des Vergnügens, der Freiheit und der Vorstellungskraft.[593] Und es sei der Ort, wo sich die befreiten Körper treffen. Statt der individuellen Rettung der Seele werde hier die Gemeinschaft durch die Befreiung der Körper und durch Kommunikation ermöglicht. Den Körper als Ausgangspunkt zu wählen, heiße nämlich auch, die Möglichkeit der Begegnung mit den anderen Körpern zu schaffen.[594]

Dieser Bezug auf Gemeinschaft komme in den biblischen Quellen nicht nur durch die Hinwendung Gottes zum Körper sondern auch in anderen Vorstellungen zum Ausdruck. Das Konzept des „Volkes Gottes" beispielsweise stelle die Bedeutung der Gemeinschaft für den Bund Gottes heraus. Im Neuen Testament werde dies durch die Vorstellung vom Körper Christi ausgedrückt:

> „Das Konzept des Körpers Christi ist vielleicht das wichtigste Element, das im Neuen Testament verwendet wird, um die Opposition von Individuum und Ge-

---

[592] Marascin 1986a, S.35.

[593] Marascin 1986b, S.80.

[594] Hier nimmt Marascin (siehe z.B. 19885a, S.197f) Gedanken von Sartre und Merleau Ponty über die Bedeutung der Körpererfahrung für die Herausbildung von Subjektivität und Gemeinschaft auf.

meinschaft aufzulösen. (...) Wir sind aufgerufen, an diesem »Körper« teilzuhaben und uns mit dem Tod und der Auferstehung Christi zu identifizieren. (...) Bereits der Eintritt in das Geheimnis des Glaubens schafft unter uns Christen Bande der Brüderlichkeit und der Solidarität, die zu Frieden und Gerechtigkeit führen sollen. Diese physische, körperliche Gemeinschaft ist die Bedingung unseres neuen Lebens in Christus."[595]

Nicht die Überwindung des Körpers, sondern die Ausrichtung auf das Leben der Gemeinschaft und auf die Körper der anderen wird damit zum entscheidenden Kriterium der religiösen Orientierung und zum Zeichen des Reiches Gottes.

Dieses Reich stehe noch aus, gibt uns jedoch bereits heute *Kraft zu neuem Leben*. Die bereits jetzt sichtbare Hinwendung Gottes zu unseren Körpern finde vor allem in der Schöpfung und der Inkarnation ihren Ausdruck. Seine Solidarität mit den leidenden Körpern zeige sich im Kreuz. Die Auferstehung ermögliche die Hoffnung auf eine Befreiung der Körper in der Zukunft.

„Und bereits heute tritt die Hoffnung auf die »Auferstehung des Körpers« in die Mitte unseres Lebens und verändert die Art, wie wir aus unseren Körpern eine Quelle der Lebensfreude machen, die durch Gott geschaffen wurde. Wenn die Körper für die Auferstehung bestimmt sind, sollten sie die Zeichen der Gnade und der Lebensfreude besitzen."[596]

In kurzen Augenblicken des Glücks, im Gottesdienst, beim Betrachten von Kunstwerken, bei den kleinen Vergnügungen des Alltags, beim Essen, beim Samba, und in der liebevollen Sexualität voll von Sinnlichkeit und Wollust scheine das Reich Gottes auch schon im Alltag auf, wo sich die Körper der Fülle des Lebens und der Gemeinschaft hingeben.[597]

5. Die Körper im Zeichen der Gnade und Lebensfreude: Die ästhetische Existenz

5.1. Form und Struktur ästhetischer Erfahrung

Mit der Betonung der Sinnlichkeit erhält der Körper einen Wert an sich und öffnet sich ästhetischen Ausdrucks- und Erlebnisformen. Denn die *Selbstbezüglichkeit* ist ein zentrales Merkmal ästhetischer Erfahrung. Damit erhalten die genießende Sexualität und die Freude an der Schönheit ebenso wie die Kunst und die Sprache der Metaphern und Symbole eine wichtige Bedeutung. In Anlehnung an die Anthropologie von Gabriel Marcel kann Marascin formulieren:

---

[595] Marascin 1988b, S.58f.
[596] Marascin, „Anglicanismo: espiritualidade e missão", 1988b, S.57.
[597] Marascin 1984a, S.140.

> „Ich nutze nicht meinen Körper, ich bin mein Körper. Mit anderen Worten, es gibt etwas, das die Implikationen verneint, die sich in der rein instrumentellen Vorstellung vom Körper zeigen, wenn ich behaupte, daß der Körper außerhalb von mir (»externo a mim mesmo«) ist."[598]

5.1.1. Sexualität

Dieses nicht-instrumentelle Verständnis des Körpers ermöglicht nach Marascin beispielsweise die Freude der menschlichen Begegnungen und die *Lust an der Sexualität* der sich Liebenden. Der gesellschaftlichen Repression der Sexualität, der staatlichen Zensur, die die Kreativität und Freiheit des Volkes unterdrücken wolle, stellt Marascin die Forderung nach der „Befriedigung des Verlangens mit Lebenslust und Liebe"[599] entgegen. Denn auch der sexuelle Genuß sei ein Wert an sich und lasse sich nicht auf die Logik der Funktionalität und Zeugung beschränken. Vielmehr könne die Sinnlichkeit der Körper zu einem Ort der Schönheit des Spiels und der Kreativität werden.[600]

> „Das Hohelied zeigt ganz klar, daß sich die Sexualität derer, die sich lieben, nicht auf die Regeln der Zeugung beschränken läßt, sondern daß sie ein Element der »guten Schöpfung« Gottes ist, die dem Menschen zu seiner Erfüllung gegeben wurde."[601]

In diesem Sinne schlägt Marascin auch eine Relektüre des Symbols der Jungfrauengeburt Marias vor. Diese Vorstellung sei vor allem in der mittelalterlichen Kirche dazu genutzt worden, den neuplatonischen Dualismus von Körper und Heiligem auszudrücken. Wo der Körper als Widersacher des Heiligen gelte und die Inkarnation eines Gottes als asexueller Akt verstanden werden müsse, erscheine auch für den menschlichen Alltag die Abwertung der Sexualität und ihre Begrenzung auf die Funktion der Zeugung plausibel. Akzeptierte Sexualität werde damit auf reproduktive Kontakte beschränkt.[602]

Marascin dreht diese Interpretation um. Wenn die Zeugung Jesu ohne sexuellen Kontakt möglich war, so könne die Hauptfunktion der Sexualität nicht die Fortpflanzung der menschlichen Spezies sein. Denn das Beispiel Jesu zeige ja, daß es durchaus möglich war, einen nach der Definition von Calcedon vollständigen Menschen ohne sexuelle Kontakte zu zeugen. Sexualität werde damit vom Zwang zur Reproduktion entlastet. Maria symbolisiere in dieser Hinsicht die

---

[598] Marascin 1985a, S.194. Die entspricht nach Ansicht Bultmanns (*Theologie des Neuen Testaments,* 1953, S. 192) auch der paulinischen Sicht von Soma: „Aus all dem ergibt sich: durch *soma* kann der Mensch, *die Person als ganze,* bezeichnet werden."

[599] Marascin 1986b, S.81.

[600] Marascin 1985, S.207.

[601] Marascin 1984b, S.66.

[602] Marascin 1989, S.134.

Befreiung des Körpers und der Sexualität, die nun als Ausdruck des Lebens, als Genuß und Quelle der Lust erlebt werden können.[603]
Der Dank für die Gabe der Sexualität sollte nach Ansicht Marascins in den religiösen Alltag mitaufgenommen werden. Die sexuelle Erfahrung sollte eine Sprache auch innerhalb der Kirche erhalten:

> „Weshalb gibt es keine Lieder, Psalmen und Lobgesänge auf die Gabe der Sexualität? Wieso sollte man nicht Gott danken für den Sex, den er uns gegeben hat, für den Orgasmus?"[604]

Die Bindung des Befreiungsprozesses und des Genusses an die Gemeinschaft würde dabei genau jenen Libertinismus verhindern, den konservative Kreise hinter dem Ausdruck „Theologie des Körpers" befürchteten, denn diese Bindung führe zu einem verantwortlichen und liebevollen Umgang mit dem Verlangen des eigenen Körpers und den Bedürfnissen der Körper der anderen.[605]

Durch die positive Wertung körperlicher Sinnlichkeit kann auch die Reduzierung des Sündenbegriffes und der Vorstellung von Konkupiszenz auf das sexuelle Begehren überwunden werden. Entgegen diesen „spiritualistischen Interpretationen" sei Konkupiszenz als Mißbrauch von Macht, Wissen, Besitz und als Mißbrauch des Körpers für den eigenen Nutzen und zum Schaden der Gemeinschaft zu verstehen.[606]

> „Die Volksreligiosität versteht nicht den Unterschied zwischen diesen drei legitimen Elementen des menschlichen Lebens - der Macht, der Sexualität und des Wissens - und der Art und Weise, wie sie sich im Zustand der Entfremdung (oder der Sünde) unter uns manifestieren. Es war einfacher für die Volksweisheit, das Gewicht der Sünde auf die Sexualität zu verlagern und diese zu einem Tabu zu machen und in der Gesellschaft die Zensur und die Repression zu institutionalisieren."[607]

Im Gegensatz zu solchen volksreligiösen Wahrnehmungsmustern von Sexualität sei nicht der sexuelle Genuß als solcher ein moralisches Problem, sondern eine Sexualität, die nicht auf der Zuwendung zum anderen beruhe. Die Verwendung

---

[603] Marascin 1989, S.133.

[604] Marascin 1988a, S.6.

[605] Marascin, *Teologia do corpo*, 1988, S.1. Marascin zitiert eine evangelische Zeitschrift, die über ihn geschrieben hat, er hätte eine „Theologie des Libertinismus" entwickelt, die er „Theologie des Körpers" nennen würde.

[606] Marascin 1985a, S.201. Dabei nimmt Marascin die Vorstellung von Tillich (*Systematische Theologie II*, S.61) auf. Dieser kritisiert die bei vielen Theologen vorherrschende Reduzierung der Vorstellung der Konkupiszenz auf das Streben nach sexueller Lust. „Es ist der *grenzenlose* Charakter der Begierde nach Erkenntnis, Sexualität und Macht, der jene zu Symptomen der Konkupiszenz macht." Ebenso wie diese Vorstellung von Konkupiszenz übernimmt Marascin (1989, S.248) von Tillich die Vorstellung von Unglaube und Hybris als Ausdruck der Sünde.

[607] Marascin 1989, S.248.

von Verhütungsmitteln zur Abwehr ansteckender Krankheit sei ein Beispiel des verantwortungsvollen und damit moralischen Umgangs mit dem sexuellen Genuß.[608]

5.1.2. Schönheit

Die Vorstellung von der christlichen ästhetischen Existenz verhindere ebenso eine Fetischisierung des individuellen Körpers, wie dies im modernen Körperkult geschehe. Denn die aus christlicher Perspektive erstrebte Form der Schönheit könne durch den Bezug auf die Gemeinschaft kein Mittel der sozialen Grenzziehung sein.

„Die bloße Proportion oder die Jugend mit dem knackigen und glänzenden Fleisch sind keine ausreichenden Zeichen von Schönheit. Sie können tot und ohne Attraktion für viele erscheinen. Die Schönheit des menschlichen Körpers verbindet sich mit seinem Leben, mit seiner Expressivität, mit seiner Liebe, die aus ihm entwächst, und mit der Sympathie für die anderen. Der Körper wartet auf die Befreiung von den aufgestellten Normen der Schönheit."[609]

Marascin ist sich also durchaus bewußt, daß die ästhetischen Normen kulturell bedingt sind. Dennoch müßten diese Normen ja nicht durch die Modelle der Schönheitsagenturen bestimmt werden. Der politische Slogan der afrobrasilianischen Bewegung „Schwarz ist schön!" ist nach Ansicht Marascins ein Beispiel für eine solche Wiederaneigenug ästhetischer Normen.

Die *Schönheit* könne auch oberflächliche oder repressive Formen annehmen. Aber wenn sie in Bezug auf die Gemeinschaft und die Liebe verstanden werde, gehöre sie seit dem Beginn der Schöpfung zur Geschichte Gottes mit den Menschen.

„Das Resultat der Schöpfung Gottes war voll von Lebensfreude und Schönheit. Die Schönheit und die Güte waren verbunden im schöpferischen Prozess. Gott gefiel, was er gemacht hatte und er spürte Genuß beim Anblick des eigenen Werkes."

---

[608] Marascin, „Igreja e Ética", 1995, S.14. Es finden sich bei Marascin allerdings keine Hinweise, ob er solch sexuellen Genuß auch außerhalb der Ehe für ethisch gerechtfertigt hält. In dem eben zitierten Artikel über „Kirche und Ethik" beschreibt er es als ein Problem, daß in der Theologie in Bezug auf Verhütungsmittel, Scheidung und Homosexualität allgemeine und überall gültige Normen aufgestellt werden sollten. Es scheint demnach, daß er solche Entscheidungen der individuellen moralischen Abwägung überlassen möchte. Dabei unterstellt er dem Körper eine Intuition, die handlungsleitend wirke: „Die Praktiken des Körpers wurden immer durch den eigenen Körper gelenkt, der in der Lage ist, seine Bedürfnisse und Genüsse zu verstehen."

[609] Marascin 1985a, S.208.

5.1.3. Kunst

Die Schöpfung zeige so die Verbindung zwischen kreativer und verändernder Kraft einerseits und der Schönheit der Formen andererseits. Dieser Bezug auf die Form, und das heißt nach Marascin auf ästhetische Kategorien, müsse der Religion und Theologie auch heute erhalten bleiben, will sie über die bisherigen gesellschaftlichen Zustände hinausweisen.

> „Wenn die Theologie eine *verändernde* Theologie sein will, sollte die Form einen relevanten Ort in ihrer Struktur einnehmen. Die Form war immer mit der Schöpfung und der Imagination verbunden. Gott stellte sich die Schöpfung nicht nur vor, er formte sie auch. Die Erzählung in Genesis beschreibt Gott als Künstler."[610]

Nach Heidegger reißt das Kunstwerk den Menschen aus den gewohnten Zusammenhängen.[611] Die Kunst und die *ästhetische Erfahrung* ist deshalb nach Ansicht Marascins im Heideggerschen Sinne als „produktives Ereignis" - als „poiesis"[612] - zu verstehen, die die *Imagination des Neuen* und damit die Voraussetzung für die Schaffung neuer Horizonte eröffnet.[613]

Damit entziehe sich das Kunstwerk gleichzeitig den Verwertungsinteressen der Subjekte und der Funktionalisierung.[614] Wie der Genuß so sei auch die Kunst nur nützlich, solange sie sich selbst als unnützlich erweise, solange sie ihr *Ziel in sich selbst* besitze.[615]

Doch die Kunst grenze sich nicht nur von der Funktionalität und der Instrumentalisierung ab. Sie erreiche auch *andere Persönlichkeitsschichten*, die durch die Vernunft und das metaphysische Denken und damit auch durch eine logozentrische Theologie nicht erschließbar seien. Die sich in der Kunst „enthüllende" Wahrheit kann nach Ansicht Marascins deshalb im Sinne Heideggers als

---

[610] Marascin 1992b, S.141.

[611] Heidegger, Der Ursprung des Kunstwerkes, 1960, S.32. „In der Nähe des Kunstwerkes sind wir jäh anderswo gewesen, als wir gewöhnlich zu sein pflegen."

[612] Marascin, Crítica da Hermeneutica, 1992a, S.136. Zur Bedeutung des Aristotelischen Konzeptes der *Poiesis* als die produktive Seite der ästhetischen Erfahrung siehe: Jauss, *Ästhetische Erfahrung und literarische Hermeneutik,* 1991, S.103-125.

[613] Marascin 1989, S.181.

[614] Darin folgt Marascin wiederum Heidegger (1960, S.33), nachdem das Kunstwerk ein „Sich-ins-Werk-Setzen der Wahrheit des Seienden" ist, indem es das Ding Ding sein läßt und damit die Subjekt-Objekt-Spaltung und die damit einhergehende „Verdinglichung" des Objekts sowie die „Entfremdung" des Subjekts zu überwinden trachtet. Siehe dazu: Grözinger, *Praktische Theologie und Ästhetik. Ein Beitrag zur Grundlegung der Theologie,* 1987, S.62f.

[615] Dies sei natürlich nicht bei allem der Fall, das sich als Kunst ausgebe. Hier übernimmt Marascin (1989, S.184) die Kritik Benjamins (*Das Kunstwerk im Zeitalter seiner technischen Reproduzierbarkeit,* 1969) und weist auf die Oberflächlichkeit des modernen „Kitsches" hin.

"Offenbarung" verstanden werden, die sich der Formen, der Schönheit und der Imagination bedient.[616]

In diesem Sinne beziehe sich ästhetische Erfahrung auf die Erfahrungen des Körpers und bedürfe nicht der traditionellen Kategorien der wissenschaftlichen Sprache.[617] Die Kunst sei eine Poesie des Körpers. Damit wird auch die Bedeutung der Formen, der Schönheit und der Imagination für die Beziehung zwischen Kunst und Theologie bzw. religiöser Erfahrung deutlich.

> "Die Möglichkeit des Zusammentreffens von Theologie und Kunst liegt in der Entdeckung des Körpers als Paradigma allen Denkens und aller Aktivität. In diesem Sinne müßte die Theologie aufhören »Theo-logie« zu sein, um etwas in der Art wie »*Theo-poesie*« zu sein."[618]

Aus der Vorstellung, daß der Körper nichts mir Äußerliches ist, das mir als Objekt gegenüberstehe, ergebe sich die *Überwindung der Trennung von res extensa und res cogitans*, die seit Descartes die Leib-Seele Diskussion geprägt habe. Dasgleiche gelte für die Gefühle.

> "Wenn »mein Körper« im strengen Sinne des Wortes nicht »mein« genannt werden kann, sondern »ich selbst« genannt werden sollte, kann man das, was ich fühle (durch die Vermittlung meines Körpers, wie die Idealisten sagen würden), nicht im strengen Sinne des Wortes von dem trennen, was diesem die Grundlage gibt, das heißt von »mir selbst« als »Körper«, denn als solcher fühle ich und - mehr noch - versuche, in Bezug auf diese Gefühle zu sprechen. In Wahrheit, bin ich meine Gefühle in gleicher Weise, wie ich mein Körper bin."[619]

Kann ich nun nicht mehr zwischen meinem Körper bzw. meinen *Gefühlen* und einem „erkennenden Ich" unterscheiden, so werde auch der Logozentrismus, der alles objektiv durch die rationale Sprache zu erfassen versucht, in seine Schranken verwiesen. Die Theologie habe hier ihre Grenze, die Theopoesie ihr Recht.

Das Paradigma des Körpers entziehe die religiöse Sprache der Vernunft, sei sie metaphysisch oder instrumentell. Der Körper nähere sich eher der *Sprache der Metaphern und der Symbole* an als einem intellektuellen Verständnis. In der Musik, in Bildern und Ikonen, in Gesten und Tänzen, in Zeremonien und Festen werde dem Körper ein Bereich der Wirklichkeit erschlossen, der sich durch Sprache nicht ausdrücken lasse.[620]

> "Was wichtig ist, ist die Erfahrung der Kunst, oder anders ausgedrückt, der direkte unvermittelte Genuß (»a fruição direta, sem intermediários«) jener Dinge, die wir Musik, Poesie, Malerei, Skulptur, Architektur und ähnlich nennen. Dies entspricht

---

[616] Marascin 1992b, S.142.
[617] Marascin 1994, S.10.
[618] Marascin 1994, S.11.
[619] Marascin 1985a, S.194.
[620] Marascin 1989, S.198.

im religiösen Bereich der Erfahrung der transzendenten Realität in unserer körperlichen Realität."[621]

5.1.4. Liturgie

Aus diesem Grund sei auch die *Liturgie* ein zentrales Ereignis des christlichen Glaubens und darüber hinaus der privilegierte Ort des Zusammentreffens von Kunst und Theologie. Deshalb müsse gerade auch in den evangelischen Kirchen in der Liturgie die Schönheit Gottes und seiner Schöpfung sowie die Lebensfreude des Körpers (»alegria do corpo«) mit allen Mitteln der Kunst zum Ausdruck kommen.[622]

Im öffentlichen Kult der Kirche werde die Spiritualität der Gemeinschaft sichtbar.[623] Deshalb müssen die liturgischen Formen aber auch von den Erfahrungen und dem kulturellen Kontext der Gemeinde ausgehen. So sollten die brasilianischen Kirchen die von den europäischen Missionskirchen übernommenen Liturgien weiterentwickeln und *brasilianische Poesie, Melodien und Rhytmen* aufnehmen. Durch diese Rhytmen würde sich die Körperhaltung der Betenden ändern und sie würden zu diesen Rhytmen tanzen, um Gott „durch ihren Körper" zu loben.[624]

5.2. Das Verhältnis von ästhetischer Erfahrung und wissenschaftlicher Theologie

Mit seiner Kritik am Logozentrismus beschreibt Marascin die Gefahren, die seiner Ansicht nach mit der Verwendung von „Abstraktionen, formellen Logiken und fixen Dogmatiken" für die religiöse Kommunikation verbunden sind. Mit ihren überzeugenden Erklärungen, wollen sie die Fragen abbrechen. Oft würden sie zu leeren Formeln und festgefahrenen Mustern, die die herrschenden Verhältnisse legitimieren und die Erfahrungen der Gläubigen nicht erfassen können. Mit ihrer Betonung des Wissens präferieren sie eine „idealistische" Religiosität,

---

[621] Marascin 1994, S.11.

[622] Marascin, As alegrias da missão, 1992, S.147.

[623] Marascin 1988, S.64. Hermann Brandt hat mich darauf aufmerksam gemacht, daß Marascin als Anglikaner in der Tradition einer „sichtbaren" Kirche steht. Diese Tradition wird allerdings in den mir zugänglichen Schriften Marascins nur an dieser einen Stelle explizit auf die Sichtbarwerdung der Spiritualität im Kult und in der Liturgie bezogen. Dieser Schwerpunkt hängt sicherlich aber auch damit zusammen, daß Marascin einen Lehrstuhl als Professor für Liturgik innehat.

[624] Marascin 1988, S.67f.

die das konkrete Leben und die Praxis vernachlässige.[625] Diese Theologie wünsche sich, daß der inkarnierte Logos wieder zum „Himmel" zurückkehre und zur „Idee" werde.[626]

Solchen Versuchen stellt Marascin seine Vorstellung vom Christentum als auf den Körper bezogene Religion entgegen. Denn mit der Inkarnation sei der Logos vom Himmel herabgestiegen und habe sich auf das konkrete Leben und den Körper der Menschen eingelassen.

Durch ästhetische Erfahrungen könne der ganze Mensch mitsamt seinen Emotionen angesprochen und die Subjekt-Objekt-Spaltung überwunden werden. Durch den nichtinstrumentellen Charakter ermögliche diese Erfahrung auch die Kreativität zur Imagination des Neuen und sei damit eine Voraussetzung zur Überwindung von Ungerechtigkeit.

Dabei bezeichnet Marascin das Paradigma des Körpers als „nicht-modernes" und in diesem Sinne nicht-rationales Konzept, das sich nicht mehr der metaphysischen oder instrumentellen Vernunft unterwerfe. Deshalb müsse auch die „systematische Theologie" de-konstruiert werden.[627]

Mit dieser Verwerfung von Vernunftskonzepten droht die Theologie Marascins meiner Ansicht nach, die bisher von der Befreiungstheologie erreichten Rationalitätskriterien aufzugeben.[628] Theologie kann dann nur noch ästhetisch als Theopoesie oder als Literatur verstanden werden. Eine rationale Reflexion des Glaubens scheint nicht mehr möglich, wenn Rationalität nur noch als Ausdruck der Entfremdung „idealistischen Denkens" gilt.

Michael Welker hat deutlich gemacht, daß eine „Kritik der Abstraktion" durchaus eine theologische Aufgabe sein kann, wenn diese Abstraktionen zu Fehlabstraktionen erstarrt und der gesellschaftlichen Komplexität nicht mehr angemessen seinen. Allerdings sei dabei in Anschluß an die Einsichten Whiteheads davon auszugehen, daß unser Denken und unsere Kultur immer „von einem Bündel von bewußten und unbewußten Abstraktionen gesteuert werden."[629] Innovative Kraft müsse daher aus der Kritik an den bestehenden Abstraktionen und von den veränderten Abstraktionen ausgehen. Als Problem einer solchen Kritik erweise sich allerdings die Tatsache, daß die leitenden Abstraktionen in verschiedenen, sich wechselseitig verstärkenden oder lähmenden, Kon-

---

[625] Damit nimmt Marascin die Kritik der Befreiungstheologie auf, die aus einer Perspektive der „Orthopraxie" die Fixierung auf die „Orthodoxie" zu überwinden trachtete.

[626] Marascin 1989, S.129.

[627] Marascin 1994, S.11.

[628] Die Befreiungstheologie verstand sich ja als eine „aufklärende Philosophie", die durch Ideologiekritik und gesellschaftliche Praxis dem Projekt der Moderne verflichtet war. Siehe dazu: Figueroa, *Aufklärungsphilosophie als Utopie der Befreiung in Lateinamerika. Die Befreiungstheorien von Paulo Freire und Gustave Gutiérrez,* 1989, vor allem Kapitel 6: „Der rationale Charakter der Utopie der Befreiung", S.162-203.

[629] Welker, *Schöpfung und Wirklichkeit,* 1995, S.32-35.

texten verortet und operativ seien, beispielsweise in Texten, in Dogmatiken, in der Kommunikation religiöser Gemeinschaften oder in Außenperspektiven des „common sense" auf Religion.[630]

Eben diese Komplexität übersieht Marascin. Er sieht, daß die von ihm kritisierten Dualismen sowohl in der brasilianischen Kultur, als auch in Volksreligiosität und akademischer Theologie anzutreffen sind. Indem er aber nicht mehr unterscheidet zwischen religiöser Kommunikation und Theologie als Reflexion von Religion[631] und indem er den weltflüchtigen Leib-Seele-Dualismus der Alltagsreligiosität mit der Konzentration der Wissenschaft auf Sprache und Logik gleichsetzt, kann seiner Ansicht nach von der Rationalität einer wissenschaftlichen Theologie kein kritischer und innovativer Impuls mehr ausgehen.[632] Wie die religiöse Konzentration auf die individuelle Seele, so müsse demzufolge auch die theologische Konzentration auf Sprache und Logik ersetzt werden durch den Bezug auf den Körper. Die „Theo-logie" droht damit, ihre reflexive kritische Funktion zu verlieren. Sie wird zur Theopoesie und damit zur Religion, d.h. zur religiösen Kommunikation statt zu ihrer Reflexionsstufe.[633]

---

[630] Deshalb kann eine „Kritik der Abstraktionen" nach Ansicht Welkers immer nur eine interdisziplinäre Aufgabe sein.

[631] So bezeichnet noch Gutiérrez (1973, S.6-21) Theologie als Weisheit, rationales Wissen und kritische Reflexion auf die Praxis.

[632] Als ein besonderes Problem scheint mir, daß Marascin unterschiedliche Begriffe - wie Metaphysik, Ontologie, Rationalismus, Vernunft, Idealismus - in polemischer Absicht synonym verwendet und unter dem Begriff „Logozentrismus" subsumiert. Es ist deutlich, daß sich die Polemik Marascins gegen bestimmte einseitige rationale und kognitive Formen der Frömmigkeit wendet. Dennoch besteht durch derlei Vereinfachungen die Gefahr, daß wichtige Differenzen und damit Erkenntnisgewinne verloren gehen. Dem „Logozentrismus" stellt Marascin entgegen, daß in christlicher Sicht der Logos „vom Himmel herab" gestiegen sei und sich inkarniert habe (Joh 1,14). Damit wird von Marascin nun aber auch der göttliche Logos implizit in die obige Begriffsreihe eingereiht, und durch die Logik seiner Argumente wird Marascin zu problematischen Schlußfolgerungen gezwungen. Im Gegensatz zu seiner Interpretation des Geistes, gelingt ihm nun nämlich in Bezug auf den göttlichen Logos keine „nicht-idealistische" Interpretation dieses Begriffs mehr. Vielmehr verharrt er in der scholastischen Vorstellung, die Gott als Geist oder Vernunft versteht. Lediglich vor der Konsequenz - nämlich im Sinne des Thomas von Aquin die Erkenntnis Gottes als letztes Ziel jeglichen menschlichen Tuns zu verstehen - schreckt Marascin zurück. Deshalb muß Marascin auch die Differenz zwischen Jesus und dem Logos betonen. Mit der Inkarnation sei nicht die Erkenntnis des Logos im Sinne einer Dogmatik wahr geworden. Vielmehr zeige sich in Jesus die Zuwendung zum konkreten Leben der Menschen.

[633] Nach Dietrich Ritschl (*Zur Logik der Theologie. Kurze Darstellung der Zusammenhänge theologischer Grundgedanken*, 1988, S.123) hat die theologische Arbeit dagegen ein doppeltes Ziel. Sie dient erstens der Prüfung der Sprache der Gläubigen durch die Kriterien der Verständlichkeit, Kohärenz und Flexibilität. Zweitens lädt sie zu kreativen Gedanken und Taten ein, um gegen die Verhärtung der Totalsicht und den Verlust des Spielerischen anzugehen. Dieser Ansatz macht deutlich, daß der sprachlich verankerten Theologie durchaus auch eine kreative Funktion zukommen kann. Sprache - auch wissenschaftliche Sprache - heißt nicht, daß die Sprachverwender auf das Bestehende festgelegt bleiben.

Die Erfahrungen des Körpers und die ästhetische Erfahrung scheinen demgegenüber bei Marascin eine besondere Natürlichkeit und Authentizität zu besitzen.[634] Damit hintergeht Marascin die Einsicht der modernen Semiotik, daß jede, und das heißt auch die nichtsprachliche, Erfahrung zeichenvermittelt und damit kulturell beeinflußt ist. Auch die Körpererfahrung kann deshalb durch die gesellschaftlichen Bedingungen entfremdet sein, bedarf der normativen Regulierung und kritischen Beobachtung.[635] Eben diese Kritik ist aber auf bewußte Reflektion und damit auf Sprache, und das heißt auch auf wissenschaftliche Sprache, angewiesen.

Marascin ist hier selbst nicht konsequent. Er kritisiert mit Hilfe der Sprache den Körperkult der Konsumkultur der brasilianischen Mittelschichten. Und er meint, die Theologie müsse endlich die Erkenntnisse der Psychoanalyse über die Bedeutung der Sexualität für das menschliche Leben ernst nehmen. Vor allem aber verfaßt er selbst Texte, um die bisherige Theologie voranzutreiben. Er selbst verwendet also Sprache und wissenschaftliche Argumentation in kritischer und innovativer Absicht.

Marascins Kritik am Logozentrismus müßte sich also eigentlich eher gegen die Überbetonung kognitiver Aspekte in der Religiosität wenden als gegen die Theologie als Wissenschaft. Das berechtigte Bedürfnis, die Theologie an den konkreten Alltag zu binden, statt im mit überholten „Fehlabstraktionen" zu arbeiten, ist hier möglicherweise über das Ziel hinausgeschossen, indem die analytische Unterscheidung zwischen Religion und Theologie aufgeben wurde.

---

[634] Eine ähnliche Tendenz zeigt sich bei manchen feministischen Autorinnen, die der „zerstörenden analytischen Wissenschaft" das „Erfahrungswissen" (Luisa Francia) oder die „Weisheit" der Frauen entgegenstellen und als einen authentischen Zugang zur Wahrheit verstehen, der durch Intuition, Spekulation oder Wesensschau zugänglich sei. Dagegen nehmen andere Entwürfe die Kritik Foucaults an der Repressionshypothese auf, nach der es kein solches authentisches und „unschuldiges" Wissen geben könne (*Der Wille zum Wissen. Sexualität und Wahrheit I*, 1977). Nach Foucault werden alle Erfahrungsformen unter den Bedingungen einer allumfassenden Macht gebildet. Auch Sexualität und Subjektivität sind daher keine Gegenmächte der Befreiung von der Macht, sondern ihr Bestandteil. Ebenso verdankt sich weibliche Erfahrung gesellschaftlichen Formungsprozessen und unterstehe damit der Bedingung der Macht. Einer „weiblichen Natur" oder „weiblichem Körperwissen" könne deshalb kein Erkenntnisprivileg vor anderen durch die Macht verformte Erkenntnismethoden eingeräumt werden. Als Beispiel siehe: Sawicki, *Disciplining Foucault. Feminism, Power, and the Body*, 1991. Diamond u. Quinby (Hg.), *Feminism & Foucault. Reflections on Resistance*, 1988.

[635] Der Wahrheitsanspruch einer „unmittelbaren und authentischen Einsicht" mag beispielsweise auf die Selbstsicht Homosexueller befreiend wirken, da sie bisher an der gesellschaftlichen Stigmatisierung ihrer sexuellen Orientierung gelitten haben. Für die Mehrheit der Bevölkerung würde dies aber dazu führen, daß sie sozusagen „aus dem Gefühl heraus" Homosexualität als „unnatürlich" ablehnen.

6. Die Förderung des Lebens in der Kraft des Geistes

Die Betonung der persönlichen körperlichen Erfahrung, des Emotionalen und Intuitiven für das Verständnis der Lebenswirklichkeit läßt interessante Parallelen des Ansatzes von Marascin zur europäischen Lebensphilosophie des 19. und 20. Jahrhunderts deutlich werden.[636] Diese wandte sich kritisch gegen die Selbstgewißheit der Vernunft und der Fähigkeit zur Selbstreflexion in Rationalismus, Aufklärung und deutschem Idealismus. Sie kritisierte dabei sowohl die nüchternen Verstandesbegriffe als auch die überlieferten Moralbegriffe und stellen dem eine neue „Unmittelbarkeit", „Ursprünglichkeit" und die „freie Entfaltung des Lebens" entgegen.[637] Der *Begriff des Lebens* wird in diesem Sinne als *„Kampfbegriff"*[638] *gegen vorherrschende als lebensfeindlich angesehene Strukturen und Ideen* verwendet. In einem solch kritischen Sinn spielt auch bei Marascin der Lebensbegriff eine wichtige Rolle.

Seine Entscheidung für die Orientierung der Theologie auf den Körper als Paradigma allen Denkens und Handelns begründet Marascin mit Bezug auf die Bibel. Diese bezeuge Gottes Zuwendung zu den Körpern der Leidenden und seine Entscheidung für das Leben. Die Körperlichkeit sei in diesem Sinne ein Schlüsselkonzept für eine „Theologie des Lebens".[639] Im Erhalt des Lebens zeige sich auch die Wirkung des Geistes.[640]

> „Was wir gut nennen, ist der Erhalt, die Förderung, die Erhöhung des Lebens. Was wir schlecht nennen, ist die Arbeit der Zerstörung des Lebens."[641]

Durch die gute Nachricht der biblischen Botschaft und durch das Wirken des heiligen Geistes werde neues Leben und Lebenswille ermöglicht. Durch die Ausrichtung dieses Lebens auf Gemeinschaft - auf *Koinonia* - läßt sich der mit diesem Lebensbegriff markierte Vitalismus allerdings nicht auf reine Körper-

---

[636] Diese Sammelbezeichnung geht auf Schlegel zurück. Der Lebensphilosophie werden ganz verschiedene Vertreter zugerechnet. Karl Albert (*Lebensphilosophie. Von den Anfängen bei Nietzsche bis zu ihrer Kritik bei Lukács*, 1995) beginnt seinen Überblick mit Nietzsche, Dilthey und Bergson.

[637] Interessanterweise spielt für einige dieser Philosophen, wie etwa Friedrich Nietzsche, Helmut Plessner und Max Scheler, neben dem Lebensbegriff auch der Körper eine wichtige Rolle. Siehe: Blondel, *Nietzsche. The Body and Culture,*1991. Plessner, *Lachen und Weinen*, 1961. Scheler, *Der Formalismus in der Ethik und die materiale Wertethik*, 1954.

[638] Bollnow, *Die Lebensphilosophie*, 1958.

[639] Damit nimmt Marascin eine Formulierung von Pablo Richard u. Raúl Vedales auf. Siehe: Marascin, „A morte em meio à vida", 1983b, S.181.

[640] Marascin 1989, S.128. Der Körper sei mithin auch nicht die Verneinung des Geistes, sondern die „Bedingung seiner Ausdrucksmöglichkeit." In diesem Sinne sei auch die Spiritualität Jesu sichtbar in seiner Materialität.

[641] Marascin 1988a, S.9.

funktionen reduzieren.[642] Der menschliche Körper sei außerdem nicht nur auf die Erfüllung seiner elementaren Lebensbedürfnisse angewiesen. Er spüre auch Verlangen (desejos) nach der Fülle des Lebens, nach der Lebensfreude und dem Genuß.

Diese Vorstellung von Körper reduziert diesen nicht auf ein biologisches Funktionssystem. Dem Dualismus wird kein materialistischer Monismus entgegengestellt. Der Körper wird vielmehr als psychosomatische Einheit gesehen, der neben seinen natürlichen Bedürfnissen auch vom Verlangen nach sinnlichem Genuß, nach ästhetischer Erfahrung, nach Emotionalität und ebenso von der Sehnsucht und Angewiesenheit auf Gemeinschaft geprägt ist.

Insofern kann Marascin auch Fragen der Gerechtigkeit im Zusammenhang mit seiner Theologie des Körpers thematisieren. Erst der Bezug auf den Körper mache das Leiden der Körper und die Ungerechtigkeit deutlich und verhindere individualistische, weltflüchtige und unpolitische Tendenzen, die eine Reduktion der Religion auf den Bereich der Seele bedinge.

In diesem Sinne sei auch der Geist nicht auf die individuelle Seele bezogen sondern auf Gemeinschaft.[643] Demnach entwickle sich Spiritualität in Gemeinschaft und der gegenseitigen liebevollen Zuwendung.[644] Der Geistbesitz zeige sich also nicht in bestimmten Tugenden der Reinheit unter den Christen, die sich auf das Geistige im Gegensatz zum Körper beziehen. Vielmehr erweise sich die Kraft des Geistes in seinem Wirken in der Gemeinschaft.[645] Deshalb könne der Heilige Geist als der Geber des Lebens bezeichnet werden, der auch das materielle Leben mit einschließe.[646]

> „Die Gabe des Heiligen Geistes an die Kirche und an die Welt manifestiert sich in der Bildung der Gemeinschaft, in der Formierung der Einheit zwischen Personen und Institutionen und in der Praxis der Liebe. Deshalb erkennt der Apostel Paulus, indem er die Kirche mit dem menschlichen Körper vergleicht, die unterschiedlichen Gaben in ihr an und betrachtet den Geist als die Grundlage, auf der »wir alle getauft wurden«, »um ein einziger Körper zu sein, Juden und Griechen, Sklaven und Freie«, denn er wußte durch die christliche Erfahrung, daß »wir alle von einem

---

[642] Dies würde sonst den Vorwurf eines „Biologismus" rechtfertigen, wie ihn Förster („Biologismus", 1957) gegen einige Lebensphilosophen formuliert, denen er vorwirft nur mit biologischen und psychologistischen Argumenten eine Moral- und Erkenntnistheorie aufzubauen.

[643] Marascin 1993, S.21.

[644] Marascin 1990, S.9.

[645] Dies entspricht nach Welker (1992, S.31) der messianischen Vorstellung des Geistes: „Die Kraft, die Armen und Reichen, Starken und Schwachen, ökonomisch, politisch, rassistisch und sexistisch getrennten und entfremdeten Menschen neue Gemeinschaft verheißt und diese Gemeinschaft verwirklicht, wird von den messianischen Verheißungen »Geist Gottes« genannt."

[646] Marascin 1989, S.197, 202.

einzigen Geist trinken!« (1 Kor 12,13) (...) Der Heilige Geist ist für uns der Herr, der das Leben gibt."[647]

Der Geist kann somit weder als Gegensatz zur Gemeinschaft und zum konkreten Leben noch als Negation des Körpers gesehen werden, wie dies in den volksreligiösen Mustern geschieht, die wir oben aufgezeigt haben. Vielmehr seien der Körper und die Gemeinschaft die Bedingung des Ausdrucks des Geistes, der Ort seiner Verwirklichung.[648] Die Spiritualität Jesu zeige sich in seiner Materialität.[649]

7. Weiterentwicklung der Theologie der Befreiung

Marascin kritisiert leibfeindliche, weltflüchtige und unpolitische Tendenzen im kirchlichen Alltag und in den Entwürfen konservativer Theologen. Doch auch die Theologie der Befreiung müsse sich weiterentwickeln. Die Befreiungstheologen hätten bereits die Bedeutung der Geschichte und der Gesellschaft für die Religion erkannt. Aber indem sie in ihrer soziologischen Begrifflichkeit eher vom „sozialen Wesen" und von der „Person" sprachen als von „Körper" und „Materie", akzentuierten sie nach Ansicht Marascin noch nicht die Bedeutung des Mysteriums der Inkarnation.[650]

So finden sich auch gegenüber der klassischen Theologie der Befreiung bei Marascin Weiterentwicklungen. In der Theologie des Körpers rückten die *konkrete Klage des Volkes*, die „Theologie des gekreuzigten Körpers" ins Zentrum. Die Theologie wird damit noch stärker an den konkreten Ort des täglichen Überlebenskampfes zurückverwiesen. In der Inkarnation Gottes zeige sich nicht nur Gottes Verbundenheit mit der Geschichte, mit dem jeweiligen Kontext und der jeweiligen Kultur. Die Inkarnation verdeutliche auch die Zuwendung Gottes zum Körper. Der Alltag, die konkreten Erfahrungen des Schmerzes und des Genusses gewinnen an theologischer Valenz.

Die klassischen Entwürfe der Theologie der Befreiung stellten politische Theorien wie die Dependenztheorie als Vorverständnis des hermeneutischen Zirkels an den Beginn ihrer Überlegungen.[651] Dieses Vorverständnis prägt die

---

[647] Marascin 1989, S.203.
[648] Marascin 1989, S.126.
[649] Marascin 1989, S.129.
[650] Marascin 1986a, S.32.
[651] Assmann, *Teología desde la praxis de la liberacíon. Ensayo teológico desde la América dependiente*, 1973. Goldstein (1991, S.52) bemerkt zur Bedeutung der konkreten Erfahrung: „So konstitutiv das emotionale Element des Erlebnisses von sittlicher Empörung und heiligem Zorn, von mitleidender Trauer und zuwendender Zärtlichkeit als Impulsgeber ist, so zwingend bedarf die Erfahrung der sozioanalytischen Vermittlung, damit sie menschliche Erfahrung im umfassenden, praxeologischen Sinn sein kann."

erste Phase der befreiungstheologischen Methode „Sehen-Urteilen-Handeln". Die Dependenztheorie geht davon aus, daß die Armut in der Dritten Welt die Kehrseite des Reichtums der Ersten Welt ist und daß damit die Unterentwicklung als Folge der ungerechten Weltwirtschaft gesehen werden muß.[652] Daher mußte sich die Kritik zunächst gegen die Industrieländer und gegen multinationale Konzerne richten. Dabei ermöglichte die Theorie der strukturellen Gewalt von John Galtung[653] gleichfalls eine scharfe Kritik an den eigenen Eliten. Denn nach Galtung wiederholt sich die weltweite Hierarchisierung von arm und reich innerhalb der Entwicklungsländer selbst, wobei die Eliten der Entwicklungsländer eine „Brückenkopffunktion" für die Verwirklichung der Interessen der Industrienationen wahrnehmen, wofür die Befreiungstheologen den Begriff „Herodianismus"[654] prägten. Damit konnte mit Hilfe der Dependenztheorie die Kritik an den eigenen „subtyrannischen Oligarchien"[655] besonders scharf formuliert werden, da man sie der Kooperation mit den ausländischen imperialistischen Mächten beschuldigen konnte.

Diese Dependenztheorie ist seit den 80er Jahren immer stärker kritisiert worden und spätestens seit dem Scheitern der realsozialistischen Versuche einer nicht-marktorientierten Wirtschaftsplanung geraten auch die von Dependenztheoretikern vorgeschlagenen Alternativen der Weltmarktabkopplung immer mehr in die Defensive.[656] Die Befreiungstheologen haben diese Modifikationen nur

---

[652] Goldstein 1989, S.166-168. Dieses dependenztheoretische Verständnis wurde auch von den Bischofskonferenzen in Medellín und Puebla aufgenommen. Aber auch in Verlautbarungen von Johannes Paul II finden sich immer wieder Elemte dieser Analyse (Goldstein 1989, S.127f).

[653] Galtung, *A structural Theory of Imperialism,* 1971.

[654] Dieser Begriff wurde von Arnold J.Toynbee übernommen. Siehe Goldstein 1989, S.167.

[655] Goldstein 1989, S.167.

[656] Inzwischen wird die klassische Dependenztheorie, wie sie von Senghaas (*Peripherer Kapitalismus. Analysen über Abhängigkeit und Unterentwicklung,* 1974) und Cardoso/Faletto (*Abhängigkeit und Entwicklung in Lateinamerika,* 1976) formuliert wurde, von ihren einstigen Protagonisten abgelehnt (Menzel, *Das Ende der Dritten Welt und das Scheitern der großen Theorie,* 1992). Die Kritik richtet sich dabei vor allem gegen zu grobe Vereinfachungen bei der Analyse der weltwirtschaftlichen Dependenzen (Hurtienne, „Die globale Abhängigkeitstheorie in der Sackgasse? Plädoyer für historisch-strukturelle Abhängigkeitsanalysen", 1989) und gegen die Alternativstrategie der nationalwirtschaftlichen Dissoziation vom Weltmarkt und der autozentrierten Entwicklung (Isar, „Autozentrierte Entwicklung. Eine entwicklungspolitische Alternative für die Dritte Welt?", 1989). Die bisherigen Mißerfolge der Versuche der Abkopplung vom Weltmarkt beispielsweise in Burma oder Tansania sowie die Erfolge der sogenannten asiatischen Tigerstaaten scheinen vielen Theoretikern eher Chancen bei der selektiven Weltmarktintegration aufgrund der Theorie der komparativen Kostenvorteile aufzuzeigen. In diesem Sinne vertritt auch der ehemalige brasilianische Dependenztheoretiker und jetzige brasilianische Präsident F.H. Cardoso ein neoliberales Konzept der Weltmarktintegration. Damit verneint er keineswegs die weiter bestehenden weltwirtschaftlichen Dependenzen, sieht aber in dem Versuch der „self-reliance" und gleichzeitig autozentrierten Entwicklung keine effektivere Alternative der Entwicklung.

zum Teil aufgenommen. Sie verzichten inzwischen zwar z.T. auf die Ausformulierung konkreter gesellschaftlicher Utopien,[657] betonen aber weiterhin die Leistungsfähigkeit einer differenzierten Dependenztheorie für die Analyse der bestehenden weltgesellschaftlichen Assymetrien.[658] Doch durch die vorherrschende Kritik an ihrem „hermeneutischen Vorverständnis" geraten sie zunehmend unter Rechtfertigungsdruck.

Auch Marascin kritisiert die wirtschaftliche Ausbeutung der Dritten Welt und die Korrumpierbarkeit der eigenen Eliten. Doch er umgeht die angesprochenen Theorieprobleme, indem er nicht die Ergebnisse einer sozialwissenschaftlichen Analyse als Ausgangspunkt seiner Theologie wählt, sondern die konkreten Erfahrungen der unterdrückten und an der Repression ihrer Bedürfnisse und Wünsche leidenden Körper. Nicht das „Sehen" im Sinne der analytischen Gesellschaftswissenschaften, sondern die Klage der leidenden Körper bildet für ihn den Beginn seiner theologischen Überlegungen.

Dabei bezeichnet Marascin die Theologie des Körpers durchaus als eine Form der Befreiungstheologie. Und ebenso wie die klassische Theologie der Befreiung spricht er von den materiellen Problemen der Menschen, dem Hunger und dem Elend, betont die Notwendigkeit der historischen Praxis, statt der Vertröstung auf ein Jenseits. Viele Aspekte der Theologie der Befreiung finden sich also aus der Perspektive des Körpers „reformuliert" in der Theologie von Marascin wieder.

Das entscheidende Problem erkennt Marascin in den in Alltag und Theologie vorherrschenden Dualismen. Die „abendländischen Dualismen" wurden auch schon bei Gutiérrez scharf kritisiert, denn sie führen zu einer weltflüchtigen Vorstellung von Erlösung als einem rein innerlich-jenseitigen Heil. Dem stellte Gutiérrez die Interpretation von Erlösung als ganzheitlicher Befreiung von Unterdrückung, von Entsubjektivierung und von der Sünde entgegen.[659]

---

[657] Doch mit dem Verlust der positiven konkreten Utopie gerät ihre Theologie in Gefahr, nur noch das Leiden zu artikulieren und zu einer Theologie des Protestes zu werden, statt die prophetische Kraft einer Theologie der Hoffnung zu bilden. Dies fällt bei dem Nachwort auf, das Jon Sobrino 1996 für die deutsche Ausgabe von „Mysterium Liberationis" verfaßt hat: „Außerdem bedeutet der Zerfall des sozialistischen Blocks überhaupt nicht das Ende des fundamentalen Faktums der Unterdrückung (...), und diese Unterdrückungsformen sind es, die am Ursprung der Befreiungstheologie stehen. Unsere Welt ist weiterhin eine Welt von Opfern, eine Welt von tausendfältig Enteigneten und Ausgebeuteten, ja sogar eine Welt von Ausgeschlossenen, für die es nicht einmal mehr ein Existenzrecht gibt." Sobrino, Nachwort zur deutschen Ausgabe, 1996, S.1270.

[658] Castillo, Theologie der Befreiung und Sozialwissenschaften. Bemerkungen zu einer kritischen Bilanz ihrer Beziehungen zur Dependenztheorie, 1988. Lienkamp, „Befreiungstheologie und Dependenztheorie - ein Beitrag zur Verhältnisbestimmung von Theologie und Sozialwissenschaften", 1992. Gutiérrez, Die Armen und die Grundoption, 1995, S.296f.

[659] Gutiérrez, *Theologie der Befreiung.* 1973, S.41f, 170, 229. In Abwehr gegen ein privatistisches und verinnerlichtes Mißverständnis spricht Boff (*Erfahrung von Gnade. Entwurf einer Gnadenlehre,* 1978, S.222) statt von Rechtfertigung lieber von Befreiung, was sich auf dieselbe

Marascin fügt dem einen neuen Aspekt hinzu. Die von den Befreiungstheologen kritisierten Dualismen von Materie-Geist, Zeit-Ewigkeit, Individuum-Gemeinschaft, Profangeschichte-Heilsgeschichte[660] wurzeln nach seiner Ansicht in anthropologischer Hinsicht letztlich im Dualismus von Leib und Seele. Der Gefahr der „Spiritualisierung" wird bei Marascin deshalb nicht direkt das politische Engagement entgegengestellt, sondern die Betonung des Körpers. Die Konzentration auf eine befreiende Politik ist dann *eine* Auswirkung dieser Ausrichtung auf den Körper. Ebenso können aber auch andere Aspekte der Körperlichkeit - wie die Repression des körperlichen Verlangens oder die Vernachlässigung der ästhetischen Erfahrung bzw. die Reduzierung der religiösen Sprache auf das Wort - als zentrale Probleme und nicht lediglich als Teilaspekte des politischen Kampfes thematisiert werden.

Deshalb geht die Theologie von Marascin über die klassischen befreiungstheologischen Fragen nach Gerechtigkeit und sozialer Befreiung hinaus.

> „So wie die Geschichte der Kirche aus der Perspektive der Armen erzählt wird, brauchen wir eine andere Geschichte der Kirche, die an der Perspektive der an der Repression leidenden Körper orientiert ist, dieser Geschichte der Angst vor dem Vergnügen und der Unfähigkeit der Gläubigen zum Genuß der Lust."[661]

Nicht nur die Unterdrückung, Ausbeutung und Entsubjektivierung der Entrechteten sondern auch die Repression des Körpers, seines Verlangens und seiner Sehnsucht sei ein Ausdruck des ungerechten Systems. Nicht nur Protest und Pädagogik[662] werden dem entgegengestellt. Auch der *Genuß* wird bei Marascin wie in dem oben dargestellten „Diskurs des Genusses" als einer der letzten verteidigungswerten Werte gesehen, die „sie" - d.h. irgendwelche Vertreter in einer gesellschaftlichen Machtposition - den Unterdrückten nehmen wollen.

> „Sie wollen mich glauben machen, daß die »Seele« wichtiger ist als der »Körper« und daß mein Verlangen (»meus desejos«) konkupiszent und schlecht sind. Sie wollen, daß ich mit meinem Körper breche. Daß ich *die wenigen Genüsse aufgebe, die mir bleiben*. Und sie vermitteln mir das Gefühl der Schuld, weil ich ein Sünder

---

denlehre, 1978, S.222) statt von Rechtfertigung lieber von Befreiung, was sich auf dieselbe Wirklichkeit beziehe, aber deren dynamische und geschichtliche Dimension betone.

[660] Gutiérrez 1973, S.156ff.

[661] Marascin 1985, S.202.

[662] Gutiérrez (1973, S.42) hatte drei Ebenen der Befreiung unterschieden. Neben die theologisch-soteriologische Ebene trete die politisch-ökonomische Befreiung und die historisch-anthropologische Befreiung, durch die der Mensch aktives Subjekt seiner Geschichte werde. Dies wurde vor allem als pädagogische Aufgabe verstanden, wie sie sich beispielsweise im Konzept von Paulo Freire niederschlägt. Siehe: Freire, *Pädagogik der Unterdrückten. Bildung als Praxis der Freiheit,* 1973. Almeida Cunha, Pädagogik als Theologie. Paulo Freires Konzept der Konszientisation als Ansatz für eine Glaubensreflexion lateinamerikanischer Christen, 1978.

sein soll. Ich wende mich zur Religion in der Suche nach der Befreiung von dieser Schuld und dieser Sünde. Aber die Religion unterdrückt mich."[663]

Wie die Theologie der Befreiung so formuliert auch Marascin seine Theologie aus der Perspektive der Opfer eines als ungerecht empfundenen Systems.[664] Aber seine Antwort auf diese Ungerechtigkeit ist *nicht nur* die Aufforderung zur historischen Praxis und die Verheißung der Hoffnung auf das Reich Gottes. Gegen die Zumutungen dieses Systems, gegen die strukturellen Sünden, soll die Widerstandskraft der Opfer stark gemacht werden. Ebenso wie im Diskurs des Genusses gilt dabei die *Sinnlichkeit des Körpers als eine Form des Widerstands gegen die Ansprüche eines repressiven Apparates.*

> „Ich entdecke, daß der Weg der Befreiung der Weg von Jesus von Nazareth ist und der Weg von allen, die erfahren haben, daß seine Religion immer noch die materialistischste von allen Religionen sein kann. Ich entdecke, daß die Sinnlichkeit eine Lebensart ist und eine Art des Kampfes für die Befreiung des Körpers."[665]

Neben die Kritik an der sozialen und politischen Unterdrückung tritt die Kritik an der Repression der körperlichen Bedürfnisse und Wünsche in den verschiedensten Bereichen.[666] Neben dem Kampf für Gerechtigkeit und Emanzipation gewinnen das *Fest*, die *Liturgie*, die *Kunst* und die Schönheit der *Symbole* an Bedeutung und spiegeln bereits die Gegenwart befreiten Lebens wider.

Demgegenüber wurden in der klassischen Befreiungstheologie die Spiritualität und die ästhetischen Erfahrungsformen der Praxis, der Arbeit oder dem Kampf nach- oder zugeordnet. Ästhetik besaß keinen Wert an sich.[667] In Anleh-

---

[663] Marascin 1985a, S.209. Hervorhebung von mir. S.K.

[664] Nach J.B. Metz („Im Angesicht der Juden. Christliche Theologie nach Auschwitz", 1984, S.384) müsse dies der vorrangige Ort einer Theologie nach Auschwitz sein. Es gehe darum, „auf das Szenarium der Geschichte mit den Augen der Opfer zu schauen", statt Theologie mit dem Rücken zu den Leiden der Armen und Unterdrückten zu betreiben. Eben dort sieht Juan José Tamayo (Rezeption der Theologie der Befreiung in Europa, 1995, S.53) auch den Ort der lateinamerikanischen Befreiungstheologie.

[665] Marascin 1985a, S.209.

[666] Damit bleibt Marascin durchaus im Rahmen der Befreiungstheologie, die die durch die Erbarmensgesetze kultivierte Hinwendung zu den Unterdrückten und Schwächeren und das „konsequente Streben nach Befreiung aus systemischen Zwängen von Unterdrücktsein und Unterdrückung" in das Zentrum ihrer Überlegungen stellte. Siehe dazu: Welker 1992, S.30.

[667] In der ersten kritischen Phase der Befreiungstheologie wurde den „erstarrten Formen von Liturgie und Spiritualität" oft die befreiende Praxis kritisch entgegengestellt. „Befreiende Spiritualität" wurde dann beispielsweise mit Ethik oder mit der Zuwendung zu den Armen gleichgesetzt (Richard, „La ética como espiritualidad liberadora en la realidad eclesial de América latina", 1982). In einer zweiten Phase wurde dann versucht, Praxis und Spiritualität nicht als Gegensatz zu sehen, sondern aufeinander zu beziehen. So verwendet Gutiérrez (*Aus der eigenen Quelle trinken. Spiritualität der Befreiung*, 1986, S.12) die ignatianisch geprägte Vorstellung des *contemplativus in actione*. „Als einer der zentralen Gedanken zieht sich die Überzeugung durch diese Texte, daß der geschichtliche Ausgangspunkt für die Nachfolge Jesu und die Reflexion

nung an die Kritik der Frankfurter Schule an Heideggers Kunstauffassung[668] bezeichnet beispielsweise Dussel Kunst als Ideologie, die der Arbeit zugeordnet sei.

„Das Entscheidende ist die produktive Arbeit, die mit dem Leben, das heisst: dem Essen, Kleiden, Wohnen zu tun hat (vgl. Mt 25,35), und erst dann kommt all das, was dem Leben Qualität hinzufügt: das Geniessen, Vergnügen, Bewundern."[669]

Die Theologie der Befreiung müsse sich deshalb zunächst der ökonomischen Frage „der Produktion des Brotes zur Befriedigung der Grundbedürfnisse des Volkes" zuwenden.[670] Die gesellschaftliche Gerechtigkeit sei eine Vorbedingung für die liturgische Feier und die Lebensfreude. Solange diese Gerechtigkeit noch nicht erreicht sei, könne die Kunst der Befreiung immer nur Protest und Ausdruck der Utopie der Bedürfniserfüllung im zukünftigen Reich Gottes sein. Damit wird bei Dussel die Kunst der Praxis funktional zugeordnet.

Für Marascin dagegen ist der körperliche Genuß, das Vergnügen und Bewundern nicht eine Folge ökonomischer Gerechtigkeit sondern legitimer Ausdruck der Freude an der Schöpfung Gottes. Wo die Gesellschaft diesen Genuß unterdrücken, instrumentalisieren oder disziplinieren wolle, müsse die Theologie die Repression des Körpers als eine weitere Form der Entfremdung anklagen. Nicht erst durch die Überwindung der Ungerechtigkeit und internationalen Ausbeutung, wie es die Dependenztheorie nahegelegt hatte, sondern schon auf der konkreten Ebene des alltäglichen Genusses kann der Körper Erfahrungen der Befreiung von der Last erleben.

So dürfe auch die Frage der Sexualität nicht abgetrennt werden vom Kampf um Gerechtigkeit.[671] Damit geht Marascin über die klassischen Fragen nach sozialer Gerechtigkeit bei den politisch engagierten Befreiungstheologen hinaus. Diese Begrenzung der engagierten Gruppierungen Brasiliens wurde bisher v.a. von feministischer Seite kritisiert. So bemerkt die Brasilianerin Maria Amélia Teles zur Auseinandersetzung um die Sexualität:

---

darüber in der vom Geist ermöglichten Erfahrung besteht." Ebenso bezieht Taborda (*Sakramente. Praxis und Fest,* 1988, S.55ff) Spiritualität auf die befreiende Praxis. „Legitime Feste nehmen Spannungen unmittelbar in den Blick, erleuchten die Gegenwart von der Zukunft her, üben Kritik an der unterdrückerischen und entfremdenden Gegenwart." Dabei spielen durchaus das „Nutzlose, Nichtzweckhafte, Ästhetische und Symbolische" eine wichtige Rolle (S.50), aber letztlich wird das Fest doch in seiner Funktion für die Motivation politischen Engagements thematisiert und nicht als ein Ausdruck befreiter Leiblichkeit und erfüllter Gegenwart.

[668] Siehe beispielsweise: Adorno, Die Kunst und die Künste, 1967, S.175.
[669] Dussel, „Christliche Kunst der Unterdrückten in Lateinamerika. Eine Hypothese zur Kennzeichnung einer Ästhetik der Befreiung", 1980, S.107f.
[670] Dussel 1980, S.112f.
[671] Marascin 1984b, S.65.

> „Einige Fraktionen innerhalb der Linken bestritten vehement die Notwendigkeit, Themen rund um die Sexualität anzusprechen: (...) »Warum von Sexualität sprechen, wenn das Volk noch nicht einmal Wohnung und Essen hat?« Sie verstanden nicht, daß die Verteidigung eines freien Körpers jeglichem Autoritarismus widerspricht und damit im Einklang mit dem Kampf für bessere Lebens- und Arbeitsbedingungen steht."[672]

Mit der Betonung der Sinnlichkeit des Körpers öffnet sich die Theologie Marascins gleichzeitig für die *Erfahrungen der Schönheit, der Lebensfreude und der Leichtigkeit*, Erfahrungen die über die Alltagsbedürfnisse hinausgehen.[673]

> „In einem Kontext der schweren Last und der Gewalt kann die gute Nachricht des Evangeliums nur die Ankündigung der Möglichkeit der Schöpfung eines neuen Kontextes der Leichtigkeit sein, wo es möglich sein wird im Schatten der Bäume auf einer »grünen Aue« und am »frischen Wasser« zu entspannen."[674]

Die klassische Befreiungstheologie hatte als „kontextuelle Theologie" aus dem Kontext dieser schweren Last, aus dem Kontext der Unterdrückung und der Gewalt gegen die Schwachen heraus ihren Protest gegen die Ungerechtigkeit formuliert. Dabei, so meint Marascin, habe sie aber den Kontext des Volkes Gottes vernachlässigt, der als „Kontext der Leichtigkeit und der Lebensfreude" im Kontrast zum Kontext des Leidens dieser Welt stehe. Dieser neue Kontext des Reiches Gottes scheine bereits als Versprechen in unser Leben. So sei die Auferstehung des Körpers nicht nur eine Erwartung für die Zukunft, sondern verwandle bereits heute die Art, wie wir aus unserem Körper eine „Quelle der Lebensfreude" machen, die durch Gott geschaffen wurde. Denn wenn die Körper für die Auferstehung bestimmt sind, sollten sie auch Zeichen der Gnade und Lebensfreude (»alegria«) tragen.[675]

Im Bereich der Sprache der Befreiung, die vom Marxismus und von den im sozialen Kampf engagierten Theologen benutzt wird, sei es deshalb nötig, die

> „Möglichkeit einer anderen Sprache zu entdecken, die poetisch ist und gleichzeitig revolutionär, in einer grundsätzlichen Weise theologisch und dem fundamentalen Symbol der ganzen Wirklichkeit zugewandt: dem Körper!"[676]

8. Vergleich mit anderen Theologien des Körpers

Der Körper war schon immer ein zentrales Thema der Theologie. Die Vorstellungen über die Bedeutung des Körpers sind nicht nur für die Diskussion der

---

[672] Teles 1993, S.108.
[673] Marascin 1993, S.141.
[674] Marascin 1992b, S.146.
[675] Marascin 1988, S.57.
[676] Marascin 1984a, S.144.

Leib-Seele Problematik zentral. Sie haben auch Auswirkungen auf andere wichtige Bereiche in Theologie und Kirche. Körpervorstellungen prägen das Verhältnis zu Sexualität, zur symbolischen Bedeutung der Jungfernschaft und zum Zölibat. Sie prägen die Form religiöser Erfahrung, definieren den Leib als Ursprung von Begierde und Sünde oder als Ort der Gottesbegegnung. Vorstellungen über die Bedeutung des Körpers prägen auch die Auseinandersetzung über die Präsenz des Heiligen im Abendmahl oder in den Reliquien. Magische Praktiken und Exorzismen sind ebenso Ausdruck eines unterstellten Zusammenhanges von Fleisch und Geist.[677] Und nicht zuletzt die Vorstellungen über den Himmel waren eine Art symbolische Wiederholung der Beurteilung irdischer Wirklichkeit und Leiblichkeit.[678]

Die Thematisierung des Körpers - so scheint es - war schon immer ein Feld polemischer Auseinandersetzungen. Die Verdammung oder die Wertschätzung des Körpers wurde meist in Abgrenzung gegen gesellschaftliche, religiöse oder theologische Strömungen formuliert. Dabei entwickelten sich immer wieder theologische Richtungen, die durchaus als „Theologien des Körpers" bezeichnet werden können. Darüber hinaus haben gerade in diesem Jahrhundert mehrere Theologen und Theologinnen selbst den Begriff „Theologie des Körpers" zur Bezeichnung ihres Denkens gewählt. So kam es in den 60er und 70er Jahren unter dem Einfluß sozialwissenschaftlichen und psychoanalytischen Denkens in den USA zur Ausareitung mehrerer solcher Theologien[679], die in den 80er und 90er Jahren durch feministische[680] und postmoderne[681] Ansätze ergänzt wurden.

---

[677] So zeigt Lyndal Roper in ihrer Untersuchung über „Exorzismus und die Theologie des Körpers" wie im 16. Jahrhundert die Gegenreformation in Augsburg dank der durch die Priester durchgeführten Teufelsaustreibungen voranschritt. Die große Resonanz dieser Exorzismen beruhte ihrer Ansicht nach „auf einem grundlegenden theologischen Wandel im Verständnis der Beziehungen zwischen Fleisch und Geist, ein Wandel, den die Reformation mit sich gebracht hatte. Obwohl sich die Reformationshistoriker mit ihm weniger beschäftigt haben als mit anderen doktrinären Veränderungen, hatte er eine tiefgreifende Bedeutung und zeitigte langfristige Folgen." Siehe: Roper, *Ödipus und der Teufel. Körper und Psyche in der Frühen Neuzeit*, 1994, S.173-204.

[678] Lang u. McDannell, *Der Himmel. Eine Kulturgeschichte des ewigen Lebens*, 1990, S.101.

[679] Vagaggini, *The Flesh - Instrument of Salvation. A Theology of the Human Body*, 1969. Ryan, *The Body as Symbol. Merleau-Ponty and Incarnational Theology*, 1970. Vogel, „Body Theology: God's Presence in Man's World", 1974. Feyton (Hg.), *Theology and Body. Papers from the Conference on Theology and Body*, 1974. Davis, *Body as Spirit. The Nature of Religious Feeling*, 1976.

[680] Beispielhaft seien genannt: Cooey, „The Redemption of the Body: Post-Patriarchal Reconstruction of Inherited Christian Doctrine", 1991. May, *A Body Knows. A Theopoetics of Death and Resurrection*, 1995. Eine Literaturliste mit weiteren Hinweisen auf deutsche Veröffentlichungen findet sich bei Bome u. Müllner, „Bibliographie Körper", 1994.

[681] Beispielhaft seien genannt: Nelson, *Body Theology*, 1992. Gudorf, *Body, Sex and Pleasure. Reconstructing Christian Ethics*, 1994. Prosser, *Transgressive Corporeality: The Body, Poststructuralism and the Theological Imagination*, 1995.

Gleichzeitig wurde der Begriff „Theologie des Körpers" aber auch von Papst Johannes Paul II verwendet[682], der damit zur Reorientierung an traditionellen asketischen Körpervorstellungen aufgeruft.[683]

Ein Vergleich der Theologie Marascins mit solchen expliziten oder impliziten Theologien des Körpers kann zu einem vertieften Verständnis seines Ansatzes führen. Dabei können zum einen inhaltliche und strukturelle Parallelen aufgezeigt werden. Durch die Untersuchung der Unterschiede zwischen diesen Ansätzen können aber auch der Schwerpunkt und die kontextuelle Verankerung der Theologie Marascins pointiert zur Sprache kommen. Die spezifische Ausformung dieser Theologie, so die der vorliegenden Untersuchung zugrunde liegende These, ist in hohem Maße durch den expliziten und impliziten Einfluß von und die Auseinandersetzung mit spezifisch brasilianischen volkskulturellen und volksreligiösen Erfahrungsmustern zu verstehen. Der folgende Vergleich von drei unterschiedlichen Theologien kann aufzeigen, wie verschiedene Kontexte und Anfragen an die Theologie zu unterschiedlichen Schwerpunkten, Ausformungen und Semantiken bei der Ausformulierung der jeweiligen Konzepte führen kann.

Es mag manchem problematisch erscheinen, eine neuere lateinamerikanische Theologie mit einer deutschen feministischen Theologie oder der Theologie des Irenäus von Lyon aus dem 2. Jahrhundert zu vergleichen. Doch werden bestimmte Affinitäten von den Theologen und Theologinnen selbst festgestellt. So verweisen auch Befreiungstheologen gerne auf Ireäus[684] und die feministische Theologie selbst betrachtet sich als eine Art Befreiungstheologie.[685]

Bei einem solchen Vergleich kann allerdings nur punktuell vorgegangen werden. Die zu vergleichenden Ansätze können im Rahmen dieser Arbeit nicht differenziert und ausführlich dargestellt und gewürdigt werden. Wenn dennoch der Versuch eines Vergleiches von Theologien unterschiedlicher Kontexte und Zeiten unternommen werden soll, so kann dies nur der Erhellung und Abgren-

---

[682] John Paul II, *The Theology of the Body According to John Paul II. Human Love in the Divine Plan,* Boston 1993. Prokes, *Toward a Theology of the Body,* 1996. In gewissem Sinne kann auch die „Process Theology of the Body" des Benediktiners Ashley zu dieser Richtung gezählt werden. Siehe: Ashley, *Theologies of the Body. Humanist and Christian,* 1985.

[683] So kritisierte er beispielsweise auf seiner Reise nach Kanada die „allgemeine Tendenz zum Hedonismus": „Among the causes of the evil, there is a generalized tendency to hedonism: there is a forgetting of God; there is without doubt an ignorance of the »theology of the body«, of the magnificent plan of God for conjugal union, the necessity of ascetism in order to deepen a love which is truly worth of men and women." Siehe: „Pope, leaving Canada, deplores hedonism", *New York Times 21.9.1984.*

[684] Siehe: Goldstein, Kleines Lexikon zur Theologie der Befreiung, 1991, S.70. Boff bezieht sich bereits 1971 in seiner ersten Veröffentlichung *O Evangelho do Christo cosmico* positiv auf Irenäus.

[685] Voss-Goldstein u. Goldstein (Hg.), *Schwestern über Kontinente. Aufbruch der Frauen. Theologie der Befreiung in Lateinamerika und feministische Theologie hierzulande,* 1991.

zung einiger Aspekte der Theologie Marascins und keinesfalls einer systematische Gegenüberstellung dienen.

8.1. Der feministische Ansatz bei Elisabeth Moltmann-Wendel: Die Wiederaneignung des Körpers

8.1.1. Ähnliche Schwerpunkte bei Moltmann-Wendel und Marascin

Die feministischen Theologinnen gehören sicherlich zu den profiliertesten Theologinnen der Gegenwart, die an der Entwicklung einer „Theologie des Körpers" arbeiten. Beispielhaft soll hier der Ansatz von Elisabeth Moltmann-Wendel untersucht und mit den Vorstellungen von Marascin verglichen werden.

Bereits bei der Auswahl der biblischen Quellen fällt eine Übereinstimmung mit Marascin auf. Statt mit dem Sündenfall, so Moltmann-Wendel, beginne eine „Theologie der Leiblichkeit" mit der Schöpfung und dem Wohlgefallen Gottes an dieser Schöpfung.[686] Ebenso spielt die Inkarnation eine zentrale Rolle. Gerade die Inkarnation könne nämlich als Modell für Frauen gesehen werden. Denn hier zeige sich nicht eine männliche Heldengeschichte, sondern eine menschliche Geschichte der Gegenwart Gottes in unserer Wirklichkeit.[687]

Die Zuwendung Gottes zum Körper zeige sich auch in den Heilungsgeschichten im Neuen Testament. Hier werde besonders der sozial und rituell diskriminierte Körper der Frauen geheiligt. Dies führe beispielsweise zu einer Modifizierung der Reinheitsgesetze. Diese galten oft für Frauen, die nach dem levitischen Gesetz während der Menstruation und nach der Geburt als unrein galten. Durch die körperlichen Berührungen unreiner Frauen überschreite Jesus dieses Grenze und gebe den Frauen eine Daseinsbestätigung. Bei der Geschichte von der Heilung der blutflüssigen Frau werde die Umkehrung der Körperverachtung sogar von einer Frau selbst in Gang gebracht, indem diese eigenmächtig das Gewand Jesu berührt.[688] Die Heilungsgeschichten stehen somit für ein Verständnis vom Heil des Menschen, das auch seinen Körper und seine sozialen Beziehungen miteinbeziehe.

Die Theologie der Leiblichkeit sei dabei keineswegs ins Gelingen verliebt. Das Kreuz bilde vielmehr ein Symbol des Scheiterns. Damit werden auch die Erfahrungen von Schmerz und Leid in die christliche Symbolik aufgenommen. Für andere Theologinnen wie etwa Mirjam Schuilenga und Sallie McFague

---

[686] Moltmann-Wendel, *Wenn Gott und Körper sich begegnen. Feministische Perspektiven zur Leiblichkeit,* 1989, S.133.

[687] Moltmann-Wendel 1989, S.43. Zur Diskussion um die Bedeutung der Inkarnation innerhalb der feministischen Theologie siehe: Hopkins, *Feministische Christologie. Wie Frauen heute von Jesus reden können,* 1996, S.117-126.

[688] Moltmann-Wendel, Art. „Körper der Frau/Leiblichkeit", 1991d, S.220f.

bilden nicht nur das Kreuz, sondern darüber hinaus auch die Inkarnation und die Auferstehung des Leibes Metaphern für die Verletzlichkeit und das Verlangen (»desire«)[689] des Körpers.[690] Diese Erfahrungen würden damit nicht verdrängt, sondern in positiver Weise artikuliert.

Wie in der lateinamerikanischen Befreiungstheologie so bildet auch in der feministischen Theologie der Bezug auf die Erfahrung den hermeneutischen Rahmen der theologischen Überlegungen.[691] In diesem Sinne wählt Moltmann-Wendel die Körpererfahrung zum Ausgangspunkt ihrer Überlegungen. Der Körper gebe eindrücklich das Leben des Menschen, seine Geschichte und sein Leiden wider. In ähnlicher Form wie Marascin kann Moltmann-Wendel deshalb formulieren: „Mein Körper bin ich".[692]

Dabei kritisiert auch Moltmann-Wendel den in Gesellschaft, Kirche und Theologie vorherrschenden hierarchisierten Dualismus von Leib und Seele, Emotion und Vernunft, Geist und Natur, privatem und öffentlichem Leben.[693] In Anlehnung an die Kritik von R.R. Ruether meint Moltmann-Wendel, daß durch diese Dualismen das „naturhafte Leben ersetzt wird durch eine sprituelle leidenschaftslose Existenz".[694] Die Leibfeindlichkeit habe im Christentum unterschiedliche Ausprägungen gezeigt. Die in der alten Kirche auftretende „Scham, im Leibe zu sein" und die sich daraus entwickelnden Formen von Asexualität und Frauenfeindlichkeit seien dann im Protestantsmus überlagert worden von der

---

[689] Das englische Wort „desire" gibt angemessener den von den brasilianischen Theologen oft gebrauchten Ausdruck „desejo" wieder als dies durch den deutschen Ausdruck „Verlangen" möglich ist.

[690] Schuilenga, „Die letzte Bastion. Rückbesinnung auf den Körper als Gesellschafts- und Theologiekritik", 1994, S.15f.

[691] So fomuliert etwa Helga Kuhlmann (Ethik der Geschlechterdifferenz als Herausforderung theologischer Anthropologie, 1995, S.211): „Frauen machen in ihrem Alltag theologisch relevante Erfahrungen in, mit und gegen ihren Glauben, die bisher theologisch keine ausreichende Beachtung fanden und durch die überlieferte theologische Begriffe und Aussagen wie biblische Texte in einem veränderten Licht erscheinen. In feministischer Theologie bilden daher die Glaubenserfahrungen von Frauen einen wesentlichen hermeneutischen Ausgangspunkt."

[692] Moltmann-Wendel, Die Lehre vom Menschen muß ganzheitlicher werden, 1993, S.120.

[693] Moltmann-Wendel, *Das Land, wo Milch und Honig fließt. Perspektiven einer feministischen Theologie,* Gütersloh 1985, S. 47f. Der Kritik dieses Dualismus kommt in der feministischen Theologie zentrale Bedeutung zu. Das „Wörterbuch der feministischen Theologie" widmet dem Dualismus einen eigenen Artikel von Herta Nagl-Docekal.

[694] Rosemary R. Ruether, *Sexismus und die Rede von Gott,* 1985, S.295f. Moltmann-Wendel 1989, S.27. In ihrem Artikel über „Ganzheit" (1991, S.137) zitiert Moltmann-Wendel Junita Wever und Judy Davis, die die Folgen dieser Spaltung noch radikaler beschreiben. „Der Körper/Geist-Zwiespalt, die Trennung des Spirituellen vom Weltlichen, des technischen und instrumentellen Wissens vom Emotionalen und Künstlerischen, einer Klasse, einer Rasse, eines Geschlechts vom andern hat zu einer Welt voll hungernder entfremdeter, sich bekämpfender Menschen geführt." Es wird allerdings nicht klar, ob Moltmann-Wendel mit dieser globalen Analyse übereinstimmt. An anderer Stelle führt sie allerdings aus, daß auch sie die Ursache der Umweltprobleme im vorherrschenden Dualismus verankert sieht.

Vorstellung des „protestantischen Dienstleibes".[695] Die „Peinlichkeit" wurde dabei durch die „Nützlichkeit" ersetzt. Der Körper wurde zu einem Leistungsorgan und ging damit der Kategorien der Schönheit, der Vielfalt, der Lebendigkeit und der Kreativität verlustig.

Diese von einer Theologie des Leibes wieder zurückzugewinnenden Kategorien entsprechen nach Moltmann-Wendel aber keineswegs den gesellschaftlich etablierten Normen ewiger Jugend und faltenloser Schönheit. Durch solche Normen würde besonders weibliche Körperlichkeit einem enormen gesellschaftlichen Druck ausgesetzt. Der Theologie der Leiblichkeit gehe es vielmehr auch darum, die Morbidität des Körpers zu akzeptieren, die sich in Geburtlichkeit, Sterblichkeit, Kranksein und verschiedenen Lebensaltern zeige.[696] Mit dieser Zuwendung zum Endlichen und Schwachen ergebe sich ebenfalls ein neues Interesse an „Leib und Leben der verschiedensten marginalisierten Gruppen: Frauen, Alte, Lesben, Homosexuelle, Farbige."[697]

Ein anderes Feld der Theologie des Körpers ist für Moltmann-Wendel die Erkenntnistheorie. Mit einer Betonung der Leiblichkeit müsse sich die Theologie auch gegen eine abstrakte Geistigkeit wenden, „die abhebt von Leib, Leben, Erde und gesellschaftlichen Bezügen. Sie vertraut aller Leibhaftigkeit, aus der ein konkreter, engagierte, Eros-bewegter und Kosmos-bezogener Geist spricht."[698]

Statt theologischer Abstraktionen trete eine leibvermittelte Erkenntnis- und Ausdrucksform in den Vordergrund, die ein Auseinanderdividieren von Denken und Fühlen verhindere. Es gelte in der religiösen Kommunikation alle Sinne zu gebrauchen, eine konkrete Körpersprache zu verwenden und über das gesprochene Wort Symbole, Mythen, Märchen und alte Riten wieder neu zu beleben.[699] Von daher erklärt sich auch die große Bedeutung, die dem Bibliodrama innerhalb der feministischen Theologie zukommt.[700] Durch solche und andere Formen können nach Auffassung von Helga Kuhlmann Frauen erfahren, „daß sich gedanklich faßbare Inhalte des Glaubens mit leiblichen und emotionalen Eindrücken und Erlebnissen verknüpfen."[701] Die Sprache des Körpers wird also wie bei

---

[695] Moltmann-Wendel 1989, S.28.

[696] Moltmann-Wendel 1989, S.46. Siehe dazu auch Kuhlmann 1989, S.217.

[697] Moltmann-Wendel, *Mein Körper bin Ich. Neue Wege zur Leiblichkeit,* 1994a, S.133.

[698] Moltmann-Wendel 1994a, S.133. Die „theologische Flucht aus dem Körper" wird von Moltmann-Wendel mit der „Flucht von der Erde" gleichgesetzt. Gleichzeitig wendet sie sich aber gegen die Vorstellung, die Erde als „Leib Gottes" zu verstehen, wie sie sich etwa bei Sallie McFague findet. Siehe: Moltmann-Wendel, „Rückkehr zur Erde", 1993b, S.407 u. 419.

[699] Moltmann-Wendel 1989, S.43f. Moltmann-Wendel,„»Anfang und Ende aller Werke Gottes ...« Gedanken zu einer Theologie der Leiblichkeit", 1994c, S. 29.

[700] Zum Zusammenhang zwischen Körpervorstellungen und Bibliodrama siehe: Röckmann, „Das ist so etwas Lebendiges und Vibrierendes in diesem Körper", 1994. Keßler, Mit dem Leib denken – Bibliodrama und Leiblichkeit in Kirche und Theologie, 1998.

[701] Kuhlmann 1995, S.216.

Marascin eng mit der Ausdrucksmöglichkeit von Emotionen in Verbindung gebracht. Und ähnlich wie bei Marascin werden nun auch andere Formen des Verstehens wichtig. „Gegenüber einem sich aus der Aufklärung ableitenden rationalen, analysierenden, penetrierenden Denken wird ein organisches Erfassen, werden Synthese, Integration, Intuition wieder betont."[702]

8.1.2. Die spezifisch feministische Perspektive bei Moltmann-Wendel

Der Dualismus von Geist und Fleisch, so Moltmann-Wendel, spiegele sich in der Hierachie von Mann und Frau wider, die die abendländische Tradition geprägt habe. Die Verdrängung und der Mißbrauch des Körpers habe deshalb vor allem den Frauenkörper getroffen. In ihn „projizierte man Sünde, Labilität und die eigene Hinfälligkeit."[703] Der dadurch aufgestaute Haß konnte beispielsweise im Mittelalter zur Hexenverfolgung führen.[704]

So steht für Moltmann-Wendel wie in der feministischen Theologie allgemein die Frage der Geschlechterdifferenz im Zentrum der Überlegungen. „Die Enthauptung der Frau und die Entleibung des Mannes müßte eine leibbezogene Theologie herausfordern."[705] Eben diesen Aspekt nicht zu beachten, wirft Moltmann-Wendel den männlichen Vorstellungen zur Leiblichkeit vor. Auch der brasilianische Theologe Alves - so die Kritik von Moltmann-Wendel - vergesse trotz seines Gespürs für die Körperlosigkeit der christlichen Kultur den ausgenutzten Körper der Frau. In ähnlicher Weise würde sie diesen Vorwurf auch an Marascin richten:

> „Er hat das gegenwärtige Problem unserer zerstörten Gottesbeziehung gesehen, aber ist doch haarscharf an ihm vorbeigeglitten wie viele Befreiungstheologen. Wenn z.B. Johann Baptist Metz von »Leib« spricht, meint er den Gesellschaftsleib, doch der Leib der Frau taucht bei ihm nicht auf. Nur wenn wir dort wieder ansetzen, wo die Zerstörung einmal begann, an der konkreten Gestalt der Frau, an ihrem Bild und Symbol, können wir wieder im Körper Gott entdecken. Hier ist der konkrete Ort der Destruktion."[706]

Die leibliche Situierung von Frauen wird in der feministischen Theologie oft durch spezifisch weibliche Körpererfahrungen wie Menstruation oder Gebären charakterisiert. In solchen weiblichen Körpervorgängen wird dabei noch eine

---

[702] Moltmann-Wendel, Art. „Ganzheit", 1991a, S.137. Zur Kritik einer solchen Erkenntnistheorie siehe Abschnitt 5.2.

[703] Moltmann-Wendel 1991d, S.222.

[704] Moltmann-Wendel 1991d, S.220.

[705] Moltmann-Wendel 1989, S.25.

[706] Moltmann-Wendel 1989, S.34 u. 47. „Denn nur was leibhaft ist, ist auch konkret. Und was konkret ist, kann auch die Wirklichkeit verändern."

ursprünglich weibliche, von patriarchalen Verformungen freie Grundlage weiblicher Erfahrung gesehen.[707] Moltmann-Wendel dagegen geht davon aus, daß auch diese Erfahrungen von der patriarchalen Struktur überformt wurden und deshalb von den Frauen mit Scham empfunden werden. Das Ziel sei deshalb eine „Wiederaneignung" solcher Körpererfahrungen.[708]

Am Beginn der Überlegungen zu einer Theologie der Leiblichkeit müßten daher solche weiblichen Erfahrungen der Enteignung des Körpers stehen. Nicht nur die beschämende Sprache für weibliche Genitalien, Ängste um die Menstruation und Abtreibung seien solche Enteignungen, sondern auch die Leiderfahrungen durch sexuellen Mißbrauch und Inzest. Beziehungsfragen spielen hier ebenfalls eine wichtige Rolle. Der Vater, der nie anwesend war und der Tochter nie das Gefühl gab, schön zu sein, verhinderte nach Ansicht Moltmann-Wendels, daß die Tochter eine natürliche und lustvolle Beziehung zum eigenen Körper ausbilde.[709]

Dagegen stellt Moltmann-Wendel die Forderung nach der Wiederaneignung des Körpers.[710] Dazu müßten die Tabubereiche durchbrochen und die Ängste und Erfahrungen von sexueller Gewalt ausgesprochen werden.[711]

Die Frauen selbst haben eine wichtige Rolle in diesem Prozeß der Wiederaneignung. Im Gegensatz zu den Männern sei nicht die Ichbezogenheit, der Stolz und die Selbstliebe[712] ihre Sünde. Vielmehr leiden sie unter der Negation ihres Ichs. Immer wieder zitiert Moltmann-Wendel daher ein Schuldbekenntnis schwedischer Frauen: „Ich habe mich selbst nicht gleichviel geliebt wie die anderen, nicht meinen Körper, nicht meine Talente, nicht mein Aussehen, nicht meine eigene Art zu sein."[713] Deshalb sei für Frauen der von der männlichen Theologie stets verdächtigte Narzißmus notwendig, um ein Selbstwertgefühl zu

---

[707] Francia, *Berühre Wega, kehr zur Erde zurück*, 1982.

[708] Moltmann-Wendel (1989, S.21) führt aus, daß die »weibliche Biologie« wieder angeeignet werden müsse und auch die Schwangerschaft *wieder* zu einer wichtigen Körpererfahrung werden könne.

[709] Moltmann-Wendel, „Wie leibhaft ist das Christentum? Wie leibhaft können wir sein?", 1992, S.398.

[710] Wo eine solche „Wiederaneignung" nicht gelingt, kann dies sowohl ein permanentes Leiden als auch einen Ausbruch aus dem bisherigen Lebenskontext zur Folge haben. Siehe dazu: Wohlrab-Sahr, Das Unbehagen im Körper und das Unbehagen in der Kultur. Überlegungen zum Fall einer Konversion zum Islam, in: diess., *Biographie und Religion. Zwischen Ritual und Selbstsuche*, 1995.

[711] Moltmann-Wendel, „Unser Körper - unser Selbst. Feministische Perspektiven zur Leiblichkeit", 1991, S.96.

[712] Moltmann-Wendel (1993, S.117) geht davon aus, daß seit Augustin in der christlichen Anthropologie die in sich selbst und in ihren Weltbesitz verschlossene »Ichhaftigkeit« des Menschen als der eigentliche Kern der Sünde verstanden wird.

[713] Zitiert nach Moltmann-Wendel 1992, S.401.

entwickeln und das Finden des eigenen Willens zu ermöglichen.[714] Die feministische „Rechtfertigungs"-Sicht „Ich bin gut, ganz und schön" soll den Frauen ihre Selbstannahme ermöglichen.[715]

Dabei seien diese Sätze nicht als ein Programm der Selbsterlösung zu verstehen im Sinne des Slogans „Ich *muß* gut, ganz, schön sein bzw. werden".

> „Zu verstehen sind sie vielmehr vom Evangelium her, wie es in der Rechtfertigungslehre Luthers zur Sprache kommt: Ich bin gut, weil Gottes Gut-sein mich gut macht. Darum bin ich auch ganz: brauche nicht perfekt zu sein, sondern kann auch meine Schattenseiten wahrnehmen und zulassen und mich neu in meiner ganzen Leiblichkeit entdecken. So bin ich schön: ich weiß, daß Gott mich ansieht und liebt, also brauche ich nicht auf meine »Schönheitsfehler« starren, sondern darf mich an mir freuen."[716]

Damit wird deutlich, daß die Thematisierung des Körpers bei Moltmann-Wendel im Zusammenhang mit der Ausbildung individueller weiblicher Identität wichtig wird. Es geht darum, „daß Frauen ihren Körper wieder lieben, akzeptieren mit allen seinen unausgeschöpften Möglichkeiten."[717] Wenn sie den Körper als Ort der Menschwerdung bezeichnet, als Raum, von dem aus wir denken und fühlen, geht es letztlich um eine „befreite Selbstwahrnehmung von Frauen".[718]

Eine solche Befreiung von vorgegebenen patriarchalen Mustern könne dann auch zur Ausbildung neuer Lebensformen neben Ehe und Familie oder zur Entwicklung von lesbischen oder homosexuellen Orientierungen führen.

Dabei sieht Moltmann-Wendel durchaus die Gefahr, daß ein solcher Ansatz als individualistisch erscheinen kann. Dies bestreitet sie jedoch mit Hinweis auf die Auswirkung einer anthropologischen Neuorientierung auf den Umgang mit ökologischen Problemen.

> „Solche Neuansätze sind nur scheinbar individualistisch. Weil die Verdinglichung des (weiblichen) Körpers in einem engen Zusammenhang steht mit der patriarchalen Unterdrückung der Natur, birgt die Subjektwerdung des weiblichen Körper-Selbst weitreichende Möglichkeiten für eine Politik der Versöhnung mit der Natur."[719]

---

[714] Moltmann-Wendel 1993, S.118f. In diesem Konzept schließe sich Selbstliebe und Nächstenliebe allerdings keineswegs aus, sondern ist bereits in der Bibel miteinander verkoppelt. Siehe: Moltmann-Wendel, „Liebe", 1991e, S.250.

[715] Moltmann-Wendel 1985, S.155-170.

[716] Moltmann-Wendel, *Feministische Theologie. an-stöße, stich-worte, schwer-punkte*, 1992b, S.20.

[717] Moltmann-Wendel 1989, S.37.

[718] Moltmann-Wendel 1991d, S.224.

[719] Moltmann-Wendel 1991d, S.224. Damit nimmt Moltmann-Wendel eine in der feministischen Theologie verbreitete Position auf, die Dichotomisierung von Leib und Seele und das Phänomen des Sexismus als Ursache individueller und struktureller Sünde und Fehlentwicklungen zu

Doch bleiben solche Aussagen über die allgemeinpolitische Auswirkung eines neuen Körperverständnisses weitgehend im Allgemeinen und bilden einen Teilaspekt des unten noch darzustellenden Ganzheitsparadigmas. Insgesamt ist der Ansatz von Moltmann-Wendel eher therapeutisch orientiert.[720] In den christlichen Heilszusagen würden dementsprechend statt der „juridischen" die psychischen, räumlichen und physischen Dimensionen des Heilwerdens betont.[721] Ein solches Heilwerden schließt die Möglichkeit der Bearbeitung persönlichkeitszerstörerischer körperlicher und seelischer einschließlich sexueller Mißhandlungen mit ein und schaffe damit den Freiraum für eine Wiederaneignung des Körpers.[722]

Diese Orientierung auf psychische Heilungsprozesse wird auch im Titel „Unsere Wunden heilen. Unsere Befreiung feiern. Rituale in der Frauenkirche" von Rosemary Radford Ruether deutlich.[723] In solchen Ritualen werden sowohl Leiderfahrungen bewältigt als auch weibliche Körpererfahrungen positiv bestätigt, etwa in „rites de passage" für die erste Menstruation, für die Geburt und die Menopause. Rituale und Feiern erhalten in ähnlicher Weise auch für Moltmann-Wendel als „Formen leibhafter Glaubensvermittlung"[724] eine zentrale Bedeutung für Heilungsprozesse. Durch die Verwendung von weiblichen Gottesbildern vom Gebären, Stillen und Nähren beispielsweise könne das Körpererbe der christlichen Religion neu aufgenommen und in der Theologie reflektiert werden.[725]

---

sehen. Ruether, *Sexismus und die Rede von Gott. Schritte zu einer anderen Theologie*, Gütersloh 1985, S.193-230.

[720] Ähliches kann man vom Ansatz Gerhard Marcel Martins sagen, einem der Hauptvertreter des Bibliodramas in der deutschen Theologie. Ihm geht es bei seinen Überlegungen um Fragen der Bewußtwerdung, Steigerung, Betäubung und Verzerrung des Körpererlebens und die sich damit verschließenden oder eröffnenden psychischen Heilungsprozesse. Siehe: Martin, „Körperbild und »Leib Christi«", 1992, S.403.

[721] Moltmann-Wendel 1992, S.401. Moltmann-Wendel 1991d, S.224.

[722] Siehe dazu auch Kuhlmann 1995, S.217.

[723] Ruether 1988.

[724] Moltmann-Wendel 1991d, S.224.

[725] Damit bleibt Moltmann-Wendel im Rahmen der christlichen Tradition. Bei anderen feministischen Theologinnen kommt es dagegen zum Verschwimmen der Grenze zwischen christlichen und nicht-christlichen Ritualen. Dies betrifft vor allem den Versuch, Matriarchats- und Hexenkulte wiederaufleben zu lassen. Nach Starhawk (*Wilde Kräfte, Sex und Magie für eine erfüllte Welt*, 1987) können Frauen durch Hexenrituale mit orgiastischen Elementen einen ursprünglichen Einklang mit der Natur wiederherstellen, indem tiefere Bewußtseinsschichten hinter dem Rationalen geweckt werden. Bei anderen Konzepten wird in den Ritualen eine besondere Beziehung zu den Erdkräften erzeugt. In solchen Formen matriarchaler Naturreligion wird die besondere Beziehung des weiblichen Zyklus und der weiblichen Intuition zu den Kräften der Erde und des Kosmos betont. Nach Monica Sjöö und Barbara Mor ist „das Mensturationsblut der Frauen von gleicher Substanz wie die schöpferische Kraft der Großen Mutter. Blut ist die physische Entsprechung der mystischen Lebensenergie, die durch den ganzen Kosmos pulst, die das Universum nährt, die es atmen macht, die sich in ihm offenbart." Inzwischen ist allerdings innerhalb der feministischen Bewegung eine Auseinandersetzung darüber ausgebrochen, in-

Eine Wiederentdeckung des Körpers erscheint manchen Feministinnen als eine „biologische Falle", bei der sie auf die alte Rolle festgelegt werden, das „andere" zur männlichen Vernunft darzustellen.[726] Denn nicht nur die Dichotomisierung und Hierarchisierung der Dualismen von Geist und Leib, Rationalität und Emotionalität, von Mann und Frau usw. erscheint ihnen als Problem, sondern die Dualismen überhaupt. Eine feministische Theologie, die die Bedeutung des Körpers betone, würde Frauen genau wieder auf diese Rollenaufteilung festlegen.

Andere Feministinnen, wie etwa Gerda Weiler[727] oder Carter Heyward[728], übernehmen den negativen Pol der dualistischen Hierarchie von Natur und Geist als positiv affirmativen Ausgangspunkt ihrer Überlegungen. Sie vertreten damit ein essentialistisches Frauenbild, das den Frauen unabhängig vom historischen Kontext bestimmte Eigenarten zuschreibt. Dabei wird die Frau - im Gegensatz zum Mann als Vertreter der Kultur - mit der Natur gleichgesetzt und auf Eigenschaften und Fähigkeiten wie „Sinnlichkeit", „Innerlichkeit" und „Gefühl" festgelegt.[729] Wegen der unterstellten größeren Naturnähe der Frauen, werden von diesen Vertreterinnen matriarchale Religionen oft auch als „Religionen der Ökologie" betrachtet, die sich den zerstörerischen patriarchalen Religionen entgegenstellen. Ebenso werden Erkenntnismethoden der Intuition, Spekulation und Wesensschau als Formen weiblichen „Erfahrungswissens" der zerstörerischen analytischen Wissenschaft als letzlich überlegen gegenübergestellt.[730]

Moltmann-Wendel geht nicht so weit. Den Erfahrungen der Enteignung des Körpers, dem Leiden unter den Dualismen und der Hierarchie stellt Moltmann-Wendel die Vorstellung der Ganzheitlichkeit entgegen. Nicht die Festlegung der Frauen auf Natur und Körper und deren Glorifizierung,[731] sondern Integration von Körper und Seele, Welt und Kirche, Erde und Himmel, Immanenz und

---

wieweit durch solche „Blut-und-Bodenrituale" eine Nähe zu den rituellen Formen der Nazizeit erzeugt werden. Siehe dazu: von Schnurbein, „Blut-und-Boden-Rituale. Formen einer Neuheidnischen Spiritualität in der Frauenbewegung", 1996.

[726] Moltmann-Wendel 1992, S.399.

[727] Weiler, *Eros ist stärker als Gewalt. Eine feministische Anthropologie I*, 1993. Während Weiler den Mann als biologisches Mängelwesen charakterisiert, was sich beispielsweise an der geringeren Lebenserwartung von Männern zeige, stelle die Weiblichkeit die „Menschlichkeit schlechthin" (S.246) dar.

[728] Heyward, *Und sie rührte sein Kleid an. Eine feministische Theologie der Beziehung*, 1986. Zur Kritik siehe: Meinhard, „Unsere Körper wissen es besser ...? Anmerkungen zu Carter Heywards Rede vom Körper", 1994.

[729] Zur Kritik siehe: von Schnurbein 1996, S.226

[730] Heyward (*Touching our Strength. The Erotic as Power and Love of God*, 1989, S.93) geht sogar davon aus, daß durch die sinnliche Wahrnehmung deutlich werde, was gut bzw. schlecht sei.

[731] Moltmann-Wendel 1993, S.120.

Transzendenz, Frauen und Männern, Natur und menschlicher Technologie ist ihr Ziel.[732]

Die Bedeutung der Körperlichkeit für die feministische Theologie liege demnach nicht in einer ahistorischen quasi ontologischen Verbindung von Frau und Körper, sondern darin, daß beide als Folge der Dichotomisierung in der bisherigen patriarchalen Kultur unterdrückt wurden. Die Wiederentdeckung des Körpers biete somit nicht nur Chancen für die Frauen. Das ganzheitliche Konzept sei auch eine Bereicherung und Befreiung für die Männer und die Gesellschaft insgesamt. Ganzheitlichkeit bedeute deshalb auch die Versöhnung zwischen den Geschlechtern.[733]

Die die Menschen erfüllende Macht, die Kopf und Körper wieder zusammenbringe, könne mit dem Begriff „Eros" umschrieben werden. Eros erfasse den Menschen ganz: Körper und Geist, Gefühle und Verstand, Willen und Seele. Diese uns alle verbindende Lebensenergie werde auch im Abendmahl freigesetzt.[734] Die neuen Rituale und Gottesdienstformen seien notwendig, um den Frauen „etwas von dieser Lebensenergie des Eros" zu vermitteln.[735] Eros wird damit zum Oberbegriff für eine neue Form körperzentrierter Spiritualität, die ein ganzheitliches Leben ermögliche.

---

[732] Moltmann-Wendel 1991a, S.139. Dabei nimmt Moltmann-Wendel Gedanken von Schüssler-Fiorenza auf. Eine solche ganzheitliche Sicht der Welt ermögliche einen veränderten Umgang mit dem Körper, mit Emotionalität und Natur. Sie führe zu einer Ehrfurcht vor den kosmischen Dimensionen unserer Lebenszusammenhänge ebenso wie zu einer integrierten Sicht von Heil, die sich in den biblischen Heilungsgeschichten zeige. In einer solchen harmonisierenden Vorstellung von Ganzheitlichkeit liegt meiner Ansicht nach aber auch ein Hauptproblem des Ansatzes von Moltmann-Wendel. In ihren Vorstellungen zur Sünde hat sie ausgeführt, daß die Frauen sich noch gar nicht der Sünde der Ich-Bezogenheit schuldig gemacht hätten, daß sie vielmehr erst eine eigene Autonomie entwickeln. Eben dieser notwendige Schritt von der paradiesischen Unschuld zur Autonomie wird in der Sündenfallgeschichte beschrieben, wo die Menschen vom Baum der Erkenntnis des Guten und des Bösen essen. Das Resultat dieses Sündenfalls ist die Autonomie. Aber es ist auch die Verstoßung aus dem Paradies. Leben ist fortan nur noch als ambivalentes Leben möglich. Oder in den Worten Tillichs (Der Übergang von der Essenz zur Existenz und das Sybmol des »Falls«, in: *Systematische Theologie II,* 1987, S.35-52): Es ist der Übergang vom essentiellen zum existentiellen Sein. Eben diese Ambivalenz steht meiner Ansicht nach in der Gefahr, durch die harmonistischen Vorstellungen Moltmann-Wendels von der Ganzheitlichkeit überdeckt zu werden.

[733] Moltmann-Wendel 1991a, S.140.

[734] Moltmann-Wendel, Art. „Liebe", 1991d, S.250. An anderer Stelle (Moltmann-Wendel 1989, S.10) spricht Moltmann-Wendel von der Körpermacht, der wir uns kaum bewußt seien, die aber dauerhafter sei als alle Machtansprüche.

[735] Moltmann-Wendel 1991d, S.251.

8.1.3. Vergleich von Moltmann-Wendel und Marascin

Die Darstellung der biblischen Bezüge der Theologie Moltmann-Wendels hat gezeigt, daß auch die feministischen Ansätze einer Theologie des Körpers die biblischen Geschichten von der Schöpfung, Inkarnation, Leben Jesu, Kreuz und Auferstehung als ihre Grundlage wählen. Und wie bei Marascin bildet auch die Körpererfahrung den Ausgangspunkt der theologischen Überlegungen.

Bei beiden Theologen führt dies zu einer Kritik an der Funktionalisierung des Körpers und zu einer Kritik an etablierten gesellschaftlichen Normen. Dabei wird es als Problem gesehen, daß durch eine Dichotomisierung und Hierarchisierung von Leib und Seele, Spiritualität und Körperlichkeit, Emotion und analysierender Vernunft sowie von Abstraktionen und konkretem Lebensbezug bestimmte Bereiche menschlicher Erfahrung und Erlebnismöglichkeit aus dem Alltag verdrängt werden.

Marascin und Moltmann-Wendel formulieren ihre Theologie aus der Sicht der Opfer dieser Dualismen.[736] Beide thematisieren Aspekte der konkreten Körperlichkeit mit der Hoffnung auf Veränderung und betonen daher das Widerstandspotential des Körpers.[737] Während Marascin dabei die „Option für die Körper der Armen und Marginalisierten" in den Vordergrund stellt, wendet sich Moltmann-Wendel zunächst den Körpern der Frauen zu. Das ist nicht unbedingt ein Widerspruch, da sich ja beide als kontextueller Theologe bzw. Theologin verstehen, die die Partikularität ihres Ansatzes bewußt akzeptieren.[738]

Dennoch ergeben sich aus den verschiedenen Problemlagen auch unterschiedliche Schwerpunkte und Strukturen ihres Ansatzes. Moltmann-Wendels Überlegungen konzentrieren sich auf konkrete weibliche z.T. biologisch konditionierte Körpererfahrungen wie Menstruation[739], Gebären, Menopause. Ebenso stehen

---

[736] Durch diesen engagierten Impuls erklären sich möglicherweise auch die oft vorkommenden Verkürzungen und falschen Allaussagen bei der Darstellung anderer Ansätze. So erklärt Moltmann-Wendel (1993, S.113) „*Nie* gelang es, den abendländischen Dualismus von Geist und Fleisch, Seele und Körper zu überwinden." (Hervorhebung von mit. S.K.) Dagegen ist einzuwenden, daß selbst wenn dieser Dualismus weite Teile des kirchlichen Alltagsverständnisses prägt, sich soch in zahlreichen theologischen Entwürfen komplexere Ansätze finden lassen. Gerade die feministische historische Forschung gibt dafür zahlreiche Beispiele. Siehe etwa die Untersuchungen von Caroline Walker Bynum, *Fragmentierung und Erlösung. Geschlecht und Körper im Glauben des Mittelalters,* 1996.

[737] Mirjam Schuilenga sieht sogar in kommerzialisierten Formen der verstärkten Körperthematisierung, wie Fitness-Center, kosmetische Chirurgie und Diätpraktiken, eine implizite Gesellschaftskritik und Form des Widerstands. Siehe: Schuilenge, „Die letzte Bastion. Rückbesinnung auf den Körper als Gesellschafts- und Theologiekritik", 1994, S.14.

[738] Zur Frage von Kontextualität und Objektivität in der feministischen Debatte siehe: Harding, *Das Geschlecht des Wissens. Frauen denken Wissenschaft neu,* 1994.

[739] Das Thema „Menstruation" spielt in der feministischen Theorie allgemein eine Rolle und wird zum Teil als eine Form religiöser Erfahrung betrachtet (Shuttle, *Die weise Wunde Menstruation,* 1982. Washburn, Becoming Woman. Menstruation as spiritual experience, 1979). Gegen

Fragen der familiären Beziehung und des sexuellen Mißbrauchs im Zentrum des Interesses. Die Sünde der Frauen sei dabei die fehlende Identifizierung der Frauen mit sich und ihrem Körper, d.h. die „Nicht-Identität" der Frauen. Dem stellt Moltmann-Wendel die Forderung nach der Wiederaneignung des Körpers und der Gewinnung eines Selbstwertgefühls entgegen. Dies sei beispielsweise durch neue Formen von Ritualen möglich.

Der Ansatz von Moltmann-Wendel ist somit vor allem therapeutisch orientiert. Er richtet sich an solche Frauen, die an der vorherrschenden Dichotomisierung, an der Unterdrückung von Frauen und Körperlichkeit leiden und die nach neuen kreativen Formen der Identitätsbildung und der religiösen Kommunikation suchen. Der Hierarchie der Dualismen aber auch in Abgrenzung gegen andere feministisch-monistische Konzepte der Festlegung und Glorifizierung der Verbindung von Frau, Natur und Körper setzt Moltmann-Wendel die Vorstellung der Ganzheitlichkeit entgegen, die die unterschiedlichen Pole der Dualismen zu integrieren versucht. Dem Dualismus wird kein Monismus, sondern die Vorstellung der Integration entgegengestellt.

Marascins Ansatz scheint hier zunächst radikaler. Er spricht nicht von der Integration der Pole, sondern bezeichnet den Körper als Paradigma allen Denkens und Handelns. Doch handelt es sich dabei nur scheinbar um einen materialistischen Monismus, der dem vorherrschenden Dualismus entgegengestellt wird. Denn auch für Marascin ist der Mensch eine psychosomatischen Einheit, für die der Begriff Körper jetzt als Oberbegriff fungiert.

Wenn Marascin dennoch die Bedeutung des Körpers so betont, geht es ihm vor allem gegen einen Mißbrauch der Vorstellung von der Seele, der zu Weltflucht und damit zur Ideologisierung von Religion geführt habe. Mit dieser Kritik bleibt Marascin den klassischen politischen Themen der Befreiungstheologie verpflichtet. Der Hunger und das konkrete Leiden im alltäglichen Überlebenskampf werden als eine Frage der Gerechtigkeit thematisiert und darüberhinaus die Repression der Sinnlichkeit des Körpers kritisiert.

Für Moltmann-Wendel werden durch die Dichotomisierung den Frauen die positive Ausbildung von Selbstwertgefühl, eine autonome Entwicklung und ein ganzheitliches Leben verweigert. Für Marascin verschleiern die Dualismen die ungerechte Verteilung von gesellschaftlichen Gütern. Wenn sich Religion nur auf die Seele beschränke, werde sie zur Entfremdung. Außerdem würden dadurch die letzten Formen des Genusses des Körpers verboten.

Die unterschiedlichen Schwerpunkte dieser beiden Ansätze lassen sich gut an der Interpretation der historischen Bedeutung der Jungfernschaft erläutern. Für Moltmann-Wendel bilden die Formen der Virginität in der Geschichte der Christenheit die Möglichkeit, „Freiheit von den von der Frau erwarteten Körperfunktionen zu erlangen, die in ihnen steckende biologische Kraft nicht zu ver-

---

den Vorwurf, daß solche Stilisierungen von „Blut-und-Boden" in die Nähe faschistischer Rituale gerückt werden können, wehrt sich sich Moltmann-Wendel (1992b, S.33f).

schwenden, sondern sie zu sublimieren."[740] Damit wurde der Versuch eines autonomen weiblichen Lebensstils möglich.[741]

Sexualität wird bei Moltmann-Wendel im Zusammenhang mit hierarchischen Beziehungen, Selbstbestimmung und Autonomie thematisiert. Marascin dagegen thematisiert Sexualität im Kontext von Verboten und gesellschaftlicher Repression. Für ihn symbolisiert die Jungfernschaft Marias die Befreiung des Körpers und der Sexualität vom Zwang der Reproduktion. Sexualität könne daher als Ausdruck des Lebens, als Genuß und Quelle der Lust erlebt werden. Nicht Autonomie sondern die Befreiung von der Repression steht hier im Vordergrund.[742]

Bei der Suche nach Autonomie steht die feministische Theologie vor dem Problem, neue nicht-enfremdende Formen des gesellschaftlichen Lebens erst entwickeln zu müssen. Daher erklärt sich das Experimentelle, teilweise auch mit heidnischen Formen, in ihren Entwürfen. Es handelt sich dabei um Tastversuche, „Suchbewegungen"[743], „Wiederaneignungen". Neue Formen, wie eine stärkere Betonung weiblicher Sinnlichkeit, könnten in dieser Perspektive immer auch Projektionen der Männer sein. So kommt es auch unter den Feministinnen oft zu gegenseitigen Polemisierungen und Kritiken, die behaupten, daß selbst bestimmte feministische Konzepte die Unterdrückung der Frauen lediglich zementieren würden. Julia Kristeva und Luce Irigaray etwa lehnen es deshalb völlig ab, für

---

[740] Moltmann-Wendel 1992, S.393. Dabei verweist sie auf die Forschungen von Anne Jensen, *Gottes selbstbewußte Töchter. Frauenemanzipation im frühen Christentum*, 1992.

[741] Moltmann-Wendel 1992, S.396. Eine interessante Umkehrung der Abwertung von Frau und Körper findet sich auch im Spätmittelalter, wie Caroline Walker Bynum (1996, S.174ff) in ihrer Studie mit dem Titel „Der weibliche Körper und religiöse Praxis im Spätmittelalter" gezeigt hat. Die Lehre der jungfräulichen Geburt führte zu einer Assoziation der Menschlichkeit Christi mit dem Weiblichen und dem Fleischlichen. „Da Christus keinen menschlichen Vater hatte, kam sein ganzer Leib von Maria und war daher eng verbunden mit dem weiblichen Fleisch." Der Körper der Frauen wurde damit zum Ort religiöser Erfahrung, zum Freund, Werkzeug oder Tor zum Himmel (S.150). Dementsprechend neigten Frauen mehr als Männer dazu, religiöse Erfahrungen zu somatisieren und mit eindringlichen körperlichen Metaphern zu beschreiben (S.160). Die Lehre der Jungfrauengeburt führte nicht zu einer Ablehnung von Körperlichkeit, sondern erweiterte das Erfahrungsspektrum weiblicher Religiosität und führte zu einer Aufweichung eindeutiger Leib-Seele-Dualismen (S.166).

[742] Allerdings gibt es auch feministische Ansätze (Daly, *Reine Lust*, 1986. Berner-Hürbin, *Eros, die subtile Energie*, 1989), die den Aspekt des Eros oder der Lust in den Vordergrund stellen, um dadurch „weibliche Potentiale", „zugeschüttete Quellen der veränderndernden Macht" oder „Intensitätssteigerungen des Lebensgefühls" zu erlangen. Bei Harrison und Heyward („Pain and Pleasure. Avoiding the Confusions of Christian Tradition in Feminist Theory", 1989, S.149) findet sich die Vorstellung, „that feminist theory must incorporate a profound positive evaluation of the vitality of the erotic in women`s lives. We understand eros to be body-centered energy channeled through longing and desire." Der Bezug zur Erotik als Energiequelle findet sich auch bei Boff, wie später noch gezeigt werden wird.

[743] Moltmann-Wendel 1993, S.116.

das Weibliche einen Begriff oder eine Vorstellung zu entwickeln. Das Weibliche sei vielmehr utopisch und Ort-los.[744]

Auch Marascin sucht nach neuen Ausdrucksformen eines leiblichen Christentums. Auch er kritisiert gesellschaftlich etablierte Schönheitsideale, den Konsumismus oder die fehlende Orientierung an der Gemeinschaft als eine Folge eines individualisierten Körperkults. Aber er kann in seinem Gegenentwurf auf die sinnenfreudige Volkskultur Brasiliens zurückgreifen. Er lobt die Schönheit des Sambas und preist die Lebensfreude, die sich im Karneval ausdrückt. Die Zuwendung Gottes zum Körper ermögliche den Christen, die Schönheit der Schöpfung in solchen Formen zu genießen. Auch Protestanten müssen sich nicht mehr in einer „Ethik der Differenz"[745] von der Welt abkehren und sich nur noch um ihre eigene Seele kümmern. Für Marascin sind mit der Inkarnation und der Verheißung der Befreiung der neue Kontext der Leichtigkeit und zum Teil auch deren Formen schon gegeben.

8.2. Irenäus v. Lyon: Das messianische Reich als verklärte materielle Welt

8.2.1. Irenäus´ Kampf gegen die Dualisten

Ein Hauptkritikpunkt Marascins ist der in Theologie und Kirche Brasiliens anzutreffende Leib-Seele Dualismus. Bereits zu Beginn der Geschichte des Christentums lassen sich ähnliche Konflikte aufzeigen. Im 2.und 3. Jahrhundert fühlten sich viele Christen von dualistischen Gedankengebäuden wie der Gnosis und der neuplatonischen Philosophie angezogen. Für die christliche Gemeinde war die Zeit war geprägt von widerstreitenden Auffassungen über die Bedeutung von Sexualität und Verzicht.[746] Die Reflektion über das Verhältnis von Leib und Seele bildete einen wichtigen Schwerpunkt bei den frühchristlichen Apologeten und antignostischen Theologen.

Auch die christliche Auferstehungsbotschaft kam im Zusammenhang dieser Auseinandersetzungen „zu einem grundlegenden Verständnis ihrer eigenen Implikationen."[747] In dieser Zeit entwickelten sich nach der Analyse von Bernhard Lang und Colleen McDannell beispielsweise die paradigmatischen Grundformen der Himmelsvorstellungen, die sich in der Kirchengeschichte immer wieder aufzeigen lassen und die als spezifischer Ausdruck des Körperverständnisses einer Epoche gesehen werden können.

---

[744] Moltmann-Wendel 1993, S.116.

[745] Siehe dazu Kapitel C II 4.

[746] Brown, *Die Keuschheit der Engel. Sexuelle Entsagung, Askese und Körperlichkeit im frühen Christentum*, 1994.

[747] Greschake u. Kremer, *Resurrectio Mortuorum. Zum theologischen Verständnis der leiblichen Auferstehung*, 1986.

So fanden beim jungen Augustin im 4. Jahrhundert asketische Werte Eingang ins Jenseits. Seine Hoffnung richtete sich auf einen rein geistigen Himmel, eine Welt der „fleischlosen" Seelen.[748] Augustin schätzte das neuplatonische Gedankengut Plotins und war beeinflußt vom manichäischen Puritanismus. Danach war alles Fleischliche mit der Sünde verbunden und Sexualität galt als die schlimmste Sünde überhaupt.[749] Die Überwindung des Fleisches war somit nicht nur das Ideal im Jenseits sondern bereits auf der Welt das Ziel asketischen Lebenswandels. Ehelosigkeit, mönchisches Leben und Keuschheit erschienen dem jungen Augustin als geeigneter Weg zur Vervollkommnung. Im Himmel wie auf Erden mußte der Körper besiegt werden, um die Seele zu Gott zu führen. Die Jungfräulichkeit und der Verzicht auf alle leiblichen Genüsse würden deshalb einen Vorgeschmack auf das ewige Leben vermitteln.[750]

Anders sah die christliche Vorstellung vom Leib noch im 2. Jahrhundert aus. So spottete der aufgeklärte Philosoph Celsus über die Christen als ein „in den Leib verliebtes Geschlecht".[751] Irenäus, der Bischof von Lyon, beschrieb Gott als den, der sich auf die Welt und auf die Menschen in ihrer ganzen Leibhaftigkeit einläßt, um ihnen eine bleibende Vollendung zu verheißen.[752] Den Himmel beschrieb Irenäus als eine verklärte materielle Welt.

In seinen 5 Büchern „Gegen die Häresien" (um 180) wendet sich Irenäus gegen dualistisch-gnostische Richtungen, die die Welt als widergöttliche Region betrachteten, welche sich in Leib und Materie realisierte. Das Fleisch war nach Ansicht dieser Gnostiker heilsunfähig.[753] Nicht die Auferstehung des Leibes, sondern die Befreiung vom Leib und von der materiellen Welt galten ihnen als Ziel.

Ganz entschieden wendet sich Irenäus gegen solche dualistische Strömungen. Seiner Ansicht nach besteht der Mensch aus der Einheit von Leib, Seele und Geist.

> „Seele und Geist können wohl ein Teil des Menschen sein, aber nie der Mensch. Der vollkommene Mensch ist die innige Vereinigung der Seele, die den Geist des

---

[748] Lang u. McDannell 1990, S.100.

[749] Lang u. McDannell 1990, S.84.

[750] Lang u. McDannell 1990, S.88. In späteren Jahren, als Augustin als Bischof für das konkrete Leben seiner Gemeinde Sorge trägt, wird dieser Dualismus entschärft. Nun entwickelt er die Vorstellung von einem „halb geistigen Himmel", in dem der Geist den Körper beherrscht. Dieses Konzept bildet im Laufe der Theologiegeschichte neben Irenäus und dem jungen Augustin das dritte paradigmatische Modell der Himmelsvorstellung. (Lang u. McDannell 1990, S.101f)

[751] Greschake u. Kremer 1986, S.185.

[752] Jaschke, „Irenäus von Lyon", 1986. Joppich, *Salus carnis. Eine Untersuchung in der Theologie des heiligen Irenäus von Lyon*, 1985.

[753] Greschake u. Kremer 1986, S.190.

Vaters aufnimmt, mit dem Fleische, das nach dem Ebenbilde Gottes geschaffen ist."[754]

Auch das Fleisch und das Materielle entstamme positiv dem Schöpfungswillen Gottes.[755] Deshalb müsse man sich gegen die bei den Gnostikern übliche Trennung von Gott und Schöpfer sowie gegen die Scheidung des leibhaftigen Geschöpfs vom Heilsbereich wenden, denn es gebe nur einen Gott, der alles durch sein Wort geschaffen hat.[756] Deshalb brauche der Mensch die Welt nicht zu fliehen. Vielmehr sei es ihm möglich, die reichen Segnungen der Natur zu genießen. Damit wird auch die Zuwendung Gottes zum ganzen Menschen deutlich. Nicht Weltflucht sondern der lebende Mensch sei die Ehre Gottes.[757]

Bereits in der Schöpfung zeige sich die Einheit der Welt und die Zuwendung Gottes zum Körper. Die größte Heilstat aber sei die Inkarnation Gottes. Um der Erlösung des ganzen Menschen willen und nicht nur seiner Seele, nahm Gott Fleisch an.

„Hätte das Fleisch nicht gerettet werden sollen, dann wäre keineswegs das Wort Gottes Fleisch geworden."[758]

Entgegen der Behauptung einiger Häretiker, Gott sei nur scheinbar als Mensch erschienen,[759] zeige sich in den biblischen Schriften ganz klar die Menschlichkeit Jesu. Er nimmt Nahrung auf, spürt Hunger und blutet am Kreuz. Vor allem aber zeige sich die Menschlichkeit Jesu in der Jungfrauengeburt. Denn aus Maria nahm Christus wahres Fleisch an[760], so daß er nicht als ein „Gott ohne Leib" mißverstanden werden könne.[761] Erst mit der Fleischwerdung Gottes ist die Voraussetzung für die Erlösung gegeben.

„Töricht in jeder Hinsicht sind die, welche die gesamte Anordnung Gottes verachten, die Heiligung des Fleisches leugnen und seine Wiedergeburt verwerfen, indem sie behaupten, daß das Fleisch der Unvergänglichkeit nicht fähig sei. Wird aber dies nicht erlöst, dann hat uns der Herr auch nicht mit seinem Blute erlöst, noch ist

---

[754] Irenäus, *adversus haereses* V,6,1.

[755] Irenäus, *adv.h.* II,28,7.

[756] Die „fälschlich so genannten Gnostiker" dagegen würden diese Bedeutung der Schöpfung mißachten. „Was auch immer die Häretiker mit Nachruck behaupten: zuletzt läuft alles darauf hinaus, daß sie den Schöpfer schmähen und dem Geschöpf Gottes, d.h. dem Fleisch das Heil absprechen" (Irenäus, *adv.h.* IV praef.)

[757] „Gloria Dei vivens homo". Zitiert nach Goldstein 1989, S.170.

[758] Irenäus, *adv.h. V,14,1.*

[759] Irenäus, *adv.h. II,22,1.* „Für die Gnostiker scheint der Gedanke der Verbindung Gottes mit dem irdischen Fleisch unerträglich, so daß sie die wahre Menschwerdung leugnen." Dagegen wendet Irenäus (*adv. h. V,2,1):* „Er riß nichts Fremdes listig an sich, sondern nahm das Seinige in Gerechtigkeit und Güte an sich."

[760] Irenäus, *adv.h. III,22.*

[761] Irenäus, *adv.h. III,21,4.*

der eucharistische Kelch die Teilnahme an seinem Blute, das Brot, das wir brechen, die Teilnahme an seinem Leibe. Blut stammt nämlich nur von Fleisch und Adern und der übrigen menschlichen Substanz, die das Wort Gottes in Wahrheit angenommen hat."[762]

Vermittelt durch die Eucharistie besteht die Verbindung zum Herrn weiter. Nicht als eine Einheit der Seelen, sondern durch die Teilnahme am Leib Christi.

„So sagt auch der selige Apostel Paulus in dem Brief an die Epheser: »Wir sind Glieder seines Leibes, aus seinem Fleisch und seinem Gebein«. Das sagt er nicht von einem geistigen und unsichtbaren Leib - denn »ein Geist hat weder Bein noch Knochen« - sondern von einem wahrhaft menschlichen Organismus, der aus Fleisch, Nerven und Knochen besteht, der von dem Kelch seines Blutes ernährt und von dem Brot seines Leibes erhoben wird."[763]

In Schöpfung, Inkarnation, Erlösungshandeln Gottes und im Abendmahl zeigt sich nach Ansicht von Irenäus Gottes Zuwendung zum ganzen Menschen und das heißt auch zu seinem Fleisch. Die Schöpfung war ein Geschenk der Güte Gottes, die Welt galt ihm als grundsätzlich gut und für den Gebrauch der Christen bestimmt. Selbst den feindlichen Römern gesteht Irenäus eine wichtige zivilisatorische Funktion für den Ausbau des Verkehrssystems und den Erhalt des Friedens zu,[764] was für die in Irenäus´ Gemeinde lebenden Kaufleute von Bedeutung war.[765]

Doch trotz dieser grundsätzlich positiven Sicht der materiellen Welt machte die heidnische Umgebung es vielen Christen unmöglich, Gottes Geschenk an die Menschen voll zu genießen. Diese feindliche Umwelt trieb viele Christen der Gemeinde des Irenäus ins Martyrium. Diese Christen nahmen das Martyrium an, nicht weil sie die Welt verachteten, sondern weil es als unausweichlich erschien.[766] „Von der Güte der Schöpfung überzeugt, hofften sie auf ein besseres

---

[762] Irenäus, *adv.h.* V,2,2.

[763] Irenäus, *adv.h.* V,2,3. Walker Bynum (*The Resurrection of the Body in Western Christianity: 200-1336*, 1995, S.39) erkennt in dieser Argumentation einen „transzendenten Kannibalismus": „Because eating God is a transcendent cannibalism that does not consume or destroy, we can be confident that the heretics who would spiritualize the flesh are wrong. Flesh, defined as that which changes, is capable of the change to changelessness."

[764] Irenäus, *adv.h.* IV,30,3.

[765] Lang u. McDannell 1990, S.79.

[766] Neuere Untersuchungen gehen davon aus, daß die Zahl der christlichen Märtyrer bisher überschätzt wurde. Dennoch ist die Bedeutung des Martyriums und die Angst vor möglichen Verfolgungen für die theologische Entwicklung nicht zu unterschätzen. Die Darstellung der Leiden der Märtyrer hatte außerdem für die christlichen Gemeinden eine wichtige identitätsbildende Funktion. „It is certainly true that both Christian fears of persecution and Christian pride in the endurance and courage of their cobelievers led to exaggerated accounts of the numbers who died and of the extravagant nature of their suffering. Nonetheless, after a lull in the days of Trajan and Hadrian, Christians - called by their opponents a »third race« - experienced periodic persecution." Walker Bynum 1995, S.44.

Leben auf einer neuen Erde. Sie wollten *diese* Welt genießen, nicht irgendeinen imaginären Himmel."[767] Das zentrale Problem, auf das die Theologie des Irenäus antworten mußte, war nicht die Sünde sondern der Tod dieser Märtyrer.[768]

Nach Ansicht des Irenäus konnten durch solches Leiden die Christen nur zeitweise, nicht jedoch für immer vom vollen Genuß der Schöpfung ausgeschlossen werden.[769] Denn als Ausgleich für die erduldeten Qualen und als gerechte Belohnung erwartete sie nach dem Tod ein tausendjähriges Reich, das Gott zu ihrem körperlichen Genuß neu schaffen wird.[770] Ihr Leib wird erneuert werden, sie werden zeugungsfähig sein, Wein und Getreide in Fülle genießen und die Welt wird so voller Güte sein, wie der berauschende Duft eines Feldes in voller Blüte.

Alle diese Prophezeiungen von der neuen Erde müssen nach Ansicht des Irenäus durchaus wörtlich und dürfen keinesfalls allegorisch verstanden werden. Nichts solle durch Spritualisierungen weggedeutet werden. Nicht der Aufstieg der Seele, sondern das leibliche Leben wird diese neue Welt bestimmen.[771] Der Schauplatz des messianischen Reiches sei nicht ein ferner Himmel, sondern die Erde.

„In der Welt, in der sie getötet wurden wegen ihrer Liebe zu Gott, in der werden sie auch lebendig gemacht werden. Wo sie Knechtschaft erduldeten, da werden sie herrschen. Denn reich in allem ist Gott, und alles gehört ihm. Deshalb muß diese Schöpfung, in den alten Zustand wiedereingesetzt, unbehindert den Gerechten dienen."[772]

Irenäus nimmt an, daß auf dieses messianische Reich das Reich Gottes folgen wird. Aber im Gegensatz zur neuen Erde wird dieses Reich Gottes nicht mehr beschrieben. Seine Bejahung des menschlichen Körpers und der geschöpflichen Wirklichkeit konzentriert sein Interesse auf das messianische Reich, in dem die Märtyrer einen Ausgleich für ihr Leiden in der Gegenwart erhalten. Der Genuß

---

[767] Lang u. McDannell 1990, S.78.

[768] Pelikan, *The Shape of Death. Life, Death and Immortality in the Early Fathers,* 1961, S.101-120. In etwas abgewandelter Weise bringt auch Walker Bynum (1995, S.38) zum Ausdruck, daß nicht das Problem der Sünde der Christen im Vordergrund der Überlegungen des Irenäus steht. Zu dem von Irenäus für Tod und Auferstehung gebrauchten Beispiel vom Samenkorn, das verwest bevor die Pflanze aufgeht, bemerkt sie: „The sprouting of the resurrected seed into the sheaf of wheat is a victory not so much over sin, or even over death, as over putrefaction."

[769] Lang u. McDannell 1990, S.80.

[770] Irenäus, *adv.h.* V,32,1. Der Gedanke der Auferstehung des Körpers scheint immer wieder im Zusammenhang mit Verfolgungen aufzutreten. Siehe: Bottomley, *Attitudes to the Body in Western Christendom,* 1979, S.52.

[771] Irenäus, *adv.h.* V,32-,35.

[772] Irenäus, *adv.h.* V,32,1.

des Körpers scheint in dieser zukünftigen Welt ebenso legitim wie im hier und heute.[773]

8.2.2. Vergleich von Irenäus und Marascin

Beim Vergleich mit der Theologie Marascins lassen sich erstaunliche Parallelen zum Ansatz des Irenäus von Lyon aufzeigen. Wie auch im Zusammenhang mit der feministischen Theologie finden sich wiederum ähnliche biblische Bezüge, die dem Autor als Erweis der Zuwendung Gottes zum Körper dienen. Damit können die dualistischen Strömungen innerhalb der christlichen Gemeinde widerlegt werden, die das Fleisch für grundsätzlich verdorben und als heilsunfähig betrachten. Die gütige Schöpfung, das Heilswerk der Inkarnation, das menschlich-leibliche Leben Jesu, Kreuz und Auferstehung belegen auch nach Ansicht des Irenäus diese Zuwendung Gottes zum Körper und verweisen auf die Erlösung des ganzen Menschen nicht nur seiner körperlosen Seele.

Nicht die Ablehnung der Welt, sondern deren legitimer Genuß, nicht Weltflucht sondern Weltgestaltung sollte danach die Beziehung der Christen zu ihrer Umwelt strukturieren. Doch wie Marascin so kämpft auch Irenäus an zwei Fronten. Zum einen widerlegt er die dualistischen Häretiker, die Gottes Schöpfung verachten. Aber auch die heidnische Umwelt bildet eine Gefahr für die Christen, da sie diese am Leben in der Welt hindert und mit dem Tod bedroht. Das ungerechte Leiden der Christen und deren Martyrium bilden auch für Irenäus den Kontext seiner Theologie. Wurden die Christen der Gemeinde des Irenäus aufgrund ihrer religiösen Orientierung verfolgt, so leiden die Christen Brasiliens unter den ungerechten sozialen Bedingungen und der gesellschaftlichen Repres-

---

[773] Dabei ist nicht deutlich, welche Rolle bei diesem Genuß des Körpers die Enthaltsamkeit spielen sollte. Brown (1994, S.88) nimmt an, daß in einer Zeit der Bedrohung durch das Martyrium die Forderung nach der Praxis sexueller Abstinenz zur Vorbereitung der Gegenwart des Geistes trivial gewesen wäre. Irenäus aber war kein trivialer Mensch. Bereits im 3. Jahrhundert bekommt die Enthaltsamkeit selbst bei den Befürwortern einer Auferstehung des Fleisches eine andere Bedeutung. Zwar war auch für Tertullian alle Realität körperlich (Walker Bynum 1995, S.35) und er hoffte demnach auf die Auferstehung des Leibes. Aber statt des Martyriums, das im 3. Jahrhundert kaum noch Christen betraf, wurde nun die Enthaltsamkeit zum entscheidenden Kriterium der Heiligkeit. Obwohl Tertullian kein Dualist war (Brown 1994, S.92), spielt die sexuelle Abstinenz eine wichtige Rolle für ihn. Ein weiterer qualitativer Schritt ergibt sich dann mit Johannes Cassianus. Er treibt nicht nur die Verinnerlichung eines Katalogs von Verboten voran, bei dem statt des Aktes bereits die Absicht untersagt ist, sondern verstärkt das Mißtrauen, „das man stets und überall gegen sich selbst zu hegen hat. Man hat sich unablässig selbst zu befragen, damit ans Licht gezogen werde, was sich an heimlicher »Begehrlichkeit« in den tiefsten Schichten der Seele verbergen mag. In dieser Askese der Keuschheit kann man eine »Subjektivierung« erkennen, die sich von einer um Handlungen zentrierten Sexualethik beträchtlich entfernt." (Foucault, Der Kampf um die Keuschheit, 1986, S.35)

sion. In beiden Fällen fühlen sich die Theologen aufgerufen, eine Theologie aus der Sicht der Opfer zu formulieren.

Die Antwort auf die Leidenserfahrung ist nicht die Vertröstung auf ein „desinkarniertes Reich der erlösten Seelen". Vielmehr schreibt Irenäus von der Hoffnung auf ein tausendjähriges messianisches Reich, in dem die Gerechten die Fülle der Schöpfung genießen werden können.

Die Verheißung des messianischen Reiches wird für Irenäus zum Ausdruck der Zuwendung Gottes zum Leben der Menschen. Auch bei Marascin wird die „Materialität des Christentums" in der eschatologischen Hoffnung sichtbar. Allerdings wandelt sich die Form dieser Hoffnung. Sie richtet sich auf die Vorstellung des Reiches Gottes und drückt sich nicht mehr in chiliastischen Konzepten aus.

In seinen Ausführungen zu Irenäus betont Lang, daß auch unter den Unterdrückten und Märtyrern unserer Tage die Neigung bestehe, sich chilisatisches Gedankengut zu eigen zu machen. Dabei verweist er auf einen brasilianischen Bauern, der die Verheißung von Ezechiel (Kap.37) von der leiblichen Auferstehung zitiert. Dazu bemerkt Lang:

> „Ein ähnlicher Gedanke findet sich in einem Brief, den eine Witwe nach der Ermordung ihrer Mannes durch die Agenten eines Großgrundbesitzers schrieb. »Auch wenn sie uns töten, werden wir gewiß wiederkommen, und dann werden wir Millionen sein.« Unterdrückte und dem Märtyrertod ausgelieferte Christen glauben an einen Gott, der ihnen das Leben nicht vorenthalten will."[774]

Der Messianismus und auch Chiliasmus ist vor allem in den ländlichen Gebieten des brasilianischen Nordens in der Volksreligion weit verbreitet.[775] In der Befreiungstheologie Brasiliens dagegen wird das messianische Reich nicht in einem tausendjährigen Zwischenreich erhofft, sondern im Reich Gottes als Ziel der Mission Gottes in *dieser* Welt.

Bei dieser „Säkularisierung des Himmels" konnte die Befreiungstheologie bereits auf eine längere Tradition zurückgreifen. Schon der junge Schleiermacher nahm an, daß die Beschäftigung mit dem Leben nach dem Tod die Christen um die Gotteserfahrung im Diesseits betrüge.[776] In der Theologie des 20. Jahrhundert führt dies zum „symbolistischen Kompromiß"[777], bei dem man nach Ansicht von Reinhold Niebuhr biblische Symbole nicht mehr wörtlich verstehen

---

[774] Lang u. McDannell 1990, S.80f.

[775] Consorte u. Negrão, *O messianismo no Brasil contemproaneo,* 1984. Pereira de Queiroz, *O Messianismo no Brasil e no Mundo,* 1965.

[776] Schleiermacher, *Über die Religion. Reden an die Gebildeten unter ihren Verächtern,* 1834, S.140. Der spätere Schleiermacher entwickelt dann allerdings doch wieder eine Hoffnung auf persönliche Unsterblichkeit, die er von der Christologie her begründet. Siehe: Thielicke, *Glauben und Denken in der Neuzeit,* 1983, S.252ff.

[777] Lang u. McDannell 1989, S.434.

dürfe.[778] Begriffe wie „Himmel" oder „ewiges Leben" symbolisieren dann beispielsweise bei Bultmann die „Freiheit von der Angst vor der Tragik des Schicksals"[779] oder beziehen sich wie bei Tillich auf die letzte Erfüllung sowohl der gesamten Geschichte als auch der individuellen Existenz.[780]

Im „Social Gospel" wird die eschatologische Erwartung dann auf die gegenwärtige Gesellschaft und die erhoffte soziale Gerechtigkeit bezogen. Der Himmel wird zum Symbol für eine vollkommene Gesellschaft im Diesseits, das Reich Gottes zur Aufgabe der Christen in der Welt. Bereits 1913 wandte sich der amerikanische Theologe Walter Rauschenbach gegen die griechische Idee der unsterblichen, vom Körper zu befreienden individuellen Seele und ihres jenseitigen Glücks, um die sich in der „unverzerrten Bibel" findende „ursprüngliche Hoffnung" auf ein diesseitiges Reich Gottes zu betonen.[781]

Eben diese Vorstellung vom Reich Gottes hat sich auch in der Befreiungstheologie durchgesetzt.[782] Das eschatische Reich Gottes gilt in der Befreiungstheologie als das bereits zeichenhaft anwesende Ziel der Geschichte und als Utopie, die das Engagement der Christen für die Gerechtigkeit motiviert. In diesem Sinne betrachtet auch Marascin die Auferstehung des Fleisches nicht nur als Trost für die Zukunft sondern als einen Ausdruck der liebevollen Zuwendung Gottes zu den Körpern bereits in der Gegenwart.

In Bezug auf die individuelle Auferstehung präferiert Marascin eine existentiale Interpretation im Sinne Bultmanns, die den Himmel nicht als geographischen Ort versteht, sondern als existentiellen Zustand. In diesem Sinne sei der Himmel ein Symbol für die befreiende Liebe Gottes.[783] Dabei wird nicht deutlich, welche Auffassung Marascin von einer individuellen Auferstehung nach dem Tod hat. Es ist aber anzunehmen, daß er diese Frage für sekundär hält, oder ideologiekri-

---

[778] Niebuhr, *The Nature and Destiny of Man,* 1947, S.289.

[779] Rudolf Bultmann. Zitat aus Bultmanns Brief an Claude A. Frazier, Entwurf vom Juni 1973 (unveröffentlicht). Zitiert nach: Lang u. McDannell 1989, S.440.

[780] Tillich, *Systematische Theologie III,* 1987, S.447ff. Zur ewigen Seligkeit bemerkt Tillich (1987, S.459): „Die Konflikte und das Leiden der Natur unter den Bedingungen der Existenz und ihre Sehnsucht nach Erlösung, von der Paulus spricht (Röm. 8), dienen der Bereicherung des essentiellen Seins, nachdem das Negative in allem, was Sein hat, negiert ist. Solche Betrachtungen sind poetisch-symbolischer Art und dürfen nicht als Beschreibung von Dingen und Ereignissen in Raum und Zeit verstanden werden."

[781] Lang u. McDannell 1989, S.443. Rauschenbach, *Christianity and the Social Crisis,* 1913, S.162ff.

[782] Sobrino, Die zentrale Stellung des Reiches Gottes in der Theologie der Befreiung, 1995.

[783] Marascin 1989, S.256. Hier ist sicherlich ein Unterschied zu Irenäus auszumachen. Denn für Irenäus gewährt das messianische Reich eine Kompensation für Leiden und Taten in diesem Leben. Der Protestant Marascin (1989, S.255) dagegen betont: „Das Leben mit Christus, welches das ewige Leben ist, kann nicht als automatischer Besitz der Christen betrachtet werden, sondern als ein Geschenk der Gnade."

tisch gewendet meint, daß die Konzentration auf ein Jenseits eher vom Leben und von den Aufgaben im hier und jetzt ablenken.[784]

> „Vielleicht ist dem Volk Israel deshalb nicht die Idee eines Lebens nach dem Tode oder der Auferstehung der Toten in den Sinn gekommen, weil es mit der lebendigen Erfahrung in seiner faszinierenden Geschichte beschäftigt war. (...) Es genügte ihm die Überzeugung, daß »Gott mit ihnen war«. Was könnte man mehr erwarten als diese Konvivenz, hier und jetzt, mit dem Herrn des Lebens?"[785]

Gegen die mögliche „Flucht der Christen in die desinkarnierten Seelen" setzen Marascin und Irenäus ihre Betonung der Leiblichkeit des Menschen. Irenäus hält die Verheißung eines messianischen Zwischenreiches nach dem Tod und Marascin die Hoffnung auf die Vollendung der Geschichte im Reich Gottes den Märtyrern seiner Kirche entgegen. Für beide Theologen erwächst aus dieser Hoffnung schon in der Gegenwart und trotz der alltäglichen Erfahrung des Leidens eine positive Sicht auf Welt und Leiblichkeit.

9. Kritische Zusammenfassung

Die Theologie des Körpers war nach Ansicht Marascins notwendig geworden, da sich immer mehr Theologien entwickelt hatten, die die Bedeutung der Inkarnation verkannten.

> „Deshalb wurde der Begriff »Theologie des Körpers« nötig in Anbetracht der Entwicklung von »Theologien des Geistes« oder »desinkarnierten Theologien«

---

[784] Zur individuellen Auferstehung der Toten herrschen unter den Befreiungstheologen durchaus unterschiedliche Vorstellungen. Das Konzept von Libanio (Hoffnung, Utopie, Auferstehung, 1996, S.1148f) kommt den Vorstellungen des himmlischen Ausgleichs für die Märtyrer sehr nahe. Nach Ansicht Libanios werden wir als Tote an der Auferstehung Christi in volkommener Weise teilnehmen. „Mit der Auferstehung gelangt alle menschliche Hoffnung, welche im Laufe der Geschichte so manchen Kampf der Armen genährt und so manche Augenblicke sowohl des Sieges als auch des Scheiterns ins Leben integriert hat, zu ihrer Vollendung. (...) Diejenigen, welche bis zum Äußersten Schwachheit und Demütigung kennenlernen mußten, werden um so mehr jener Kraft, jenes Sieges und jener Herrlichkeit Gottes teilhaftig werden, die schon seinen Sohn Jesus von den Toten auferstehen ließ und die auch alle Armen dieser Welt auferstehen lassen wird." Bei diesem Zitat spürt man nichts mehr von der infolge der Marxschen Religionskritik aufgenommenen Angst der Theologen, die Hoffnung auf die Auferstehung der Toten könnte vom gesellschaftlichen Engagement ablenken. Vielmehr bildet gerade der Trost eine Motivation und eine Hoffnung für den täglichen Kampf.

[785] Marascin 1989, S.253. Eine ähnliche Vorstellung findet sich in der feministischen Theologie, beispielsweise bei Rosemary Radford Ruether (*Sexismus und die Rede von Gott,* 1985, S.305): „Es gehört nicht zu unserer Aufgabe, uns Gedanken über die Ewigkeitsbedeutung unseres Lebens zu machen, und die Religion darf darin auch nicht die Mitte ihrer Botschaft sehen." Auch Irenäus stellt keine großen Überlegungen über das Reich des Vaters an, das auf das messianische Zwischenreich folgen wird. In bunten Farben malt er dagegen das leibliche Leben im kommenden messianischen Zwischenreich aus.

(»teologias desencarnadas«), und zwar nicht nur innerhalb der Kirchen, sondern auch in der gesamten Gesellschaft."[786]

Der Kontext der Entwicklung seiner Theologie ist für Marascin die brasilianische Gesellschaft sowie die kirchliche Praxis. Die wachsende Unterdrückung innerhalb der Gesellschaft, das Anwachsen der Pfingstkirchen und charismatischen Bewegungen, die die Repression der körperlichen Bedürfnisse verstärken und zu Formen von apolitischer und individualistischer Religiosität führen, erscheinen im Denken Marascins als Herausforderung für seine Theologie.

Marascins Ziel ist nicht in erster Linie die Weiterentwicklung klassischer akademischer Themen wie der Leib-Seele-Problematik. Dennoch kritisiert er in oft stark vereinfachenden Formeln[787] die Vorstellungen von Platon, die Doketisten, die „idealistischen Theologen" oder die „Theologen der 1.Welt".

Solche Vereinfachungen ließen sich leicht widerlegen. So findet sich beispielsweise bei Thomas Müntzer eine durch die Mystik geprägte spiritualistische Theologie, die den Menschen zum Kampf gegen seine Kreatürlichkeit und seine Leidenschaften auffordert, um sich von allen körperlichen Abhängigkeiten zur Gelassenheit der Seele zu läutern.[788] Trotz dieser bei Müntzer nachweisbaren Radikalisierung des Leib-Seele Dualismus führte dies keineswegs zu einem politischen Quietismus sondern vielmehr zur Entwicklung einer sozialrevolutionären Theologie. Eine auf den Leib-Seele-Dualismus aufbauende Theologie ist also keineswegs notwendigerweise individualistisch und politisch konservativ, wie Marascin dies annimmt.[789]

Auch lassen sich durchaus „Theologen der 1. Welt" finden, die die kritisierten Dualismen zu überwinden trachten. Unter der Überschrift „Berufung zur Freiheit: Geist und Welt müssen nicht mehr weltflüchtig, Geist und Fleisch nicht mehr neurotisch unterschieden werden" wendet sich beispielsweise Michael Welker in seiner Pneumatologie dagegen, Weltflucht, Leib- und Lebensfeindlichkeit und ein gestörtes Verhältnis zur Lebensfreude, besonders zur Sinnlichkeit als Kriterien zur Erkenntnis des Geistes Gottes zu betrachten.[790]

---

[786] Marascin 1984b, S.60.

[787] Die Doketisten werden von Marascin beispielsweise als Platonisten bezeichnet, die Jesus als eine Art körperloses Gespenst betrachteten. Siehe: Marascin 1988a S.3. In der Leib-Seele-Diskussion sind solche Polemiken allerdings nicht unüblich. Auch Ryle (*Der Begriff des Geistes,* 1969, S.29) spricht in seiner sprachanalytischen Kritik an Descartes Unterscheidung von res extensa und res cogitans vom „Dogma vom Gespenst in der Maschine".

[788] Siehe dazu: Wolgast, *Thomas Müntzer,* 1989.

[789] Allerdings wird man im Allgemeinen durchaus eine gewisse Affinität zwischen den von Marascin dargestellten Dichotomisierungen feststellen können. In Anschluß an Mary Douglas (1981, S.8f, 222f) betont deshalb Bernhard Lang (1990, S.61): „Wer das normale Gesellschaftsleben verachtet, *neigt dazu*, den Geist vom Materiellen abzuheben und »den Leib« zu vernachlässigen. Wer sich in erster Linie als geistiges Wesen versteht, betont gewöhnlich auch seine Individualität und Selbstständigketi gegenüber Familie und Beruf."

[790] Welker, *Gottes Geist. Theologie des Heiligen Geistes,* 1992, S.241-245.

Aber trotz der Polemiken gegen Theologen und Philosophen geht es Marascin weniger um den gelehrten Diskurs,[791] als vielmehr um Probleme der Religiosität des brasilianischen Alltags mit dem dort vorherrschenden Leib-Seele-Dualismus, wie sie in den Kapiteln B und C dieser Arbeit untersucht worden sind. Deshalb kann er formulieren: „Die Ideologie Platons ist die herrschende Ideologie in Brasilien!"[792]

Durch den in der Alltagsreligiosität vorherrschenden Leib-Seele-Dualismus werde das konkrete Leid aus dem religiösen Erfahrungsbereich verdrängt, da sich die Kirche nur noch der Rettung der Seele zuwenden müsse. Deshalb können auch keine politischen Konsequenzen aus den Erfahrungen gezogen werden. Darüberhinaus werde der leibliche Genuß stigmatisiert.

Gegen derlei leibfeindliche, entfremdende und weltflüchtige Tendenzen der Alltagsreligiosität wählt Marascin die alltäglichen Erfahrungen des Leidens zum Ausgangspunkt seiner Theologie und betont die Legitimität des Genusses, spricht vom berechtigten Wunsch, den Körper zu einer Quelle der Freude und des Vergnügens zu machen. *Dabei kann Marascin an die oben dargestellte Leitdifferenz von Schmerzen und Genuß anschließen und Elemente der Erfahrungsstruktur des Diskurses des Genusses aufnehmen. Die Sinnlichkeit des Körpers gilt als gegen die Ansprüche der Mächtigen verteidigungswertes Gut, das gleichzeitig eine Kraftquelle des Widerstands sein kann.*

Gegen die Unterscheidung von sündigem Körper und befreiter Seele setzt Marascin die Unterscheidung von leidendem Körper auf der einen Seite sowie befreitem und genießendem Körper auf der anderen Seite. Er formuliert dabei eine *Theologie aus der Perspektive der Opfer* und wird dadurch anschlußfähig für den aktionsbetonten Ansatz der Befreiungstheologie. Die offene Zuwendung zur Welt und nicht nur zum individuellen Wohlergehen, der Einsatz für die gesellschaftliche Gerechtigkeit und die Legitimität des Genusses weisen gleichzeitig über die Grenzen der in einigen protestantischen Kirchen vertretenen „Theologie der Prosperität" hinaus.

Dabei unterliegt Marascin nicht der Gefahr, den Körper lediglich als Mittel für den Kampf um eine bessere Zukunft zu instrumentalisieren. Durch die Betontung des „Kontextes der Leichtigkeit" und der Gegenwart der Freude im Genuß des Körpers ermöglicht er ästhetische Erfahrungsformen von Sexualität, Schönheit, Lebensfreude, Kunstgenuß und festlicher Liturgie, die frei von Funktionalität und repressiven Normen sind und damit den Raum für die Imagination und die Schöpfung des Neuen eröffnen.

---

[791] Mit Hilfe der bereits oben (Kapitel D.I.5.2.) zur Kritik angewendeten Terminologie Welkers (1994, S.33) könnte man sagen, daß Marascin nicht die in mehreren Kontexten verorteten und operativ tätigen Abstraktionen entschränkt. Dadadurch verliert er die Sensibilität für Differenzen, die zwischen der volksreligiösen Wahrnehmung von Leib und Seele und den theologischen Entwürfen aus anderen Kontexten bestehen.

[792] Marascin 1988a S.4.

Es stellt sich allerdings die Frage, welchen Preis Marascin dafür bezahlen muß, daß er die Unterscheidung von Leib und Seele beinah völlig aufgibt und den Körper als Paradigma allen Denkens und Handelns betrachtet.[793] Helga Kuhlmann hat in Bezug auf feministischen Körpertheorien darauf hingewiesen, daß in der Möglichkeit, sich gedanklich von seinen leiblichen Erfahrungen zu distanzieren, eine hoch zu schätzende Freiheit beispielsweise bei der Bewältigung von Schmerzerfahrungen liege. Statt die Differenz von Leib und Seele ganz aufzuheben, sollte deshalb eher an sie angeknüpft werden.[794]

Solche Möglichkeiten des „Transzendierens leiblicher Erfahrungen" auf die Seele zu beziehen,[795] würde nach Marascins Einschätzung im brasilianischen Kontext immer die Gefahr der Weltflucht in sich bergen. Doch die Verheißung der Befreiung der Körper sowie die Betonung der Kreativität und der Imagination macht deutlich, daß auch für Marascin der Mensch keineswegs an seine Leiderfahrungen und an die rein biologischen Bedürfnisse gebunden bleibt.[796]

Eine weitere Gefahr ergibt sich mit der Tendenz, die Körpererfahrung als eine besonders privilegierte Quelle von Erkenntnis zu betrachten. Damit entzieht sie sich möglicherweise einer rationalen Kritik. Außerdem würde dadurch die Steuerungsmöglichkeit durch eine gemeinschaftlich verankerte Normativität außer Kraft gesetzt. Wenn Marascin in einem Artikel über Ethik und Sexualmoral behauptet, der Körper wisse schon selbst, was seinen Bedürfnissen und Genüssen entspreche, wird die kulturelle Vermitteltheit von Körpererfahrung nicht ernst genommen. Durch diese scheinbare Authentizität des Körpers wird die Ethik individualisiert und damit einer kritischen Auseinandersetzung entzogen.

---

[793] Marascin spricht auch davon, in der Religion *nicht nur* auf die Seele zu schauen. Der Bezug auf den Körper erscheint hier lediglich als ein komplementärer Ersatz zu den Erfahrungen der Seele. In seinen systematischen Entwürfen wird allerdings nicht deutlich, welche Bedeutung die Seele in seiner Theologie noch hat, wenn Marascin alles vom Körper aus zu denken versucht. Dies hat sicherlich mit der polemischen Abgrenzung gegen die vorherrschenden Dualismen zu tun, führt auf der anderen Seite aber zu möglichen Verkürzungen.

[794] Kuhlmann 1995, S.218. „Leibliche Erfahrungen determinieren Menschen nur partiell, denn diese können ihre leiblichen Erfahrungen und Begrenzungen sowohl in ihrem Selbstverhältnis wie in ihrem Verhältnis zu anderen transzendieren. Einer Vergewaltigten kann es nach viel Zeit, mit viel Arbeit und durch viel Liebe gelingen, sich vom Trauma der Vergewaltigung zu befreien, ohne sie verdrängen zu müssen."

[795] Interessanterweise verweist auch Kuhlmann in Anschluß an die Forderung, weiter mit der Unterscheidung von Leib und Seele zu arbeiten, nicht auf die Bedeutung der Differenz von leiblicher Erfahrung und Seele, sondern auf die Differenz von leiblicher Erfahrung und „eigener Person", „Selbstverhältnis" oder „Verhältnis zu anderen". Die „Seele" wird bei Kuhlmann zu einem Oberbegriff für die Identität des Menschen.

[796] Bei dieser Form des Transzendierens bleibt dann allerdings das Problem, daß die wirkliche Befreiung beispielsweise Behinderter erst in der verheißenden Zukunft mit der Wiederherstellung ihrer körperlichen Gesundheit gegeben wäre, und keineswegs durch ein neues Selbstverständnis möglich ist.

Wenn durch den Bezug auf den Körper die Gefahr der Individualisierung der Ethik sicherlich gegeben ist, so bildet die angeführte Auffassung Marascins über die Erkenntnis sexueller Normen sicherlich eine Ausnahme, bei der sich Marascin möglicherweise in polemischer Überspitzung und radikaler Form gegen die von ihm kritisierte „kirchliche Überwachung des Schlafzimmers" und eine Verengung der Ethik auf die Sexualmoral wendet.

An anderer Stelle führt Marascin dagegen den Bezug auf die Gemeinschaft und die Liebe als moralische Kriterien für den Umgang mit den Körpern der anderen an. In diesem Rahmen könnten dann auch die Fragen der Verbindung von Eros und Agape wie auch die um der Mitmenschen willen nötige Disziplinierung des eigenen Körpers thematisiert werden.

Marascins Überlegungen sind an dieser Stelle allerdings noch recht allgemein gehalten.[797] Dies hängt vor allem mit dem Ort seiner Theologie zusammen. Es geht ihm um die Kritik der herrschenden Ablehnung des Körpers in der brasilianischen Wirklichkeit und Religiosität. Der Flucht der individuellen Seelen in die Reinheit eines fernen Jenseits stellt er die Hoffnung auf das Reich Gottes entgegen, wo die Leiden überwunden werden und die Körper sich begegnen. Diese Hoffnung ist bereits heute lebensbestimmend. Sie motiviert zum Einsatz für die Überwindung der Ungerechtigkeit und legitimiert schon in der Gegenwart die Lebensfreude und den Genuß des Körpers.

---

[797] Dadurch geht Marascin die Komplexität der paulinischen Rede vom Fleisch verloren. Paulus geht durchaus davon aus, daß der Geist Gottes *im Fleisch* wirke. Der Körper wird also keineswegs abgelehnt. Vielmehr wird ihm die Auferstehung und die Teilnahme am ewigen Leben verheißen.Gleichzeitig sieht Paulus aber auch die Gefahr, daß das Leben *nach dem Fleisch* den Menschen unter die Macht der Sünde stellt. Trotz seiner Betonung des Körpers hebt Paulus die Spannung zwischen geistlich und fleischlich nicht auf. Das Wandeln nach dem Fleisch bezieht sich natürlich nicht ausschließlich auf leibliche Triebhaftigkeit aber eben auch, wie Gal 5,19-21 zeigt. Dieser Aspekt ist auch bei Marascin angedeutet, wenn er von der Notwendigkeit spricht, das Verlangen des Körpers mit den Bedürfnissen der anderen Körper in Übereinstimmung zu bringen. Er führt dies aber nicht als ein zentrales Problem aus, wie man es sich für eine Theologie des Körpers wünschen würde. Eine differenziertere Paulusexegese als bei Marascin findet sich bei Gutiérrez (1986, S.64-83)

II. RUBEM ALVES:
„WAS UNS RETTET, SIND DIE TRÄUME"

Das Thema des Glasperlenspiels (der Theologen) ist der menschliche Körper, mein Körper, Körper aller Menschen, Körper der Jungen und der Alten, gefolterte Körper und glückliche Körper, tote Körper und auferstandene Körper, Körper, die töten, und Körper, die sich in Liebe umarmen. Und die Gemeinschaft der Theologen und kirchlichen Mitarbeiter bekennt mit einer Stimme: »Ich glaube an die Auferstehung des Körpers.«[798]

1. Der Körper zwischen dem Realen und dem Möglichen

Auch für den evangelischen Theologen Rubem Alves steht der Körper im Mittelpunkt seiner Überlegungen.[799] Dabei setzt sich Alves mit den verschiedensten Theoretikern auseinander, die sich mit dem Verhältnis von Körper, Sprache, Kultur und Religion beschäftigt haben und baut aus den unterschiedlichen Versatzstücken seine eigene Anthropologie und Theologie als eine Art „Bricolage" auf. Diese Theologie will kein systematischer Entwurf sein und der aphoristische Stil entzieht sich oft einer klaren und eindeutigen Interpretation.

Dabei erschöpft sich Alves bei der Übernahme von fremden Ideen oft in Andeutungen oder kurzen Zitaten, wenn auch aus dem Gesamtkonzept seines Werkes seine theoretischen Wurzeln und Weiterentwicklungen deutlich werden. Um dem Denken von Alves in seiner Tiefe gerecht zu werden, halte ich es daher für nötig, im folgenden diesen theoretischen Hintergrund der Gedanken Alves´ an einigen Stellen aufzuzeigen und von Alves´ eigenem Konzept gegebenenfalls abzugrenzen.

Der Ausgangspunkt seiner Theologie ist der menschliche Körper. Dieser Körper müsse in einer ihm feindlichen Umwelt überleben und richte deshalb die Welt auf die eigenen Bedürfnisse aus. Die „Welt" werde so zu einer Funktion des Körpers.[800] Ökonomie versteht Alves daher als Kampf des Menschen mit der Welt, in dem die Situation des Körpers zum Ausdruck seiner sozialen Lage werde.[801] Die Beschäftigung mit dem Körper sei demnach keineswegs ein Luxus

---

[798] Alves, *Variações sobre a vida e a morte. O feitiço erótice-herética da teologia*, 1985a, S.31.

[799] Die Theologie bezeichnet er dabei als eine „Spielerei, ähnlich dem verzaubernden Glasperlenspiel, das Hermann Hesse beschrieb." Alves, *Sobre deuses e caquis*, 1988a, S.10.

[800] Alves, *O suspiro dos oprimidos*, 1987a, S.176.

[801] Mit diesen Gedanken knüpft Alves an Überlegungen von Marx und Nietzsche an. Beide sehen die sinnhafte wie auch die politische Konstitution von Welt als einen Prozeß, der ein Resultat des Kampfes ums materielle Überleben und damit um körperliche Interessen sei. Zum Vergleich der beiden Ansätze in Bezug auf Leiblichkeit und Ästhetik siehe das Kapitel „Wahre Il-

von Bessergestellten, so als würden die Arbeiter nicht die Schmerzen ihres Körpers spüren. Vielmehr sei der Körper das Einzige, was die Armen besitzen, und selbst diesen Körper müssen sie verkaufen oder verleihen.[802] Für die Hungernden und Leidenden stehen die körperlichen Bedürfnisse im Vordergrund.

> „Die soziale Klasse ist lediglich eine Form, den Körper zu manipulieren. Und dies ist es, was der Arbeiter fühlt. Die Armen riechen schlecht, lassen ihre Zähne nicht behandeln, haben oft Hunger und können ihren Geschmackssinn nicht verfeinern, so daß sie gehobene Musik schätzen lernen; darüber hinaus werden sie öfter in Unfälle verwickelt und sie sterben früher. Für eine Person aus Fleisch und Knochen sind dies die Folgen der sozialen Klasse: die Möglichkeiten und Begrenzungen des Körpers."[803]

Doch der *Hunger und die Bedürfnisse des täglichen Lebens* sind nach Rubem Alves nicht die einzigen Aspekte menschlicher Körperlichkeit. Der Körper *leidet und hofft*. Er ist voll von *Verlangen, Sehnsucht und Leidenschaft*:

> „Wir sind nicht die *Substanz*, aus der wir gemacht wurden: Fleisch, Knochen, Blut. Wir sind unser Verlangen, die Nostalgien, die Liebe, die aus diesem Fleisch geboren werden."[804]

Auch die Tiere spüren Hunger. Denn „das Tier ist sein Körper".[805] Tiere sind biologisch programmiert, sind letztlich gefangen in ihrem Körper. Sie reagieren gemäß ihrer körperlichen Bestimmtheit, lernen Neues lediglich in mechanischer Weise wie die Pawlowschen Hunde.

Anders verhalte sich dies beim Menschen. Der Mensch habe einen Körper, sei aber nicht in ihm gefangen.[806] Der Körper bleibe auch beim Menschen das

---

lusionen: Friedrich Nietzsche" in: Eagleton, *Ästhetik. Die Geschichte ihrer Ideologie*, 1994, S.243-272.

[802] Alves 1985a, S.33. Hier verwendet Alves die Marxsche Theorie, daß die Arbeiter lediglich ihre Arbeitskraft verkaufen können, da sie nicht im Besitz von Produktionsmitteln sind. Sein Vorgehen zeigt bereits die Weite seines Begriffes von Körper: Alves kann ohne Probleme den Marxschen Begriff der Arbeitskraft mit seinem eigenen Begriff des Körpers gleichsetzen.

[803] Alves 1985a, S.34.

[804] Alves, *Creio na ressurreição do corpo*, 1992, S.31.

[805] Alves 1985a, S.39.

[806] Hier scheint eine grundlegende Differenz zu Marascin zu liegen, der in Anlehnung an Gabriel Marcel ja gerade behauptet hatte, der Mensch sei der Körper. Diese Differenz ist allerdings nur eine tendentielle. Denn auch für Marascin gibt es die Träume und Sehnsüchte. Wichtig bleibt ihm allerdings, daß diese an den konkreten Körper zurückgebunden bleiben. Eben dies gilt auch für Alves´ Vorstellung von den Träumen. Der Körper bleibt auch bei ihm immer der Ausgangspunkt des Verlangens. Dennoch räumt Alves der *Realität des Verlangens und der Träume* einen größeren Stellenwert ein als Marascin. Für Marascin werden die Träume erst real, wenn sie konkret etwas im Leben der Menschen verändern.

Zentrum.⁸⁰⁷ Aber der Körper sei lediglich der *Ausgangspunkt*, gewissermaßen das Thema der „Melodie", die jeder Organismus über sich selbst singe. Der Körper sei die „Glasperle" des Spiels, mit dem wir unsere Sinn-Welt konstruieren. Dabei verweist Alves immer wieder auf die berühmte Stelle bei Nietzsche, wo dieser den Körper als die „Große Vernunft" bezeichnet.⁸⁰⁸ Demnach sei auch das Bewußtsein eine Funktion des Körpers - die „kleine Vernunft", die dem Lebenswillen und den Emotionen des Körpers in unterschiedlicher Weise Ausdruck verleihe.

> „The mind does not exist as an entity independent of matter, as Cartesian philosophy would have it. It is not pure, free reason existing beyond interference from the *vital and emotional components of the subject*, as Kant believed. Consciousness is a function of the body. It exists to help the body solve the problem of its survival. And since survival is always the ultimate human value, even when one commits suicide, consciousness is structured around an emotional matrix. As Nietzsche put it, the body is our »Great Reason«. What we call »reason« is really a little reason, a tool and plaything of our Great Reason." ⁸⁰⁹

Der Körper mit seinem Überlebenswillen und seinen Emotionen sei demnach der Ausgangspunkt des Spiels. Aber er determiniere die „Melodien" keineswegs. Im Gegensatz zur eindeutigen Konditioniertheit des Tieres seien für den Menschen viele Melodien möglich. Diese Melodien sind „Variationen über ein vorgegebenes Thema"⁸¹⁰.

> „Diese Freiheit in Bezug auf den Körper öffnet einen immensen Horizont von Möglichkeiten: wir sind in der Lage, uns tausend verschiedene Welten vorzustellen."⁸¹¹

Die Freiheit des Menschen hänge deshalb eng mit seiner Vorstellungskraft zusammen, mit seiner Fähigkeit, in der Vorstellung über das rein Gegebene hinauszugehen, die real existierende Welt zu transzendieren.⁸¹²

---

[807] Alves 1985a, S.37. Was Wittgenstein für die Sprache behauptete, gilt nach Alves für den Körper. „Die Grenzen meines Körpers bezeichnen die Grenzen meiner Welt."

[808] „Leib bin ich ganz und gar, und nichts außerdem; und Seele ist nur ein Wort für ein Etwas am Leibe. Der Leib ist eine grosse Vernunft. (...) Werkzeug deines Leibes ist auch deine kleine Vernunft (...), die du »Geist« nennst, ein kleines Werk- und Spielzeug deiner grossen Vernunft." Nietzsche, *Also sprach Zarathustra*, 1993, S.39. Zur Vorstellung von Leib und Vernunft bei Nietzsche siehe: Longo, *Die Aufdeckung der leiblichen Vernunft bei Friedrich Nietzsche*, 1987.

[809] Alves, From Paradise to the Desert. Autobiographical Musings, 1979, S.104.

[810] In dieser „Variationsfreiheit" zeige sich das Spielerische ebenso wie bei den Variationen von Bach, Mozart oder Beethoven. Alves, 1985a, S.24f.

[811] Alves 1985a, S.43.

[812] Seine grundsätzlichen Ideen über den Zusammenhang zwischen Imagination, Kreativität, Spiel und Utopie hat Alves schon 1972 dargelegt in: Alves, *Tomorrow's Child*, 1972.

Alves zitiert immer wieder Philosophen und Wissenschaftler, die in unterschiedlicher Form diesen *anderen Aspekt menschlicher Existenz* herausgearbeitet haben: Der Mensch bleibe nicht festgelegt auf die Realität (Camus). Über die Fakten hinaus stehen dem Menschen Werte zur Verfügung (Feuerbach), habe er Ideale (Durkheim), kenne er neben dem Realitätsprinzip auch das Lustprinzip (Freud), oder die Utopie (Bloch).[813]

> „Es scheint, daß dies das charakteristische Kennzeichen der Welt der Menschen ist: sie ist doppelt, gespalten.
> Wir leben zwischen Fakten und Werten,
> Den Dingen, wie sie sind, und denen, wie sie sein könnten.
> > Augen und Imagination.
> > Dem Realen und dem Möglichen.
> > Dem Anwesenden und dem, was noch nicht geboren wurde.
> Dem, was schon feststeht
> und dem, was nur als Gegenstand des Verlangens existiert, das was man erhofft.
> Dem gegenwärtigen Säculum und dem Reich."[814]

Indem Alves die Gespaltenheit der Welt konstatiert, fällt er aber keinesfalls in den alten Dualismus zurück, der Materie und Geist, Leib und Seele trennt. Die „Werte" und „Ideale" bilden nicht eine idealistische Gegenwelt der individuellen Seele in einem fernen entweltlichten Himmel. Vielmehr entwickeln sie sich aus dem körperlichen Verlangen der Menschen in der Welt. Der Körper muß nicht überwunden werden. Er ist vielmehr die „Große Vernunft". Das Verlangen des Körpers wird zur Quelle der Nostalgie und der Sehnsucht. Und so bezieht sich dieses Verlangen nicht auf eine andere ferne und körperlose Welt, sondern es antizipiert ein „Noch-Nicht", ein „Mögliches" im Blochschen Sinne, das als „Vor-Schein" das Existente bereits im Jetzt transzendiert.[815]

2. Der Zusammenhang zwischen Imagination und Kultur

Diese andere Seite menschlicher Existenz und Erfahrung drückt sich nach Alves' Meinung in der Kultur aus. In der Kultur finden die Träume und Fantasien der

---

[813] Alves 1985a, S.44f. Diese Zusammenstellung höchst disparater Denker macht bereits Alves' recht eigenwilligen Umgang mit der „Tradition" deutlich.

[814] Alves 1985a, S.42.

[815] Damit vermag Alves (1985a, S.65-80) die Marxsche Religionskritik in der Blochschen Vermittlung aufzunehmen. Die Religion könne zwar zu einer Illusion, zur Rechtfertigung einer entfremdeten Gesellschaft und damit zur Ideologie werden. Aber sie sei als „Protestation gegen das wirkliche Elend" auch eine Waffe der Unterdrückten. Sie sei der Ausdruck eines Verlangens, das auf die Zukunft weise. Damit wird sie zu einem utopischen Traum, der sich aus „kleinen Erfahrungsfragmenten der Erinnerung" und aus der Hoffnung und Sehnsucht nach der Überwindung der Entfremdung speist.

Menschen ihren Ort. Die Imaginationskraft verwandle den menschlichen Körper von einer natürlichen Größe in ein kulturelles Gebilde.[816]

> „Der Mensch schafft Kultur, indem er die Träume, die sein Körper hervorbringt, in Flügel verwandelt."[817]

Diese Träume, die die Vorstellungskraft des Menschen beflügeln, entspringen seinem Körper: seinen Emotionen, seiner Angst, seinem Lachen, seinen Schmerzen und seiner Lust. Der Körper wird demnach von Alves als Ursprungsort der Emotionalität verstanden. Das *Verlangen des Körpers* führe dabei sowohl zur *Nostalgie* aus, die sich nach dem verlorenen Paradies zurücksehne, als auch zur *Hoffung,* die das Noch-Abwesende ersehne.

Die Kultur sei damit der Ort der Wahrheit, denn besser als die Realität entspreche sie den Notwendigkeiten des Verlangens, der Nostalgie und der Sehnsucht.

> „Hier emigriert die Imagination aus der Wirklichkeit, entfremdet sich, verweigert sich dem Zwang der Fakten und beginnt, abwesende Möglichkeiten zu erforschen, Fantasien aufzubauen über den Garten, der existieren könnte, wenn die Liebe und die Arbeit die Realität verändern würden. Die Imagination fliegt und der Körper erschafft Neues."[818]

Die Blochsche Prägung dieser Vorstellung ist unverkennbar.[819] In seiner „Ontologie des Noch-Nicht-Seins"[820] hatte Bloch sowohl mit Hilfe der auf die Zukunft bezogenen Kategorien der Sehnsucht und Hoffnung als auch mit Hilfe der auf die dunkle Vergangenheit bezogenen Kategorie des Heimwehs die Frage der Wahrheit verlagert von der Wirklichkeit auf die Möglichkeit. Eben diesen Wahrheitsbegriff übernimmt auch Alves, wenn er die Imagination als eine die Wirklichkeit transzendierende Kraft beschreibt und die Wahrheit im Raum der Möglichkeit verankert. Denn:

> „Das was ist, kann nicht wahr sein, denn es korrespondiert nicht mit den Bedürfnissen des Verlangens."[821]

---

[816] Alves, *Was ist Religion*, 1985b, S.19.

[817] Alves 1985a, S.53.

[818] Alves 1985a, S.45.

[819] Solche Affinitäten sind allerdings auch zu anderen Ansätzen nachweisbar, vor allem zu den Ideen Herbert Marcuses, wie unten noch ausgeführt werden wird. Bereits in seiner Dissertation kritisierte Marcuse die „empirische Wirklichkeit als das Gefängnis der gefesselten ideellen Kräfte und Wesenheiten." Später findet sich bei ihm der positiv gemeinte Begriff einer „Entfremdung von einer falschen Wirklichkeit", die durch die negative Kunst möglich sei. Siehe dazu: Marcuse, *Der eindimensionale Mensch,* 1967, S.82f.

[820] Siehe: Bloch, *Ästhetik des Vor-Scheins*, 1974.

[821] Alves 1985a, S.45. An einer ähnlichen Stelle (Alves 1985a, S.183) zitiert Alves Bloch in diesem Zusammenhang.

In diesem Sinne diene Kultur nicht in erster Linie der funktionalen Beherrschung der Wirklichkeit, sondern sei vielmehr Ausdruck der Hoffnung und des Protestes gegen das Realitätsprinzip.[822] In der Kultur werde das erschaffen, was noch abwesend sei, wonach der „Künstler" verlange und was noch nicht existiere.

Das Ziel der dieser Kultur sei die freie und gerechte Gesellschaft. Sie wäre eine Gesellschaft, die Raum gäbe für die Ausdehnung des Körpers im Vergnügen, im Glück und im Spiel. Dort wäre die Einheit des Verlangens und der Wirklichkeit erreicht, käme der *homo ludens* zur Erfüllung seiner Bestimmung.[823]

3. Der Zusammenhang von Kultur und Repression

Doch die Imagination und Sehnsucht, die nach einer freien und gerechten Gesellschaft verlangt, sei lediglich ein Aspekt der Kultur. Ein anderer und oft dominanter Aspekt sei dagegen die Repression des Körpers. Phylogenetisch und ontogenetisch beginne Kultur in dem Augenblick, in dem der Körper uns nicht mehr befehle, in dem der Imperativ des Überlebens nicht mehr herrsche und die Stimme der Weisheit des Körpers zurückgedrängt werde.[824]

Damit übernimmt Alves, der selbst eine Ausbildung als Psychoanalytiker hat, Elemente der Freudschen Trieblehre und die damit einhergehende Unterscheidung von Lust- und Realitätsprinzip. Durch den Triebaufschub, so Freud, werde mit Hilfe der Kultur das ursprünglich herrschende Lustprinzip verdrängt und das Realitätsprinzip könne das gemeinschaftliche Leben und die zivilisatorische Entwicklung der Menschen koordinieren. Diese Zivilisierung habe durchaus ihren Preis. Die freie Befriedigung der Triebansprüche, die individuelle Freiheit und das Glück müssen der Disziplin der Arbeit, der Disziplin der geregelten Beziehung und dem geltenden System von Recht und Ordnung untergeordnet werden. Aber nach Freud lassen sich diese Opfer der permanenten Unterjochung der menschlichen Triebe nicht vermeiden. Der Konflikt zwischen Lust- und Realitätsprinzip ist damit unversöhnlich.[825]

Das Realitätsprinzip sieht Alves im Zusammenhang mit der Welt der Ökonomie, der Politik, des Krieges und der Gesetze. Es sind ausdifferenzierte gesellschaftliche Funktionssysteme, deren Steuerungsmechanismen auf die körperlichen Bedürfnisse keine Rücksicht nehmen, oft sogar nur durch die Disziplinierung des Körpers funktionieren. Das Realitätsprinzip wird somit von Alves mit

---

[822] Alves 1987a, S.21.
[823] Alves 1985a, S.34.
[824] Alves 1985a, S.19.
[825] Freud, Das Unbehagen in der Kultur, in: *Gesammelte Werke,* Bd.XIV, 1960.

den Normen einer auf instrumentelle Vernunft[826] ausgerichteten Gesellschaft gleichgesetzt. Das Lustprinzip lebe deshalb im Alltag unter der Herrschaft der Repression.[827] Die Arbeitsteilung und die Besitzverhältnisse beispielsweise entziehen dem Arbeiter bei seiner Aktivität die eigene Entscheidung und verhindern eine freie, schöpferische Arbeit, die seinem eigenem Verlangen entspricht.[828] Die auf dem Realitätsprinzip und der daraus folgenden Instrumentalisierung und Repression des Körpers beruhende Kultur werde zur *Entfremdung*, da sie das Verlangen des Menschen verdränge.

Alves´ Freud Interpretation nähert sich damit dem radikal kritischen Kulturbegriff der frühen Frankfurter Schule. Dennoch erschöpfen sich seine Ausführungen zur Entfremdung in Andeutungen. Ein Verständnis des Entfremdungsverständnisses bei Horkheimer, Adorno und Marcuse kann uns deshalb helfen, die Grundlagen des Entfremdungsbegriffes bei Alves und damit ein zentrales Element seines Denkens zu erleuchten.

Die „Dialektik der Aufklärung" zeigt sich nach Ansicht Horkheimers und Adornos darin, daß die Vernunft in ihr Gegenteil umschlage und ihre eigenen Ideale zur Barbarei pervertiere. Die Entfremdung sei nicht lediglich ein Ausdruck ungerechter Besitzverhältnisse und Machtverteilungen, wie dies Marx angenommen hatte. Vielmehr sei sie eine Folge rationaler Denk- und Handlungsweisen, die zur *Instrumentalisierung aller Lebensbereiche* führe. Von dieser entfremdenden Herrschaft der instrumentellen Vernunft sei daher die gesamte Gesellschaft betroffen, die deshalb totalitäre Züge annehme.[829]

In seiner auf diesem Entfremdungsbegriff aufbauenden Freudinterpretation versteht Marcuse die instrumentelle Vernunft als das Herrschaftsinstrument des Realitätsprinzips. In der Form des die Industriegesellschaft prägenden *Leistungsprinzips* spalte es Sinnlichkeit, Rezeptivität, Passivität und erotische Im-

---

[826] Der Begriff „instrumentelle Vernunft" wird von Alves, wie allgemein in der Diskussion, parallel zu dem Begriff „Zweckrationalität" verwendet.

[827] Alves 1985a, S.156.

[828] Damit interpretiert Alves (1985b, S.72) die Marxsche Vorstellung von Entfremdung als eine Differenz von freier, selbstbezüglicher Arbeit im Gegensatz zur instrumentalisierten Arbeit. Stärker auf die sozioökonomische Struktur ausgerichtet war dagegen der Versuch Erich Fromms, die Marxsche Entfremdungstheorie und die Freudsche Trieblehre zu verbinden. Fromm hatte das Realitätsprinzip mit den Normen einer vaterzentrierten erwerbsorientierten Kultur gleichgesetzt, die die Befriedigung libidinöser Beziehungen den Interessen der Herrschaft opfere. Siehe dazu: Marcuse, *Triebstruktur und Gesellschaft. Ein philosophischer Beitrag zu Sigmund Freud,* 1995, S.238.

[829] Horkheimer u. Adorno, *Dialektik der Aufklärung. Philosophische Fragmente,* 1971. Aus dieser Analyse der totalen Entfremdung der Gesellschaft heraus erklärt sich auch Adornos Diktum „Es gibt kein wahres Leben im falschen". Auch die Philosophie könne dieser Erfahrung kein Gegenmodell entgegensetzen. Die Intensivierung rationaler Handlungs- und Denkweisen vergrößere die Probleme eher noch, während sie diese gleichzeitig verschleiere. Siehe dazu: van Reijen, *Horkheimer zur Einführung,* 1987, S. 13.

pulse ab und führe damit zur Entfremdung des Menschen.[830] Das Lustprinzip, das Glücksstreben und das Verlangen würden verdrängt und vergessen.[831]

Deshalb, so folgerte Marcuse, sei der Mensch in seiner Lebensorientierung auf eine einzige Dimension eingeschränkt. Innerhalb der Logik der bestehenden Systeme - sei es der politischen Ordnungen oder der Wissenschaft - gebe es keine Oppositionsmöglichkeit.[832] „Das Subjekt, das entfremdet ist, wird seinem entfremdeten Dasein einverleibt. Es gibt *nur eine Dimension,* und sie ist überall und tritt in allen Formen auf."[833]

Eben diese Dominanz des Realitäts- bzw. Leistungsprinzips mit seiner totalen Herrschaft der Zweckrationalität sieht auch Alves als die Ursache der Entfremdung des Menschen von seinem ursprünglichen Verlangen.

Nach Freud kann das dem Realitätsprinzip entgegengesetzte Lustprinzip allerdings niemals vollständig unterdrückt werden. Es wird in das Unbewußte verdrängt und kehrt in den Träumen, der Fantasie oder der Religion wieder. Darin zeige sich die Erinnerung an ältere, primäre Überreste aus einer frühen Entwicklungsphase, die allerdings unwiederbringlich verloren sei. Wegen der Unmöglichkeit der radikalen Bedürfnisbefriedigung gesteht Freud den Träumen und der Religion zwar eine kompensatorische Leistung zu. Letzlich bleiben sie aber Illusionen.[834] Hier geht Alves über Freud hinaus:

> „Die Wirklichkeit ist die Verneinung des Verlangens. Also muß diese Realität abgeschafft werden, damit Veränderungen möglich sind. Freud konzentriert sich auf die Nutzlosigkeit der Träume. Feuerbach erkennt (!), daß sie Geständnisse verborgener und subversiver Vorhaben sind - Ansagen, wenn auch rätselhafte Ansagen von Utopien, in denen die Wirklichkeit mit dem Verlangen in Einklang kommt und die Menschen zu ihrem Glück finden."[835]

Für Freud war die Repression des Lustprinzips in gewissem Sinne tragisch aber nicht aufhebbar. Das Glück als Ziel des Lustprinzips ist deshalb nicht erreichbar.

---

[830] Marcuse 1995, S.129f u. 171.

[831] Walter Benjamin betrachtet Entfremdung bzw. Verdinglichung deshalb als Vergessen. Damit nimmt auch er die Freudsche Komponente auf, die ab den 1940er Jahren eine wichtige Rolle in der Frankfurter Schule spielte. Siehe dazu: Jay, *Dialektische Fantasie. Die Geschichte der Frankfurter Schule und des Instituts für Sozialforschung 1923-1950,* 1976, S.313.

[832] Die Opposition sei deshalb nur noch von den Ausgestoßenen des Systems möglich, die möglichst außerhalb aller funktionaler Zusammenhänge stehen. Nicht mehr die Arbeiter, wie Marx dies annahm, sondern die Arbeitslosen und Arbeitsunfähigen werden zu möglichen Trägern revolutionärer Opposition. „Ihre Opposition trifft das System von außen und wird deshalb nicht durch das System abgelenkt." Marcuse 1994, S.267.

[833] Marcuse 1994, S.30. Hervorhebung von mir. S.K.

[834] Diese Vorstellung von Religion als Illusion geht einher mit der Interpretation von Religion als Zwangsneurose. Freud, *Gesammelte Werke VII,* 1960, S.139 u. *Gesammelte Werke XIV,* S.444.

[835] Alves 1985b, S.91.

Diese pessimistische Sicht der Kultur teilt Alves nicht. Für ihn scheint es möglich zu sein, daß das Verlangen mit der Wirklichkeit in Einklang kommt.

Eine ähnliche Vorstellung findet sich bei Herbert Marcuse, der von der Möglichkeit eines „Jenseits des Realitätsprinzips" spricht.[836] Dabei geht Marcuse davon aus, daß eine gewisse Triebregulierung durch die Kultur durchaus nötig sei. Gleichzeitig gebe es aber ein „surplus repression", das Herrschaftsansprüche legitimiere und deshalb kritisiert und überwunden werden müsse.[837] Die Möglichkeit einer nicht-repressiven Aufhebung des antagonistischen Verhältnisses von Sinnlichkeit und Intellekt, Natur und Vernunft, Begehren und Erkennen und damit die Möglichkeit eines „nicht unterdrückenden Realitätsprinzips" scheint ihm durchaus gegeben zu sein.[838]

Auch Alves geht es um eine Überwindung der Repression. Allerdings ist nicht deutlich, inwiefern auch er von der Notwendigkeit eines Realitätsprinzips nach der Überwindung der Entfremdung ausgeht.[839] Seine Gedanken haben zunächst eine kritische Funktion. Er betont vor allem die entfremdenden Elemente des Realitätsprinzips. Ihm geht es zunächst um ein Transzendieren des Gegenwärtigen, um eine „Entfremdung von der Wirklichkeit" - einer Wirklichkeit, die nicht den Bedürfnissen des Körpers entspreche. Deshalb betont er die Notwendigkeit, daß das unterdrückte und verdrängte Lustprinzip einen Ort finden müsse, um dem Verlangen Ausdruck zu verleihen. Deshalb betont er auch die radikale Differenz von Wirklichkeit und Möglichkeit, von Idealem und Realem, von der Kultur des Realitätsprinzips und der Kultur, die dem Verlangen und den Sehnsüchten des Körpers entspreche.

---

[836] Marcuse 1995. Alves selbst kennt Marcuse, bezieht sich in seinen Schriften aber nur auf Marcuses späteren Klassiker *Der eindimensionale Mensch* (1994), der freilich die Erkenntnisse seiner Freudinterpretation aufnimmt.

[837] Marcuse historisiert damit die Freudsche Trieblehre, indem neben dem phylogenetisch-biologischen Aspekt der „Entwicklung des menschlichen Tieres im Kampf mit der Natur" auch den soziologischen Aspekt der „Entwicklung der zivilisierten Individuen und Gruppen im Kampf untereinander und mit ihrer Umgebung" hervorhebt. Marcuse 1995, S.132.

[838] Marcuse 1995, S.129 und 183ff. Diese Aufhebung ist nicht erst in der Zukunft möglich, sondern zeige sich bereits in der ästhetischen Dimension oder im Spieltrieb, die es vermögen, dem Verdrängten eine Sprache zu geben und damit als Vehikel künftiger Befreiung dienen können. „Die ästhetische Dimension bewahrt sich noch eine Freiheit des Ausdrucks, die den Schriftsteller und Künstler befähigt, Menschen und Dinge bei ihrem Namen zu nennen - das sonst Unnennbare zu nennen." (Marcuse 1994, S.258)

[839] An lediglich einer Stelle bemerkt Alves (1985b, S.86), daß Menschen auch nach Grausamkeit gegen Kinder oder nach Mord ein Verlangen verspüren und daß sich die Ordnung der Gesellschaft dagegen richte. Hier wird das Verlangen als negativ dargestellt und die Ordnung erhält eine positive Funktion. Wenn Alves an anderer Stelle von Verlangen spricht, scheint er darunter stets ein legitimes Bedürfnis des Körpers zu verstehen, daß unnötigerweise von der Gesellschaft unterdrückt werde. In machtkritischer Absicht betont er vor allem die gesellschaftlichen Aspekte der Repression.

4. Die Bedeutung der Symbole als Ort des Verlangens

Noch sei der Zustand nicht erreicht, in dem das Verlangen und die Wirklichkeit zu einer Einheit werden. Noch sei die menschliche Erfahrung von der Entfremdung und der Absurdität des Lebens geprägt, die letztlich in der Absurdität des Todes gipfelt.[840] Der Körper, der sich nach Liebe und Genuß sehne, erfahre Ablehnung und Grausamkeit, Ungerechtigkeit und Folter, Schmerz und Tod. Aus diesen Erfahrungen erwachse die andere Seite der Kultur, die den Schmerz und die Sehnsucht zum Ausdruck bringe.

„So bleibt nur die Hoffnung, daß die Wirklichkeit eines Tages irgendwie mit dem Verlangen zusammenfindet. Solange der Wunsch nicht in Erfüllung geht, können wir ihn nur erzählen, besingen und feiern, ihm Gedichte schreiben, Symphonien komponieren und von seinen künftigen Feiern und Festivals reden. Damit aber geht die Verwirklichung der Absicht der Kultur in die Sphäre der Symbole über."[841]

Diese Symbole entspringen im Scheitern und in Anbetracht der Absurdität des Lebens. Wie ein Netz über dem Abgrund bieten sie dem Menschen Halt, Sinn und Hoffnung. Wie in einer Hängematte könne sich der Körper in diesem Sinngewebe „ausruhen".[842]

Hier übernimmt Alves die Einsichten der Wissenssoziologie von Berger und Luckmann über die symbolische Konstruktion der Kultur und verbindet sie mit seiner durch Freud inspirierten Vorstellung, daß in speziellen Kulturmustern verdrängte Elemente des Lustprinzips wiederkehren.[843] Die Träume, die Utopie, die Poesie, die Religion und die Theologie sind demnach der symbolisch konsti-

---

[840] Alves 1985b, S.119. Dabei verbindet Alves den oben dargestellten Gedanken der Entfremdung mit dem existentialistischen Entfremdungsbegriff, wie er beispielsweise von Camus entwickelte wurde. Für Camus bildet der Tod den Gipfel der absurden Erfahrung, da er am deutlichsten den Widerspruch zwischen dem menschlichen Verlangen nach Sinn und der diesem Verlangen entgegenstehenden Wirklichkeit verdeutliche. Siehe: Camus, *Der Mythos von Sisyphos. Ein Versuch über das Absurde*, 1959.

[841] Alves 1985b, S.22.

[842] Alves 1985a, S.27: „Erinnert ihr euch an Zarathustra? »Der Mensch ist ein Strick über dem Abgrund ...« Und der Theologe breitet über dem Abgrund das symbolische Netz aus, das er in seinem Glasperlenspiel gewebt hat, für jene, die das Risiko auf sich nehmen wollen, darin ihren Körper auszuruhen."

[843] So hält auch Freud die sich in den Spielen der Kinder und den Tagträumen zeigende Fantasie für eine seelische Fähigkeit, die als eine Ausdrucksform des tabuisierten Lustprinzips einen hohen Grad an Freiheit vom Realitätsprinzip bewahrt habe. In der Kunst erhält der Wahrheitsgehalt der Fantasie als eine „Wiederkehr des Verdrängten" seine sinnfällige Form. Marcuse sieht deshalb in der Kunst ein Widerstandspotential gegen das entfremdende Realitätsprinzip. Je totalitärer diese Realität werde, um so irrealer müsse aber auch die Kunst sein. Wie in der surrealistischen Malerei oder der atonalen Musik müsse sie ihre Substanz retten, indem sie ihre traditionelle Form verleugne. Siehe dazu: Marcuse 1995, S.145.

tuierte Ausdruck einer Sehnsucht nach einer anderen Welt, in der das Glück und der Genuß herrschen.

Diese emotionalen und vitalen Komponenten des Menschen können durch „tote Abstraktionen" nicht zur Sprache kommen. Die wissenschaftliche Vernunft versuche, die einzelnen Zeichen auf bestimmte Objekte in der Realität zu beziehen. Die symbolische Sprache dagegen beziehe sich auf das Leben, das ein Geflecht von Beziehungen bilde,[844] in die der Sprechende selbst verwickelt sei und das nicht durch eine einfache Subjekt-Objekt-Unterscheidung erfaßt werden könne.[845] So gilt beispielsweise für die religiösen Symbole:

> „Insofar as religious thinking has to do with life rather than with dead abstraction, its point of reference is the set of relationships that preceed the dichotonomy between subject and object. It is precisely for that reason that religion makes use of symbols rather than signs."[846]

Die Funktion der Symbole beschränke sich dabei nicht auf die Expression des Verdrängten und die Konstruktion des Sinnes trotz der Absurdität. Sie eröffnen auch neue Möglichkeiten und geben damit Hoffnung auf eine Überwindung des gegenwärtigen Leidens.[847] Bereits die Formulierung dieser Hoffnung hat nach Alves heilende Funktion.

> „Auch Sterbende stammeln Lieder, wie auch Verbannte und Gefangene Gedichte machen. Aber vertreiben Totenlieder etwa den Tod? Offenbar nicht. Vielmehr vertreiben sie den Schrecken und verbreiten im Stöhnen den *Protest* und in den Andeutungen die *Hoffnung*." [848]

---

[844] Die Fähigkeit nichtdiskursiver Symbole *Beziehungen* darzustellen wird auch in der Symboltheorie Susanne K. Langer's betont. Und auch bei ihr erhalten ästhetische Symbole, Riten und Sakramente eine hervorragende Bedeutung für die Expression von Emotionen. Siehe: Langer, *Philosophie auf neuem Wege. Das Symbol im Denken, im Ritus und in der Kunst,* 1984, S.99 u. 155.

[845] Hier verbindet Alves zwei verschiedene Gedankengänge zur Funktion der Symbole. Zum einen nimmt er an, daß die Symbole die vitalen und emotionalen Komponenten des Subjekts ausdrücken. Diese müssen aber zum anderen als eine jenseits der Subjekt-Objekt-Spaltung liegende Relation verstanden werden. Diese Relation bezieht sich dabei nicht auf ein außer mir liegendes Objekt, wie etwa in der Vorstellung von der Ich-Du-Beziehung bei Martin Buber. Sie bildet sich vielmehr zwischen den emotionalen und vitalen Komponenten des Menschen und dem Symbol. Das Symbol erhält damit Wirklichkeit konstituierenden Charakter.

[846] Alves 1979, S.104.

[847] Auch hier geht Alves wieder über die pessimistische Kulturtheorie von Freud hinaus und nähert sich dem Verständnis von Marcuse (1995, S.148) an: „Der Wahrheitswert der Fantasie bezieht sich nicht nur auf die Vergangenheit, sondern ebenso auf die Zukunft: die Formen der Freiheit und des Glücks, die sie aufruft, erheben den Anspruch, historische Wirklichkeit zu werden. Die kritische Funktion der Fantasie liegt in ihrer Weigerung, die vom Realitätsprinzip verhängten Beschränkungen des Glücks und der Freiheit als endgültig hinzunehmen, in ihrer Weigerung, zu vergessen, was sein könnte."

[848] Alves 1985b, S.21.

Diese Hoffnung ergibt sich bereits durch die *Performanz des Symbolgebrauchs*. Oft drücken beispielsweise Gedichte nur noch die Verzweiflung und die Sinnlosigkeit angesichts der Absurdität des Lebens aus. Aber schon darin, daß diese Verzweiflung in die Schönheit eines Gedichtes gekleidet werde, komme die Hoffnung zum Ausdruck, daß das Ganze doch nicht so sinnlos ist, wie es erscheint.[849]

5. Religion als der kollektive Traum der Menschen

Auch die religiösen Symbole seien ein Ausdruck dieser Hoffnung. Religion könne dabei als der fantastischste und anspruchsvollste Versuch angesehen werden, dem Verlangen der Menschen Ausdruck zu verleihen und dadurch dem Menschen eine sinnvolle Ordnung anzubieten.[850]

Diese Ordnung, dieser Sinn müsse den Merkmalen des Verlangens und den Sehnsüchten des Körpers entsprechen. Denn der Mensch sei kein *animal rationale*, sondern ein verlangendes Wesen. Damit positioniert Alves auch religiöse Sinnstiftung in Opposition zu rational-wissenschaftlichen Erkenntnissen, die dem entfremdenden Realitätsprinzip verhaftet bleiben.[851] Der Sinn ergebe sich als eine Einsicht des Herzens, als ein inneres und subjektives Gefühl, das wie ein Traum dem Lustprinzip Ausdruck verleihe.[852]

> „Religion for society is what the dream is for the individual. (...) Religion reveals the logic of the heart, the dynamism of the »pleasure principle«, insofar as it struggles to transform a nonhuman chaos around it into »ordo armoris« (an order of love)."[853]

---

[849] Alves 1985c, S.50. Hier wird deutlich, daß Alves mit dem Sinnbegriff auf zwei verschiedenen Ebenen operieren muß. Im Gedicht wird einerseits die Sinnlosigkeit kommuniziert. Eben dadurch ergebe sich allerdings - auf einer logisch höheren Ebene - der Sinn bzw. die Hoffnung, daß es doch Sinn gebe. Alves selbst unterscheidet nicht analytisch zwischen diesen Ebenen. Und so kommt es, daß er einmal behaupten kann, der Sinn sei in Anbetracht der Absurdität des Lebens abwesend (Alves 1985b, S.121), während er ein anderes mal davon spricht, daß durch die religiösen Symbolnetze dem Menschen der Sinn vermittelt werde.

[850] Alves 1985b, S.23.

[851] Genau diese Funktion billigt auch Marcuse (1995, S.75) der Religion zu: „Wo die Religion weiterhin das kompromißlose Streben nach Friede und Glück bewahrt, haben ihre »Illusionen« noch einen höheren Wahrheitsgehalt als die Wissenschaft, die an der Ausschaltung dieser Ziele arbeitet. Der verdrängte und umgeformte Inhalt der Religion kann nicht dadurch befreit werden, daß man ihn der wissenschaftlichen Haltung ausliefert." Doch bleibt bei dem Atheisten Marcuse das emanzipatorische Potential der Religion keinesfalls an die religiöse Form gebunden, sondern muß letztlich „befreit" werden.

[852] Alves 1985b, S.116.

[853] Alves 1979, S.104f.

Die religiöse Sprache werde damit zu einem Spiegel, der unser eigenstes Wesen widergibt und in dem wir uns selbst betrachten. Damit wird die Theologie für Alves zur Anthropologie.[854] Und so zitiert er auch seinen großen Lehrer Feuerbach: „Gottesbewußtsein ist Selbstbewußtsein. Gotteskenntnis ist Selbstkenntnis."[855]

Wenn aber die Religion eine Sprache des Verlangens des menschlichen Körpers ist, was bleibt dann von Gott, was kann dann noch über Gott gesagt werden?

> „Wenn es nicht einen Körper gäbe, der leidet und hofft, wären die Götter überflüssig und nicht mehr notwendig. Sie leben wegen des Körpers, weil sie dem Körper Glück versprechen."[856]

Der Begriff „Gott" wird damit zum Symbol des Verlangens und der Sehnsucht. Verlangen und Sehnsucht aber seien Zeugen einer Abwesenheit.[857]

> „Deshalb ist Gott als das höchste Symbol des Verlangens und der Hoffnung nicht das Zeichen einer Anwesenheit, sondern das Bekenntnis einer immensen Leere, einer Sehnsucht ohne Ende, einer Nostalgie nach der Fülle des Sinnes, der Liebe."[858]

Diese Vorstellung von der Leere sei aber keineswegs als der Versuch einer Theologie ohne Gott oder einer atheistischen Anthropologie zu verstehen.[859] Die Interpretation dieses Gedankens bei Alves bereitet allerdings einige Mühe, da er sich auf unterschiedliche Traditionen bezieht. So klingen in diesem Gedanken mystische Motive an, oder er zitiert Zen-Koans, um seine Vorstellung zu erläutern. Wo der Mensch den Sinn des Lebens gefühlsmäßig erfahre, stelle sich ein ozeanisches Gefühl ein,

> „ein unsagbares Empfinden von Ewigkeit, Unendlichkeit und Gemeinschaft mit etwas, was uns übersteigt, umgibt und wiegt, als wäre es ein Mutterschoß mit kosmischen Ausmaßen."[860]

Alves' Verwendung dieser mystischen Sprache - d.h. die Verwendung „enträumlichter" Metaphern der Leere oder der Unendlichkeit - muß genauer untersucht

---

[854] Barros Neto, *O corpo como paradigma*, 1991, S.101.
[855] Zitiert nach Alves 1985b, S.14. An anderer Stelle (Alves 1985b, S.38) bemerkt Alves, daß der Anthropozentrismus mit Galilei noch lange nicht gestorben sei.
[856] Alves 1985b, S.38.
[857] Zum Schlüsselbegriff der Abwesenheit siehe: Alves, Discurso sobre presencas e discurso sobre ausencias, 1987c.
[858] Alves 1985a, S.48.
[859] So etwa die Interpretation von Libanio, Um riso de criança, 1988, S.62. Die Differenz scheint mir offensichtlich. Gottes Abwesenheit ist kein Ausdruck seines Todes, sondern ein Ausdruck der Zukunft des Noch-Nicht.
[860] Alves 1985b, S.114f.

werden. Im Gegensatz zu Vorstellungen von Gott als einer anderen Person oder vom Himmel als einem jenseitigen Ort kann man die mystische Sprache als einen „paradoxen Versuch" verstehen, durch die Ausmerzung einer verräumlichenden oder gegenständlichen Metaphorik oder das „Aufladen von Transzendenz mit Unendlichkeit" die Unfaßbarkeit der Transzendenz mit immanenter Begrifflichkeit zum Ausdruck zu bringen.[861]

Die Transzendenz wird von Alves auf ein „Jenseits des Realitätsprinzips" bezogen. Eben dieses Jenseits sei aber zunächst unfaßbar, da es unter der Herrschaft des Realitätsprinzips verdrängt werde. Der Beginn der religiösen Rede bildet damit die Leere oder die dieser Leere korrespondierende Stille über dem Abgrund. Darin verberge sich das Noch-Abwesende, wie ein Geheimnis, das durch die Dunkelheit geschützt werde und das durch kein Wort ausgedrückt werden könne.[862] In diesem Sinne hatte auch Ernst Bloch konstatiert: „Wir fangen leer an."[863]

Deshalb kann Alves auch von einer „Theologie der Dämmerung" sprechen, denn diese Leere und die Dämmerung sei der Ort aus dem die Imagination erwachse, die dem Verlangen und der Nostalgie Ausdruck verleihe.[864] Die Dämmerung sei der Ort, wo das Schwache, noch nicht Ausgebildete Schutz finde, und von wo aus sich trotz der Restriktionen des Realitätsprinzips das Neue bil-

---

[861] Luhmann u. Fuchs, Von der Beobachtung des Unbeobachtbaren: Ist Mystik ein Fall von Inkommunikabilität?, 1989, S.71-73.: „Es geht, um paradox (also mystisch) zu formulieren, um die unmögliche Überschreitung eines Horizontes im Horizont, um die (weltlichen Sinn negierende) aktuale Unendlichkeit im Endlichen, code-bezogen gesagt: um die Immanentisierung von Transzendenz."

[862] Alves, *O Poeta. O Guerreiro. O Profeta,* 1992b, S.35. Durch diese in die Zukunft offene zeitliche Dimension steht die Leere bei Alves am Anfang der religiösen Rede und ist noch nicht wie in den mystischen Bildern ein Ausdruck für die „Einheit der Differenz von Transzendenz und Immanenz" (Luhmann 1989b, S.71). Wo sich über dieser Leere allerdings ein Sinn konstituiert, wird eine Gotteserfahrung möglich, die in der Sprache der Mystik beschrieben werden kann und ebenfalls mit enträumlichenden bzw. entzeitlichenden Metaphern oder mit der Unendlichkeitsmetapher arbeitet.

[863] Bloch, *Das Prinzip Hoffnung,* Bd.1, 1985, S.21 u. 356f. Über das „Nicht im Ursprung" bemerkt Bloch: „Das Nicht ist nicht da, aber indem es derart das Nicht eines Da ist, ist es nicht einfach Nicht, sondern zugleich das Nicht-Da. (...) Das Nicht ist Mangel an Etwas und ebenso Flucht aus diesem Mangel; so ist es Treiben nach dem, was ihm fehlt. Mit Nicht wird also das Treiben in den Lebewesen abgebildet: als Trieb, Bedürfnis, Streben und primär als Hunger."

[864] Alves, „Teologia Crepuscular", 1994, S.12. Damit nimmt Alves ein Motiv Hegels (*Werke 7,* 1970, S.28) auf. Dieser hatte in seiner berühmten Einleitung zu den Grundlinien der Philosophie des Rechts behauptet, daß das Wirkliche das Vernünftige sei und daß daher die Eule der Minerva erst mit der einbrechenden Dämmerung, in der alles Grau in Grau verschwimme, ihren Flug beginne. Bereits Bloch (*Subjekt - Objekt. Erläuterungen zu Hegel,* 1962, S.246f, 518f) hatte dagegen gehalten, daß die Philosophie im Morgengrauen beginne und damit den neuen Tag ankünde. Alves läßt zwar die Theologie auch in der Dämmerung beginnen. Dennoch ist für ihn diese Dämmerung der Beginn des Neuen, wie Bloch es mit seinem Begriff des Morgengrauen verstanden hatte.

den könne.[865] Die Leere ist somit der Ursprung der schöpferischen Kraft. Die Schöpfung begann *ex nihilo* und erst aus der Leere und der Stille erwachse das Wort.[866]

Diese Leere werde aber von vielen nicht ausgehalten. Deshalb versuchen die Menschen, sie durch Idole zu füllen. Für die einen sei die wissenschaftliche Sicherheit, für die anderen der politische Aktivismus der Versuch, die Stille zu überwinden. Indem aber die Leere durch Aktivismus und durch die vielen Worte ausgefüllt werde, könne das eine Wort nicht mehr vernommen werden, das aus der Stille erwachse und das aus „reiner Gnade" entstehe.

„Es gibt ein Wort, daß aus der Stille entspringt, ein Wort, das der Beginn der Welt ist. Dieses Wort kann nicht produziert werden. Es ist kein Kind der Praxis. Es wächst nicht aus unseren Händen und nicht aus unserem Denken. Wir müssen darauf in der Stille warten, bis es sich hörbar macht: Ad-vento ... Gnade."[867]

Dieses Wort der Gnade sei Jesus Christus. Gott werde sichtbar in seinem Körper, in seiner Fleischwerdung, in seinen Werken, im Tod und in der Auferstehung dieses Körpers. Aber die Christologie beginne wie bei Bonhoeffer mit dem Schweigen. Christologie sei ein Gedicht, das man im Angesicht der Leere zitiere.[868]

Bonhoeffer bezieht dieses „demütige Schweigen" allerdings auf die Ehrfurcht vor dem Absoluten und die Unmöglichkeit, die Transzendenz in Worte zu fassen. Alves hat hier eine eigene Interpretation, wenn er das Schweigen auf die Abwesenheit des Noch-Nicht bezieht, das als Ausdruck unseres Verlangens jenseits des Realitätsprinzips liege und deshalb durch unsere menschliche Sprache oder unser menschliches Tun nicht erfaßt werden könne.[869]

In diesem Zusammenhang interpretiert Alves auch die Jungfrauengeburt. Die Virginität sei ein Symbol für „abgebrochene Wege, verbotene Gärten, unmögli-

---

[865] Die totale Sichtbarkeit dagegen sei totalitär. Sie fülle die inneren Räume der Seele mit von außen kommenden Bildern aus. Deshalb wohne die Wahrheit versteckt und werde gezwungen, in der Stille zu bleiben. Eben dies werde in der Sprache der Psychoanalyse als Repression bezeichnet (Alves 1992b, S.34).

[866] Alves 1992b, S.29.

[867] Alves 1992b, S.9. Der Ausdruck „Ad-vento" ist ein im Portugiesischen mögliches Wortspiel. Es bezeichnet nicht nur „Advent". Vento ist auch der Wind. Das Wort, das sich mit dem Advent sichtbar macht, kommt demnach vom Geist.

[868] Alves (1992b, S.35) bezieht sich dabei auf den Beginn von Bonhoeffers Christologie Vorlesung (*Wer ist und wer war Jesus Christus? Seine Geschichte und sein Geheimnis*, 1962, S.9): „Lehre von Christus beginnt im Schweigen. (...) Das gesprochene Wort ist das Unaussprechliche. (...)Von der Kirche in die Welt geschrien bleibt es doch das Unaussprechliche. Von Christus reden heißt schweigen, von Christus schweigen heißt reden. Rechtes Reden der Kirche aus rechtem Schweigen ist Verkündigung des Christus."

[869] Eine solch anthropozentrische Perspektive wäre Bonhoeffer wahrscheinlich äußerst suspekt gewesen. So grenzt er sich beispielsweise entschieden gegen die Mystik ab, da hier die Gefahr drohe, eine Verschmelzung von Gott und Mensch zu erstreben.

che Geburt". Doch die Jungfrau wurde geschwängert durch das Wort[870] und die dadurch hervorgerufene Hoffnung und die Nostalgie. Die Jungfrauengeburt wird damit zum Symbol dafür, daß durch die Inkarnation das Wirkliche und Reale durch das von Gott kommende Wort überschritten wurde.

„Am Ort der möglichen Dinge schreiben die Menschen ihre Namen.
Aber, wenn das Unmögliche Fleisch wird, schreibt man den Namen Gottes."[871]

Das Wort zeigte seine Mächtigkeit, indem es die Jungfrau schwängerte und damit die Nostalgie und die Hoffnung auf ein neues Sein in ihr hervorgerufen habe.[872] Der Wert der religiösen Symbole liege nicht darin, was sie sind, sondern darin, was sie hervorrufen durch unsere Fantasie und Vorstellungskraft. Deshalb kann Alves sagen, religiöse Gegebenheiten seien „imaginäre Gegebenheiten".

Damit kommen Religion und Theologie der Poesie näher als der wissenschaftlichen Sprache. Das Verhalten religiöser Menschen gleiche eher dem Verhalten der Narren und Kinder als dem von vernünftigen und realistischen Bürgern. Die Theologen seien Magier und Fantasten, die eine neue Welt evozieren wollen.

6. Theopoesie

6.1. Die Auferweckung der toten Körper

Alves selbst verwendet verschiedene Begriffe, um seine Theologie zu bezeichnen. Sein Frühwerk sollte zunächst „Towards a Theology of Liberation" heißen, wurde dann aber umbenannt in „A Theology of Human Hope".[873] In der brasilianischen Neuauflage von 1987 bezeichnet Alves im Vorwort Theologie als einen Scherz, eine Spielerei.[874] Andere Texte sprechen von einer „Theologie des

---

[870] Alves, *Der Wind weht, wo er will. Brasilianische Meditationen*, 1985c, S.21.
[871] Alves, *Pai Nosso. Meditações*, 1987b, S.80.
[872] Eine ähnliche Vorstellung findet sich bei Normon O. Brown (*Love´s Body. Wider die Trennung von Geist und Körper, Wort und Tat, Rede und Schweigen*, 1979, S.230). Auch O.Brown bezieht die Virginität auf das Schweigen, das durch das Wort überwunden werde und damit die Wiedergewinnung der Leiblichkeit durch die religiöse Symbolik ermögliche: „Der jungfräuliche Schoß der Einbildungskraft, in dem das Wort Fleisch wird, ist Schweigen; und sie bleibt eine Jungfrau. Das Wort wird Fleisch. Die Wiedergewinnung der Welt des Schweigens, die Welt der Symbolik ist die Wiedergewinnung des menschlichen Leibes." Im Gegensatz zu Alves scheint für O.Brown dieses Wort allerdings kein von außen kommender Gnadenakt zu sein, sondern lediglich ein Ausbruch der menschlichen Einbildungskraft.
[873] Alves 1969. Damit sollte eine Verbindung zur damals diskutierten „Theologie der Hoffnung" von Jürgen Moltmann hergestellt werden.
[874] Alves 1988.

Spiels"[875], einer „Theologie des Alltags"[876], einer „Theologie der Sehnsucht" oder „Theologie der Dämmerung"[877].

Am angemessensten scheint mir aber die von Alves verwendete Bezeichnung „Theopoesie" zu sein, denn oft vergleicht Alves den Theologen mit dem Poeten, bezeichnet die Theologie als ein Gedicht.[878]

> „Theology is *not* knowledge of God. How could we know God, if the sacred name is a secret? Theology is the poem that we sing before this mysterious Absence, in order to resurrect the dead. Not theo-logy: theo-poetics."[879]

Um seine Vorstellungen über die Aufgabe dieser Theopoesie zu erläutern, erzählt Alves immer wieder eine Geschichte des Schriftstellers Gabriel García Marquez von einem Fischerdorf, das recht verloren vor sich hindämmerte. Eines Tages wurde dort ein toter Körper angeschwemmt. Um ihn zu beerdigen, begannen die Frauen, ihn zu reinigen. Und mitten im Schweigen dieser Zeremonie des Todes fingen sie an, sich zu fragen, wo der Mann denn herkäme, was er wohl für eine Stimme gehabt habe, ob er seine Frau so zärtlich geliebt hatte, wie sie einst geliebt worden waren. Diese Fantasien brachten sie zum Lachen, erweckten Freude, trugen Sehnsucht und Verlangen zurück in ihr bisher eintöniges Leben.[880]

Falls Wissenschaftler im Dorf gelebt hätten, würden sie sich fragen, wie es wirklich gewesen ist, wo der Mann gelebt hatte, wie er dachte.

> „And they proclaimed the truth. And as they did it, all the fantasies and poems which had possessed those bodies were dispelled, and the village became again

---

[875] Alves, *La Teología como Juego*, 1982.

[876] Alves, *Teologia do cotodiano*, 1994c.

[877] Alves, „Teologia crepuscular", 1994b. Diese unterschiedliche Begrifflichkeit markiert Entwicklungsphasen in der Theologie von Rubem Alves. Alves selbst (1979, S.98) beschreibt die eigene theologische Entwicklung in seiner autobiographischen Skizze. Der Bruch mit den klassischen Konzepten der Befreiungstheologie zeigt sich bei Alves bereits in dieser Zeit. „The exodus of which we dreamed earlier has miscarried. Instead we now find ourselves in a situation of exile and captivity." Die Hoffnung, die sich bis dahin auf die „konkrete Utopie" gerichtet hatte, wird nun zu einem „trotzdem", zu einer „spes contra spes", die die Möglichkeit der Überwindung der entfremdeten Realität in den Symbolen bewahrt. Die von mir vorgelegte Analyse richtet sich auf diese zweite Phase, deren Elemente sich bereits seit den beginnenden 80er Jahren finden. Lediglich der Stil von Alves entwickelt sich danach weiter. Er nimmt immer mehr eine poetische Form an, um sich der wissenschaftlichen Sprache zu entziehen und wird gleichzeitig immer stärker von fremden Zitaten angereichert.

[878] Eine ähnliche Verbindung zwischen Körpersemantik und poetischem Anspruch findet sich bei Melanie A. May, *A Body Knows: A Theopoetics of Death and Resurrection*, 1995.

[879] Alves, Theopoetics: Longing and Liberation, 1994a, S.168.

[880] Alves 1994a, S.164f.

what it had been before the arrival of the dead man. Clear and distinct ideas instead of mists and clouds."[881]

Doch die Bewohner wurden nicht durch solche klaren Ideen von der magischen Macht des Toten abgelenkt. Die Stille des toten Mannes erweckte die Menschen durch die Macht ihrer Fantasien, ihres Verlangens und ihrer Poesie. Dabei erkannten sie, daß sie alle die gleichen Träume hatten und damit begann eine neue Gemeinschaft.

„Und alle lachten und waren überrascht zu sehen, daß die Beerdigung sich in eine Auferstehung verwandelte: eine Bewegung in ihrem Fleisch. Vergessene Träume, die sie für tot gehalten hatten, kehrten zurück. Asche wurde zu Feuer, verbotene Träume erschienen auf der Oberfläche ihrer Haut, ihre Körper waren wieder lebendig. (...) Die Träume werden aus dem Verlangen geboren, und das Verlangen ist Sehnsucht. Aber die Sehnsucht kann nur vor der Leere existieren. Sie wurden auferweckt durch die Macht der Leere."[882]

Die Geschichte von dem Toten, der wieder Leben und Lachen in das Dorf bringt, soll zweifelsohne ein christologisches Modell andeuten. Die Auferstehung wird hier mit der Wiedergewinnung verdrängter Persönlichkeitsanteile gleichgesetzt - eine Wiedergewinnung, die allerdings nicht individuell enggeführt wird, sondern gemeinschaftsstiftend wirkt. Die Bedeutung der religiösen Symbolik liegt dabei in dem, was sie „unserem Fleisch tut".

Ebenso wie der Tote in dieser Geschichte sollen die religiösen Geschichten und die Theologen in der Lage sein, Träume hervorzurufen, Sehnsucht zu erzeugen.

„It is necessary for people to be able to dream again about beautiful things, about utopias, about a new world, because when people are able to dream again then they will be transfigured, they will be resurrected, they will be able to fight."[883]

6.2. Das ästhetische Spiel der Befreiten

Der Theologe wird somit zu einem Künstler, zu einem Magier, der mit der Macht der Worte eine neue Welt erschaffe und dadurch die Wirklichkeit verändere.[884]

---

[881] Alves 1994a, S.167.

[882] Alves 1992b, S.27 u. 37.

[883] Alves 1994a, S.170.

[884] Magie wird hier als Chiffre für die verwandelnde Kraft der Sprache verwendet. Es geht also nicht um eine Wiederaufnahme magischer Rituale, wie sie von Teilen der feministischen Theologie oder in praktisch-theologischen Entwürfen, wie etwa bei H.-G.Helmbrock, vorgeschlagen werden. Siehe: Helmbrock, *Gottesdienst: Spielraum des Lebens. Sozial- und kulturwissenschaftliche Analysen zum Ritual in praktisch-theologischem Interesse*, 1993, S.125-143.

„Und dann geschieht die Magie. Der Körper wird von der Hoffnung ergriffen. Die Zukunft wird Gegenwart. Wird Fleisch. Die Dinge, die waren, gibt es nicht mehr. Der Körper tanzt in einer neuen Welt. Aber er tanzt nicht mit dem Ziel, sie zu erschaffen. Dieser von der Zukunft ergriffene Körper kann kein Mittel mehr sein für irgendetwas. Er ist reines Ziel. Wenn er tanzt, dann deshalb, weil er im Tanz den Gegenstand seiner Liebe trifft."[885]

In den religiösen Symbolen wird für Alves bereits die andere Welt präsent, fragmentarisch zwar, aber ausreichend für den Tanz der Freude und der Leidenschaft.[886] Dieser Tanz sei möglich, nicht damit das Reich komme, sondern weil es schon gekommen ist. Der Körper könne sich bereits an den ersten Früchten des Reiches, dem Aperitif der Zukunft berauschen. Und er könne die tiefere Wahrheit aussprechen, ohne zu fragen, ob dies nützlich sei oder eine spezifische Wirkung habe.

Dieser neue Horizont befreie den Menschen für die ästhetische Erfahrung, die sich mit ihrer *Selbstbezüglichkeit* und *Leichtigkeit*[887] nicht den gesellschaftlichen Normen, der Zweckgebundenheit und Funktionalisierung unterordnen lasse. Das Leben und der Körper erhalten so einen Eigensinn.[888] Wie im *Spiel* könne der Körper aus reinem Vergnügen genießen.

Damit werde die Herrschaft der Repression und des Realitätsprinzips überwunden und die Menschen können gemäß ihrer Bestimmung als genießende Körper leben.

„Wenn Gott soviele Arten, Genuß zu haben, schuf, so hängt dies damit zusammen, daß er uns für den Genuß bestimmte. Ich gestehe, daß ich über die Tatsache erschreckt bin, daß ich niemals, wirklich niemals, einen Priester oder Pastor gehört habe, der über den göttlichen Imperativ, Genuß im Leben zu haben, predigte."[889]

In gleicher Weise interpretiert Alves auch die Bedeutung des Paradieses als den Ort, wo der Körper *Genuß* erfahren könne.[890] Dabei betont er immer wieder, daß es sich bei dem Genuß nicht um Hedonismus handle, sondern um eine Erfahrungsform, die durch Zweckfreiheit geprägt sei und auch nur durch diese Struk-

---

[885] Alves 1985c, S.65f.

[886] Alves 1985c, S.66. Zur in den Symbolen aufscheinenden Zukunft vermerkt Alves: „Es reicht, daß sie ein Vorgeschmack des Abwesenden ist, das der Wunsch uns bewahrt. Es reicht, daß sie ein Fragment einer Welt ist, in der die Verbannten ein Zuhause finden werden."

[887] Alves, *O Retorno e Terno. Cronicas,* 1995, S.140.

[888] Der Begriff selbstbezüglich wird hier in Abgrenzung gegen instrumentell bzw. funktional verwendet. Er bildet demnach nicht das Gegenteil von gemeinschaftlich und ist deshalb auch nicht mit „egoistisch" zu verwechseln, wie dies in manchen theologischen Auseinandersetzungen geschieht.

[889] Alves 1993, S.39.

[890] Alves 1993, S.39.

tur ein adäquater Ausdruck einer liebevollen Zuwendung zum anderen sein könne.[891]

Diese Zweckfreiheit scheint ihm vor allem eine Folgerung aus der protestantischen Rechtfertigungslehre zu sein. Unter der Herrschaft der Repression und des Zweckrationalismus sei der Körper zu einem Mittel geworden, um ein bestimmtes Ziel zu erreichen - ein bestimmtes Gut oder auch einen gesellschaftlichen Zustand. Dies stellt Alves mit dem Versuch der Selbstbefreiung durch die Rechtfertigung aus Werken gleich, für die die Welt ein Mittel zur Erlangung ihrer Ziele darstelle.[892] Durch die *Rechtfertigung aus Gnade* dagegen werde der Körper von dem Versuch befreit, den Sinn des Lebens in praktischen Resultaten der eigenen Aktivität zu suchen. In der Perspektive der Gnade sei der Körper deshalb kein Mittel,[893] sondern werde zu einem Wert an sich und erhalte damit seine theologische und spirituelle Würde zurück.[894] Die Werkgerechtigkeit entspricht in dieser Analyse der instrumentellen Logik des Realitätsprinzips, während die Gnade die spielerische und selbstbezügliche Logik des Lustprinzips abbildet.

Eine vergleichbare Überlegung findet sich wiederum bei Marcuse, der dem durch die theoretische und praktische Vernunft geformten Leistungsprinzip das ästhetische Dasein entgegenstellt.[895] Neben der Fantasie vermöge auch die Ästhetik, die durch das Realitätsprinzip bedrohten Elemente des Lustprinzips zu bewahren.[896] Während sich die Vernunft an den Kriterien der Richtigkeit und Nützlichkeit orientiere, seien in der ästhetischen Haltung die Schönheit und die

---

[891] Alves 1987a, S.178. „Man könne den Begriff Genuß (prazer) deshalb auch durch den Begriff Lebensfreude (alegria) ersetzen, der möglicherweise für theologische Ohren weniger anstößig ist."

[892] Mit einer ähnlichen Logik war der politische Aktivismus von einigen Vertretern der Frankfurter Schule abgelehnt worden. Der Versuch, positive Gegenentwürfe durchzusetzen oder konkrete Utopien anzugeben, würde stets in die Logik der bestehenden Verhältnisse eingegliedert werden und sich der instrumentellen Vernunft unterordnen. Deshalb sei Philosophie nur noch als negative Kritik möglich.

[893] Alves 1985c, S.66: „Vergeßt dieses »um zu«, dieses »damit« - ihr, die ihr von der Zukunft ergriffen seid, ihr, die ihr Magier seid und den Tanz der Hoffnung tanzt ..."

[894] Alves 1985a, S.175-178.

[895] Diesem ästhetischen Dasein, welches die Logik des Leistungsprinzips und damit die entfremdete Realität zu unterlaufen vermag, entspricht bei Alves das Prinzip der *Gnade*. Genau die entgegengesetzte Konsequenz in Bezug auf die Gnade zieht Peter Rottländer aus seiner Forderung, in der Theologie Konsequenzen aus den Erkenntnissen Herbert Marcuses zu ziehen. Der Blick auf die existierenden gesellschaftlichen Verhältnisse und vor dem Menschen gesellschaftlich zugefügten Leiden führe zu einer Erschütterung aller positiven Aussagen über den Geschichtsprozeß. Demnach könne auch von Gnade und Erlösung „nicht mehr gesprochen werden, ohne gleichzeitig von ihrer Infragestellung durch die geschichtlichen Erfahrungen zu sprechen." Siehe: Rottländer, Philosophie, Gesellschaftstheorie und die Permanenz der Kunst. Theologische Reflexionen zu Herbert Marcuse, 1991, S.139.

[896] Siehe dazu das Kapitel „Die ästhetische Dimension" in: Marcuse 1995, S.171-195.

spielerische Zweckfreiheit die entscheidenden Kriterien. Durch eine Erotisierung der Gesamtpersönlichkeit[897] könnten Sinnlichkeit, Affekte, Emotionen, Triebe und alles Nichtvernünftige aus der Verdrängung „wiederkehren" und somit ein subversives politisches Potential gegen die „surplus repression" des Realitätsprinzips bilden.[898] Auch nach Marcuse würde eine solche Erotisierung das Verhältnis des Menschen zu seinem Leib ändern. Der Körper werde nicht mehr instrumentalisiert und auf seine prokreative Genitalität[899] beschränkt, sondern seine Selbstbezüglichkeit als Quelle der Lust hervorgehoben.[900]

Der Gedanke der Zweckfreiheit und Selbstbezüglichkeit wird bei Marcuse, ebenso wie bei Alves[901], durch den psychoanalytisch transformierten Schillerschen „Spielbegriff" ausgedrückt, bei dem „das Spiel als Ideal der gesellschaftlichen Verhältnisse und die ästhetische Dimension als höchster Sinn des menschlichen Daseins"[902] gilt. Die Selbstbezüglichkeit der Ästhetik vermag in beiden Entwürfen die Entfremdung der Realität zu unterlaufen.

Für Alves aber bedarf es dazu der Gnade als Bedingung der Möglichkeit einer solchen selbstbezüglichen Existenzweise. Es ist das in der Stille vernommene Wort, die Geschichte, die ein anderer erzählt und die das Verlangen des Körpers wachruft und damit dem Menschen Hoffnung und Sinn ermöglicht.

---

[897] Marcuse 1995, S.199. Zum Konzept der Erotisierung siehe: Flego, Erotisierte Einzelne - Erotisierte Gesellschaft, 1989.

[898] Dieses Potential der ästhetischen Auffassung zeige sich beispielsweise in der Kunst. Siehe dazu: Marcuse, *Die Permanenz der Kunst*, 1977.

[899] Im Gegensatz zu anderen Vertretern der kritischen Theorie meint Marcuse durchaus, daß es in der Moderne zu einer starken Sexualisierung der Kultur komme. Diese sei aber von einem instrumentellen Verständnis geprägt und auf die genitale Sexualität konzentriert. Dem stellt Marcuse die Forderung nach einer Transformierung der Sexualität in den Eros entgegen. (Siehe dazu das Kapitel „Die Verwandlung der Sexualität in den Eros" in: Marcuse 1995, S.195-219.) Eine ähnliche Vorstellung findet sich neuerdings bei dem Cambridger Soziologen Anthony Giddens (*The Transformation of Intimacy. Sexuality, Love and Eroticism in Modern Societies*, 1992). Seiner Ansicht nach kam es in Folge der Einführung moderner Verhütungsmittel zu einer Befreiung der Sexualität vom Zwang der Reproduktion. Damit werde Sexualität von der Herrschaft des Phallus befreit und eine sexuell und emotional gleichberechtigte „reine Beziehung" ermöglicht.

[900] Marcuse, Über den affirmativen Charakter der Kultur, 1968, S.84f: „Das Verbot, den Körper anstatt bloß als Arbeitsinstrument auch als Lustinstrument auf den Markt zu bringen, ist eine soziale und psychische Hauptwurzel der bürgerlich-patriarchalischen Ideologie.(...) Wo der Körper ganz zur Sache, zum schönen Ding geworden ist, kann er ein neues Glück ahnen lassen. (...) Wenn die Verbindung mit dem affirmativen Ideal aufgehoben ist, wenn im Zusammenhang einer wissenden Existenz, ohne jede Rationalisierung und ohne das geringste puritanische Schuldgefühl wirklich genossen wird, wenn die Sinnlichkeit von der Seele also ganz freigegeben ist, dann entsteht der erste Glanz einer anderen Kultur."

[901] Alves 1985a, S.23.

[902] Flego, Erotisieren statt sublimieren, 1992, S.195. Diese Interpretation des Schillerschen Spielbegriffes wird von Gmünder als falsch zurückgewiesen. Gmünder, *Ästhetik - Wunsch - Alltäglichkeit. Das Alltagsästhetische als Fluchtpunkt der Ästhetik Herbert Marcuses*, 1984, S.44.

Mit dieser Ästhetisierung tritt die *Präsens des Heils* in den Vordergrund.[903] Durch die Gnade werde der „erotische Sinn des Lebens" freigesetzt, nicht am Ende der Befreiungspraxis, sondern mitten darin.[904] Das Geschenk der Gegenwart sei ein Geschenk des Genusses.

Dieses Heil sei als Aperitif der Zukunft in den religiösen Symbolen präsent, in Brot und Wein aber auch in einem Garten, in den Quellen, den Kindern, zärtlichen Gesten und sich umarmenden Körpern. Es zeige sich, wo der Genuß aufscheine und das Verlangen erfüllt werde.[905]

> „Der Genuß ist kein Mittel für ein anderes Ziel. Das Gegenteil ist wahr. Alles ist ein Mittel, damit die Nostalgie der Liebe dem verlangten Objekt begegnet. Im Genuß kommt das Verlangen zu seinem Ziel. (...) Beim Liebesspiel erreichen die Körper ihre höchste theologische Bedeutung, weil sie sich genau hier von dem Fluch befreien, Mittel zu sein, um zu einem reinen Ziel in sich selbst zu werden."[906]

6.3. Der Genuß der religiösen Symbole

Die religiösen Symbole vermitteln nicht nur eine Weltsicht, die ein zweckfreies Handeln ermöglicht. Sie sind auch selbst Objekte des Genusses, wie Alves in Anschluß an Augustins Unterscheidung von „uti" und „frui" ausführt. Eben deshalb besitze Theologie eine poetische Struktur. Diese Worte seien „gut zum Essen", wie es Alves in metaphorischer Sprache ausdrückt. Als Theologe sei er weniger ein Lehrer, der Worte benutzt, um eine Wahrheit weiterzugeben als vielmehr ein Koch, der mittels der Worte ein Essen bereitet, das dem Körper zum Genuß dient.[907]

Durch das Essen komme es zu mehreren Transformationen. Die unterschiedlichsten Nahrungsmittel werden durch den Körper aufgenommen und in ihm zu einer Einheit verwandelt. Die Grenzen werden durch die Hitze und zum Genuß

---

[903] Dieser Präsens des Heils entspricht bei Marcuse (1995, S.192) die Vorstellung, daß es in der ästhetischen Konzeption einer nicht-repressiven Ordnung, wie sie Schiller vorgeschlagen hatte, zu einer Überwindung der Zeit komme, „insofern die Zeit zerstörerisch für die dauerhafte Befriedigung ist."

[904] Dieser Aspekt wird vor allem in der Alves-Interpretation von Goldstein (1989, S.87ff) stark gemacht. Goldstein weist darauf hin, daß in der Betonung des Geschenkcharakters von Befreiung und Heil der besondere Beitrag von Alves für die Befreiungstheologie liege.

[905] Alves 1987b, S.5.

[906] Alves 1985a, S.169. Eine metaphorische Bedeutung des Kochens findet sich auch bei Marcuse. Wo die Kunst zur Produktivkraft der materiellen wie der kulturellen Umgestaltung werde, gewönne sie ihre „technische" Nebenbedeutung als Kunst der Zubereitung und Kochkunst zurück, die den Dingen eine Form verleihe, welche weder ihre Materie noch ihre Sinnlichkeit verletze. Siehe: Marcuse, *Versuch über die Befreiung*, 1969, S.54.

[907] Alves 1992b, S.15ff.

des Körpers aufgehoben. Ebenso werden durch das gemeinsame Essen die unterschiedlichen Gäste zu einer *Gemeinschaft* verwandelt - „jenen, die gemeinsam das Brot essen." Die Differenzen werden zu Identitäten.

Der Körper werde dabei von der Nahrung und der Gemeinschaft ergriffen. Er werde quasi selbst gegessen.[908] Wie beim Genuß des Weines werde der Körper von „Geistern" besessen, die bisher außerhalb seiner waren. Die Erfahrungsstruktur des Genusses ermögliche durch ihren nicht-instrumentellen Zugang zur Welt, sich von etwas von außen ergreifen zu lassen und dadurch den Körper zu genießen und zu erneuern.

> „Eine Inversion: wir werden durch die Nahrung gegessen.
> Anthropofagie: eine Eucharistie.
> Die Eucharistie ist ein anthropofagisches Essen: ein magisches Ritual. Die Eingeladenen essen einen Körper einer toten Person mit dem Ziel, ihm ähnlich zu werden. Es ist die Nahrung (nicht die Teilnehmer), die die alchimistische Transformation vollbringt. Wenn das Fleisch und das Blut des Opfers unserem Körper assimiliert würde, würden sie zu dem, was wir sind, und wir blieben die gleichen. Wenn aber das Fleisch und das Blut uns verschlingt und uns assimiliert, würden wir ihm ähnlich: dem Leib und Blut Christi."[909]

Durch den Genuß der religiösen Symbole komme dem Menschen von außen eine neue Erfahrung entgegen, die seinem Körper guttue, ihn verwandle und Teil einer Gemeinschaft werden lasse. Die Macht des Abwesenden vermag durch den Genuß des Wortes - als Aperitif der Zukunft - in den Körpern der Menschen die Erinnerung an das verlorene Paradies und die Hoffnung auf das versprochene Reich Gottes hervorzurufen, sie dadurch zu verwandeln und „wieder zu Kindern zu machen."[910]

Die Vorstellung der Eucharistie als *Anthropofagie* verdichtet verschiedene Gedankengänge, die Alves synthetisiert. Indem er den Zugang zu den religiösen Symbolen als ein auf den Körper bezogenes Genießen versteht, grenzt er sich von einer wissenschaftlich-rationalen und einer instrumentellen Zeichenverwendung ab. Diese seien ein Ausdruck des Realitätsprinzips, bei dem die Symbole lediglich ein Mittel seien, um ein außerhalb ihrer selbst liegendes Ziel zu erreichen. Dagegen interpretiert er die durch den Genuß der Symbole ermöglichte Selbstbezüglichkeit der religiösen Erfahrung als einen Ausdruck der Gnade. Ein solcher ästhetischer Zugang zur religiösen Symbolwelt vermag nach Alves´

---

[908] In Bezug auf dieses gegenseitige Durchdringen von Essendem und Nahrung kann Alves an anderer Stelle (Alves 1987b, S.106) sagen, unser Körper werde von Gott gegessen: „Gott machte sich zum Menschen. Weihnachten. Er aß unseren Köper, trank unser Blut ... Und so geschah es, daß wir uns in den Körper Christi verwandelten. Wie hätte es anders sein können? Das Brot wird zum Körper nach dem Essen. Unsere Körper: eucharistisches Brot vor dem hungrigen Gott."

[909] Alves 1992b, S.20.

[910] Alves 1992b, S.23.

Ansicht über das Gegebene, d.h. über die Grenzen des Realitätsprinzips, hinauszuweisen und einen neuen Horizont des Verlangens und Hoffens auszudrücken. Gleichzeitig faßt er die Eucharistie - im Sinne einiger psychoanalytischer Theorien[911] - als einen Kannibalismus auf, der zu einer Transsubstantiation auch der Essenden führe und die Grundlage der Gemeinschaft bilde.

Durch diese Transsubstantiation werde das ganze Leben zur Liturgie und Magie, denn der Körper lasse sich vom Überfluß einer anderen Welt in Besitz nehmen. Das Leben werde befreit von der schweren Last, handeln zu müssen, „damit" etwas geschehe. Das Tun dieser Befreiten muß nicht mehr wie besessen auf eine Wirkung aus sein.[912] Dabei wendet sich Alves auch kritisch gegen die politisch engagierten Befreiungstheologen, die das religiöse Handeln an ihrer Wirkung messen wollen.

> „Ich verwende eine Metapher: die Politik der Befreiungstheologie ist vergleichbar mit der Meinung des Papstes über Sexualität: Der sexuelle Akt läßt sich nur durch die erzeugten Kinder rechtfertigen."[913]

6.4. Die Ethik der überströmenden Liebe

Einem solchen Zweckrationalismus stellt Alves seine „Ethik der überströmenden Liebe" entgegen. Sie sei eine Ethik, die aus dem Überfluß der Schönheit und des inneren Reichtums erwachse, die aus reiner Lebensfreude geschehe, ohne auf eine Ethik angewiesen zu sein, die Befehle gebe.[914] Diese Ethik sei „reiner Aus-

---

[911] So etwa Normon O´Brown (Eine Antwort auf Herbert Marcuse, 1979b, S.247): „In der gesamten menschlichen Kultur die verborgene Wirklichkeit des menschlichen Leibes wahrnehmen. Dies bedeutet, die Heilige Kommunion als die Grundlage der Gemeinschaft zu entdecken, wie Freud es tat; die Eucharistie; den Kannibalismus, das *Essen* im Verborgenen." Stärkere Anklänge finden sich an mittelalterliche Vorstellungen, wie sie von Lubac (*Corpus Mysticum. Eucharistie und Kirche im Mittelalter*) analysiert worden sind und die von O´Brown aufgenommen werden (O´Brown 1979a, S.150-151): „Nur indem wir gegessen werden, werden wir durch Einverleibung in seinem Leib vereint. (...) Autophagie. Die Identität von Esser und Gegessenem, doch in einer Umkehrung der naturalistischen Perspektive: der Esser wird in das verwandelt, was er ißt. Wir werden sein Leib, und sein Leib ist Speise."

[912] Alves 1985c, S.68. Unter der Macht der Repression dagegen, sei das Verlangen nur in sozial abgegrenzten Bereichen - wie dem Fußball, dem Karneval und der Liturgie - möglich. Siehe: Alves 1985a, S.168.

[913] Alves 1994b, S.11.

[914] Alves 1994b, S.11. Dabei bezieht sich Alves explizit auf Nietzsche. An dieser Stelle wird die Problematik der Zitierweise von Alves besonders deutlich, denn er bezieht sich mit dem Begriff des „Überflusses" zwar explizit auf Nietzsche, übernimmt tatsächlich aber nur einen Teil von dessen Vorstellung. Auch für Nietzsche tritt die Ästhetik an die Stelle der Ethik und er hypostasiert das Leben zu einem Selbstzweck, „der jenseits der sich selbst genießenden Steigerung keiner Begründung bedarf" und ein Ort des Reichtums, der Fülle und des Überflusses sei. Dem sich so hingebenden Übermenschen sei es „ästhetisch von Zeit zu Zeit erfreulich, die Fülle seiner Kraft so einzusetzen, daß er anderen beisteht. Er bleibt sich dabei auf angenehme Weise

druck einer ungeschuldeten Liebe". Sie verdanke sich dem durch die Symbole ermöglichten Vorgeschmack der Zukunft.

Eine solche Einstellung ermöglicht auch den Einsatz für die eigenen Träume, selbst wenn es nicht mehr aussichtsreich und vernünftig erscheinen mag.

> „Nein, wir kämpfen nicht für die Armen, weil dies ein notwendiges Mittel zur Schaffung einer gerechten Gesellschaft wäre. Wir kämpfen für die Armen, weil es gut ist, sich für die Armen einzusetzen, weil Gott sie liebt und weil sie unsere Brüder und Schwestern sind; und wir werden auch dann noch für sie kämpfen, wenn das Kämpfen zu nichts führt und nur schön und ohnmächtig ist wie ein Lied."[915]

Die Politik wird von Alves nicht an die Zweckhaftigkeit, sondern an die Schönheit gebunden.[916] In der Ethik der überströmenden Liebe werde die Politik aus der Schönheit der Träume herausgeboren und aus den Poeten werden Kämpfer.[917] Die Träume und die Utopien gaben Politikern wie Gandhi oder Martin Luther King die Kraft und den Mut, Neues zu erhoffen und dafür zu kämpfen mit Zärtlichkeit und poetischen Gesten anstatt mit brutaler Macht.[918]

> „So lebt der Kämpfer, der aus der Vision der Schönheit geboren wird:
> Mit einem Auge sieht er die Dunkelheit und die Schmerzen,
> aber mit dem anderen Auge sieht er das Licht und die Lebensfreude.
> Der Kämpfer ist der Körper, der die Stimme des Poeten gehört hat
> und der besessen wurde von der Schönheit."[919]

Damit versucht Alves, das Verhältnis von Ethik und Ästhetik neu zu bestimmen, ebenso wie Moltmann dies in seiner kleinen Schrift „Die ersten Freigelassen

---

stets der Tatsache bewußt, daß er diese Kraft ebensogut dazu benutzen könnte, andere zu zermalmen" (Eagleton 1994, S.254-258). Nicht die liebevolle Zuwendung zu dem Nächsten, wie Alves es versteht, sondern das letztlich interesselose auf Selbsterschaffung ausgerichtete Handeln ist für Nietzsche eine Folge der „Ethik des Überflusses".

[915] Alves 1985c, S.67.

[916] Alves 1992b, S.99-121. Hier geht Alves über Marcuse hinaus. Politik war für diesen nur noch als Negation und Protest möglich. Die Differenz zwischen den beiden Ansätzen läßt sich gut an einem Benjamin Zitat aufzeigen, das beide in ihrer Art interpretieren. In seinem pessimistischsten Werk „Der eindimensionale Mensch" (1994, S.268) verweist Marcuse darauf, daß die kritische Theorie der Gesellschaft denen die Treue halte, die ohne Hoffnung ihr Leben der *Großen Verweigerung* hingeben. Nur um der Hoffnungslosen sei uns deshalb die Hoffnung gegeben. Die Hoffnung wird von Marcuse aufgrund seiner *Negativität* aufgenommen. Anders bei Alves: Für ihn besteht die Hoffnung aufgrund der *Liebe* zu den Hoffnungslosen.

[917] Unter anderem bezieht sich Alves (1992b, S.117) dabei auf das Diktum von Pablo Neruda in seinen Memoiren (*Ich bekenne, ich habe gelebt. Memoiren*, 1995), der die Poeten als Anführer einer „Rebellion der Lebensfreude" bezeichnet.

[918] Alves, *Ghandi. Política dos gestos poéticos*, 1990b.

[919] Alves 1992b, S.119.

der Schöpfung. Versuche über die Freude an der Freiheit und das Wohlgefallen am Spiel" getan hat.[920]

Ebenso wie Moltmann und viele andere Entwürfe einer „Theologie des Spiels"[921] versucht Alves, das menschliche Handeln aus dem Zwang des ethischen Rigorismus, aus dem „Reich der Notwendigkeit" und des Zweckrationalismus zu befreien. Er begreift die Aktion als eine Folge der Freude an der Schönheit, als eine Folge der empfangenen Gnade.[922] Damit erhält das menschliche Handeln die Leichtigkeit und Kreativität, die es für die Entwicklung des Neuen und das Handeln gegen die Hoffnungslosigkeit benötigt.

Viele der Theologien des Spiels geraten allerdings in Aporien, wenn sie versuchen, das Verhältnis von Ethik und Ästhetik genauer zu beschreiben. Einerseits müssen sie die selbstbezügliche und nichtfunktionale Struktur ästhetischer und spielerischer Erfahrung behaupten. Diese Erfahrung gibt sich ganz dem Genuß der Fülle der Gegenwart hin. Andererseits soll ja gerade dieser Genuß ein wirksames Handeln ermöglichen, das eben diese Gegenwart zu überwinden trachtet und das den Genuß wiederum in Funktion der gesellschaftlichen Praxis sieht. Werden diese Praxis und die Konsequenzen aus dem Genuß dann in den theologischen Entwürfen *gefordert*, entstehen in der kirchlichen Praxis Paradoxien in Form von typischen *double-bind* Situationen.[923]

---

[920] Moltmann, *Die ersten Freigelassenen der Schöpfung. Versuche über die Freude an der Freiheit und das Wohlgefallen am Spiel*, 1971.

[921] Beispielsweise: Reinhold Bernhardt, Theologia Ludens, 1994. Harvey Cox, *Das Fest der Narren*, 1970. Gerhard Marcel Martin, *»Wir wollen hier auf Erden schon«. Das Recht auf Glück*, 1970.

[922] Alves (1994b, S.11) bezeichnet die „eschatologische Aktion" als ein Überschwappen des Reichtums, der Schönheit und der Lebensfreude. Ein ähnliches Zitat bei Moltmann (1971, S.62) könnte auch von Alves geschrieben sein: „Religion gehört - um mit den Worten von Marx zu sprechen - nicht so sehr in das Reich der Notwendigkeit, nämlich als Seufzer der bedrängten Kreatur, sondern auch schon ins Reich der Freiheit, nämlich als Spiel der Erinnerung, als Ausdruck der Freude und als Fantasie der Hoffnung jeder ursprünglichen und endgültigen Menschlichkeit vor Gott."

[923] Die „double-bind-theory" wurde von Gregory Bateson im Zusammenhang mit seinen Forschungen zur Schizophrenie entwickelt. (Bateson, „Towards a Theory of Schizophrenia", 1956.) Dabei geht es um paradoxe Handlungsaufforderungen, die unhaltbare Situationen schaffen, wie dies beispielsweise bei der Spontaneitätsparadoxie der Fall ist: Wer einmal aufgefordert wird, „endlich mal spontan" zu sein, kann nun gar nichts mehr richtig machen! In eine ähnlich ausweglose Lage gerät der Ehemann, der von seiner Frau gesagt bekommt: „Du liebst mich nicht mehr. Du bringst nie Blumen mit!" Die Blumen, die er am nächsten Tag präsentiert, bekommt er mit Sicherheit an den Kopf geworfen. Dieses Beispiel zeigt, daß auch die Kommunikation über Liebe in der Gefahr steht, double-bind-Situationen zu erzeugen. Deshalb ist religiöse Kommunikation hier besonders gefährdet. Moltmann (1971, S.75) gerät in diese Gefahr, wenn er beispielsweise fordert, die „verdrängte Spontaneität ans Licht zu bringen" und den Gottesdienst zu einer „Quelle neuer Spontaneität" zu machen. In der Praxis „spontaner" Gottesdienste erzeugt eine solche Aufforderung mit Regelmäßigkeit peinliche Situationen: Man muß frei und spontan sein, weil der Pfarrer dies so beschlossen hat!

Moltmann versucht, diesen Widerspruch so aufzulösen, daß er die im Fest oder im Gottesdienst erfahrene Freude als „Vorfreude", als Antizipation des kommenden Reiches Gottes begreift.[924] Damit trifft er aber weder das Wesen des Festes noch der ästhetischen Erfahrung, die im antizipatorischen Charakter nicht aufgeht, wie Sundermeier gezeigt hat.[925]

Alves dagegen faßt das Fest und die religiösen Symbole als einen Aperitif der Zukunft. Dieser Aperitif sei bereits völlig hinreichend, dem Menschen den Genuß des Augenblicks zu ermöglichen. Durch die Religion werde nicht nur die Befreiung in der Zukunft *verheißen*, vielmehr sei diese Zukunft bereits *sinnlich genießbar präsent*.[926]

Um diese Gegenwart des Heils auszudrücken, wählt Alves allerdings auch Ausdrucksweisen, die die „Dialektik des Schon-Jetzt und Noch-Nicht" kaum noch auszudrücken vermögen.

> „Ich möchte keine Theologie des Weges, sondern der Ankunft! Ich höre eine Sonate Mozarts, die von Daniel Barenboim gespielt wird. Sie hat keine Ethik, ist völlig amoralisch. Sie sagt mir nur: »Das Reich Gottes ist in diesem Moment gekommen!«"[927]

Damit erfaßt Alves besser als andere die Selbstbezüglichkeit des „reinen Vergnügens", wie sie oben auch für die Festerfahrung beschrieben wurde: In kurzen Augenblicken, die sich oft in Opposition zu den Leiderfahrungen des Alltags strukturieren,[928] wird die ganze Fülle des Glücks und der Schönheit erfahren. Damit kommen die ästhetische Erfahrung, die Freude der Gegenwart und der leibliche Genuß zu ihrem Recht.

Doch entsteht nun die Gefahr, daß mit dieser Ästhetisierung der Theologie die Forderung nach dem Einsatz für die Armen und Leidenden *unbegründet* bleibt. Wenn das Reich Gottes bereits im ästhetischen Genuß *voll* präsent ist, kann man auch die ganze Zeit Mozart hören! Diese Konsequenz wird von Alves und vielen seiner Schüler nicht gezogen.[929] Aber berechtigterweise sehen seine Kritiker hier einen problematischen Punkt, der Gefahren der Weltflucht und des Realitätsverlustes bietet.[930] Seine Theologie ermöglicht die Flucht ins Symbol.

---

[924] Moltmann 1971, S.63.
[925] Siehe Kapitel C I 3.3.
[926] Alves 1987b, S.100.
[927] Alves 1994b, S.12.
[928] Alves spricht im selben Artikel (S.10) davon, daß er Theologie betreibe, um die Traurigkeit zu bekämpfen.
[929] Es sei denn, um zu provozieren, damit der ästhetische Genuß nicht gleich wieder funktionalisiert wird.
[930] So etwa die Kritik von Reinhold Bernhardt (1994, S.67), der in solch einer Theologie die Gefahr erkennt, ihre gesellschafts- und ideologiekritische Kraft zu verlieren und zum ästhetischen Opiat zu werden.

Trotz der oben geschilderten Gefahren in der Kommunikation von Freiheit und Liebe bleibt meiner Ansicht nach protestantische Theologie auf das schwierige Zusammendenken von Freiheit *und* Verantwortung, Liebe *und* Gesetz angewiesen.[931] Daß diese Problematik bei Alves nicht genügend durchdacht ist, scheint mir ein schwerwiegender Einwand gegen seine *Theologie*.

7. Paradoxien und Wahrheit der Religion

Ein weiteres Problem beim Verständnis der Theopoesie von Rubem Alves bildet sein Wahrheitsbegriff. Alves bezieht sich dabei auf eine ganze Reihe unterschiedlicher Zeugen, die seine Vorstellung von der Wirklichkeit zu stützen scheinen, beschränkt sich dabei aber oft auf Andeutungen und poetische Hinweise. Im folgenden soll Alves deshalb mit unterschiedlichen Ansätzen und Wahrheitskonzepten ins Gespräch gebracht werden, um durch Vergleich und Abgrenzungen Alves´ eigenen Vorstellungen näher zu kommen.

7.1. Die Leere und der paradoxe Sprung

Religion beginnt nach Alves mit einem Sprung über den absurden Abgrund, wie Kierkegaard ihn beschreibt. Deshalb gleiche das Verhalten der religiösen Menschen eher dem Verhalten der Narren und Kinder als dem von vernünftigen und realistischen Bürgern. Denn dieser Sprung sei ein Überschreiten des Realen, ein Sprung in die Träume der versunkenen Sehnsüchte und Hoffnungen.

In einem seiner Seminare bekannte Alves: „Es sind die Träume, die uns retten (»*salvam*«)!" Daraufhin zeigte er einen Spielfilm, in dem ein Kind den gealterten Münchhausen zur Neuauflage seiner fantastischen Abenteuer bewegt.

Sollte Alves vorschlagen, sich mit Hilfe der Träume und der Poesie am eigenen Zopf aus dem Sumpf zu ziehen? Wäre solch ein paradoxer Versuch ein irrationales Projekt und läßt sich von daher die bei Alves vorfindliche Wendung gegen die wissenschaftliche Schultheologie verstehen?

Möglichen Antworten möchte ich mich im folgenden nähern, indem ich überprüfe, wie vergleichbare Fragen in anderen theoretischen Konzepten gelöst werden. Diese Lösungsvorschläge wollen wir dann mit Alves´ Versuchen konfrontieren.

---

[931] Im Grunde reproduziert sich hier in der systematischen Theologie das paulinische Problem der Verhältnisbestimmung von Indikativ und Imperativ, mit all seinen paradoxen und widersprüchlichen Implikationen - Implikationen, die möglicherweise notwendiger Bestandteil theologischer Rede von der Heilsbedeutung des Kreuzes sind. Hohe Sensibilität für diese Paradoxien findet sich beispielsweise bei: Bultmann, Das Problem der Ethik bei Paulus, 1967.

Eine ähnliche „Lösung" wie bei Alves scheint der Psychotherapeut und radikale Konstruktivist Paul Watzlawick in seinem Buch „Münchhausens Zopf *oder* Psychotherapie und »Wirklichkeit«" vorzuschlagen.[932] Interessanterweise zitiert er wie Rubem Alves die gleiche skurrile Mischung von Zeugen, die seine Überzeugung zu stützen scheinen: Zen-Koans, Wittgenstein, Kierkegaard sowie die russischen und französischen Existentialisten und die Geschichte des englischen Logikers Lewis Caroll „Alice im Wunderland". Wie Alves´ Buch, so ist auch die Veröffentlichung von Watzlawick mit den Zeichnungen des holländischen Graphikers Maurits Escher illustriert.

Diese Mischung der „Zeugen" überrascht auf den ersten Blick. Bei genauerem Hinsehen wird allerdings deutlich, daß es sich hier um Denker oder Philosophien handelt, die ein besonderes Gespür für *Paradoxien* aufweisen.[933]

Solche Paradoxien sind nicht nur Begleiterscheinungen und vermeidbare Fehler innerhalb semantischer Systeme, wie in wissenschaftlichen Anschauungen oder Religionen. Vielmehr treten sie dort an zentraler Stelle auf. Hans Albert hat ausgehend von dem zentralen Problem der zureichenden Begründung jeder Erkenntnis den Begriff des *Münchhausen-Trilemmas* formuliert. In der Sackgasse dieses Trilemmas landet jeder, der eine Überzeugung durch die Rückführung auf sichere Gründe mit logischen Mitteln beweisen wolle. Ein solcher Versuch führe entweder zu einem infiniten Regreß, zu einem logischen Zirkel oder zum Abbruch des Verfahrens durch den Rekurs auf ein Dogma.[934] Münchhausen steht hierbei als Metapher für den paradoxen Versuch, ein System durch Bezug auf seine eigenen Voraussetzungen zu begründen. Jede Welterklärung handelt sich demnach Probleme mit der Rückbezüglichkeit ein und zwar gerade

---

[932] Watzlawick ist einer der bekannten Vertreter des „radikalen Konstruktivismus", und es stellt sich die Frage, ob die Übereinstimmung der von Watzlawick und Alves gegebenen Beispiele auf eine Übereinstimmung der theoretischen Rahmenkonzepte hinweist oder zumindest auf eine ähnliche Bedeutung der Paradoxien innerhalb ihrer Vorstellungen. Im Rahmen dieser Arbeit kann die Theorie nicht ausführlich dargelegt werden. Für einen Überblick des erläuterten Gedankens siehe beispielsweise den Aufsatz „Münchhausens Zopf und Wittgensteins Leiter. Zum Problem der Rückbezüglichkeit" in: Watzlawick, *Münchhausens Zopf oder Psychotherapie und »Wirklichkeit«*, 1988, S.166-191.

[933] Die wissenschaftliche und wissenssoziologische Relevanz von Paradoxien stand in den letzten Jahren immer mehr im Zentrum epistemologischer Untersuchungen. Siehe etwa die zahlreichen Aufsätze zu den unterschiedlichsten Themenfeldern in: Gumbrecht 1991.

[934] Albert, *Traktat über kritische Vernunft*, 1991, S.9-18. Solchen „Offenbarungsmodellen der Erkenntnis" stellt Albert seinen eigenen an Popper anschließenden „kritischen Rationalismus" entgegen, nach dem in der Wissenschaft nur Hypothesen mit Fallibilismusvorbehalt gelten dürften. Allerdings dogmatisiert Albert seinen eigenen „theoretischen Pluralismus" selbst, indem er alle nicht-wissenschaftlichen Formen von Rationalität als systematische Immunisierungsstrategien mittels dogmatischer Abschirmungsprinzipien verstand. Deshalb hatte er nur Spott übrig für die „moderne protestantische Theologie" mit ihren „Zumutungen eines offensichtlich irrationalen und von Halbheiten strotzenden Verschleierungsdenkens." (Albert 1991, S.VII)

dort, wo sie sich selbst begründen soll. [935] Diese paradoxe Struktur wird beispielsweise in der selbstbezüglichen Aussage deutlich „Die Bibel hat recht, weil das in der Bibel steht."

Ein Gedankengebäude ist sozusagen notwendigerweise „blind" für seine eigenen Voraussetzungen. Im Anschluß an diesen Grundgedanken besagt das „Gödelsche Unvollständigkeitstheorem" [936] deshalb, daß jede Weltsicht *Leerstellen* hat, sogenannte „blinde Flecken", wie beim Austritts des Sehnervs auf der Netzhaut des Auges, die die eigenen Vorannahmen unsichtbar machen. [937]

Die Einsicht, daß jedes System und jede Auffassung auf nichthinterfragten Vorannahmen beruht, daher unvollständig bleibt und blinde Flecken bzw. Leerstellen besitzt, spielt heute in den unterschiedlichsten philosophischen und wissenssoziologischen Theorien eine wichtige Rolle. Gödels Unvollständigkeitstheorem gehört inzwischen zum Katechismus postmodernen Denkens[938] und führte in der Transzendentalpragmatik der Frankfurter Schule zur Ausarbeitung der Idee der „reflexiven Letztbegründung". [939] Die blinden Flecken bilden ebenso ein zentrales Element in den Theorien des radikalen Konstruktivismus[940] und

---

[935] Ähnliche Gedanken zur Problematik der Logik, Rückbezüglichkeit und Konstruktion von Wirklichkeit finden sich bei Gödel, Wittgenstein oder auch Escher. So hat der Mathematiker Gödel nachgewiesen, daß kein System, dessen Komplexität mindestens dem der Arithmetik entspricht, jemals seine eigene Geschlossenheit und Folgerichtigkeit aus sich selbst hervorbringen kann. Jeder Versuch, ein Sinnsystem aus sich heraus logisch zu begründen, führt in eine Paradoxie. Siehe dazu: Hofstadter, *Gödel. Escher. Bach. Ein endlos geflochtenes Band*, 1985.

[936] Gödel bezieht sich dabei auf die sogenannte „Russelsche Paradoxie", die innerhalb eines anderen Theorierahmens dem Münchhausentrilemma vergleichbar ist. Ich führe hier beide Theorien an, weil sich bei Albert die Metapher des Münchhausen findet. Andererseits wurde seine Theorie bei weitem nicht so wirksam wie die Untersuchungen von Russel, Whitehead oder Gödel.

[937] Welche Anstrengungen beispielsweise in der europäischen Theologie unternommen wurden, um diese Paradoxien mit Hilfe binärer Semantiken zu verdecken, zeigt der radikale Konstruktivist Luhmann in: ders., Die Ausdifferenzierung der Religion, 1989, S.259-358.

[938] Bei Reese-Schäfer beispielsweise (*Lyotard*, 1989, S.35-40) findet sich ein Exkurs über den Zusammenhang zwischen Gödels Unvollständigkeitssatz und Lyotards Wissenschaftstheorie. Welsch (*Unsere postmoderne Moderne*, 1993, S.77) sieht die Erkenntnis Gödels im Zusammenhang mit der Relativitätstheorie Einsteins und Heisenbergs Unschärferelation als Untermauerung der postmodernen Auffassung, daß es keinen Zugriff aufs Ganze gebe und alle Erkenntnis limitativ sei. In seinen Überlegungen über den Zusammenhang von Ästhetik und Lebensformen (Welsch, Ästhet/hik. Ethische Implikationen und Konsequenzen der Ästhetik, 1994, S.20) fordert Welsch deshalb die Entwicklung einer „Kultur des blinden Flecks", die sich nicht einem Kult des Sichtbaren, Evidenten, Glänzenden und Prangenden verschreibe, sondern dem Verdrängten, den Leerzonen und Zwischenräumen.

[939] Kuhlmann, *Reflexive Letztbegründung. Untersuchungen zur Transzendentalpragmatik*, 1985.

[940] Watzlawick 1988, S. 184. Nach Ansicht der radikalen Konstruktivisten wird die Wirklichkeit für die Menschen mit Hilfe von autopoietisch geschlossenen und symbolisch konstituierten Sinnsystemen „konstruiert" und kann auch nur so wahrgenommen werden. Damit gibt es aber keinen archimedischen Punkt, von dem aus sich die Wirklichkeit überblicken und verändern ließe. Auch der Wahrheitsgehalt einer solchen Wirklichkeitkonstruktion ist damit nicht von au-

werden dort im Zusammenhang mit der Bedeutung von Paradoxien in die Überlegungen einbezogen.[941]

Ebenso wie Watzlawick beschreibt der radikale Konstruktivist Niklas Luhmann das Problem der Selbstreferenz und der sich daraus ergebenden blinden Flecken im Rahmen der operativen Logik von George Spencer Brown. Wissen und Weltbilder bauen sich danach durch die Verwendung von binären Schemata auf. Der von Brown übernommene Leitsatz lautet: „Draw a distinction and you create a world." So arbeiten beispielsweise Rechtssysteme mit der Unterscheidung von Recht/Unrecht. Zu Paradoxien führt dies dann, wenn die Einführung dieser Unterscheidung begründet oder, wie Luhmann es formuliert, die Einheit der Differenz gedacht werden soll. „Mit welchem Recht wird zum Beispiel die Differenz von Recht und Unrecht eingeführt und aufrechterhalten?"[942]

Die Religion, so schlägt Luhmann aus soziologischer Perspektive vor, operiere mit dem Code Immanenz/Transzendenz.[943] Damit ergebe sich das Problem, wie sich die Transzendenz innerhalb einer immanenten Perspektive überhaupt denken lasse.[944] Das Problem der Einheit dieser Differenz werde im Normalfall durch eine räumliche Metaphorik entschärft, die den Code als Differenz von Diesseits und Jenseits sowie die Einheit als ein topographisches Alles denken läßt. *In der Mystik dagegen werde diese Paradoxie der Einheit durch die konsequente Ausmerzung verräumlichender Metaphorik - in Form der Vorstellung*

ßen, sozusagen objektiv mit dem „God's eye view" zu ermitteln. Es ist nicht möglich, sich von einem außenliegenden Punkt aus dem Rahmen der eigenen Welterzeugung zu ziehen.

[941] Hier ist an erster Stelle sicherlich die Systemtheorie von Niklas Luhmann (beispielsweise: „Tautologie und Paradoxie in den Selbstbeschreibungen der modernen Gesellschaft", 1987) zu nennen. Systematisch erhellt wurde der Zusammenhang bei: Schöppe, *Theorie paradox. Kreativität als systemische Herausforderung*, 1995.

[942] Luhmann, *Ökologische Kommunikation. Kann die moderne Gesellschaft sich auf ökologische Gefährdungen einstellen?*, 1990, S.80.

[943] Es ist oft hinterfragt worden, ob es sich hierbei tatsächlich um den zentralen Code handle. Michael Welker (Einfache oder multiple doppelte Kontingenz: Minimalbedingungen der Beschreibung von Religion und emergenten Strukturen sozialer Systeme, 1992, S.368) schlägt für die jüdisch-christliche Tradition beispielsweise die „Differenz von Anspruchsgenerierung, Anspruchserhaltung und Anspruchsverstärkung einerseits und Anspruchszurücknahme, Anspruchsverzicht andererseits" vor. Diesem Gedanken soll im folgenden nicht weiter nachgegangen werden, denn ich verwende den von Luhmann vorgeschlagenen Code nur als ein Hilfsmittel, um Fragen der Paradoxien bei der Beschreibung der Leere in der religiösen Kommunikation zu beleuchten. Ob es sich bei der Differenz von Immanenz/Transzendenz dabei um die zentrale Leitdifferenz von Religion handelt ist für *diese* Frage nicht zentral.

[944] Dieses Problem tritt in unterschiedlichster Form auf. Karl Barth etwa stellt sich die Frage, wie der Mensch überhaupt eine Theologie formulieren könne, die Gott nicht seiner Göttlichkeit als dem *ganz Anderen* beraube. In dem sprachanalytischen Ansatz von I.T. Ramsey erscheint strukturell das gleiche Problem, nun aber in Bezug auf die Verifizierbarkeit religiöser Rede. Nach Ramsey besteht das Kernproblem der unvermeidbaren religiösen Paradoxie darin, „wie Wörter, die überhaupt nicht verifizierbar deskriptiv sind, mit Wörtern verknüpft werden können, die es sind." Siehe dazu: Ramsey, Religiöse Paradoxien, 1972, S.157.

der Transzendenz als »allumfassendes Nichts«, als Ungrund, als Nichtort oder als Stille - präsent gehalten.[945] Durch die Vorstellung des Nichts oder der Leere werde somit eine *Erfahrung* umschreibbar, die die Transzendenz innerhalb der Immanenz erlebbar macht, die aber mit logischer Argumentation nicht zureichend erfaßt werden könnte.[946]

Dieser lange Umweg der theoretischen Beschreibung der mystischen Leere durch Rekurs auf die binäre Logik der Sprache kann uns helfen, den Zusammenhang zwischen Alves´ Vorstellung von der Leere sowie seinen Hinweisen auf die Paradoxien und die Notwendigkeit des absurden Sprunges zu verstehen. Die Leere, so hatten wir oben ausgeführt, erscheint in Alves´ Konzept dort, wo sich im Jetzt das Noch-Nicht, die verdrängten Nostalgien und Hoffnungen, das „Jenseits des Realitätsprinzips" rege. Die Leere wird damit zur Metapher für den Ort, an dem sich innerhalb des Alten das Neue, das Jenseits entwickelt.

So tritt die Paradoxie bei Alves dort auf, wo er versucht, *innerhalb* der Realität die Nicht-Realität, innerhalb des Absurden den Sinn zu erfassen. Die Leere oder die Abwesenheit ist der Ort, wo dieser Sinn, dieses Noch-Nicht verborgen sei.[947] Wie in der Dämmerung, in der alles Grau in Grau verschwimme, sei die-

---

[945] Luhmann u. Fuchs 1989b, S.72f.

[946] Luhmann u. Fuchs 1989b, S.75.

[947] Die Paradoxie der Rückbezüglichkeit spielt bei Alves *nicht in erster Linie* wegen der Begründungsproblematik eine Rolle, wie dies beim Münchhausentrilemma von Albert oder bei den Vorschlägen Watzlawicks der Fall ist. Alves sieht das Begründungsproblem, wenn er mit einem Verweis auf den frühen Wittgenstein bemerkt, daß unser Denken immer durch unbewußte Vorannahmen bedingt sei (Alves 1979, S.101. Mit Bezug auf *Tractatus logico-philosophicus* 4.002). Intuitiv erscheint diese Erkenntnis in Bezug auf die Religion bei Alves, wenn er die durch Religion ermöglichte Wahrheit als eine leidenschaftliche Wette bezeichnet. Auch Watzlawick bezieht sich auf die Einsicht des frühen Wittgenstein, daß ein Satz unmöglich von sich selbst aussagen könne, daß er wahr sei (Watzlawick 1988, S.179. Mit Bezug auf *Tractatus logico-philosophicus* 4.442). Den dadurch erzeugten blinden Fleck setzt Watzlawick dann mit dem Mystischen und Unaussprechlichen bei Wittgenstein gleich, dem man nur mit Schweigen begegnen könne (Bezug auf *Tractatus* 6.522 u.7). Alves und Watzlawick *interpretieren* das Schweigen bei Wittgenstein jeweils innerhalb ihrer Perspektive. Wittgenstein hatte in seinem Tractatus versucht, die *Grenzen der Logizität der sprachlich ausdrückbaren Wirklichkeit* anzugeben und von daher der Philosophie einen neuen Ort zugewiesen, der jenseits des Sagbaren liege: im Schweigen, Handeln und Sehen. Einerseits stellt er damit die Illusion der Sagbarkeit des Sinns fest. Andererseits zeige sich das Unaussprechliche durchaus im Ausgesprochenen, aber eben im Ausgesprochenen von *poetischen* und nicht von wissenschaftlich-beschreibenden Texten. Sowohl das mystische Schweigen als auch die ästhetische Produktion werden hier als „Bereiche" des Unaussprechlichen verstanden, die sich im Gegensatz zur abbildenden und mit Wahrheitskriterien operierenden Wissenschaftssprache konstituieren (Zur Mystik bei Wittgenstein siehe: Bezzel, *Wittgenstein,* 1989, S.87-93). An eben dieser Stelle wird von Watzlawick und Alves ein je unterschiedlicher Schwerpunkt innerhalb ihrer Theorien gesetzt. Für Watzlawick wird aus diesem Schweigen die Irrealität jeden Sinnes deutlich. Für Alves hat das Schweigen einen anderen Ort. Es geht ihm nicht darum, daß die logische Unbegründbarkeit der Welterklärung letztlich zur Aufgabe der Suche nach Sinn führen müsse, wie Watzlawick vorschlägt. Im Schweigen und in der Leere scheine vielmehr das Noch-Nicht, das Jenseits des

ses Neue aber noch nicht greifbar oder in Begriffe zu fassen. Damit fehlen die „Differenzen, die die Welt schaffen" und eben diese Abwesenheit differenzorientierter Begriffe führt nach Luhmann zur Unbeobachtbarkeit - d.h. zu blinden Flecken - und damit zur Notwendigkeit des Springens. „Man kann Abwesenheit differenzorientierter Begriffe mit dem Unbegriff Nichts auszeichnen und seinen Verstand aufs Spiel setzen durch Reflexion über die Positivität absoluter Negativität, auf die Existenz von Negativitäten, oder - springen."[948]

Den Weg aus dieser Leere kann man nach Alves nicht durch klare Begriffe und wissenschaftliche Logik finden. Denn diese sei festgelegt auf das Existierende. Sie versuche, die Realität abzubilden und zu fixieren. Deshalb erfasse sie nicht den Traum und die Sehnsucht. Nicht logische Argumentationen sondern nur das Wagnis des Kierkegaardschen Sprunges könne über die Grenzen des Realitätsprinzips hinausweisen.[949] Dieser Sprung führe den Menschen in die Welt der Träume und damit in die Welt der Religion.

Über dem Abgrund konstruiere die Religion ein Sinn stiftendes Netz von Symbolen, die dem Verlangen, den Sehnsüchten und Wünschen der Menschen Ausdruck verleihen.[950] Genau dahinein müsse man springen, oder eben - wie Münchhausen - sich am eigenen Schopf aus dem Sumpf ziehen. Neben der Sprungmetapher kann die Münchhausenmetapher als ein Versuch von Alves gesehen werden, die paradoxiegeladenen Probleme des Übergangs von der Sphäre der Immanenz zur „Transzendenz innerhalb der Immanenz" - und d.h. bei Alves von der Realität zum Noch-Nicht oder von der Wirklichkeit zur Möglichkeit - zu umschreiben. Der Sprung, die Technik des Münchhausen oder die „leidenschaftliche Wette", wie Alves auch sagen kann, bezeichnet dann das existentielle Wagnis, sich auf das durch die Religion gegebene Sinnangebot, trotz der Absurdität der Wirklichkeit, einzulassen. Weshalb beläßt Alves es dann aber nicht bei der traditionsreichen Metapher des Sprunges? Welchen spezifischen Aspekt soll das Bild des Münchhausen hervorheben?

Realitätsprinzips auf, das im Alltag nicht vorkomme. Für Alves ist deshalb das Schweigen der Ausgangspunkt, von dem aus ein von außen kommendes Wort durch die Poesie das Andere innerhalb des Schweigens erweckt.

[948] Luhmann u. Fuchs, Vom Zweitlosen: Paradoxe Kommunikation im Zen-Buddhismus, 1989b, S.49.

[949] Hier kann nicht erörtert werden, ob Alves mit dieser Vorstellung Kierkegaard *adäquat* erfaßt. Eindeutig scheint mir jedoch, daß das Ziel des Sprunges auch bei Kierkegaard ein religiöses Seinsverständnis ist, er dies aber keinesfalls mit den Träumen und verdrängten Sehnsüchten gleichsetzt. Zum Zusammenhang zwischen der Paradoxie des Glaubens und der Notwendigkeit des „Sprunges" bei Kierkegaard siehe: Garelick, Gegenvernuft und Übervernunft in Kierkegaards Paradox, 1979.

[950] Wenn Alves diese Symbole als Symbole der Abwesenheit bezeichnet, wird damit der Versuch unternommen, die Absurdität menschlicher Existenz nicht gleich mit einem religiösen Angebot zuzukleistern, sondern sie ernst zu nehmen.

7.2. Münchhausen als Symbol ästhetischer Selbstbezüglichkeit

Das Problem des Münchhausentrilemmas besteht nach Albert darin, daß kein Satz und damit auch kein semantisch konstruiertes Sinnsystem von sich selbst behaupten könne, daß er wahr sei. Watzlawick meint jedoch, daß es einige solcher Sätze gibt, in denen die Paradoxie der Rückbezüglichkeit aufgehoben sei und die sich somit wie Münchhausen am eigenen Schopf aus dem Sumpf ziehen.[951] Als spielerisches Beispiel nennt er den Satz „Dieser Satz hat dreißig Buchstaben", der tatsächlich dreißig Buchstaben hat. „Dreißig" kann mathematisch als der *Eigenwert* des Satzes erfaßt werden.[952] Die Rückbezüglichkeit eines Systems kann also nach Watzlawick dann sinnvoll sein und damit das Kunststück des Münchhausen vollbringen, wenn sich der Satz auf seinen Eigenwert bezieht.[953]

Diese *Selbstbezüglichkeit* macht genau die logisch-syntaktische Struktur der ästhetischen Erfahrung aus, wie sie von Alves immer wieder gefordert wird. Die Zweckfreiheit der Kunst im Sinne des „L´art pour l´art!" entziehe die ästhetische Erfahrung dem Begründungszwang. Münchhausen kann damit als Metapher verstanden werden für die Selbstbezüglichkeit ästhetischer Erfahrung, die über das Existierende hinauszuweisen vermag. Die ästhetischen Elemente des Genusses, des Vergnügens und der Fantasie machen das Kunststück des Münchhausen möglich: das Überschreiten des Gegebenen, die Hoffnung gegen die Hoffnung, das Glück trotz Traurigkeit, das wahre Leben.[954]

---

[951] Watzlawick 1988, S.185ff.

[952] Diese Möglichkeit scheint für Watzlawick auch durch Erkenntnisse anderer Grundlagentheoretiker belegt zu sein: „In diesem Zusammmenhang ist George Spencer Browns Werk *Laws of Form* zu erwähnen sowie die Arbeiten des Kybernetikers Heinz von Foerster und des Neurophysiologen Francisco Varela über Rückbezüglichkeit. Was sie zeigen, ist, daß ein System sich in seinem Eigenwert transzendiert und seine eigene Folgerichtigkeit sozusagen von außen, aber ohne Zuhilfenahme eines größeren und selbst wieder nicht geschlossenen Systems nachweisen kann. Damit aber hat dieses System - ganz laienhaft ausgedrückt - das Kunststück Münchhausens fertiggebracht."

[953] Dies ist nach Watzlawick (1988, S.190) durch einen Sprung auf eine höhere logische Ebene möglich. Dadurch löse sich der Widerspruch der Gegensätze auf und die Rückbezüglichkeit werde damit sinnvoll. Damit werde letztlich auch der Gegensatz von Sinn und Unsinn aufgelöst. Die Sinnfrage werde damit sinnlos. Dies sei die Bedeutung der leeren Stelle in den Graphiken Eschers, hier sieht Watzlawick auch den Ort des Mystischen bei Wittgenstein und die Vorstellung des „satori" im Zen-Buddhismus. Unsere Vorstellungen von der Welt und dem Sinn des Lebens können deshalb als funktionale „Als-ob-Fiktionen" verstanden werden, die durchaus im psychotherapeutischen Prozeß durch andere den Zielen der Therapie angemessenere Als-ob-Fiktionen ersetzt werden können. Alves geht hier einen anderen Weg. Er gibt die Suche nach Sinn keinesfalls auf. Die *Fiktionalität* erhält bei ihm eine schöpferische Aufgabe und bleibt dabei letztlich durchaus an eine Verifikation gebunden. Siehe dazu unten.

[954] Diese Verbindung zwischen Ästhetik und Entparadoxierung darf nicht verwechselt werden mit der Verhältnisbestimmung zwischen ästhetischem Stadium und der Notwendigkeit des Sprin-

Doch Alves geht über die traditionelle Münchhausengeschichte hinaus. Münchhausen kann sich zwar am eigenen Schopf aus dem Sumpf ziehen, aber den Anstoß dazu erhält er von außen. Im Film ist es der kleine Junge, der die Fantasie des Münchhausen erneut anregt. Es sind die Poesie, das religiöse Symbol, das Wort in der Stille und damit letzlich die Gnade, die das Kunstwerk und die selbstbezügliche Erfahrung ermöglichen.

7.3. Konstruktion und Wahrheit von Religion

Wie Münchhausen, wie ein Magier oder ein Narr so konstruiere der Theologe durch seine Imagination mittels poetischer Symbole den Sinn des Lebens. Man hat Alves' Theopoesie deshalb auch als „konstruktivistische Theologie" bezeichnet.[955] Lassen sich demzufolge Paarallelen zu anderen konstruktivistischen Theologien aufzeigen?

In seiner konstruktivistischen Theologie geht auch der US-amerikanische Theologe Gordon D. Kaufman davon aus, daß Theologie von und für die Menschen gemacht sei.[956] Dabei weist er auf die Bedeutung der Vorstellungskraft hin - ein Aspekt, der in der deutschen Theologie bisher kaum Beachtung fand.[957] Vergleich und Abgrenzung der Konzepte von Kaufman und Alves sollen uns helfen, die Bedeutung der Imagination für diese Theologien besser zu verstehen.

Auch nach Kaufman geht es der Theologie im Gegensatz zur Naturwissenschaft nicht lediglich darum, ein Bild von der Welt zu zeichnen, „of how things are".

„Rather, theology must conceive its work as more like building a house: using materials given in experience it is in fact *constructing a world* the fundamental design

---

gens bei Kierkegaard. Bei Kierkegaard bildet das ästhetische Stadium eine *Existenzweise*, die man nur durch ein Springen auf die nächst höhere Stufe überwinden kann. Die bei dieser Existenzweise vorherrschende Selbstbezüglichkeit des reinen Genußmenschen interpretiert Kierkegaard kritisch als egoistische Selbstzentriertheit. Dies verhält sich anders bei Alves. Die Selbstbezüglichkeit ästhetischer Erfahrung bildet seiner Ansicht nach eine *Sprungtechnik*, mit der der Mensch der Entfremdung der Zweckrationalität der Wirklichkeit entkommen kann. Erst dadurch wird er auch als ethisches Subjekt konstituiert, denn die Überwindung der instrumentellen Logik befähigt ihn, sich ganz dem anderen *um seiner selbst willen* zuzuwenden.

[955] So etwa: Biehl, Cinemando da vida!, 1988.

[956] Kaufman, *Theological Imagination. Constructing the Concept of God,* 1985, S.263.

[957] In der US-amerikanischen Theologie spielt die Einbildungskraft in vielen Konzepten eine wichtige Rolle. Sallie McFague (*Models of God,* 1987) spricht ebenfalls von „theological construction" und „metaphorical theology". Für David Tracy steht die „analogical imagination" im Zentrum seiner Überlegungen und Edward Farley spricht von „intersubjective appresentation". Siehe: Neumann, *Wege amerikanischer Theologie. Gordon D. Kaufman, David Tracy und Edward Farley fragen nach Gott,* 1995.

of which is not found in the materials themselves but is employed to give them a significant order and meaning."[958]

So habe der Begriff „Gott" keine Gegenständlichkeit. Selbst der Begriff Sein-Selbst - den Tillich als einzigen nicht-symbolischen Ausdruck der Transzendenz bezeichnet hatte - ist nach Ansicht Kaufmans ein Konstrukt.[959]

Kaufman schließt mit seinen Überlegungen zur Bedeutung der Einbildungskraft in der Religion an Kant[960] sowie dessen von ihm so bezeichnete „Nachfolger" Feuerbach, Nietzsche, Freud und Dewey an.[961] Allerdings, so meint Kaufman, müsse aus einer solchen Betonung der Bedeutung der Einbildungskraft für die Religion keine atheistische Auffassung folgen.

„Though it is true that God´s reality can no longer be thought of on the model of the objectivity of perceivable things, the question remains open whether the concept of God does not refer to reality in some other - more profound - sense."[962]

Diese tiefere Wahrheit liegt für Kaufman darin begründet, daß durch den Begriff „Gott" die *Einheit* aller Erfahrung und Vorstellungen zusammengebunden und damit der „ultimate point of reference" sowie gleichzeitig das Postulat der moralischen Orientierung abgebildet werde.[963] Die Imagination sei deshalb nötig, da diese Einheit keiner empirisch vorfindlichen Referenz entspricht.

---

[958] Kaufman, *An Essay on Theological Method,* 1979, S.28.

[959] Damit nimmt Kaufman die Einsicht der unhintergehbaren Perspektivität menschlichen Erkennens in seiner Theologie auf (Jones, *Die Logik theologischer Perspektiven. Eine sprachanalytische Untersuchung,* 1985, S.164). Gleichzeitig geht er davon aus, daß sich die Gotteskonzepte wandeln, daß sie von Vorurteil und Sünde bedroht sind und in den jeweiligen historischen Situationen „rekonstruiert" werden müssen. In der Gegenwart beispielsweise müsse sich die theologische Konstruktion der Herausforderung der nuklearen Bedrohung stellen. Siehe: Kaufman, *Theologie im nuklearen Zeitalter,* 1987.

[960] Im Anschluß an Kant spricht Kaufman (1979, S.24f) von „heuristic device" oder von „intramental functions".

[961] Kaufman 1979, S.27.

[962] Kaufman 1979, S.27.

[963] Kaufman 1985, S.275. Bei diesem Wahrheitsverständnis hält Kaufman durchaus am Kohärenzkriterium fest (Jones 1985, S.176). Daneben entscheidet vor allem die Pragmatik der jeweiligen Konzepte über ihre Angemessenheit. Da alle Begriffe lediglich durch die Imagination ermöglichte menschliche Schöpfungen seien, sei die entscheidende Frage nicht, ob wir damit die Realität erfassen würden, sondern ob mit unseren Konzepten eine Welt konstruiert werde, „within which we can live - fruitfully, meaningfully, creatively, freely" (Kaufman 1979, S.34). Die Tatsache, daß die Religion überhaupt Sinn vermittelt, wird zu einem Wert an sich, der Inhalt der Religion scheint irrelevant, die Semantik religiöser Rede wird von der Pragmatik aufgesogen. Alves ist hier nicht so radikal. Er bindet die religiösen Symbole an das real existierende Verlangen des Körpers zurück, das sie adäquat ausdrücken müssen. Damit begibt er sich aber wiederum in Gefahr, dieses Verlangen als das einzig Wahre und die allem übergeordnete Wirklichkeit zu begreifen.

Eine *tiefere Wahrheit* konstatiert auch Alves für die konstruierte Symbolwelt der Religion. Doch für ihn liegt diese Wahrheit nicht in der Abbildung der „Einheit" sondern darin begründet, daß die Symbole dem Verlangen der Menschen entsprechen und damit die Wirklichkeit des Noch-Nicht darstellen, die sich der entfremdeten Realität entzieht. Die Bedeutung der Imagination liege demnach nicht in der Abbildung der Einheit der Erfahrungen, wie dies bei Kaufman der Fall ist. Vielmehr haben die Imagination und die Fantasie die Funktion, dem Verdrängten, dem Neuen und Ganz-Anderen Ausdruck zu verleihen. Eben darin bestehe die „magische Macht" der Religion.

> „Der Religion geht es nicht um Fakten und Anwesenheiten, die wir mit unseren Sinnen erfassen, sondern um die Gegebenheiten, die wir mit unserer *Fantasie* und *Vorstellungskraft* schaffen. Fakten sind keine Werte, Anwesenheiten gilt keine Liebe. Liebe streckt sich vielmehr nach Dingen aus, die noch nicht geboren, die noch abwesend sind. Liebe lebt von Verlangen und Hoffnung. (...) So kommen wir zu dem ehrlichen Schluß: *Religiöse Gegebenheiten sind imaginäre Gegebenheiten.*"[964]

7.4. Funktion und Wahrheit der Religion

Mit seiner Vorstellung von der magischen Macht der Religion vermag Alves einerseits wissenssoziologische Einsichten über den sinnstiftenden Aufbau von Weltbildern zu übernehmen und kann sich gleichzeitig den religionskritischen Einwänden der Linkshegelianer von Feuerbach, über Marx bis Bloch, ebenso wie der Religionskritik Nietzsches und Freuds stellen.[965]

Die von ihnen geäußerte Kritik wird von Alves teilweise ins Positive gewendet. Wenn nach Feuerbach Gotteserkenntnis Selbsterkenntnis ist, so sieht Alves darin kein Argument gegen die Religion sondern eine wichtige Aufgabe, da diese Selbsterkenntnis unter der alleinigen Herrschaft des Realitätsprinzips unmöglich sei. In der Religion komme dagegen die Stimme des Protestes und die Sprache des Verlangens zum Ausdruck. Marx und Freud hatten deshalb der Religion eine lediglich vertröstende oder sublimierende Funktion zugestanden. Für Alves dagegen halten die religiösen Symbole das Glücksverlangen präsent und ermöglichen damit die Hoffnung auf eine veränderte Zukunft.

Wenn für Alves die Religion der Ort der Vorstellungskraft ist, so hat dies keinesfalls entlarvenden Charakter, wie dies z.T. bei den Religionskritikern

---

[964] Alves 1985b, S.30.

[965] Alves selbst ist durch die Nietzsche-Interpretation von Walter Kaufmann geprägt, der die Betonung der Leiblichkeit und die Problematisierung der Moral bei Nietzsche als Vorgriff auf Erkenntnisse Freuds verstand. Kaufmann, *Nietzsche. Philosoph - Psychologe - Antichrist*, 1988.

gemeint war.[966] Denn Alves behauptet keineswegs, daß Religion *nur* Einbildung, *nur* Fantasie oder gar Illusion sei. Vielmehr eigne der Religion die Macht, die Liebe und die Würde der Imagination.[967] Religion sei wertvoll dafür, was sie unserem Körper tue. Ähnlich wie die Poesie sei sie nicht an wahren Aussagen über die existierende Welt interessiert, sondern an den Träumen und Sehnsüchten des Körpers. Alves wählt hier eine funktionale Analyse, um die Religion zu verteidigen. Deshalb muß er keine Existenzaussagen über Gott machen. Würde sich die Religion mit der Existenz, mit dem Real-Existierenden begnügen, könnte sie kein Symbol des Noch-Nicht-Existierenden sein.

Damit schaltet er die Frage der Referenz der religiösen Symbolik[968] aus bzw. ersetzt sie durch die Frage nach ihrer Funktion.[969] Diese Verlagerung bringt allerdings einige Probleme mit sich. Um diese Probleme hatte sich bereits in den 60er und 70er Jahren eine heftige Diskussion innerhalb der analytischen Religionsphilosophie entspannt. Diese Diskussion kann auch die Probleme des Wahrheitsverständnisses bei Alves deutlich machen, wie ich im folgenden zeigen werde.

Die sogenannten „Non-Kognitivisten"[970] hatten die Ansicht vertreten, daß sich religiöse Sprache grundsätzlich von der wissenschaftlichen Sprache unterscheide[971] und die Kategorien wahr und falsch nicht auf die Religion anwendbar seien. Die religiöse Sprache sei vielmehr nicht-kognitiv, ohne eine logische

---

[966] Bei den Religionskritikern seit dem 19. Jahrhundert ging der bis dahin in der Wissenschaft verortete „methodische Atheismus" in „realen Atheismus" über. Gott war jetzt nur noch ein Produkt der menschlichen Einbildungskraft und konnte aus einer wissenschaftlichen Perspektive als Illusion kritisiert werden. Nach dem 2. Weltkrieg hat sich diese Gegenüberstellung von Wissenschaft und Religion selbst bei einem Marxisten wie Herbert Marcuse gewandelt.

[967] Alves 1985b, S.31.

[968] Dabei wird die Frage der Referenz und die Frage der Wahrheit oft von Alves gleichgesetzt. So meint Alves, man könne in Bezug auf die Religion nicht fragen, ob sie wahr sei, ebenso wie man in Bezug auf die Zärtlichkeit nicht fragen könne, ob sie wahr sei. Siehe: Alves 1985c, S.16.

[969] Dies widerspricht nicht der oben formulierten These, daß es Alves um die Selbstbezüglichkeit und Zweckfreiheit religiöser Symbole gehe. Diese Zweckfreiheit bezieht sich nämlich auf die Logik gesellschaftlicher Funktionssysteme, für die die Religion zu einem Mittel für ihre Ziele wird.

[970] Dazu zählen u.a. R.B. Braithwaite, J.H. Randall, J. Wisdom. Einen etwas anderen Schwerpunkt dagegen setzt der „Neo-Wittgensteiner" Dewi Z. Phillips, der die religiöse Sprache als ein autonomes Sprachspiel versteht.

[971] Damit wenden sich die analytischen Religionsphilosophen gegen die scharfen Angriffe durch Vertreter des logischen Empirismus auf metaphysische und religiöse Sätze. Nach Ayer etwa erscheinen solche Sätze als sinnlos, da ihre Aussagen weder verifizierbar, noch logisch beweisbar oder überhaupt kognitiv signifikant seien. Gegen eine solche Reduzierung des Wirklichkeitsbezugs religiöser Sprache wurden von den Non-Kognitivisten die Eigenart und das Eigenrecht religiöser Sprache und der spezifische religiöse Wirklichkeitsbezug herausgearbeitet. Siehe dazu: Dahlfert, Einführung in die analytische Religionsphilosophie, 1974, S.34f.

Notwendigkeit oder einen empirisch feststellbaren Gehalt.[972] Der Wirklichkeitsbezug werde dabei durch die Bedeutung für den Sprecher hergestellt. Ähnlich wie im moralischen oder ästhetischen Sprachgebrauch habe die religiöse Sprache eine konative, d.h. handlungsleitende bzw. emotive, d.h. Emotionen ausdrückende Funktion, die der Bestimmtheit des Menschen durch Fantasien, Einbildungen und Hoffnungen entsprechen.[973] Andere Entwürfe sehen im religiösen Glauben Projektionen unseres Verlangens. Die Reihe der Funktionen ließe sich hier fortsetzen.[974] Oft werden dabei, in ähnlicher Weise wie bei Alves, Ergebnisse religionswissenschaftlicher und anthropologischer Theorien zur Funktion der Religion herangezogen.[975] Diese Funktionen werden dann in affirmativer Weise als der eigentliche Kern der Religion und damit auch als ihr einzig notwendiger Wirklichkeitsbezug verstanden.[976] Die Frage nach der Referenz tritt damit in den Hintergrund oder wird als den religiösen Symbolen unangemessen bezeichnet.[977]

Als „Kognitivist" dagegen gestand zwar auch Hick zu, daß es eine nichtfaktische Sprache im Mythos gebe. Diese sei allerdings um einen „Kern von religiösen Tatsachen" gebildet, die etwas über die Realität Gottes und der Welt aussagen.[978] Deshalb spricht Hick von der „fact asserting nature of God-

---

[972] So etwa Braithwaite. Siehe dazu: van Buren, *Reden von Gott in der Sprache der Welt. Zur säkularen Bedeutung des Evangeliums,* 1986, S.88. Hick (*God and the Universe of Faith,* 1977, S.22) spricht in diesem Zusammenhang von „quasi poetic truthfullness".

[973] Dahlfert spricht in diesem Zusammenhang von *expressiven* und *interpretativen* Sprachfunktionen. Siehe: Dahlfert 1974, S.40.

[974] Hick (1977, S.24) ordnet diese Funktionen: „Perhaps, for example, it expresses a way of looking at the natural world (John Wisdom, J.H.Randall, Peter Munz); or perhaps it declares an intention to live in a certain way (R.B. Braithwaite, T.R. Miles); or peraps it is a »convictional« statement, this being an utterance of a type which is to be classified as non-indicative (W. Zuurdeeg)."

[975] Wenn etwa Randall (*The Role of Knowledge in Western Religion,* 1958, S.6) Religion als „a distinctive human enterprise with a socially indispensable function" bezeichnet und als eine solche Funktion die Schaffung gemeinschaftlicher Kohärenz durch gemeinsame Symbole angibt, so ist der Durkheimsche Einfluß unübersehbar.

[976] Nicht nur die Wahrheit, sondern auch der Sinn einer Aussage wird so mit seiner Funktion identisch. Van Buren 1986, S.99: „Der Sinn einer Aussage wird gefunden in der Funktion dieser Aussage und ist mit ihr identisch. Wenn eine Aussage eine Funktion erfüllt, so daß sie im Prinzip als richtig oder falsch erkannt werden kann, ist die Aussage sinnvoll."

[977] Einen meiner Ansicht nach sachgerechteren Versuch, die Erkenntnisse nichttheologischer Religions- bzw. Symboltheorien kritisch in die theologische Diskussion aufzunehmen, hat Tillich bereits 1928 in seinem Aufsatz „Das religiöse Symbol" geleistet. Darin gesteht er zwar den religionskritischen Symboltheorien zu, daß die Symbolwahl historisch bedingt sei. Damit sei aber nicht erwiesen, daß die Symbole keine Sachhaltigkeit bzw. Seinshaltigkeit hätten. „Die psychischen und sozialen Impulse lenken die Symbolwahl; aber sie selbst können als Symbole angeschaut werden für eine letzte metaphysische Struktur des Seienden." (S.216) Hier deutet sich bereits an, daß Tillich durch den späteren Begriff der „Dimension der Tiefe" unterschiedliche Religionstheorien zu integrieren vermag, ohne daß die Theologie deshalb zur Religionswissenschaft verflacht.

[978] Hick 1977, S.23.

language", die auf die „ultimate transcendent reality" antworte.[979] Dies sei auch religionspsychologisch nötig. Denn alle von den Non-Kognitivisten angegebenen Funktionen könne die Religion nur erfüllen, wenn die Gläubigen davon ausgehen, daß die Welt tatsächlich einen transzendenten und wahren Sinn habe.[980]

Alves hatte einerseits darauf hingewiesen, daß Religion nicht wahr oder falsch im Sinne einer wissenschaftlichen Aussage sein könne, daß sie vielmehr wahr sei für das, was sie unserem Körper tue. Aber gleichzeitig spürt er das von Hick kritisierte Ungenügen funktionaler Religionsauffassungen für den religiösen Umgang mit den Symbolen.[981] Daher geht auch Alves davon aus, daß der religiöse Mensch von Wirklichkeitsannahmen geleitet ist und sich nicht lediglich damit zufrieden gibt, daß seine Hoffnungen eine positive Funktion für die eigene Subjektivität oder die Gesellschaft haben. Der Sinn des Lebens erschließe sich ihm zwar als ein inneres und subjektives Gefühl. Gleichzeitig scheint ihm das sich dem Glück, der Freiheit und der Liebe zuneigende Universum ein Zeuge dafür zu sein, daß unsere Gefühle *Bekundungen der Wirklichkeit* sind.[982] Aus diesen Gefühlen und dieser Gewißheit baue der religiöse Mensch auch die Aussage, daß sich hinter den sichtbaren Dingen ein „unsichtbares lächelndes Antlitz" und eine „freundschaftliche Gegenwart" verberge.[983]

Alves hatte die Wahrheitsfrage zwar in Bezug auf die Existenz Gottes abgelehnt, da dies Gott an die Realität binden würde und er damit kein Symbol der Abwesenheit sein könne. In Bezug auf den Sinn des Lebens spielt die Wirklichkeit und damit auch die Wahrheitsfrage nun aber doch eine Rolle, allerdings nicht als eine Frage, die mit den Mitteln der wissenschaftlichen Logik beantwortet werden kann.

Auch der Sinn des Lebens sei nicht direkt präsent, da die Welt noch unter dem Zeichen des Todes stehe. Vielmehr sei er eine *Realität der Sehnsucht,* eine *Gabe der Hoffnung.* Die religiöse Erfahrung sei deshalb der Zukunft zugewandt, die religiösen Symbole verweisen auf das Noch-Nicht.

---

[979] Hick 1977, S.XIII. Die Verifikation religiöser Aussagen ist zwar nach Hick lediglich eschatologisch gegeben. Wichtig bleibt aber, daß mit dieser Möglichkeit der Verifikation logisch gesehen auch der Realitätsbezug der religiösen Sprache aufrecht erhalten wird. Siehe dazu: Hebblethwaite, John Hick and the Question of Truth in Religion, 1993.

[980] Härle (*Dogmatik* 1995, S.21) wendet gegen ein non-kognitivistisches Wahrheitsverständnis außerdem ein, daß dieses nicht dem Selbstverständnis des christlichen Glaubens entspreche.

[981] Alves 1985b, S.116. Diese funktionalen Religionsauffassungen könnten nur beschreiben, daß religiöse Menschen fühlen und denken, daß die Welt einen Sinn habe, aber keine Aussagen über die Wirklichkeit dieses Sinnes treffen.

[982] Alves 1985b, S.118.

[983] Alves 1985b, S.117.

In der Gegenwart könne diese Vision keine Sicherheit vermitteln. Die Aussage über die Wirklichkeit des Glaubens werde vielmehr als eine *fantastische Hypothese* formuliert.

> „Wie der Trapezkünstler, der über dem Abgrund wandelt, sich von allen Absicherungen lösen muß, so muß auch der religiöse Mensch über dem Abgrund gehen, getragen von der Gewißheit des Gefühls, der Stimme der Liebe und von den Regungen der Hoffnung. Im Geiste von Pascal und Kierkegaard kann man von einer leidenschaftlichen Wette sprechen."[984]

Wie für die Nicht-Kognitivisten so besitzt auch für Alves die religiöse und theologische Sprache einen poetischen und keinen wissenschaftlichen Charakter. Die religiösen Symbole beziehen sich nicht auf die Realität. Sie besitzen eine tiefere Wahrheit durch ihre Funktion, da sie es durch die Imagination vermögen, dem Verlangen des Körpers Ausdruck zu verleihen.

Aber mit seinen Überlegungen zur Gewißheit des religiösen Gefühls geht Alves über die Vorstellungen der Nicht-Kognitivisten hinaus. Die „Fiktionalität" der Religion ist für ihn keine heuristische Technik, die keine wirkliche Referenz besitzt.[985] Die Kraft der Imagination eröffnet utopische Horizonte, die eine reale Hoffnung ermöglichen. Dabei sei den Glaubenden zwar nicht die Sicherheit wissenschaftlicher Aussagen gegeben. Wenn Alves diese Vision als Hypothese oder Wette versteht, so wird aber letztlich doch eine *Wahrheitsfähigkeit* unterstellt, die allerdings in der Gegenwart noch nicht eingeholt werden kann.[986]

---

[984] Alves 1985b, S.121.

[985] Die Diskussion um die positive Funktion irrealer Fiktionen hat eine lange Tradition. Kant fordert in seiner Ethik, der Mensch müsse handeln, *als ob* Gott existiere. Im Anschluß daran bilden für den Theologen Forberg (Forberg, Entwicklung des Begriffs der Religion, 1987) in der „Religion des Als-Ob" der Glaube an das Reich der Freiheit und des Guten eine Art regulatives Ideal der Ethik, bei dem die Fragen nach der Existenz Gottes keine Rolle spielen. Für Schopenhauer galt die Wahrheit als zweckmäßiger Irrtum (siehe: Watzlawick, Schopenhauer und die Thesen des modernen Konstruktivismus, 1993) und Nietzsche entwickelte die Lehre vom bewußt gewollten Schein, der die Wirklichkeit ins Lebensdienliche umfälschte (Marquard, Kunst als Antifiktion, 1983, S.38). Dieser Aspekt der Fiktionalität wurde in der „Philosophie des Als Ob" von Hans Vaihinger systematisch erhoben. In seinem „im Geist des Pragmatismus lebensphilosophisch radikalisierten Kantianismus" (Marquard 1983, 37) betrachtete er die Welt als Gerüst von brauchbaren und passenden Fiktionen, die dem Handeln und den Lebensvorgängen untergeordnet seien. Diese Gedanken werden heute von radikalen Konstruktivisten weiter vertreten. Die Fiktionen werden in diesen Modellen an die Ethik oder eine spezifische Nützlichkeit gebunden. Ebenso wie bei den Non-Kognitivisten wird ihr Verhältnis zur Wirklichkeit damit sekundär oder, wie im Falle der Positivisten Albert und Popper, lediglich negativ bestimmbar. An diesem Punkt nimmt Alves letztlich eine andere Position ein. Denn er sieht die Funktion der Religion zwar in der Nützlichkeit für den Körper. Dies geschieht aber durch die *Sinnvermittlung*. Damit sei für die Gläubigen letztlich doch eine Wirklichkeitsunterstellung nötig. Der Sinn sei zwar lediglich als Hypothese und in Form ästhetischer Evidenz gegeben, aber schließlich doch wahrheitsfähig.

[986] Der Gedanke der eschatologischen Verifikation findet sich nicht explizit bei Alves, würde aber durchaus der Logik seiner Theologie entsprechen.

Alves muß also mit dem Wahrheits- bzw. Wirklichkeitsbegriff auf zwei verschiedenen Ebenen operieren. Wenn er behauptet, die Religion sei wahr, weil sie dem Verlangen des Menschen entspreche, so nimmt er die Beobachterperspektive ein, die die Frage nach der Wahrheit durch die Frage nach der Funktion ersetzt. Aus der Perspektive der Gläubigen selbst, dies sieht auch Alves, wird diese Funktion allerdings nur durch das Gefühl und die Gewißheit erfüllt, daß das Leben *tatsächlich einen Sinn* habe und Gott „existiere".

> „Ich weiß es nicht. Aber ich wünsche mir *sehnlichst*, daß das alles so ist. Ich gebe mich ganz hin. Denn das Risiko, verbunden mit Hoffnung, ist schöner als die Sicherheit, verbunden mit einer kalten und sinnlosen Welt ... "[987]

Die Sicherheit sei an die Wissenschaft und damit an das Realitätsprinzip zurückgebunden. Der Sinn kann deshalb nur erreicht werden, wenn man das Risiko und den absurden Sprung wagt. Er bleibe dabei eine Realität der Sehnsucht, aber er erzeugt bereits in der Gegenwart eine ästhetische Evidenz,[988] die den Menschen schon im Heute für die Schönheit und den Genuß öffnet. Deshalb erscheinen religiöse Menschen den anderen oft wie Narren oder wie Kinder.

8. Kritik am Konzept von Alves

8.1. Probleme der Interpretation der Metaphern

Alves´ Gedanken sind heute in Brasilien sehr umstritten. Vor allem werden ihm sein Abweichen von der klassischen Position der von ihm mitinitiierten Theologie der Befreiung vorgeworfen.[989] Seine Gedanken werden als „theology of captivity" und als das Werk eines frustierten politischen Theologen bezeichnet.[990] Ihm wird unterstellt, lediglich eine Theologie für die Mittelklasse zu lehren, eine kleinbürgerliche, fast spießige Theologie von Heim, Herd und Schrebergarten zu entwerfen.

Andererseits gibt es in Brasilien eine große Gruppe von engagierten Christinnen und Christen, die Alves´ Werke lesen und „genießen" und dabei eine positivere Perspektive auf Alves entwickeln als seine Kritiker. Immer noch gilt Alves

---

[987] Alves 1985b, S.122. Die Differenz von Wissen und Glauben wird hier durch die Differenz von Wissen und Erhoffen ersetzt.

[988] Diese ästhetische Evidenz hat für Alves einen höheren Wert als eine mögliche wissenschaftliche Evidenz. Die Vorstellung von der Wette unterstellt allerdings auch der Ästhetik eine Wahrheitsfähigkeit. Wird Wahrheit nicht mit Wissenschaft gleichgesetzt, so wird von Alves letztlich doch kein unüberbrückbarer Gegensatz zwischen Wahrheit und Ästhetik hergestellt, wie dies etwa Abumanssur annimmt. Siehe: Abumanssur, Persona, 1988, S. 67.

[989] So der brasilianische Intellektuelle Luiz Roberto Alves, Faço o papel do que não gosta, 1988, S.15.

[990] Ferm, *Third World Liberation Theology*, 1988, S.29f.

vielen als der „Star der evangelischen Theologie Brasiliens" und dies vor allem in den Kreisen, die im Sinne der Forderungen der Befreiungstheologie stark politisch engagiert sind und die sich bei ihm Kraft für ihr Engagement und Mut zum Träumen holen.

Solch unterschiedliche Interpretationen der Theopoesie von Alves haben ihre Ursache u.a. in seinem Stil, der sich gegen Eindeutigkeit und akademische Präzision sträubt. Alves benutzt eine sehr malerische und poetische Sprache, die auf verschiedenen Ebenen interpretierbar ist. Bilder werden dabei parallel genutzt und überschneiden sich. In seiner metaphorischen Interpretation spricht er beispielsweise einmal davon, daß die Jungfrau Maria durch das Wort geschwängert wurde, welches dann die Nostalgien hervorruft. An anderer Stelle sagt er, daß die Jungfrau durch die Nostalgien geschwängert wurde. Einmal ist der Himmel das Symbol für die Leere, ein andermal ist Gott dieses Symbol.

Die Metaphorisierung kann dabei nicht in einer einfachen Metapher-Bedeutung-Relation aufgelöst werden. Gott ist eine Metapher für die Leere, diese aber wiederum eine Metapher für das Noch-Nicht, die wiederum die Anwort auf das Verlangen des Körpers darstellt. Aber auch dieses Verlangen wird nirgendwo eindeutig definiert, sondern lediglich poetisch umschrieben, weil es eben nach Ansicht von Alves mit einer logisch-exakten Sprache nicht angemessen erfaßt werden kann.

Die Metaphern sind für Alves oft gleichzeitig ikonische Zeichen, d.h. sie sind mit dem sie ausdrückenden Gehalt direkt verbunden. Wenn Alves den „Koch" als Metapher für die Aufgabe des Theologen bemüht, so meint er einerseits in metaphorischer Weise - ähnlich wie Marcuse - die schöpferische und kreative Kraft des Kochens.[991] Aber er sieht im tatsächlichen Kochen gleichzeitig eine theologische Tätigkeit, die statt der Instrumentalisierung den Genuß des Körpers betont. Wenn sich Alves gerne als Gärtner bezeichnet, sieht er in der tatsächlichen Gartenarbeit einen Ausdruck seines theopoetischen Könnens. Gleichzeitig bezieht er sich dabei auf die Selbstbezüglichkeit seiner poetischen-ästhetischen Werke, die - wie die Blumen - lediglich den Genuß und die Schönheit darstellen wollen. Darüber hinaus symbolisiert der Garten die Sehnsucht nach dem verlorenen Paradies und die Hoffnung auf das zukünftige Reich. Aus dieser Vieldeutigkeit einzelner Metaphern erklären sich die unterschiedlichen Interpretationen. Die einen erkennen in Alves' Rede vom Garten ein Abrutschen in Biedermeiersche Spießbürgerlichkeit. Andere erkennen hier eine Metapher für das verlorene Paradies und die christliche Rede von der Kraft der Hoffnung auf das Reich Gottes.

Aber nicht nur diese Polysemie erschwert eine „akademische Interpretation" der Theologie von Alves. Seine Gedanken sind oft nicht einheitlich, teilweise

---

[991] Eine ähnlich mehrdeutige metaphorische Verwendung des Wortes „Kochen" findet sich bei dem Zen-Lehrer Bernard Tetsugen Glassman. Siehe: Glassman, *Instruction to the Cook. A Zen Master's Lessons in Living a Life That Matters,* 1996.

übertreibt er stark, um zu provozieren. Er spricht davon, daß Politik eine langweilige Sache sei, schreibt dann aber ein Kapitel über die befreiende Politik, die aus dem Genuß der Schönheit erwächst.[992]

Es finden sich darüberhinaus in seinen Schriften viele offensichtliche Widersprüche und Ungenauigkeiten. Beispielsweise benutzt er den Wahrheitsbegriff oder auch den Sinnbegriff auf unterschiedlichen Ebenen, ohne diese analytisch oder begrifflich zu unterscheiden. So kann er einerseits behaupten, Religion ermögliche für die Menschen den Sinn trotz der Absurdität des Lebens. Andererseits aber sagt er, Gott sei ein Symbol der Abwesenheit des Sinnes. Alves wehrt sich gegen akademische Präzision, auf kritische Nachfragen hin bezeichnet er sich als Poeten, der sich nicht um langweilige Haarspaltereien kümmern müsse.

Bewußt will sich Alves den akademischen Diskursformen entziehen. Denn ihm geht es gerade darum, über das sprachlich Festgelegte und Erfaßbare hinauszuweisen und dem Verdrängten, dem Neuen, der Fantasie und dem Traum Raum zu geben. Dies aber sei nur im Modus der ästhetischen Erfahrung möglich.[993] Und so schreibt er nicht nur über die Ästhetik, sondern verfaßt auch seine eigenen Bücher als Poesie.

Ein solches Textverständnis kennzeichnet auch seinen Umgang mit der philosophischen und theologischen Tradition. Er übernimmt Elemente aus anderen Gedankengebäuden, jongliert mit ihnen und formt daraus sein eigenes Spiel. Er bezieht sich dazu u.a. auf Denker, die den Körper als das jeweils „Andere" der herrschenden Logik verstehen - sei es wie bei Marx als das Andere der kapitalistischen Logik, bei Feuerbach und Nietzsche als das Andere der abendländischen Vernunft oder bei Freud und Marcuse als das Andere der kulturellen Vernunft. Dabei arbeitet Alves mit handlichen Gegensatzpaaren[994], die durch einen hohen Abstraktionsgrad die Anschlußfähigkeit verschiedenster Konzepte ermöglichen, aber dabei auch die Differenzen zwischen den Konzepten verwischen oder zumindest nicht deutlich machen.

Mit diesem Vorgehen scheint Alves unterschiedliche Ansätze zu synthetisieren, führt im Grunde aber keine wirkliche Auseinandersetzung mit den zitierten

---

[992] Alves 1990a, S.105-123.

[993] In ähnlicher Weise findet sich diese Suche nach einer neuen Sprache der verborgenen Wahrheit auch bei O´Browns *Love´s Body*. Die sich darauf beziehende Bemerkung Marcuses (1979, S.233) könnte auch für Alves gelten: „Auf diese Weise wird das Recht der Fantasie als Erkenntnisvermögen wieder eingeführt: befreit von seiner senatorenhaften, senilen Aufmachung, wird der Gedanke zum Spiel, zum *jeu interdit*, zum Skandal; der *esprit de sérieux* macht der *gaya sciencia* Platz, der Trunkenheit und dem Gelächter."

[994] Ein solches Vorgehen findet sich auch bei Herbert Marcuse. Diese Technik erzeugt auf den ersten Blick Plausibilitäten, kann aber oft komplexere Situationen nicht analytisch erfassen und neigt deshalb zu Vereinfachungen. Siehe: Früchtl, Revolution der Sinnlichkeit und Rationalität. Eine Erinnerung an Marcuse in aktualisierender Absicht, 1989, S.288.

Zeugen, sondern nutzt sie zur Illustration seiner eigenen Bricolage.[995] Er verwendet beispielsweise den Hegelschen Begriff der Dämmerung, in der alles Grau in Grau verschwimme. Diesen interpretiert er dann allerdings im Blochschen Sinne als Morgengrauen, das dem neuen Tag entgegenstrebe und - im Sinne der Freud-Interpretation von Marcuse - als den Ort des verdrängten Lustprinzips, aus dem heraus das Wort der Gnade den Kierkegaardschen Sprung ermögliche in ein Reich „jenseits des Realitätsprinzips". Bei dieser Technik der Bricolage verwendet er oft sehr willkürlich Begriffe wie Dämmerung, Lustprinzip oder Entfremdung, die sich ohne eine Auseinandersetzung mit den von ihm rezipierten Theorien durch eine reine textimmanente Interpretation seiner Theologie nur ansatzweise verstehen lassen oder sogar oft zu Mißverständnissen führen.[996]

Mit seiner Vorgehensweise stellt sich Alves auch außerhalb des in Lateinamerika etablierten theologischen Diskurses. Der spielerische Umgang mit der philosophischen und theologischen Tradition, die bewußt erzeugte Polysemie der Texte, die Kritik an den Ansprüchen der wissenschaftlichen Logik, das Wissen um die Bedeutung der symbolisch konstituierten Perspektivität der Welterfahrung wie auch seine Konzentration auf Körper und Ästhetik lassen ihn in die Nähe postmoderner Theoretiker rücken.[997] Und so vermutet der Befreiungstheologe Libanio, daß Alves - nachdem er mit seinem Buch „Towards a Theology of Liberation" 1969 die neue Ära der Befreiungstheologie begonnen hatte - möglicherweise heute ein neues Kapitel lateinamerikanischer Theologiegeschichte unter dem Titel „postmoderne Theologie" aufschlägt.[998]

---

[995] Eben dieses Vorgehen kritisiert Marcuse (1979, S.234) in Bezug auf O´Brown als einen Sprung zurück in die Dunkelheit: „Danach aber kommt der Katzenjammer; die Fantasie strauchelt, und die neue Sprache sucht Unterstützung bei der alten. Unterstützung bei Zitaten und Verweisen, die die vorgebrachten Argumente beweisen, zumindest aber illustrieren sollen."

[996] Aus diesem Grund habe ich bei meiner eigenen Darstellung auch immer auf die vergleichbaren Konzepte bei Alves´ Zeugen verwiesen und gleichzeitig versucht, die Differenz deutlich zu machen, was Alves selbst kaum tut. Gleichzeitig habe ich versucht, den Zusammenhang zu erschließen zwischen den von Alves aufgeführten Zeugen, wie Wittgenstein, Münchhausen und „Alice im Wunderland", um so die logische Struktur seiner Argumentation aufzuzeigen. Dieser Zusammenhang wird von Alves selbst so nicht hergestellt.

[997] Die Bedeutung des Körpers wird nicht von allen postmodernen Theoretikern betont. Welsch beispielsweise widmet ihm in seiner Einführung (*Unsere postmoderne Moderne,* 1993) kein eigenes Kapitel. Anderseits spielt vor allem bei Foucault, Deleuze und Derrida die Thematisierung des Körpers eine wichtige Rolle. Siehe dazu etwa: Klotter, Dem eigenen Körper erlegen oder body ergo sum, 1993.

[998] Libanio 1988, S.62. Dies widerspricht keineswegs der obigen These, daß sich bei Alves Parallelitäten zu den Ansätzen Nietzsches oder der Frankfurter Schule finden lassen. Denn zum einen baut Alves lediglich Elemente dieser Denker in seine Theologie ein. Außerdem bildet diese Parallelität nur *einen* möglichen Interpretationshorizont. Außerdem gilt beispielsweise Nietzsche heute als einer der Ahnherren der Postmoderne und selbst die Theoretiker der Frankfurter Schule lassen sich als verdeckte Postmodernisten interpretieren. Siehe etwa: Welsch, Adornos Ästhetik: Eine implizite Ästhetik des Erhabenen, 1993.

All dies macht eine angemessene „akademische" Interpretation und Kritik der Gedanken Alves´ äußerst schwierig. Die fehlende Eindeutigkeit bringt jeden Verstehensversuch eher in die Nähe einer Gedichtinterpretation, als daß sie eine theologische Auseinandersetzung ermöglicht. Aber letztlich stehen auch bei Alves hinter der poetischen Sprache *theologische Aussagen.* Damit stellt er Geltungsansprüche auf, die kritisch überprüft und hinterfragt werden müssen. Da diese Aussagen aber oft nicht eindeutig formuliert sind, sollen im folgenden vor allem mögliche problematische Interpretationen und Gefahren aufgezeigt werden, die sich aus einigen Aussagen von Alves ergeben *können,* aber keinesfalls die einzig mögliche Interpretation bilden.

8.2. Radikaler Entfremdungsbegriff und fehlende Vermittlungen

Ein zentrales Problem scheint mir die Vorstellung von der radikalen Entfremdung der Realität, die bei Alves durchscheint. Damit kommt es zu einem dualistischen Gegensatz von Realitäts- und Lustprinzip. Der Ausweg aus der entfremdeten Wirklichkeit kann dann nur noch in einer quasi exterritorialen Opposition selbstbezüglicher Systeme bestehen, die jegliche Vermittlung vermeidet und statt dessen das „Ganz Andere" sucht. Die Möglichkeit der Wiederkehr des Verdrängten, der Hoffnung gegen die Hoffnungslosigkeit und des Sinnes trotz der Absurdität scheint Alves nur dadurch möglich, daß sich das Ganz Andere durch seinen ästhetischen Charakter völlig den herrschenden Formen und der dominanten Logik der Realität entzieht.

Der Versuch, mit den von Alves verwendeten Gegensatzpaaren die Struktur der Wirklichkeit in ihrer Totalität zu erfassen und gleichzeitig einen Zustand anzustreben, in dem jegliche negativen Momente eliminiert werden, führt im Angesicht der menschlichen Endlichkeit letztlich zur Emigration der Utopie in die absolute Irrealität und verhindert damit die von Alves angestrebte Vermittlung von Wirklichkeit und Möglichkeit.[999]

Der Traum kann nicht in die Logik der Welt übersetzt werden. Lust- und Realitätsprinzip, Sinnlichkeit und Vernunft, Religion und Wirklichkeit, Freiheit und Gesetz können bei Alves kaum noch vermittelt werden. Damit werden aber auch die *Spannungen zwischen diesen Elementen aufgegeben* und die Theologie von Alves droht in einen Reduktionismus zu verfallen, für den die wirklichen Erfahrungen entwirklicht und damit irrelevant werden, wobei *das Verlangen und die Träume den einzigen relevanten Parameter* darstellen. Alves selbst bezeich-

---

[999] Ein strukturell ähnliches Problem zeigt sich bei Marcuse. So hatte Parekh („Utopianism and Manicheism. A Critique of Marcuse´s Theory of Revolution", 1972) Marcuse vorgeworfen, einen manichäischen Gegensatz zwischen der bestehenden und der idealen Gesellschaft zu konstruieren. Dieser führe letztlich, so Haug (Das Ganze und das ganz Andere. Zur Kritik der reinen revolutionären Transzendenz, 1968) zu einer „resignativen Utopie".

net seinen eigenen Ansatz als Ausdruck eines „ästhetischen Pietismus" - und spielt damit auf die Radikalität seiner ästhetischen Position an.[1000]

Im Modus der religiösen Symbole wird alles zur Schönheit und zum Genuß, die dem Verlangen des Menschen entsprechen und ihm Sinn und Hoffnung trotz der Realitätserfahrung verheißen. In einem Text über AIDS spricht Alves beispielsweise von der Schönheit der Träume, die im Angsicht dieses Leides durch die religiöse Sprache ermöglicht wird.[1001]

> „Nein, ich denke nicht, daß ich unsensibel für die Leiden der Welt geworden bin! Ich meine nur, daß alles, was ich als Theologe und Künstler tun kann, um das Leiden zu erleichtern, darin besteht, es durch die Schönheit zu verwandeln."[1002]

Damit betont Alves die Sinn und Hoffnung stiftende Bedeutung der religiösen Sprache. Aber gleichzeitig reduziert er die Vielfalt der religiösen Symbole, die ebenso dem Gebet und der Anklage Gottes dienen können, wie dies bei Hiob geschah, oder zur Solidarität mit den Leidenden auffordern.[1003]

Die von Alves betonte radikale Differenz von entfremdeter Wirklichkeit und befreiendem Traum hat einen weiteren hohen Preis. Das sich in der Religion zeigende „Ganz Andere" kann nicht mehr in die Wirklichkeit eingreifen - es sei denn in spontanen Taten der überschäumenden Liebe und der poetischen Gesten. Ein Engagement dagegen, das sich der Logik politischen Handelns unterwirft, wäre sofort durch die Instrumentalisierung korrumpiert.

Deshalb ist ein Handeln nach Alves nur befreiend, wo es völlig als Selbstzweck geschieht. Dies scheint ihm aber da nicht möglich, wo versucht wird, ethische Vorschriften zu entwickeln, oder wo der Körper zu einem Instrument des Engagements wird. Das politische Martyrium, das nach Ansicht vieler lateinamerikanischer Theologen die Alltagserfahrung der sich aus Liebe hingebenden Christen kennzeichnet, erscheint ihm als ein sado-masochistischer Akt, da hier der Körper zu einem Instrument werde und nicht zu einem Ziel in

---

[1000] Alves 1994, S.10. Dieser Ausdruck wird von Alves wiederum spielerisch-provozierend verwendet. Dennoch ließen sich tatsächlich einige Übereinstimmungen finden. So führt ebenso wie bei den Pietisten auch der Ansatz von Alves zu einer *Subjektivierung der Religion* mit einer stark *antidogmatischen Grundeinstellung*. Wurde bei den Pietisten des 18. Jahrhunderts das individuelle „Herz" zum primären Ort der Erkenntnis, so ist es bei Alves der individuelle Körper. Auch der Pietismus entwickelte dabei keine verbindlich-systematische und begrfflich-definitive Christologie. In seinem Offenbarungsdenken der Pietismus nahm er *mystische Traditionen* auf, weist aber gleichzeitig voraus auf das *Inspirationsdenken der Poeten* in der Goethezeit und in der Romantik. Siehe dazu: Schrader, Vom Heiland im Herzen zum inneren Wort. »Poetische« Aspekte der pietistischen Christologie, 1995.

[1001] Alves 1995, S.124-127.

[1002] Alves 1994b, S.12. Ein ähnliches Kunstverständnis findet sich bei Nietzsche. Danach ist es allein der Kunst möglich, die Welt umzuformen, um es in ihr aushalten zu können. Siehe dazu: Vetter, *Nietzsche,* 1926, S.260.

[1003] Libanio (1988, S.62) beklagt, daß Alves damit die Dimension der Schwere und der Tiefe verliere, die mit ihrem Ernst ebenso zur Theologie gehöre.

sich.¹⁰⁰⁴ Wo der Körper aber nicht mehr aus Liebe für den anderen instrumentalisiert und möglicherweise geopfert werden darf, schränken sich auch die Handlungsmöglichkeiten einer Ethik ein, die durch eine überschäumende Liebe motiviert wird. Eben dies wird auch von Luiz Roberto Alves, einem ehemaligen Weggefährten von Rubem Alves aus der Zeit der Militärdiktatur, kritisiert: „Viele von uns wurden festgenommen und exiliert. Unsere Körper waren Vermittler unserer notwendigen Werke. Aber hier erscheint der Körper des Autors als ein Ziel in sich."¹⁰⁰⁵

Letztlich droht die Theologie bei Alves in den Individualismus abzugleiten. Alves nimmt zwar an, daß durch den gemeinsamen Traum und das eucharistische Essen der Symbole eine Gemeinschaft erzeugt werde, die sich in der Ethik der überströmenden Liebe äußere. Aber in seinen Texten steht doch meist nicht die Gemeinschaft, sondern der Körper im Vordergrund - und damit der einzelne Körper, der genießt und der sich in den Hängematten unserer Sinnsysteme über dem Abgrund ausruht. Seine Vorstellungen gleichen einem Monolog, seine Bilder mehr einer Show als einem gemeinschaftlichen Fest, wie die brasilianische Theologin Nancy Cardoso Pereira beklagt.¹⁰⁰⁶ Die Kommunikation hat nicht viel Platz im Werk von Alves und vielleicht scheint es deshalb vielen Kritikern, daß auch die Fragen der Solidarität und der Politik nicht mehr so recht in das Gedankengebäude von Alves passen.

Viele Theologen beklagen darüber hinaus den starken Feuerbachschen Anthropozentrismus im Werk von Alves, bei dem Gott lediglich der große Unbenennbare, die kalte große Leere bleibe, die nichts mehr mit dem sich offenbarenden Gott der Bibel gemein habe. Hunsinger meint dazu polemisch: „Alves has apparently nothing better for the world these days than a few choice quotations from Feuerbach and Nietzsche."¹⁰⁰⁷

Ich habe dagegen versucht, die theologische Bedeutung der Leere bei Alves deutlich zu machen. Doch auch nach dieser Interpretation scheint Alves wiederum in einen Reduktionismus zu verfallen.¹⁰⁰⁸ Natürlich kann man Gott als das

---

¹⁰⁰⁴ Es ließe sich fragen, ob Alves gemäß seiner Logik auch eine Sexualität ablehnen müßte, die nicht nur dem momentanen Genuß der Körper dient, sondern die Zeugung eines Kindes anstrebt und deshalb über den Genuß hinaus auch auf eine Wirkung des Handelns ausgerichtet ist. Dieser Punkt scheint mir bei Alves nicht genügend durchdacht. Denn es gibt auch ein Handeln, das Genuß bei der Verfolgung eines Zieles verspürt. Es gibt auch eine Schönheit der Aktion und des Martyriums (So die Kritik von Cardoso Pereira 1988, S.64). In seiner kritischen Stellung gegen jeden Versuch der „Selbstbefreiung" scheint Alves die Vermittlung von Genuß und Verantwortung, von Kontemplation und Aktion aus dem Auge zu verlieren.

¹⁰⁰⁵ Luiz Roberto Alves 1988, S. 65.

¹⁰⁰⁶ Cardoso Pereira, Exílo na linguagem, 1988, S.63.

¹⁰⁰⁷ Hunsinger, „Karl Barth and Liberation Theology", 1983, S.261

¹⁰⁰⁸ Die vorsichtige Ausdrucksweise ist hier bewußt gewählt. Denn einerseits verteidigt Alves seinen eigenen Standpunkt in polemischer Abgrenzung gegen akademische Theologie. An anderer Stelle (1994, S.12) aber behauptet er, daß seine Theologie der Dämmerung lediglich eine

Symbol der kommenden Möglichkeit und des Noch-Nicht verstehen. Aber nach dem Zeugnis der Bibel ist er *ebenso* der Gott der Wirklichkeit, der Gott der Geschichte und der Schöpfung, der trotz der Sünde und Unvollkommenheit der Menschen *in* der Welt, *in* Politik und auch *in* der Wissenschaft präsent ist.

Alves vermag eine Vermittlung der widerstreitenden Prinzipien nicht zu denken. Wenn er sich gegen die Logik des Realitätsprinzips wendet, so kritisiert er damit nicht nur die Wissenschaft im Allgemeinen, sondern auch die akademische Theologie. Mit ihren festen Schemata, rationalen Erklärungen und Katechismen versuche sie, die religiösen Symbole einzusperren und verhindere so den freien Flug der Fantasie und die Entfaltung der menschlichen Sehnsucht, die nur durch die Stille und durch die Poesie geweckt werden könne. Die Wissenschaft lege sich auf das Wirkliche fest und entbehre daher dem Kreativitätspotential und der Kraft, Neues zu schaffen.[1009]

Damit unterschätzt Alves das Kreativitätspotential der Wissenschaft. Deren Wesen ist es ja gerade, erkenntniserweiternd zu sein. Dabei bedient sie sich nicht nur der Deduktion und der Induktion, die lediglich das Bekannte explizieren. Sie ist vor allem auf die Abduktion angewiesen, die als ein drittes logisches und kreatives Schlußverfahren neues Wissen und einen Erkenntnisfortschritt ermöglicht. Wissenschaft ist damit keineswegs auf die Gegenwart festgelegt, wie Alves irrtümlicherweise annimmt.[1010]

Darüberhinaus gibt Alves - ähnlich wie Marascin - die Unterscheidung von Religion und Theologie auf. Es mag zwar sein, daß die Kommunikation von Emotionen vor allem in nicht-wissenschaftlicher Sprache möglich ist und daß religiöse Symbole deshalb eine poetische Struktur haben sollten. Dies muß dann aber nicht für die Theologie zutreffen, da diese ja gerade der kritischen Reflexion des Glaubens dient und daher auch einer Distanz bedarf. Eben diese kritische Reflexion vollführt die Theologie im Modus der Wissenschaftlichkeit, ohne deshalb die religiösen Symbole auf ihre kognitive Funktion festzulegen und die Poesie aus der Religion verdrängen zu müssen. Indem Alves die Unterscheidung

---

mögliche Perspektive sei und bestimmte Aspekte hervorhebe, die aber eben *auch einen Teil des Lebens* bilden.

[1009] Auch dagegen richtet sich die Kritik seiner Kollegen, wie beispielsweise Libanio (1994, S.61): „Vielleicht beunruhigen den mißtrauischen Leser die Leichtigkeit und Schnelligkeit, mit der soviel Ernst der gut ausgearbeiteten Theologien - in der Arbeit gibt es auch Liebe - verwechselt wird mit dem Versuch der Menschen, Gott in die Netze des menschlichen Wissens einzusperren"

[1010] Die von Alves geäußerte Wissenschaftskritik ist nicht außergewöhnlich. Sie findet sich in vielen Theorien, die die Bedeutung des Körpers betonen. Erkenntnistheoretisch geht sie davon aus, daß die Logik der Wissenschaft lediglich mit deduktiven und induktiven Schlußverfahren arbeite. Die Bedeutung der Abduktion ist dagegen beispielsweise von Schleiermacher und Peirce hervorgehoben worden. Siehe dazu: Daube-Schackat, Schleiermachers Divinationstheorem und Peirce´s Theorie der Abduktion, 1985.

von Religion und Theologie aufgibt, verliert er die kritische Funktion der Theologie.

8.3. Die Flucht ins Symbol

Alves hat Probleme, die Vermittlung von Traum und Realität zu denken. Sein Münchhausen vermag sich zwar am eigenen Schopf aus dem Sumpf zu ziehen, aber er erreicht nicht das Ufer.

Alves scheint die Bedeutung der religiösen Symbolik zu betonen, denn die Träume sind für ihn die Wirklichkeit. Doch letztlich wird auch die religiöse Symbolik reduziert, da sie nicht mehr mit der materiellen Wirklichkeit vermittelt werden kann. Der metaphorische Sprachgebrauch ermöglicht die Identität von Wort und Körper.[1011] Aber letztlich wird der fleischliche Körper verdrängt. Die Auferstehung des Leibes wird zur Metapher für die Wiederkehr des Verdrängten und die Belebung unterdrückter Persönlichkeitsanteile. Von der faktischen leiblichen Auferstehung aber spricht Alves nicht. Die Theologie droht damit zur Psychoanalyse zu werden.[1012] Der Leib wird reduziert zum Ort der verdrängten Triebe des Lustprinzips.

Da die Realität total entfremdet sei, müssen nach Alves nicht nur die „surplus repression", nicht nur die Ausbeutung und bestimmte Formen der Politik oder des Umgangs mit dem Körper abgeschafft werden, sondern das Realitätsprinzip überhaupt, damit die Wirklichkeit dem Verlangen des Körpers entsprechen kann. Unter der menschlichen Erfahrung der Entfremdung und der Absurdität des Todes finde das Verlangen deshalb nur in den Symbolen und den ästhetischen Erfahrungen einen Ort, der zum einzig möglichen Ort der Erlösung und der Wahrheit wird.[1013] Damit ergibt sich die Gefahr einer Flucht ins Symbol, eines „Exils in die Sprache"[1014] oder einer „Metasprache mit dem Körper"[1015].

[1011] Alves 1994a, S.166. „If we were sensitive to the metaphoric use of language we would have had visions of this mystery: the identity between word and body."

[1012] In ähnlicher Weise spricht Norman O'Brown (*Zukunft im Zeichen des Eros,* 1962, S.381 u. 385) davon, daß die Funktion der Religion darin bestehe, die Verbindung mit dem Unbewußten und mit den ewigen verdrängten Wünschen des Unbewußten herzustellen, dadurch an der bestehenden Ordnung Kritik zu üben und die „mystische Hoffnung" auf eine bessere Welt wachzuhalten. Die christliche Theologie könne dabei auf unschätzbare Einsichten in ihrer Überlieferung zurückgreifen, „die in ein System praktischer Therapie, ähnlich der Psychoanalyse, umgewandelt werden müssen, wenn sie nützlich oder gar sinnvoll sein sollen."

[1013] Dabei läßt sich durchaus eine Entwicklung der Gedanken bei Alves entdecken. So finden sich unterschiedliche Vorstellungen von der Möglichkeit der Überwindung menschlichen Leides. Einerseits verwendet er einen freudo-marxistischen Entfremdungsbegriff, dem eine reale gesellschaftliche Überwindung der Entfremdung möglich erscheint. In seinen neueren Schriften betont er dagegen eher einen existentialistischen Entfremdungsbegriff, der die Absurdität des Lebens angesichts des Todes hervorhebt. Von hier aus scheint keine innerweltliche Überwindung des Leides möglich. Die religiösen Symbole erhalten deshalb eine expressive und tröstende

Dabei geht er nicht so weit wie Norman O.Brown, der unter der Parole „Von der Politik zur Poesie" am Ende seines Werkes „Love´s Body" erklärt: „Alles ist nur Metapher, es gibt nur Poesie".[1016] Für Alves dagegen sind die Metaphern und Symbole nicht an sich wichtig, sondern dafür, was sie dem Körper tun. Die Betonung der Symbole führt nicht zu einer faktischen Entleiblichung, wie dies bei Brown der Fall ist.[1017] Vielmehr ermöglichen der Genuß der religiösen Symbole, der Trost der Poesie oder die ästhetische Freude des Liebesspiels eine körperliche Erfahrung, die über die Begrenzungen der entfremdeten Gegenwart hinauszuweisen vermögen. Wegen der Totalität der Entfremdung und der Absurdität des Lebens kann diese Erfahrung allerdings fast nur noch durch die Symbole ermöglicht werden, die die Wirklichkeit entwirklichen.

Obwohl Alves behauptet, daß in der ästhetischen Erfahrung das Reich Gottes bereits vollständig präsent ist, bleibt ihm die Differenz von Symbolwelt und Realität schmerzlich bewußt. Letztlich ist seine Theologie von einer Melancholie geprägt, die an Schopenhauer erinnert.[1018] Deshalb spricht Alves davon, daß er Theologie treibe, weil er traurig sei und daß er sich aus Erschöpfung nach einer Oase sehne, nach einer Theologie der Ankunft des Reiches in diesem Moment. Damit wird aber von Alves selbst die Dialektik des Jetzt-Schon und Noch-Nicht aufgehoben.

Auch hier zeigt sich wieder, daß *die Theologie von Alves zu Reduktionen neigt und lediglich einen Teilaspekt menschlicher und religiöser Erfahrung zu erfassen vermag.* Aus der inneren Logik seines Entfremdungsbegriffes vermag

---

Funktion. „Es gibt Leiden, die keine sozialistische Revolution abschaffen kann. Auch im Paradies der klassenlosen Gesellschaft sterben die Kinder zu früh. Und dafür bietet keine politische Strategie Trost. Nur die Poeten helfen uns zu weinen, damit wir nicht durch das Leiden zerstört werden. (...) Da ich mit Symbolen spielen kann, spiele ich mit ihnen, als ob ich eine Spinne wäre, und spinne so meine Fäden über dem Abgrund, diese Fäden, die den Namen Theologie haben." Siehe: Alves 1994b, S.12.

[1014] So die Kritik von Nancy Cardoso Pereira (1994).

[1015] Dagegen wendet Luiz Roberto Alves (1994, S.66) seine Kritik, die sich aus der Erfahrung des Widerstandes gegen die Militärdiktatur speist. „Wir haben intensiv unseren Körper erlebt, das Verlangen, den Genuß und die Schmerzen. Aber das war nicht unser Ziel. Wir betrieben keine Metasprache mit dem Körper."

[1016] Brown 1979a, S.231.

[1017] Die Wiedergewinnung der Welt des menschlichen Leibes wird bei Brown (1979a, S.230) der Wiedergewinnung der Welt der Symbolik gleichgesetzt. Tatsächlich führt diese Gleichsetzung bei O´Brown zu einer Entleiblichung. „Alles ist symbolisch; alles, auch der Geschlechtsakt." (1979a,. S.120) Hinter dem Schleier der sexualisierten Sprache Browns, so die Kritik von Marcuse (1979, S.235), herrscht die Entsexualisierung vor. Damit aber streben Browns Bilder die vollständige Sublimierung an, welche die nicht sublimierte Dimension beseitigt. Befreiung wird nur noch im Nirwana möglich.

[1018] Ein systematischer Vergleich zwischen Alves und Schopenhauer findet sich bei Abumanssur (1994). Dabei bezeichnet er die Theologie von Alves als eine „Theologie der Schmerzen und des Leides", welche die existentiellen Fragen aufgreife, die uns am meisten beunruhigen.

er kaum die Vermittlung zwischen Traum und Realität, Poesie und Analyse, Religion und Wissenschaft zu denken.

Doch Alves selbst schränkt den Anspruch und die Reichweite seiner Theologie ein:

> „Although I consider very important the work of analysis, that is not the thing which I am doing right now. I am much more interested in magic and in the lost art of making the word, the dream, the story, incarnated again in the lives of the fishermen, the fisherwomen of that lost village."[1019]

Alves sieht sich nicht mehr so sehr als Theologe, sondern als Poet - oder besser: als Theo-Poet mit einem gewissermaßen eingeschränkten Aufgabenbereich. Man sollte diese Selbstbeschränkung ernst nehmen, wenn man dem Werk von Alves gerecht werden möchte. Auch in Brasilien werden seine Texte als Poesie wahrgenommen, an denen man sich erfreuen kann.[1020] Eben daraus gewinnt Alves auch seine Faszination für viele brasilianische Leser und Leserinnen.

9. Kritische Zusammenfassung

Für Alves bildet ebenso wie für Marascin der Körper den Ausgangspunkt seiner Überlegungen. Doch anders als bei Marascin steht dabei nicht die konkrete Materialität des Körpers im Vordergrund. Vielmehr ist das von Alves verwendete Konzept des Körpers durch psychoanalytische Überlegungen geprägt. Demnach ist der Körper der Ursprungsort der Sehnsucht, der Nostalgie nach dem verlorenen Paradies und der Hoffnung auf das kommende Reich. Dieser Körper leide nicht nur unter unterdrückerischen, entfremdenden und repressiven Tendenzen der Gesellschaft. Vielmehr erscheint die absolute Entfremdung und existentielle Absurdität als die grundsätzliche Struktur der Wirklichkeit. Unter der Herrschaft des Realitätsprinzips werde das Verlangen des Körpers verdrängt. Wo es freigesetzt werden kann, bildet es deshalb ein oppositionelles und kritisches Potential gegen diese entfremdete Wirklichkeit.

Das Realitätsprinzip sei geprägt von einer instrumentellen Rationalität, die alles lediglich zu einem außerhalb der Dinge selbst liegenden Zweck gebraucht.[1021] Dieser entfremdenden Logik der Zweckrationalität könne man nur durch die Betonung der Zweckfreiheit entkommen. Deshalb stellt ihr Alves die ästhetischen Erfahrungsformen der Poesie, des Spiels, der Schönheit und des Genusses entgegen. Dort komme die Sehnsucht des Körpers zum Ausdruck und finde das Verlangen seine Erfüllung.

[1019] Alves 1994a, S.170.

[1020] Velho, A corda bamba do protestantismo, 1994, S.37. Biehl, Cinemando da vida!, 1994, S.42.

[1021] Diese Logik präge auch die klassische Befreiungstheologie, wenn sie alles zu einer Funktion der Zukunft mache.

In diesem Sinne sei die Religion als der fantastischste und anspruchsvollste Versuch zu verstehen, die Auferstehung des Körpers und seiner Träume durch das Spiel der religiösen Symbole zu ermöglichen. Dies entspreche auch dem Geschenkcharakter der Gnade. Der Mensch müsse sich nicht das Heil selbst schaffen. In der Stille könne er das Wort vernehmen, das trotz der Absurdität des Lebens Sinn schaffe und den Genuß der Schönheit ermögliche. Die Theologie werde zur Theo-poesie. Der Theologe werde zum Magier, der mit dem Zauber der religiösen Symbole die Transsubstantiation der Körper ermögliche.

Die dadurch ermöglichte Überwindung der Zweckrationalität des Realitätsprinzips sei gleichzeitig eine Überwindung der Werkgerechtigkeit. Aus dem durch die Gnade ermöglichten Genuss der Schönheit erwachse eine Ethik des Überflusses. Aus dem Poeten werde der Kämpfer, der sich aus reiner Liebe den anderen zuwende, selbst wenn dies zu nichts führt „und nur schön und ohnmächtig ist wie ein Lied."[1022]

In seiner Theopoesie vermag Alves, Elemente unterschiedlichster Gesellschafts- und Religionstheorien aufzunehmen. Damit kommen kritische Gesellschaftstheoretiker, wie Nietzsche, Freud oder Marcuse[1023], zu Wort, die bisher in der theologischen Diskussion Lateinamerikas kaum eine Rolle gespielt haben.

Dabei gelingt es Alves durchaus, diese Theorien in Verbindung zu theologischen Begriffen, wie etwa der Gnade, zu setzen. Oft gerät er aber auch in Gefahr, die Identität theologischer Rede zu verlieren. Wenn er beispielsweise in Anlehnung an Blochsche und Marcusesche Gedanken den dualistischen Gegensatz von Wirklichkeit und Möglichkeit oder von Realitäts- und Lustprinzip übernimmt, so kommt er letztlich zu der Aussage, daß Gott als der „Ganz Andere" das Symbol der Abwesenheit ist und daß es deshalb nicht nötig sei, an Gottes Existenz zu glauben.[1024] Zu eben dieser Aussage kommt er auch, wenn er die Feuerbachsche Vorstellung übernimmt, die religiösen Symbole seien ein Aus-

---

[1022] Alves 1985c, S.67.

[1023] Eine theologische Auseinandersetzung mit dem Werk Marcuses hat auch auf der nördlichen Halbkugel bisher nur in Ausnahmen stattgefunden. Ansätze dazu finden sich in der memorativ-narrativen Theologie von Johann Baptist Metz (*Glaube in Geschichte und Gesellschaft. Studien zu einer praktischen Fundamentaltheologie*, 1977), der in Anschluß an Marcuse den praktisch befreienden Charakter der subversiven Erinnerung hervorhebt. Positiven Bezug auf die Vorstellung der Eindimensionalität nehmen Herion (*Utopische Intention und eschatologische Perspektive. Marcuses Herausforderung an die christliche Sozialethik*, 1979) und Staudinger (*Die Frankfurter Schule. Menetekel der Gegenwart und Herausforderung an die christliche Theologie*, 1982, S.24-41). Auch in der feministischen Theologie etwa bei Mary Daly (Sisterhood as Cosmic Covenant, 1982) finden sich Elemente der Theorie von Marcuse. Auf die lateinamerikanische Theologie läßt sich bei Dussel, Gutiérrez und Assmann ein indirekter und schwacher Einfluß auf die Entscheidung beobachten, Befreiung als Zentralbegriff zu wählen. Siehe dazu: Rottländer 1991, S.89f.

[1024] Alves 1988a, S.12.

druck des Verlangens nach dem, was noch nicht existiert.[1025] Die religiösen Symbole scheinen für Alves ganz im Bereich des Lustprinzips, der Möglichkeit, der Imagination verankert und kaum mit der historischen Realität und Wirklichkeit vermittelbar zu sein. Damit droht Alves die gegenseitige Bezogenheit der „polaren Elemente der ontologischen Grundstruktur von Selbst und Welt", wie es bei Tillich heißt, aus dem Auge zu verlieren.[1026] Die Religion droht zu einer Flucht ins Symbol zu werden.

Doch Alves schränkt die Reichweite und Funktion seiner Theologie selbst ein. Er bezeichnet sich lieber als Poeten denn als Theologen. Und wahrscheinlich wird man ihm mit einem solchen Verständnis besser gerecht. Wie ein Poet kümmert er sich nicht um einen Gesamtentwurf. Ihm geht es um bestimmte Aspekte menschlicher Wirklichkeit und um diese zu betonen, scheint er bewußt Übertreibungen und Einseitigkeiten in Kauf zu nehmen.

Alves möchte die Träume retten. Denn die Träume retten uns, indem sie aus den leidvollen Erfahrungen des Alltags hinausführen - sei es im ästhetischen Genuß der Gegenwart oder in der Hoffnung auf die kommende Erlösung. Deshalb bedarf Alves der Ästhetisierung der Theologie.

Man könnte in diesem Zusammenhang auch von einer *Karnevalisierung der Theologie* sprechen, denn es finden sich viele Strukturelemente, die bereits in der antikulturellen Semantik des Karnevals und in der Erfahrung des Genusses im Rahmen der Volkskultur aufgezeigt worden waren.[1027] Die Theopoesie von Rubem Alves gibt diesem *Genuß* viel Raum. Daneben treten ebenso andere Elemente, die zwar in traditionellen theologischen Entwürfen kaum eine Bedeutung haben, die in der brasilianischen Volkskultur jedoch einen zentralen Ort einnehmen, wie beispielsweise die Vorstellungen über *Fantasie, Schönheit* oder *Sehnsucht*. Wie beim Karneval erscheint auch bei Alves der *Traum* als die „wahre Wirklichkeit", da er dem Verlangen entspreche.

Die Theologie von Alves gilt manchem als „von den Bedürfnissen des Volkes abgehoben" oder elitär, da seine Gedanken oft schwer verständlich und kaum in einer volkstümlichen Sprache verfaßt sind. Doch mehr als bei anderen Theologen reproduziert sich bei Alves auf einer strukturellen Ebene der volkskulturelle

---

[1025] Einen meiner Ansicht nach sachgerechteren Versuch, die Erkenntnisse nichttheologischer Religions- bzw. Symboltheorien kritisch in die theologische Diskussion aufzunehmen, hat Tillich bereits 1928 in seinem Aufsatz „Das religiöse Symbol" geleistet. Darin gesteht er zwar den religionskritischen Symboltheorien zu, daß die Symbolwahl historisch bedingt sei. Damit sei aber nicht erwiesen, daß die Symbole keine Sachhaltigkeit bzw. Seinshaltigkeit hätten. „Die psychischen und sozialen Impulse lenken die Symbolwahl; aber sie selbst können als Symbole angeschaut werden für eine letzte metaphysische Struktur des Seienden." (S.216) Hier deutet sich bereits an, daß Tillich durch den späteren Begriff der „Dimension der Tiefe" unterschiedliche Theorien zu integrieren vermag, ohne daß Theologie deshalb zur Religionswissenschaft verflacht.

[1026] Tillich, *STh I*, 1987, S.193ff.

[1027] Siehe Kapitel A.III.6.

Kontext Brasiliens, findet sich bei ihm ein ähnliches Wortfeld und eine ähnliche Logik. Damit lassen sich aber auch vergleichbare Probleme aufzeigen.

Denn wie beim Karneval so bleibt auch bei Alves die Vermittlung mit der Realität ungeklärt.[1028] Doch Alves will ja nur Poet sein und darin gilt er vielen Brasilianern als Meister, als „Magier". Er schreibt seine Theopoesie so, wie er seine beliebten Kinderbücher schreibt. Wer wollte dem Menschen das Recht streitig machen, zu träumen wie die Kinder? In seiner Geschichte von Münchhausen ist es gerade ein Kind, das dem gealterten Helden[1029] wieder neue Fantasie und neuen Mut zum Leben gibt.

Und so dichtet Alves über den Traum von einer besseren Welt, will die Schönheit feiern. Langweilig, wer sich im Fest nicht der Schönheit des Augenblicks hinzugeben weiß!

Damit reproduziert sich in der Theopoesie von Rubem Alves die Vorstellung über die Schönheit des Lebens, wie sie in einem der beliebtesten brasilianischen Volkslieder beschrieben wird. Im Genuß des Augenblicks wird lediglich die Schönheit des Festes und der Poesie wahrgenommen. Trotz der Absurdität der Wirklichkeit bleibt also die Logik der Kinder, wie sie in dem populären Lied zum Ausdruck kommt, das ich bereits im Zusammenhang mit der Analyse der Lebensfreude (alegria) zitiert hatte.[1030]

Ich bleibe mit der Einfachheit
der *Antwort der Kinder*:
Es ist das Leben, es ist schön, es ist schön.

Alves verwendet eine ähnliche Vorstellung von der Schönheit. Doch letztlich bleibt seine Theopoesie inspiriert durch einen protestantischen Grundgedanken: Die im Angesicht der absurden Wirklichkeit paradoxe Möglichkeit zum Genuß dieser Schönheit ist das Geschenk der Gnade.

[1028] Zur Kritik an der Verarbeitung der gesellschaftlichen Wirklichkeit im Karneval siehe die neueste und meiner Ansicht nach tiefgehendste Studie: Pereira de Queiroz, *Carnaval brasileiro. O vivido e o mito*, 1992.

[1029] Die politische Bedeutung der in Fantasie, Traum und Religion symbolisch konstituierten Sehnsucht nach Überwindung der entfremdeten Realität wird bei einigen unorthodox-marxistischen Denkern in ihrer Spätphase herausgestellt. Sie drückt sich etwa für den 75jährigen Max Horkheimer in der „Sehnsucht nach dem ganz Anderen" aus und führt beim 60jährigen Alfred Lorenzer zu seiner Religionskritik an der Unterdrückung nicht-durchrationalisierter Wünsche und Verlangen. Hier scheint es eine Verbindung zu geben zwischen der „Antwort der Kinder" und den „Träumen der alten Männer", wie sie in dem Münchhausenfilm durch das gemeinsame Wirken des kleinen Jungen und des gealterten Münchhausen dargestellt wird.

[1030] Siehe Kapitel A III 3.

III. LEONARDO BOFF: „WAS UNS RETTET, IST DIE MYSTIK"

1. Der leibliche Mensch als das Ziel der Wege Gottes

Im folgenden sollen einige neuere Ideen des prominenten katholischen Theologen Leonardo Boff vorgestellt werden, die im Zusammenhang einer Theologie des Körpers gesehen werden können. Der Begriff „Theologie des Körpers" tritt bei Boff nicht explizit auf, doch können schon in seinen frühen Schriften Überlegungen gefunden werden, die auf Fragen der Körperlichkeit Bezug nehmen und die von Alves und Marascin im Zusammenhang einer Theologie des Körpers bearbeitet wurden.

In seinem heute bereits über 50 Buchveröffentlichungen umfassenden Werk geht es Boff stets darum, die „befreiende Dimension der christlichen Botschaft wieder zu entdecken, die Jahrhunderte lang unter den auf reine Innerlichkeit und individualistisches Heil ausgerichteten Praktiken der Christen verschüttet war."[1031] Bereits in dem für die lateinamerikanische Theologie grundlegenden Buch „Jesus Christus der Befreier"[1032] von 1972 fordert Boff deshalb, beim Entwurf einer Christologie von den *menschlichen Bedürfnissen* auszugehen. Diese Forderung läßt sich als Axiom der klassischen Befreiungstheologie im Rahmen einer rationalistischen und auf politische Aufklärung und Befreiung harrenden politischen Theologie verstehen.

Dabei bleibt bei Boff der Ausgang von den alltäglichen Bedürfnissen nicht auf die Verwendung von soziologischen Analysemethoden und das Heranziehen politischer Theorien beschränkt. Vielmehr spricht Boff von den ganz *konkreten Alltagssorgen und Problemen*, die in seiner Theologie einen Platz finden. In seiner Studie zum „Vater Unser" betont Boff diese Bedeutung der alltäglichen Sorgen und wendet sich gegen jede Art der spiritistischen Flucht. Im Zusammenhang mit der Bitte um das tägliche Brot schreibt er:

> „Der Magen besitzt also sein ihm zugesichertes Recht angesichts der Bedeutung des Herzens und des Kopfes."[1033]

Im Hinblick auf das Verständnis der strukturellen Grundlagen der Gesellschaft sei eine Analyse der ökonomischen Strukturen, der politischen Möglichkeiten und notwendigen Allianzen unaufgebbar. In der subjektiven Perspektive der kleinen Leute jedoch verhindere ihr Kampf um das tägliche Überleben die For-

---

[1031] Libanio u. Müller, »Mysterium Liberationis« Leonardo Boff, 1982, S.35.

[1032] Die deutsche Ausgabe (Boff, *Jesus Christus, der Befreier*, 1989) vereint die Übersetzungen von vier verschiedenen Werken Boffs: Boff, *Jesus Christo Libertador*, 1972. Boff, *Paixão de Christo - Paixão do Mundo*, 1977. Boff, *A Resurreição de Christo - A nossa Resurreição na Morte*, 1972. Boff, *A Fé na Periferia do Mundo*, 1978.

[1033] Boff, *O Pai-Nosso. A oração da libertação integral*, 1985, S.93.

mulierung solcher Fragen. Hier erscheinen sie sekundär. Vielmehr treten die Fragen nach dem täglichen Brot, der Unterkunft oder den schlechten Verkehrsbedingungen in den Vordergrund. Eben diese Erfahrungen und Nöte müßten auch den Horizont der Theologen und kirchlichen Mitarbeiter bilden.[1034]

Bereits 1972 bezeichnet Boff den Menschen als *Einheit von Leib und Geist* und spricht ebenso wie Marascin in Anlehnung an Gabriel Marcel davon, daß Leib und Geist nicht Ausdruck von etwas seien, was der Mensch hat, sondern von dem, was er ist. In seiner Gesamtheit sei der Mensch sowohl körperlich als auch geistig. Der Geist zeige sich in der Materie und der Leib drücke sich geistig aus. Selbst Mystik und Spiritualität seien deshalb von der Körperlichkeit des Menschen geprägt ebenso wie auch die geringsten körperlichen Verrichtungen des Menschen vom Geist durchdrungen seien. Aus dieser gegenseitigen Bezogenheit von Geist und Leib folge die *Weltverwiesenheit des Menschen*[1035] als Ausdruck seines Wesens.[1036]

In Bezug auf die *Auferstehung* heißt dies für Boff, daß der augustinisch-platonische Dualismus überwunden werden müsse. Nach dem Zeugnis der Bibel betreffe sowohl der Tod als auch die Auferstehung Seele *und* Leib. Dabei versteht Boff in seiner Christologie von 1972 den Leib als Ort der menschlichen Fähigkeit zur Kommunikation und Bezogenheit auf die anderen. In seiner irdischen Verfaßtheit ist er deshalb begrenzt, denn die Kommunikation ist sowohl an Ort und Zeit als auch an doppeldeutige Interpretationsleistungen gebunden. Eben diese Kommunikationshindernisse werden durch die Auferstehung und die Verwandlung zum geistigen Leib überwunden.

„Fortan herrschen volle Kommunikation und uneingeschränkte Gemeinschaft mit Menschen und Dingen. Der Mensch, der jetzt zum geistigen Leib geworden ist, hat nunmehr eine kosmische Präsenz. So wird ersichtlich, daß das Ziel der Wege Gottes im leiblichen Menschen besteht, der jedoch ganz und gar verklärt und zu völliger Offenheit und Kommunikation geworden ist."[1037]

Hier vertritt Boff eine anthropologische Definition des Körpers, die in Anlehnung an den soma-Begriff des Paulus den Menschen als eine „Person-in-Kommunikation-mit-anderen" und d.h. in seinen gesellschaftlichen und politischen Beziehungen sieht.[1038]

[1034] Boff, „A teologia da pequena libertação", 1988, S.21.

[1035] Damit übernimmt Boff einen Ausdruck von Karl Rahner, der Geistigkeit stets nur als „verleiblichte Geistigkeit" verstand.

[1036] Boff 1989, S.415.

[1037] Boff 1989, S.99.

[1038] Bultmann (*Theologie des Neuen Testaments,* 1984, S.188f) hatte den Ausdruck „Soma" als eine zentrale paulinische Kategorie rekonstruiert und ihn auf die *Relationalität menschlichen Lebens* bezogen. Boff selbst ist während seiner Promotion in München über seinen Lehrer Otto Kuss stark von der existentialen Exegese beeinflußt worden. (Siehe: Goldstein, *Leonardo Boff. Zwischen Poesie und Politik,* 1994, S.29). Diese Relationalität menschlichen Lebens wird von

In seiner Studie zur Auferstehung weitet Boff diese anthropologische Definition aus und versteht den Menschen als Einheit existentieller Situationen, die er mit den Begriffen Leib, Seele, Geist und Fleisch zu erfassen versucht. Neben dem Aspekt des Menschen-in -Kommunikation, d.h. dem Menschen als Leib, und dem Aspekt des Menschen als bewußtes Ich, d.h. als Seele, trete drittens der Aspekt des Menschen als Geist, d.h. als leibseelische Gesamtheit, insoweit seine Existenz sich den absoluten Werten öffne und sich von ihnen aus verstehe. Und viertens müsse auch die Dimension des Menschen als Fleisch beachtet werden. Diese betreffe den biologischen Menschen mit seinen verschiedenen Organen und Sinnen. Die Verwiesenheit an die biologischen Bedingungen der Existenz kennzeichne den Menschen gleichzeitig als Mangelwesen, das dem Leiden, dem Tod, den Versuchungen und der Sünde unterworfen ist. Diese verschiedenen existentiellen Dimensionen müssen nach Ansicht Boffs aufeinander bezogen werden, wenn man das biblische Konzept der Körperlichkeit des gesamten Menschen zu verstehen versucht.[1039]

> „Die Körperlichkeit gehört zu seinem Menschsein. Diese Körperlichkeit kann sowohl Schwäche als auch Transzendenz bedeuten; kann sowohl ein Sichverschließen des Menschen in sich selbst (Fleisch), als auch Offenheit und Kommunion (Leib) und radikales Bezogensein auf Gott (Geist) bezeichnen. Das Körperliche ist ein Sakrament der Begegnung mit Gott. In Jesus Christus hat sich gezeigt, daß die Wege Gottes und die Wege des Menschen auch zum Körper hinführen."[1040]

Mit dieser anthropologischen Grundlegung vermochte Boff die Verkürzungen des platonischen Leib-Seele Dualismus zu überwinden. Dies ist für ihn zunächst wichtig in Bezug auf die Aussagen über Auferstehung und Leben nach dem Tod. Doch ebenso beeinflußt sein Körperbegriff seine Überlegungen zum Geist. Da dieser auf den Leib und die Materie bezogen sei, könne Religion nicht zur desinkarnierten Weltflucht werden, sondern habe von der materiellen Realität und den täglichen Erfahrungen der Menschen auszugehen.

Der leibliche Mensch wird in Boff´s frühen Schriften somit in seiner Welt- und Gottverwiesenheit verstanden. Die existentielle Dimension des Fleisches,

---

Boff mit dem Begriff *Kommunikation* umschrieben. Eine Interpretation von „Realität als Kommunikation" findet sich auch bei dem Neutestamentler und Religionsphilosophen Pöttner, wobei dieser den Kommunikationsbegriff nicht aus dem Soma-Begriff des Paulus erhebt, sondern aus dessen impliziter Semiotik. Siehe: Pöttner, *Realität als Kommunikation. Ansätze zur Beschreibung der Grammatik des paulinischen Sprechens in 1Kor 1,4-4,21 im Blick auf literarische Problematik und Situationsbezug des 1. Korintherbriefes,* 1995.

[1039] Boff 1989, S.417. Da die unterschiedlichen Dimensionen aufeinander bezogen bleiben, kann Boff in Umwandlung seines oben zitierten Diktums, der leibliche Mensch sei das Ziel der Wege Gottes, in seiner Studie zum „Leben jenseits des Todes" (Boff, *Vida alem da Morte,* 1983, S.44) behaupten: „Das Ende des Weges Gottes ist das *Fleisch,* das mit Gott eine Gemeinschaft bildet, wie auch mit den anderen und dem ganzen Kosmos."

[1040] Boff 1989, S.418.

und das heißt die Dimension des biologisch-sinnlichen Menschen, erhält dabei aber eine überwiegend negative Definition. Sie kennzeichnet die existentielle Situation des Mangels und damit auch der Bedrohung, die bis zu einem Sichverschließen des Menschen in sich selbst führen könne.

2. Die Bedeutung des Weiblichen

Boff's Auseinandersetzung mit der religiösen Bedeutung des Weiblichen führte zu einer Erweiterung seines anthropologischen Konzeptes und zur Entdeckung der *fundamentalen Bedeutung der Geschlechtlichkeit* für die menschliche Existenz. In seinem Buch »Das mütterliche Antlitz Gottes« bezeichnet Boff Sexualität als „ontologische Struktur des Menschen, die das religiöse Leben beeinflußt!"[1041]

Sexualität wird von Boff in diesem Zusammenhang auf die geschlechtliche Verschiedenartigkeit als erster innerer Bestimmung des Menschseins bezogen, wie sie bereits in der Schöpfungsgeschichte vorgezeichnet ist.[1042] Diese Einsicht blieb nach Ansicht Boffs allerdings im späteren Denken und Handeln des jüdisch-christlichen Glaubens ohne Folgen und so konnte sich ein sexueller Monismus durchsetzen, der das weibliche Geschlecht unter die Herrschaft des männlichen drängte. Auch die Kirche war von einer Frauenfeindlichkeit, die beispielsweise zu einer sexistischen Sprache führte, nicht ausgeschlossen. So äußere sich im Syllogismus „Gott und Jesus Christus sind männlich" eine „politische Theologie des Geschlechts".[1043]

Eine Überwindung des Machismus müsse versuchen, die verdrängten Dimensionen des Weiblichen wieder zu entdecken. Dabei dürfe man weder der Gefahr der Ontologisierung geschichtlich gewordener Erscheinungsformen geschlechtlicher Identität verfallen, noch einer Polarisierung der Geschlechter. Mann und Frau müssen vielmehr in ihrer wechselseitigen Verwiesenheit verstanden werden. Das Männliche und das Weibliche stehen in einer Spannung. Diese Spannung wiederhole sich auch innerhalb der einzelnen Individuen. Nur durch eine diese Spannung aufnehmende Synthese könne ein Leben in Harmonie gedeihen.[1044]

[1041] Boff, *Das mütterliche Antlitz Gottes. Ein interdisziplinärer Versuch über das Weibliche und seine religiöse Bedeutung*, 1985b, S.59.

[1042] Diese Vorstellung findet sich bei Boff bereits in einem 1977 verfaßten ekklesiologischen Entwurf: Boff, *Die Neuentdeckung der Kirche. Basisgemeinden in Lateinamerika,* 1980.

[1043] Boff 1985b, S.39.

[1044] Boff 1985b, S.65. Boff übernimmt die Vorstellung der Animus/Anima-Lehre von C.G. Jung, nach welcher der Psyche jedes Menschen sowohl weibliche als auch männliche Anteile eignen.

Deshalb müsse unter den Bedingungen einer männlichen Dominanz in der Gegenwart die Bedeutung des Weiblichen auch für die Religion hervorgehoben werden.

> „Das Weibliche, das als Dimension in jedem Mann-Menschen wie in jedem Frau-Menschen besteht, bekundet einen Pol des Menschlichen: Dunkel, Geheimnis, Tiefe, Nacht, Tod, Nach-innen-gewandt-Sein, Erde, Gefühl, Aufnahmebereitschaft, die Kraft, Leben hervorzubringen, und Vitalität."[1045]

Es soll nicht weiter diskutiert werden, inwiefern Boff hier nicht doch der von ihm angesprochenen Gefahr verfällt, geschichtlich gewordene Erscheinungsformen als einen Ausdruck des Wesens der Weiblichkeit zu interpretieren. Er selbst betont ausdrücklich, daß es sich um Dimensionen handelt, die sich in Frau und Mann finden. Wichtig scheint in unserem Zusammenhang lediglich, daß Boff hier Kategorien wie *Gefühl, Leben* und *Vitalität* als zentral für das Verständnis des Menschen und damit auch der Religion einführt, die von den anderen Theologen des Körpers im Zusammenhang mit der menschlichen Leiblichkeit interpretiert werden.[1046]

In trinitätstheologischer Hinsicht ist nach Ansicht Boffs der Heilige Geist die göttliche Person, die dem Prinzip des Weiblichen entspreche. Dies gelte nicht nur, weil der Geist im Hebräischen weiblich sei, sondern auch weil in den Quellen des Glaubens alles, was mit *Leben, Kreativität* und *Lebensbegründung* zu tun hat, dem Geist zugeschrieben werde. Deshalb könne auch Maria - so die bewußt vage gehaltene Hypothese von Boff - als „eschatologische Antizipation des Weiblichen in seiner absoluten Realisierung" verstanden werden.

> „Die Jungfrau Maria, Mutter Gottes und Mutter der Menschen, realisiert auf absolute und eschatologische Weise das Weibliche, weil der Heilige Geist sie sich zum Tempel, zum Heiligtum und zum Tabernakel gemacht hat, und zwar auf eine so reale und wahre Weise, daß sie als hypostatisch mit der dritten Person der Dreifaltigkeit verbunden gelten muß."[1047]

Damit werden von Boff die dem weiblichen Prinzip zugeordneten Kategorien aufgewertet. Dies findet in Abgrenzung gegen die bisher vorherrschende einseitige Herrschaft des Männlichen statt, die eine Herrschaft des „logos" sei. Diese Einseitigkeit habe zu gefährlichen Engführungen geführt und sei beispielsweise für den Bruch zwischen Mensch und Natur verantwortlich. Eine kulturelle Integration des Weiblichen dagegen zeige die Möglichkeit eines alternativen Weges

---

[1045] Boff 1985b, S.63.

[1046] Boff selbst bezieht diese Begriffe nicht auf den Körper, da er bereits ein differenzierteres anthropologisches Konzept eingeführt hatte.

[1047] Boff 1985b, S.106.

auf, der ein Gespür für *Zärtlichkeit* und die *Ausdrucksformen der „anima"* ermögliche.[1048]

Mit seiner Betonung der fundamentalen Bedeutung der Geschlechtlichkeit hatte Boff die Notwendigkeit der Integration weiblicher Prinzipien hervorgehoben und zwar auf individueller wie auf gesellschaftlicher Ebene. Welche Bedeutung mißt Boff in diesem Zusammenhang der konkreten geschlechtlich-sexuellen Begegnung zwischen Mann und Frau zu?

Boff kritisiert eine Regionalisierung des Geschlechtlichen auf den Genitalbereich. Dies wäre eine Reduzierung des Menschen auf seine biologische Realisierung und entziehe den Menschen seinem Beziehungsgeflecht. Eine solche Reduzierung sei ein Symptom der Eindimensionalität der gegenwärtigen Kultur[1049] und mache die Frau zum Lustobjekt im Bett und am Tisch des Mannes.[1050] Boffs Kritik des Machismus führt hier zu einer *Betonung der Gefahren der Sexualität.*

Andererseits betont Boff in Bezug auf die religiöse Bedeutung der Jungfräulichkeit Marias, daß es sich dabei keineswegs um eine Technik zur Unterwerfung der Regungen des Körpers handle. Die Jungfräulichkeit sei in dieser Hinsicht keine moralische sondern eine theologale Tugend. Sie sei damals sogar der Ausdruck einer Minderwertigkeit gewesen, da die Kinderlosigkeit und Jungfräulichkeit in den Augen der Umwelt als Zeichen der Verarmung und Verachtung galten. Maria aber habe diese Minderwertigkeit zu einem Weg der Demut und Selbsthingabe an Gott verwandelt.[1051]

Mit dieser theologischen Interpretation schließt Boff eine leibfeindliche Intention des Symbols der Jungfrauengeburt Marias aus. Allerdings spricht Boff davon, daß sich Maria und Josef in „einem größeren Geheimnis als dem der Liebesbegegnung zwischen Mann und Frau" befanden.[1052] Dies sei auch der Weg der Reinheit und Jungfräulichkeit, den im Laufe der Kirchengeschichte die Orden gegangen seien,

> „um sich für den endgültigen Heilsplan Gottes bereitzuhalten, das heißt nur Gott und für Gott zu leben. Die christliche Jungfräulichkeit ist nicht nur Vorbehalt für Gott, sondern insbesondere Sendung zu den Menschen im Namen Gottes."[1053]

Die Jungfernschaft sei somit kein Wert an sich. In Bezug auf die Liebe zur Welt zeigt sie allerdings die uneingeschränkte Disponibilität und Hinnahmebereitschaft, wie sie sich in der mütterlichen Fürsorge der Maria oder der totalen Hingabe an Gott und radikalen Liebe der Ordensleute ausdrücke. Dabei bleiben

---

[1048] Boff 1985b, S.259.
[1049] Damit übernimmt Boff die Kritik, die Marcuse an der Sexualisierung der Gesellschaft formuliert hatte.
[1050] Boff 1985b, S.40.
[1051] Boff 1985b, S.148-150.
[1052] Boff 1985b, S.161.
[1053] Boff 1985b, S.162.

auch die Ordensleute weiterhin durch ihre Geschlechtlichkeit geprägt. Diese Geschlechtlichkeit sei aber nicht an den Geschlechtsakt gebunden sondern in den weiteren Horizont der männlich-weiblichen Polarität integriert.[1054]

3. Der humanisierte Eros

Viele der Kategorien, die Boff in seinen bisherigen Überlegungen im Rahmen der Differenz von männlich und weiblich interpretiert hatte, treten in seiner Studie über Franz von Assisi von 1981[1055] im Zusammenhang mit der Differenz von Logos und Eros auf, wobei die Begriffe Eros und Pathos teilweise in gleicher Bedeutung verwendet werden.

Die Gegenwart, so Boff, stehe unter der Hegemonie des Logos. Im Dienst von Produktion, Markt und Konsum sei die Vernunft allerdings zu einer einseitigen analytisch-instrumentellen Vernunft verkümmert, zur „techne". Andere Formen des Erkennens und des Vernunftgebrauchs seien zurückgedrängt worden, was zu einer vielfältigen Bedrohung für die menschliche Gemeinschaft und die vitalen Kontakte mit der Natur geführt habe.[1056] Durch diese einseitige Herrschaft des Logos komme es zu „Starrheit, Inflexibilität, Tyrannei der Norm, Herrschaft der Ordnung und Härte in der Disziplin."[1057] Sie führe zu repressiven Lebensformen, die *Kreativität, Fantasie* und *schöpferische Kraft* einengen, *Genuß* und *Gefühl* grundsätzlich verdächtigen, sowie *Intimität* und *Zuneigung* verhindern.[1058] Der Liebhaber und der Dichter seien eine dauernde Bedrohung für das Fließbandsystem. Unter der einseitigen Herrschaft des Logos würden die Kräfte des Eros deshalb verdrängt.[1059]

Die ursprüngliche Einheit von Logos und Eros sei damit zerstört. Doch die verlorene Harmonie lebe in den *Träumen*, den *Utopien* und einer intensiven *Vorstellungskraft* weiter. Diese Harmonie in einem neuen Geschichtsprozeß wiedererstehen zu lassen, sei das Ziel des Menschen.[1060]

[1054] Boff, *Zeugen Gottes in der Welt. Ordensleben heute,* 1985c, S.121-127 u. S.177. „Wir haben bereits oben angedeutet, daß Geschlechtlichkeit keine reine Genitalität ist. Darum ist sie absolut vereinbar mit der Jungfräulichkeit und dem Zölibat. Ja, eine der konkreten Formen, die Geschlechtlichkeit zu leben, ist, sie als Jungfrau oder als Zölibatärer zu leben."

[1055] Boff, *Zärtlichkeit und Kraft. Franz von Assisi mit den Augen der Armen gesehen,* 1991a.

[1056] Boff 1991a, S.18f.

[1057] Boff 1991a, S.29f.

[1058] Boff 1991a, S.22.

[1059] In seiner Analyse bezieht sich Boff explizit auf „moderne Kritiker der Nachkriegszeit" wie z.B. auf Robert May (*Der verdrängte Eros,* 1969) und auch auf Herbert Marcuses Freud-Interpretation. Doch scheint seine Analyse von 1981 auch ganz konkret von den Erfahrungen mit der brasilianischen Militärdiktatur geprägt zu sein, die sich den Wahlspruch „Ordnung und Fortschritt" (ordem e progresso) auf ihre Fahnen geschrieben hatte.

[1060] Boff 1991a, S.25.

Damit positioniert Boff sein Konzept des Eros in einem Wortfeld, das sich in ähnlicher Zusammenstellung bei Alves gefunden hatte. Doch Alves hatte alle diese Elemente auf das Lustprinzip und das Verlangen des Körpers bezogen, das sich den Forderungen des Realitätsprinzips entziehe. Für Boff steht der Eros in Zusammenhang mit der grundlegenden Erfahrung des Gefühls, das nicht einfach als eine Regung der Psyche, sondern als eine besondere Form des Erkennens das Gesamt der Wirklichkeit erschließe. Dies geschehe durch die Sympathie und durch die Empathie, d.h. durch das Mitfühlen und die Identifikation mit der gefühlten Wirklichkeit „in einer *unio mystica* mit allem, was existiert, Gott eingeschlossen."[1061] Dieses *Gefühl der Zusammengehörigkeit und der universalen Verwandtschaft* ermögliche es dem Menschen, mit Achtung und Ehrerbietung seine Existenz harmonisch in das Gesamt der Elemente zu integrieren.[1062]

> „Leben ist Fühlen, und Fühlen ist, den Wert der Dinge erfassen. (...) Eros im klassischen Sinn - und der ist hier gemeint - ist die Kraft, die uns mit Enthusiasmus, Freude und Leidenschaft die Gemeinschaft mit den Dingen, die wir spüren und schätzen, unsere eigene Selbstverwirklichung, die Nähe der Menschen, mit denen wir gern Kontakt hätten, die Realisierung unserer Ideale und unserer Berufung und schließlich Gott selbst suchen läßt."[1063]

Auch die Sexualität hänge mit dieser Kraft und Grunddynamik der Wirklichkeit zusammen.[1064] Geschlechtlichkeit und Eros seien aber nicht identisch, wie dies mißverständlicher Weise immer wieder von der Gesellschaft angenommen werde. Gerade in Bezug auf die Sexualität zeige sich vielmehr die Gefahr des Ausbruchs einer „dämonischen" Kraft des Eros. Denn der Eros manifestiere sich hauptsächlich im *Verlangen,* dieses Verlangen aber sei grenzenlos.[1065] Aufgrund dieses impulsiven Charakters laufe der Eros ständig Gefahr, von der Begehrlichkeit pervertiert zu werden. Dies führe zum Delirium der Triebe, orgiastischer Extase, Maßlosigkeit in den Emotionen, zerstörerischem Genießen und damit zur Entpersönlichung von Existenz und Kultur.

Deshalb müsse der Eros diszipliniert werden. Dies sei die Aufgabe des Logos. Die Vernunft müsse dem Eros Form geben und seine Richtung festlegen. Dies dürfe keineswegs durch eine Unterdrückung des Eros geschehen, sondern

---

[1061] Boff 1991a, S.25.

[1062] Alves geht es darum, die Existenz des Menschen, seine Lebens- und Genußfähigkeit wieder ins Zentrum theologischer Überlegungen zu stellen und fordert von daher eine Betonung des Anthropozentrismus. Boff dagegen wendet sich gegen den Anthropozentrismus, da dieser dem „universalen Gesetz der kosmischen Liebe" entgegenstehe und den Menschen über die anderen Elemente des Kosmos stellen würde. Siehe: Boff, „Desafios ecológicos do fim do milenio", 1996.

[1063] Boff 1991a, S.26.

[1064] In ähnlicher Weise hatte Tillich (*Sth II,* S.63) von einem „schöpferischen Eros" gesprochen, der die Sexualität mit einschließe.

[1065] Boff 1991a, S.37.

bedarf einer Synthese der beiden Pole, bei der durch einen „sachgerechten Gebrauch" des Logos die Kraft des Eros zur Gestaltung einer Kultur der Liebe und der Fürsorge verwendet werden könne. Nur durch die *Disziplinierung des Eros* sei eine solche Kultur möglich.[1066]

Das Beispiel des Franziskus von Assisi zeige, daß eine solche Integration von Logos und Eros, ein *„humanisierter Eros"*[1067] möglich sei. In einer strengen Askese

> „tötete Franziskus das Ausschweifende an den Leidenschaften, damit sich ihre schöpferische Kraft auf Heiligkeit und Humanisierung ausrichten kann. So verstand Franziskus die Entbehrungen als *Unterwerfung des Körpers*, damit dieser sich in sein Projekt einordnete, Gott voll und radikal zu dienen."[1068]

Franziskus habe nicht den Eros bekämpft. Durch die Agape sei der ursprüngliche Impuls des Eros, seine schöpferische Macht und vitale Kraft vielmehr radikalisiert worden. Damit sei er von der Last der Materie, der Gefahr der Begehrlichkeit und den Fesseln der Libido befreit worden. So habe sich Franziskus ganz der zärtlichen Fürsorge für die Armen und Brüder, der Verbrüderung mit der Natur aber auch der Zärtlichkeit für Klara zuwenden können. Die Reinheit bedeutete für Franziskus dabei die Freiheit von Anhänglichkeiten, die auf falsche Absolutwerte des Lebens hinweisen. In der Reinheit von Ehelosigkeit und Zölibat werde der Eros verklärt und einem höheren Ziel entgegengeführt. Die Liebe, die beispielsweise Franziskus und Klara zueinander hegten, wurde auf Grund ihrer Reinheit in der Liebe zu den Armen und zu Christus aufgehoben und dadurch überboten.[1069]

Zusammenfassend bleibt festzustellen, daß Boff, indem er den Eros als die Grunddynamik des Lebens bezeichnet, zu einer grundsätzlich positiven Bewertung nicht-logos-zentrierter Persönlichkeitsanteile kommt, wie der Affektivität, dem Gefühl, der Fantasie, dem Verlangen, dem Genuß, der Geschlechtlichkeit oder der Zärtlichkeit. Der Eros sei allerdings ambivalent und in zweierlei Hinsicht bedroht, wenn er nicht zu einer fruchtbaren Synthese mit dem Logos findet. Zum einen droht eine einseitige Herrschaft des Logos den Eros völlig zu unterdrücken. Zum anderen drohe der Eros, ohne die disziplinierende Kraft des Lo-

---

[1066] Boff 1991a, S.28f. Hier schließt Boff explizit an die Marcusesche Interpretation der Freudschen Trieblehre an. Gleichzeitig geht er über den Platonischen Dualismus hinaus. Für Platon bestand die Funktion des himmlischen Eros darin, die Seele von den Fesseln der Sinnlichkeit zu *befreien*. Boff dagegen geht es um eine *Verbindung* der Kraft des Eros mit der Disziplin des Logos.

[1067] Boff 1991a, S.26ff.

[1068] Boff 1991a, S.40. Hervorhebung von mir. S.K. In einem Interview berichtet Boff, daß auch er in der Zeit seines Noviziats seinen eigenen Körper mit einem Striemen geißeln mußte, während er die Bußpsalmen betete. Siehe: Goldstein 1994, S.26.

[1069] Boff 1991a, S.55.

gos der Herrschaft der Begehrlichkeit und den Fesseln der Libido zu verfallen.[1070]

In Bezug auf die Sexualität betont Boff in dieser Phase seines Schaffens vor allem die Gefahr der Dämonisierung des Eros, beispielsweise durch die Regionalisierung des Geschlechtlichen auf den Genitalbereich. Die völlige Unterwerfung des Körpers und der Verzicht auf die genitale Liebe erscheint ihm deshalb als eine Möglichkeit, die Kraft des Eros von seinen Ambivalenzen zu befreien, sie auf eine höhere Stufe zu transformieren und sich dadurch in völliger Freiheit völlig in den Dienst Gottes zu stellen.

In seinen neueren Veröffentlichungen dagegen betont Boff in Bezug auf die sexuellen Erfahrungen vor allem die schöpferische Kraft des Eros. Der Eros wird dabei als eine Manifestation des Geistes verstanden.[1071] Sexualität kann dadurch zu einer Geist-Erfahrung werden und wird damit der Spiritualität quasi gleichgestellt. Boff selbst räumt ein, daß es ihm in einer solchen Darstellung darum gehe, die gemeinsamen Bezugspunkte zu entdecken, statt die Differenzen zu betonen. Dieses Bedürfnis steht für Boff im Zusammenhang mit der Auseinandersetzung um die Entwicklung des neuen Paradigmas der „Integration".[1072] Die Entwicklung dieses neuen Paradigmas soll zunächst nachgezeichnet werden, bevor die Frage der Verhältnisbestimmung von Sexualität und Spiritualität wieder aufgenommen wird.

4. Paradigmenwechsel

4.1. Krise der Paradigmen

Die gegenwärtige radikale Krise der politischen, ökonomischen und ideologischen Systeme zeigt sich für Boff im anhaltenden Elend großer Teile der Menschheit.[1073] Noch immer führen zwei Drittel der Weltbevölkerung ein Leben als Gekreuzigte. Die Armut nimmt weiter zu, die 80er Jahre gelten als verlorenes Jahrzehnt der Entwicklungspolitik, ganze Volkswirtschaften der Entwicklungs-

---

[1070] Diese Ambivalenz hatte Boff (1985c, S.177) bereits in Hinblick auf die notwendige Integration des Weiblichen und des Männlichen betont. Diese Synthese sei zum einen durch den Hedonismus des Eros und zum anderen durch die Strenge der Kontrolle und der kulturellen Spielregeln bedroht.

[1071] Dies ist durchaus eine Fortführung seiner bisherigen Überlegungen, bei denen er Begriffe wie Vitalität, Kreativität, Gefühl sowohl auf den Eros als auch auf das Weibliche und dieses wiederum auf den Heiligen Geist bezogen hatte.

[1072] Boff, *Von der Würde der Erde. Ökologie, Politik, Mystik*, 1994a, S.182.

[1073] Eine ausführliche Analyse der gegenwärtigen Situation gibt Boff in einem Sonderartikel „Cristianismo de libertação rumo ao século 21" für die Zeitung *O Estado de S.Paulo* vom 15.8.1993.

länder exportieren vorrangig nur deshalb, um die immensen Auslandsschulden zurück zu zahlen.

Durch die verschärfte ökonomische Krise trete in den südlichen Ländern immer stärker die Gefahr der Ausgrenzung in den Vordergrund. Über 32 Millionen Menschen gehören in Brasilien bereits zum „Lumpenproletariat" und gelten als nicht mehr integrierbar in das ökonomische System.[1074] Die ökologische Krise macht nach Boff's Einschätzung aber auch in den nördlichen Ländern die Problematik des bisherigen Entwicklungsweges offenbar.

Mit verschärften Spannungen zwischen Nord und Süd gehe eine grundsätzliche Umstrukturierung der Weltwirtschaft einher. Die Effekte der „Mundialisierung" der Ökonomie hält Boff für die Bevölkerung des Südens für beunruhigender als zu Zeiten der Kolonialisierung.[1075]

Diese Mundialisierung führe nicht nur zu einer Homogenisierung der Wirtschaftssysteme und Produkte, sondern auch zu einer Vereinheitlichung der Werte. Die Mundialisierung verwandle alles in einen immensen „Big Mac". Der gleiche Stil der Hotels, der Filme, der Videos, der Musik, der TV-Programme. Selbst der Vatikan habe seinen „Big Mac". Er habe einen Katechismus geschaffen, der einheitlich und gleich sei für die ganze Welt.[1076]

Scheinbar gebe es keine Alternative zu diesem System. Der Fall der Berliner Mauer, der Kollaps des realexistierenden Sozialismus führte auch bei den progressiven Kräften Lateinamerikas zu einer Krise der Paradigmen.

> „Strukturen sind zusammengebrochen und mit ihnen viele Denkmodelle. Doch die Träume sind geblieben. (...) Träume eröffnen neue Betrachtungsweisen und schaffen die Begeisterung, ohne die Menschen weder denken noch gestalten können."[1077]

Der Zusammenbruch der bisherigen Systeme und Denkmodelle führt nach Ansicht Boffs also nicht zu einem Verlust der Zielvorstellungen und Utopien. Wenn es gelinge, die Träume wachzuhalten, können Krisen zu schöpferischen Prozessen führen, zur Entwicklung neuer Paradigmen.[1078]

[1074] In Brasilien hatte deshalb der Vorsitzende der Brasilianischen Bischofskonferenz Dom Luciano Mendes de Almeida bereits von einer „Theologie der Ausgeschlossenen" gesprochen. Siehe dazu: Boff, „Neue Herausforderungen in einer verschärften Situation", 1995, S.17.

[1075] Die theologische Auseinandersetzung mit dieser Mundialisierung der Weltwirtschaft leistet Boff im 2.Kapitel seines Buches *Von der Würde der Erde*, 1994a.

[1076] Boff 1993.

[1077] Boff 1994a, S.9.

[1078] An der Unterbindung der Träume sei dagegen der realexistierende Sozialismus zugrunde gegangen. Dadurch nämlich wurde auch Freiheit und Kreativität und damit das Gespür für das Menschliche verhindert. Boff, *Eine neue Erde in einer neuen Zeit. Plädoyer für eine planetarische Kultur*, 1994e, S.93.

4.2. Das neue Paradigma: Ökologie

Ein solches neues Paradigma ist für Boff die Ökologie. Dabei faßt er Ökologie recht breit:

„Ökologie ist Beziehung, Interaktion und Wechselwirkung, die alle (lebenden und nichtlebenden) Wesen sowohl miteinander als auch mit allem anderen haben, was real und potentiell existiert."[1079]

Außerhalb von Beziehungen gebe es nichts. Alles habe mit allem zu tun und zwar in jeder Hinsicht. Dieser holistische Entwurf[1080] impliziere Interdependenzen der Dinge, die reine Machtbeziehungen ausschließen. Hierarchien werden dabei funktionalisiert und selbst die kleinsten Elemente erhalten eine gewisse Autonomie. Gleichzeitig wird durch den relationalen Charakter die gegenseitige Angewiesenheit alles Seienden betont.

Die Erkenntnis der grundsätzlichen Beziehung von allem mit allem erfordere ein bestimmtes Verhalten von den Menschen, erstrebe eine bestimmte Erfahrung. Nötig sei heute ein weltumfassendes Bewußtsein und Gewissen, eine neue Allianz der Gemeinschaft und Solidarität und der Achtung der Schöpfung. Diese sich aus dem ökologischen Paradigma ergebenden Forderungen faßt Boff mit dem Ausdruck „Wieder-anbindung"(»re-ligação«) zusammen. Die Formen dieser Wieder-anbindung müßten aber erst gesucht werden:

„Vielleicht ist die verzweifeltste Suche heute die Suche nach einer Erfahrung, die uns dem ganzen Universum wieder-anbindet."[1081]

Diese Suche nach dem neuen Bewußtsein, dieser Versuch der Wieder-anbindung finde z.Z. in den unterschiedlichsten gesellschaftlichen Bereichen statt: in Technik und Politik, Gesellschaft und Ethik, Religion und Theologie. Anzeichen dieser Wieder-anbindung zeigen sich heute beispielsweise in der Entstehung eines neuen Eros, der die Dualismen von Vernunft und Emotion, Körper und Seele, Maskulinem und Femininem zu überwinden trachtet.[1082] Anzeichen der Wieder-anbindung zeigen sich ebenso in der „Entdeckung der Erde" als eine Totalität, von der der Mensch ein Teil sei. Eine solche Entdeckung der Erde

---

[1079] Boff 1994a, S.15.

[1080] In der brasilianischen Ausgabe zitiert Boff neben C.F. von Weizsäcker auch F.Capra, Prigogine. Zu Boff's Auseinandersetzung mit der „modernen Kosmologie" siehe: Boff, „Deus na Perspectiva da Moderna Cosmologia", 1994d.

[1081] Boff, Uma Erótica nova: Utopia?, 1994c, S.79.

[1082] Boff 1994c, S.78.

führe zu einem neuen Bündnis mit der Natur, das die bisherige Mißachtung der Schöpfung zu überwinden trachte.[1083]

Dieses neue Bewußtsein bilde eine Antwort auf die Mundialisierung der Weltwirtschaft, die auf Macht, Akkumulation, Interesse oder instrumenteller Vernunft beruhe.[1084]

„Was heutzutage weltweit verbreitet werden muß, sind weniger Kapital, Markt, Wissenschaft und Technik als vielmehr und grundsätzlich Solidarität mit allen Wesen, angefangen mit den Gefährdetsten, flammende Wertschätzung für das Leben in all seinen Formen, Partizipation als Antwort auf den Anruf von Seiten eines jeden Menschen wie auf die Dynamik des Universums selbst sowie Ehrfurcht vor der Natur, von der wir ja ein Teil und zwar der verantwortliche Teil sind."[1085]

Doch wie ist eine solche Wieder-anbindung an die „kosmische Gemeinschaft" möglich? Woher stammt die Kraft für diese neue Allianz der Solidarität, der Ehrfurcht und des Lebens?

5. Quellen der Kraft

5.1. Formen mystischer Erfahrung

Die Frage der Motivation, die Suche nach Kraftquellen bildet nach Boffs Einschätzung gegenwärtig eine der entscheidenden Fragen der sozialen Bewegungen Lateinamerikas, die für diese Allianz der Solidarität und des Lebens eintreten. „Seien wir realistisch! (...) Wer sich auf den Befreiungsprozeß einläßt, muß einen langen Atem haben."[1086] Nachdem sich die Hoffnungen der 70er und 80er Jahre auf einen radikalen gesellschaftlichen Wandel nicht so schnell erfüllt haben, brauchen die Bewegungen Kraft für den „langen Atem", für ein „dennoch", um trotz begangener Fehler und trotz der Rückschläge ihre Hoffnung, Souveränität und Heiterkeit zu bewahren im Widerstand und Protest, im Engagement für die Sache der Bedrängten.

Für ein solches Engagement stehen nach Boffs Ansicht viele Kraftquellen zur Verfügung. Die Inspiration durch die Urutopie des Christentums von einer geschwisterlichen, gerechten und partizipativen Gesellschaft könnte eine solche Kraftquelle sein, ebenso wie die emanzipatorischen Ideale der Französichen Revolution, der radikale Humanismus, eine Ethik des Mitleidens und der Solida-

---

[1083] Boff 1994d, S.102-105. Im Prinzip wendet Boff hier die Kategorien an, die er bereits in seiner Studie zu Franz von Assisi entwickelt hatte.

[1084] Boff, „Ökologie und Spiritualität: Kosmische Mystik", 1993f, S.439.

[1085] Boff 1993f, S.439.

[1086] Boff 1994a, S.175.

rität oder die Empörung über das Elend, wie sie sich in den Idealen des Sozialismus zeige.[1087]

Doch „was das Volk rettet, ist die Mystik."[1088] In diesem Zusammenhang bedeutet Mystik

> „jene Dimension, welche - unabhängig von Interesse, Scheitern und Erfolg - die vitalen Energien speist. Spiritualität und Mystik gehören zum Leben in seiner Gesamtheit und Sakralität. Sie bilden den Geburtsort für die Kraft des Widerstandes und für bleibenden Willen nach Befreiung."[1089]

Für das Judenchristentum zeige sich diese mystische Dimension insbesondere in der Geschichte Gottes mit seinem Volk und den Unterdrückten. Gott zeige sich in der gerechten Tat und der liebevollen Zuwendung zu den anderen. Christliche Mystik sei deshalb eine *Mystik des ethischen Engagements*. Sie bestehe in der Nachfolge Jesu und beinhalte engagierte Solidarität und Ringen um persönliche und gesellschaftliche Veränderungen.

Eine solche Verbindung von Spiritualität und Politik hatte Boff bereits 1980 hervorgehoben. Mit dem Begriff „contemplativus in liberatione" versuchte er eine Synthese von Gebet und befreiendem politischen Engagement herzustellen, die den Gegensatz von Aktion und Kontemplation überwindet. Im Gebet nehme der Mensch eine „ekstatische Position" ein, die Gott als dem Heiligen und Absoluten gegenübertrete. Dieser Gott sei aber gleichzeitig ein Gott, der das Klagen der Unterdrückten höre. Deshalb müsse sich unsere Leidenschaft für ihn mit der Leidenschaft für die Unterdrückten verbinden. Die Kontemplation bestehe ganz konkret in der Zuwendung zu den Armen und Unterdrückten, in denen sich die sakramentale Gegenwart des Herrn offenbare. Diese Form der Kontemplation zeige sich im Gebet ebenso wie im sozialen und politischen Engagement, das durch den Glauben einen transzendenten Sinn erhalte. Dieser transzendente Sinn ermögliche eine „Mystik der Ausdauer"[1090], die zu einem Engagement jenseits des wahrnehmbaren Erfolges führe und sich gegen die Gefahr der Resignation aus der Hoffnung auf das verheißene Reich speisen läßt. Die Spiritualität bilde deshalb eine Quelle, die die Kraft für den Kampf gibt und die christliche Identität im Befreiungskampf sichert.[1091]

Sowohl in der Vorstellung des „contemplativus in liberatione" als auch bei der „Mystik des ethischen Engagements" wird die Spiritualität ganz auf das ethische - und das heißt bei Boff auf das politische - Engagement bezogen. Das

---

[1087] Boff 1994a, S.146f.

[1088] So der Titel des Aufsatzes von 1994b.

[1089] Boff 1994a, S.147.

[1090] Boff 1985c, S.318.

[1091] Siehe das Kapitel „Mystik und Politik: Kontemplation im Befreiungskampf" in: Boff, *Aus dem Tal der Tränen ins Gelobte Land. Der Weg der Kirche mit den Unterdrückten*, 1982, S.214-228.

Gebet wird so zu einem politischen Akt und das politische Handeln zu einem religiösen Werk.

Doch daneben betont Boff v.a. in seinen jüngeren Veröffentlichungen einen weiteren Aspekt der *Kontemplation, die sich* - im Sinne des neuen Paradigmas der Ökologie und der Wieder-anbindung - *dem Gesamt der Wirklichkeit zuwende*. Damit überschreite die Mystik die Logik der instrumentellen Vernunft. Diese Mystik beziehe sich nicht auf kurzfristige Zwecksetzungen und Kausalketten, sondern auf das Ganze der Wirklichkeit. Sie gründe auf der Verdanktheit der Welt, auf tiefer Ergriffenheit und „auf dem Gespür für den großen, kosmischen Organismus mit seinen Anspielungen und Hinweisen auf eine höhere, vollere Wirklichkeit."[1092]

Die Form der Erkenntnis sei dabei nie ein Akt der Aneignung und Beherrschung, sondern eine Form der Liebe zu ihnen und der Gemeinschaft, die sich nicht als Vernunft sondern als ein Gefühl im Sinne Pascals Ausdruck verleiht. Aus dieser Erfahrung erwachse eine Einstellung der Erfurcht, Verzauberung und Demut gegenüber den Dingen. Bei dieser *Wiederentdeckung des Zaubers der Welt* handelt es sich nicht um ein irrationales anti-aufklärerisches Projekt. Vielmehr geht es Boff darum, die Verkürzungen des neuzeitlichen Weltverständnisses auf die technokratische Vernunft zu überwinden, um zu einem tieferen Geheimnis der Einheit der Welt zu stoßen, das inzwischen auch von Wissenschaftlern erahnt werde.[1093]

Um dieses Mysterium gehe es auch der Mystik. Dieses Geheimnis bilde keinen Gegensatz zum Wissen. Doch werde es nicht mit der analytischen Vernunft erfaßt, sondern mit dem „Herzen" und ermögliche so eine Erfahrung, die bis an die Wurzel der Wirklichkeit reicht.[1094]

Neben der Mystik des ethischen Engagements bestand nach Boff bereits seit dem frühen Christentum eine *kontemplative Mystik*, die sich dem Geheimnis der Schöpfung zuwandte, dem kosmischen Christus, der Allgegenwart Christi und des Geistes. Boff nennt Franz von Assisi und Teilhard de Chardin als Zeugen dieser Tradition ebenso wie die polytheistischen Religionen, die noch ein Gefühl dafür bewahrt hätten, daß alles heilig sei.[1095]

Dieser Mystik gehe es um die Erfahrung von *Einheit und Gemeinschaft*,

---

[1092] Boff 1993f, S.439.

[1093] Boff 1994a, S.83.

[1094] Seit Beginn seines theologischen Wirkens war es Boff nach eigenen Angaben um die Ausarbeitung einer „Theologia cordis" gegangen - einer „Theologie des Herzens", die die Emotionen nicht ausblende und sich lieber in Metaphern als in Begriffen ausdrücke.Siehe: Goldstein 1994, S.26.

[1095] Boff, „Teologia da colisão", 1995a.

„insofern ein göttlicher Faden das Weltall, das Bewußtsein und das Handeln des Menschen durchzieht, um alles nach vorn und nach oben zu einen, im Blick auf die höchste Synthese mit Gott, dem Omega der Evolution und der Schöpfung."[1096]

Die Mystik des ethischen Engagements und die kontemplative Mystik dürfen nicht als Gegensatz gesehen werden. Durch den prozessualen Charakter hin auf das „Reich der Dreifaltigkeit" entgeht die kontemplative Mystik Boff's der Gefahr, in selbstgenügsame Harmonie und in Gegensatz zu den Veränderungsimpulsen des ethischen Engagements zu geraten. Die kontemplative Mystik sei keine Mystik, die die Welt hinnehme, wie sie ist, und in Passivität verharre. Ihre Ausrichtung auf Einheit und Gemeinschaft integriere vielmehr die Utopie, die Möglichkeit der Veränderung und Entwicklung. Das Ziel der Entwicklung sei die Perichorese, wie sie sich beispielhaft in der Trinität zeige. Das Modell der Perichorese, des gegenseitigen Miteinander und Ineinander, bilde als gesellschaftliches Ideal auch den Orientierungspunkt für unser tägliches Leben.

„Die Dreifaltigkeit realisiert sich in unserer Existenz, weil hinter unserem Leben und hinter dem Impuls unserer Liebe die Leidenschaft der göttlichen Personen wirksam ist. Sie ist die beste Gemeinschaft, der Prototyp der Gesellschaft, die Unterschiede gelten läßt und mittels der Gemeinschaft unter den Verschiedenen Einheit schafft."[1097]

Nicht nur die Mystik der Nachfolge Christi, auch die kontemplative Mystik bildet nach Boff's Meinung somit Modell und Energiequelle für ein Engagement unabhängig von Interesse, kurzfristigem Scheitern oder Erfolg. Diese Formen der Mystik ermöglichen Begeisterung, inneres Feuer und langen Atem auf dem Weg zum „Reich der Zärtlichkeit."[1098]

5.2. Andere Formen der Geisterfahrung

Boff begreift Mystik und Spiritualität als Ergebnis eines „tiefgreifenden Lebensprozesses", der die „verborgene Kraft in allen Kristallisationen" bilde. Spiritualität sei daher eine Manifestation der *Lebensenergie*.[1099] Eben deshalb könne die mystische Erfahrung die „vitalen Energien" im Menschen speisen, die den „langen Atem" ermöglichen.

Gleichzeitig wird die spirituelle Erfahrung, die auf eine tiefere Dimension verweist, von Boff als „Geisterfahrung" beschrieben. Demnach lasse sich auch der Geist als Energie verstehen:

[1096] Boff 1994a, S.158.
[1097] Boff 1994a, S.159. Dieser Gedanke ist ausgearbeitet bei: Boff, *A Trinidade e a Sociedade*, 1987.
[1098] Boff 1994a, S.161.
[1099] Boff 1994a, S.168.

„Geist bezeichnet die *Energie* und die *Vitalität* aller Manifestationen des Menschen. In diesem Sinn ist Geist kein Gegensatz zu Leib. Geist schließt den Leib ein. Der Leib wird immer wieder erfüllt von Leben, von Geist also. Das Gegenstück zu Geist ist Tod. Der große Gegensatz besteht mithin nicht zwischen Geist und Materie bzw. Seele und Leib, sondern zwischen Leben und Tod."[1100]

Indem Boff Geist als Gegensatz zum Tod versteht, überwindet er den Leib-Seele-Dualismus in Bezug auf die Geisterfahrung. Spiritualität kann somit nicht als eine Überwindung des Leibes und der Welt verstanden werden. Sie ist vielmehr durch einen starken Vitalismus geprägt, der unterschiedliche Erfahrungsfelder zu integrieren vermag.

So führe Spiritualität zur Zuwendung zu lebensfreundlichen Prozessen, die eine *Konvivenz* im Einklang mit den anderen und mit der Natur sucht. Die kosmische Mystik und die ökologische Geisteshaltung seien Ausdruck einer solchen Spiritualität. Das Ideal menschlicher Gemeinschaft scheine als Erfahrung des Geistes ausschnittweise bereits heute auf. Es sei beispielsweise in den Symbolen der Feste des Volkes präsent als Antizipation des guten Endes, ebenso wie in ihren Hoffnungen, Wünschen und Träumen.

Gleichzeitig betont Boff, daß Spritualität ein *„Leben in Würde und voll von Genuß"* ermögliche.[1101] Dem von Boff in der brasilianischen Originalausgabe verwendeten Begriff „vida prazerosa" entspricht die Vorstellung von einem „genußvollen Leben" und nicht der vom deutschen Übersetzer verwendete Ausdruck „Lust am Leben." Boff verwendet hier nicht den Begriff der Lebenslust („alegria"), sondern schreibt bewußt vom Genuß („prazer") und betont damit die eindeutigen körperlichen Konnotationen.

Der Geist treffe in der Gesellschaft aber auch auf die Phänomene des Todes, auf zerbrechende Kommunikation, Inflation des Ichs, Zerrissenheit der Gesellschaft. Spiritualität bedeute dann Reaktion, und zwar als *heiliger Zorn* über die Perversität und auch als *Erbarmen mit den Opfern*.

„Protest und Erbarmen wecken den Willen, die Dinge zu verändern und für Befreiung einzutreten. Spiritualität wird zu einer Spiritualität der Befreiung und Veränderung, des Bemühens um gerechte Verhältnisse und des Arbeitens an einem Prozeß der Vermenschlichung, bis daß die Menschen ihre Freiheit zum Ausdruck bringen und ihre Identität genießen können." [1102]

Die Überwindung des Leib/Seele-Dualismus steht demnach bei Boff im Zusammenhang mit einem vitalistischen Geistbegriff, der sowohl die Bedeutung der

---

[1100] Boff 1994a, S.169. Hervorhebungen v. S.K..

[1101] Boff 1994a, S.174. Die kulturelle Bedeutung der Kategorie der Würde wurde oben (Kap. A,II,2) untersucht. Aus hermeneutischer Perspektive hat Sundermeier (1996, S.183f) auf die Bedeutung der Kategorie der „Würde" und „Anerkennung " für die lateinamerikanische Diskussion aufmerksam gemacht.

[1102] Boff 1994a, S.174.

menschlichen Gemeinschaft und die Zuwendung zur Schöpfung als auch den Genuß des Körpers zu integrieren vermag. Die Energie und Vitalität des Geistes finden einerseits in Konvivenz und heiligem Zorn und andererseits in der Würde und dem Genuß des Körpers ihren Ausdruck.
Diese seien allerdings nur die äußeren Seiten der Geisterfahrung. Im Inneren erweise sich der Geist als eine Dynamik der menschlichen Psyche.

„Er hat eine Tiefendimension, die unbewußt, archetypisch, instinktiv, traumbezogen, bewußt, gefühlsmäßig, intellektuell und willentlich sein kann. In diesem Fall geht es um eine vitale Energie, die sich im Laufe des Lebens steigern kann und die sich kanalisiert und realisiert in den unterschiedlichsten Formen von Fantasie, Verstand, Gefühl und Willen."[1103]

Diese vitale Energie überflute unser psychisches Leben und kristallisiere sich in der Erfahrung des Mittelpunktes, bei der im Tiefen-Ich das Bewußte und Unbewußte zusammenfließen.[1104] Diese Erfahrung des Mittelpunktes und der Einheit sei unableitbar und stamme aus einer tieferen Quelle. Sie besitze die Merkmale des Numinosen, des Fascinosum und Tremendum, d.h. die Merkmale der Erfahrung des Heiligen.

Indem Boff Geist im Zusammenhang mit *Energie, Leben* und *Beziehung* sieht,[1105] kann er mystische Erfahrung als eine Kraftquelle verstehen. Die freiwerdende Lebensenergie spiritualisiere den Menschen, eröffne eine Gemeinschaft mit der kosmischen Energie und ermögliche damit die Erfahrung tiefen Friedens und der Ganzheit. Gleichzeitig führe sie zu einer Zuwendung des Menschen zu lebensförderlichen Prozessen in Konvivenz und heiligem Zorn und ermögliche ein Leben voll Würde und Genuß. Genau diese Struktur der spirituellen Erfahrung wird nach Boff auch von der sexuellen Erfahrung geteilt.

[1103] Boff 1994a, S.171.

[1104] Hier nimmt Boff (1994a, S.171) die Konzeption des Jungschülers Léon Bonaventura mit der Unterscheidung von bewußtem Ich, Tiefen-Ich sowie persönlichem und kollektivem Unbewußtem auf.

[1105] Boff (1994a, S.180) weist darauf hin, daß sich ein solches Verständnis des Geistes vor allem in der orthodoxen Theologie finde, während in der lateinischen Theologie diese Aspekte vernachlässigt wurden.

5.3. Sexualität als Geisterfahrung

„Geschlechtlichkeit ist die grundlegende Energie im menschlichen Leben genauso wie in jedem Leben und in jeder Bewegung des Weltalls."[1106]

Hatte Boff in seinen bisherigen Studien Geschlechtlichkeit v.a. in Bezug auf die Geschlechterdifferenz und die notwendige Integration von Weiblichem und Männlichem in jedem Menschen thematisiert, so befaßt er sich in neueren Schriften mit dem Aspekt von Geschlechtlichkeit, der sich als eine Dimension der menschlichen Affektivität in der Gestalt der erotischen Intimität und genitalen Begegnung ausdrückt.[1107] Die energetische Dimension dieses Aspektes von Geschlechtlichkeit beschreibt Boff als „kosmische Energie, die sich auch in der Sexualität offenbart" oder als den Eros, der eine Expansion der Energie, der Leidenschaft, des Lebens[1108] oder der Axé[1109] sei.

Damit kann Sexualität, ebenso wie Spiritualität, als Geisterfahrung verstanden werden, die eine Erfahrung der Transzendenz ermöglicht, den Menschen mit seinen Kräften durchdringt und vitalisiert.[1110]

Dies ist Boff möglich durch die Vorstellung, daß sich die Struktur und die Energie die sich im Makro-Kosmos vorfindet im menschlichen Mikrokosmos widerspiegelt.[1111] Deshalb kann er von einer „universalen Sexualität" sprechen, von einer „kosmischen Lebensenergie", die im Menschen seine Form finde.

[1106] Boff 1994a, S.177.

[1107] Diese neue Schwerpunktsetzung hat möglicherweise auch biographische Ursachen. Boff ist 1992 aus dem Franziskanerorden ausgetreten. Inzwischen tritt er auch dafür ein, das Zwangszölibat für die Priester abzuschaffen und die Wahl der eigenen Lebensform den Priestern selbst zu überlassen. Siehe: Boff 1995a.

[1108] Boff 1994c, S.77,

[1109] „Axé" ist der Begriff, den die afrobrasilianischen Religionen Umbanda und Candomble in einer ähnlichen Weise verwenden allerdings mit eindeutigen Bezügen zu ihrer Symbolwelt. Daß Boff diesen Begriff übernimmt, zeigt ein weiteres mal seine Offenheit für Elemente anderer Traditionen. Siehe: Boff u. Betto, *Mística e Espiritualidade*, 1993b, S.71.

[1110] Boff, Dimensão ontologica da sexualidade, 1993e, S.117.

[1111] Eine solche Vorstellung der Entsprechung von Mikrokosmos und Makrokosmos findet sich auch in einer der ersten „explizit erotischen Theologien" in dem 1768 erschienenen Werk „Die eheliche Liebe" von Emanuel Swedenborg. Dieser versteht die eheliche Vereinigung als Grundmodell des Weltprozesses. Erst durch die eheliche Vereinigung wird der Mensch ganz. Die Ewigkeit wird zu einer Sphäre der ehelichen Liebe. Der Eros erhält Zutritt zu jenem Bereich, der ihm bisher strikt untersagt war. Die Geschlechtlichkeit wird damit in die geistige Welt eingeführt. (Siehe: Bieber, „Eros und Transzendenz. Die romantische Liebesreligion und ihre Vorläufer", 1996, S.59f)

"Wir sagen, Sexualität sei eine radikale Wirklichkeit, weil sie im Mikrokosmos des Menschen nistet. Nistet sie aber im menschlichen Mikrokosmos, dann können wir sicher sein, daß sie auch im Makrokosmos wohnt."[1112]

Allerdings müsse die Kraft, die durch die Sexualität geweckt wird, unter Kontrolle gehalten werden. Bereits in Bezug auf das Verlangen (desejo), das bei Rubem Alves fast immer positiv konnotiert ist, hatte Boff angemerkt, daß diesem Verlangen wegen seiner Unersättlichkeit Grenzen gesetzt werden müßten. Dies sei nötig wegen der Liebe zum Verlangen der Anderen und des Überlebens aller.[1113]

Ebensolches gelte für die sexuelle Energie. Kontrolle des Instinktes, der sexuellen Begierde heiße allerdings nicht Repression, sondern ein rechtes Verhältnis zu finden zu anderen Ausdrucksformen der kosmischen Energie. Es gehe um *Integration, Aufstieg* und *Universalisierung* - Prozesse, die Boff als Vereinigung der kosmischen Energie mit der persönlichen Energie beschreibt.

Konkret heiße das beispielsweise, die Fixierung der Sexualität auf die Genitalien zu überwinden.[1114] Dies gelinge durch einen Aufstieg der Lebensenergie durch die verschiedenen Grade des Bewußtseins und die Vereinigung mit dem Gesamt der Wirklichkeit.[1115]

Boff erläutert diesen Prozeß am Beispiel des Mythos der Schlange Kundalini aus dem tantrischen Joga. Diese Kundalini symbolisiert nicht nur die Energie unseres körperlichen Gleichgewichts oder unserer Gesundheit, sondern ist ein Ausdruck der sich in der Sexualität entfaltenden kosmischen Energie.[1116]

Die Technik des Yoga habe im Orient einerseits die Aufgabe, diese Kraft der Kundalini zu wecken und sie andererseits unter Kontrolle zu halten, um die kosmische Energie mit der persönlichen Energie zu vereinen.[1117] Boff geht es bei seinen Ausführungen nicht darum, auch für das Christentum ein solches tantrisches Ritual zu fordern. Vielmehr nutzt er den Mythos der Kundalini dazu, die Möglichkeit und Notwendigkeit der Integration der in der Sexualität freiwerdenden kosmische Energie zu erläutern.

[1112] Boff 1994a, S.177.

[1113] Boff 1994a, S.78.

[1114] Dies war von Boff auch in seinen früheren Schriften betont worden. Dabei hatte er die Unterwerfung des Körpers, wie dies bei Franziskus geschah, als *eine* Möglichkeit verstanden, die Fesseln der Libido abzuwerfen. In seinen neueren Veröffentlichungen geht es ihm dagegen um eine Integration der sexuellen Erfahrungen.

[1115] Boff 1994a, S.178.

[1116] Boff u. Betto, *Mística e Espiritualidade,* 1993b, S.79.

[1117] Zum tantrischen Ritual siehe: Helbig, *Kulturanthropologie und Psychologie sexueller Rituale - Naven (Papua-Neuguinea) und Tantra (Altes Indien, Nepal, Tibet),* 1991, S.339: „Der Mensch erfährt im sexuellen Ritus seine eigene heilige Existenz, er wird periodisch zum Zeitgenossen der Götter. In der Möglichkeit der rituellen Wiederholung dieser Erfahrung liegt eine uneingeschränkte Bejahung des Seins, der Erhaltung der Heiligkeit der Welt und der Natur."

Sobald Kundalini aus ihrem Schlaf erweckt sei, steige sie auf durch die sieben verschiedenen Schakras (Zentren) des Menschen und gelange somit zu einer Integration und Universalisierung der ursprünglich getrennten Impulse.

Im ersten im Beckenplexus liegenden Schakra manifestiere sich die kosmische Energie als Vitalität der physischen, genitalen und sexuellen Anziehungskraft.[1118] Von hier aus müsse die Kundalini weiter aufsteigen durch die oberen Schakras.[1119] Die ersten drei Schakras symbolisieren dabei die instinktiven und affektiven Formen einer sexuellen Beziehung. Das vierte bis sechste Schakra, die jeweils im Herzplexus, im Nackenzentrum und im Bereich des „dritten Auges" sitzen, führen durch die Liebe, den bereichernden Austausch und die tiefere Erkenntnis des anderen zur Fähigkeit der Kommunikation und Gemeinschaft. Der schließliche Aufstieg der Kundalini in das siebte Schakra in der Zirbeldrüse führe zu einer Vereinigung mit dem All, bei der die Geschlechtlichkeit den Menschen verkläre, er sich als Teil eines Ganzen fühle und er das Ganze in sich erfahre.[1120]

Durch die Sexualität wurde die Kundalini geweckt. Durch ihren Aufstieg gelang ihr die Integration der erotischen Kraft und damit die Wiederherstellung der ursprünglichen Einheit. Diese Einheit werde auf den mythischen Darstellungen deutlich, auf denen die Schlange Kundalini ihren eigenen Schwanz frißt. Dies sei ein Symbol der Einheit der sich im Kosmos und im Menschen findenden Polaritäten zwischen Materie und Energie, Bewußtem und Unbewußtem, Männlichem und Weiblichem, Welt und Gott.[1121] Die durch diesen Aufstieg ermöglichte Integration vitalisiert den Menschen und läßt ihn die Transzendenz der Liebe und die Ekstase des Ganzen erfahren, die zu Bewunderung, Faszination und Geborgenheit führe.[1122]

> „Es geht darum, die gesamte innere Kraft in Bewegung zu bringen, damit sie den ganzen Menschen vitalisiert, bis er zur vollen Gemeinschaft findet mit der radikalen kosmischen Energie, mit dem Heiligen Geist; denn dieser ist das Prinzip, das alle Seienden in ihrer Verwiesenheit auf die anderen trägt und - wie die Atomphysiker sagen - alle (einschließlich der subatomaren Elementarteilchen) in den anderen, für die anderen und mit den anderen in einem universalen Beziehungsnetz existieren läßt."[1123]

[1118] Boff 1994c, S.80.

[1119] Boff verwendet in seinen Veröffentlichungen verschiedene Umschreibungen für die einzelnen Schakras. Es geht ihm nicht darum, eine genaue Darstellung der tantrischen Tradition zu leisten. Vielmehr möchte er die verschiedenen Persönlichkeitsanteile aufzeigen, die in einer sexuellen Beziehung integriert werden müssen.

[1120] Boff 1994c, S.81.

[1121] Boff u. Betto 1993d, S.79. Boff 1994a, S.177.

[1122] Boff 1994b, S.179f.

[1123] Boff 1994a, S.181.

Integrierte Sexualität könne somit zu einer Geisterfahrung führen. Der Geist ermögliche als Energie, Leben und Beziehung die Wiederanbindung an das ganze Universum, nach der sich heute viele sehnen. Eben diese Erfahrung wird nach Boff nicht nur in der kontemplativen Mystik, sondern auch in einer integrierten sexuellen Praxis ermöglicht. Die Integration der Lebensenergie in der Erfahrung der Sexualität sei damit eine Forderung des neuen Paradigmas der Ökologie, die überall die Beziehung zwischen den Elementen, die Wieder-Anbindung betone.

Damit geht Boff über seine bisherigen Erörterungen zur Sexualität hinaus. Bereits in seinen Ausführungen zu Franziskus hatte er von der Macht der Zärtlichkeit und der positiven Kraft der Sexualität gesprochen und in Anschluß an Marcuse eine Erotisierung des Verhältnisses zwischen Mann und Frau gefordert, die über die Verkürzungen der Eindimensionalität der modernen Industriegesellschaft hinauszuweisen vermag.[1124] Damit wird Sexualität grundsätzlich aus der Begrenzung auf ihre Funktion der Reproduktion befreit und folglich erscheint Boff auch der Gebrauch von Verhütungsmitteln nicht als verwerflich, wenn dies aus Verantwortung geschehe.[1125] Die Erotik sei allerdings nicht nur durch die Repression sondern auch durch die Reduzierung auf die „Genitalität" bedroht. Eine Erotisierung der Beziehungen scheint Boff aufgrund dieser Ambivalenz der Sexualität durch eine *Unterwerfung des Körpers und seiner instinktiven Impulse* möglich, wie dies im Keuschheitsideal der Orden geschehe. Durch diese Disziplinierung des Körpers, so hatte Boff in seinen frühen Schriften ausgeführt, gelinge es Franziskus und Klara, eine größere und reinere Liebe zu leben als die Liebe, die durch die Fesseln der Libido bedroht sei.

Mit der Übernahme der Vorstellung des Mythos der Kundalini setzt Boff nun einen neuen Schwerpunkt. Er geht davon aus, daß sich die Geschlechtlichkeit nicht durch die menschliche Vernunft im Letzten entziffern lasse. Lediglich Mythen und Symbole eröffnen uns deshalb einen relativ umfassenden Zugang zur Sexualität. Ebensowenig lasse sich die Geschlechtlichkeit durch ethische Vorstellungen oder durch Kontroll- bzw. Sublimierungsmechanismen völlig bändigen.[1126] Es geht jetzt nicht mehr um eine Unterwerfung und Disziplinierung des Körpers und seines Verlangens sondern um eine Integration. Diese Integration führe zu einer Vitalisierung des Menschen, da eine integrierte Sexualität eine Geisterfahrung ermögliche, die eine Verbindung mit dem ganzen Kosmos und seiner Energie schaffe. Diese Erfahrung stärke den „Willen zum Leben", der

---

[1124] Diesen Aspekt behält Boff weiter bei. Siehe: Boff 1993f, S.441f.

[1125] Boff, „Interview der Kooperation Brasilien mit Leonardo Boff", 1995d, S.18. Zur Frage der Empfängnisverhütung bemerkt Boff, daß die Verwendung von Kondomen oder der Pille in einer Beziehung die alleinige Sache der verantwortlichen Partner sei. Es gehe nicht so, wie der Papst es wolle, „der am liebsten mit der Taschenlampe in der Hand unter die Bettdecken schauen möchte."

[1126] Boff 1994a, S.176.

sich gegen die Gefahr der Resignation, Verzweiflung und Sinnlosigkeit wende.[1127] Die gelebte Sexualität könne deshalb als spirituelle Erfahrung zu einem Modell und einer Kraftquelle werden, die den Mut und die Kraft des Volkes stärkt in seinem Engagement und seiner Zuwendung zueinander, zu der Natur und dem Kosmos.[1128]

5.4. Leibbemeisterung statt Körperbeherrschung

In einem Aufsatz über „die lateinamerikanische Wiederentdeckung des Zaubers der Welt" kritisiert Hermann Brandt die „religiöse Verklärung der Sexualität", „in deren Verlauf das kritische Bewußtsein gleichsam religiös ertränkt werde."[1129] Handelt es sich bei Boff's Vorstellungen von Sexualität tatsächlich um ein irrationales Projekt, das sich im Stil der New-Age Bewegung östlichen Erlösungslehren und Einheitstheorien zuwendet und die differenzierende Kritik völlig ausschaltet?

Boff selbst behauptet, daß er auf fremde Mythen zurückgreift, um neue Konzepte zu suchen, die über die Aporien der bisherigen Erklärungen und die Krise der Paradigmen hinausreichen. Wenn Boff dabei auf außereuropäische Mythen zurückgreift, geht es ihm nicht um eine Ausschaltung rationaler Kritikfähigkeit oder eine Überwindung des christlichen Menschenbildes.[1130] Vielmehr - so mei-

---

[1127] Boff 1994c, S.84.

[1128] Eine solche normative Funktion erhält der erotische Weltzugang auch in der „poetischen Liebesreligion" des Novalis. In seiner „Theorie der Wollust" stellt er alle Erfahrung des Menschen unter das Paradigma des Erotischen. „Aus der innigsten Form des Umgangs zwischen Mann und Frau wird der Zugang zu allem Seienden gestaltet. (...) Dieses zärtlich liebende Ethos beansprucht letztlich Norm aller Erfahrung und Begegnung zu werden, auch der religiösen. Auch die Christusbeziehung wird im Licht dieses Ethos gesehen, der Umgang mit der Geliebten und Christus verschmelzen in einer Art erotischen unio mystica. In diesem Sinne eines Zusammen von höchster Geistigkeit und Sinnlichkeit kann Novalis die gottmenschliche Religion des Christentums als »die eigentliche Religion der Wollust" bezeichnen." Bieber 1996, S.67. Siehe auch: Holinski, *Poetische Religion der Liebe. Studien zur Religionsanschauung des Novalis,* 1976.

[1129] Brandt, „Säkularisierung in der Fremde. Die lateinamerikanische Wiederentdeckung des Zaubers der Welt", 1995, S.159f.

[1130] Um eine grundsätzliche Veränderung des christlichen Menschenbildes geht es beispielsweise Carter Heyward in ihrer „feministischen Theologie der Beziehung" (1986). Sie faßt die Sexualität des weiblichen Körpers als eine zentrale theologische Kategorie und entdeckt die erotische Kraft der Sinnlichkeit. "We share with many secular feminists a conviction that feminist theory must incorporate a profound positive evaluation of the vitality of the erotic in women's lives. We understand eros to be body-centered energy channeled through longing and desire. (...) eroticism as a source of creative personal power and essential to creativity" (Harrison u. Heyward 1989, S. 149). Dies führt sie aber nicht nur zur Inspirierung durch fremdreligiöse Symbole oder Mythen, sondern zu einer Umwandlung der christlichen Symbole. Für Heyward wird „Christa" zu einer Antithese zu allem, was historisch von der Kirche über Eros und die Frauen

ne These - wendet er sich damit gegen den seit Platon in der abendländischen Geschichte eingeprägten Leib-Seele-Dualismus und stellt diesem ein neues Modell entgegen. Daß er sich dabei auf außereuropäische Mythen beruft, hat zum einen biographische Ursachen.[1131] Darüberhinaus hat sich Boff sowohl intensiv mit mystischen Theologien als auch mit der Archetypenlehre von C.G. Jung auseinandergesetzt[1132] und von daher immer wieder in seinen Schriften auf Parallelitäten christlicher und nicht-christlicher Traditionen hingewiesen.[1133]

Das mit den außereuropäischen Traditionen transportierte Leibbild könnte man aber ebenso bei den frühgriechischen Philosophen, beispielsweise bei Homer finden.[1134] In den Epen Homers war der Mensch offen gegenüber den ihn ergreifenden Mächten. Diese Mächte transzendieren die individuelle Person, haben Weltgeltung und Weltwirkung.[1135] „So etwas wie eine Seele, in der das Individuum eine ihm privat reservierte Innenwelt zur Verfügung hätte, kennt der Homer der Ilias noch nicht."[1136] Die Vorstellung der Existenz einer Seele, die vom Leib getrennt ist und ihm in einem antagonistischen Verhältnis gegenübersteht, entwickelt sich erst in Folge der Umwandlung des archaischen Menschenbildes durch Demokrit und Platon.[1137] Das Verhältnis von Leib und Seele war ab dann eindeutig hierarchisch bestimmt.[1138] Katharsis hieß für Platon die Reinigung der Seele vom Körper. Die Nähe der Seele zum Göttlichen bestimmt sich durch den Grad, mit dem es ihr gelingt, den Körper zu unterdrücken und über ihn zu herrschen.

---

gelehrt wurde. Siehe: Heyward, *Und sie rührte sein Kleid an. Eine feministische Theologie der Beziehung*, 1986.

[1131] Boff berichtet, daß ihm die Bedeutung der Mystik erst über die fernöstliche Literatur richtig deutlich wurde, die ihm durch seinen ehemals buddhistischen Franziskanerbruder Hermógenes Harada nahegebracht wurde. Siehe: Goldstein 1994, S.31f.

[1132] Boff ist in Brasilien einer der der Hauptübersetzer deutscher Mystiker ins Portugiesische. Außerdem ist er der Koordinator der brasilianischen Ausgabe von C.G.Jung, die im Franziskanerverlag „Vozes" erscheint.

[1133] Jung selbst verglich die Energie der Kundalini mit seinem Konzept der Libido. Wilhelm Reich spricht in Bezug auf die Kundalini von einer „orgonen Energie", die durch den Körper übermittelt werde und einen kosmischen Ursprung habe. Siehe: Mann u. Lyle, *Sacred Sexuality*, 1995, S.60-80.

[1134] Über die Parallelitäten zwischen den frühen Griechen und den großen asiatischen Kulturen ist immer wieder hingewiesen worden. Siehe: Schmitz, *Der Leib. System der Philosophie*, Bd.2, 1965, S.444f.

[1135] Fränkel, *Wege und Formen frühgriechischen Denkens*, 1955, S.168.

[1136] Schmitz, *Die Wahrnehmung. System der Philosophie*, Bd. 3, 1978, S.225.

[1137] Siehe dazu: Rappe, *Archaische Leiberfahrung. Der Leib in der frühgriechischen Philosophie und in außereuropäischen Kulturen*, 1995.

[1138] Bei Platon lassen sich drei verschiedene Phasen der Leib-Seele-Dichotomie finden. So kommt es beispielsweise im „Timaios" durchaus zu einer „Würdigung leiblicher Phänomene". Insgesamt herrscht aber in allen drei Phasen die Forderung nach einer Dissoziierung von Körper und Seele vor. Siehe: Rappe 1995, S.252ff.

Durch eine solche Emanzipation des Menschen von seinem Körper stärkte Platon die Bedeutung der Selbstverantwortung und die Forderung nach einer ethischen Lebensbemeisterung. Die logozentrische Sicht der Selbstbeherrschung brachte nach Ansicht des Philosophen Hermann Schmitz allerdings für die Erkenntnis des Menschen in seinem leiblichen In-der-Welt-Sein „eher Verlust als Gewinn".[1139] Sie sei zu dualistisch verfälscht, um die Komplexität leiblicher Regungen und Gefühle zu erfassen.

> „In Wirklichkeit hat dieser Prozeß zwar große Fähigkeiten der menschlichen Natur aufgedeckt oder vielmehr erst gezüchtet und sowohl theoretisch als auch praktisch der Menschheit unschätzbare Dienste geleistet, aber nur vermöge einer einseitigen Deutung des Menschentums, wobei sicherlich ebenso viele fruchtbare Möglichkeiten der Entfaltung menschlichen Wesens verkannt und verdrängt, wie aufgetan und nahegelegt worden sind."[1140]

Im Anschluß an diese Einsicht von Schmitz meint Guido Rappe, die für die europäische Kultur so wirkmächtige platonische „Verdeckung des Leibes" habe zu einem Verlust leiblicher Entfaltungsmöglichkeiten geführt, der mit dem Wissen aus anderen Kulturen zumindest teilweise aufgewogen werden könnte.[1141]

Als eine der „platonischen Abwertung des Leibes"[1142] entgegengesetzte anthropologische Position stellt Rappe die Technik des tantrischen Yoga vor. Der von ihm durchgeführte Kulturvergleich zwischen dem tantrischen Konzept der Leibbemeisterung und dem platonischen Konzept der Körperbeherrschung kann uns helfen, die Weiterentwicklung zu verstehen, die sich bei Boff durch den Bezug auf den Kundalini-Mythos abzeichnet.[1143]

Platon hob in seiner Anthropologie die Notwendigkeit hervor, den Körper wegen der niederen Regungen durch die Seele zu beherrschen. Die Sexualität mußte deshalb abgespalten und den Befehlen der Vernunft unterworfen werden. Die Wurzel des Menschen sah Platon demgemäß in der Vernunft, die im Kopf angesiedelt sei.

Im Tantrismus dagegen wurde die Geschlechtskraft mit der Wurzel verbunden. Nicht die Unterdrückung der Sexualität, sondern deren Bemeisterung und

---

[1139] Schmitz 1965, S.463.

[1140] Schmitz, *Der Gefühlsraum. System der Philosophie,* 1969, S.20. In ähnlicher Weise spricht auch Ludwig Klages davon, daß die durch Platon ermöglichten unbezweifelbaren Leistungen durch große Einbußen erkauft worden seien. Siehe: Klages, *Die Sprache als Quelle der Seelenkunde,* 1959, S.171.

[1141] Rappe 1995, S.499.

[1142] Kurz, Gymnastische Erziehung bei Platon und Aristoteles, 1973, S.180f.

[1143] Rappe 1995, S.375ff. Dies ist lediglich eine der möglichen Vergleichsschemata und soll keineswegs die Grundlage einer vollständigen systematischen Gegenüberstellung sein. Eine alternatives Vergleichsschema findet sich etwa bei Feuerstein, der die tantrische „Superlimation" mit der Freudschen „Sublimation" vergleicht. Siehe: Feuerstein, *Sacred Sexuality. Living the Vision of the Erotic Spirit,* 1992, S.131-155.

Integration in eine Gesamterfahrung war das Ziel der Tantriker. Durch die Aktivierung der einzelnen Schakren kommt es zu einem Gesamtkreislauf, der eine Vermischung von Vernunft und Sexualität ermöglicht. „Dadurch erhielt das Herz, ganz im Gegensatz zur Wachhundfunktion bei Platon, eine zentrale und vermittelnde - nicht kontrollierende - Funktion zwischen den polaren Zentren des Leibes."[1144]

Platon projizierte den anthropologischen Dualismus in den Kosmos. Dadurch wurde nicht nur die Dichotomie von Leib und Seele bzw. Geist und Materie verstärkt. Auch die Einheit von Leib und Kosmos zerbrach dadurch. Die Vereinigung der individuellen Seele mit der Weltseele scheint nur noch durch Entleiblichung und Entweltlichung möglich.[1145] Nach der tantrischen Lehre dagegen korrespondiert dem Makrokosmos der Mikrokosmos des menschlichen Körpers. Mittels bestimmter Rituale und Techniken können die Schakren als Leibeszentren aktiviert und bestimmte Aspekte und Kräfte des Universums und des Göttlichen im Menschen wachgerufen werden. Dadurch wird ein mystisches Vereinigungserlebnis möglich, das sich als leibliche Erfahrung nicht nur auf den Menschen bezieht, sondern als „weltdurchwogter Rausch der echten Ekstase"[1146] den ganzen Menschen in das Universum zu integrieren vermag. Für Platon forderte das „Einswerden mit Gott im Intellekt"[1147] den Aufstieg der Seele durch Trennung und Reinigung vom Leib. Für die Tantriker dagegen ermöglicht die Integration der Sexualität eine Steigerung des leiblichen Befindens, eine Aktivierung der kosmischen Energie innerhalb des körperlichen Mikrokosmos und damit eine tiefe religiöse Erfahrung. Nicht Körperbeherrschung sondern Leibbemeisterung bildet den Weg zu dieser Erfahrung.

Eben diese Vorstellung von der Leibbemeisterung und Integration der Sexualität scheint auch für Boff der angemessene Umgang mit den körperlichen Regungen. Anregungen zu diesen Überlegungen holt sich Boff aus dem tantrischen Kundalini-Mythos. Doch auch die Erfahrungen des Urchristentums sprechen nach Ansicht Boffs für eine Wertschätzung des Körpers, die über die Verkürzungen der platonischen Leib-Seele-Dichotomie hinausweist.

> „Das Urchristentum war keine Metaphysik eines dekadenten Platonismus, wie es Nietzsche sehr gut ausdrückte, sondern im Gegenteil, eine Erfahrung eines fantastischen Sinnes, eines Sinnes, der im Fleisch gegeben war, denn hier zeigte sich, daß der Logos Fleisch wurde - und nicht das Fleisch zum Logos."[1148]

[1144] Rappe 1995, S.376.
[1145] Rappe 1995, S.224f.
[1146] Klages 1959, S.171.
[1147] Schmitz, *Die Ideenlehre des Aristoteles*, Bd.1, 1985, S.311.
[1148] Boff 1994c, S.91.

6. Die Poesie der kleinen Befreiung

Durch die Betonung des neuen Paradigmas der Ökologie war es Boff möglich, Sexualität als eine spirituelle Erfahrung und Kraftquelle zu verstehen, wenn dadurch eine Wieder-anbindung an den Kosmos und die Integration in das Gesamt der Wirklichkeit gelinge. Daneben besitzt der Mensch auch andere Anlagen, um sich vom Universum mit seiner Komplexität, Majestät und Größe verzaubern zu lassen.[1149] Auf dem Weg zu einer solchen Wiederentdeckung des Zaubers des Universums müsse man aber über die moderne Rationalität hinausgehen und sich

> „kraft symbolischer und mythischer Erkenntnis Rechenschaft darüber ablegen, daß die Welt eine Botschaft und ein Geheimnis in sich trägt. (...) Die Dinge hören nicht auf zu sein, was sie sind. Doch dank der Gegenwart des Göttlichen in ihnen werden sie zu Zeichen, Symbolen und Sakramenten des in ihnen wohnenden Geheimnisses, des Geheimnisses des Lebens, der Liebe und der Gemeinschaft."[1150]

Durch eine solche Verzauberung, die Boff auch als „Ökologie der geistigen Einstellung" bezeichnet, könne der Mensch über die Macht der Vernunft hinaus auch andere Kräfte des Universums entdecken, die in Gestalt von *Regungen, Visionen, Intuitionen, Träumen* und *Kreativitätsmomenten* in ihm stecken.[1151]

Eben diese Kräfte werden durch die Religion geweckt, sei es durch die mythische Sprache, spirituelle Erfahrungen oder die Feste des Volkes mit ihrer ästhetisch-sinnlichen Dimension. In der Befreiungstheologie Boffs tritt deshalb „neben die Forderung nach Freiheit und Brot auch das Verlangen nach *Zärtlichkeit und Schönheit*."[1152]

> „Neben der Arbeit muß Muße herrschen, neben der Leistung *Lust* an der Freude und neben der Produktivität Geistesklarheit. *Vorstellungskraft* und *Fantasie, Utopie* und *Traum, Gefühl* und *Symbol, Poesie* und Religion müssen denselben Stellenwert haben wie Produktion und Organisation, Funktionalität und Rationalität. Männlich und weiblich, Gott und Welt, Körper und Psyche müssen integriert 0sein in den Horizont einer gewaltigen kosmischen Gemeinschaft."[1153]

Die polaren Elemente Leistung und Lust oder Funktionalität und Poesie[1154] werden hier von Boff nicht als gegensätzliche und sich ausschließende Prinzipien

---

[1149] Boff 1993f, S.442. Boff spricht hier in metaphorischer Weise von den „magischen und schamanischen Dimensionen unserer Psyche".

[1150] Boff 1994a, S.83.

[1151] Boff 1993f, S.442.

[1152] Boff 1994a, S.11.

[1153] Boff 1994a, S.34f.

[1154] Die Bedeutung der Poesie wird besonders in der Boff-Interpretation von Horst Goldstein hervorgehoben. Siehe besonders: Goldstein 1994, S.81-100.

verstanden, wie dies bei Alves der Fall ist. Aber auch Boff meint, daß unter den herrschenden gesellschaftlichen Verhältnissen und in vielen politischen Konzepten jene Elemente nicht ausreichend berücksichtigt werden, die von Marascin und Alves als Ausdruck einer befreiten Körperlichkeit verstanden werden.

Diese verdrängten Elemente finden Raum in der *Mystik des einfachen Volkes,* in seinen Träumen und *Festen.*[1155] Die Mystik der Volksfrömmigkeit[1156] sei der Ort der Emotion, des Verlangens und der Fantasie, von der aus der Mensch seine Utopien und Ideale entwickle. Hier zeige sich die Potentialität der Dinge. Die Mystik des Volkes zeige den Menschen stets die „andere Seite", wo die Heiligen, die Orixás, die Engel und die göttlichen Kräfte wohnen, mit denen die Menschen ständig in Kontakt stehen. Diese Form der Religiosität vermittle den Menschen eine „relationale Sicht des Lebens", die es ihnen ermöglicht, immer den positiven Sinn, die offene und hoffnungsvolle Seite der Erfahrungen zu betonen.

> „Hier ist die heimliche Quelle, von der das kristallene Wasser entspringt, das die Kraft des Widerstandes des Volkes revitalisiert und die sich als Humor, Gutmütigkeit und Leichtigkeit in der Konfrontation mit den vitalen Problemen offenbart."[1157]

Wie Franz von Assisi lasse sich das Volk nicht von Bitterkeit bemächtigen. Durch Poesie und Gesang, Tanz und grenzenlose Liebe könne die Kraft zur Veränderung geschöpft werden. „Ein lichter und lustvoller Gott befreit die Menschen, vor allem die Armen."[1158]

Diese positive Einschätzung der Volksreligiosität betont Boff auch in Bezug auf die *afrobrasilianische Religiosität.* Auf dem nationalen Treffen der Basisgemeinden 1992 in Santa Maria hatte sein Bruder Clodovis Boff erklärt, daß das Verhältnis von Glauben und Politik in den letzten Jahren einigermaßen geklärt werden konnte und daß sich der brasilianischen Theologie und Kirche jetzt die schwierigere Frage nach dem Verhältnis von Glaube und Kultur stelle. In seiner eigenen Rede nahm Leonardo Boff darauf Bezug und erklärte, daß die Begegnung mit Gott auf einem Berg stattfinde, zu dem verschiedene Aufgänge führen.

[1155] Boff, „O que salva o povo é a mística", 1994b.

[1156] Die Wahrnehmung der Volksfrömmigkeit durch die Befreiungstheologie hat sich im Laufe der Zeit stark revidiert. Wurde sie zu Beginn im Sinne der marxistischen Religionskritik als eine Art „Opium des Volkes" zum Erhalt der gesellschaftlichen Ungerechtigkeit und zur Verstärkung des Fatalismus gesehen, so wurde sie bereits in der Vollversammlung des Lateinamerikanischen Bischofsrates in Puebla 1979 positiv gewürdigt und in letzter Zeit immer mehr als ein Instrument des Widerstandes und der Würde der Menschen interpretiert. Siehe: Dussel, „Volksreligiosität als Unterdrückung und Befreiung", 1986. Boff 1982, S.129ff.

[1157] Boff 1994b, S.14.

[1158] Boff 1993f, S.451.

> „Die Schwarzen tanzen auf dem Weg zur Begegnung mit Gott. Die Indios suchen vielleicht ihren Weg durch den Wald, und wir Christen gehen vielleicht auf einem offenen Weg. Wir alle aber, die wir verschiedene Wege gehen, gehen in dieselbe Richtung: erwartet und umarmt von Gott."[1159]

Boff öffnet sich damit für die Vorstellung einer „Makro-Ökumene", die v.a. im Zusammenhang mit den 500-Jahrfeiern um die „Eroberung Amerikas" in der lateinamerikanischen Diskussion entwickelt wurde und die eine Ökumene anstrebt, die auch die nicht-christlichen Kulturen und Religionen Lateinamerikas zu integrieren vermag.[1160] Nach Ansicht Boff kann das Christentum allein das Mysterium nicht erfassen. Es wäre deshalb eine Tragödie, wenn die Welt nur christlich wäre. Die religiöse und kulturelle Vielfalt dagegen stärke die Religion.[1161]

Neben dieser Vorstellung einer bewußt gewollten multireligiösen Vielfalt steht bei Boff der Wunsch, zu einer Neuevangelisierung und der Entwicklung eines lateinamerikanischen inkulturierten Christentums zu kommen, das über die römisch-westliche Version des Christentums hinausweist, welche bisher die „Teilnahme der Körper der ehemals kolonialisierten und versklavten Völker Lateinamerikas und Afrikas ausschließe."[1162] In dem öffentlichen Brief, mit dem er für seine Weggefährtinnen und -gefährten 1992 seinen Austritt aus dem Franziskanerorden und dem Priesterstand begründete, schreibt er von seinem neuen Engagement:

> „Meinerseits möchte ich mich mit meiner intellektuellen Arbeit für die Entwicklung eines indo-afro-amerikanischen Christentums einsetzen, das in den Körpern, Hautfarben, Tänzen, Leiden, Freuden und Sprachen unserer Völker inkulturiert ist. Erst dies wird dann eine Antwort auf das Evangelium Gottes sein, die auch nach fünfhundert Jahren christlicher Präsenz auf diesem Erdteil teils immer noch aussteht."[1163]

Die Entwicklung eines solchen „echten Synkretismus"[1164] hieße, daß sowohl der Evangelisierte als auch die Evangelisatoren voneinander lernen müßten. In Bezug auf die afro-brasilianischen Kulte beispielsweise würde dies bedeuten, daß

[1159] Boff, „Die Begegnung mit Gott auf dem Berge", 1995d, S.252f.

[1160] Tiel, *Basisökumene in Brasilien unter Berücksichtigung des lateinamerikanischen Kontextes. »Ökumene im Kraftfeld des Reiches Gottes«*, Mettingen 1995, S.264ff.

[1161] Boff 1995c, S.15.

[1162] Boff, Mística e cultos africanos, 1993d, S.70.

[1163] Boff, Offener Brief an die Weg- und Hoffnungsgefährten und -gefährtinnen, 1994f, S.63. Eine solche Legitimierung indianischer und afro-brasilianischer Religiosität und die Forderung nach einem neuen Synkretismus findet sich gegenwärtig bei vielen brasilianischen Theologinnen und Theologen. Siehe etwa: Frei Betto, „If we change society, we will change the church", 1996.

[1164] Boff, *Gott kommt früher als der Missionar. Neuevangelisierung für eine Kultur des Lebens und der Freiheit*, 1991b, S.83.

der Wert, den diese dem Körper, den Rhythmen und dem Tanz beimessen, ebenso wie die Mystik und die Güte, die die schwarzen Menschen ausstrahlen, die christliche Erfahrung enorm bereichern könnte.[1165] In den afro-brasilianischen Riten werden die Körper der Gläubigen zu Trägern der Orixás, der göttlichen Mächte.[1166] Damit erhalten sie Würde, Kraft und Hoffnung für den täglichen Überlebenskampf, die als „echte theologale Tugenden" zu betrachten seien.[1167]

Diese neue Wertschätzung der verschiedenen Kulturen und der Differenzen bildet für Boff keine Abweichung von der Befreiungstheologie. Es geht ihm um den *Respekt vor der Identität und Würde* gerade der Menschen, die von den herrschenden ökonomischen, kulturellen und religiösen Strukturen bedrängt werden. Es handelt sich um eine „Theologie der kleinen Befreiung"[1168], die die ethnische, rassistische und sexistische Unterdrückung zu überwinden trachtet. Diese Theologie wende sich den Ausgeschlossenen zu und dies seien neben den ökonomisch Marginalisierten auch die Schwarzen, die Indianer, die Mestizen, Frauen, Homosexuellen und AIDS-Infizierten.

Mit ihren Riten und Festen, mit den Rhythmen ihrer Körper, ihren Symbolen und Träumen, der Poesie und Schönheit ihrer Tradition könnten gerade die afrobrasilianischen Traditionen eine große Bereicherung für ein lateinamerikanisches Christentum bilden. Ein solches lateinamerikanisches Christentum,

> „mit seiner mystischen, volkstümlichen, synkretistischen und befreienden Aura, könnte einen ursprünglichen und fruchtbaren Beitrag leisten für ein ökumenisches und mundialisiertes Christentum."[1169]

7. Kritische Zusammenfassung

Schon früh spielten in der Theologie Leonardo Boff's Fragen der Körperlichkeit eine Rolle, die von den anderen hier untersuchten Theologen im Rahmen einer Theologie des Körpers behandelt wurden. Bereits in seinen ersten Veröffentlichungen fordert Boff, in der Theologie von den alltäglichen Sorgen, die die Bedürfnisse des Körpers widerspiegeln, auszugehen. Daneben betont Boff die grundsätzliche Bedeutung der Geschlechtlichkeit ebenso wie nicht-logos-

---

[1165] Boff, *América Latina. Da Conquista á Nova Evangelização*, 1992, S.105f. Boff 1995c, S.21.

[1166] Interessanterweise wird von den Vertreterinnen und Vertretern einer schwarzen Theologie in den USA eine ähnliche Verbindung zwischen Körperlichkeit und Religiosität ebenso wie zwischen Erotik und Spiritualität hergestellt. Siehe dazu: Lorde, Vom Nutzen der Erotik. Erotik als Macht, 1986. Eugene, While Love is Unfashionable. Ethical Implications of Black Spirituality and Sexuality, 1987.

[1167] Boff 1994b, S.14.

[1168] Boff 1994a, S.137-143.

[1169] Boff 1992, S.142.

zentrierter Persönlichkeitsanteile wie etwa die Bedeutung des Gefühls, der Kreativität, der Fantasie, der Träume oder der Poesie. Der Körper wird dabei von Boff weder als Paradigma bezeichnet, noch spricht er explizit von einer Theologie des Körpers. Dennoch geht es ihm ebenso wie Alves und Marascin um eine Überwindung des in der Alltagsreligiosität verbreiteten Leib-Seele-Dualismus, der zur individualistischen Weltflucht führe.

Der auf diesem Dualismus beruhenden gegenwärtigen einseitigen Herrschaft des Logos stellt Boff die Vorstellung entgegen, daß es zu einem spannungsvollen Gleichgewicht von Logos und Eros bzw. von Männlichem und Weiblichem kommen müsse. In Bezug auf die sexuelle und die sinnlich-biologische Dimension des Menschen betont Boff in seinen frühen Schriften v.a. die Gefahren der Sexualität. Wegen der Unersättlichkeit des Begehrens müsse der Eros durch den Logos diszipliniert werden. Die Keuschheit der religiösen Ordensleute sei ein Weg, die Energie des Eros zu sublimieren und sie ganz dem Willen Gottes und einer größeren Liebe zu unterstellen.

In seinen neueren Schriften zeigt Boff einen anderen Weg auf. Wie man vom Mythos der Kundalini lernen könne, zeige sich durch den Versuch der Integration unterschiedlicher Erfahrungsschichten die Möglichkeit, Sexualität in eine spirituelle Erfahrung zu verwandeln, die den Menschen an den Kosmos wiederanbindet und ihn dadurch vitalisiert. Hier geht Boff radikal über traditionelle abendländische Verständnisse von Sexualität hinaus, schließt an Ideen aus dem Tantra an. Sexualität wird nicht nur als gute Schöpfungsgabe Gottes gesehen, vielmehr ermöglicht sie religiöse Erfahrungen.

Nicht das Ideal der Disziplinierung und Unterwerfung des Körpers, sondern die Vorstellung von einer Leibbemeisterung kennzeichnet diese neue Vorstellung vom Körper. Im Mikrokomos des eigenen Körpers können kosmische Energien wachgerufen werden, die durch eine Integration in das Gesamt der Wirklichkeit dem Menschen als Kraftquelle für den täglichen Überlebenskampf dienen kann ebenso wie als Kraftquelle für den Kampf um eine neue Allianz der Solidarität und des Respekts. Eine solche Erfahrung entspricht damit den Anforderungen des neuen Paradigmas der Ökologie, das die Relationalität allen Lebens und die Notwendigkeit der Wieder-anbindung betont.

Mit diesem Konzept der Leibbemeisterung erhalten die Erfahrung einer integrierten Sexualität ebenso wie der sofortige Genuß des einfachen Volkes, die Fülle der Freude in seinen Festen oder die Erfahrung der Schönheit eine religiöse Bedeutung. Ebenso kann nach Ansicht Boffs die intensive Körperlichkeit der afro-brasilianischen Riten zu einer Bereicherung eines mundialisierten Christentums beitragen.

Solche körperlichen Erfahrungen ermöglichen den Menschen, die andere Seite der Wirklichkeit zu spüren und vermitteln ihnen darüberhinaus Identität und Würde. Sie sind deshalb eine der Kraftquellen des Volkes, um die täglichen

Leiden in Leichtigkeit und Humor zu ertragen und nicht aufzugeben im Kampf für das Reich Gottes.

IV. ZUSAMMENFASSUNG: INNOVATIVE ELEMENTE IN DER THEOLOGIE DES KÖRPERS

1. Neue theologische Aspekte in der Theologie des Körpers

1.1. Diskursivitätsbegründer

Die bisherigen Erläuterungen dienten der Darstellung und Analyse der Thematisierung des Körpers und der Sinnlichkeit in den Theologien von Jaci Marascin, Rubem Alves und Leonardo Boff. Alle drei Theologen genießen in der kirchlich-theologischen Landschaft Brasiliens hohes Ansehen. Vor allem in progressiven Kreisen werden die neuen Gedanken aufgenommen, diskutiert und erweitert. Die drei Theologen können deshalb als „Diskursivitätsbegründer" im Sinne von Michel Foucault betrachtet werden.[1170]

Jüngere Theologen nehmen Elemente auf und arbeiten an eigenen Ideen zur Thematik, darunter vor allem Jose Lima[1171], Paulo Cezar Loureiro Botas[1172] oder Pedro Lima Vasconcelos.[1173] Doch auch ältere prominente Theologen, wie etwa Hugo Assmann, verstehen in neueren Veröffentlichungen Körperlichkeit als Kriterium einer „solidarischen Ethik", die von der „Würde des Körpers" und vom „Respekt für die Aktivitäten des Körpers" ausgeht.[1174]

Ein weiterer Schwerpunkt dieses neuen Diskurses liegt auf der Thematisierung weiblicher Körperlichkeit. So forderte die brasilianische Theologin Nancy Cardoso Pereira 1994 auf dem ersten Treffen lateinamerikanischer Theologieprofessorinnen in Costa Rica, den Körper als zentralen Ort der Begegnung mit Gott zu verstehen und die Erfahrung der körperlichen Verschiedenheit zum Ausgangspunkt einer feministischen Hermeneutik zu machen.[1175]

[1170] Foucault, Was ist ein Autor?, 1974, S.23f; Foucault bezeichnet als Diskursivitätsbegründer diejenigen „Autoren einer Theorie, einer Tradition, eines Faches, in denen dann andere Bücher und andere Autoren ihrerseits Platz finden können. (...) Freud ist nicht einfach der Autor der Traumdeutung oder des Witzes; Marx ist nicht einfach der Autor des Manifests oder des Kapitals: sie haben eine unbegrenzte Möglichkeit zum Diskurs geschaffen." Im ethnographischen Sinne ausgearbeitet findet sich diese Idee bei: Geertz, *Die künstlichen Wilden. Anthropologen als Schriftsteller*, 1990, S.25.

[1171] Lima, *Corpoética. Introdução a uma Filosofia do Corpo*, 1990. - ders., „Com fé sou corpo", 1992. - ders., „Corpo pneumatólogico", 1992.

[1172] Botas, „Redimindo o Tempo Presente porque os Dias são maus", 1993. - ders., „A Erotica do Arrebatamento", 1994.

[1173] Vasconcelos, „Belezas e Prazeres Messianicos", 1994.

[1174] Siehe z.B. den Abschnitt „La Corporeidad como Fuente de Criterios para una Etica Solidaria" in: Assmann, *Por una sociedad donde quepan todos*, 1996, S.387-391.

[1175] Cardoso Pereira, Hermeneutica feminista, 1994, S.30.

Zu den führenden Vertreterinnen einer feministischen „Theologie des Körpers" gehören neben Nancy Cardoso Pereira[1176] Lucia Ribeiro[1177], Ivone Gebrara[1178] und Rose Marie Muraro[1179]. Die angeführten Namen und Veröffentlichungen sind keinesfalls vollständig, zumal die theologischen Auseinandersetzungen zur Zeit laufen. Sie sollen lediglich als Beispiel dafür dienen, daß die Fragen der Körperlichkeit auch bei anderen brasilianischen Theologinnen und Theologen eine zunehmende Bedeutung gewinnen.

Im folgenden sollen nochmals einige zentrale Aspekte dieser neuen Entwicklung zusammengefaßt und mit den in den ersten Kapiteln vorgestellten Aspekten der Volksreligiosität und der Volkskultur sowie deren pragmatischer Bedeutung in Beziehung gesetzt werden. Im letzten Abschnitt wird es darum gehen, diese neue Entwicklung aus wissenssoziologischer Perspektive zu interpretieren.

1.2. Überwindung des volksreligiösen Leib-Seele-Dualismus

Die vorgestellten Theologen haben je auf ihre Weise Fragen der Körperlichkeit in das Zentrum ihrer Überlegungen gestellt. Jaci Marascin geht es dabei um eine Überwindung der im brasilianischen Protestantismus beobachtbaren Tendenz zur *„Spiritualisierung"*. Die aus der Spiritualisierung folgende Leibfeindlichkeit führe zu einer Repression der körperlichen Wünsche und des körperlichen Verlangens und erzeuge darüber hinaus bei den Gläubigen weltflüchtige und quietistische Einstellungen. Um dem entgegenzuwirken bedarf es nach Ansicht Marascins der Überwindung des Leib-Seele-Dualismus und der Anerkennung des Körpers als Ausgangspunkt der Theologie. Die alltäglichen Bedürfnisse und das Leiden der Körper, sowie seine Sinnlichkeit und seine Fähigkeit zu Genuß und Freude rücken damit in das Zentrum seiner Überlegungen.

Für Rubem Alves bilden seine Studien zur Untersuchung der *Repression im brasilianischen Volksprotestantismus* den Ausgangspunkt seiner Überlegungen. Er interpretiert die Alltagserfahrungen mit Hilfe der psychoanalytischen Differenz von Lust- und Realitätsprinzip. Das Realitätsprinzip beherrsche den Alltag und führe zur Repression des körperlichen Verlangens. In Anbetracht dieser entfremdenden Wirklichkeit betont Alves die Notwendigkeit der Träume und der Fantasie, um dem Verlangen und den Sehnsüchten des Körpers Ausdruck zu verleihen.

[1176] Cardoso Pereira, „O falo se fez carne e se impos sobre nos", 1994. - diess., „Direitos reprodutivos e prostituição", 1994.

[1177] Ribeiro, „Sexualidade. Em Busca de uma nova ética", 1990. - Maduro, „Por uma etica da ternura. Entrevista a Lucia Ribeiro", 1992.

[1178] Gebara, A Mulher faz Teologia, 1987. - diess., „Corpo. Novo Ponto de Partida da Teologia", 1990. - diess., „Das Curas e Feridas do Amor", 1994.

[1179] Muraro, Sexualidade, Libertação e Fé. Por uma erótica crista. Primeiras indigações, 1985.

Da nach Ansicht von Alves selbst die Wissenschaft dieser totalen Entfremdung unterliegt, schreibt er seine „Theo-Poesie", die über die Starrheit der wissenschaftlichen Sprache hinauszuweisen sucht. Mit der Ästhetisierung der Theologie, mit der Betonung der Selbstbezüglichkeit von Genuß und Schönheit versucht Alves die paradoxe Lösung des Münchhausen zu vollziehen: Am eigenen Schopf will er sich aus dem Sumpf der an die existierende Realität zurückgebundenen und rational durchorganisierten Wirklichkeitsauffassung herausziehen. Die Theopoesie vermag so, die entfremdete Wirklichkeit zu transzendieren. Nicht die Sprache der Realität, sondern das Verlangen und die Sehnsüchte des Körpers - so kann Alves in Umformung des Wittgensteinschen Diktums formulieren - bilden die Grenze unserer Welt.

Auch Leonardo Boff entwickelt schon in seinen frühen Schriften eine Anthropologie, die über die *Verkürzungen des Leib-Seele Dualismus* hinausweisen. In seinen neueren Veröffentlichungen fragt er nach der Kraft und Würde für den geduldvollen Kampf des einfachen Volkes. Dabei stellt Boff seine Überlegungen zur Körperlichkeit in den Zusammenhang mit seiner Kosmologie. Wie die mystische Erfahrung so ermögliche beispielsweise auch das Erlebnis integrierter Sexualität die „Wieder-anbindung" an die kosmische Lebensenergie und kann damit als Kraftquelle im täglichen Überlebenskampf dienen, unabhängig von Interessen, Scheitern oder Erfolg. In ähnlicher Weise können auch die Freude in den Festen des einfachen Volkes, die körperzentrierten Riten afrobrasilianischer Kulte ebenso wie andere ästhetisch-sinnliche Erfahrungen zur Quelle des Geistwirkens werden. Der Leib ist nicht mehr der Gegenspieler der Seele, sondern wird zum Ort religiöser Erfahrung und der Vitalisierung durch die Kraft des Geistes.

Alle drei Theologen betrachten damit den Dualismus der Leitdifferenz „Leib/Seele" als ein zentrales Problem des brasilianischen Alltags. Er führe nicht nur zur Ablehnung des Körpers und Verdrängung seiner Bedürfnisse, seiner Sinnlichkeit und Emotionalität, sondern auch zu egozentrischem Individualismus und quietistischer Weltflucht. Damit stützt die derzeitige Orientierungskraft dieser Leitdifferenz eine „Religiosität der Demut" und die dadurch ermöglichten Machtansprüche. Wird statt dessen wie bei Marascin die zentrale Leitdifferenz formuliert als *„leidender Körper/befreiter Körper"*[1180] oder wie bei Boff als Differenz von *„Geist/Tod"*[1181], so kann die Kirche im historischen Prozeß ihren Raum finden, im Wirken für die „Befreiung der Körper" und für lebensförderliche Prozesse. Darüberhinaus sind diese Differenzen zu weiten Teilen anschlußfähig für die Alltagserfahrungen, die im Schema von „Schmerzen/Genuß" erlebt werden und in Kapitel A analysiert wurden. Der Genuß und die Sinnlichkeit können dann als Ausdruck der befreiten Körper oder als ein Wirken des Geistes erlebt werden, der das Leben fördern möchte.

[1180] Siehe Kapitel D.I.3 und D.I.4.
[1181] Siehe Kapitel D.III.5.

Die Berücksichtigung der Leiblichkeit durch die Theologie soll dieser Sinnlichkeit innerhalb der religiösen Erfahrung und innerhalb der kirchlichen Kommunikation Raum bereiten. Sollte dieses Projekt einer Theologie des Körpers gelingen, könnte die „Trennung der Räume" und die damit verbundene Doppelmoral, wie sie in Kapitel C für die brasilianische christliche Volksreligiosität aufgezeigt wurde, überflüssig werden. Die Freude über die Schönheit und den körperlichen Genuß hätten *innerhalb der Kirche* ebenso ihren Ort haben wie die Klagen über den Schmerz und die Sorgen des alltäglichen Überlebenskampfes. Der Dualismus von Welt und Kirche, von Körper und Seele könnte überwunden werden.

1.3. Die Wiedergewinnung der Sinnlichkeit

Der leibliche Mensch, so hatte Boff ausgeführt, ist das Ziel der Wege Gottes. Die „Befreiung des Körpers", so Marascin, schließt die Möglichkeit des *Genusses* und des Erlebnisses seiner *Sinnlichkeit* ein. Mit dieser Vorstellung wird von der Theologie des Körpers auch die Überwindung des Puritanismus und einer lustfeindlichen Sexualmoral angestrebt. Der Genuß wird zur guten Schöpfungsgabe Gottes, der Mensch wird als *homo ludens* verstanden, der im *Spiel*, in der *Zärtlichkeit*, in der *Muße*, im *Fest* und im *Tanz* zu sich selbst komme. Der befreite Mensch lebt dabei bereits im neuen *Kontext der Leichtigkeit*, der zu einem solch spielerisch-genießerischen Umgang mit dem Leben und zur Erfahrung der *Lebensfreude* führt. Dem Gläubigen wird damit eine „ästhetische Existenz" ermöglicht.

Dieser neue Kontext der Leichtigkeit ermöglicht den *Genuß bereits in der Gegenwart*. Theologisch treten damit die Elemente der *Präsens des Heils* und die *Freude an der Schönheit der Schöpfung* in den Vordergrund. Diese Präsens wird einerseits als zeitlich begrenzt in der Erfahrung des Festes, der Gemeinschaft der Körper oder der genießenden Sexualität verstanden. Oder sie wandert in die Sphäre der Imagination und der Träume, wie bei Rubem Alves. In ihrer Fülle bleibt sie zwar nur als eschatologische Hoffnung und Utopie präsent. Aber sie erhält aus dem Genuß der Gegenwart die Kraft und Liebe für den Einsatz für diese Hoffnung. Der gegenwärtige Genuß ist dabei mehr als eine „kognitive Antizipation" des erhofften Reiches: er ist ein schmeckbarer „Aperitif der Zukunft", der bereits im Heute die Lebensfreude rechtfertigt.

Damit erhalten ästhetische Formen und Erfahrungen eine zentrale Bedeutung. Die *Poesie*, die *Liturgie* und die *Rhythmen* ermöglichen dem Körper den Genuß der *Schönheit*. In ihrer Selbstbezüglichkeit entziehen sich solche ästhetischen Formen nach Auffassung der Theologen den Begrenzungen einer instrumentellen und machtförmigen Vernunft, die auf das bereits Existierende fixiert bleibe.

Ästhetische Erfahrungen vermögen darüberhinaus, bisher von der Theologie vernachlässigte Persönlichkeitsschichten anzusprechen. Alle drei Theologen wenden sich gegen eine Form des „Logozentrismus", die das spezifische Bedürfnis des Volkes nach emotional erlebbarer Religiosität, nach *Gefühl* und *Leidenschaft* vernachlässigt habe. Religion - so Boff - sei auch eine Sache des Herzens. Dabei werden von den drei Theologen unterschiedliche Schwerpunkte bei der Abgrenzung solcher ästhetisch-sinnlichen Erfahrungen von der analytischen Vernunft gesetzt. Während es Boff um eine Integration der unterschiedlichen Erfahrungsfelder geht, formuliert Alves - von seinem radikalen Entfremdungsbegriff ausgehend - die ästhetische Erfahrung als die eigentlich wirkliche und einzige dem Verlangen des Körpers angemessene Erfahrungsform.

Doch nicht nur Gefühl und Leidenschaft, auch vor-rationale Erlebnisformen wie die *Träume, Nostalgien* und *Sehnsüchte* werden wichtig für die Theologie des Körpers. Hugo Assman hatte kritisiert, daß bisher in der Theologie der Befreiung oft die Wahrnehmung der Dringlichkeit der menschlichen Elementarbedürfnisse, des Elends und des Hungers die Träume und die Dynamik des Begehrens verdrängt habe. Eben diese Aspekte würden sich besonders im Werk von Rubem Alves zeigen.[1182] Doch - so kann man dem Kommentar Assmans hinzufügen - nicht nur Alves, auch Boff und Marascin weisen an dieser Stelle über die bisherigen Themen der Befreiungstheologie hinaus.

Auch die Träume dienen dem Körper zum Genuß und zur Entspannung. Sie seien - so Alves - wie eine Hängematte. Darüberhinaus ermöglichen sie aber auch die *Imagination, Fantasie* und *Kreativität*, derer es bedarf, um das Alte und Festgefahrene zu überschreiten in der *Hoffnung*, daß diese Träume eines Tages die Wirklichkeit bilden.

Mit solchen Vorstellungen nimmt die Theologie des Körpers Elemente aus sozialwissenschaftlichen Theorien und Philosophien auf, die in dieser Form in der lateinamerikanischen Diskussion bisher noch keine große Rolle gespielt hatten. Dabei handelt es sich zum einen um die Erkenntnisse der Psychoanalyse zur Struktur des Begehrens, des Lust- und Realitätsprinzips. Diese Vorstellungen werden teilweise in einer gesellschaftskritischen Rezeption übernommen, wie sie sich in ähnlicher Weise auch im Werk der Frankfurter Schule, v.a. Herbert Marcuses, zeigen. Ebenso werden moderne Sprach- und Kunsttheorien wichtig, wo es um die Frage der Konstitution religiöser Erfahrung geht.

Doch auch aus dem 19. Jahrhundert erhalten zwei Philosophen, die sich zentral mit dem Körper und der Sinnlichkeit beschäftigt haben, gesteigerte Aufmerksamkeit: Feuerbach und Nietzsche. Damit bildet die Theologie des Körpers eine der theologischen Richtungen, die sich bewußt und explizit den Anfragen der vier großen „paradigmatischen" Religionskritiker des 19. und 20. Jahrhunderts - Feuerbach, Marx, Nietzsche und Freud - stellen.

[1182] Assmann, „Teologia da Solidariedade e da Cidadania. Ou seja: Continuando a Teologia da Libertação", 1994, S.6.

Dies macht auch deutlich, daß sich die Theologie des Körpers weiterhin als eine kritische Theologie versteht. Die ästhetische Existenz steht keinesfalls im Gegensatz zu einem ethischen Engagement. Vielmehr wird nach Alves und im Sinne der protestantischen Gnadenlehre erst in diesem Zustand den Gläubigen ein nicht-instrumentelles ethisches Handeln möglich, das auch in Augenblicken scheinbarer Hoffnungslosigkeit sich nicht vom Zweckdenken sondern lediglich von der Liebe zu den Armen leiten lasse und seine Motivation der überströmenden Liebe verdanke. Der Poet kann damit zum Kämpfer werden. Für Marascin und Boff werden der Genuß der religiösen Symbole und Feste wie auch der Genuß einer integrierten Sexualität zu einer Kraftquelle für den langen Atem des ethischen Engagements. *Die Sinnlichkeit des Körpers bildet daher ein Widerstandspotential des Volkes.* Nicht das durch die Pädagogik vermittelte richtige Wissen, nicht die Pflicht zum politischen Engagement, sondern die Erfahrungen der Zuwendung Gottes zu den Körpern werden zum entscheidenden Movens für das liebevolle Engagement der Gläubigen für die Körper der anderen.

1.4. Die Theologie des Körpers als eine Theologie des Lebens

Mit dem neuen Schwerpunkt theologischen Interesses, werden auch andere biblische Texte wichtig. Hatte die klassische „Theologie der Befreiung" vor allem den Exodus und das Leben Jesu in das Zentrum gestellt, so treten nun die Schöpfung, die Inkarnation, die Heilungen Jesu, die leibliche Auferstehung und der Genuß der Sakramente in den Vordergrund. In diesen biblischen Texten und der darin enthaltenen Hochschätzung des Körpers drücke sich Gottes Zuwendung zum konkreten Leben aus.

Diese Betonung der vitalistischen Elemente der Religion hatte Marascin dazu geführt, die Theologie des Körpers als eine „Theologie des Lebens" zu bezeichnen. Der Ausgang von den Erfahrungen der Körper in Schmerz und Genuß sowie der Bezug auf Gemeinschaft und lebensförderliche Prozesse läßt das konkrete Leben als Zentrum des Interesses der Theologen erscheinen.

Aus religionswissenschaftlicher Perspektive hat Theo Sundermeier darauf hingewiesen, daß ein solcher Bezug auf die „vitale Seite des konkreten Lebens" hauptsächlich in den Primärreligionen - wie beispielsweise den afrikanischen Stammesreligionen - geschieht. Gott gelte dabei als Schöpfer, Erhalter und Liebhaber des Lebens. Der Ritus diene dazu, das Leben zu fördern, zu schützen und zu bewahren.[1183]

[1183] Sundermeier, Religiöse Grunderfahrungen in den Stammesreligionen, 1983.

In den sekundären Religionserfahrungen, wie sie sich in den ausgebildeten Hochreligionen zeigen, werde das Innen[1184] oder die Seele zum Treffpunkt von Gott und Mensch. In dieser Perspektive trete das Verstehen und die „contritio" in den Vordergrund. Die Stammesreligionen dagegen konzentrieren sich auf das „Leben, wie es im Äußeren, im vitalen Bereich erfahren wird,"[1185] was auch die Leiblichkeit miteinschließt. Dies führt beispielsweise dazu, daß die Ashanti an die Präsenz Gottes im Geschlechtsakt glauben und ihm damit eine „sakrale Prägung" verleihen.

Die primäre Religionserfahrung sei zwar vor allem in den Stammesreligionen präsent. Letztlich, so Sundermeier, handle es sich dabei allerdings um

> „Basiserfahrungen religiösen Lebens, von denen wir selbst noch immer leben. Wir haben sie verdrängen wollen, doch das vitale Leben läßt sich nicht verdrängen. Entzieht sich die Religion diesem Anspruch verliert sie ihre Basis."[1186]

Die Theologie des Körpers hebt die Bedeutung dieser Basiserfahrungen hervor. Dabei ist es sicherlich kein Zufall, wenn bei der Betonung der Leiblichkeit von den brasilianischen Theologen immer wieder das spezifische afro-brasilianische Erbe herausgestellt wird. Letztlich geht es ihnen aber darum, *aus einer christlichen Perspektive diese Basiserfahrung religiösen Lebens zurückzuerobern*: In seiner Zuwendung zum Leben und zu den Körpern zeigt sich Gottes liebevolle Zuwendung zu seiner Schöpfung und sein Segen.[1187]

2. Theologie und Volkskultur

2.1. Genuß und Lebensfreude

In seinem Aufsatz über „Die Wortkunst und die Lachkultur des Volkes" schreibt Michael Bachtin, daß

[1184] Siehe zur Differenz von „Innen" und „Außen" die von Jan Assmann herausgegebene Aufsatzsammlung *Die Erfindung des inneren Menschen. Studien zur religiösen Anthropologie,* 1993.

[1185] Sundermeier 1983, S.44.

[1186] Sundermeier 1983, S.54f. In diesem Zusammenhang kritisiert auch Sundermeier, daß es im Abendland in Folge des Einflusses des Neuplatonismus und der Gnosis zu einer Entweltlichung des Christentums kam, die die Leiblichkeit zugunsten der Spiritualität zu überwinden trachtete.

[1187] In der deutschen protestantischen Theologie wurden diese vitalistischen Aspekte im Anschluß an Westermann (*Der Segen in der Bibel und im Handeln der Kirche,* 1981) hauptsächlich unter der Frage des segnenden Handeln Gottes diskutiert. Wie Alberto Gallas deutlich gemacht hat („Segen und Kreuz. Weisheitliche Elemente in der Theologie Dietrich Bonhoeffers", 1997), hatte bereits Bonhoeffer in Bezug auf Gottes Handeln zwischen „Errettung" und „Segen" unterschieden. Als Segnender bejaht Gott „den Menschen ganz in der Welt des Lebendigen, in der er gestellt ist, es ist seine ganz empirische Existenz, die hier gesegnet wird, seine Geschöpflichkeit, seine Wirklichkeit, seine Erdhaftigkeit." (*SF 64,I.* Zitiert nach Gallas 1997, S. 82)

„einer der gravierenden Mängel der modernen Literaturwissenschaft darin besteht, daß sie die gesamte Literatur im Rahmen der offiziellen Literatur zu interpretieren sucht. Indessen kann man das Werk Rabelais' einzig im Kontext der Volkskultur wirklich verstehen, jener Kultur, die immer, in allen Phasen ihrer Geschichte, der offiziellen Kultur gegenübergestanden sowie einen spezifischen Blick auf die Welt und besondere Formen für die bildliche Widerspiegelung dieser Welt entwickelt hat."[1188]

Die Notwendigkeit, bei der Interpretation eines literarischen Werkes den Kontext der Volkskultur zu berücksichtigen, sieht Bachtin darin begründet, daß sich im Werk Rabelais der „spezifische Blick auf die Welt" - und das heißt in unserer Begrifflichkeit: die „Diskurse" - der Volkskultur reproduzieren. „Rabelais ist Erbe und Vollender des jahrtausendealten Volkslachens."[1189]

Die von Bachtin beschriebene Fixierung vieler Interpreten auf den „offiziellen Diskurs" könnte man auch von vielen Versuchen behaupten, theologische Entwicklungen in anderen Kulturen zu verstehen. Neue theologische Entwicklungen lassen sich danach durch Übernahmen und Weiterentwicklung spezifischer theologischer oder, in Bezug auf Lateinamerika, auch gesellschaftstheoretischer Konzepte analysieren.

Auch ich habe in der vorliegenden Untersuchung die Theologie des Körpers im Vergleich und in Abgrenzung zu anderen Theologien oder Theorien dargestellt. Ich habe aber darüber hinaus versucht, die Entwicklung dieser neuen theologischen Richtung als ein Resultat der expliziten und impliziten Auseinandersetzung dieser Theologen mit volkskulturellen Schemata zu interpretieren. *Die Theologie des Körpers nimmt - ähnlich wie das literarische Werk Rabelais und ähnlich wie die brasilianische Literatur ab 1964 - Elemente der volkstümlichen Lachkultur auf und läßt sich auch nur in diesem Kontext adäquat verstehen.*[1190]

Dies zeigt sich bereits auf der Ebene der Wortfelder, die sich in beiden Diskursen finden lassen. Begriffe wie *Genuß, Lebensfreude, Sinnlichkeit, Spiel, Schönheit, Sehnsucht* oder *Fantasie* haben in den Symbolkomplexen der Volkskultur eine zentrale Bedeutung für die Wahrnehmung von Welt und die Ausbildung von Identität, wie ich im ersten Kapitel gezeigt habe. Die Analyse der nationalen Symbole hatte darüber hinaus deutlich gemacht, daß diese Wortfelder mit der Vorstellung einer spezifischen brasilianischen *Körperlichkeit* assoziiert werden. Die darin enthaltenen Versprechungen von Genuß, von „Rassendemokratie" und Chancengleichheit entsprechen zwar nicht der Realität, ermöglichen

---

[1188] Bachtin, Rabelais und Gogol. Die Wortkunst und die Lachkultur des Volkes, 1979, S.338.

[1189] Bachtin 1979, S.338.

[1190] Eine deutsche Theologie des Körpers mag sich z.T. auf ähnliche theologische Konzepte oder psychologische Theorien beziehen und sogar ähnliche Formulierungen verwenden. Die Konnotationen der verwendeten Semantiken hängen aber ganz entscheidend vom kulturellen Kontext ab.

jedoch durch ihren karnevalesk-utopischen Charakter die Ausbildung einer positiv-affirmative Sicht der eigenen Identität und Sinnlichkeit.

Wenn die Theologie des Körpers diese zugegebenermaßen im theologischen Diskurs nicht sehr üblichen Begriffe und Wortfelder aufnimmt und darüberhinaus den Begriff „Körper" als programmatischen Ausgangspunkt wählt, so werden in Brasilien bei der Lektüre dieser Theologie auch die damit in der Volkskultur verbundenen Konnotationen assoziiert. Die Theologie übernimmt nicht nur die Begriffe sondern auch diese kulturspezifischen Vorstellungen, die implizit mit den Begriffen mittransportiert werden. Für den Beobachter aus einer fremden Kultur müssen solche impliziten Konnotationen aber erst explizit gemacht werden. Eben dies war das Ziel der vorliegenden Untersuchung.

Doch die Bezüge sind nicht nur implizit und versteckt. Die Theologen beziehen sich auch selbst ausdrücklich und bewußt auf kulturelle Traditionen Brasiliens: Die besondere „Sinnlichkeit des brasilianischen Volkes" wird von Boff gepriesen. Rubem Alves arbeitet mit dem Begriff „Anthropofagie", der in der brasilianischen Kulturbewegung der 20er Jahre entwickelt wurde.[1191] Der Sänger Chico Buarque, der in den 60er zu den Mitbegründern des Tropicalismo gehörte und inzwischen zum nationalen Symbol geworden ist, wird von Alves als „Theologe" bezeichnet.[1192] Marascin dichtet geistliche Lieder zu brasilianischen Rhytmen. In Liturgievorschlägen werden Texte der „Musica Popular Brasileira" verwendet, wie das oben zitierte „Maria, Maria" von Milton Nascimento[1193], das Lied vom leidenden Severino oder der berühmte Song „Girl from Ipanema", der die Schönheit einer Frau beschreibt, die zum Strand geht.[1194] Die in diesen Liedern enthaltene Körpersemantik, die spezifischen Vorstellungen von Schmerzen, Genuß und Lebensfreude scheinen von den Theologen als ein authentischer Ausdruck ihres Körpergefühls betrachtet zu werden und deshalb in ihren theologischen Entwürfen einen legitimen Platz zu haben.

2.2. Genuß und Widerstand

Es geht bei solchen Aufnahmen volkskultureller Elemente nicht um folkloristische Einkleidungen der Theologie. Vielmehr wird mit der Übernahme bestimm-

---

[1191] Siehe Kapitel D.II.6.3.

[1192] Alves 1994b, S.10.

[1193] Cardoso Pereira, „Liturgia", 1994, S.90. Diese Liturgien entdeckte ich, nachdem ich die Lieder von Milton Nascimento und Joao Cabral de Melo Neto für meine Interpretation in Teil I ausgesucht hatte. Es war bei dieser Auswahl klar, daß es sich dabei lediglich um die Darstellung *eines* der in Brasilien möglichen Körperdiskurse handelte. Daß diese Lieder aber auch explizit von den Theologen zitiert werden, mag als Indiz dafür gelten, daß es genau die volkskulturellen Körperdiskurse sind, auf die sich die Theologen beziehen.

[1194] Rodrigues Alves, „Igreja. Comunidade Liturgica", 1992, S.19.

ter Wortfelder und Vorstellungen in vielen Fällen auch die semantische Tiefenstruktur dieser Körperdiskurse übernommen.

Dies trifft vor allem für die „karnevalesk-anarchistischen Elemente" dieser volkskulturellen Symbolsysteme zu, die sich gegen die normativen Ansprüche hierarchischer Machtträger richten und darüberhinaus ein Überschreiten der bestehenden sozialen, kulturellen und ethnischen Distinktionen ermöglichen.[1195] *Der Genuß des Körpers unter den Bedingungen ungleicher und ungerechter Machtverteilung wird in diesen Diskursen zum Widerstandspotential.*

Dieses Widerstandspotential gegen die gesellschaftlichen Versuche der Disziplinierung des Körpers[1196] hatte auch Bachtin in Bezug auf die mittelalterliche Lachkultur betont:

> „Das Lachen öffnete die Welt auf eine neue Weise, und zwar in einem maximal fröhlichen und nüchternen Aspekt. Seine äußeren Privilegien hängen untrennbar mit diesen seinen inneren Kräften zusammen, sie sind gleichsam äußere Anerkennung seiner inneren Rechte. Deswegen konnte das Lachen am wenigsten zum Werkzeug der Unterdrückung und Verdummung des Volkes werden. Und es ist niemals gelungen, es völlig offiziell zu machen. Das Lachen blieb stets eine freie Waffe in der Hand des Volkes."[1197]

Ich hatte darauf hingewiesen, daß in Brasilien mit dem Beginn der Militärdiktatur ein literarisch-poetischer Diskurs eingesetzt hatte, der in Aufnahme und Verstärkung dieser Lachkultur des Volkes den Widerstand des Körpers und der Lebensfreude den Ansprüchen der Militärs entgegenstellte. Ähnliche Bewegungen lassen sich in anderen lateinamerikanischen Ländern beobachten. Alves bezieht sich explizit auf diese Diskurse, wenn er etwa Nerudas Vorstellung von

---

[1195] „Anarchistisch" wird hier mit dem Versuch gleichgesetzt, sich den kulturell dominanten Normen zu entziehen. Damit ist keinesfalls gemeint, daß die Theologie des Körpers sich explizit in die Tradition einer politischen anarchistischen Theorie stellt. Der Versuch, eine solche anarchistische Dimension der klassischen Befreiungstheologie aufzuzeigen, findet sich bei Damico. Sie verwendet dabei allerdings einen sehr weiten Begriff von Anarchismus: „Its particular ethical concern with freedom, justice, and love, its denunciation of political and economic structures of domination, its emphasis on action, and its vision of a future free from all servitute reveal an indebtedness to anarchism." Siehe: Damico, *The anarchist dimension of liberation theology*, 1987, S.IX.

[1196] Auch im Werk Bachtins erhält der Körper eine ähnliche anarchistische Funktion in Abgrenzung zu den gesellschaftlichen Anforderungen: „Bachtins *Apotheose des Körpers* als grotesken Körper hat ihr negatives Pendant in der »Erhöhung« des funktionalen Körpers der Normübererfüllung und der Stoßarbeit, des im Monument heroisierten entkörperlichten Volkskörpers, im Körper, der mit Volkstracht, Uniform und Arbeitskleidung ausstaffiert gegen jede Vermischung gefeit ist, fest verortet in den Hierarchien der Institutionen und der Brigade, im Wettstreit gegeneinander abgegrenzt, geschlechtslos." Lachmann, Vorwort zu Bachtins »Rabelais und seine Welt«, 1995, S.10.

[1197] Bachtin, *Literatur und Karneval*, 1985, S.39.

der „Rebellion der Lebensfreude" aufnimmt.[1198] Und ebenso sehen Marascin und Boff in den Körpererfahrungen ein Widerstandspotential und eine Kraftquelle für den täglichen Überlebenskampf und für das politische Engagement. Die Theologie des Körpers reproduziert damit auf einer literarischen Ebene die karnevalesk-anarchistischen Elemente der brasilianischen Lachkultur.

2.3. Würde

Herrman Brandt sieht in den neueren theologischen Entwicklungen Lateinamerikas eine „Rückbesinnung auf die identitätsstiftende und Widerstand ermöglichende Funktion der Religion".[1199] Dies trifft sicherlich für die Aufnahme der Körpersemantik zu. Dazu gesellt sich ein weiterer Begriff, der eng mit der Körpersematik in Verbindung steht und dessen Aufnahme für die Gesamtausrichtung des theologischen Denkens Konsequenzen hat: der Begriff der „Würde".

Ich hatte in den Ausführungen über die Gewalt darauf hingewiesen, daß die Vorstellung von der Würde als identitätsbezogener Begriff in das semantische Wortfeld des sozialen Konzeptes des Respekts einzuordnen sei. Eben diese Vorstellung von Respekt ist in der brasilianischen Gesellschaft ein zentraler moralischer Steuerungsmechanismus, um die Integration von Gemeinschaft und den Schutz der Schwächeren trotz der hierarchischen Strukturen zu ermöglichen.

Indem die Theologie des Körpers die Bedeutung der Würde unterstreicht, betont sie die Ansprüche der sozial und ethnisch Marginalisierten auf Anerkennung in der Gesellschaft. Es geht bei der Thematisierung der Würde also um Fragen der Identität und Anerkennung und noch nicht um ökonomische oder politische Ansprüche. Dennoch muß diese stärkere Betonung der Aspekte der Identität und Würde keineswegs als Rückzug auf apolitische Positionen verstanden werden. Vielmehr kann man dies als eine Art „moralische Grammatik sozialer Konflikte" interpretieren, die eine erste Stufe politischer Anspruchsgenerierung bilden und damit auch die Vorstufe für eine politische „Bewußtseinsbildung" und geschichtlichen Fortschritt, wie Axel Honneth in Rückgriff auf den Begriff der „Anerkennung" in den Jenenser Schriften des jungen Hegel gezeigt hat.[1200]

[1198] Alves 1990a, S.113. Neruda hatte sich in seinem Selbstverständnis als „Poet des Volkes" dabei explizit auf die Erfahrung und Träume dieses Volkes bezogen.

[1199] Brandt 1995, S.160.

[1200] Nach Honneth werden in vielen sozialwissenschaftlichen Ansätzen soziale Konflikte zu Unrecht auf bloße Interessendurchsetzung im Kampf um physisches Überleben oder eine Erweiterung ökonomischer Reproduktionschancen reduziert. In Wirklichkeit seien dagegen soziale Konflikte häufig durch spezifische Formen der Enttäuschung von Anerkennungserwartungen und dadurch hervorgerufene »moralische« Emotionen motiviert. Honneth, *Kampf um Anerkennung. Zur moralischen Grammatik sozialer Konflikte*, 1992.

In ähnlicher Weise hat Sundermeier die Bedeutung des Respektes und der Würde für die Konvivenz der Gemeinschaft deutlich gemacht.

„Dieser Kampf (um Anerkennung) ist moralisch motiviert. Unterdrückte und Ausgestoßene widersetzen sich - das zeigen gerade die lateinamerikanischen Befreiungsbewegungen - nicht nur, weil sie materielle Vorteile erringen wollen, sondern weil die soziale Situation sie demütigt, entehrt, beschämt und sie ihrer Würde beraubt."[1201]

2.4. Erfahrung der entfremdeten Realität und ethisches Engagement

Die Theologie nimmt Elemente der volkskulturellen Diskurse auf. Aber sie setzt auch andere Schwerpunkte, paßt die Diskurse an das eigene Gedankengut an und verändert sie. Dies gilt beispielsweise für das *Zeitkonzept*. Der Diskurs des Genusses betont die Erfahrung des lustvollen Genusses der Gegenwart. Die Realität der Schmerzen und die Leiden des Alltags müssen dafür allerdings in vielen Kontexten in karnevalesker Art ausgeschaltet werden - der Traum, die Fantasie und das Spiel werden dabei zu einer Kulturtechnik des Überganges von einer Sphäre in die andere. Die Differenz zwischen diesen beiden Welten bleibt den Beteiligten nur noch durch den Gebrauch von Begriffen wie der „Nostalgie" oder der „Sehnsucht" bewußt und kann letztlich nicht aufgehoben werden.

Auch die Theologie des Körpers betont das Recht des Körpers auf sofortigen Genuß und die Präsens der Lebensfreude im Fest und im Zusammentreffen der Körper. Aber darüberhinaus wird auch die *Erfahrung der Schmerzen, des Leides und der Ungerechtigkeit nicht verdeckt* und findet Raum innerhalb der religiösen Erfahrung und Kommunikation. Genau in diesem Zusammenhang hatte Marascin von einer „Theologie des gekreuzigten Körpers" gesprochen.

Lediglich bei Alves ist der Bezug zur Realität nicht eindeutig. Wie im Karneval so spielen auch bei ihm die Begriffe wie Traum, Sehnsucht oder Nostalgie eine zentrale Rolle. Die Überwindung der Entfremdung scheint ihm nur durch eine radikale Entwirklichung möglich. Eben deshalb hatte ich in Bezug auf Alves von einer „Karnevalisierung der Theologie" gesprochen.

Dieses spezifische *Verhältnis zur sozialen und politischen Realität* muß aber weder bei Alves noch beim Karneval zu einer „Vernebelung der Sinne" und zu einer Lähmung des verändernden Engagements führen. Es ist in den verschiedenen Karnevalstheorien immer wieder versucht worden, den verschleiernden,

---

[1201] Sundermeier 1996, S.184. Ähnliche Tendenzen lassen sich auch in neueren Entwicklungen der indischen Dalittheologie beobachten. Dort geht es nach Ansicht des Theologen Arvind P. Nirmal um die „sozio-kulturelle Befreiung" der Unberührbaren: „In der Dalittheologie sind die Fragen der menschlichen Würde wichtiger als die der wirtschaftlichen emanzipation, die gleichfalls nötig ist. Deswegen wurde analog zu: »Black is beautiful« der Slogan: »Dalit is dignified« geprägt." Siehe: Löwner, „Gott leidet wie wir. In Indien bekämpfen christliche Dalits das Kastenwesen", 1996, S.472.

machtkonformen und lähmenden Charakter karnevalesker Erlebnismuster „aufzudecken". Doch bereits empirisch läßt sich beobachten, daß viele - wenn auch nicht alle - Brasilianer durch solche Erlebnismuster nicht nur ihre Würde definieren, sondern von daher auch Kraft und Fantasie für ihren Einsatz zur Veränderung der Wirklichkeit ziehen. Und auch bei Alves läßt sich beides finden: Zum einen bezeichnet er Politik als eine langweilige Sache, zum anderen spricht er vom Poeten, der zum Kämpfer wird.

Das politische Engagement tritt also weder im realen Karneval noch bei Alves in Gegensatz zu solchen karnevalesken Erlebnisformen. Aber in der Tat bleibt es in diesen Konzepten letztlich unbegründet. Dies ist anders bei Marascin und Boff. Ihnen geht es darum, bisher vernachlässigte Erlebnisformen wieder zu entdecken und sie in das Gesamt der Wirklichkeit zu integrieren. Die „Wiederanbindung", so Boff, ist das Ziel. Zärtlichkeit, Lust und Schönheit seien wichtig, aber eben auch Produktion, Funktionalität und Rationalität.[1202]

2.5. Die Rückkehr des Genusses in die Sprache

In der Untersuchung über die Probleme der AIDS-Prävention in Brasilien hatte ich die Ambivalenz des Diskurses des Genusses aufgezeigt. Dieser Diskurs ermöglicht zwar durch seine karnevaleske Struktur, sich den Ansprüchen der hierarchischen Machtträger zu entziehen und den Genuß des Körpers nach den eigenen Bedürfnissen zu strukturieren. Dies ist aber nur möglich, indem die in diesem Kontext geübten Praktiken einer offenen und reflektierenden Sprache entzogen werden. Man unterscheidet zwischen öffentlichen Normen und privatem Genuß und spricht über letzteren nicht.

Dies führt aber auch zu einer fehlenden Identifizierung mit dem eigenen Verhalten und damit auch zu einer kognitiven Verdrängung der Gefährdung durch risikoreiche Sexualpraktiken. Versuche der Risikosensibilisierung durch Aufklärungsmaßnahmen haben möglicherweise paradoxe Folgen und werden zum risikoverstärkenden „Genußgenerator". Kommunikative Absprachen über Risikoverhalten im Rahmen intimer Kontakte werden durch die Entsprachlichung des Genusses behindert.

Diese Entsprachlichung des Genusses ist eine Reaktion auf die Verdrängung des Leibes in den offiziellen Diskursen und wird durch die volksreligiöse Leib-Seele Spaltung und die damit einhergehende „Trennung der Räume" noch verstärkt.

Die Theologie des Körpers gewinnt dagegen eine positive Einschätzung der Genußmöglichkeiten des Körpers. Damit muß der Genuß nicht in eine zweite, quasi unterirdische Sinnschicht abwandern, wie dies im Diskurs des Genusses

---

[1202] Und letztendlich bekennt auch Alves, daß er die analytische Arbeit für wichtig erachtet. Dies sei nur nicht die Aufgabe, der er sich derzeit widmen wolle.

geschieht. Der Genuß würde das Element der Transgression verlieren, weil er nicht von vornherein abgelehnt wird. *Wo der Genuß nicht verdrängt werden muß, kann er eine explizite Sprache erhalten, die eine Kommunikation über verantwortlich definierte Formen, Risiken und Grenzen des Genusses ermöglicht.* Wenn der Genuß des Körpers eine Gabe Gottes ist, so kann man auch darüber sprechen, diesen Genuß so zu gestalten, daß niemand dadurch gefährdet wird.

Damit ermöglicht die Theologie des Körpers die Rückkehr des Genusses in die Sprache und weist dadurch über die Ambivalenz des Diskurses des Genusses hinaus. Ob die Theologie in dieser Hinsicht tatsächlich kulturell wirksam werden wird und sowohl volksreligiöse als auch volkskulturelle Erlebnismuster beeinflussen kann, wird sich erst in der Zukunft zeigen. Allerdings läßt sich bereits heute beobachten, daß sich viele der jüngeren Anhänger einer Theologie des Körpers in verstärktem Maße dem Problem der seelsorgerlichen Betreuung HIV-Infizierter wie auch der Frage der AIDS-Prävention widmen. *Die Offenheit für den Genuß des Körpers führt offensichtlich auch zu einer größeren Sensibilität für die Risiken und das Leiden des Körpers.*[1203]

3. Das Ende der Buchhalter

3.1. Die Kommunikation von Emotionen mittels sinnlich-ästhetischer Formen

Alle drei von mir untersuchten Theologen hatten die Bedeutung der Sinnlichkeit als eine zentrale Erfahrungsdimension herausgestellt. Ich hatte in diesem Zusammenhang von einer „Ästhetisierung der Theologie" gesprochen. Der spezifische Charakter der ästhetischen Erfahrung wird dabei auf verschiedenen Ebenen angesiedelt. Der selbstbezügliche Charakter dieser Erfahrung entziehe die ästhetische Erfahrung der Möglichkeit der Instrumentalisierung und Funktionalisierung und bilde damit ein Emanzipationspotential gegen die Ansprüche einer entfremdenden Gesellschaft. Zum zweiten bleibe die ästhetische Erfahrung nicht auf das Bestehende und kulturell Dominante fixiert. In ihr kämen vielmehr verdrängte Sehnsüchte, Träume und Hoffnungen zum Ausdruck, die die Begrenzungen der Realität und der Gegenwart zu transzendieren vermögen. Und zum dritten können durch ästhetische Formen Elemente und Persönlichkeitsschichten angesprochen werden, die durch den rationalen Diskurs nicht erfaßbar sind.

[1203] Zum Zusammenhang zwischen Körperbild und Mitleid siehe die Studie von Sennett (1994). Sennett selbst schreibt, daß ihn das Leiden seines an AIDS erkrankten Freundes Foulcault zur Ausarbeitung dieser Studie veranlaßt hat.

Die Bedeutung dieser ästhetisch-sinnlichen Erfahrungsdimension ist auch von anderen Theologen immer wieder herausgestellt worden.[1204] Ebenso spielen in anderen Disziplinen die Überlegungen zur ästhetischen Erfahrungs- und Handlungsdimension in zunehmendem Maße eine Rolle. Im folgenden sollen einige Elemente der Struktur und Funktion dieser ästhetischen Erfahrungs- und Handlungsdimension erläutert werden, die in sozialwissenschaftlichen Untersuchungen herausgearbeitet wurden und die relevant für das Verständnis der innovativen Impulse der Theologie des Körpers sind.

Die traditionelle sozialwissenschaftliche Handlungstheorie hatte zwei Grundmodelle menschlichen Verhaltens unterschieden. Diese Grundmodelle treten in der Realität selten in ihrer Reinform auf. Vielmehr handelt es sich dabei wieder um Idealtypen im Weberschen Sinn, die paradigmatische Muster der Handlungsorientierung aufzeigen. Zum einen gebe es die Orientierung des *Homo oeconomicus*, der auf eine rationale und utilitaristische Nutzenoptimierung ausgerichtet ist. Der *Homo sociologicus* sei dagegen durch die Bindung an Normen charakterisiert. In diesem Sinne unterscheidet beispielsweise Habermas zwischen „System" und „Lebenswelt". Während in den systemischen Handlungsfeldern, wie beispielsweise der Wirtschaft, eine utilitaristisch-instrumentelle Rationalität vorherrsche, werde die Lebenswelt durch von Gemeinschaften geteilte Normen und Wertvorstellungen organisiert.[1205]

In anderen soziologischen Entwürfen ist allerdings versucht worden, diese Unterteilung von Instrumentalität und Normativität zu überwinden und die Bedeutung ästhetisch-expressiver Erfahrungs- und Handlungsdimension als ein drittes nicht reduzierbares paradigmatisches Muster zu betonen. Neben den Homo oeconomicus und den Homo sociologicus tritt der *Homo aestheticus*.[1206]

In der sozialwissenschaftlichen Forschung lassen sich Überlegungen dazu bereits bei Talcott Parsons zeigen, wie neuere Studien von Helmut Staubmann

---

[1204] Dies wurde deutlich aufgezeigt in: Grözinger, *Praktische Theologie und Ästhetik. Ein Beitrag zur Grundlegung der Theologie,* 1987. Zeindler, *Gott und das Schöne. Studien zur Theologie der Schönheit,* 1993.

[1205] Habermas 1988, S.303ff.

[1206] Staubmann, Die Kommunikation von Gefühlen. Ein Beitrag zur Soziologie der Ästhetik auf der Grundlage von Talcott Parsons´ Allgemeiner Theorie des Handelns, 1995, S.261-278. Staubmann zeigt, daß die ästhetisch-expressive Handlungsdimension von verschiedenen Theoretikern erkannt wurde. Zu den neueren Arbeiten zählt er die Untersuchung von Hans Joas über Die Kreativität des Handelns (1992), die Arbeiten von Randall Collins, von Gregory Bateson oder die Untersuchung von Gerhard Schulze. Darüberhinaus wurde im Zusammenhang mit dieser ästhetisch-expressiven Erfahrungs- und Handlungsdimension wird immer wieder auf die Bedeutung von Susanne K. Langer hingewiesen, die in ihrer „Philosophie auf neuem Wege" auf die Bedeutung des symbolischen Denkens sowie auf die Bedeutung der rituellen und künstlerischen Formen hingewiesen hat. Siehe: Langer, Philosophie auf neuem Wege. Das Symbol im Denken, im Ritus und in der Kunst, 1987.

und Sigrid Brandt gezeigt haben.[1207] Parsons Überlegungen können uns dazu dienen, Struktur und Bedeutung dieser ästhetisch-expressiven Erfahrungs- und Handlungsdimension zu verstehen.[1208]

Die ästhetisch-expressive Orientierung, wie sie von Parsons herausgearbeitet wurde, bildet zum einen eine unabhängige Komponente in allen Handlungen. Zum anderen kann die ästhetisch-expressive Orientierung auch die primäre Komponente in einem Handlungssystem oder Orientierungsschema bilden. Dies trifft beispielsweise auf das Spiel zu als einem „Tätigkeitstypus, der beinahe ausschließlich nur deswegen ausgeübt wird, weil er einfach gern getan wird."[1209] Eine weitere Form, die eine Dominanz der ästhetisch-expressiven Orientierung aufweist, ist die Kunst, in der die Formen einen Wert an sich haben. Ähnliches gilt für expressive Handlungen gegenüber sozialen Objekten, wie sie sich in den Äußerungen der Liebe oder Zuneigung zeigen.[1210]

Die Dominanz bestimmter Orientierungsmuster läßt sich aber nicht nur für gesellschaftliche Teilbereiche, wie etwa der Kunst, aufzeigen. Sie kann auch ganze gesellschaftliche und kulturelle Entwicklungen auszeichnen. So nahm Parsons an, daß die gegenkulturelle Jugendbewegung der 60er und frühen 70er Jahre den Weg zu einer „expressiven Revolution" ebnen würde.[1211] In diesem Rahmen ließe sich auch der oben beschriebene „radikale Ästhetizismus" der balinesischen und der brasilianischen Kultur interpretieren. Und in der Tat sieht auch Parsons, daß in einigen Kulturen der ästhetisch-expressiven Orientierung

---

[1207] Staubmann 1995. Brandt, *Religiöses Handeln in moderner Welt. Talcott Parsons´ Religionssoziologie im Rahmen seiner allgmeinen Handlungs- und Systemtheorie,* 1993.

[1208] Es soll dabei nicht um eine Erläuterung des komplexen Theorieprogramms Parsons´ und seiner Entwicklung gehen. Staubmann unterscheidet drei Phasen der Ausarbeitung des Konzepts der ästhetischen Handlungsdimension. Im Folgenden werde ich mich lediglich auf einige Elemente beziehen, die in allen verschiedenen Theoriekonzepten von Parsons auftreten.

[1209] Parsons, *Aktor, Situation und normative Muster. Ein Essay zur Theorie sozialen Handelns,* 1986, S.199.

[1210] Staubmann 1995, S.162-164. Und selbst aus „reinem Interesse" durchgeführte wissenschafliche Untersuchungen können als Handlungen charakterisiert werden, die nicht aus instrumentellen Erwägungen heraus geschehen und sich somit durch eine ästhetische Selbstbezüglichkeit auszeichnen. Parsons spricht in diesem Zusammenhang auch von konsumatorischer Handlungsorientierung, da sie auf die unmittelbare Bedürfnisbefriedigung ausgerichtet sei.

[1211] Durch diese expressive Revolution käme es allerdings nicht zur Ablösung der instrumentellen, auf kognitiv-rationalistische Faktoren gegründeten gesellschaftlichen Phase. Vielmehr gehe es lediglich um eine Verschiebung der Schwerpunkte. Siehe den Abschnitt „Die expressive Revolution" in: Staubmann 1995, S.141-144. Diese Annahme der zunehmenden Bedeutung expressiv-ästhetischer Schemata ist in Bezug auf die Bundesrepublik inzwischen durch die Studie „Erlebnisgesellschaft" von Gerhard Schulze (1995) empirisch untermauert worden. Sowohl in Entscheidungssituationen als auch in Identitätsbildungsprozessen spielen danach Fragen des Stils, der „alltagsästhetischen Schemata" und der Erlebnisrationalität eine immer zentralere Rolle.

eine besondere Bedeutung zukommt und erwähnt in diesem Zusammenhang die lateinamerikanischen Gesellschaften.[1212]

Das Auftreten dieses Ästhetizismus in verschiedenen Kulturen weist dabei lediglich darauf hin, daß die ästhetischen Orientierungsmuster eine zentrale handlungsleitende Funktion haben. Die semantische Ausgestaltung dieser Symbolkomplexe kann dann allerdings sehr unterschiedliche Formen annehmen, wie wir beim Vergleich des Ästhetizismus in Bali und Brasilien gesehen haben.[1213] Dennoch läßt sich nach Parsons eine spezifische Funktion solcher expressiv-ästhetischen Symbolkomplexe erkennen: Es geht um die *Erfahrung und Kommunikation von Emotionen.*[1214] In diesem Sinne kann Parsons auch von „affektiv-kathektischen Orientierungsmustern" sprechen.

Mit dieser Zuordnung von Ästhetik und Emotionalität steht Parsons keineswegs allein. So dient auch nach Susanne K. Langer die präsentative Symbolik, wie sie sich etwa in der Kunst oder dem Ritual zeigt, in erster Linie der „Artikulation von Gefühlen".[1215] Und George H. Mead betont:

> „Our affective experience, that of emotion, of interest, of pleasure and pain, of satisfaction and dissatisfaction, may be roughly divided between that of doing and enjoying and their opposites, and it is that which attaches to finalities that characterizes aesthetic experience."[1216]

Die Liste der Theoretiker ließe sich hier fortsetzen. Wenn auch die Theorien im einzelnen unterschiedliche Schwerpunkte setzen, so scheint es dennoch inzwischen einen breiten Konsens darüber zu geben, daß die Kommunikation von Emotionen eine zentrale Funktion der expressiv-ästhetischen Symbolik darstellt.

Damit stützen diese Theoretiker den Anspruch der „Theologie des Körpers". Es geht dieser Theologie zum einen um die Wahrnehmung des konkreten Lebens der Menschen in Schmerz und Genuß. Es geht ihr aber auch darum, die Emotionalität und damit die Persönlichkeitsschichten der Menschen anzusprechen, die vom bisherigen aufklärerisch-kognitiven und politisch-instrumentellen Pathos der Befreiungstheologie vernachlässigt wurden.

[1212] Peacock, Expressiver Symbolismus, 1981, S.423.

[1213] Und selbst innerhalb einer Gesellschaft werden unterschiedliche Milieus mit verschiedenen „alltagsästhetischen Schemata" ausgebildet, wie Schulze (1995) gezeigt hat.

[1214] Siehe dazu v.a. das Kapitel „Expressive Symbols and the Social System: The Communication of Affect" in: Parsons, *The Social System,* 1951.

[1215] Siehe etwa: Langer 1987, S.155.

[1216] Zitiert nach Staubmann 1995, S.167.

3.2. Die Bedeutung der sinnlich-ästhetischen Formen und der Körpersemantik für die Identitätsbildung

Auch Geertz sieht eine enge Verbindung zwischen ästhetisch-expressiven Symbolkomplexen und den Emotionen. In diesem Sinne bezeichnet er den balinesischen Hahnenkampf als eine „Gefühlsschulung".[1217] Dabei erlerne und erlebe der Balinese nicht nur sein privates Empfinden sondern auch das Ethos seiner Kultur. Ästhetische Erfahrungsmuster weisen demnach über die Wahrnehmung subjektiver Emotionen hinaus. Sie sind sowohl identitäts- als auch gemeinschaftsstiftend.[1218] Dies gilt natürlich in besonderem Maße für Gesellschaften, in denen ästhetische Schemata eine besondere Bedeutung beigemessen wird, wie dies beim „Ästhetizismus" Balis oder Brasiliens der Fall ist.

Bei dieser Ausbildung von Identität mittels expressiver Symbolik spielt die Thematisierung des Körpers und eine somatische Semantik oft dort eine wichtige Rolle, wo die betreffenden Personen sich bedrängt oder marginalisiert fühlen. Dies läßt sich an sehr disparaten Phänomenen beobachten. So wird beispielsweise für die antikulturelle Jugendbewegung der Punker die Stilisierung ihres Körpers zu einem Zeichen des Protestes gegen die Welt der „angepaßten" Erwachsenen. In feministischen Schriften wird die Authentizität des weiblichen Körpers zur Gegenmacht gegen die patriarchale Gesellschaft. Und in der gegenkulturellen Logik der Ideologie des Genusses in Brasilien werden der Genuß des Körpers und die Lebensfreude zum Ausdruck der eigenen Identität und zum Widerstandspotential gegen die Ansprüche einer hierarchisch-repressiven Gesellschaft sowie gegen das Elend des Alltags.

Der Körper wird in diesen Diskursen zu einem verteidigungswerten Gut gegen die subtile Bedrängung durch die Mächtigen oder die Disziplinierungsforderungen gesellschaftlicher Funktionssysteme. Im Erleben des eigenen Körpers scheint dagegen Authentizität, Selbstbestimmung und Ganzheitlichkeit erfahrbar zu sein, können auch gesellschaftlich nicht funktionelle Persönlichkeitsanteile ausagiert werden.[1219]

[1217] Geertz 1987e, S.254 u. 257: „Da diese Subjektivität nicht eigentlich existiert, bevor sie organisiert wird, erschaffen und erhalten Kunstformen genau diese Subjektivität, die sie vermeintlich nur entfalten. Streichquartette, Stilleben und Hahnenkämpfe sind nicht einfach Widerschein einer vorweg existierenden Empfindung, die analog wiedergegeben wird; sie sind für die Hervorbringung und Erhaltung solcher Empfindungen konstitutiv."

[1218] Die Bedeutung expressiver Formen für die Ausbildung von Identität und „Gemeinschaftsgefühlen" ist seit Durkheim immer wieder herausgestellt worden.

[1219] Bette 1989. Einen etwas anderen Schwerpunkt setzt Giddens. Nach seiner Analyse wird in der Thematisierung der Leiblichkeit der Körper zu einem der wenigen verbleibenden Bezugspunkte und sichtbaren Träger für eine dieser zentralen Anforderungen der Moderne an das Individuum - der reflexiven Bestimmung des Selbst. Siehe: Giddens, Anthony, *The Transformation of Intimacy. Sexuality, Love and Eroticism in Modern Societies*, 1992.

Diese oft zu beobachtende Verbindung zwischen dem Gefühl der eigenen Marginalisierung auf der einen Seite sowie der Betonung von Leiblichkeit, Emotionalität und ästhetisch-expressive Ausdrucksformen auf der anderen Seite hängt damit zusammen, daß diese Persönlichkeitsanteile in den gesellschaftlich dominanten und rationalen Diskursen nicht präsent sind und erst durch diese ästhetisch-expressiven Ausdrucksformen eine Sprache finden. So hat der Psychoanalytiker und Religionskritiker[1220] Alfred Lorenzer im Anschluß an die Arbeiten von Susanne K. Langer darauf hingewiesen, daß sich sinnlich-emotionale Persönlichkeitsanteile, Erinnerung an Vergangenes und Verdrängtes, individuelle Sehnsüchte und Utopien eher durch nichtsprachliche Symbolik - wie beispielsweise der Kunst - als in den dominanten und rationalen Diskursen kommunizieren lassen.[1221] Gerade in hierarchischen oder repressiven Kontexten sind die Wahrnehmung unterdrückter Persönlichkeitsanteile ebenso wie Identitätsbildungsprozesse demnach verstärkt auf die Sprache der Kunst oder auf die Verwendung ästhetischer Kategorien angewiesen.

Alle diese Elemente finden sich auch bei den Vertretern der Theologie des Körpers. Sie schreiben über die Bedrohungen des Körpers durch die gesellschaftlichen Verhältnisse. Und sie betrachten den Körper gleichzeitig als Widerstandspotential, der die Besonderheit der brasilianischen Sinnlichkeit auszudrücken vermag und damit identitätsstiftend wirkt. Im Genuß und in ästhetischen Formen gelingt es dem Körper, dem gesellschaftlichen Zwang zu entfliehen und die sinnlich-emotionalen Persönlichkeitsanteile auszuleben, die im Alltag unterdrückt werden.

3.3. Das emanzipatorische Potential der Sinnlichkeit und des Glücksverlangens

Für Lorenzer geht es aber nicht nur darum, solche verdrängten Bewußtseinsschichten aufzudecken und ganzheitliche Erfahrungen zu ermöglichen. Er sieht in dem sinnlichen Verlangen auch ein *emanzipatorisches Potential*. Durch ihre spezifische Struktur ermöglichen die ästhetisch-expressiven Formen - oder, wie Lorenzer sagt, die sinnlich-symbolischen Interaktionsformen - die Darstellung des durch die Herrschaftsnormen verdrängten Glücksverlangens.

Dies, so Lorenzer, geschehe v.a. im Kontext der Religion. Religion läßt sich seiner Ansicht nach als „sinnliches Symbolsystem der nicht sprach-unterworfenen Sehnsüchte und Wünsche" verstehen, als „die der Ideologie gegenüber

---

[1220] Im Prinzip handelt es sich bei dem Buch Lorenzers eher um eine Kirchenkritik als eine Religionskritik, da er lediglich die historisch konkrete Ausformung der Religion kritisieren möchte und keineswegs ihren Gehalt.

[1221] Lorenzer 1988, S.284.

andere Seite".[1222] Die sinnlich-symbolischen Ausdrucksformen werden in dieser Interpretation als den Machtsystemen widerständige Formen verstanden, da sie sich nicht der herrschenden Sprache und der sich darin ausdrückenden dominanten Kultur unterwerfen. Religion wird damit zum „Protest gegen bloße sozialtechnische Vernunft" und gegen den „instrumentalistischen Zeitgeist".[1223]

Von daher kritisiert Lorenzer die Umstrukturierung der religiösen Erfahrungen, wie sie in der Liturgiereform des 2. Vatikanischen Konzils durch die Zurückdrängung solcher sinnlichen Symbolsysteme durchgeführt wurde. Diese Liturgiereform zeige sich als „Element einer kontraemanzipatorischen Bewegung, die durch Vernichtung des »sinnlichen Spiels« die Gläubigen den herrschenden Verhältnissen einfunktionalisiert."[1224]

Die sinnlich-symbolischen Interaktionsformen, welche Sehnsüchte, Glücksverlangen, sinnliche Wünsche und Emotionen auszudrücken vermögen, würden zurückgedrängt zugunsten der ideologischen Information, der Pädagogisierung, der Disziplinierung mit Hilfe der durchreglementierten Sprache.[1225]

Bei diesem Verrat an der Sinnlickeit sei die Kirche allerdings auf breite Zustimmung gestoßen. Denn:

> „Die Intellektuellen aller Lager sind auf demselben Auge blind. Jedoch nicht nur die Intellektuellen, die insgeheim alle in der Tradition des lustfeindlichen Protestantismus und der rationalistischen Aufklärung stehen, sondern jedermann im Schatten der fatalen Antithese von Sinnlichkeit und Bewußtsein: Sinnlichkeit reduziert auf Sexualfunktionalität, und Bewußtsein geronnen zu asketischer Gedankenblässe, unter Ausklammerung der sublimierten Erotik, deren Affektkultur ein entfaltetes Spielfeld von »kollektiven« Symbolen erfordert."[1226]

In diese Kritik schließt Lorenzer die politisch-engagierten Christen in Lateinamerika ein, die lediglich den ideologisch-logozentrischen Aspekt der Religion für ihren Kampf nutzen. Dagegen meint Lorenzer, daß auch Befreiungsansätze der Vermittlung von Symbolen bedürfen, die das Glücksverlangen der Menschen ausdrücken, wenn sie nicht mit abstrakten Theorien über die Bedürfnisse der zu Befreienden hinweggehen und zu einer Sektierergruppe werden wollen.

> „Der Dialog und die Solidargemeinschaft mit den armen und entrechteten Christen müßte vielmehr auf der Ebene der gemeinsamen »Sinnlichkeit«, des Wechselspiels zwischen religiösen Symbolen und sinnlich-symbolischen Interaktionsformen (...), das den rationalen Normen opponiert, gestiftet werden."[1227]

[1222] Lorenzer 1988, S.11.
[1223] Lorenzer 1988, S.187.
[1224] Lorenzer 1988, S.48.
[1225] Lorenzer 1988, S.84-188.
[1226] Lorenzer 1988, S.244.
[1227] Lorenzer 1988, S.282.

Genau an dieser Stelle geht die Theologie des Körpers über bisherige Ansätze der Befreiungstheologie hinaus. Indem sie sich den nicht sprachlich-durchreglementierten Wünschen und Sehnsüchten zuwendet, indem sie sinnlich-symbolische Ausdrucksformen sucht und sich Elementen der Volkskultur öffnet, vermag sie, den sinnlich-emotionalen Persönlichkeitsanteilen Raum in der Religion zu geben und *befreiender Ort des Glücksverlangens der Menschen* zu sein.

Was mit der Betonung von Leiblichkeit, Ästhetik und Träumen zunächst wie ein Rückzug aus dem Politischen erscheinen mag, könnte sich nach der Analyse von Lorenzer als emanzipativer Schub erweisen. Die Sinnlichkeit in der Religion wird reetabliert. Die Religion der Buchhalter hat ausgespielt.

Literaturliste

I. Literatur zur brasilianischen Theologie des Körpers

Alves, Rubem, *A Theology of Human Hope*, Washington 1969.

Alves, Rubem, *Tomorrow's Child*, London 1972.

Alves, Rubem, From Paradise to the Desert. Autobiographical Musings, in: Rosino Gibellini (Hg.), *Frontiers of Theology in Latin America*, New York 1979, S.284-303.

Alves, Rubem, *Protestantismo e Repressão*, São Paulo 1979.

Alves, Rubem, What does it mean to say the truth?, in: A.Peacocke (Hg.), *Science and Theology in the 20th century*, Notre Dame 1981,S.163-181.

Alves, Rubem, *La Teologia como Juego*, Buenos Aires 1982.

Alves, Rubem, *Ich glaube an die Auferstehung des Leibes. Meditationen*, Düsseldorf 1983.

Alves, Rubem, „Blessed are the Hungry. An Advent Meditation for Vancouver on Hunger and Life", *Ecumenical Review 35* (1983), S.239-245.

Alves, Rubem, *Variações sobre a vida e a morte. O feitico erótice-herético da teologia*, 2.Aufl., São Paulo 1985a.

Alves, Rubem, *Was ist Religion*, Zürich 1985b.

Alves, Rubem, *Der Wind weht, wo er will. Brasilianische Meditationen*, Düsseldorf 1985c.

Alves, Rubem, „Sometimes", *Quarterly Review 40,3* (1985d), S.43-53.

Alves, Rubem, *O Suspiro dos Oprimidos*, 2., überarbeitete Auflage, São Paulo 1987a.

Alves, Rubem, *Pai nosso. Meditações,* Rio de Janeiro 1987b.

Alves, Rubem, „Discurso sobre presenças e discurso sobre ausencias", *Comunicações do ISER 25* (1987c), S.95-102.

Alves, Rubem, „An invitation to dream. Reply to C.-S. Song", *Ecumenical Review 39* (1987), S.59-62.

Alves, Rubem, Sobre deuses e caquis, in: Ernesto Barros Cardos (Hg.), *Sobre deuses e caquis. Teologia, politica e poesia em Rubem Alves*, Rio de Janeiro 1988a, S.9-31.

Alves, Rubem, „Poesia e Política", *Tempo e Presença 229* (1988b), S.22-24.

Alves, Rubem, The Protestant principle and its denial, in: D. Kirkpatrick (Hg.), *Faith born in the struggle for life*, New York 1991, S.213-228.

Alves, Rubem, „Violencia", *Tempo e Presença 246* (1989), S.8-10.

Alves, Rubem, *The Poet, the Warrior, the Prophet*, London 1990a.

Alves, Rubem, *Ghandi. Politica dos gestos poéticos*, São Paulo 1990b.

Alves, Rubem, „As razões do amor", *Tempo e Presença 263* (1992a), S.38-39.

Alves, Rubem, *Creio na resurreição do corpo*, 3.Aufl., São Paulo 1992b.

Alves, Rubem, „Prazer", *Tempo e Presença 273* (1993), S.38-39.

Alves, Rubem, „From liberation theologian to poet. A plea that the church move from ethics to aesthetics, from doing to beauty", *Church and Society 83* (1993), S.20-24.

Alves, Rubem, Theopoetics: Longing and Liberation, in: Lorine M. Getz u. Ruy O. Costa (Hg.), *Struggles for Solidarity. Liberation Theologies in Tension*, Minneapolis 1994a, S.159-171.

Alves, Rubem, „Teologia crepuscular", *Notas 2* (1994b), S.10-12.

Alves, Rubem, *Teologia do Cotodiano. Meditações sobre o momento e a eternidade*, Campinas 1994c.

Alves, Rubem, *O Retorno e Terno. Cronicas*, Campinas 1995a.

Alves, Rubem, „Sobre Deuses e Rezas", *Tempo e Presença 282* (1995b), S.30-31.

Augusto de Barros, Waldemar Neto, *O corpo como um paradigma. A critica social e psicoculturalista da repressão a sexualidade no protestantismo de missão, como condição para uma teologia na situação da pós-modernidade*, São Bernardo do Campo 1991.

Assmann, Hugo, Por una sociedad donde quepan todos, in: José Duque (Hg.), *Por una sociedad donde quepan todos*, San José 1996, S.379-392.

Boff, Leonardo, *O Evangelho do Christo cosmico*, Petropolis 1971.

Boff, Leonardo, *Erfahrung von Gnade. Entwurf einer Gnadenlehre*, Düsseldorf 1978.

Boff, Leonardo, *O rosto materno do Deus. Ensaio interdisciplinar sobre o feminino e suas formas religiosas*, Petropolis 1979.

Boff, Leonardo, *Die Neuentdeckung der Kirche. Basisgemeinden in Lateinamerika*, Mainz 1980.

Boff, Leonardo, *Aus dem Tal der Tränen ins Gelobte Land. Der Weg der Kirche mit den Unterdrückten*, Düsseldorf 1982.

Boff, Leonardo, *Vida alem da Morte*, Petropolis 1983.

Boff, Leonardo, *O Pai-Nosso. A oração da libertação integral*, 3.Aufl., Petropolis 1985.

Boff, Leonardo, *Zeugen Gottes in der Welt. Ordensleben heute*, Zürich - Einsiedeln - Köln 1985c.

Boff, Leonardo, *Wie predigt man das Kreuz heute in einer Gesellschaft der Gekreuzigten?*, 1987.

Boff, Leonardo, *A Trinidade e a Sociedade*, Petropolis 1987. (deutsch: *Der dreieinige Gott*, Düsseldorf 1987)

Boff, Leonardo, „A teologia da pequena libertação", *Tempo e Presença 229* (1988), S.20-21.

Boff, Leonardo, *Jesus Christus, der Befreier*, 3.Aufl., Freiburg Basel Wien 1989.

Boff, Leonardo, *Zärtlichkeit und Kraft. Franz von Assisi mit den Augen der Armen gesehen*, 5.Aufl., Düsseldorf 1991a.

Boff, Leonardo, *Gott kommt früher als der Missionar. Neuevangelisierung für eine Kultur des Lebens und der Freiheit*, Düsseldorf 1991b.

Boff, Leonardo, *América Latina. Da Conquista á nova Evangelização*, São Paulo 1992.

Boff, Leonardo, „Cristianismo de libertação ao rumo ao século 21", *O Estado de S.Paulo* 15.8.1993a.

Boff, Leonardo u. Frei Betto, *Mística e Espiritualidade*, São Paulo 1993b.

Boff, Leonardo, Espírito e corpo, in: ders. u. Frei Betto, *Mística e Espiritualidade*, São Paulo 1993c, S.32-34.

Boff, Leonardo, Mística e cultos africanos, in: ders. u. Frei Betto, *Mística e Espiritualidade*, São Paulo 1993d, S.69-71.

Boff, Leonardo, Dimensão ontologica da sexualidade, in: ders. u. Frei Betto, *Mística e Espiritualidade*, São Paulo 1993e.

Boff, Leonardo, „Ökologie und Spiritualität: Kosmische Mystik", *Evangelische Theologie 53,5* (1993f), S.438-451..

Boff, Leonardo, *Von der Würde der Erde. Ökologie, Politik, Mystik*, Düsseldorf 1994a.

Boff, Leonardo, „O que salva o povo é a mística", *Tempo e Presença 275* (1994b), S.12-14..

Boff, Leonardo, Uma Erótica nova: Utopia?, in: Celina Albornoz u.a., *Homen/Mulher. Uma Relação em Mudanca*, Rio de Janeiro 1994c, S.77-97.

Boff, Leonardo, „Deus na Perspectiva da Moderna Cosmologia", *Notas 1* (1994d), S.10-17.

Boff, Leonardo, *Eine neue Erde in einer neuen Zeit. Plädoyer für eine planetarische Kultur*, Düsseldorf 1994e.

Boff, Leonardo, Offener Brief an die Weg- und Hoffnungsgefährten und -gefährtinnen, in: Horst Goldstein, *Leonardo Boff. Zwischen Poesie und Politik*, Mainz 1994f, S.58-64.

Boff, Leonardo, „Teologia da colisão", *VEJA* 16.8.1995a.

Boff, Leonardo, „Neue Herausforderungen in einer verschärften Situation", *Brasilien Nachrichten 117* (1995b), S.16f.

Boff, Leonardo, „Interview der Kooperation Brasilien mit Leonardo Boff", *Kobra-Rundbrief 74* (1995c), S.14-21.

Boff, Leonardo, „Die Begegnung mit Gott auf dem Berge", in: Gerhard Tiel, *Basisökumene in Brasilien unter Berücksichtigung des lateinamerikanischen Kontextes. „Ökumene im Kraftfeld des Reiches Gottes"*, Mettingen 1995d, S.252f.

Boff, Leonardo, Trinität, in: Ignacio Ellacuría u. Jon Sobrino (Hg.), *Mysterium Liberationis. Grundbegriffe der Theologie der Befreiung*, Bd. 1, Luzern 1995e, S.507-523.

Boff, Leonardo, „Desafios ecológicos do fim do milenio", *Folha de São Paulo 12.5.1996*.

Botas, Paulo Cezar Loureiro, „Oikumene: A Barca dos Amantes", *Tempo e Presença 253* (1990), S.16-18.

Botas, Paulo Cezar Loureiro, „Redimindo o Tempo Presente porque os Dias são maus", *Tempo e Presença 271* (1993), S.8-10.

Botas, Paulo Cezar Loureiro, „Yes, nos temos banana...", *Contexto Pastoral 21* (1994), S.5-6.

Botas, Paulo Cezar Loureiro, „A Erotica do Arrebatamento", *Tempo e Presença 275* (1994), S.28-30.

Botas, Paulo Cezar Loureiro, „Experimentar o Deus da Vida", *Contexto Pastoral 21* (1994), S.10-13.

Botas, Paulo Cezar Loureiro, *Carne do sagrado - devaneios sobre a espiritualidade dos orixas*, Rio de Janeiro 1996.

Cardoso Pereira, Nancy, Exílo na linguagem, 1988, in: Ernesto Barros Cardoso (Hg.), *Sobre deuses e caquis. Teologia, politica e poesia em Rubem Alves*, Rio de Janeiro 1988, S.63-64.

Cardoso, Pereira, Nancy, Hermeneutica feminista, In: *Primer Encuentro-Taller de Profesoras de Teología, Costa Rica 30.1.-4.2.1994*, San José 1994, S.29-30.

Cardoso, Pereira, Nancy, „O falo se fez carne e se impos sobre nos", *Notas 1* (1994), S.5-10.

Cardoso, Pereira, Nancy, „Direitos reprodutivos e prostituição", *Mandrágora 1* (1994), S.60-61.

Cardoso, Pereira, Nancy, „Liturgia", *Mandrágora 1* (1994), S.17-25.

Frei Betto, „If we change society, we will change the church", *Latinamerica Press 30.5.1996*.

Garcia, Paulo Roberto, „Ressurreição e Exclusão ... do Corpo", *Tempo e Presença 284* (1995), S.45-46.

Gebara, Ivone, *A Mulher faz Teologia*, Petropolis 1987.

Gebara, Ivone, „Corpo. Novo Ponto de Partida da Teologia", *Tempo e Presença 254* (1990), S.19-21.

Gebara, Ivone, „Das Curas e Feridas do Amor", *Tempo e Presença 275* (1994), S.26-27.

Gebara, Ivone, Women Doing Theology in Latin America, in: Ursula King (Hg.), *Feminist Theology from the Third World*, New York 1994, S.47-59.

Gebare, Ivone, »Steh auf und geh!«. Vom Weg lateinamerikanischer Frauen, in: Christel Voss-Goldstein und Horst Goldstein (Hg.), *Schwestern über Kontinente. Aufbruch der Frauen. Theologie der Befreiung in Lateinamerika und feministische Theologie hierzulande*, Düsseldorf 1991, S.55-81.

Gebare, Ivone, „Sedução", *Tempo e Presença 282* (1995), S.9-11.

Lima, José, *Corpoética. Introdução a uma Filosofia do Corpo*, São Paulo 1990.

Lima, José, „Um que de sábadomingo em plena quarta-feira", *Tempo e Presença 253* (1990), S.14-16.

Lima, José, „Com fé sou corpo", *Reflexoes no caminho 3* (1992), S.25-29.

Lima, José, „Corpo pneumatólogico", *Reflexoes no caminho 3* (1992), S.61-75.

Maduro, Otto, „Por uma etica da ternura. Entrevista a Lucia Ribeiro", *Comunicações do ISER 42* (1992), S.43-47.

Marascin, Jaci, „Estética. A experiencia do Esquecimento absoluto ou, talvez, da Ruptura", *Boletim ASTE 2* (1979a), S.23-42.

Marascin, Jaci, Questionamento Teórico. O Provisório e a Utopia, in: José Marques de Melo u.a. (Hg.), *Ideologia e Poder no Ensino de Comunicação*, São Paulo 1979b, S.133-142.

Marascin, Jaci, „Jesus Cristo, a esperança", *Ciencias da Religião 1* (1983a), S.171-180.

Marascin, Jaci, „A morte em meio á vida", *Ciencias da Religião 1* (1983b), S.181-182.

Marascin, Jaci, „O Simbolico e o Cotidiano", *Ciencias da Religião 2* (1984a), S.121-144.

Marascin, Jaci, „Fé Christa e Corpo", *Ciencias da Religião 5* (1984b), S.57-66.

Marascin, Jaci, „Fragmentos das harmonias e das dissonancias do corpo", *Estudos da Religião 1* (1985a), S.193-213.

Marascin, Jaci, „O espaco da Liturgia", *Estudos da Religião 2* (1985b), S.34-57.

Marascin, Jaci, „Os Corpos do Povo Pobre", *Estudos da Religião 3* (1986a), S.27-40.

Marascin, Jaci, „Conversão é Corpo", *Estudos da Religião 4* (1986b), S.67-83.

Marascin, Jaci, „Que é teologia do corpo?", *Jornal do CADS 17* (1987), S.40-59.

Marascin, Jaci, *Teologia do corpo*, São Paulo 1988a.

Marascin, Jaci, „Anglicanismo: espiritualidade e missão", *Estudos da Religião 5* (1988b), S.53-69.

Marascin, Jaci, *O Espelho e a Transparencia. O Credo Niceno-Constantinopolitano e a Teologia latino-americana*, São Paulo 1989.

Marascin, Jaci, Que é formação espiritual?, in: ders. (Hg.), *Que é formação espiritual?*, São Paulo 1990a, S.7-12.

Marascin, Jaci, „O encontro simbólico do tradicional com o contextual", *Simpósio 7,2 (1991)*, S.21-28.

Marascin, Jaci, Crítica da hermeneutica, in: ders. u.a. (Hg.), *Teologia sob Limite. Sete ensaios e um prefácio*, São Paulo 1992a, S.111-143.

Marascin, Jaci, „As alegrias da missão", *Estudos de Religião 8 (1992b)*, S.131-149.

Marascin, Jaci, „Que quer dizer »koinonia« para nós?", *Estudos da Religião 9* (1993), S.21-27.

Marascin, Jaci, „Arte e Teologia", *Tempo e Presença 275 (1994)*, S.8-11.

Marascin, Jaci, „Igreja e Ética", *Tempo e Presença 279 (1995)*, S.14-15.

Muraro, Rose Marie, *Sexualidade, Libertação e Fé. Por uma erótica crista: primeiras indagações*, Petropolis 1985.

Ribeiro, Lucia, „Sexualidade. Em Busca de uma nova ética", *Tempo e Presença 254* (1990), S.16-18.

Rodrigues Alves, Carlos Albert, „Igreja. Comunidade Liturgica", *Reflexoes no caminho 3* (1992), S.7-25.

Sampaio, Mara Vieira, „O corpo excluido de sua dignidade. Uma proposta de leitura feminista de Oseias 4", *Revista de Interpretação Biblica Latin-Americana 15* (1993/3), S.28-36.

Vasconcelos, Pedro Lima, „Belezas e Prazeres Messianicos", *Tempo e Presença 275* (1994), S.23-27.

II. Sonstige Literatur

Adorno, Alberto, „O Brasil é um país violento", *Tempo e Presença 246 (1989),* S.11-15.

Adorno, Theodor W., Die Kunst und die Künste, in: ders., *Ohne Leitbild,* Frankfurt 1967.

Albert, Hans, *Traktat über kritische Vernunft,* 5., verbesserte u. erweiterte Auflage, Tübingen 1991.

Albert, Karl, *Lebensphilosophie. Von den Anfängen bei Nietzsche bis zu ihrer Kritik bei Lukács,* Freiburg/München 1995.

Almeida Cunha, R., Pädagogik als Theologie. Paulo Freires Konzept der Konszientisation als Ansatz für eine Glaubensreflexion lateinamerikanischer Christen, in: F.Castillo (Hg.), *Theologie aus der Praxis des Volkes. Neuere Studien zu lateinamerikanischem Christentum und zur Theologie der Befreiung,* München - Mainz 1978, S.61-124.

Alter, Joseph S., *The Wrestler's Body. Identity and Ideology in North India,* Berkely - Los Angeles 1994.

Alves, Levi, *Sexualidade e Desconhecimento: A Negação do Saber,* 1980.

Alves, Luiz Roberto, Faço o papel do que não gosta, in: Ernesto Barros Cardoso (Hg.), *Sobre deuses e caquis. Teologia, politica e poesia em Rubem Alves,* Rio de Janeiro 1988, S 65-66.

Alves, Rubem, *Protestantismo e Repressão,* São Paulo 1979.

Alves, Sergio, *O Carneval devoto,* Rio de Janeiro 1980.

Amado, Jorge, *Teresa Batista cansada de guerra,* São Paulo 1973. (deutsch: ders., *Viva Teresa,* München 1975)

Amado, Jorge, *Dona flor e seus dois maridos,* São Paulo 1966.

Amado, Jorge, „Frohsinn ist keine Sünde. Die Baianos sind ein erfinderisches Mestizenvolk voller Träume und Lebenslust", *Süddeutsche Zeitung 8.9.1995.*

Ammicht-Quinn, Regina, *Körper, Religion und Sexualität. Zur theologischen Anthropologie und Ethik der Geschlechter,* Mainz 1999.

Apel, Karl-Otto, Das Leibapriori der Erkenntnis. Eine erkenntnisanthropologische Betrachtung im Anschluß an Leibnizens Monadenlehre, in: Hilarion Petzold (Hg.), *Leiblichkeit. Philosophische, gesellschaftliche und therapeutische Perspektiven,* Paderborn 1985, S.47-71.

Apffel Marglin, Frédérique, Refining the Body. Transformative Emotion in Ritual Dance, in: Owen M. Lynch (Hg.), *Divine Passions. The Social Construction of Emotion in India*, Berkely - Los Angeles 1990, S.212-239.

Aries, Phillipe, Paulus und das Fleisch, in: Aries, Phillipe, u.a. (Hg.), *Die Masken des Begehrens und die Metamorphosen der Sinnlichkeit. Zur Geschichte der Sexualität im Abendland*, Frankfurt a.M. 1995, S.51-55.

Ashley, Benedict M., O.P., *Theologies of the Body: Humanist and Christian*, The Pope John Center 1985.

Assmann, Hugo, Die Situation der unterentwickelt gehaltenen Länder als Ort einer Theologie der Revolution, in: E.Feil (Hg.), *Diskussion zur Theologie der Revolution*, München 1969, S.218-248.

Assmann, Hugo, *Teología desde la praxis de la liberación. Ensayo teológico desde la América dependiente*, Sa 1973.

Assmann, Hugo, „Teologia da Solidariedade e da Cidadania. Ou seja: Continuando a Teologia da Libertação", *Notas 2* (1994), S.2-9.

Assmann, Jan, Sepulkrale Selbstthematisierung im Alten Ägypten, 1987, in: Alois Hahn und Volker Kapp (Hg.), *Selbstthematisierung und Selbstzeugnis: Bekenntnis und Geständnis*, Frankfurt a.M. 1987, S.208-233.

Assmann, Jan, Der schöne Tag - Sinnlichkeit und Vergänglichkeit im altägyptischen Fest, in: Walter Haug und Rainer Warning (Hg.), *Das Fest*, (Poetik und Hermeneutik XIV), München 1989, S.3-28.

Assmann, Jan, *Das kulturelle Gedächtnis. Schrift, Erinnerung und politische Identität in frühen Hochkulturen*, München 1992.

Assmann, Jan (Hg.), *Die Erfindung des inneren Menschen. Studien zur religiösen Anthropologie*, Gütersloh 1993.

Assmann, Jan, *Moses the Egyptian. The Memory of Egypt in Western Monotheism*, Cambridge 1997.

Assunto, R., *Die Theorie des Schönen im Mittelalter*, Köln 1963.

A Tarde 19.2.1993.

Augel, Meoma Parente, „Axé - Lebensenergie und sakrale Kraft. Die dynamische Struktur der Welt der Orixá", *Trigon. Kunst, Wissenschaft und Glaube im Dialog IV* (1994), S.83-92.

August, Sabine, *Die Indianer im Spiegel der brasilianischen Gesellschaft*, Frankfurt 1995.

Aurélio, Buarque de Holanda Ferreira, *Novo Dicionário Aurélio da Língua Portuguesa*, 2. Aufl., Rio de Janeiro 1986.

Azevedo, Thales de, „Catholicism in Brasil: A Personal Evaluation", *Thougth 28* (1953), S.253-274.

Azevedo, Thales de, A praia, espaco de sociedade, in: ders., *Italianos na Bahia e outros temas*, Salvador 1989, S.85-112.

Azzi, Riolando u.a., *Theologiegeschichte der Dritten Welt. Lateinamerika*, Gütersloh 1993.

Bachtin, Michail M., *Literatur und Karneval*, Berlin 1985.

Bachtin, Michail M., Rabelais und Gogol. Die Wortkunst und die Lachkultur des Volkes, in: ders., *Die Ästhetik des Wortes*, Frankfurt a.M.1979, S.338-349.

Barkhaus, Anette u.a. (Hg.), *Identität, Leiblichkeit, Normativität. Neue Horizonte anthropologischen Denkens*, Frankfurt a.M. 1996.

Barros Souza, Marcedo de, *Teologia da Terra*, Petropolis 1988.

Barth, Fredrik, *Balinese Worlds*, Chicago - London 1993.

Barthes, Roland, *Das Reich der Zeichen*, Frankfurt a.M.1981.

Barthes, Roland, *Elemente der Semiologie*, Frankfurt a.M.1979.

Bartholomäus, Wolfgang, *Glut der Begierde. Sprache der Leibe. Unterwegs zur ganzen Sexualität*, München 1978.

Bastide, Roger, Religion and the Church in Brazil, in: T.L.Smith u. A.Marchant (Hg.), *Brazil, portrait of half a continent*, New York 1951.

Bataille, Georges, *Die Erotik*, München 1994.

Bateson, Gregory u. Margaret Mead, *Balinese Character. A Photographic Analysis*, New York 1942.

Bateson, Gregory u.a., „Toward a Theory of Schizophrenia", *Behavioral Science 1* (1956), S.251ff.

Bateson, Gregory, Bali: Das Wertsystem in einem Zustand des Fließgleichgewichts, in: ders., *Ökologie des Geistes. Anthropologische, psychologische, biologische und epistemologische Perspektiven*, 3.Aufl., Frankfurt a.M. 1985, S. 156-181.(1985a)

Bateson, Gregory, Stil, Grazie und Informationen in der primitiven Kunst, in : ders., *Ökologie des Geistes. Anthropologische, psychologische, biologische und epistemologische Perspektiven*, 3.Aufl., Frankfurt a.M. 1985, S. 182-218.(1985b)

Bauer, Karl-Adolf, *Leiblichkeit - das Ende aller Werke Gottes. Die Bedeutung der Leiblichkeit des Menschen bei Paulus*, Gütersloh 1971.

Beck, Ulrich, *Risikogesellschaft. Auf dem Weg in eine andere Moderne*, Frankfurt a.M. 1986.

Becker, S., Die Annahme der eigenen Homosexualität, in: H.Jäger (Hg.), *AIDS. Psychosoziale Betreuung von AIDS und AIDS-Vorfeld Patienten*, Stuttgart 1987.

Belo, Jane, *Bali. Rangda and Barong*, New York 1949.

Bender, Rensalee, „Locating ourselves in »Godbecoming«. Marginalized people of Recife (Brazil) and Body theology", *Conrad Grebel Review 10* (1992), S.49-58.

Bengel, J. und U. Koch, Zur Psychologie der Angst, des Risiko- und Gesundheitsverhaltens, in: R. Rosenbrock u. A. Salmen (Hg.), *AIDS-Prävention*, Berlin 1990, S.111-120.

Benjamin, Walter, *Das Kunstwerk im Zeitalter seiner technischen Reproduzierbarkeit*, Frankfurt am Main 1969.

Berger, Peter L., *Invitation to Sociology: a humanist perspective*, Boston 1963.

Berger, Peter L. und Thomas Luckmann, *Die gesellschaftliche Konstruktion der Wirklichkeit. Eine Theorie der Wissenssoziologie*, Frankfurt a.M. 1980.

Berner-Hürbin, Annie, *Eros, die subtile Energie*, Basel 1989.

Bernhardt, Reinhold, Theologia Ludens, in: ders. u.a., *Theologische Samenkörner. Dem Lehrer Dietrich Ritschl zum 65. Geburtstag*, Münster u. Hamburg 1994, S.60-72.

Betsky, Aaron, *Building Sex. Men, Women, Architecture, and the Construction of Sexuality*, New York 1995.

Bette, Karl-H., *Körperspuren. Zur Semantik und Paradoxie moderner Körperlichkeit*, Berlin - New York 1989.

Beyer, Ulrich, „Eine Mangobaum-Theologie", *ZfM XXII/2 (1996)*, S.93-102.

Bezzel, Chris, *Wittgenstein*, 2.Aufl., Hamburg 1989.

Bieber, Marianus, „Eros und Transzendenz. Die romantische Liebesreligion und ihre Vorläufer", *Una Sancta* (1996,1), S.55-77.

Biehl, João Guilherme, Cinemando da vida!, in: Ernesto Barros Cardoso (Hg.), *Sobre deuses e caquis. Teologia, politica e poesia em Rubem Alves*, Rio de Janeiro 1988, S.39-45.

Birman, Patricia, *O que é Umbanda*, São Paulo 1983.

Bloch, Ernst, *Subjekt - Objekt. Erläuterungen zu Hegel*, Frankfurt a.M. 1962.

Bloch, Ernst, *Ästhetik des Vor-Scheins*, 2 Bde., Frankfurt a.M. 1974.

Bloch, Ernst, *Das Prinzip Hoffnung*, Bd.1-3, Frankfurt a.M. 1985.

Blome, Andrea u. Ilse Müllner, „Bibliographie Körper", *Schlangenbrut 45* (1994), S.34-35.

Blondel, Eric, *Nietzsche. The Body and Culture. Philosophy as a Philological Genealogy*, Stanford 1991.

Bloor, Michael, A user's guide to contrasting theories of HIV-related risk behaviour, in: Jonathan Gabe (Hg.), *Medicine, Health and Risk. Sociological Approaches*, Oxford 1995, S.19-30.

Bockmühl, Klaus, *Leiblichkeit und Gesellschaft. Studien zur Religionskritik der Anthropologie im Frühwerk von Ludwig Feuerbach und Karl Marx*, Giessen und Basel 1981.

Bohaumilitzky, Peter u. Isolde Nägl, Sexualität und Volksfrömmigkeit in Europa, in: Hubert Ch. Ehalt (Hg.), *Volksfrömmigkeit. Glaubensvorstellungen und Wirklichkeitsbewältigung im Wandel*, Frankfurt 1989, S.143-191.

Bollnow, Otto Friedrich, *Die Lebensphilosophie*, Frankfurt a.M.1958.

Bonder, Nilton, „Por uma teologia da ecologia", *Comunicações do ISER 43* (1992), S.16-20.

Bonhoeffer, Dietrich, *Wer ist und wer war Jesus Christus? Seine Geschichte und sein Geheimnis*, Hamburg 1962.

Bottomley, Frank, *Attitudes to the Body in Western Christendom*, New York 1979.

Brandão, Carlos Rodrigues, „A festa do Espírito Santo na Casa de São José", *Religião e Sociedade 8* (1981), S.61-78.

Brandão, Carlos Rodrigues u.a., *Inculturação e Libertação*, São Paulo 1986.

Brandão, Carlos Rodrigues, *O Festim dos bruxos. Estudos sobre a Religião no Brasil*, Campinas 1987.

Brandão, Carlos Rodrigues, Ser católico: dimensoes brasileiras. Um estudo sobre a atribuição através da religão, in: Viola Sachs u.a., *Brasil & EUA. Religião e Identidade Nacional*, Rio de Janeiro 1988, S.27-57.

Brandão, Carlos Rodrigues, Pirenópolis: a Semana Santa, in: ders.: *A Cultura na Rua*, Campinas 1989, S.115-166.

Brandt, Hermann, *Gottes Gegenwart in Lateinamerika. Inkarnation als Leitmotiv der Befreiungstheologie*, Hamburg 1992.

Brandt, Hermann, „Säkularisierung in der Fremde. Die lateinamerikanische Wiederentdeckung des Zaubers der Welt", *Dialog der Religionen 5* (1995,2), S.147-161.

Brandt, Sigrid, *Religiöses Handeln in moderner Welt. Talcott Parsons´ Religionssoziologie im Rahmen seiner allgmeinen Handlungs- und Systemtheorie*, Frankfurt a.M. 1993.

Breuer, Stefan, Sozialdisziplinierung. Probleme und Problemverlagerungen eines Konzepts bei Max Weber, Gerhard Oestreich und Michel Foucault, in: Christoph Sachße u. Florian Tennstedt (Hg.), *Soziale Sicherheit und soziale Disziplinierung. Beiträge zu einer historischen Theorie der Sozialpolitik*, Frankfurt a.M.1986, S.45-72.

Briesemeister, D. u.a. (Hg.), *Brasilianische Literatur der Zeit der Militärherrschaft (1964-1984)*, Frankfurt a.M.1992.

Brokensha, D., Overview: Social Factors in the Transmission and Control fo African AIDS, in: N.Miller u. R.C.Rockwell (Hg.), *AIDS in Africa: The Social and Political Impact*, Lewiston u. Queenston 1988, S.167-173.

Brown, Norman O., *Zukunft im Zeichen des Eros*, Pfullingen 1962.

Brown, Norman O., *Love´s Body. Wider die Trennung von Geist und Körper, Wort und Tat, Rede und Schweigen*, Frankfurt a.M. u. Berlin 1979a.

Brown, Norman O., Eine Antwort auf Herbert Marcuse, in: ders., *Love´s Body. Wider die Trennung von Geist und Körper, Wort und Tat, Rede und Schweigen*, Frankfurt a.M. u. Berlin 1979b, S.245-247.

Brown, Peter, *Die Keuschheit der Engel. Sexuelle Entsagung, Askese und Körperlicheit im frühen Christentum*, München 1994.

Brown, P., „AIDS. The challenge of the future", *New Scientist Supplement* 18.4.1992.

Buarque de Holanda, Sergio, *Visão do Paraiso: Os Motivos Edenicos no Descobrimento e Colonização do Brasil*, São Paulo 1969.

Bubner, Rüdiger, *Ästhetische Erfahrung*, Frankfurt a.M. 1989.

Büttner-Lermen, Gisela, » ... vor allem aber geht es darum, daß man uns achtet«. Uruguayische Prostituierte kämpfen um ihre menschliche Würde, in: Christel Voss-Goldstein und Horst Goldstein (Hg.), *Schwestern über Kontinente. Aufbruch der Frauen. Theologie der Befreiung in Lateinamerika und feministische Theologie hierzulande*, Düsseldorf 1991, S.38-45.

Bultmann, Rudolf, *Theologie des Neuen Testaments*, Tübingen 1953.

Bultmann, Rudolf, Das Problem der Ethik bei Paulus, in: E. Dinkler (Hg.), *Exegetica*, Tübingen 1967, S.36-54.

Burckhardt, Martin, *Metamorphosen von Raum und Zeit. Eine Geschichte der Wahrnehmung*, Frankfurt/ New York 1994.

Bynum, Caroline Walker, *The Resurrection of the Body in Western Christianity: 200-1336*, New York 1995.

Bynum, Caroline Walker, *Fragmentierung und Erlösung. Geschlecht und Körper im Glauben des Mittelalters*, Franfurt a.M. 1996.

Cabral de Melo Neto, Joao, *Tod und Leben des Severino. Eine Weihnachtslegende*, München/ Zürich 1988.

Cacciatore, Olga Gudolle, *Dicionário de Cultus Afro-Brasileiros*, Rio de Janeiro 1977.

„Camisinha é pecado", *Veja* 23.3.1994.

Camus, Albert, *Der Mythos von Sisyphos. Ein Versuch über das Absurde*, Hamburg 1959.

Caplan, Pat, *The Cultural Construction of Sexuality*, London 1987.

Cardoso, F.H. u. E. Faletto, *Abhängigkeit und Entwicklung in Lateinamerika*, Frankfurt a.M.1976.

Cardoso, Ruth, „As Representações dos Favelados de São Paulo". *Ensaios de Opinião 6 (1978)*, S.38-44.

Carrier, J.M., „Sexual Behavior and Spread of AIDS in Mexico", *Medical Anthropology 10 (1989)*, S.129-142.

Carvalho, Martha de Ulhoa, Tupi or Not Tupi MPB: Popular Music and Identity in Brazil, in: David J. Hess u. Roberto DaMatta, *The Brazilian Puzzle. Culture on the Borderlands of the Western World*, New York 1995, S.159-180.

Cassorla, Roosevelt M.S., *Da Morte. Estudos Brasileiros*, Campinas 1991.

Castillo, F.,Theologie der Befreiung und Sozialwissenschaften. Bemerkungen zu einer kritischen Bilanz ihrer Beziehungen zur Dependenztheorie, in: E.Schillebeeck (Hg.), *Mystik und Politik. Theologie im Ringen um Geschichte und Gesellschaft. Johann Baptist Metz zu Ehren,* Mainz 1988, S.143-151.

Cavallieri, Alyrio u.a., *Pesquisa acerca dos habitos e atitudes sexuais dos Brasileiros*, São Paulo 1983.

Charbonneau, A., *O Problema Sexual e a Sua Dimensão Moral*, São Paulo 1983.

Coelho, Maria Claudia Pereira, *O Caso Bebeto: Futebol e Identidade Cultural no Brasil*, Rio de Janeirro 1991.

Coelho, Maria Claudia Pereira, Rituals, Scandals, and Sex Crimes: Attempted Rape-Murders Across Two Generations, in: David J. Hess u. Roberto DaMatta, *The Brazilian Puzzle. Culture on the Borderlands of the Western World*, New York 1995, S.89-114.

Consorte, Josildeth u. Lísias Nogueira Negrão, *O messianismo no Brasil contemporaneo,* São Paulo 1984.

Contexto Pastoral 15 (1993).

Cooey, Paula, „The Word Become Flesh: Woman's Body, Language, and Value", in: Paula Cooey u.a. (Hg.), *Embodied Love: Sensuality and Relationship as Feminist Values,* San Francisco 1987, S. 17-33.

Cooey, Paula, „Experience, Body, and Authority", *Harvard Theological Review 82/3* (1989), S.325-342.

Cooey, Paula, „The Redemption of the Body: Post-Patriarchal Reconstruction of Inherited Christian Doctrine", in: Paula M. Cooey u.a. (Hg.), *After Patriarchy: Feminist Transformations of the World Religions,* New York 1991, S.106-130.

Corbin, Alain, *Eine Geschichte des Geruchs*, Frankfurt a.M. 1993.

Costa, Jurandir Freire, *Ordem Medica e Norma Familiar,* Rio de Janeiro 1979.

Cox, Harvey, *Das Fest der Narren*, Stuttgart 1970.

Cox, Harvey, *The Silencing of Leonardo Boff. The Vatican and the future of World Christianity*, London 1988.

Csordas, Thomas J. (Hg.), *Embodiment and experience. The existential ground of culture and self,* Cambridge 1994.

Cunha, Magali do Nascimento, „Misericórdia, Sim. Punição, Não.", *Contexto Pastoral 29 (1995)*, S.3-5.

Dahlfert, Ingolf U., Einführung in die analytische Religionsphilosophie, in: ders. (Hg.), *Sprachlogik des Glaubens. Texte analytischer Religionsphilosophie und Theologie zur religiösen Sprache*, München 1974, S.9-60.

Dahlfert, Ingolf U., „Mythos, Ritual, Dogmatik. Strukturen der religiösen Text-Welt", *Evangel. Theol. 47 Heft 4* (1987), S.273-291.

Dahlfert, Ingolf U., *Kombinatorische Theologie. Probleme theologischer Rationalität*, Freiburg 1991.

Daiber, Karl-Fritz, „Fußball als Nationalreligion? Nachdenken zu einer dionysischen Weltmeisterschaft", *Lutherische Monatshefte 8 (1990), S.344-346.*

Daly, Mary, Sisterhood as Cosmic Covenant, in: Charlene Spretnak (Hg.), *The Politics of Women´s Spirituality. Essays on the Rise of Spiritual Power within the Feminist Movement*, New York 1982.

Daly, Mary, *Reine Lust*, München 1986.

Damico, Linda H., *The anarchist dimension of liberation theology*, New York 1987.

Da Matta, Roberto, As Raízes da Violencia no Brasil. Reflexões de um antropólogo social, in: ders. u.a., *Violencia Brasileira*, São Paulo 1982, S.11-44.

Da Matta, Roberto, „Der Sport *in der* Gesellschaft: Der brasilianische »futebol« als nationales Drama", *Concilium (1989)*, S.403-412.

Da Matta, Roberto, *Carnavais, Malandros e Herois. Para uma sociologia do Dilema Brasileiro*, 5.Aufl., Rio de Janeiro 1990.

Da Matta, Roberto, Pedro Malasartes e os Paradoxos da Malandragem, in: ders., *Carnavais, Malandros e Herois. Para uma sociologia do Dilema Brasileiro*, 5.Aufl., Rio de Janeiro 1990, S.205-239.

Da Matta, Roberto, *A casa & a rua. Espaco, cidadania, mulher e morte no Brasil*, 4.Aufl., Rio de Janeiro 1991.

Da Matta, Roberto, Mulher. »Dona flor e seus dois maridos« Um Romance relacional, in: ders., *A casa & a rua. Espaco, cidadania, mulher e morte no Brasil*, 4.Aufl., Rio de Janeiro 1991, S.71-103..

Da Matta, Roberto, *O que faz o brasil, Brasil?*, Rio de Janeiro 1992.

Da Matta, Roberto, „Antropologia da Saudade", *Fohla de São Paulo 28.6.1992.*

Da Matta, Roberto, Os discursos da violencia no Brasil, in: ders., *Conta de Mentiroso. Sete ensaios de antropologia brasileira*, Rio de Janeiro 1993, S.175-197.

Da Matta, Roberto, „On Carnaval, Informality and Magic: A Point of View from Brazil", in: Edward M. Bruner (Hg.), *Text, Play and Story: The Construction and Reconstruction of Self and Society*, Washington 1994, S.230-246.

Damen, Franz, „El Pentecostalismo. Ruptura y continuidad", *Fe y Pueblo* 14 (1980), S.44-49.

Daniel, H. u. R.Parker, *AIDS. A Teirceira Epidemia*, São Paulo 1991.

Daniel, H. u. R. Parker, *Sexuality, Politics and AIDS in Brazil*, London 1993.

Daube-Schackat, Roland, Schleiermachers Divinationstheorem und Peirce´s Theorie der Abduktion, in: *Internationaler Schleiermacher Kongreß Berlin (1984)*, (Schleiermacher Archiv 1,1), Berlin - New York 1985, S.263-278.

Davis, Charles, *Body as Spirit. The Nature of Religious Feeling*, New York 1976.

„Debate. O Desafio da AIDS para as igrejas Cristas", Sonderausgabe von *Contexto Pastoral 29 (12,1995)*.

Degler, Carl N., *Nem preto, nem branco. Escravidão e relações raciais no Brasil e nos E.U.A.*, Rio de Janeiro 1971.

Denser, Márcia (Hg.), *Muito Prazer. Contos Eroticos*, Rio de Janeiro 1980.

Desjarlais, Robert R. *Body and Emotion. The Aesthetics of Illness and Healing in the Nepal Himalayas*, Dehli 1992.

Diamond, Irene u. Lee Quinby (Hg.), *Feminism & Foucault. Reflections on Resistance*, Boston 1988.

Dilthey, Petra, *Krankheit und Heilung im brasilianischen Spiritismus*, München 1993.

Doi, Takeo, *The Anatomy of Self. The Individual versus Society*, Tokyo 1985.

Dornheim, J., *Kranksein im dörflichen Alltag. Soziokulturelle Aspekte des Umgangs mit Krebs*, Tübingen 1983.

Dornheim, J., Verweisungszusammenhänge als kulturelle und soziohistorische Prämissen von Kranheitsdiskursen, in: Rosenbrock, R. u. A. Salmen (Hg.), *AIDS-Prävention*, Berlin 1990, S.197-205.

Douglas, Mary, *Ritual, Tabu und Körpersymbolik. Sozialanthropologische Studien in Industriegesellschaft und Stammeskultur*, Frankfurt a.M 1981.

Douglas, Mary, *Risk and Blame. Essays in cultural Theory*, London - New York 1994.

Douglas, Mary, Risk and Justice, in: dies., *Risk and Blame. Essays in cultural Theory*, London - New York 1994, S.22-38.

Douglas, Mary, Risk and Danger, in: dies., *Risk and Blame. Essays in cultural Theory*, London - New York 1994, S.38-55.

Douglas, Mary, The Self as Risk-Taker, in: dies., *Risk and Blame. Essays in cultural Theory*, London - New York 1994, S.102-121.

Droogers, M., „Visoes paradoxais de uma religião paradoxal. Modelos explicativos do crescimento do pentecostalismo no Brasil e no Chile", *Estudos de Religião 8* (1992), S.61-83.

Dumont, Louis, *Homo Hierarchicus*, Paris 1966.

Dussel, Enrique, „Christliche Kunst der Unterdrückten in Lateinamerika. Eine Hypothese zur Kennzeichnung einer Ästhetik der Befreiung", *Concilium 16* (1980), S.106-113.

Dussel, Enrique, *Herrschaft und Befreiung. Ansatz, Stationen und Themen einer lateinamerikanischen Theologie der Befreiung*, Freiburg 1985.

Dussel, Enrique, „Volksreligiosität als Unterdrückung und Befreiung", *Concilium 22 (1986)*, S.292-300.

Durigan, Jesus Antonio, *Erotismo e Literatura*, São Paulo 1985.

Eagleton, Terry, *Ästhetik. Die Geschichte ihrer Ideologie*, Stuttgart - Weimar 1994.

Eco, Umberto, *Einführung in die Semiotik*, 6.Aufl., München 1988.

Egger, Wilhelm, *Methoden zum Neuen Testament. Einführung in linguistische und historisch-kritische Methoden*, Freiburg 1987.

Eirmbter, Willy H., Alois Hahn, Rüdiger Jacob, *AIDS und die gesellschaftlichen Folgen*, Frankfurt/ New York 1993.

Eisenberg, L., Disease and Illness: Distinctions between Professional and Popular Ideas of Sickness, *Culture, Medicin & Psychiatry 1,1(1977)*, S.9-24.

Elias, Norbert, *Der Prozeß der Zivilisation*, Frankfurt a.M. 1973.

Ellacuría, Ignacio, Das gekreuzigte Volk, in: ders. u. Jon Sobrino (Hg.) *Mysterium Liberationis. Grundbegriffe der Theologie der Befreiung*, Bd. 2, Luzern 1996, S.823-850.

Emrich, Hinderk M., Konstruktivismus: Imagination, Traum und Emotionen, in: Siegfried J. Schmid, *Kognition und Gesellschaft. Der Diskurs des Radikalen Konstruktivismus 2*, Frankfurt a.M. 1992, S.76-97.

„»Enviados de Deus« prometem cura", *Abia Especial 1 (1994)*, S.8..

Engell, Karin, *„Dreh Dich Baiana ... in den Farben meines Herzens!" Karneval in Brasilien. Ein Spiegel politischer Kultur*, Opladen 1994.

Ernesto Gómez, Medardo, „Wer sind denn die Armen? Befreiung durch eine Theologie des Lebens", *Lutherische Monatshefte* 10 (1994), S.19-22.

Estel, B., *Soziale Vorurteile und soziale Urteile*, Opladen 1983.

Eugene, Toinett M., While Love is Unfashionable. Ethical Implications of Black Spirituality and Sexuality, in: Barbara Hilker Andolsen u.a. (Hg.), *Women´s Consciousness, Women´s Conscience. A Reader in Feminist Ethics*, San Franciso 1987, S.121-141.

Evans-Pritchards, E.E., *Hexerei, Orakel und Magie bei den Zande*, Frankfurt a.M. 1978.

Fabella, Virginia u. Maercy Amba Oduyoye (Hg.), *With Passion and Compassion. Third World Women Doing Theology*, New York 1988.

Fachel Leal, Ondina, The Gaucho Cockfight in Porto Alegre - Brazil, in: Alan Dundes (Hg.), *The cockfight. A Casebook*, Madison 1994, S.208-232.

Farmer, Paul, *AIDS and Accusation: Haiti and the Geography of Blame*, San Francisco 1992.

Featherstone, Mike u.a. (Hg.), *The Body. Social Process and Cultural Theory*, London u.a. 1991.

Fenton, John Y. (Hg.), *Theology and Body*, Philadelphia 1974.

Ferm, Deam William, *Third World Lberation Theologies*, New York 1988.

Fernandes, Rubem César, Aparecida: nossa rainha, senhora e mae, saravá!, in: Viola Sachs u.a., *Brasil & EUA. Religião e Identidade Nacional*, Rio de Janeiro 1988, S.85-112.

Feuerstein, Georg, *Sacred Sexuality. Living the Vision of the Erotic Spirit*, Los Angeles 1992

Figueroa, Dimas, *Aufklärungsphilosophie als Utopie der Befreiung in Lateinamerika. Die Befreiungstheorien von Paulo Freire und Gustave Gutiérrez*, Frankfurt a.M.1989.

Filho, Gilberto, *O negro no futebol brasileiro*, Rio de Janeiro 1964.

Filho, Procoro Velasques, „Conversão e Disciplina", *Estudos de Religião 4* (1986), S.53-65.

Filho, Procoro Velasques, Deus como emoção: origens historicas e teologicas do protestantismo evangelical, in: ders. u. Antonio G. Mendonça, *Introdução ão Protestantismo no Brasil*, São Paulo 1990a, S.81-110.

Filho, Procoro Velasques, „Sim" a Deus e „não" a vida: Conversão e disciplina no protestantismo brasileiro, in: ders. u. Antonio G. Mendonça, *Introdução ao Protestantismo no Brasil*, São Paulo 1990b, S.205-232.

Filho, Ruy, *O Nordeste e o negro na poesia de Jorge de Lima*, Rio de Janeiro 1990.

Flego, Gvozden, Erotisierte Einzelne - Erotisierte Gesellschaft?, in: G..Flego u. W.Schmied-Kowarzik (Hg.), *Herbert Marcuse - Eros und Emanzipation. Marcuse-Symposion 1988 in Dubrovnik*, Gießen 1989, 127-153.

Flego, Gvozden, Erotisieren statt sublimieren, in: Institut für Sozialforschung (Hg.), *Kritik und Utopie im Werk von Herbert Marcuse*, Frankfurt a.M.1992, S.187-201.

Fohla de São Paulo 4.5.86, „O contexto cultural do verão".

Follmann, Jose Ivo, O cotodiano religioso católico numa paróquia suburbana da região metropolitana de Porto Alegre, in: Pierre Sanchis (Hg.), *Catolicismo: Cotidiano e movimentos*, Rio de Janeiro 1992, S.245-208.

Förster, H., Art. „Biologismus", in: v.Campenhausen u.a. (Hg.), *RGG*, erster Band, 3.Aufl., Tübingen 1957.

Forberg, Friedrich Karl, Entwicklung des Begriffs der Religion, in: W. Röhr (Hg.), *Appellation an das Publikum. Dokumente zum Atheismusstreit um Fichte, Forberg, Niethammer. Jena 1798/99*, Leipzig 1987.

Foucault, Michel, Was ist ein Autor?, in: ders., *Schriften zur Literatur*, München 1974, S.7-31.

Foucault, Michel, *Sexualität und Wahrheit*, Bd.1-3, Frankfurt 1977 und 1986.

Foucault, Michel, Der Kampf um die Keuschheit, in: Philippe Ariès u. André Béjin (Hg.), *Die Masken des Begehrens und die Metamorphosen der Sinnlichkeit. Zur Geschichte der Sexualität im Abendland*, Frankfurt a.M. 1986, S.25-40.

Fränkel, Hermann, *Wege und Formen frühgriechischen Denkens*, München 1955.

Francia, Lucia, *Berühre Wega, kehr zur Erde zurück*, München 1982.

Freire, Paulo, *Pädagogik der Unterdrückten. Bildung als Praxis der Freiheit*, Frankfurt a.M. 1973.

Freire, Roberto, *Sem Tesão não ha solução*, 15.Aufl., Rio de Janeiro 1987.

Freud, Siegfried, *Gesammelte Werke*, Frankfurt a.M. 1960.

Freyre, Gilberto, *Das Land in der Stadt. Die Entwicklung der urbanen Gesellschaft Brasiliens*, Stuttgart 1990.

Freyre, Gilberto, *Casa-Grande e Senzale: Formação da Familia Brasileira e o Regime da Economia Patriarcal*, 28.Aufl., Recife 1992.

Fricke, S., AIDS und Sexualerziehung, in: V.Sigusch, *AIDS als Risiko. Über den gesellschaftlichen Umgang mit einer Krankheit*, Hamburg 1987, S.145-154.

Fritsch, Sybille (Hg.), *Von Schönheit und Schmerz. Gebete und Poesie von Frauen aus aller Welt*, Güterloh 1991.

Früchtl, Josef, Revolution der Sinnlichkeit und Rationalität. Eine Erinnerung an Marcuse in aktualisierender Absicht, in: G.Flego u. W.Schmied-Kowarzik (Hg.), *Herbert Marcuse - Eros und Emanzipation. Marcuse-Symposion 1988 in Dubrovnik*, Gießen 1989, S.287-302.

Fry, Peter, Feijoada e „soul food": Notas sobre a manipulação de simbolos etnicos e nacionais, in: ders., *Para Ingles ver. Identidade e Politica na cultura Brasileira*, Rio de Janeiro 1982, S.47-51.

Gabe, Jonathan, Health, Medicine and Risk: The Need for a Sociological Approach, in: ders. (Hg.), *Medicine, Health and Risk. Sociological Approaches*, Oxford 1995, S.1-19.

Gabeira, Fernando, *O que é isso, empanheiro?*, Rio de Janeiro 1979. (dt. Übersetzung v.H.Thomrau u. M. Spinu, *Die Guerilleros sind müde*, Frankfurt a.M.1982)

Gallas, Alberto, „Segen und Kreuz. Weisheitliche Elemente in der Theologie Dietrich Bonhoeffers", *BThZ 14* (1997), S.78-92.

Galtung, J., *A structural Theory of Imperialism*, New York 1971.

Garelick, S., Gegenvernuft und Übervernunft in Kierkegaards Paradox, in: Michael Theunissen u. Wilfried Greve (Hg.), *Materialien zur Philosophie Soren Kierkegaards*, Frankfurt a.M. 1979, S.369-385.

Garz, Detlef, *Die Welt als Text. Theorie, Kritik und Praxis der objektiven Hermeneutik*, Frankfurt a.M. 1994.

Gassen, Gisela, *Amelias Töchter sind erwacht. Beobachtungen zum Thema Frauen-Emanzipation in einem brasilianischen Armenviertel*, Sendung des WDR I vom 2.2.1977.

Gatens, Moria, Bodies, Power and Difference, in: M. Barrett u. A.Philips (Hg.), *Destabilizing Theory: Contemporary Feminist Debates*, 1992, S.120-137.

Geertz, Clifford, „Art as a Cultural System", *Modern Language Notes 91* (1976), S.1474-1499.

Geertz, Clifford, Art as a Cultural System, in: ders., *Local knowledge*, New York 1983, S.94-120.

Geertz, Clifford, Dichte Beschreibung. Bemerkungen zu einer deutenden Theorie der Kultur, in: ders., *Dichte Beschreibung. Beiträge zum Verstehen kultureller Systeme*, Frankfurt a.M.1987, S.7-44. (1987a)

Geertz, Clifford, Religion als ein kulturelles System, in: ders., *Dichte Beschreibung. Beiträge zum Verstehen kultureller Systeme*, Frankfurt a.M.1987b, S.44-96. (1987b)

Geertz, Clifford, Person, Zeit und Umgangsformen auf Bali, in: ders., *Dichte Beschreibung. Beiträge zum Verstehen kultureller Systeme*, Frankfurt a.M.1987, S.133-202. (1987c)

Geertz, Clifford, »Deep play«. Bemerkungen zum balinesischen Hahnenkampf, in: ders., *Dichte Beschreibung. Beiträge zum Verstehen kultureller Systeme*, Frankfurt a.M.1987, S.202-261. (1987e)

Geertz, Clifford, Common sense als kulturelles System, in: ders., *Dichte Beschreibung. Beiträge zum Verstehen kultureller Systeme*, Frankfurt a.M.1987, S. 261-289. (1987f)

Geertz, Clifford, *Religiöse Entwicklungen im Islam. Beobachtet in Marokko und Indonesien*, Frankfurt a.M. 1988.

Geertz, Clifford, *Die künstlichen Wilden. Anthropologen als Schriftsteller*, München Wien 1990.

Gerhards, J. u. B. Schmidt, *Intime Kommunikation. Eine empirische Studie über Wege der Annäherung und Hindernisse für „safer sex"*, Baden Baden 1989.

Gerhardt, U., Verstehende Strukturananlyse. Die Konstruktion von Idealtypen als Analyseschritt bei der Auswertung qualitativer Forschungsmaterialien, in: H.-G. Soeffner, *Sozialstruktur und soziale Typik*, Frankfurt a.M. - New York 1986, S.31-83.

Giddens, Anthony, *The Transformation of Intimacy. Sexuality, Love and Eroticism in Modern Societies*, Cambridge 1992.

Gilberto, P., *Individualismo e Cultura: Notas para uma Antropologia da Sociedade Contemporanea*, São Paulo 1981.

Glassman, Bernard Tetsugen, *Instructions to the Cook. A Zen Master's Lessons in Living a Life that matters*, New York 1996.

Gmünder, Ulrich, *Ästhetik - Wunsch - Alltäglichkeit. Das Alltagsästhetische als Fluchtpunkt der Ästhetik Herbert Marcuses*, München 1984.

Goffman, Erwin, *Stigma. Über Techniken der Bewältigung beschädigter Identität*, Frankfurt a.M. 1975.

Goldstein, Horst, *„Selig ihr Armen" Theologie der Befreiung in Lateinamerika ... und Europa?*, Darmstadt 1989.

Goldstein, Horst, *Kleines Lexikon zur Theologie der Befreiung*, Düsseldorf 1991.

Goldstein, Horst, *Leonardo Boff. Zwischen Poesie und Politik*, Mainz 1994.

Good, B., The Heart of What's the Matter: The Semantics of Illness in Iran, *Culture, Medicine & Psychiatry 1(1977)*, S.25-58.

Green, Edward C. u. Aldo Conde, AIDS and Condom Use in the Dominican Republic. Evaluation of an AIDS Education Program, in: Kulstad, R. (Hg.), *AIDS 1988*, Washington 1988.

Gregor, Thomas, *Anxious Pleasures. The Sexual Lives of an Amazonian People*, Chicago u. London 1985.

Greifeld, K., u.a., *Schmerz - Interdisziplinäre Perspektiven. Beiträge zur 9. Internationalen Fachkonferenz Ethnomedizin*, (Curare Sonderband 6/1989), Braunschweig 1989.

Greschake, Gisbert u. Jacob Kremer, *Resurrectio Mortuorum. Zum theologischen Verständnis der leiblichen Auferstehung*, Darmstadt 1986.

Grijp, Klaus van der, „Protestantismo brasileiro a procura de identidade", *Estudos 14,1* (1974), S.14-26.

Grözinger, Albrecht, *Praktische Theologie und Ästhetik. Ein Beitrag zur Grundlegung der Theologie*, München 1987.

Gudorf, Chritine E., *Body, Sex, and Pleasure. Reconstructing Christia Ethics*, Cleveland 1994.

Guedes, Simoni Lahud, *O futebol brasileiro. Instituição zero*, Rio de Janeiro 1977

Guimarães, Katia, „Intervenção para homens que fazem sexo com homens no RJ", *Boletim da ABIA Especial (1994)*, S.10.

Gumbrecht, Hans Ulrich u. K. Ludwig Pfeiffer (Hg.), *Paradoxien, Dissonanzen, Zusammenbrüche. Situationen offener Epistemologie*, Frankfurt a.M. 1991.

Gutiérrez, Gustavo, *Theologie der Befreiung*, München 1973.

Gutiérrez, Gustavo, Die Armen und die Grundoption, in: Ignacio Ellacuría u. Jon Sobrino (Hg.), *Mysterium Liberationis. Grundbegriffe der Theologie der Befreiung*, Bd. 1, Luzern 1995, S.293-312.

Guttmann, A., *Vom Ritual zu Rekord*, Schorndorf 1979.

Haag, Herbert, *Du hast mich verzaubert. Liebe und Sexualität in der Bibel*, Zürich/ Einsiedeln/ Köln 1980.

Habermas, Jürgen, *Theorie des kommunikativen Handelns*, Frankfurt a.M. 1988.

Hahn, Alois u. Rüdiger Jacob, Der Körper als soziales Bedeutungssystem, in: Peter Fuchs u. Andreas Göbel (Hg.), *Der Mensch - das Medium der Gesellschaft?*, Frankfurt a.M.1994, S.146-189.

Hahn, Alois, Kann der Körper ehrlich sein?, in: Hans Ulrich Gumbrecht u. K. Ludwig Pfeiffer, *Materialität der Kommunikation*, Frankfurt a.M. 1988, S.666-680.

Hahn, Alois, Religiöse Dimension der Leiblichkeit, in: Volker Kapp (Hg.), *Die sprache der Zeichen und Bilder. Rhetorik und nonverbale Kommunikation in der frühen Neuzeit*, Marburg 1990, S.130-141,

Hahn, Alois, Paradoxien in der Kommunikation über AIDS, in: Hans Ulrich Gumbrecht u. K.Ludwig Pfeiffer (Hg.), *Paradoxien, Dissonanzen, Zusammenbrüche. Situationen offener Epistemologie*, Frankfurt a.M. 1991, S.606-618,

Hamann, Edgar Merchan u. Gerson Robson dos Santos, „O espaço cultural das quintas-feiras", 1994, *Boletim da ABIA Especial (1994)*, S.11-13.

Hardin, Kris L., *The Aesthetics of Action. Continuity and Change in a West African Town*, Washington & London 1993.

Harding, Sandra, *Das Geschlecht des Wissens. Frauen denken Wissenschaft neu*, Frankfurt a.M. 1994.

Härle, Wilfried, *Dogmatik*, Berlin u. New York 1995.

Harré, Rom, *The Social Construction of Emotions*, Oxford 1986.

Harrison, Beverly W. und Carter Heyward, „Pain and Pleasure. Avoiding the Confusions of Christian Tradition in Feminist Theory", in: Joanna Carlson Brown u. Carole R. Bohn (Hg.), *Christianity, Patriarchy and Abuse. A Feminist Critique*, Cleveland 1989, S.148-173.

Hart, Klaus, „Machismo, Armut, Kindersegen, 1994, *Der Überblick 4/94 (1994)*, S.66-68.

Haug, Walter und Rainer Warning (Hg.), *Das Fest*, (Poetik und Hermeneutik XIV), München 1989.

Haug, Wolfgang Fritz, Das Ganze und das ganz Andere. Zur Kritik der reinen revolutionären Transzendenz, in: J. Habermas (Hg.), *Antworten auf Herbert Marcuse*, Frankfurt a.M. 1968, S.50-72.

Hebblethwaite, Brian, John Hick and the Question of Truth in Religion, in: Arvind Sharma (Hg.), *God, Truth and Reality. Essays in Honour of John Hick*, New York 1993, S.124-135.

Hegel, G.W.F., *Werke 7. Grundlinien der Philosophie des Rechts*, Frankfurt a.M. 1970.

Hegmanns, Dirk, *Gewalt in Brasilien. Soziale und politische Hintergründe eines Phänomens*, Mettingen 1992.

Heidegger, Martin, Der Ursprung des Kunstwerks, in: ders., *Holzwege*, Frankfurt a.M. 1960.

Heine, Susanne, *Leibhafter Glaube. Ein Beitrag zum Verständnis der theologischen Konzeption des Paulus*, Wien Freiburg Basel 1976.

Helbig, Madeleine, *Kulturanthropologie und Psychologie sexueller Rituale - Naven (Papua-Neuguinea) und Tantra (Altes Indien, Nepal, Tibet)*, Typoskript, Berlin 1991.

Hellekamps, Stephanie, Ästhetische Rezeption und moralische Sensibilisierung. Zusammenhang und Differenz von Ästhetik und Ethik bei Rorty und Herbart, in: Lutz Koch u.a. (Hg.), *Pädagogik und Ästhetik*, Weinheim 1994, S.109-124.

Heller, G., Die kulturspezifische Organisation von körperlichen Störungen bei den Tamang vonCautara/ Nepal. Eine empirische Untersuchung über die Hintergründe kulturbedingter Barrieren zwischen Patient und Arzt, in: Rudnitzki,

G., u.a. (Hg.), *Ethnomedizin. Beiträge zu einem Dialog zwischen Heilkunst und Völkerkunde*, Barmstedt 1977, S. 37-52.

Helmbrock, Hans-Günter, *Gottesdienst: Spielraum des Lebens. Sozial- und kulturwissenschaftliche Analysen zum Ritual in praktisch-theologischem Interesse*, Kampen 1993.

Hendry, Joy, *Wrapping Culture. Politeness, Presentation and Power in Japan and other Societies*, Oxford 1995.

Henley, Nancy M., *Körperstrategien. Geschlecht, Macht und nonverbale Kommunikation*, Frankfurt a.M.1988.

Hepburn, S.J., „Western Minds, Foreign Bodies", *Medical Anthropology Quarterly 2,1 (1988)*, S.59-74.

Herion, Horst, *Utopische Intention und eschatologische Perspektive. Marcuses Herausforderung an die christliche Sozialethik*, Frankfurt a.M. - Bern 1979.

Hettenkofer, Markus, „Warum ist Afrika so »afrikanisch«?", *Gruss aus der Abtei Königsmünster*, Mai 1994, S.12-14.

Heyward, Carter, *Und sie rührte sein Kleid an. Eine feministische Theologie der Beziehung*, Stuttgart 1986.

Heyward, Carter, *Touching our Strength. The Erotic as Power and Love of God*, New York 1989.

Hick, John, *God and the Universe of Faith*, London 1977.

High, Dallas M., *Sprachanalyse und religiöses Sprechen*, Düsseldorf 1972.

Hirschhauer, Stefan, *Die soziale Konstruktion der Transsexualität. Über die Medizin und den Geschlechtswechsel*, Frankfurt a.M. 1993.

Hoch, Lothar Carlos, „Heilung braucht Gemeinschaft - Beobachtungen aus Brasilien", *der überblick 1/1996*, S.52-53.

Hofbauer, Andreas, *Afro-Brasilien. Vom weißen Konzept zur schwarzen Realität. Historische, politische, anthropologische Gesichtspunkte*, Wien 1995.

Hoffmann-Axthelm, Dieter, *Sinnesarbeit. Nachdenken über Wahrnehmung*, Frankfurt a.M./ New York 1984.

Hofstadter, Douglas R., *Gödel. Escher. Bach. Ein endlos geflochtenes Band*, Stuttgart 1985.

Holinski, D., *Poetische Religion der Liebe. Studien zur Religionsanschauung des Novalis*, Diss. Bochum 1976.

Hollenweger, Walter J., *Erfahrungen der Leibhaftigkeit. Interkulturelle Theologie 1.*, München 1979.

Hollenweger, Walter J., *Geist und Materie*, München 1988.

Honneth, Axel, *Kampf um Anerkennung. Zur moralischen Grammatik sozialer Konflikte*, Frankfurt a.M. 1992.

Hoornaert, Eduardo u.a., *Historia da Igreja no Brasil. Ensaio de interpretação a partir do povo. Primeira Epoca*, Petropolis 1992.

Hopkins, Julie, *Feministische Christologie. Wie Frauen heute von Jesus reden können*, Mainz 1996.

Horkheimer, Max, *Die Sehnsucht nach dem ganz Anderen. Ein Interview mit Kommentar von Helmut Gumnior*, Hamburg 1970.

Horkheimer, Max u. Theodor W. Adorno, *Dialektik der Aufklärung. Philosophische Fragmente*, Frankfurt a.M. 1971.

Howe, Leo, „Rice, ideology and the legitimation of hierarchy in Bali", *MAN 26* (1992), S.445-467.

Huge, W., AIDS-Aufklärung und Alltag, in: R. Rosenbrock u. A.Salmen (Hg.), *AIDS-Prävention*, Berlin 1990, S.189-195.

Hunsinger, P., „Karl Barth and Liberation Theology", *The Journal of Religion 63,3* (1983), S.245-271.

Hurtienne, Thomas, „Die globale Abhängigkeitstheorie in der Sackgasse? Plädoyer für historisch-strukturelle Abhängigkeitsanalysen", *blätter des iz3w 154 (1989)*, S.31-35.

Irsigler, F., Aspekte von Angst und Massenhysterie im Mittelalter und in der frühen Neuzeit, in: *Trierer Beiträge aus Forschung und Lehre an der Universität Trier: Angst - ein indiviuelles und soziales Phänomen*, ‚Trier 1991, S.37-45.

Isar, P., „Autozentrierte Entwicklung. Eine entwicklungspolitische Alternative für die Dritte Welt?", *Blätter des iz3w 154 (1989), S.41*.

ISER-ARCA, *Igrejas e AIDS. Perspectivas biblicas e pastorais*, Rio de Janeiro 1990.

Jacob, Rüdiger, *Krankheitsbilder und Deutungsmuster. Wissen über Krankheit und dessen Bedeutung für die Praxis*, Opladen 1995.

Jay, Martin, *Dialektische Fantasie. Die Geschichte der Frankfurter Schule und des Instituts für Sozialforschung 1923-1950*, Frankfurt a.M.1976.

Jarie, I.C. u. Joseph Agassi, Das Problem der Rationalität von Magie, in: Hans G. Kippenberg u. Brigitte Luchesi (Hg.), *Magie. Die sozialwissenschaftliche Kontroverse über das Verstehen fremden Denkens*, Frankfurt a.M: 1987, S.120-150.

Jave é a Razão de Nosso Canto!, Liederheft, Santa Maria 1982.

Jauss, Hans Robert, *Ästhetische Erfahrung und literarische Hermeneutik*, Fankfurt am Main 1991.

Jensen, Anne, *Gottes selbstbewußte Töchter. Frauenemanzipation im frühen Christentum*, Freiburg 1992.

Jensen, Gordon D. u. Luh Ketut Suryani, *The Balinese People. A Reinvestigation of Character,* Oxford - New York 1992.

Joas, Hans, *Die Kreativität des Handelns,* Frankfurt a.M. 1992.

John Paul II, *The Theology of the Body According to John Paul II. Human Love in the Divine Plan,* Boston 1993.

Jones, Hugh O., *Die Logik theologischer Perspektiven. Eine sprachanalytische Untersuchung,* Göttingen 1985.

Joppich, G., *Salus carnis. Eine Untersuchung in der Theologie des heiligen Irenäus von Lyon,* Münsterschwarzbach 1985.

Jungermann, H. u. P.Slovic, Die Psychologie der Kognition und Evaluation von Risiko, in: G. Bechmann (Hg.), *Risiko und Gesellschaft. Grundlagen und Ergebnisse interdisziplinärer Risikoforschung,* Opladen 1993, S.167-207.

Kaltenborn, Olaf, *Leiblichkeit und Künstliche Intelligenz,* Frankfurt 1997.

Kamper, Dietmar und Christoph Wulf (Hg.), *Die Wiederkehr des Körpers,* Frankfurt a.M.1982.

Kaufman, Gordon D., *An Essay on Theological Method,* Missoula 1979.

Kaufman, Gordon D., *Theological Imagination. Constructing the Concept of God,* Philadelphia 1981.

Kaufman, Gordon D., *Theologie im nuklearen Zeitalter,* (Ökumenische Existenz heute 2), München 1987.

Kaufman, Gordon D., Religious Diversity and Religious Truth, in: Arvind Sharma (Hg.), *God, Truth and Reality. Essays in Honour of John Hick,* New York 1993, S.143-164.

Kaufmann, Walter, *Nietzsche. Philosoph - Psychologe - Antichrist,* Darmstadt 1988.

Keen, Sam u.a. (Hg.), *Theology and Body,* Philadelphia 1974.

Kessler, Hans, *Reduzierte Erlösung? Zum Erlösungsverständnis der Befreiungstheologie,* Freiburg - Basel - Wien 1987.

Keßler, Hildrun, Mit dem Leib denken – Bibliodrama und Leiblichkeit in Kirche und Theologie, in: Fechtner, Kristian, u.a. (Hg.), *Religion in der Lebenswelt der Moderne,* Stuttgart 1998, S.140-149.

Kim, Y.K. u.a., Naeng. A Korean Folk Illness, its Ethnography and its Epidemiology, in: H.J. Diesfeld (Hg.), *Health Research in Developing Countries,* Frankfurt 1982, S.129-149.

Kippenberg, Hans G. u. Brigitte Luchesi (Hg.), *Magie. Die sozialwissenschaftliche Kontroverse über das Verstehen fremden Denkens,* Frankfurt 1987.

Kirumira, Edward K., *Decision Making and the Acceptability of Condoms to Uganda Males,* Kampala 1991.

Klages, Ludwig, *Die Sprache als Quelle der Seelenkunde,* Stuttgart 1959.

Klagsbrunn, M., *Telenovela in Brasilien. Die allabendliche Faszination*, Frankfurt a.M. 1987.

Kleinen, Barbara, Körper und Internet. Was sich in einem MUD über Grenzen lernen läßt, in: Bath, Corinna u. Barbara Kleinen, *Frauen in der Informationsgesellschaft. Fliegen oder Spinnen im Netz?*, Mössingen 1997, S.42-52.

Kleinman, A.M., „Medicine´s Symbolic Reality. On a Central Problem in the Philosophy of Medicine", *Inquiry 16 (1973)*, S.206-213.

Kleinman, A.M., *Patients and Healers in the Context of Culture*, Berkely1980.

Klessmann, Michael u. Irmhild Liebau (Hg.), *Leiblichkeit ist das Ende der Werke Gottes. Körper - Leib - Praktische Theologie*, Göttingen 1997.

Kliewer, Gerd Uwe, *Das neue Volk der Pfingstler. Religion, Unterentwicklung und sozialer Wandel in Lateinamerika*, Bern/ Frankfurt a.M.1975.

Klotter, Christoph, Dem eigenen Körper erlegen oder body ergo sum, in: ders., *Der geraubte Körper - verführt und zugerichtet*, Pfaffenweiler 1993.

König, Otto u. Gerhard Larcher (Hg.), *Theologie der gekreuzigten Völker. Jon Sobrino im Disput*, Graz 1992.

Kranzfelder, Ivo, *Zur Utopie eines ästhetischen Hedonismus oder Die Ambivalenz des Lustprinzips,*München 1993.

Krieg, Matthias u. Hans Weder, *Leiblichkeit*, (Theologische Studien 128), Zürich 1983.

Kriesel, Stephan, Die Bedeutung des Holocaust für das Selbstverständnis des amerikanischen Judentums, in: S.Lorenz u. M. Machill (Hg.), *Transatlantik - Transfer in Politik, Wirtschaft und Kultur. Mit Beiträgen von Helmut Schmidt, Kurt Biedenkopf, Werner Weidenfeld u.a.*, Opladen 1998, S.347-371.

Kuhlmann, Helga, Ethik der Geschlechterdifferenz als Herausforderung theologischer Anthropologie, in: diess. (Hg.), *Und drinnen waltet die züchtige Hausfrau. Zur Ethik der Geschlechterdifferenz*, Gütersloh 1995, S.206-222.

Kuhlmann, W., *Reflexive Letztbegründung. Untersuchungen zur Transzendentalpragmatik*, Freiburg u. München 1985.

Kuhn, A.S., *Heiler und ihre Patienten auf dem Dach der Welt. Ladakh aus ethnomedizinischer Sicht*, Frankfurt a.M.1988.

Kurz, Dietrich, Gymnastische Erziehung bei Platon und Aristoteles, in: H. Lenk u.a. (Hg.), *Philosophie des Sports*, Schondorf 1973.

Lachmann, Renate, Die Schwellensituation - Skandal und Fest bei Dostojevskij, in: Walter Haug und Rainer Warning (Hg.), *Das Fest*, (Poetik und Hermeneutik XIV), München 1989, S.307-325.

Lachmann, Renate, Vorwort zu Bachtin´s »Rabelais und seine Welt«, in: Micheil Bachtin, *Rabelais und seine Welt. Volkskultur als Gegenkultur*, Frankfurt a.M. 1995, S.7-46.

Lang, Bernhard u. Colleen McDannell, *Der Himmel. Eine Kulturgeschichte des ewigen Lebens*, Frankfurt a.M. 1990.

Langer, Susanne K., *Philosophie auf neuem Wege. Das Symbol im Denken, im Ritus und in der Kunst*, Frankfurt a.M.1984.

Laqueur, Thomas, *Making Sex. Body and Gender from the Greeks to Freud*, Cambridge 1990.

Lautmann, Rüdiger u.a., Typen des Stigma Managements und sexuellen Handlungsstils bei homosexuellen Männern, in: Cornelia Lange (Hg.), *AIDS - eine Forschungsbilanz*, Berlin 1993, S. 139-153.

Lee, Peter K.H., „A Spirituality of Liberation: the Indonesian Contribution", *Voices from the Third Word XIII/1 (1990)*, S.39-64.

Lenz, Festas Religiosas, CEBs e Mudanças, in: Sanchis, Pierre, (Hg.), *Catolicismo: Unidade religiosa e pluralismo cultural*, Band 3, Rio de Janeiro 1992, 121-166.

Lepargneur, Hubert, *Antropologia do Prazer*, Campinas 1985.

Lepargneur, Hubert, *O Doente, A Doenca e A Morte*, Campinas 1987.

Leppert, Richard, *The Sight of Sound. Music, Representation, and the History of the Body*, Berkeley 1993.

Lévi-Strauss, Claude, Die Struktur der Mythen, in: ders., *Strukturale Anthropologie I*, Frankfurt a.M. 1977, S.226-255.

Lewis, G., Cultural Influences on Illness Behavior, in: Eisenberg, L. u. A. Kleinman (Hg.), *The Relevance of Social Science for Medicine*, Dordrecht 1981, S.151-162.

Libanio, João Batista u. Andreas Müller, »Mysterium Liberationis« Leonardo Boff, in: Hans Waldenfels (Hg.), *Theologen der Dritten Welt. Elf biographische Skizzen aus Afrika, Asien und Lateinamerika*, München 1982, S.30-43.

Libanio, João Batista, Um riso de crianca, in: Ernesto Barros Cardoso (Hg.), *Sobre deuses e caquis. Teologia, politica e poesia em Rubem Alves*, Rio de Janeiro 1988, S.60-62.

Libanio, João Batista, Hoffnung, Utopie, Auferstehung, in: Ignacio Ellacuría u. Jon Sobrino (Hg.), *Mysterium Liberationis. Grundbegriffe der Theologie der Befreiung*, Bd. 2, Luzern 1996, S.1133-1150.

Lienkamp, Andreas, „Befreiungstheologie und Dependenztheorie - ein Beitrag zur Verhältnisbestimmung von Theologie und Sozialwissenschaften", *Jahrbuch für Christliche Sozialwissenschaften 33* (1992), S.85-116.

Lispector, Clarice, *Uma aprendizagem ou o livro dos prazeres,* Rio de Janeiro 1969. (deutsch: diess., *Eine Lehre oder das Buch der Lüste,* Berlin 1981)

Lispector, Clarice, *De corpo inteiro,* Rio de Janeiro 1975.

Löwner, Gudrun, „Gott leidet wie wir. In Indien bekämpfen christliche Dalits das Kastenwesen", *Evengelische Kommentare* (8/1996), S.470-472.

Longe, P., „Parceirias que dão certo", *Boletim da ABIA Especial (1994),* S.16-17.

Longo, Silvano, *Die Aufdeckung der leiblichen Vernunft bei Friedrich Nietzsche,* Würzburg 1987.

Lorde, Audre, Vom Nutzen der Erotik. Erotik als Macht, in: Dagmar Schutz (Hg.), *Macht und Sinnlichkeit. Ausgewählte Texte von Audre Lorde und Adrienne Rich,* Frankfurt a.M. 1986, S.187-195.

Lorenzer, Alfred, *Das Konzil der Buchhalter. Die Zerstörung der Sinnlichkeit. Eine Religionskritik,* Frankfurt a.M.1984.

Lorenzer, Alfred, Der Symbolbegriff und seine Problematik in der Psychoanalyse, in: Jürgen Oelkers u. Klaus Wegenast (Hg.), *Das Symbol. Brücke des Verstehens,* Stuttgart u.a. 1991, S.21-30.

Lowen, Alexander, *Prazer. Uma Abordagem Criativa da Vida,* 4.Aufl., São Paulo 1984.

Luhmann, Niklas, „Tautologie und Paradoxie in den Selbstbeschreibungen der modernen Gesellschaft", *Zeitschrift und Soziologie 16* (1987), S.161-174.

Luhmann, Niklas, *Soziale Systeme. Grundriß einer allgemeinen Theorie,* Frankfurt a.M. 1988.

Luhmann, Niklas, *Die Wirtschaft der Gesellschaft,* Frankfurt a.M.1988.

Luhmann, Niklas, Die Ausdifferenzierung der Religion, in: ders., *Gesellschaftsstruktur und Semantik. Studien zur Wissenssoziologie der modernen Gesellschaft 3,* Frankfurt a.M. 1989, S.259-357.

Luhmann, Niklas u. Peter Fuchs, Von der Beobachtung des Unbeobachtbaren: Ist Mystik ein Fall von Inkommunikabilität?, in: diess., *Reden und Schweigen,* Frankfurt a.M. 1989b, S.70-101.

Luhmann, Niklas u. Peter Fuchs, Vom Zweitlosen: Paradoxe Kommunikation im Zen-Buddhismus, in: diess., *Reden und Schweigen,* Frankfurt a.M. 1989b, S.70-101.

Luhmann, Niklas, *Ökologische Kommunikation. Kann die moderne Gesellschaft sich auf ökologische Gefährdungen einstellen,* Opladen 1990a.

Luhmann, Niklas, Risiko und Gefahr, in: ders., *Soziologische Aufklärung 5. Konstruktivistische Perspektiven,* Opladen 1990, S.131-169.

Luhmann, Niklas, *Liebe als Passion. Zur Codierung von Intimität,* Frankfurt a.M. 1990b.

Luhmann, Niklas, *Soziologie des Risikos*, Berlin - New York 1991.

Lupton, Deborah, „Risk as moral danger. The social and political functions of risk discourse in public health", *International Journal of Health Services 23,3 (1993)*, S.425-435.

Lupton, Deborah, *Medicine as Culture. Illness, Disease and the Body in Western Societies*, London - Thousands Oaks - New Delhi, 1994.

Macedo, P., Catolicismo e Sexualidade, in: Pierre Sanchis (Hg.), *Catolicismo: cotidiano e movimentos*, Rio de Janeiro 1992, S.81-89.

Mann, A. u. Jane Lyle, *Sacred Sexuality*, Rockport 1995.

Marcuse, Herbert, Über den affirmativen Charakter der Kultur, in: ders., *Kultur und Gesellschaft I*, 7.Aufl., Frankfurt a.M. 1969, S.56-102.

Marcuse, Herbert, Zur Kritik des Hedonismus, in: ders., *Kultur und Gesellschaft I*, 7.Aufl., Frankfurt a.M. 1969, S.128-169.

Marcuse, Herbert, *Versuch über die Befreiung*, Frankfurt a.M. 1969.

Marcuse, Herber, *Die Permanenz der Kunst*, München 1977.

Marcuse, Herbert, Mystifizierung der Liebe: Eine Kritik an Norman O. Brown, in: Norman O. Brown, *Love´s Body. Wider die Trennung von Geist und Körper, Wort und Tat, Rede und Schweigen*, Frankfurt a.M. u. Berlin 1979. S.232-244.

Marcuse, Herbert, *Der eindimensionale Mensch*, Frankfurt a.M.1994.

Marcuse, Herbert *Triebstruktur und Gesellschaft. Ein philosophischer Beitrag zu Sigmund Freud*, 17.Aufl., Frankfurt a.M. 1995.

Marquard, Odo, Kunst als Antifiktion -Versuch über den Weg der Wirklichkeit ins Fiktive, in: Dieter Henrich und Wolfgang Iser (Hg.), *Funktionen des Fiktiven*, München 1983, S.35-54.

Martin, Gerhard M., „*Wir wollen hier auf Erden schon...*" *Das Recht auf Glück*, Stuttgart 1970.

Martin, Gerhard M., *Fest und Alltag. Bausteine zu einer Theorie des Festes*, Stuttgart u.a. 1977.

Martin, Gerhard M., Vorstellungen zur Apokalypse. Kulturkritische, tiefenpsychologische und theologische Reflexionen, in: Peter Michael Pflüger, *Apokalyptische Ängste und psychosoziale Wirklichkeit*, Fellbach 1984, S.103-122.

Martin, Gerhard M., „Das Bibliodrama und sein Text", *Evangelische Theologie 45,6* (1985), S.515-526.

Martin, Gerhard M., „Körperbild und »Leib Christi«", *Evangelische Theologie 52* (1992), S.402-413.

Marzal, Manuel M., *O rosto indio do Deus*, São Paulo 1990.

May, Melanie A., *A Body Knows: A Theopoetics of Death and Ressurrection*, New York 1995.

May, Robert, *Der verdrängte Eros,* Frankfurt a.M. 1969.

Mazín, P., Anatomia e Fisiologia Sexual Humana, in: Çãomen Barroso (Hg.), *Sexo e Juventude,* São Paulo 1983, S.22-27.

McFague, Sallie, *Models of God. Theology for an Ecological Nuclear Age,* Philadelphia 1987.

Medina, L., *O Brasileiro e seu corpo,* Campinas 1991.

Meinhard, Katrin, „Unsere Körper wissen es besser ...? Anmerkungen zu Carter Heywards Rede vom Körper", *Schlangenbrut 45* (1994), S.5-8.

Mendes de Almeida, Luciano, „Theologie der Ausgeschlossenen. An der Seite der Schiffbrüchigen des Lebens". Interview mit dem Vorsitzenden der Brasilianischen Bischofskonferenz, *Publik-Forum* 27.5.1994.

Mendonça, Antonio G., *O Celeste Porvir,* São Paulo 1984a.

Mendonça, Antonio G., „A volta do sagrado selvagem: misticismo e extase no protestantismo do Brasil", *Ciencias da Religião 2,2* (1984), S.9-20.

Mendonça, Antonio G., „Hipoteses sobre a Mentalidade Popular Protestante no Brasil", *Estudos de religião 3* (1986), S.111-123.

Mendonça, Antonio G., Evolução historica e configuração atual do protestantismo no Brasil, in: ders. u. Procoro Velasques Filho, *Introdução ao Protestantismo no Brasil,* São Paulo 1990, S.11-60.

Mendonça, Antonio G., Vocação ao fundamentalismo. Introdução ao espirito do protestantismo de missão no Brasil, in: ders. u. Procoro Velasques Filho, *Introdução ao Protestantismo no Brasil,* São Paulo 1990, S.133-144.

Mendonça, Antonio G., Um panorama do protestantismo brasileiro atual, in: Leilah Landim (Hg.), *Sinais dos Tempos. Tradições religiosas no Brasil,* Rio de Janeiro 1989, S.37-86.

Mendonça, Antonio G., Sindicato dos magicos: pentecostalismo e cura divina", *Estudos de Religião 8* (1992), S.49-59.

Menzel, Ulrich, *Das Ende der Dritten Welt und das Scheitern der großen Theorie,* Frankfurt a.M.1992.

Metz, Johann Baptist, *Glaube in Geschichte und Gesellschaft. Studien zu einer praktischen Fundamentaltheologie,* Mainz 1977.

Metz, Johann Baptist, „Im Angesicht der Juden. Christliche Theologie nach Auschwitz", *Concilium 20 (1984),* S.382-389.

Meyer-Clason, Curt (Hg), *Unsere Freunde die Diktatoren. Lateinamerikanische Schriftsteller heute. Prosa, Essays, Poesie,* München 1980.

Mielke, R., Locus of control - Ein Überblick über den Forschungsgegenstand, in: ders. (Hg.), *Interne/externe Kontrollüberzeugung. Theoretische und empirische Arbeiten zum Locus of Control-Konstrukt,* Bern 1982, S.15-42.

Milner, Murray, *Status and Sacredness. General Theory of Status Relations and an Analysis of Indian Culture*, Oxford - New York 1994.

Misse, M., *O Estigma do Passivo Sexual*, Rio de Janeiro 1981.

Ministério da Saúde, *Estrutura e Proposta de Intervenção*, Brasilia 1987.

Moltmann, Jürgen, *Die ersten Freigelassenen der Schöpfung. Versuche über die Freude an der Freiheit und das Wohlgefallen am Spiel*, Stuttgart 1971.

Moltmann-Wendel, Elisabeth, *Wenn Gott und Körper sich begegnen. Feministische Perspektiven zur Leiblichkeit*, Gütersloh 1989.

Moltmann-Wendel, Elisabeth, Der protestantische Dienstleib, in: Jürgen Moltmann (Hg.), *Religion der Freiheit. Protestantismus in der Moderne*, München 1990.

Moltmann-Wendel, Elisabeth, Unser Körper - unser Selbst. Feministische Perspektiven zur Leiblichkeit, in: diess. (Hg.), *Frau und Mann. Alte Rollen - neue Werte*, Düsseldorf 1991a, S.83-103.

Moltmann-Wendel, Elisabeth, Art.»Ganzheit«, in: Elisabeth Gössmann, *Wörterbuch der Feministischen Theologie*, Gütersloh 1991b, S.136-142.

Moltmann-Wendel, Elisabeth, Art.»Heil/Heilung«, in: Elisabeth Gössmann, *Wörterbuch der Feministischen Theologie*, Gütersloh 1991c, S.181-183.

Moltmann-Wendel, Elizabeth, Art.»Körper der Frau/ Leiblichkeit«, in: Elisabeth Gössmann, *Wörterbuch der Feministischen Theologie*, Gütersloh 1991d, S.219-224.

Moltmann-Wendel, Elizabeth, Art. „Liebe. Feministische Diskussion", in: Elisabeth Gössmann, *Wörterbuch der Feministischen Theologie*, Gütersloh 1991e, S.219-224.

Moltmann-Wendel, Elisabeth, „Wie leibhaft ist das Christentum? Wie leibhaft können wir sein?", *Evangelische Theologie 52,5* (1992a), S.388-401.

Moltmann-Wendel, Elizabeth, u.a., *Feministische Theologie. an-stöße, stichworte, schwer-punkte,* München 1992b.

Moltmann-Wendel, Elizabeth, Die Lehre vom Menschen muß ganzheitlicher werden, in: Britta Hübener (Hg.), *Streitfall feministische Theologie,* Düsseldorf 1993a, S.113-123.

Moltmann-Wendel, „Rückkehr zur Erde", *Evangelische Theologie 53* (1993b,5), S.406-420.

Moltmann-Wendel, Elisabeth, *Mein Körper bin Ich. Neue Wege zur Leiblichkeit*, Gütersloh 1994a.

Moltmann-Wendel, Elisabeth, Mit dem Körper denken, in: Dorothee Sölle (Hg.), *Für Gerechtigkeit streiten. Theologie im Alltag einer bedrohten Welt*, FS für Luise Schottroff, Gütersloh 1994b, S.215-221.

Moltmann-Wendel, Elisabeth, „»Anfang und Ende aller Werke Gottes ...« Gedanken zu einer Theologie der Leiblichkeit", *Schlangebrut 45* (1994c), S.28-29.

Monteiro, Marli Piva, *Feminilidade: O Perigo do Prazer*, 2.Aufl., Petrópolis 1985.

Monteiro, Yara Nogueira, „Quem tem ouvidos para ouvir ...", *Contexto Pastoral 29 (1995)*, S.6-9.

Morris, Desmond, *Das Spiel. Faszination und Ritual des Fußballs*, München 1981.

Morgan, D. u. S.Scott, Bodies in a social landscape, in: S.Scott u. D.Morgan (Hg.), *Body Matters. Essays on the Sociology of the Body*, London 1993, S.1-21.

Mörth, Ingo, Dichte Beschreibungen: Anthropologie oder Soziologie der Gegenwartskultur?, in: Tamás Meleghy u.a. (Hg.), *Soziologie im Konzert der Wissenschaften. Zur Identität einer Disziplin*, Opladen 1997, S.239-247.

Mota, Murilo P. u.a., „Sexo entre Homens. Uma Pesquisa sobe a Consciencia da AIDS e Comportamento (homo)sexual no Brasil", *Boletim ABIA Especial (1993)*, S.4-7.

Mott, L., „Os Médicos e a AIDS no Brasil", *Ciencia e Cultura 39 (1987)*, S.4-13.

Müller, Philipp, "Von der »Theologie der Befreiung« zu einer »Theologie des Trostes«", *Brasiliennachrichten 115* (1994), S.48-49.

Münch, Richard, *Risikopolitik*, Frankfurt a.M.1996.

Muniz, Sodre, *Samba: O dono do corpo*, Rio de Janeiro 1976.

Muricy, Toninho, „Pentecostalismo Autonomo", *Aconteceu 548* (1990), S.2-5.

Murphy, Julien S., *The constructed Body. AIDS, Reproductive Technology, and Ethics*, New York 1995.

Nagl-Docekal, Herta, Art. »Dualismus«, in: Elisabeth Gössmann, *Wörterbuch der Feministischen Theologie*, Gütersloh 1991, S.64-67.

Nelson, James, *Body Theology*, Louisville 1992.

Nelson, James, „Body Theology", *Theology Today 50* (1993), S.331ff.

Neruda, Pablo, *Ich bekenne, ich habe gelebt. Memoiren*, 2.Aufl., München 1995.

Neumann, Klaus Philipp, *Wege amerikanischer Theologie. Gordon D. Kaufman, David Tracy und Edward Farley fragen nach Gott*, Diss. Heidelberg, unveröffentlicht 1995.

Neufeld, Alfred, *Fatalismus als missionstheologisches Problem. Die Kontextualisation des Evangeliums in einer Kultur fatalistischen Denkens. Das Beispiel Paraguays*, Basel 1994.

Niebuhr, Reinhold, *The Nature and Destiny of Man*, New York 1947.

„O Brasil na Feira. Em Frankfurt, o pais do Carnaval, futebol e exotismo tenta mostrar que tem uma literatura de Primeiro Mundo", *Veja* 5.10.1994.

O Dia 13.6.1995.

Oevermann, K., Latente Sinnstrukturen als Gegenstand der objektiven Hermeneutik, in: Hans-Georg Soeffner (Hg.), *Interpretative Verfahren in den Sozial- und Textwissenschaften*, Stuttgart 1979, S.335-423.

Okawara, Haruo, O Sexo é Pluriforme, in: Cavallieri, Alyrio u.a., *Pesquisa acerca dos habitos e atitudes sexuais dos Brasileiros*, São Paulo 1983, S.83-97.

Oliveira, José Luis, *A Capoeira Angola na Bahia*, Salvador 1989.

Oliven, Ruben George, *Violencia e cultura no Brasil*, Petropolis 1982.

Onori, Piero, *Sprechende Körper. Capoeira - ein afrobrasilianischer Kampftanz*, Köln 1992.

Pape, Helmut, *Erfahrung und Wirklichkeit als Zeichenprozeß. Charles S. Peirces' Entwurf einer Spekulativen Grammatik des Seins*, Frankfurt a.M. 1989.

Parekh, Bhikhu, „Utopianism and Manicheism. A Critique of Marcuse´s Theory of Revolution", *Social Research 39* (1972), Heft 4, S.622-651.

Parker, Richard G., „From Symbolism to Interpretation: Reflections on the Work of Clifford Geertz", *Anthropology and Humanism Quarterly 10/3* (1985), S.62-67.

Parker, Richard G., „Youth, Identity and Homosexuality: The Changing Shape of Sexual Life in Brazil", *Journal of Homosexuality 17 (1989)*, S.267-287.

Parker, Richard G., Responding to AIDS in Brazil, in: Barbara A. Misztal u. David Moss, *Action on AIDS. National Policies in Comparative Perspective*, Westport 1990, S.132-179.

Parker, Richard G., *Corpos, Prazeres e Paixoes. A cultura sexual no Brasil contemporaneo*, 2.Aufl., São Paulo 1993.

Parker, Richard G., O Banco Mundial e a AIDS", *Boletim Abia 22 (1993)*, S.3.

Parker, Richard G., A AIDS no Brasil. A Construção de uma Epidemia, in: ders., *A Construção da Solidariedade. AIDS, Sexualidade e Politica no Brasil*, Rio de Janeiro 1994a, S.23-51.

Parker, Richard G., Abaixo do Equador: Bissexualidade e AIDS no Brasil, in: ders., *A Construção da Solidariedade. AIDS, Sexualidade e Politica no Brasil*, Rio de Janeiro 1994b, S.56-66.

Parker, Richard G., Políticas Públicas, Ativismo Social e AIDS no Brasil, in: ders., *A Construção da Solidariedade. AIDS, Sexualidade e Politica no Brasil*, Rio de Janeiro 1994c, S.87-103.

Parker, Richard G., O Impacto da Discriminação. Educação sobre AIDS no Brasil, in: ders., *A Construção da Solidariedade. AIDS, Sexualidade e Politica no Brasil*, Rio de Janeiro 1994d, S.103-115.

Parker, Richard G., Diversidade Sexual, Análise Cultural e a Prevenção da AIDS, in: ders., *A Construção da Solidariedade. AIDS, Sexualidade e Politica no Brasil*, Rio de Janeiro 1994e, S.117-133.

Parrinder, Geoffrey, *Sexualität in den Religionen der Welt*, Olten 1991.

Parsons, Talcott, *The Social System*, New York 1951.

Parsons, Talcott, Commentary on Clifford Geertz »Religion as a Cultural System«, in: Donald R. Cutler (Hg.), *The Religious Situation: 1968*, Boston 1968, S.688-694.

Parsons, Talcott, *Aktor, Situation und normative Muster. Ein Essay zur Theorie sozialen Handelns*, Frankfurt a.M. 1986.

Peacock, James L., Expressiver Symbolismus, in: Jan J. Loubser u.a. (Hg.), *Allgemeine Handlungstheorie*, Frankfurt a.M. 1981.

Peirce, Charles S., *Über die Klarheit unserer Gedanken*, Frankfurt a.M. 1968.

Peirce, Charles S., *Phänomen und Logik der Zeichen*, Frankfurt a.M. 1983.

Pelikan, Jaroslav, *The Shape of Death. Life, Death and Immortality in the Early Fathers*, New York 1961.

Penna, Luy, *Corpo sofrido e mal-amado. As experiencias da mulher com o proprio corpo*, São Paulo 1989.

Pereira de Queiroz, Maria Isaura *O Messianismo no Brasil e no Mundo*, São Paulo 1965.

Pereira de Queiroz, Maria Isaura, Identidade nacional, religão, expressoes culturais: a criação religiosa no Brasil, in: Viola Sachs u.a., *Brasil & EUA. Religião e Identidade Nacional*, Rio de Janeiro 1988, S.59-84.

Pereira de Queiroz, Maria Isaura, *Carnaval brasileiro. O vivido e o mito*, São Paulo 1992.

Pfürtner, Stephan H., *Sexualfeindschaft und Macht. Eine Streitschrift für verantwortete Freiheit in der Kirche*, Mainz 1992.

Plake, Klaus, Die Schönheit des Körpers im Zeitalter der technischen Machbarkeit, in: ders. (Hg.), *Sinnlichkeit und Ästhetik. Soziale Muster der Wahrnehmung*, Würzburg 1992, S.178-205.

Plenitude 54 (1991)

Plessner, Helmut, *Lachen und Weinen*, 3. Aufl., Bern/ München 1961.

Polesi Mayer Sakamato, Cecília & Heloísa Soares Freire, *O Homen e a Vasectomia na Cidade de São Paulo - Um Estudo de Conhecimento, Atitudes e Comportamento*, São Paulo 1989.

Pöttner, Martin, „Theologie als semiotische Theorie bei Schleiermacher", *NZSTh 34 (1992)*, S.182-199.

Pöttner, Martin, *Realität als Kommunikation. Ansätze zur Beschreibung der Grammatik des paulinischen Sprechens in 1Kor 1,4-4,21 im Blick auf literarische Problematik und Situationsbezug des 1. Korintherbriefes*, Münster 1995.

„Pope, leaving Canada, deplores hedonism", *New York Times 21.9.1984*.

Prado, Paulo, *Retrato do Brasil: Ensaio sobre a Tristeza Brasileira*, 3.Aufl., Rio de Janeiro 1931.

Prange, Astrid, „Vertrauen in »Senhor Jesus« Erweckungskirchen im Vormarsch", *TAZ 24.1.1994*.

Prien, Hans-Jürgen, *Die Geschichte des Christentums in Lateinamerika*, Göttingen 1978.

Prokes, Mary Timothy, *Toward a Theology of the Body*, Edinburgh 1996.

Prosser, Diane Louise, *Transgressive Corporeality: The Body, Poststructuralism and the Theological Imagination*, New York 1995.

Pulerwitz, Julie, Gortmaker, SL u. DeJong, W. „Measuring Sexual Relationship Power in HIV/STD Research", *Sex Roles 42/7 (2000)*, S.48-72.

Pulerwitz, Julie, u.a., „HIV/AIDS Risk of Young Women Travelers: Comparison of Japanese and Western Populations", *International Quarterly of Community Health Education 15 (1999)*, S.15-38.

Quemmel, Renato, „Um projeto a várias mãos", *Boletim da ABIA Especial (1994)*, S.3.

Ramos, Joveline Pereira, „Protestantismo Brasileiro. Visão panoramica", *PT 2,6* (1968), S.73-94.

Ramsey, I.T., Religiöse Paradoxien, in: Dahlfert (Hg.), *Sprachlogik des Glaubens. Texte analytischer Religionsphilosophie und Theologie zur religiösen Sprache*, München 1974.

Randall, J.H., *The Role of Knowledge in Western Religion*, Boston 1958.

Ranke-Heinemann, Ute, *Eunuchen für das Himmelreich. Katholische Kirche und Sexualität*, Hamburg 1988.

Rappe, Guido, *Archaische Leiberfahrung. Der Leib in der frühgriechischen Philosoophie und in aussereuropäischen Kulturen*, Berlin 1995.

Rauschenbach, Walter, *Christianity and the Social Crisis*, New York 1913.

Rector, Monica, The Code and Message of Carnival: »Escolas-de-Samba«, in: Thomas A. Sebeok (Hg.), *Carnival!*, (Approaches to Semiotics 64), Berlin - New York - Amsterdam 1984, S.37-165.

Redig, Ana, „Burocracia aumenta a dor de quem vive com o HIV e a AIDS", *Jornal da Cidadania 30.9.1994*.

Redig, Ana, "4. Encontro Nacional de Pessoas Vivendo com HIV e AIDS - Abia e Pela Vidda/RJ", *Jornal da Cidadania 30.9.1994.*

Reese-Schäfer, Walter, *Lyotard,* 2.erw.Aufl., Hamburg 1989.

Reitemeyer, Ursula, *Philosophie der Leiblichkeit. Ludwig Feuerbachs Entwurf einer Philosophie der Zukunft,* Frankfurt a.M. 1988.

Rendtorff, Trutz, Herbert Marcuse, in: W. Schmidt (Hg.), *Die Religion der Religionskritik,* München 1972, S.38-48.

Ribeiro, Boanerges, *Protestantismo no Brasil monarquico 1822-1888. Aspectos culturais da aceitação do protestantismo no Brasil,* São Paulo 1973.

Riedlberger, Irmela, *Einstellung von Männern zur Familienplanung und Möglichkeiten ihrer stärkeren Einbeziehung in Familienplanungsprogramme,* Köln - München - London 1993.

Riserio, Antonio, *Carnaval Ijexa,* Salvador 1981.

Ritschl, Dietrich, *Zur Logik der Theologie. Kurze Darstellung der Zusammenhänge theologischer Grundgedanken,* München 1988.

Rizzo, Miguel, *Dança e Psychonalyse,* São Paulo 1929.

Röckmann, Antje, "Das ist so etwas Lebendiges und Vibrierendes in diesem Körper", *Schlangenbrut 45* (1994), S.10-12.

Rodrigues, Ana Maria, *Samba negro. Espoliação branca,* São Paulo 1984.

Rodrigues, José Carlos, *Tabu da morte,* Rio de Janeiro 1983.

Rodrigues, José Carlos, *Tabu do corpo,* Rio de Janeiro 1988.

Rodrigues, L., Public Health Organization in Brazil, in: A.F.Fleming (Hg.), *The Global Impact of AIDS,* New York 1988, S.229.

Rodrígues Monegal, E., "Carnaval/antropofagia/paródia", *Revista Iberoamericana 108/109* (1979).

Rolim, Francisco Cartaxo, *O que e Pentecostalismo,* São Paulo 1987.

Roper, Lyndal, *Ödipus und der Teufel. Körper und Psyche in der Frühen Neuzeit,* Frankfurt a.M. 1994.

Rosenbrock, R., *AIDS und präventive Gesundheitspolitik,* Berlin 1986.

Rosenfeld, P., *Negro, Macumba, Futebol,* São Paulo 1993.

Roth, J., *Akzeptanzprobleme in den Anti-AIDS-Kampagnen,* Trier 1992.

Rottländer, Peter, Philosophie, Gesellschaftstheorie und die Permanenz der Kunst. Theologische Reflexionen zu Herbert Marcuse, in: Edmund Arens u.a., *Erinnerung, Befreiung, Solidarität. Benjamin, Marcuse, Habermas und die politische Theologie,* Düsseldorf 1991, S.81-144.

Rovira, Armando u.a., *Boys and Girls: Victims of the madness of an adult society. Latin America and Carribean Conference in São Paulo, Brazil,* New York 1990.

Ruether, Rosemary Radford, *Sexismus und die Rede von Gott. Schritte zu einer anderen Theologie*, Gütersloh 1985.

Ruether, Rosemary Radford, *Unsere Wunden heilen. Unsere Befreiung feiern. Rituale in der Frauenkirche*, Stuttgart 1988.

Rwabukwali, Charles B., *Sexual Behaviour and the Acceptability of Condoms to Uganda Males*, Kampala 1991.

Ryan, Francis, *The Body as Symbol. Merleau-Ponty and Incarnational Theology*, Washington 1970.

Ryle, Gilbert, *Der Begriff des Geistes*, Stuttgart 1969.

Sader, Emir, „Cultura da violencia", *Tempo e Presença 246* (1989), S.6-7.

Sanchis, Pierre, (Hg.), *Catolicismo: Unidade religiosa e pluralismo cultural*, Band 1-3, Rio de Janeiro 1992.

Sant´Anna, A.R., „De como e por que Jorge Amado em »A morte de Quincas Berro D´Agua´ é um autor carnavalizador, mesmo sem nunca ter se preocupado com isto", *Tempo Brasileiro 74 (1983)*.

Sant´Anna, Paulo Afranio, „Projeto HSH/SP. Avaliando novas estratégias de intervenção, *Boletim ABIA Especial (1994)*, S.8-10.

Santiago, Silviano, Lebensfreude und Macht, in: D. Briesemeister u.a. (Hg.), *Brasilianische Literatur der Zeit der Militärherrschaft (1964-1984)*, Frankfurt a.M.1992, S. 47-73.

Sarti, Cynthia, Morality and Transgression Among Brazilian Poor families: Exploring Ambiguities, in: David J. Hess u. Roberto DaMatta, *The Brazilian Puzzle. Culture on the Borderlands of the Western World*, New York 1995, S.114-134.

Sawicki, Jana, *Disciplining Foucault. Feminism, Power and the Body*, London 1991.

Scarry, Elaine, *The Body in Pain. The Making and Unmaking of the World*, New York 1985.

Scheler, Max, *Der Formalismus in der Ethik und die materiale Wertethik*, 4.Aufl., Bern 1954.

Scheper-Hughes, Nancy, *Death Without Weeping. The Violence of Everyday Life in Brazil*, Berkeley 1992.

Schindler, Norbert, Karneval, Kirche und verkehrte Welt. Zur Funktion der Lachkultur im 16.Jahrhundert, in: ders., *Widerspenstige Leute. Studien zur Volkskultur in der frühen Neuzeit*, Frankfurt a.M.1992, S.121-174.

Schipperges, Heinrich, *Am Leitfaden des Leibes. Zur Anthropologetik und Therapeutik Friedrich Nietzsches*, Stuttgart 1975.

Schleiermacher, F.D.E., *Über die Religion. Reden an die Gebildeten unter ihren Verächtern*, Berlin 1834.

Schleiermacher, F.D.E., *Hermeneutik und Kritik*, Frankfurt a.M. 1977.

Schlüpmann, Heidi, *Friedrich Nietzsches ästhetische Opposition*, Stuttgart 1976.

Schmelz, Rüdiger, *Subjektivität und Leiblichkeit. Die psychophysische Einheit in der Philosophie Wolfgang Cramers*, Würzburg 1991.

Schmidt, Siegfried J., „Der beobachtete Beobachter. Zu Text, Kommunikation und Verstehen", *Theolog. Quartalschrift 169,3* (1989), S.187-200.

Schmidt, Siegfried J. (Hg.), *„schön". Zur Diskussion eines umstrittenen Begriffs*, München 1976.

Schmitz, Hermann, *Der Leib. System der Philosophie*, Bd.2, T.1, Bonn 1965.

Schmitz, Hermann, *Der Gefühlsraum. System der Philosophie*, Bd.3, T.2, Bonn 1969.

Schmitz, Hermann, *Die Wahrnehmung. System der Philosophie*, Bd.3, T.5, Bonn 1978.

Schmitz, Hermann, *Die Ideenlehre des Aristoteles*, Bd.1, T.1, Bonn 1985.

Schmitz, Hermann, Leibliche und personale Konkurrenz im Selbstbewußtsein, in: Bertram Kienzle und Helmut Pape (Hg.), *Dimensionen des Selbst. Selbstbewußtsein, Reflexivität und die Bedingungen von Kommunikation*, Frankfurt a.M.1991, S. 152-169.

Schoepf, B.G., *Sex, Gender and Society in Zaire*, Sonderborg 1990.

Schöppe, Arno, *Theorie paradox. Kreativität als systemische Herausforderung*, Heidelberg 1995.

Schrader, Hans-Jürgen, Vom Heiland im Herzen zum inneren Wort. »Poetische« Aspekte der pietistischen Christologie, in: Martin Brecht u.a. (Hg.), *Pietismus und Neuzeit. Ein Jahrbuch zur Geschichte des neueren Protestantismus*, Bd.20, Göttingen 1994.

Schreiner, Claus, *Música Popular Brasileira. Handbuch der folkloristischen und der populären Musik Brasiliens*, Darmstadt 1985.

Schreiter, Robert J., *Abschied vom Gott der Europäer*, Frankfurt a.M. 1994.

Schroer, Silvia u. Thomas Staubli, *Die Körpersymbolik der Bibel*, Darmstadt 1998.

Schubart, Walter, *Religion und Eros*, München 1989.

Schüssler-Fiorenza, Elizabeth, *Brot statt Steine*, Freiburg 1988.

Schuilenga, Mirjam, „Die letzte Bastion. Rückbesinnung auf den Körper als Gesellschafts- und Theologiekritik", *Schlangenbrut 45* (1994), S.13-16.

Schulze, Gerhard, *Die Erlebnisgesellschaft. Kultursoziologie der Gegenwart*, Frankfurt/ New York 1993.

Schwanitz, P., Der weibliche Körper zwischen Schicksal und Handlung: Die Diät und die Paradoxie des Feminismus, in: Hans Ulrich Gumbrecht u. K.Ludwig Pfeiffer (Hg.), *Materialität der Kommunikation*, Frankfurt a.M. 1988, S.568-583.

Scott, Sue u. Richard Freeman, Prevention as a problem of modernity, in: Jonathan Gabe (Hg.), *Medicin, Health and Risk. Sociological Approaches*, Oxford 1995, S.151-171.

Senghaas, Dieter, *Peripherer Kapitalismus. Analysen über Abhängigkeit und Unterentwicklung*, Frankfurt a.M. 1974.

Sennett, Richard, *Fleisch und Stein. Der Körper und die Stadt in der westlichen Zivilisation*, Berlin 1994.

Shilling, Chris, *The Body and Social Theory*, London 1993.

Shuttle, Penelope u. Peter Redgrove, *Die weise Wunde Menstruation*, Frankfrut a.M.1982.

Sieber, Samuel, „Disziplinierungstechnologien und moderner Körperkult", *Körper Grenzen 1/23 (1999)*, S.53-78.

Siedler, Rolf, *Feel it in your Body. Sinnlichkeit, Lebensgefühl und Moral in der Rockmusik*, Mainz 1995.

Silva, Deonísio da, *Nos bastidores da censura. Sexualidade, literatura e repressão pós-64*, São Paulo 1989.

Simon, W. u. J.H.Gagnon, „Sexual Scripts", *Society 22 (1984)*, S.53-60.

Simpson, Amelia, *Xuxa. The mega-marketing of gender, race and modernity*, Philadelphia 1993.

Sion, F., *Anal Intercourse: A Risk Factor for HIV Infection in Female Partners of Bisexual Men*, Rio de Janeiro 1989.

Soames Job, R.F., „Effective and Ineffective Use of Fear in Health Promotion Campaigns", *AJPH 78 (1988)*, S.163-167.

Soares, Mariza de Carvalho, Guerra santa no pais do sincretismo, in: Leilah Landim (Hg.), *Sinais dos Tempos. Diversidade religiosa no Brasil*, Rio de Janeiro 1990, S.75-105.

Sobrino, Jon, *El principio misericordia. Bajar de la cruz a los pueblos crucificados*, Santander 1992.

Sobrino, Jon, Die zentrale Stellung des Reiches Gottes in der Theologie der Befreiung, in: Ignacio Ellacuría u. Jon Sobrino (Hg.), *Mysterium Liberationis. Grundbegriffe der Theologie der Befreiung*, Bd. 1, Luzern 1995, S.461-506.

Sobrino, Jon, Spiritualität und Nachfolge Jesu, in: Ignacio Ellacuría u. Jon Sobrino (Hg.), *Mysterium Liberationis. Grundbegriffe der Theologie der Befreiung*, Bd. 2, Luzern 1996, S. 1087-1114.

Sobrino, Jon, Nachwort zur deutschen Ausgabe von „Mysterium Liberationis", in: Ignacio Ellacuría u. Jon Sobrino (Hg.), *Mysterium Liberationis. Grundbegriffe der Theologie der Befreiung,* Bd. 2, Luzern 1996, S.1269-1272.

Sontag, S., *Krankheit als Metapher,* München 1980.

Sontag, S., *AIDS und seine Metaphern,* München 1989.

de Sousa, Ronald, *The Rationality of Emotion,* Cambridge - London 1987.

Souza Maranhao, José Luiz de, *O que e morte,* São Paulo 1987.

Spielmann, Ellen, *Brasilianische Fiktionen. Gegenwart als Pastiche,* Frankfurt a.M. 1994.

Starhawk, *Wilde Kräfte, Sex und Magie für eine erfüllte Welt,* Freiburg 1987.

Staubmann, Helmut, *Die Kommunikation von Gefühlen. Ein Beitrag zur Soziologie der Ästhetik auf der Grundlage von Talcott Parsons´ Allgemeiner Theorie des Handelns,* Berlin 1995.

Staudinger, Hugo, *Die Frankfurter Schule. Menetekel der Gegenwart und Herausforderung an die christliche Theologie,* Würzburg 1982.

Stehr, Christopher, Kunst, Kultur, Karneval und Leben gehören zusammen, in: Christina Brand. u. Paul Imhof (Hg.), *Brasilien. Wo der Glaube lebt. Begegnungen, Interviews, Erfahrungen,* Kevelaer 1990, S.53-63.

Stemmler, Theo (Hg.), *Schöne Frauen - Schöne Männer. Literarische Schönheitsbeschreibungen,* Mannheim 1988.

Stolz, Fritz, Typen religiöser Unterscheidung von Natur und Kultur, in: ders. (Hg.), *Religiöse Wahrnehmung der Welt,* Zürich 1988, S.15-32.

Suess, Paulo, *Volkskatholizismus in Brasilien. Zur Typologie und Strategie gelebter Religiosität,* München Mainz 1978.

Suess, Paulo (Hg.), *Inculturação e Libertação,* São Paulo 1986.

Suess, Paulo, Inkulturation, in: Ignacio Ellacuría u. Jon Sobrino (Hg.), *Mysterium Liberationis. Grundbegriffe der Theologie der Befreiung,* Bd. 2, Luzern 1996, S.1011-1060.

Sundermeier, Theo, „Symbol und Wirklichkeit. Zum Verständnis afrikanischer Symbolik", *ZfM 1* (1975), S.155-176.

Sundermeier, Theo, Religiöse Grunderfahrungen in den Stammesreligionen, in: Gisbert Kaufmann (Hg.), *Lebenserfahrung und Glaube,* Düsseldorf 1983, S.43-56.

Sundermeier, Theo, *Nur gemeinsam können wir leben. Das Menschenbild schwarzafrikanischer Religionen,* Gütersloh 1988.

Sundermeier, Theo, Religion und Kunst auf Bali, in: ders. u. Volker Küster (Hg.), *Das schöne Evangelium. Christliche Kunst im balinesischen Kontext,* Nettetal 1991, S.43-81.

Sundermeier, Theo, Religion und Fest: Afrikanische Perspektiven, in: ders. u. Jan Assmann (Hg.), *Das Fest und das Heilige. Religiöse Kontrapunkte zur Alltagswelt*, Gütersloh 1991, S.37-54.

Sundermeier, Theo, Can Foreign Cultures Be Understood?, *Studies in Interreligious Dialogue 4,1* (1994), S.32-41.

Sundermeier, Theo, *Konvivenz und Differenz. Studien zu einer verstehenden Missionswissenschaft*, anläßlich seines 60. Geburtstages hg. v. Volker Küster, Erlangen 1995.

Sundermeier, Theo, *Den Fremden verstehen. Eine praktische Hermeneutik*, Göttingen 1996.

Suzuki, Daisetz T., *Zen and Japanese Culture*, Tokyo 1994.

Swaddiwudhipong, W. u.a., „A Survey of Knowledge about AIDS and Sexual Behaviour in Sexually Active Men in Mae Sot, Tak, Thailand", *Southeast Journal of Tropical Medicine and Public Health 21,3 (1990)*, S.447-452.

Szasz, Thomas S., *Dor e Prazer*, Rio de Janeiro 1979.

Tamayo, Juan José, Rezeption der Theologie der Befreiung in Europa, in: Ignacio Ellacuría u. Jon Sobrino (Hg.), *Mysterium Liberationis. Grundbegriffe der Theologie der Befreiung*, Bd. 1, Luzern 1995, S.37-62.

Tauber, Walter, Ich und mein Bizeps: der Körper als Religion, in: ders., *25mal Brasilien*, München Zürich 1991, S.201-213.

Tauber, Walter, Alles endet mit Samba - Musik in Brasilien, in: ders., *25mal Brasilien*, München Zürich 1991, S.183-201.

Taubner, Eliabeth, *„»Wenn Gott es so will ...« Geburts- und Verhütungsbedingungen brasilianischer Landarbeiterinnen im Sertão Central von Pernambuco"*, Hamburg 1992.

Teles, Maria Amélia, *Brasil Mulher. Kurze Geschichte des Feminismus in Brasilien*, Hamburg 1993.

Terto Jr., Veriano, „»Homens« no vídeo", *Boletim ABIA Especial (1994)*, S.13.

Treichler, P., AIDS and HIV Infection in the Third World. A First World Chronicle, in: E.Fee u. D.Fox (Hg.), *AIDS. The Making of a Chronic Disease*, Berkeley u. Los Angeles 1992, S.377-412.

Trevisan, Joao Silveiro, *Devassos no Paraíso*, São Paulo 1986.

The Panos Institute, *AIDS and the Third World*, London 1988.

Thielicke, H., *Glauben und Denken in der Neuzeit*, Tübingen 1983.

Tiel, Gerhard, *Basisökumene in Brasilien unter Berücksichtigung des lateinamerikanischen Kontextes. „Ökumene im Kraftfeld des Reiches Gottes"*, Mettingen 1995

Tillich, Paul, Das religiöse Symbol (1928), in: ders., *Hauptwerke Bd.4: Religionsphilosophische Schriften*, hg. v. John Clayton, Berlin - New York 1987, S.213-228.

Tillich, Paul, *Systematische Theologie I-III*, Berlin - New York 1987.

Turner, Bryan S., *The Body and Society*, Blackwell 1984.

Turner, Victor, *Vom Ritual zum Theater. Der Ernst des menschlichen Spiels*, Franfurt a.M./ New York 1989.

Turner, Victor, *Das Ritual. Struktur und Anti-Struktur*, Frankfurt a.M. 1989.

Turner, Victor, Carnaval in Rio: Dionysian Drama in an Industrializing Society, in: ders., *The Anthropology of Performance*, New York 1992.

Turner, Victor, Body, Brain, and Culture, in: James B. Ashbrook, *Brain, Culture & the Human Spirit*, New York 1993, S.77-108.

„Um outro Olhar", Editorial *Tempo e Presença 275* (1994) S.2.

Vagaggini, Cipriano, *The Flesh - Instrument of Salvation. A Theology of the Human Body*, New York 1969.

Vaihinger, Hans, *Die Philosophie des Als Ob. System der theoretischen, praktischen und religiösen Fiktionen der Menschheit auf Grund eines idealistischen Positivismus. Mit einem Anhang über Kant und Nietzsche*, Leipzig 1918.

Vainfas, Ronaldo, *Trópico dos Pecados: Moral, Sexualidade e Inquisição no Brasil*, Rio de Janeiro 1989.

Vallinoto, T.C., *A Construção da Solidariedade. Um Estudo sobre a Resposta Coletiva à AIDS*, Rio de Janeiro 1991.

van Buren, *Reden von Gott in der Sprache der Welt. Zur säkularen Bedeutung des Evangeliums*, Zürich u. Stuttgart 1987.

van Reijen, Willem, *Horkheimer zur Einführung*, Hamburg 1987.

Velho, Otavio, A corda bamba do protestantismo, in: Ernesto Barros Cardoso (Hg.), *Sobre deuses e caquis. Teologia, politica e poesia em Rubem Alves*, Rio de Janeiro 1988, S.37-39.

Venrath, Barbara, *AIDS. Die soziale Definition einer Krankheit*, Oldenburg 1994.

Vetter, August, *Nietzsche*, München 1926.

Vilanova, Roberto, „As filhas do lixo. Meninas de ruas no Recife se flagelam para marcar no corpo as amarguras de quem vive num país sem dignidade", *Gazeta de Alagoas 2.6.1996*.

Vogel, Arthur A, „Body Theology: God's Presence in Man's World", *Theological Studies 35* (1974), S.193-194.

Vogel, Arno, *O momento feliz: Universo do futebol*, Rio de Janeiro 1982.

Voss-Goldstein, Christel u. Horst Goldstein (Hg.), *Schwestern über Kontinente. Aufbruch der Frauen. Theologie der Befreiung in Lateinamerika und feministische Theologie hierzulande,* Düsseldorf 1991.

von Schnurbein, Stefanie, „Blut-und-Boden-Rituale. Formen einer Neuheidnischen Spiritualität in der Frauenbewegung", *Evangelische Kommentare* 4/1996, S.223-226.

Wagley, Charles, *An Introduction to Brazil,* New York 1971.

Walker Bynum, Caroline, *The Resurrection of the Body in Western Christianity: 200-1336,* New York 1995.

Walker Bynum, Caroline, *Fragmentierung und Erlösung. Geschlecht und Körper im Glauben des Mittelalters,* Frankfurt a.M.1996.

Washburn, Penelope, Becoming Woman. Menstruation as spiritual experience, in: Carol P. Christ u. Judith Plaskow (Hg.), *Womanspirit Rising. A Feminist Reader in Religion,* New York 1979.

Watzlawick, Paul, u.a., *Menschliche Kommunikation. Formen, Störungen, Paradoxien,* 8.Aufl., Bern u.a. 1990.

Watzlawick, Paul, *Münchhausens Zopf oder Psychotherapie und „Wirklichkeit",* München Zürich 1988.

Watzlawick, Paul, Schopenhauer und die Thesen des modernen Konstruktivismus, in: Voker Riegas u. Christian Vetter (Hg.), *Zur Biologie der Kognition. Ein Gespräch mit Humberto R. Maturana und Beiträge zur Diskussion seines Werkes,* Frankfurt a.M. 1993, S.296-307.

Webb, N.L., Gallop International Survey on Attitudes Towards AIDS, in: A. Felming u.a. (Hg.), *The Global Impact of AIDS,* New York 1988, S.347-355.

Weber, Burkhard, *Ijob in Lateinamerika. Deutung und Bewältigung von Leid in der Theologie der Befreiung,* Mainz 1999.

Weber, Max, *Wirtschaft und Gesellschaft. Grundriss der verstehenden Soziologie,* Studienausgabe, Göttingen 1971.

Weber, Max, *Die protestantische Ethik I,* 7.Auf., Göttingen 1984.

Welker, Michael, Einfache oder multiple doppelte Kontingenz: Minimalbedingungen der Beschreibung von Religion und emergenten Strukturen sozialer Systeme, in: ders. u. Werner Krawietz (Hg.), *Kritik der Theorie sozialer Systeme. Auseinandersetzungen mit Luhmanns Hauptwerk,* Frankfurt a.M.1992, S.355-371.

Welker, Michael, *Gottes Geist. Theologie des Heiligen Geistes,* Neukirchen-Vluyn 1992.

Welker, Michael, *Schöpfung und Wirklichkeit,* Neukirchen-Vluyn 1995.

Welsch, Wofgang, *Unsere postmoderne Moderne,* 4.Aufl., Berlin 1993.

Welsch, Wofgang, Adornos Ästhetik: Eine implizite Ästhetik des Erhabenen, in: ders., *Ästhetisches Denken*, Stuttgart 1993.

Welsch, Wolfgang, Ästhet/hik. Ethische Implikationen und Konsequenzen der Ästhetik, in: Christoph Wulf (Hg.), *Ethik der Ästhetik*, Berlin 1994, S.3-23.

Westermann, C., *Der Segen in der Bibel und im Handeln der Kirche*, 2. Aufl., Gütersloh 1981.

Willems, Emilio, *A Aculturação dos Alemaes no Brasil*, São Paulo 1980.

Wils, Jean-Pierre, *„Ästhetische Güte"*. *Philosophisch-theologische Studien zu Mythos und Leiblichkeit im Verhältnis von Ethik und Ästhetik*, München 1990.

Wittgenstein, Ludwig, *Tractatus logico-philosophicus. Tagebücher 1914-1916. Philosophische Untersuchungen*, Frankfurt a.M. 1984.

Wohlrab-Sahr, Monika, *Biographie und Religion. Zwischen Ritual und Selbstsuche*, Frankfurt a.M. - New York 1995.

Wolf, Philipp Heinz-Walter, *Die Ästhetik der Leiblichkeit. W.B.Yeats, die Moderne und das Andere der Vernunft*, Trier 1993.

Wolff, Stephan, Die Anatomie der dichten Beschreibung. Clifford Geertz als Autor, in: Joachim Matthes (Hg.), *Zwischen den Kulturen? Die Soziologie vor dem Problem des Kulturvergleichs*, Frankfurt a.M. 1992, S.339-361.

Wolgast, Eike, *Thomas Müntzer,* 2. Aufl., Berlin 1989.

Wulf, Christoph u. Dietmar Kamper (Hg.), *Die Wiederkehr des Körpers*, Frankfurt a.M. 1982.

Wulf, Christoph (Hg.), *Ethik der Ästhetik*, Berlin 1994.

Zeindler, Matthias, *Gott und das Schöne. Studien zur Theologie der Schönheit*, Göttingen 1993.

Zimmermann, Thomas, „Über die Konstruktion von Identität, Körper und Sexualität im Internet. Erotische Schnittstellen zwischen Erweiterung und Begrenzung ", *Familiendynamik 23,4 (1998)*, S.413-420.

AUTOREN-VERZEICHNIS

A

Adorno, Theodor W., 31, 34, 180, 215, 324, 341
Albert, Hans, 173, 237, 238, 240, 242, 249, 322, 324, 329
Almeida Cunha, R., 178, 324
Alter, Joseph S., 30, 31, 69, 83, 324
Amado, Jorge, 39, 55, 68, 70, 71, 324, 354
Apel, Karl-Otto, 27, 324
Apffel Marglin, Frédérique, 325
Ashley, Benedict M., 183, 325
Assmann, Jan, 12, 25, 39, 40, 106, 127, 175, 261, 296, 300, 302, 325, 358
Assunto, R., 325
Augel, Meoma Parente, 325
August, Sabine, 55, 325, 359
Azevedo, Thales de, 42, 43, 117, 118, 325, 326
Azzi, Riolando, 326

B

Bachtin, Michail M., 302, 303, 305, 326, 344
Barkhaus, Anette, 14, 326
Barros Souza, Marcedo de, 17, 326
Barth, Fredrik, 239, 256, 326, 341
Barthes, Roland, 20, 23, 326
Bartholomäus, Wolfgang, 129, 326
Bastide, Roger, 117, 326
Bataille, Georges, 326
Bateson, Gregory, 50, 73f, 234, 310, 326
Bauer, Karl-Adolf, 326
Beck, Ulrich, 93, 95, 326
Becker, S., 112, 326
Belo, Jane, 326
Bender, Rensalee, 327
Bengel, J., 91, 95, 327

Berger, Peter L., 21, 138, 218, 327
Berner-Hürbin, Annie, 195, 327
Bernhardt, Reinhold, 234, 235, 327
Betsky, Aaron, 22, 327
Bette, Karl-H., 15, 313, 327
Beyer, Ulrich, 74, 327
Bezzel, Chris, 240, 327
Bieber, Marianus, 282, 286, 327
Biehl, João Guilherme, 243, 260, 327
Birman, Patricia, 54, 327
Bloch, Ernst, 212, 213, 222, 245, 327
Blome, Andrea, 327
Bloor, Michael, 86, 327
Bockmühl, Klaus, 14, 328
Bohaumilitzky, Peter, 127, 328
Bollnow, Otto Friedrich, 173, 328
Bonder, Nilton, 17, 328
Bonhoeffer, Dietrich, 223, 302, 328
Bottomley, Frank, 200, 328
Brandão, Carlos Rodrigues, 17, 116, 118, 122, 123, 124, 125, 126, 129, 328
Brandt, Hermann, 155, 169, 286, 306, 311, 328
Brandt, Sigrid, 155, 169, 286, 306, 311, 328
Breuer, Stefan, 137, 328
Briesemeister, D., 71, 328, 354
Brokensha, D., 90, 329
Brown, Peter, 24, 85, 161, 196, 201, 224, 232, 239, 253, 258, 259, 329, 339, 346
Buarque de Holanda, Sergio, 52, 325, 329
Bubner, Rüdiger, 64, 329
Bultmann, Rudolf, 203, 236, 265, 329
Burckhardt, Martin, 14, 329
Büttner-Lermen, Gisela, 36, 329
Bynum, Caroline Walker, 193, 195, 199, 200, 201, 329, 360

C

Cabral de Melo Neto, Joao, 31, 32, 304, 329
Cacciatore, Olga Gudolle, 329
Camus, Albert, 212, 218, 329

Caplan, Pat, 21, 329
Cardoso Pereira, Nancy, 256, 259, 296, 297, 304, 321
Carrier, J.M., 90, 330
Carvalho, Martha de Ulhoa, 27, 72, 330, 356
Cassorla, Roosevelt M.S., 29, 30, 330
Castillo, F., 177, 324, 330
Cavallieri, Alyrio, 57, 106, 330, 350
Charbonneau, A., 129, 330
Coelho, Maria Claudia Pereira, 41, 330
Consorte, Josildeth, 202, 330
Cooey, Paula, 182, 330
Corbin, Alain, 21, 330
Costa, Jurandir Freire, 59, 296, 318, 321, 330
Cox, Harvey, 12, 234, 331
Csordas, Thomas J., 331
Cunha, Magali do Nascimento, 147, 178, 324, 331

D

Da Matta, Roberto, 35, 36, 37, 40, 41, 61, 62, 63, 67, 70, 97, 106, 118, 120, 126, 130, 331, 332
Dahlfert, Ingolf U., 25, 74, 246, 247, 331, 352
Daiber, Karl-Fritz, 41, 331
Daly, Mary, 195, 261, 331
Damen, Franz, 149, 332
Damico, Linda H., 305, 331
Daniel, H., 88, 100, 235, 332
Daube-Schackat, Roland, 257, 332
Davis, Charles, 182, 185, 332
de Sousa, Ronald, 357
Degler, Carl N., 53, 55, 332
Denser, Márcia, 332
Desjarlais, Robert R., 332
Diamond, Irene, 172, 332
Dilthey, Petra, 81, 173, 332
Doi, Takeo, 20, 332
Dornheim, J., 83, 332
Douglas, Mary, 22, 84, 93, 95, 98, 99, 144, 145, 205, 332, 333, 340
Droogers, M., 149, 333
Dumont, Louis, 97, 333
Durigan, Jesus Antonio, 54, 333

Durkheim, E., 212, 313
Dussel, Enrique, 180, 261, 291, 333

E

E. Faletto, 176, 330
Eagleton, Terry, 210, 233, 333
Eco, Umberto, 23, 333
Egger, Wilhelm, 25, 333
Eirmbter, Willy H., 83, 84, 85, 95, 96, 99, 333
Eisenberg, L., 83, 333, 344
Elias, Norbert, 22, 333
Ellacuría, Ignacio, 161, 320, 333, 338, 344, 356, 357, 358
Emrich, Hinderk M., 333
Engell, Karin, 55, 67, 333
Ernesto Gómez, Medardo, 17, 333
Estel, B., 84, 333
Eugene, Toinett M., 293, 334
Evans-Pritchards, E.E., 82, 334

F

Fabella, Virginia, 334
Fachel Leal, Ondina, 76, 334
Farmer, Paul, 94, 334
Featherstone, Mike, 334
Fenton, John Y., 334
Ferm, Deam William, 250, 334
Fernandes, Rubem César, 16, 120, 132, 334
Feuerstein, Georg, 288, 334
Figueroa, Dimas, 170, 334
Filho, Gilberto, 41, 46, 135, 136, 137, 138, 141, 143, 334, 347
Flego, Gvozden, 229, 334, 335
Follmann, Jose Ivo, 116, 335
Forberg, Friedrich Karl, 249, 335
Förster, H., 174, 335
Foucault, Michel, 21, 86, 87, 137, 172, 201, 253, 296, 328, 332, 335, 354
Francia, Lucia, 172, 188, 335
Fränkel, Hermann, 287, 335
Frei Betto, 292, 319, 321
Freire, Paulo, 28, 72, 109, 117, 170, 178, 330, 334, 335, 351

363

Freud, Siegmund, 22, 26, 28, 212-219, 232, 244, 245, 252, 261, 296, 300, 335, 344, 346
Freyre, Gilberto, 53, 54, 56, 335
Fricke, S., 110, 335
Fritsch, Sybille, 16, 335
Früchtl, Josef, 252, 335
Fry, Peter, 49, 336

G

Gabe, Jonathan, 93, 122, 165, 174, 248, 309, 327, 336, 356
Gabeira, Fernando, 72, 73, 336
Gallas, Alberto, 302, 336
Galtung, J., 176, 336
Garcia, Paulo Roberto, 321
Garelick, S., 241, 336
Garz, Detlef, 25, 336
Gassen, Gisela, 33, 336
Gatens, Moria, 14, 336
Gebara, Ivone, 297, 321
Geertz, Clifford, 19, 20, 23, 29, 30, 39, 68, 73, 74, 76, 78, 82, 84, 93, 296, 313, 336, 337, 350, 351, 361
Gerhards, J., 92, 337
Gerhardt, U., 24, 337
Giddens, Anthony, 229, 313, 337
Gilberto, P., 54, 56, 130, 334, 335, 337
Glassman, Bernard Tetsugen, 251, 337
Gmünder, Ulrich, 229, 337
Goffman, Erwin, 101, 337
Goldstein, Horst, 72, 155, 175, 176, 183, 198, 230, 265, 272, 278, 287, 290, 320, 321, 329, 337, 360
Good, B., 80, 337
Green, Edward C., 90, 337
Gregor, Thomas, 337
Greifeld, K., 80, 337
Greschake, Gisbert, 196, 197, 338
Grijp, Klaus van der, 136, 338
Grözinger, Albrecht, 167, 310, 338
Gudorf, Chritine E., 182, 338
Guedes, Simoni Lahud, 42, 338
Guimarães, Katia, 69, 109, 338
Gumbrecht, Hans Ulrich, 237, 338, 356
Gutiérrez, Gustavo, 170, 171, 177-179, 208, 261, 334, 338

Guttmann, A., 42, 338

H

Haag, Herbert, 15, 338
Habermas, Jürgen, 49, 310, 338, 339, 353
Hahn, Alois, 25, 83, 92, 93, 95, 96, 98, 99, 121, 151, 325, 333, 338
Hamann, Edgar Merchan, 109, 111, 338
Hardin, Kris L., 73, 339
Harding, Sandra, 193, 339
Härle, Wilfried, 248, 339
Harré, Rom, 339
Harrison, Beverly W., 195, 286, 339
Hart, Klaus, 57, 104, 339
Haug, Walter, 127, 254, 325, 339, 343
Haug, Wolfgang Fritz, 127, 254, 325, 339, 343
Hebblethwaite, Brian, 248, 339
Hegel, G.W.F., 222, 306, 327, 339
Hegmanns, Dirk, 31, 339
Heidegger, Martin, 153, 167, 339
Heine, Susanne, 15, 339
Helbig, Madeleine, 283, 339
Hellekamps, Stephanie, 339
Heller, G., 80, 339
Helmbrock, Hans-Günter, 226, 340
Hendry, Joy, 20, 340
Henley, Nancy M., 21, 340
Hepburn, S.J., 81, 340
Herion, Horst, 261, 340
Hettenkofer, Markus, 340
Heyward, Carter, 191, 195, 286, 339, 340
Hick, John, 247, 248, 339, 340, 342
High, Dallas M., 340
Hoch, Lothar Carlos, 148, 340
Hofbauer, Andreas, 46, 340
Hoffmann-Axthelm, Dieter, 14, 340
Hofstadter, Douglas R., 238, 340
Holinski, D., 286, 340
Hollenweger, Walter J., 15, 146, 340
Honneth, Axel, 306, 340
Hoornaert, Eduardo, 133, 341
Hopkins, Julie, 184, 341
Horkheimer, Max, 215, 263, 341, 359

Howe, Leo, 74, 341
Huge, W., 108, 341
Hunsinger, P., 256, 341
Hurtienne, Thomas, 176, 341

I

Irsigler, F., 99, 341
Isar, P., 176, 341

J

Jacob, Rüdiger, 25, 80, 81, 83, 85, 95, 96, 98, 333, 338, 341
Jarie, I.C., 82, 341
Jauss, Hans Robert, 167, 341
Jay, Martin, 216, 341
Jensen, Anne, 73, 195, 341, 342
Jensen, Gordon D., 73, 195, 341, 342
Joas, Hans, 310, 342
John Paul II, 183, 342
Jones, Hugh O., 244, 342
Joppich, G., 197, 342
Jungermann, H., 342

K

Kamper, Dietmar, 14, 342, 361
Kaufman, Gordon D., 243, 244, 245, 342, 349
Kaufmann, Walter, 149, 245, 342, 357
Keen, Sam, 342
Kessler, Hans, 342
Kim, Y.K., 82, 342
Kippenberg, Hans G., 82, 341, 342
Kirumira, Edward K., 110, 342
Klages, Ludwig, 288, 289, 342
Klagsbrunn, M., 69, 343
Kleinman, A.M., 83, 84, 343, 344
Klessmann, Michael, 15, 343
Kliewer, Gerd Uwe, 148, 343
Klotter, Christoph, 253, 343
König, Otto, 63, 161, 343
Kranzfelder, Ivo, 343
Krieg, Matthias, 15, 150, 343
Kuhlmann, Helga, 185, 186, 190, 207, 238, 343
Kuhlmann, W., 238, 343

Kuhn, A.S., 343
Kurz, Dietrich, 288, 343

L

Lachmann, Renate, 305, 343, 344
Lang, Bernhard, 182, 196, 197, 199, 200, 202, 203, 205, 344
Langer, Susanne K., 219, 310, 312, 314, 344
Laqueur, Thomas, 22, 344
Lautmann, Rüdiger, 101, 111, 112, 344
Lee, Peter K.H., 75, 332, 344
Lenz, P., 121, 344
Lepargneur, Hubert, 29, 344
Lévi-Strauss, Claude, 74, 125, 344
Lewis, G., 80, 237, 344
Libanio, João Batista, 204, 221, 253, 255, 257, 264, 344
Lienkamp, Andreas, 177, 344
Lima, José, 46, 296, 321, 323, 334
Lispector, Clarice, 70, 71, 345
Longe, P., 112, 345
Longo, Silvano, 211, 345
Lorde, Audre, 293, 345
Lorenzer, Alfred, 148, 149, 263, 314, 315, 316, 345
Lowen, Alexander, 28, 345
Löwner, Gudrun, 307, 345
Luhmann, Niklas, 23-26, 93, 95, 96, 120, 129, 222, 238-241, 345, 346
Lupton, Deborah, 83, 89, 94, 98, 145, 346

M

Macedo, P., 58, 130, 131, 346
Maduro, Otto, 297, 321
Marcuse, Herbert, 213-220, 228-233, 246, 251, 252, 253, 254, 259, 261, 269, 285, 329, 334, 335, 339, 346, 350, 353
Marquard, Odo, 249, 346
Martin, Gerhard M., 148, 190, 219, 233, 234, 329, 339, 341, 346, 352, 355
Marx, Karl, 14, 209, 215, 216, 234, 245, 252, 296, 300, 328

Marzal, Manuel M., 17, 346
May, Melanie A., 182, 225, 270, 346, 347
May, Robert, 182, 225, 270, 346, 347
Mazín, P:, 60, 347
McFague, Sallie, 184, 186, 243, 347
Medina, L., 35, 347
Meinhard, Katrin, 191, 347
Mendes de Almeida, Luciano, 17, 274, 347
Menzel, Ulrich, 176, 347
Metz, Johann Baptist, 179, 187, 261, 330, 347
Meyer-Clason, Curt, 69, 347
Mielke, R., 96, 347
Milner, Murray, 69, 348
Misse, M., 101, 348
Moltmann, Jürgen, 188, 224, 233, 234, 235, 348
Moltmann-Wendel, Elisabeth, 16, 184, 185, 186, 187, 188, 189, 190, 191, 192, 193, 194, 195, 196, 348, 349
Monteiro, Marli Piva, 27, 147, 349
Monteiro, Yara Nogueira, 27, 147, 349
Morgan, D., 349
Morris, Desmond, 42, 349
Mörth, Ingo, 23, 349
Mota, Murilo P., 99, 102, 109, 113, 349
Mott, L., 349
Müller, Philipp, 17, 264, 344, 349
Münch, Richard, 93, 349
Muniz, Sodre, 50, 349
Muraro, Rose Marie, 297, 322
Muricy, Toninho, 150, 349
Murphy, Julien S., 349

N

Nagl-Docekal, Herta, 185, 349
Nelson, James, 115, 182, 349
Neruda, Pablo, 233, 306, 349
Neufeld, Alfred, 18, 349
Neumann, Klaus Philipp, 243, 349
Niebuhr, Reinhold, 202, 203, 350

O

Oevermann, K., 24, 350
Okawara, Haruo, 104, 105, 350
Oliveira, José Luis, 46, 350
Oliven, Ruben George, 30, 31, 350
Onori, Piero, 46, 350

P

Pape, Helmut, 23, 350, 355
Parekh, Bhikhu, 254, 350
Parker, Richard G., 23, 33, 50, 54-65, 79, 88- 94, 100, 102, 106f, 110, 111, 114, 129, 332, 350, 351
Parrinder, Geoffrey, 15, 351
Parsons, Talcott, 310, 311, 312, 328, 351, 357
Peacock, James L., 312, 351
Peirce, Charles S., 19, 78, 79, 257, 332, 351
Pelikan, Jaroslav, 200, 351
Penna, Luy, 33, 351
Pereira de Queiroz, Maria Isaura, 53, 64, 202, 263, 351
Pfürtner, Stephan H., 115, 351
Plake, Klaus, 351
Plessner, Helmut, 173, 351
Polesi Mayer Sakamato, Cecília, 91, 351
Pöttner, Martin, 25, 266, 352
Prado, Paulo, 53, 54, 352
Prange, Astrid, 134, 352
Prien, Hans-Jürgen, 134, 352
Prokes, Mary Timothy, 183, 352
Prosser, Diane Louise, 182, 352

Q

Quemmel, Renato, 109, 352

R

Ramos, Joveline Pereira, 140, 352
Ramsey, I.T., 239, 352
Randall, J.H., 246, 247, 310, 352
Ranke-Heinemann, Ute, 59, 352
Rappe, Guido, 287, 288, 289, 352

Rauschenbach, Walter, 203, 352
Rector, Monica, 128, 352
Redig, Ana, 91, 113, 352, 353
Reese-Schäfer, Walter, 238, 353
Reitemeyer, Ursula, 14, 353
Rendtorff, Trutz, 353
Ribeiro, Boanerges, 69, 71, 134, 297, 321, 322, 353
Ribeiro, Lucia, 69, 71, 134, 297, 321, 322, 353
Riedlberger, Irmela, 90, 104, 353
Riserio, Antonio, 47, 353
Ritschl, Dietrich, 171, 327, 353
Rizzo, Miguel, 143, 353
Röckmann, Antje, 186, 353
Rodrigues, L., 29, 44, 51, 60, 89, 304, 322, 328, 353
Rolim, Francisco Cartaxo, 134, 353
Roper, Lyndal, 182, 353
Rosenbrock, R, 86, 327, 332, 341, 353
Rosenfeld, P., 41, 353
Roth, J., 91, 353
Rottländer, Peter, 228, 261, 353
Rovira, Armando, 33, 353
Ruether, Rosemary Radford, 185, 190, 204, 354
Rwabukwali, Charles B., 90, 354
Ryan, Francis, 182, 354
Ryle, Gilbert, 205, 354

S

Sader, Emir, 30, 33, 35, 354
Sampaio, Mara Vieira, 28, 33, 34, 37, 323
Sanchis, Pierre, 116, 335, 344, 346, 354
Sant´Anna, A.R., 70, 109, 354
Sant´Anna, Paulo Afranio, 70, 109, 354
Santiago, Silviano, 33, 44, 69, 70, 71, 72, 73, 354
Sarti, Cynthia, 354
Sawicki, Jana, 172, 354
Scheler, Max, 173, 354
Scheper-Hughes, Nancy, 32, 354
Schindler, Norbert, 67, 127, 354
Schipperges, Heinrich, 14, 354

Schleiermacher, F.D.E., 202, 354, 355
Schlüpmann, Heidi, 14, 355
Schmelz, Rüdiger, 14, 355
Schmidt, Siegfried J., 24, 45, 337, 353, 355
Schmitz, Hermann, 22, 287, 288, 289, 355
Schoepf, B.G., 90, 355
Schöppe, Arno, 239, 355
Schrader, Hans-Jürgen, 255, 355
Schreiner, Claus, 72, 355
Schreiter, Robert J., 18, 355
Schuilenga, Mirjam, 184, 185, 193, 355
Schulze, Gerhard, 26, 83, 95, 310, 311, 312, 355
Schüssler-Fiorenza, Elizabeth, 192, 355
Schwanitz, P., 25, 356
Scott, Sue, 84, 87, 349, 356
Senghaas, Dieter, 176, 356
Sennett, Richard, 22, 87, 309, 356
Shilling, Chris, 356
Shuttle, Penelope, 193, 356
Siedler, Rolf, 61, 356
Silva, Deonísio da, 72, 356
Simon, W., 356
Simpson, Amelia, 45, 356
Sion, F., 100, 356
Soames Job, R.F., 91, 356
Soares, Mariza de Carvalho, 150, 351, 356
Sobrino, Jon, 155, 161, 177, 203, 320, 333, 338, 343, 344, 356, 357, 358
Sontag, S., 357
Souza Maranhao, José Luiz de, 29, 31, 357
Spielmann, Ellen, 40, 71, 357
Starhawk, P., 190, 357
Staubmann, Helmut, 310, 311, 312, 357
Staudinger, Hugo, 261, 357
Stehr, Christopher, 51, 357
Stemmler, Theo, 45, 357
Stolz, Fritz, 98, 188, 357
Suess, Paulo, 155, 357

Sundermeier, Theo, 65, 73, 81, 82, 126, 127, 235, 280, 301, 302, 307, 357, 358
Suzuki, Daisetz T., 20, 358
Swaddiwudhipong, W., 90, 358
Szasz, Thomas S., 28, 358

T

Tamayo, Juan José, 179, 358
Tauber, Walter, 43, 44, 50, 358
Taubner, Eliabeth, 130, 358
Teles, Maria Amélia, 88, 110, 180, 181, 358
Terto Jr., Veriano, 112, 358
Thielicke, H., 202, 358
Tiel, Gerhard, 292, 320, 358
Tillich, Paul, 165, 203, 244, 247, 262, 271, 359
Treichler, P., 90, 358
Trevisan, Joao Silveiro, 129, 358
Turner, Bryan S., 22, 64, 67, 125, 126, 359
Turner, Victor, 22, 64, 67, 125, 126, 359

V

Vagaggini, Cipriano, 182, 359
Vaihinger, Hans, 249, 359
Vainfas, Ronaldo, 129, 359
Vallinoto, T.C., 113, 359
van Buren, 247, 359
van Reijen, Willem, 215, 359
Vasconcelos, Pedro Lima, 296, 323
Velho, Otavio, 260, 359
Venrath, Barbara, 91, 111, 112, 359

Vetter, August, 255, 359, 360
Vilanova, Roberto, 34, 359
Vogel, Arno, 41, 182, 359
Vogel, Arthur A, 41, 182, 359
von Schnurbein, Stefanie, 191, 360
Voss-Goldstein, Christel, 183, 321, 329, 360

W

Wagley, Charles, 52, 360
Walker Bynum, Caroline, 193, 195, 199, 200, 201, 360
Washburn, Penelope, 193, 360
Watzlawick, Paul, 237, 238, 239, 240, 242, 249, 360
Webb, N.L., 90, 360
Weber, Max, 117, 133, 137, 328, 360
Welker, Michael, 150, 170, 174, 179, 205, 239, 360
Welsch, Wofgang, 238, 253, 360, 361
West, Cornel, 73, 339
Westermann, C., 361
Willems, Emilio, 136, 361
Wils, Jean-Pierre, 27, 361
Wittgenstein, Ludwig, 211, 237, 238, 240, 242, 253, 327, 361
Wohlrab-Sahr, Monika, 188, 361
Wolf, Philipp Heinz-Walter, 14, 19, 361
Wolff, Stephan, 19, 361
Wolgast, Eike, 205, 361
Wulf, Christoph, 14, 342, 361

Z

Zeindler, Matthias, 310, 361